Der erzwingbare Friede
Alternative zum Sozialzynismus des Sozialismus
oder
Das Ende der Ratlosigkeit

D1848693

Veröffentlicht im Auftrage der

„Forschungsstelle zur Aufdeckung politischer Manipulationen in europäischen Demokratien e.V."

Systematische Reihe zur politischen Systemtransparenz

Band I

Der erzwingbare Friede
Alternative zum Sozialzynismus des Sozialismus oder
Das Ende der Ratlosigkeit
Erscheinungsjahr 1981
Br.: ISBN 3-923286-00-7
Ln.: ISBN 3-923280-01-5

In Vorbereitung:

Band II

Die Individualsouveränität. Weltformel der Freiheit
Erscheinungsjahr 1982

Band III

Lexikon der politischen Sprache in optimalen Demokratien.
Erscheinungsjahr 1982

In der Forschung:

Systematische Reihe zur privatkapitalen Produktionsgesellschaft.
Erscheinungsjahr 1983

Michael Neibach

Der erzwingbare Friede

Alternative zum Sozialzynismus des Sozialismus

oder

Das Ende der Ratlosigkeit

1981

Immanuel Kant Verlag

Satz und Druck: Druckerei H.P. Müller, Hohe Straße, 5249 Roth bei Hamm
Buchbinderarbeiten: Alex Pfaffenholz, Longericher Straße 185, 5000 Köln 60

Michael Neibach

Der erzwingbare Friede
Alternative zu Sozialzynismus des Sozialismus
oder
das Ende der Ratlosigkeit.

ISBN 3-923286-00-7

1981 by
Immanuel-Kant-Verlag
Postfach 75, 5248 Birken-Honigsessen
Printed in Germany

Alle Rechte, insbesondere das der Übersetzung in andere Sprachen, vorbehalten. Ohne ausdrückliche Genehmigung des Verlages sind Vervielfältigungen dieses Buches oder von Buchteilen auf fotomechanischem Weg (Fotokopie, Mikroskopie) nicht gestattet. Von der Genehmigungspflicht ausgenommen ist die Graphik: „Herrschaftsgrundsätze am Modell der Evolution der Herrschaftssysteme.“

Dem gegen feige Sowjetübermacht
und
heimtückischen Unterwerfungswillen
verzweifelt anstürmenden

Volk Afghanistans

und allen anderen den Frieden in

Gerechtigkeit

todesmutig
erkämpfenden Völkern dieser Welt
in hoher Bewunderung vor der stolzen
Selbstachtung tapferer Menschen
mit dem Wunsch zum Sieg gewidmet

13. Dezember 1981
Der Verfasser

Chronik der sieben Unterwerfungsverbrechen des politischen Sowjetbanditismus im Nachkriegseuropa.

1949 7. Oktober	Erzwingung des Sowjetgouvernement in der sowjetischen Besatzungszone, auch ,,DdR'' genannt.
1953 17. Juni	Niederschlagung des Arbeiterwiderstandes im Sowjetgouvernement gegen kommunistische Volksausplünderung.
1956 Sommer	Polnischer Arbeiteraufstand gegen die Sowjethörigkeit der polnischen KP ,,Goumulkas Frühling im Oktober'' wiederholte Feldschlachten der ,,Bürgermiliz'' gegen Demonstranten 1968, 1970, 1976
1956 Oktober	Volksaufstand in Ungarn gegen die Sowjetisierung des ungarischen Volkes. Heimtückische Liquidation der Freiheitskämpfer durch Kreml-Truppen.
1961 13. August	Kommunistische Dauerblockade der deutschen Wiedervereinigung durch Selbsteinmauerung innerhalb der Demarkationslinie des DdR.
1968 August	Gewaltsame Beendigung des ,,Prager Frühlings - dem Sozialismus mit menschlichem Antlitz''. Militärische Invasion der Tscheschoslowakei durch die Kreml-Truppen des Warschauer Paktes (ohne Rumänien).
1981 13. Dezember	Erklärung des ,,Kriegszustandes'' der polnischen kommunistischen Partei gegen die Massengewerkschaft ,,Solidarität''. Verkündigung der Todesstrafe für Arbeitsniederlegungen. Verhaftung und Internierung nationaler Gewerkschaftsführer.

Inhaltsverzeichnis

Seite

Kapitel IX

Intensitätsreihe egoistischer Antriebe Vorbemerkung zur Qualifikationsbestimmung der Egoquanten

Kapitel X

Die Interessenverdichtungen nach Lebensabschnitten

Kapitel XI

Die generative Entnabelungsreihe der Selbstverwirklichung

Kapitel XVI

Die immaterielle Dimension des Seins

Kapitel XVII

Der Kulturrealisationsbereich qualifizierter Egoquanten

Kapitel XVIII

Qualifikationsbestimmungen der Egoquanten der oberen Intensität

Kapitel XIX

Die ideologische Zugriffsgewalt über materielle und immaterielle Egoquanten

Zusammenfassung

Anhang

errschaftsgrundsätze am Modell der Evolution der Herrschaftssysteme

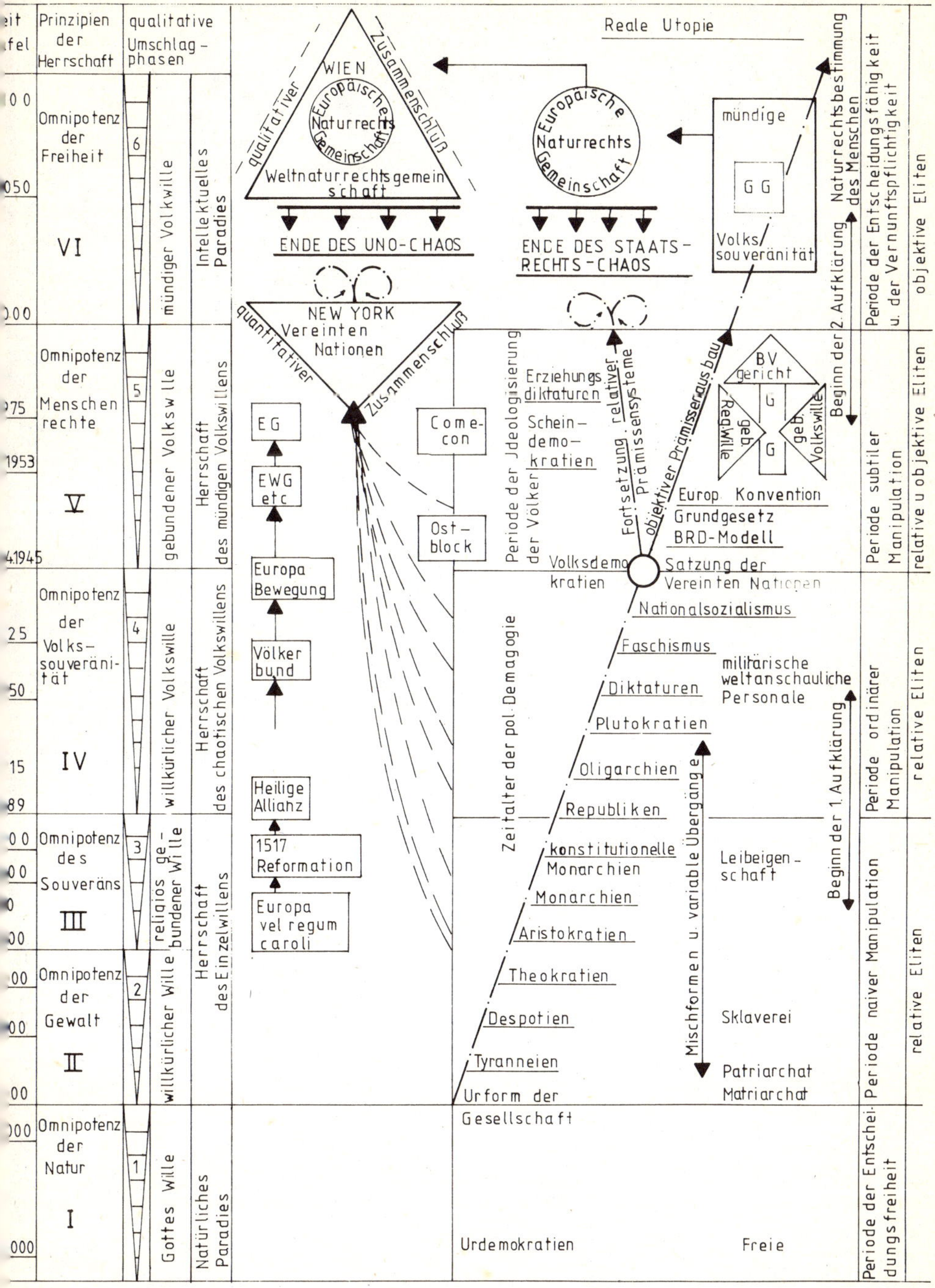

„Ich warne Dich, vor der Meinung der Leute Angst zu haben. Wehe dem, der nicht verleumdet werden will."

Henri de Montherland

Zur Einführung

Weil die Geschichte der Menschheit eine unendliche Kette der unzulässigen Verfügungsgewalt von Menschen über Menschen war und die Politik der Gegenwart unverändert diese Verfügungsgewalt über Menschen - die es von Natur aus nicht gibt -, mit anderen, nämlich vernunftausschließenden ideologischen Denkschablonen demokratisch dekoriert, fortsetzt und ein Ausweg aus der Manipulierbarkeit des Volkswillens durch beliebige relative Herrschaftseliten von keiner Unterwerfungselite erwartet werden kann, ist die Wiederherstellung einer friedfertigen Gesellschaft nur noch alternativlos durch die endgültige Aufhebung der Bevormundung des Menschen durch Herrschaft möglich.

Weil es für vernunftfähige Menschen keine Verfügungsgewalt von Menschen über Menschen geben kann, ist die herrschaftsbegründende Naturrechtsignoranz aller Bevormundungsapparaturen der relativen Unterwerfungseliten durch den manipulationsimmunisierten mündigen Wählerwillen ohne Umstände abzuschaffen.

Die Fortsetzung einer Weltgeschichte, die mit den aus Übermut und Menschenverachtung ermordeten Friedfertigen im Zwange beliebiger Tyrannei sinnlos siegreich zur Ruinenstraße der Gewalttätigen gepflastert wurde, ist endgültig zu beenden, weil nicht mehr der niemand nützende Sieg von Menschen über Menschen zählt, sondern allein die Entlassung des Menschen in seine Selbstverantwortung in vernunftpflichtiger Freiheit die Zukunft der Welt entscheiden wird.

Wenn bis 1981 auf mehr als einem Sechstel der Erde die politische Sklaverei als absolute Verfügungsgewalt von Menschen über Menschen sozialistisch ideologisch zum festen Bestand menschlicher Verhaltensweisen werden konnte, dann ist es Zeit geworden, die aktive Reproduktion des genetisch angelegten Freiheitswillens aller Menschen zu beginnen.

Differenzierter Verstand ohne politische Vernunft hat zum Ausgang des 20. Jahrhunderts die Menschheit zerrissen, gegeneinander aufgewiegelt und zutiefst unglücklich gemacht. Dieser Zustand kann und muß vernunftpflichtig, d.h., ideologieverweigernd beendet werden.

Wenn der westeuropäische Mensch schon seit Jahrzehnten an einem zusammengebrochenen Gefahrwitterungsinstinkt leidet, der nur noch als Restinstinkt eine intellektuelle, politisch hochsensibilisierte Minderheit beunruhigt, dann besteht Lebensgefahr für die arterhaltende Freiheit aller Menschen in der Welt.

Eine merkwürdige Selbsttäuschungswilligkeit bis zur Selbstauslieferungssehnsucht an die sozialistischen Henker breitet sich unter Studierenden aus, die einer monströsen Wundergläubigkeit, einer herrschaftssichernd gepflegten Denkfaulheit für Ahnungslose gleicht.

Das psychologische „Großproblem" der Menschen sind ihre rasche Bereitschaft zur Selbstauslieferung an relative Eliten, Bürokraten und politische Banditen sowie das pluralistisch eingeredete mangelnde Selbstvertrauen gegenüber der eigenen Urteilsfähigkeit zum „Reinen Willen Vernunftfähiger".

Die ideologische Überlappung der Vernunftfähigkeit des Menschen beschleunigt die genetische Defiguration der Zeitgeistgeschädigten zu „glücklichen" eindimensionierten Lohnsklaven.

„Die Wissenschaft ist heute noch gar nicht in der Lage, diese vielfältig verflochtenen Zusammenhänge zwischen Mensch und Welt ausreichend zu klären. Die Erbbiologie, die Psychologie, die Soziologie und die Kulturanthropologie haben erst bescheidene Beiträge dazu geliefert." (1)

Weil der Mensch ein zweidimensioniertes Wesen ist, das materiell wie immateriell seine Bedürfnisse vollzieht, kann seine Zukunft nicht längerfristig eindimensioniert organisiert werden, wie dies die Ideologen zu erzwingen trachten. Diese Tatsache muß vor allem von dem sozialproduktschaffenden Bevölkerungsteil, der auch ein Recht auf immaterielle Selbstverwirklichung hat, endgültig begriffen werden.

Das eifernde Fieber der weltanschaulichen, theokratischen wie atheistischen Verhexung der ideologischen Wortopfer entspricht der Panik der ideologischen Unterwerfungseliten über sich auflösende Wundergläubigkeit in einer rationalen Welt industrieller Produktion, Perfektion und Konsumtion.

Der wachsende Wille zur Selbstverwirklichung in der Freiheit einer bürgerlich-mittelständischen Welt Vernunftfähiger wird zum Alptraum aller Volksverführer und Gemeinwohlprediger, die volksausplündernd heute noch ungeniert sich alle Extravaganzen von Hofschranzen auf Kosten des Volkes zu leisten wagen.

Der weltweit pulsierende sozialpathologisch-sozialistische Aberglaube ist nichts anderes als areligiöse Wundergläubigkeit manipulierter Wortopfer, deren konfus übersteigertes Irrationalitätsbedürfnis aus verlorener Fähigkeit zur rationalen Urteilskraft sich Ideologen anvertraut in der Hoffnung auf ein Glück, das sie schnurstracks ins Verderben führt.

Die durch moderne Herrschaft absichtlich verursachte ethische Orientierungslosigkeit ist der letzte Versuch, die zur Vernunftfähigkeit erwachenden Völker der Welt unter ein demagokratisch-ideologisches Diktat der Naturrechtsignoranz zu pressen.

Weltweit vergewaltigen anonyme Herrschafts-Apparate die Entscheidungsfähigkeit vernünftiger Menschen und demontieren unter einem konfusen Zeitgeist die Eigentlichkeit der menschlichen Existenz.

Die traurigen Ergebnisse der Philosophie, die es seit Jahrhunderten systemkonform zuließ, sich die Zunge beschneiden zu lassen, um nur Halbwahrheiten zu sagen, haben das rivalisierende naturrechtsverweigernde Staatsrechtschaos in der Welt der Gegenwart verschuldet.

Herrschaft über Menschen ist in jedem Fall eine Vergewaltigung des freien Menschen. Insofern ist Herrschaft ein Grundübel, das die Lebensfeindlichkeit jeder Herrschaft apodiktisch postuliert. Der Anspruch auf Freiheit ist kein schlechthin politischer, kein Gewährungsanspruch, sondern ein biologisches Bedürfnis, weil Nichtfreiheit, also Knechtschaft, die Eigentlichkeit des Menschen schändet. Erst Freiheit erfüllt den Selbstzweck des denkenden Menschen.

Der kriminelle Charakter jeder Herrschaft, die nie etwas anderes war als die verschleierte Verfügungsgewalt Gewalttätiger über Friedfertige und Gutgläubige, ist illusionslos erkannt. Herrschaft zu beschreiben, hat nur noch die Aufgabe, ihr Wesen auch dem Zweifler deutlich zu machen und relativen Herrschaftswillen als dauerndes Verbrechen gegen die Menschlichkeit jedermann erkennen zu lassen. Daher ist das politische System der raffiniertesten Gewalttätigkeit gegenüber Menschen zugleich das gefährlichste für das Überleben einer vernunftfähigen Menschheit.

Zum Weltfeind der gebildeten Menschheit in unserer Zeit hat sich die unverdrossen an der Restauration der Neosklaverei arbeitende sogenannte Sowjetunion entwickelt.

Der Kulminationspunkt der sozialistischen Vernunftverweigerung, die sich als realer Sozialzynismus entlarvt hat, ist seit der wieder aufbrechenden Freiheitsbewegung in Polen endgültig überschritten worden.

Eine zur neuen politischen Kraft wachsende Zahl der Denkenden ist nicht mehr bereit, mit der Herrschaftslüge einer sozialistischen Selbstverachtung, die die Vernunftfähigkeit des Menschen ignoriert, leben zu wollen. Die sozialistische Unterwerfungsgewohnheit ist für Denkende an irgendeinem Punkt ihres Lebens nicht mehr zu ertragen. Auch hier reifen Früchte, die Sklavenhalter nicht kalkulieren können.

Oft liegt in der Geschichte das „. . . Verborgene, aber bereits Hinterlegte, es bricht auf, wenn die Zeit reif geworden ist." (2) Die Zeit ist reif geworden, mit der weltweiten Friedenssicherung durch den Abbau der Verfügungsgewalt von Menschen über Menschen zu beginnen.

Der sowjetische Sozialzynismus hat sich am Ende des Zeitalters chaotischer Volkssouveränitäten nicht nur als demagokratische Unterwerfungsstrategie entlarvt, er hat, für jeden kritisch Fragenden erkennenbar, seine menschenverachtende Politik zur Wiederherstellung der Leibeigenschaft im Industriezeitalter mit den Mitteln demokratischzentralistischer Machtsicherungstechniken offenbart.

Der sowjetische demopathologische Sozialzynismus ist selbst für wirtschaftlich unterentwickelte Völker nur noch eine Denkschablone für geistig Unbedarfte, die ihre ersten philosophischen Fragen mit marxistischem Spielmaterial üben.

Es wird daher in dieser vorliegenden Systematik der Friedenssicherung in Freiheit beobachtet werden können, wie auf zeitgeistgeschädigte Begriffe, welche die feige Selbsttäuschung über Sachverhalte fortsetzen und die Demo-Pathologie chaotischer Volkssouveränität zeitgeistbeflissen wiederholen, aus intellektueller Redlichkeit verzichtet wird. Die Neo-Sklaverei des Kommunismus im Herrschaftsbereich des Großtyrannen in der Kreml-Gruft wird nicht mehr aus einer schizophrenen Entspannungssehnsucht Einfältiger opportunistisch geschönt, sondern der politischen Wirklichkeit gemäß verständlich interpretiert.

Dem etablierten Moskauer Sozialzynismus, diesem naturrechtsignorierenden Weltfeind der Menschheit, muß verständlich werden, daß eine neue Friedensstrategie der klaren Verhältnisse die Nichtsnutzigkeit jedes Unterwerfungswillens in der Neuzeit erhellt und im Zeitalter der atomaren Vielfachzerstörung der Welt neue Formen der gegenseitigen Lebensgarantie in Freiheit gefunden werden müssen, die helfen können den Erdball zum Paradies seiner Bewohner zu machen.

Der diplomatisch etablierte politische Banditismus eben dieses Großtyrannen, der mit Tausenden von Atomraketen Westeuropa und die Freie Welt erpreßt, vor der angedrohten Gewalt in die Knie zu gehen, um sich dem sowjetischen Sozialzynismus zu unterwerfen, wird nach einer Phase der Einschüchterung und latenten Bereitschaft zur Selbstaufgabe auf Dauer nur das Gegenteil erreichen. Die sowjetisch kultivierte Dreistigkeit der Naturrechtsignoranz wird den Willen zur Friedenserzwingung bis zum Totalen Egoismus ungewollt steigern.

Die universale Inspiration des Geistes der Freiheit weht neuerdings über den bedrohten Völkern stärker als je zuvor. Der Weltprozeß zur ausnahmslosen Anerkennung der Menschenrechte wird zu einer politischen Gewalt und setzt sich auch gegen die Widerstände aller ideologischen Volksbetrüger und Volksverführer innen- und außenpolitisch immer deutlicher und selbstbewußter durch.

Wie, könnte gefragt werden, soll der Friede in der Welt politisch ohne Waffen erzwingbar werden? Wie könnte durch eine totale Mobilmachung des Geistes ohne Raketen und Atombomben eine Weltmacht zur Aufgabe ihres Unterwerfungswillens gezwungen werden? Wie könnte eine Idee vom Totalen Egoismus eines jeglichen, in Frieden und Freiheit glücklich leben zu wollen, die wohlgeschmiedeten sichtbaren und unsichtbaren Ketten aller Gewaltunterworfenen relativ mühelos und waffenlos abstreifen und auf ewig verbannen?

Die Freiheit-statt-Sozialismus-Alternative in der Welt muß aus ihrem politisch-agitatorischen Verständnis abgehoben und biologisch zur Existenzfrage jedes Menschen, der vor Staatswillkür endlich geschützt sein will, zentriert werden.

Die vorliegende Strategie zur Festigung der politischen Urteilsfähigkeit und Verhaltenssicherheit entwickelt in ihrem ersten Teil einen Biologismus der Freiheit als zweite immaterielle Dimension des Menschen, ohne die der denkende Mensch in die Verzweiflung getrieben wird, mit ihr aber in die individuelle Glückseligkeit geführt werden kann. Die Freiheit als biologischer Anspruch, der als Totaler Egoismus zum Selbstverständnis des Individuums wird, entwickelt sich aus der Theorie der qualifizierbaren Egoquanten, die jeder denkende Mensch, der intellektuelle Selbstüberlistungen meidet, unvermeidlich und nahezu ausnahmslos erfährt und bestätigen wird. Die Egoismustheorie des Individuums ist daher einleitend der weiterführenden Friedensstrategie vorangestellt worden.

Um die Zeitgeistschädigung des Menschen durch Herrschaft abzuwerfen, muß deutlich werden, daß z.B. die Bonner ,,Hohlkörperexistenzen mit perfekter Schminke'', die Teil einer menschlichen ,,Gefriermasse'' geworden sind, kein Recht haben, ein ,,Gemeinwohl'' zu proklamieren, dessen Politik nicht die ,,Aufgabe hat, die Menschen glücklich zu machen'' (Lattmann, MdB) (3), und damit kein Recht, die Verfügungsgewalt über das Volk der Steuerzahler zu verabsolutieren. An diesem Punkt der individuellen Interessenwahrnehmung zur Verweigerung jeder Zugriffsgewalt der relativen Eliten beginnt der Kampf um die Wiederherstellung des natürlichen Paradieses.

Es gibt reichlich Anlässe, der Vorstellung des künftigen Rechtsstaates aus der Idee der Freiheit eine politische Pädagogik voranzustellen, die das weltweite *Staatsversagen* an unaustauschbaren Prinzipien der Menschenwürde erhellt. Denn es ist nicht die bei Mitscherlich noch ungewisse ,,permanente unwandelbare Destruktivität des Menschen'' (4), die alles unter den Händen der Menschen verderben läßt; sie gibt es ursprünglich nicht! Es ist auch keine Rätselfrage, ,, . . . wann die sublimierenden Fähigkeiten des Menschen angesprochen werden und wann die destruktiven durchbrechen'', sondern ein berechenbares Ereignis, weil der ahnungslose Mensch das wird, was Herrschaft aus ihm macht!

Nicht der Mensch ist destruktiv, sondern die durch Herrschaft erzwungenen Überlebensbedingungen destrukturieren die Gesellschaft.

Das weltweite Staatsversagen entsteht aus der Komplizenschaft aller relativen Herrschaftseliten mit den Kräften der Naturrechtsignoranz und der Menschenrechtsverweigerung. Wenn es in unserem Jahrzehnt geschehen kann, daß ein Pavel Kohut, ein Beispiel für Zehntausende in Europa, für Hunderttausende in Afghanistan, für Millionen in Afrika, aus seinem Geburtsland von Menschen ausgewiesen werden kann, die er weder kennt noch denen er etwas getan hat, dann liegt politischer Banditismus vor.

Seit wann hat eine Regierung das Recht, es sei denn, sie wäre so zynisch wie der Großtyrann, Menschen aus ihrem Lebenskreis zu eliminieren, oft nur, weil sie sich weigern, sich an der Unterwerfung anderer im Auftrag der Staatsgewalt zu beteiligen?! (5)

Hier liegt Staatsversagen vor!

Wenn der Bundesgeschäftsführer einer politisch-moralisch abgewirtschafteten sozialdemokratischen Partei in der BR-Deutschland, Bahr, eine Afghanistan-Debatte auf der Menschenrechtskonferenz (KSZE) in Madrid 1980 aus menschenrechtswidriger Opportunität zum Genossensyndikat der sozialistischen Internationale zu hintertreiben trachtet, „damit die Fortschritte, die wir in Europa erzielt haben, nicht automatisch unter dem leiden müssen, was in anderen Teilen der Welt passiert" (6), dann ist die Bundesgeschäftsstelle der Sozialdemokratie in der BR-Deutschland zu einer würdelosen Filiale der Interessenwahrnehmung des Sowjetkolonialismus zusammengeschrumpft. Wenn dieser Verrat an afghanischen Bergbauern, die mit Schrotflinten und gezogenen Messern um ihre Freiheit kämpfen, von einst freiheitsbewegten deutschen Sozialdemokraten aus politischer Opportunität und aus linkem „hündischen Kriechen vor den politischen Zweckmäßigkeiten" (Gottfried Benn) gedeckt wird, dann liegt *dramatisches* Staatsversagen vor!

Wenn die Untergangskoalition des Sozialliberalismus die Naturrechtsignoranz des SED-Regimes im anderen Teil Deutschlands nicht zur Kenntnis nehmen will, indem sie offiziell dem innerdeutschen Ministerium verbietet, die Verurteilungen von unschuldigen Deutschen in politischen Prozessen weiterhin zu veröffentlichen (7), und die rechtsverhöhnende „Strafverfolgung" nach dem „Kurzen-Prozeß-Verfahren der Volksgerichte des realen Sozialismus regierungsamtlich übersieht oder gar abwiegelt, dann liegt wegen Mittäterschaft bei und billigender Inkaufnahme von Menschenrechtsverbrechen Staatsversagen wegen Prinzipienlosigkeit vor!

Wenn der verbrechensanfällige und unrechtsverwässernde Sozialdemokratismus des sozialdemokratischen Musterstaates Schweden sich nicht scheut, einem Abenteuer des islamischen Despotismus, wie Bani-Sadr den Lybier Ghaddafi genannt hat, schwedisches Kriegsgerät und zugleich die technische Ausbildung für Terrorangriffe auf Israel zu verkaufen (8), dann liegt mitten in Europa ein menschenrechtsverachtendes etabliertes Staatsversagen vor!

Wenn der „islamische Despotismus" (9), das Wüten der „revolutionären" Straßenräuber und weltanschauungsgeschädigten Kriminellen im Lande der ayatollischen Gottesschänder, sich zum Staatsrecht stilisieren kann, dann ist nicht nur eine zweitausendjährige Geschichte über Nacht wie ein Kartenhaus zusammengebrochen, sondern das dauernde Staatsversagen hat sich als Anarchie etabliert.

Wenn in Mauretanien per Dekret die offizielle Sklaverei, also der Menschenhandel, erst am 30. Juni 1980 formal aufgehoben worden ist, dieser Staat aber gleich ähnlich menschenrechtsverachtenden Unrechtsstaaten Mitglied der UNO sein darf, ohne moralisch verurteilt worden zu sein, dann liegt Staatsversagen vor!

Wenn in der BR-Deutschland tausendfach Russen, Ukrainer, Polen, Tschechen, Litauer, Letten, Esten, Sibirier, Kasachen, Wolga-Deutsche, Afghanen, Vietnamesen und Hunderttausende Flüchtlinge aus dem Herrschaftsbereich des Großtyrannen behaupten, daß der Archipel GULAG-Kommunismus noch „viele Dachaus" habe, und 20 Millionen begnadete Strafkolonisten unter Chrustschow die zivilisierte Welt nicht erschüttert haben und die Überlebenden der Strafkolonien dafür bürgen, daß 63 Jahre Sozialismus mehr als 50 Millionen Menschen verschlungen haben, ungeachtet dessen aber Politiker der Freien Welt bis zur Selbstentwürdigung unverdrossen um die Gunst des Großtyrannen in der Kreml-Gruft buhlen, dann liegt suizide Unterwerfungssehnsucht vor! (10)

Die herrschaftsgefällig verbrämte Ignoranz der tatsächlichen Rechtlosigkeit des gewaltunterworfenen Individuums beweist nur die Dreistigkeit einer entgrenzten Staatsgewalt, die ihren jämmerlichen Verantwortungsbankrott mühsam in strahlende Progressivität ummünzt (11), um ihre außenpolitische Rückgratlosigkeit gegenüber dem vermeintlich Stärkeren vergessen zu lassen.

Der kluge Leitartikler der FAZ, Johannes Gross, beschrieb die politische Agonie der Euro-Atlantiker im Frühjahr 1980 sehr treffend: „Die westliche Welt wird von relativ jungen und physisch stabilen Personen regiert, die dennoch einer politischen Gerontokratie angehören. Kein neuer Gedanke zur inneren Ordnung ihrer Staaten, zur Besserung des Loses der Menschheit hat sie je angeweht. Alles geht auf Besitzstandswahrung, Risikominderung, auf Stabilität, die eben mit Vorsicht allein nicht zu stabilisieren ist. Seit der Westen die Zurückdrängung des Kommunismus vom Programm gestrichen hat, seit Entspannungspolitik enttarnt ist als ein System partieller Stillhalteabkommen zur friedlichen Nutzung vor allem durch die Sowjetunion, ist der Westen ohne Ziel. Wenn einer nichts mehr wollen kann, dann redet er gern vom Frieden." (12)

Wenn anderseits der Verteidigungsminister von US-Präsident Gerald Ford, James Schlesinger, dem Westen zuruft, „nicht Moral, sondern Macht bestimmt die Zukunft" (13), dann wird hektischer Aktivismus sichtbar, der das Ziel aus mangelnder Präzision der Definition trotz dämmernder Einsicht verfehlt. Der Satz muß berichtigt werden, wenn er Unglück ausschließen will. Nicht beliebige, sondern *moralische* Macht bestimmt die Zukunft der Welt, muß es mindestens heißen, denn die Macht haben auch Verbrecher und politische Idioten, wenigstens solange die Gerechtigkeit ohne Macht bleibt und Macht die Gerechtigkeit beliebig macht.

Mit dem bisherigen herzensgebildeten Takt einer betulichen bürgerlichen Redlichkeitserwartung gegenüber Weltanschauungsgeschädigten und eiskalten Taktikern der Macht ist nichts anderes erreicht worden als die Vermehrung des Unglücks, die Zunahme der Konflikte und schließlich die Vertreibung von Millionen Menschen aus allen Ländern, die in die Zugriffsgewalt der Kreml-Diplomatie geraten sind.

Das Chaos ist mit den politischen Methoden der Gegenwart irreversibel geworden. Die Welt muß neu und in einer ganz anderen Weise geordnet werden. Die Neuordnung der Welt zur Sicherung des Weltfriedens bedarf sauberer und klarer Strategien und Prinzipien und keiner kompromißbereiten Mißlichkeiten.

Nicht nur weltweites Staatsversagen, sondern auch weltweites *Führungsversagen* hat Volkssouveränität chaotisiert und das Unglück massenentrechtender Staatsrechtsverhältnisse produziert.

Staats- und Führungsversagen beschleunigen das Denkversagen der öffentlichen Gewalten. „Der verwaltete Mensch ist der Mensch, der sich auf dem Wege zur Unkenntlichkeit befindet", sagt Mitscherlich (14). Beweise gibt es in dem sogenannten Wohlfahrtsstaaten unzählbare, in denen die Bürger zu „Haustieren mit Stallfütterung und Zwangsarbeit" (15) für das Bonzensystem der sozialdemokratischen Filzkartelle und Genossensyndikate erniedrigt werden, die zugleich aber in manipulativer weltanschaulicher Schädigung das sozialistische „Schrumpfdasein", wie der renommierte Schriftsteller im Deutschland der Russen, Erwin Strittmatter, seinen „realen Sozialismus" zu nennen pflegt (16), mit einer pompösen Lügenwelt von Fortschrittsphrasen einhüllen.

Jeder „Wohlfahrtsstaat tendiert dazu, ...Bürger... zu ihren Objekten zu machen. Sie begeben sich in entscheidenden Lebensbereichen ihrer Selbstbestimmung . . . In Wohlfahrtsstaaten wächst das Wohlbefinden des einzelnen nicht, indem er anderen zu Diensten ist, sondern indem er anderen etwas wegnimmt". (17)

Jeder Wohlfahrtsstaat wird mit Notwendigkeit zur Ursache der Leistungsverweigerung, die darin besteht, die Wohlfahrt bis zur Selbstauszehrung anderer zu melken.

Für den Fribourger Prof. Guy Kirsch (Schweiz) ,,ist wie jedes Kollektiv auch der Wohlfahrtsstaat amoralisch'', was am deutlichsten durch das institutionalisierte Denkversagen im sozialdemokratischen Musterstaat Schweden bewiesen werden kann.

Die etablierte schwedische Naturrechtsignoranz verbietet potenten Steuerzahlern die Ausreise außer Landes. Der Leiter der Rechtsabteilung in Stockholms Außenministerium, Hans Danelius, erklärte das so: ,,Für Schweden sind die Konventionen (gemeint ist das 4. Zusatzprotokoll der Europäischen Menschenrechtskonvention, die allen Bürgern die Freiheit einräumt, jedes Land einschließlich des eigenen verlassen zu können) bindende Abkommen auf internationaler Ebene, in Schweden selbst aber von Gerichten oder Behörden nicht zur Anwendung zu bringen''. (18)

Schwedens Sozialdemokratismus verabschiedete einstimmig ein Gesetz, ,,wonach es dem einzelnen Bürger nicht länger erlaubt ist, ein ordentliches Gericht anzurufen, wenn er sich von einem der etwa fünftausend höheren Beamten des Landes ungerecht behandelt wähnt.'' (19)

Schwedens sozialdemokratischer Justizminister, Lennert Geiger, beklagt öffentlich die ,,gefährliche antiparlamentarische Redensart, den Leuten zum gerichtlichen Schutz vor der Obrigkeit zu raten''. (20)

Alles dies sind Beweise tragischer Denkblockaden Weltanschauungsgeschädigter im Jahre 1980, einem Höhepunkt sozialistischer Unterwerfungssehnsucht. Obwohl jeder Arbeiter in Polen weiß, daß der Sozialismus nach 35 Jahren ,,eine Tote Sache'' (21) ist, betreiben westeuropäische Unterwerfungseliten des neuzeitlichen Parteiadels unerschüttert die Entprivatisierung der Volkswirtschaft, damit über die Zuteilungsbürokratie der Produktion und Konsumtion die staatliche Verfügungsgewalt von Nenschen über Menschen erhalten bleibt.

Wenn unter Wundergläubigen noch immer die Idee geistert, es könnte einen besseren Sozialismus geben als den unter dem Sklavenhalterdiktat des Großtyrannen, dann sind die Anbeter des utopischen ,,humanen Marxismus'' unfähig, gesellschaftliche und soziopsychologische Prozesse eines Volkes aus Millionen Individuen in ihren komplizierten Wechselwirkungen zu begreifen.

Der bisher noch jede funktionsfähige Volkswirtschaft ruinierende Sozialdemokratismus hat in England, Schweden, Italien, in der Türkei, in Chile unter Allende, in Portugal und Spanien seine Schuldentürme und

Lebensstandardverschlechterungen hinterlassen und die Voraussetzungen zum sozialistischen Unterschichtsstandard tief in die politische Wirklichkeit gegraben.

Der Sozialstaat hat nicht nur seinen Glanz verloren, er hat die Selbstbestimmung über die Arbeitslöhne und Einkommen kastriert. Er hat freie Bürger zu Eunuchen einer Versorgungsobrigkeit degradiert und die zielstrebige Arbeit des Zielstrebigen idiotisiert.

Solange die vermeintlichen Wünsche der Bürger von Eliten des hoheitlichen Gewerbes formuliert werden, so lange können die wirklichen Wünsche der Bürger eiskalt verfälscht und gewissenlos unterschlagen werden.

Dem weltweiten Staats- und Denkversagen schließt sich das etablierte Gewissensversagen an. Es können hier nicht die hunderttausend Fälle gewissenloser Klein-Opportunität aufgezählt werden, sondern nur die tendenziell etablierte Bereitschaft zu jeder Gewissenlosigkeit der Regierenden aller weltanschaulichen Schattierungen. Ob es die Aufkündigung der Repräsentanz Taiwans in der UNO ist, die Verzichtserklärung der sozialliberalen Regierung auf einen deutschen Friedensvertrag, wie Adenauer das als Anliegen des deutschen Volkes im Zusammenhang mit der Aufnahme diplomatischer Beziehungen mit Moskau 1955 formuliert hat, oder die merkwürdige doppelbödige moralische Entrüstung des Staatsministers von Dohnany über das Todesurteil des südkoreanischen Oppositionsführers Kim Dae Jung im September 1980, der Südkorea im Falle der Vollstreckung drohend ankündigte, daß es zu „einer großen Breite von Schritten" (22) gegenüber Südkorea kommen werde, der aber den Völkermord in Afghanistan geflissentlich aus Furcht vor der Verleumdungskampagne des Kremls übersieht, mehr noch, für die humanitäre Hilfe für afghanische Flüchtlinge in Pakistan nur 6,5 Millionen bewilligte, während er für das Vertreibungsregime Karmals, diesem Quisling der Russen, 20 Millionen Entwicklungshilfe spenden will, immer liegt staatliche Prinzipienlosigkeit und Verlust der Glaubwürdigkeit von relativen Herrschaftseliten vor..

Dieses Gewissensversagen der etablierten Politik relativer Eliten geschah in dem Augenblick, als Schostakowitsch, dieser gefeierte Sowjetheld, dieser zum proletarischen Beethoven des Großtyrannen avancierte Komponist, in seinem politischen Testament die Schreckenskammern und die Folterwerkzeuge zur Gefügigkeitserzwingung im Sowjetparadies der freien Welt jedermann, der es wissen wollte, deutlich vor Augen hielt.

Schostakowitsch dokumentierte: „Ich habe immer gedacht, mein Leben sei überreichlich mit Unglück versorgt . . . Als ich dann aber die Lebensgeschichte meiner Freunde und Bekannten überdachte, erschrak ich, ich sah nur Berge von Toten, ich übertreibe nicht: Berge von Toten. (23)

Aber nicht weniger Schmerz bereitet mir der Gedanke an die auf Stalins Befehl Ermordeten. Ich trauere um alle Gequälten, Gepeinigten, Erschossenen, Verhungerten.

Es gab sie in unserem Lande schon zu Millionen, ehe der Krieg gegen Hitler begonnen hatte . . . Die meisten Symphonien (die er unter dem Kommunismus geschrieben hat) sind Grabmäler". (24)

Obwohl jeder Informierte weiß, daß jeder, der im „Sozialismus der Arbeiter- und Bauernmacht" lebt, täglich mit seiner Exekution zu rechnen hat - Solschenizyn dokumentiert die sozialistische Leibeigenschaftsgesellschaft sehr präzise - betreibt die deutsche Sozialdemokratie unter Führung ihres Vorsitzenden, Willy Brandt, mit zäher Energie die, wie Prof. Hahn/USA zusammenfaßte, „Abkoppelung vom atlantischen Bündnis" (25), um einen deutschen politischen Afghanistanismus in Bonn risikolos gesamtdeutsch zu arrangieren.

Hier liegt nicht nur Gewissensversagen vor, sondern etablierte Demagogie.

Staats-, Führungs-, Denk- und Gewissensversagen werden in professoraler Habitualität als „Pluralismusverständnis" unter den informativen Deformationsopfern ausgebreitet, damit niemand die politische Katastrophe als die Verweigerung der allgemeinen praktischen Vernunft bemerkt.

Für den kreativen Pädagogen Hartmut von Hentig wird heute dieser „allgemeine Zerfall der Verständigung auch durch Schulbildung nicht aufgehalten" (26). Der überlieferte Begriffsapparat der politischen Sprache zur Beschreibung moderner politischer Prozesse ist ungeeignet geworden, die legalistische Unrechtsbereitschaft relativer Eliten für jedermann einsichtsfähig zu machen und rasch zu enttarnen.

Die politische Begünstigung Heranwachsender in politischen Entscheidungsprozessen mißbraucht schamlos das Ahnungslosenpotential Unwissender zum Rechtsnachteil aller Gewaltunterworfenen, insbesondere dann, wenn flatternde Gedanken, mehr emotional als ethisch engagiert, als Dialektik bestaunt und ohne Gefahr für Leib und Leben nicht mehr als Geschwätz bezeichnet werden dürfen. Die Mündigkeitsidylle für das Klein- und Schulkind ist der Mündigkeitsillusionismus unserer modernen Volksverführer, die ihre Vergewaltigung des Volkes mittels der Urteilskraft von Kindern, Ahnungslosen und Weltanschauungsgeschädigten begründen und legitimieren.

Die vorliegende Einführung in die Strategie zur Erzwingung der Friedenssicherung geht den Strukturen der Dauerdeformation des Menschen durch rivalisierende Herrschaftssysteme auf den Grund. Sie wird bemüht sein, eine Flucht „in utopische Konstrukte" (27) oder innerweltliche, wirklichkeitsfremde Erlösungsmodelle zu unterlassen und nur in logischer Strenge den Selbstzweck des Menschen zu beweisen, ungeachtet der möglichen Folgen solcher Konsequenzen.

Allein die körperlich und geistig wachsende Unerträglichkeit offensichtlich überflüssiger Leidausbreitungen und theoretischer Widersprüche in allen Regionen der vergewaltigten Welt, die Versagenssituation in fast allen Bereichen der zwischenmenschlichen, gesellschaftlichen und abstrakten Beziehungen haben die Notwendigkeit der Erstellung neuer Strategien zur Überwindung der weltweit organisierten Vernunftwidrigkeit durch Unterwerfungseliten unausweichlich bewiesen.

Die staatsrechtliche Käseglocken-Rivalität der weltanschaulich verengten Perspektivverkürzungen relativer Unterwerfungseliten zum Nachteil der Selbstbestimmungsfähigkeit der Vernunftfähigen ist zur intellektuellen Folter denk- und urteilsfähiger Menschen geworden. Die Revolution der Denkungsart unserer Zeit verlangt nichts grundsätzlich Neues, nichts Niedagewesenes, sondern nur den uneingeschränkten Vollzug des Ideals der Aufklärung, das in der Entdeckung der Selbstzweckbestimmung des Menschen liegt, der sich vernunftpflichtig und niemandem zum Schaden zu verwirklichen vermag.

Es gibt keine „Destruktivität von Idealen" (28), sondern nur die Verzweiflung des Einzelkämpfers durch die Einsicht, an den erkennbaren Barrieren einer deformierten Gesellschaft scheitern zu müssen.

Die positiv-rechtlichen, selbstfesselnden, verkürzten Rechtshorizonte rivalisierender Käseglocken-Kulturen verhindern die Erkenntnis der überstaatlichen Eigentlichkeit des Seins um so mehr, als die „Verwissenschaftlichung" theoretischer Irrtümer bis zur Verliebtheit in die Wundergläubigkeit die allgemeine Selbstzerstörung durch schwachsinnige Feindbildfixierung ausbreitet. Noch immer gilt Bonhoeffers Postulat des Entsetzens: „Der einem ethischen Programm Verschriebene muß seine Energien sinnlos verpuffen, und selbst sein Martyrium wird für seine Sache kein Quell der Kraft noch für die Bösen eine Bedrohung sein." (29)

Diese etablierte Vernunftwidrigkeit mangels einer schulisch unterweisbaren und gesellschaftlich umsetzbaren herrschaftsunabhängigen politischen Pädagogik soll nunmehr erhellt, durchschaut, strukturiert und aufgebrochen werden, um den weltweiten ideologischen Fanatismus der Unmenschlichkeit zu beenden. Diese hier im Ansatz entwickelte politische Kultur will nichts anderes als den Menschen in einer gemeingefährlichen deformativen Entrechtungsperiode der Massen durch Herrschaft zur absoluten Handlungsfähigkeit zurückzuführen, „weil der Mensch kann, was er muß", und vernünftig sein könnte, wenn Herrschaft ihn nicht seit allen Zeiten darin behindert hätte.

Damit ist gemeint, daß sich der wirklich Denkende sein Denken von keinem vordergründigen Nutzen, von keiner Konvention korrumpieren lassen dürfe, daß er seine eigenen Ideologien durchschauen und mit einer gewissen grausamen Reinheit auftreten müsse.

Die Reinheit naturrechtlicher Postulate kann nur durch Entschiedenheit erhalten werden, nur durch Unabhängigkeit gegenüber den demagokratischen Verfälschern des natürlichen Volkswillens.

„Deshalb muß, damit die Freiheit bestehen kann, die Befolgung der Rechtsgesetze" (30) selbstverständlich die Herstellung eines Naturrechtsvertrages eines jeglichen mit sich zur Bedingung haben.

Nicht durch Unterwerfungszwang kann die Rechtsstabilität geweckt werden, sondern durch emanzipierte Erziehung einer politischen Pädagogik in Schule und Arbeitswelt, durch Aufklärung über die Vernunftfähigkeit des Menschen. Dem verantwortlichen Lehr- und Ausbildungskörper der Nation muß das Erziehungsrecht wiedergegeben werden, damit das Staatsrecht wieder auf die Sicherung der Freiheit des Volkes zurückgeführt werden kann. Die sinnlose bürokratische Verrechtlichung der Menschenbildung wird formalrechtlichen Perfektionismus entmenschter Opportunisten produzieren, aber keine freien Menschen, die es wagen, sich ihrer eigenen Urteilskraft zu überantworten.

Diese Arbeit richtet sich nicht an die gewöhnliche Masse der Mitläufer, die weder die Zeit noch die geistige Kraft haben, aus theoretischen Schlußfolgerungen politische Konsequenzen zu ziehen. Sie richtet sich an alle jene, die über die Dreistigkeit der verschleierten Vergewaltigung des Menschen durch die etablierte negative Elite sprachlos geworden sind und bisher keine Möglichkeit gefunden haben, ihren ethischen Drang auf eine menschenwürdige Zukunft hin zum Tragen zu bringen.

Der erzwingbare Friede ist nie illusionistisch träumend, hoffend oder heiß wünschend zu erreichen, sondern nur durch eine neue Art, nämlich konsequent zu denken. Nur anti-ideologisierte, leidenschaftslose denkerische Disziplin garantiert wachsende Naturrechtssicherungen, schafft die Bedingungen einer konfliktauflösenden nationalen wie internationalen Friedensgesellschaft. Die Hoffnung des Großtyrannen, durch militärische Bedrohung der Freien Welt eine Selbstaufgabe zu erzwingen, reproduziert eigengesetzlich die Konterenergien der Freiheit, an denen sein eigenes System der Volksentrechtung durch ideologischen Dogmatismus erschüttert und im eigenen Lande mit absoluter Sicherheit scheitern wird.

Die vorliegende Denkbereinigung ist kein unterhaltsamer Roman, sondern eine geistige Selbstreinigung, die mit jedem Kapitel zu strapaziösen Erhellungsprozessen führen kann, die schrittweise erlesen sein wollen.

Mir ist die Schwierigkeit des Versuches bewußt, die Zeitgeistdeformation dem Durchschnittsleser glaubhaft zu machen, aber die Urteilskraft über den Stellenwert des Menschen in der Gesellschaft wird den fortschreitend Lesenden bis zur erhofften Illusionslosigkeit schärfen. Diese Arbeit erhellt nicht nur globale Prozesse, sie verändert den Menschen, indem sie die politische Ratlosigkeit beseitigt.

Die politischen Systeme dieser Welt können in dem hier entwickelten Verfahren der systematischen Friedenssicherung der Freien ohne Waffengewalt nicht aus der Systemimmanenz tausendjähriger Deformation durch mühsam wie listig aufgebaute materielle Abhängigkeiten durch Herrschaft interpretiert werden. (Diese Aufgabe würde Bibliotheken füllen.) Die neue Periode der absoluten Freiheit aus dem totalen Selbstverwirklichungswillen des Vernunftpflichtigen interpretiert die Welt so, wie sie sein muß, und nicht so, wie sie Unterwerfungseliten zu allen Zeiten haben wollten.

In dieser Dimension zwischen dem Sein-Sollen, Sein-Können und Sein-Müssen einer Gesellschaft liegen die normativen Beurteilungskriterien der politischen Kultur sowohl eines einzelnen wie auch eines Volkes, denn „nur die Geschichte freier Völker ist der Beachtung wert, die der geknechteten ist eine bloße Anekdotensammlung." (31)

Das Eingeständnis des Mutes zur wissenschaftlichen Lücke wird nicht verschwiegen, aber es bedurfte in diesem Zusammenhang nicht so sehr eines Anwaltes für die Richtigkeit der Omnipotenz der Individualssouveränität als der innovatorischen Kraft, einen anderen Weg der Ausfächerung der methodisch-didaktischen Verfahren zur Systematik des Verstehens der universalen und unteilbaren Menschenwürde überhaupt und des Selbstzweckes des Menschen im besonderen zu versuchen.

Für die Unterstreichung dieses Anliegens sind einige m.E. treffende Zitate und Anmerkungen eingeflochten worden, um dem erhofften breiteren Leserkreis den möglichen Eindruck eines hier vorliegenden Alleinganges in eine ,,gefährliche Richtung'' auszuschließen.

Die angesprochenen Themen der jeweiligen Kapitel sind immer unvollständig geblieben, aber die Weltformel einer universalen Freiheit des Menschen im 21. Jahrhundert geht über die Interpretationskraft eines einzelnen hinaus. Selbst die ganze urteilsfähige Zeitspanne der Leben vieler könnte den Zeitgeist nur antippen und hoffen, daß die Zahl der Angetippten zunimmt. Der einzelne kann nur eine glückliche Idee haben, Generationen müssen sie weiterverfolgen und verwirklichen.

Dem politischen Chaos entkommt die Menschheit nicht, wenn sie nicht zu einer Weltformel der universalen existierenden Vernunft zusammenfindet. Es geht in der Strategie zur Erzwingung des Weltfriedens nicht um eine neuzeitliche Freiheitsphilosophie, darüber ist genug Richtiges gesagt worden, sondern um eine Besinnungsphase, Gedankliches und ideologisch Überflüssiges und Naturrechtswidriges zu erkennen und ohne Trauer mit Notwendigkeit über Bord zu werfen.

Europa kann den Freiheit-Sklaverei-Gegensatz der ,,neurotischen'' Weltmachtriesen nur nutzen, um die verbliebenen Freiheitstoleranzen in der Welt deutlicher zu artikulieren und den lebenden Opfern des sowjetischen Unterwerfungswillens aus ihrer Mutlosigkeit herauszuhelfen. Schließlich ist auch das russische Volk ohne Sozialismus mit Sicherheit in gleicher Weise zur Freiheit fähig wie das deutsche Volk ohne Nationalsozialismus. Bürgerrechtler wie Sacharow und Systemkritiker wie Alexander Solchenizyn beweisen es, daß das wahre Rußland immer noch nicht untergegangen ist.

Politische Kultur verlangt ein Unbedingtheitsethos. Als Weltformel eines gemeinsamen Freiheitswillens verrechtlicht sich der Freiheitsanspruch zur Freiheitsgarantie eines jeglichen. Er beendet das Vorurteil von der nie bewiesenen, aber immer herrschaftssichernd behaupteten Vernunftunfähigkeit des Menschen.

Manche Schlußfolgerungen mögen für die Betroffenen bitter sein, aber ich muß Tocquille zustimmen, der in seiner Einleitung zur „Demokratie in Amerika" gesagt hat:

> *„Die Menschen erfahren die Wahrheit nicht von ihren Feinden, und ihre Freunde bieten sie nicht an: darum habe ich sie gewagt."*

*

Kapitel I

Erkennungstheoretischer Anspruch der politischen Kultur

Möglichkeit und praktische Grenzen der Erkenntnisfähigkeit

Wenn die Grenze der Erkenntnisfähigkeit des Menschen in ihrer unendlich situativen, nach innen wie nach außen gerichteten Vielfalt niemals endgültig methodisch wie didaktisch bestimmt werden kann, wenn die allerletzte Wahrheit - nach der ein Mensch nur noch arbeitshypothetisch fragen sollte - sich in der Unendlichkeit von Zeit, Raum und Umständen in einem immer dunkler werdenden Nichts verlieren wird, so vermag *politische Wahrheit* sich doch in der Erkenntnisquelle des subjektiven Verstandes auf gesicherte Erfahrungen, Einsichten und logische Schlußfolgerungen jener stützen, die für die Wahrheitssuche gelebt haben. Was Philosophierende zusammengetragen, systematisiert und mit Konsequenzen bereichert haben, muß nicht vergebens gewesen sein.

Die natürliche Erkenntnisfähigkeit dessen, wessen der Mensch bedarf, um glückselig zu werden, ist keine spekulative Vorstellungskraft über die Vorstellungskraft des Menschen hinaus.
Moderne Erkenntniskraft ist die jeweilige Summe der Vorstellungskraft aller gelebter Menschen, die über ihre existenzielle Sicherung hinaus denken konnten und durften.

Wenn moderne Erkenntnis auch durch die Vielfalt des freien Denkens sich unaufhörlich nach allen Richtungen bewegt, selbst bis zum vorübergehenden Chaos sich verliert, so kehrt sie doch in die irdisch begrenzte Vorstellungskraft der Glückseligkeit zurück und findet den Ursprung der Eigentlichkeit des Menschen immer wieder.

Das euro-atlantische Denken als intellektuelle Energieausschüttung zur geistigen Erfassung von Zuständen stand im 20. Jahrhundert seit der Oktoberrevolution 1917, diesem Todestag der Individualsouveränität, im Dunstkreis ideologisierter Perspektivverkürzungen und Vernunftverbote. Die schöpferische Ausdehnung der Vorstellungskraft über die Eigentlichkeit des Menschen konnte durch die Ideologienebel bombastischer Phrasengewitter über generative Zeiträume beängstigend lange unterbrochen werden.

Das seit dieser Zeit mehr als sechzig Jahre stagnierende und verwahrlosende Staatsrecht in den Ländern der Euro-Atlantischen Gemeinschaft lähmte die Staatsrechtsentwicklung in der freien Welt bis zur Unerträglichkeit. Die andauernde Anpassungsbereitschaft zur Anpassung an kollektivistische Gemeinwohlvorgaben und parteipolitische Unrechterzwingung haben die schizophrene *Norminstabilität* des Zeitgeistes verschuldet.

Das bisherige hartnäckige Festhalten an positiv-rechtlichen Rechtspositionen zum Vorteil anonymer Herrschaftsausdehnung soll nunmehr mittels der erkenntnispflegenden und erkenntnissichernden Systemtransparenz einer naturrecht-ausdehnenden politischen Pädagogik beendet werden. Die Eigengesetzlichkeit logischer Operationen darf nicht mehr aufgehalten werden. Die Freigabe der Urteilskraft eines jeglichen wird die Deformation des Menschen durch Herrschaft beenden.

Der erkenntnistheoretische Anspruch der politischen Pädagogik wird nicht mehr aus dem manipulativen Ideologieschwulst sozialistischer Naturrechtsignoranz abgeleitet, sondern aus der Naturrechtsidentität des freien Menschen, der imstande ist, die Freiheit selbst zu denken und naturrechtsstabilisierend zu setzen. Das sind die Möglichkeiten der Erkenntnisfähigkeit eines jeglichen, jenseits metaphysischer Spekulatio nen transzendenter Hilfskonstruktion zur Erklärung des eigentlich Unerklärbaren, der Ursache unserer Welt und unseres Seins.

Diese Grenze der Erkenntnisfähigkeit *nicht* zu übersteigen, ist der gesellschaftsbezogene Anspruch der politischen Pädagogik und der Zweck ihrer verhaltensstabilisierenden methodischen Verfahren. Es versteht sich, daß, wer den Zweck will, die dazu notwendigen Mittel nicht ausschlagen kann. (1)

Bilanzierung des politischen Wissens

Die politische Pädagogik ist zielgerichtet und um Begriffspflege der politischen Sprache bemüht. Das begriffliche Unterlaufen der Freiheit als den einzigen Rechtfertigungsgrund einer staatlichen Ordnung ist in Zukunft auszuschließen.

Die „verwilderte Pädagogik" (2) in fast allen sozialpathologischen und weltanschaulich geschädigten Kulturstaaten der weißen Rasse, vor allem aber der dramatische Individualitätszusammenbruch seit der sog. Oktoberrevolution 1917 im Lebensraum unserer slavischen Glaubens- und Rassenbrüder, drängen zur Bilanzierung der Vor- und Nachteile des politisch Gedachten, sowohl des politisch Zulässigen wie des politisch manipulativ Machbaren.

So produktiv die konstruktive wie destruktive Vorstellungskraft des Menschen auch war, ist und sein kann, nach einigen Jahrtausenden, Jahrhunderten oder Jahrzehnten muß die Summe des Erkannten notwendigerweise bilanziert werden, um die Anhebung des Ausgangspotentials des gesicherten Wissens für die weiterführende Urteilskraft der Nachfolgenden zu sichern. Der erkenntnistheoretische Anspruch der politischen Pädagogik ist ein Versuch dieser Bilanzierung.

Die Zeit einer nüchternen Zusammenfassung eines normaufgelösten und wertrivalisierenden sozialpathologischen Geschichtsabschnittes, der die Überlebensalternative für unsere Welt auf den einfachen Nenner - Weltsklaverei oder Weltfreiheit - zugespitzt hat, scheint gekommen zu sein.

Eine in der Bundesrepublik Deutschland anläßlich des Bundeswahlkampfes eher zufällig gefundene Metapher der Regierungsopposition, Freiheit statt Sozialismus, war intuitiv richtig und von größter analytischer Kraft. Die Plus-Minus-Polarität der Gegensätze in der Welt zweier Staatsrechtsauffassungen traf so deutlich ins Schwarze, daß die Urheber dieses Schlagwortes vor der eigenen Courage erschauerten und, von der richtigen Eingebung eher verunsichert als siegesgewiß, unter dem Trommelfeuer der sozialistischen Manipulationsmonopole zurückwichen.

Der geistige Energieabtausch zwischen ahnender Intuition und zielbewußter Konterenergie durch Naturrechtsignoranten hatte exemplarischen Charakter dafür, wie herrschaftsunliebsame Meinungen durch demagokratische Manipulationswaffen parteipolitischer Medienmonopole zerrissen und vor Ahnungslosen diskriminiert werden können. Es muß also auch die schreckenfördernde und unrechtausbreitende Ahnungslosigkeit des politisch Unmündigen, aber Wahlberechtigten, bilanziert werden.

„Die Befreiung des Menschen aus selbstverschuldeter Unmündigkeit", wie Kant es formulierte, hat noch nicht, wie allgemein vermutet wurde, begonnen. Sie beginnt mit der Bilanzierung der Summe von Fehlern und Verbrechen formalrechtlicher Demokratien ohne Demokraten erst am Ende des zwanzigsten Jahrhunderts, das die Erfolglosigkeit einer zweihundertjährigen 1. Aufklärung endgültig bestätigen und konstatieren kann. Die *jetzt* beginnende 2. Aufklärung muß über die Rechtsunwirksamkeit von Mehrheitsbeschlüssen chaotischer Willensentscheidung manipulationsanfälliger Völker neu nachdenken und neue Voraussetzungen einer verantwortbaren Politik, die nur auf die Respektierung der Individualsouveränität und der Würde des Menschen begründet sein kann, finden und neu bestimmen.

Gründe der Bilanzierung

1. Abschöpfungsbürokratismus

Dieses manipulative, zur mündigen Souveränität absichtlich unerzogene Volk war in den entscheidenden politischen Fragen noch nie so entrechtet wie im Ausgang des zwanzigsten Jahrhunderts. Die vor fast 200 Jahren einst bejubelte Vernunftfähigkeit ist im Tyrannenrecht der Naturrechtsignoranten in der Gegenwart bis zur Unkenntlichkeit verfälscht und untergegangen. Die Volkssouveränität auch in der Euro-Atlantischen Gemeinschaft ist noch nie so in Nebensächlichkeiten verstrickt worden wie in den letzten Jahrzehnten der länderübergreifenden Entpersonalisierung des Menschen durch die Papierdiktate von Zollämtern, Bürokratien und Finanzämtern, deren Steuervorauszahlungs-, Steuererstattungsantragsgenehmigungsverfahrensbürokratie des Überstaates relativer Eliten die kleinen Leute heute, zu Beginn der achtziger Jahre unseres Jahrhunderts, bis zum Wahnsinn reizen. Tocqueville hat es vorausgeahnt, als er schrieb: „Jeder duldet, daß man ihn fessele, weil er sieht, daß weder ein Mann noch eine Klasse, sondern das Volk selbst (chaotische Volkssouveränität) das Ende der Kette in Händen hält". (3) Das Volk der Werkschaffenden, ob Arbeiter, Handwerker oder Unternehmer, bis auf das Existenzminimum zu schröpfen, ist bis auf den Pfennig genau durch moderne Bilanzierungstechniken organisierbar geworden.

Alles dies führt zu der Konsequenz, dieser materiellen Unabhängigkeitszerstörung durch Abschöpfungsbürokratien am liebsten durch Kapitalflucht und Emigration in vorläufig noch weniger bürokratisierte Länder entfliehen zu wollen.

2. Sozialpathologischer Gewährungsbürokratismus

Diese schon kriminelle Eigentumsverachtung zur Organisierung der materiellen Abhängigkeit der privaten Gesellschaft bewegt sich systematisch zum herrschaftsstabilisierenden Existenzminimalismus, der den Fleiß der kleinen Leute übersteuert, den Wohlstand der Reichen zerbricht und das Existenzminimum des arbeitenden Volkes auf die Reproduktion der Arbeitskraft minimalisiert.

Wie widerlich und zutiefst lästig dieser Gewährungsbürokratismus empfunden wird, beweist ein simples aktuelles Beispiel: von 500000 heizölzuschußberechtigten Haushalten in Nordrhein-Westfalen waren nur 74000, also 15% der Antragsberechtigten, bereit, sich den Ausfragereien der Bürokraten auszuliefern, obwohl ansehnliche Beihilfen, die andere bezahlen mußten, erwartet werden konnten. (4) Dieser Boykott der sozialen Vernetzung zeigt den Widerstand gegen den Widersinn der Umverteilungsdiktatur des Gewährungsbürokratismus.

Ein Staatsrecht, das alles regeln will, muß sich so oft berichtigen, daß es zutiefst unglaubwürdig wird und Recht nur noch zu einer Frage der besseren pressure groups, der lautstärkeren Demonstranten, zum Gefälligkeitsrecht wird, das niemand mehr achtet, weil es politischen Stimmungen, zufälligen Mehrheiten und Demagogien unterworfen werden kann.

3. Ideologisierter Rechtsrelativismus

Weil soviel „Staat" und soviel relatives Recht in einem Rechtsstaat selbst der schlimmste Tyrann nicht haben kann - und der hat es in der Tat nicht, weil er *politisches* und weniger alltagseinengendes Recht setzt -, hoffen nicht wenige Staatsgeschädigte nicht nur in unserer Gesellschaft auf die baldige Erlösung von den ungezählten Mikro-Tyrannen bürokratischer Ordnungsapparaturen, die nichts unterlassen, die Gängelei erwachsener Menschen rechtsrelativierend zu perfektionieren.

Das wütende Attackieren der Bundeswehrvereidigung in Bremen zum 25. Jahrestag der Nato seitens Weltanschauungsgeschädigter und Staatsverdrossener ist nur ein Mikroausschnitt einer durch Rechtsrelativismus und Bürokratismus deformierten Gesellschaft. Hausbesetzereien und Friedensmärsche in die falsche Richtung sind keine zufälligen Erscheinungen, sondern die bildungspolitischen Ergebnisse ideologisierter Rechthabereien.

Die Dekadenz einer intellektuellen Erschöpfung, die in ihrer Denkmattigkeit sich bis zur suiziden Verteidigungsunwilligkeit steigert, welche eine schleimige Spur pathologischer Morbidität asthmatischer Drogensüchtiger hinterläßt, die kaderwillig sich den einäugigen Inquisiteuren der Freiheit anempfehlen, sind Erziehungsprodukte einer Gesellschaft, die ihre Geschichte verloren und auf die Zukunft verzichtet hat.

4. Parteiapparativer Verwaltungsdespotismus

Der ausufernde destruktive Dogmatismus atheistischer Politkommissare faschistisch-bolschewistischer Couleurs, neuerdings auch von dem sozialdemokratoiden Ordnungs- und Regelfanatismus adaptiert, hat die christlich-konservativ-liberale menschenrechtrespektierende Werthierarchie nicht nur erschüttert, sondern an deren Stelle einen atheistischen parteiapparativen Verwaltungsdespotismus organisiert, dessen lautlose „Krakenarme" (5) die individuelle Dispositionsfreiheit eines jeglichen bis an die Grenzen des Möglichen erstickt. Das „hoheitliche Gewerbe" des Parteiadels hat die private Gesellschaft schon erschreckend entprivatisiert und das bienenfleißig arbeitende Volk zu lebenslänglichen Drohnenopfern planstellenheckender Königsbienen verpflichtet.

Die bolschewistischen, faschistischen und verwaltungsdirigistischen Abenteuer der Vergangenheit geben der sozialpathologischen Gegenwart den erkenntnistheoretischen Beweis der Unannehmbarkeit menschenrechtsverhöhnender Entgrenzung beliebiger Staatsgewalt.

5. Monopol der manipulativen Selbstentfremdung durch Genossensyndikate

Es liegt also ein tieferer Sinn in der organisierten Prinzipienlosigkeit unseres euro-atlantischen Geisteszustandes. Durch Mißbrauch des Ahnungslosenpotentials soll die endgültige Unterwerfung aller unter das Diktat kaderwilliger Genossentyrannei vorbereitet werden. Die partielle Begriffsstutzigkeit, welche die politische Genossenkader gelegentlich auszeichnet, ist nicht Einfalt oder mangelhafte Intelligenz, sondern die Solidaritätsgarantie der aktiv Unterwerfungswilligen.

Die durch relative Herrschaftseliten listig eingefädelte rechtliche Vorverlegung der Volljährigkeit Ahnungsloser, die nur eine Herrschaftsanimation für Minderjährige bedeutet, hat als vorbereitendes Mittel zur Machtübergabe an die Tyrannen der Welt schon ihre Früchte gezeigt. Niemand würde die Freude über die politische Entscheidungsfähigkeit von achtzehnjährigen Jungbürgern verhehlen, wenn die Kultivierung der Urteilskraft, durch Schule und Gesellschaft manipulationsfrei und gewissenhaft der Vernunft verpflichtet, vorbereitet wäre. Junge Menschen aber soziokulturell zu verfremden und durch eine verweigerte politische Bildung der für Heranwachsende typischen Irrationalität absichtlich zu überantworten, um auf ihnen leichter Manipulationspotentiale abzuladen, das ist Demagokratie!

Die ,,Stichwortgeber'', welche die 25-Jahr-Feier der Bundeswehr am 5. 5. 1980 im Bremer Weserstadion als ''militärisches, säbelrasselndes Imponiergehabe'' diffamierten und durch die öffentlich-rechtliche Rundfunkanstalt in den Händen der SPD die Jugendlichen der Stadt zum Sturm auf das Stadion aufhetzten, wobei 257 Polizisten teilweise schwerverletzt wurden, waren sozialdemokratische Moderatoren, auf Volksaufhetzung geschult und durch ihre Parteioberen ermächtigt. (6)

Welcher vernünftige Mensch kann diesen in die totale Entfreiheitlichung treibenden, selbstmörderischen Schwachsinn einer negativen Herrschaftselite ohne Schaudern vor der Zukunft noch mitansehen?!

6. Zusammenbruch der Reformfähigkeit

Die euro-atlantische *staatsrechtliche Unordnung* aus dem Geist des 19. Jahrhunderts, „dessen Wurzeln zwischen 1770 und 1870 liegen" (7), die das heutige Bewußtsein des Denkenden lähmt, kann durch keine Reform mehr lebensgerecht reformiert werden. Das lahme, tausendmal geflickte Staatsrecht der Gegenwart muß durch ein neues Bürgerrecht politisch Mündiger als ein Staatsrecht aus der Idee der Freiheit ersetzt werden, damit die Verfügungsgewalt über die Ahnungslosen durch Demagogen und Weltanschauungsgeschädigte endlich für immer beendet werden kann.

Die Reformfähigkeit im Sinne einer Restabilisierung der Freiheit etwa aus den Reihen der hochgespülten relativen Herrschaftselite, die sich in Westeuropa auf die Unterwerfung unter den Großtyrannen vorbereitet, ist weder zu erkennen noch aus dem politischen Kader der sozialliberalen Ausplünderungsstrategien zu erhoffen. Hier ist nur Gegenteiliges zu befürchten, insofern die allgemeine Reformerwartung durch Täuschungsmanöver schamlos ausgenutzt wird, die individuellen Restwiderstandsmöglichkeiten gegen den Unterwerfungswillen der relativen Eliten durch die Vergesellschaftung von Produktionsmitteln sozialistisch zu eliminieren.

Die Reform mehrfach reformierter Reformen reformiert nur das Chaos zum System. Verwaltungsaufblähende Minikorrekturen signalisieren nur noch den Zusammenbruch der Reformmöglichkeiten. Die etablierte Herrschaftselite ist so verkrustet, verfilzt und opportunistisch korrupt, daß nur noch ein neues Staatsrechtsverständnis die Restabilisierung des Rechtsfriedens in Freiheit zu gewährleisten vermag.

7. Unbelehrbarkeit des relativen Establishments

Die systematische Kulturzerstörung des privaten Lebens durch die Krakenarme einer technokratisch auf die Vernichtung der persönlichen Integrität jedes einzelnen gerichteten Unterwerfungsbürokratie hat ein Ausmaß erreicht, das nur noch sozialpathologisch begreifbar ist. Der euro-atlantische Bürokratismus ist zur politischen Mafia der Selbstzerstörung einer orientierungslos gewordenen Kultur geworden, deren modernisierte Erzwingungsfoltern die perfektesten Ausplünderungssysteme aller Zeiten verwirklicht haben.

Die von Ulrich Lohmar aufgestellte erste von hundert Thesen über das Ausplünderungsgewerbe der Verwaltung stellt fest: „Staatliche Bürokratien streben in allen Industriestaaten nach politischer Herrschaft, sie kämpfen um persönliche Privilegien und belasten die private Gesellschaft mit deren Folgen und Kosten. (8)

Dies ist ein internationales Phänomen. Gleichwohl liegt der Akzent dieser Analyse auf den besonderen deutschen Aspekten des Klassenkampfes der öffentlichen Bürokratien gegen die private Gesellschaft." (9)

Es besteht daher nicht die geringste Hoffnung einer Regeneration der etablierten öffentlich-rechtlichen Naturrechtsignoranz der politisch heruntergekommenen relativen Herrschaftselite. Die euro-atlantische Repräsentanz ist hoffähig, aber morbide, ist gewissenhaft im Detail, aber kompromißbereit bei Prinzipien, ist pathetisch im kleinlichen Rechtsstaatsklimbim gegen Ohnmächtige, aber von unerträglicher Furchtsamkeit vor Rechtsbrechern, die mächtig sind. Mit einem Wort: Angst, Feigheit und Prinzipienlosigkeit haben die wirtschaftlich leistungsfähigsten Regionen der Welt zum Papiertiger gemacht, über den sogar Fidel Castro, vor der Haustür der Vereinigten Staaten sich breitmachend, ungestört und ungestraft die Südflanke der Vereinigten Staaten ideologisch gegen die Freiheit der Welt mit Krediten der Industriestaaten munitionieren darf.

Die politisch-intellektuelle Deskelettierung der Abendländer

Noch hat der Großtyrann, milde lächelnd über die Selbstzerstörungswut Westeuropas, nicht um Entwicklungshilfe gebeten für die Ausdehnung seines ideologischen und praktischen Kolonialismus. Aber wenn er darum nachsuchte, Europäer würden wegen der in Aussicht gestellten „Verbesserung der Wirtschaftslage", z.B. in der eisenschaffenden Industrie, die Angebote gegenseitig unterbieten.

Die „schwache Weltmacht" unter dem schwächsten Präsidenten der USA, Jimmy Carter, hatte nicht nur keinen Führungswillen, sie hatte auch keinen politischen Kompaß mehr, der geeicht war. Selbst ein Oberst Beckwith, dieser „Chef der Blue Lights" nach dem Befreiungsdebakel in der Teheraner Geiselaffäre (10), rettet uns nicht vor der Unbelehrbarkeit des etablierten Establishments. Die Dauer-Alternative der Gegenwart heißt daher: *Elitenwechsel!*

Die von Helmut Kühn entwickelte (11) intellektuelle Deskelettierung der abendländischen Kultur durch das Herrschaftsmittel der Angst, die seit ewigen Zeiten, besonders aber seit Stalin, Hitler, Ulbricht, Breschnew, Pol Pot und dem aaligen Honeckerismus aller Schattierungen lustvoll zelebriert wird, hat die Euro-Atlantische Gemeinschaft in einen kulturpolitischen Niedergang getrieben, die aus selbstverschuldeter Überlebensangst vor jedem Stirnrunzeln aus Moskau politisch erbleicht.

Der international angesehene Kulturphilosoph Prof. Kühn, der seit mehr als 50 Jahren denkend diese Welt beobachtet, den persönlich nichts anderes mehr in unserer Welt interessiert als die Wahrheit, beklagt die Politik unserer Tage so:

„Die Drohung der ideologisch-totalitären Macht erlegt der okzidentalen Welt eine Probe auf. Im großen und ganzen gesehen, weigern sich die Herausgeforderten, die Probe auch nur zur Kenntnis zu nehmen. Ein Schirm von Illusionen (die Dekadenz) verhüllt ihnen die Wirklichkeit. Als Chruschtschow Entspannung und Koexistenz als die Losungsworte für den kampflosen Weg zur kommunistischen Weltherrschaft proklamierte, verstanden sie das als Kundgebung des Friedenswillens. Als der Vertrag von Helsinki geschlossen wurde, begriffen sie nicht, daß der die *Kapitulation der Vereinigten Staaten besiegelte, und riefen „Friede für unsere Zeit!"*. Die Vergewaltigung Ungarns und die Invasion der CSSR hinterließen bei ihnen keinen dauernden Eindruck, und als Fidel Castro durch sein Eingreifen in Angola der Sowjetmacht eine afrikanische Bastion sicherte, nahmen sie auch das gelassen hin.

Die von Alexander Solschenizyn gezeichnete Karte des Archipal GULAG paßte nicht in ihre geistige Landschaft, und wenn sie wegsahen, konnten sie sich sogar tugendhaft fühlen. Sie ehrten das Prinzip, das im Mund der Marxisten zum Sarkasmus geworden ist: Keine Einmischung in die innenpolitischen Probleme eines freien Staates! So verstopft man die Ohren für die Stimme des uns gesandten Warners und hört lieber auf die Schalmeienklänge des sich demokratisch kooperativ und human gebenden „Eurokommunismus", wie sie uns von klugen Taktikern wie Marchais und Berlinguer vorgespielt werden. Die Furcht, die blind macht, tastet die Würde an. Wenn wir auf die Gespräche zwischen Vertretern des kommunistischen Blockes und den Staatsmännern (Kühn bedient sich ohne Anführungszeichen dieses Ausdruckes) der atlantischen Welt hören, finden wir, daß sich auf der Seite des Westens immer wieder ein Ton peinlicher Beflissenheit und selbst Kriecherei bemerkbar machen". (12)

Die atlantische „Strategie der Freiheit", die aus dem Identitätsverlust eines wirklichkeitsfremden, prinzipienlosen und korrumpierten Staatsrechts sich nährt, hat die Präventiv-Kapitulation vor den sozialistischen Sklavenhaltern schon weitgehend verinnerlicht.

Ob Transitabkommen von und nach Berlin oder der Verkauf von Stacheldraht für die Befestigung der Demarkationslinie oder die Finanzierung der Aufmarschstraßen gegen die Bundesrepublik im Herrschaftsbereich der Großtyrannen - eine selbstzerstörerischere Deutschlandpolitik ist nicht mehr denkbar. Daß dieses alles fast widerspruchslos geschehen kann, beweist das sozialistisch-syndikale Meinungsmonopol, das den Ausverkauf deutscher Interessen mit Zustimmung der Ahnungslosen legalisiert. Die geschickte Austrocknung der politisch schöpferischen Energien in der Euro-Atlantischen Gemeinschaft hat im Einflußbereich sozialpathologischer Gehirnerweichung schon dazu geführt, daß eine Reprimitivierung der Lebensgewohnheiten stattfindet. Die Herdengewohnheiten kollektiver Entpersonalität finden freudigen Zuspruch und reaktivieren fatale sozialparasitäre Ansprüche auf Kosten anderer.

Wenn die westliche Welt ,,eine Welt ohne Willen'' geworden ist, wie Solschenizyn treffend (13) bemerkt, und die Ereignisse in Rhodesien, Persien und Afghanistan ihm wiederum Recht gaben, dann ist diese Bilanzierung von Ereignissen, zusammen mit den ,,masochistischen Orgien politischen Flagellantentums'' früherer USA-Regierungen (14), eine Aufforderung, sich langsam, aber sicher den dekadenten Kräften der ,,progressiven Selbstentwaffnung'' zu entziehen und die politische Wirklichkeit einen Spaltbreit wieder in unsere Urteilskraft hereinzulassen.

Ein kluger Beobachter und Desillusionist faßt die Selbstmordstrategie, diese intellektuelle Deskelettierung Europas, so zusammen: ,,Amerika verlor einen militärisch gewonnenen Krieg am Verhandlungstisch von Jalta, weil Roosevelt fest davon überzeugt war, daß eine freundschaftliche Koexistenz mit den Sowjets sowohl angenehmer als auch billiger sei als der kalte Krieg. Jahrzehnte nach dem Tod des unglücklichen Chirurgen drängte sich das amputierte Europa nach einer neuerlichen Amputation. Und man nennt das, genau wie in Jalta, eine Politik der ,,Entspannung''. (15)

Heute ist deutlich geworden, daß diese Roosevelt'sche Hoffnung auf Koexistenz zwischen Sklavenhaltern und freien Völkern durch die überflüssige Preisgabe Mittel- und Osteuropas an den Großtyrannen der gesamten nichtkommunistischen Welt seit 35 Jahren Verteidigungslasten aufgezwungen hat, die in Billionen Dollar gehen, ohne je einen Sieg über den Aggressionswillen der sozialistischen Internationalen, dieser 5. Kolonie des Weltaggressors, gewonnen zu haben. Die vermeintliche Koexistenz, dieser Ohrwurm für Einfältige, ist weder angenehmer noch billiger geworden! Im Gegenteil, sie ist aggressiver und daher tödlicher geworden.

Damit ist alles gesagt. Der atlantischen Kriecherei vor dem Großtyrannen folgte Afghanistan. Weiteres diplomatisches Wurmverhalten atlantischer Möchtegernstaatsmänner wird weitere Demütigungen, Niederlagen und Entrechtungen der freien Völker zur Folge haben.

Politische Pädagogik wächst auf dem Nährboden der unerträglich gewordenen Selbstverachtung

Die 30-jährige euro-atlantische Strategie der Feigheit und des Zurückweichens von dem Weltherrschaftsanspruch des Großtyrannen hat den Glauben an den Selbstbehauptungswillen ruiniert. Die Kalkulierbarkeit der unvermeidlichen Kapitulation vor den Moskowitern ist nicht nur nackter Opportunismus der Jugend. Daß viele sich heute auf die Seite des vermeintlich Stärkeren stellen, ist das Ergebnis hausgemachter Erfahrung sowohl über den Rechtsrelativismus im eigenen Lebensraum als auch über die nervende Begegnung mit dem Verwaltungsterror eines überflüssigen Bürokratismus, den jedermann irgendwann einmal mit Widerwillen erlebt hat. Wer trachtet nicht nach der Genugtuung, mit der möglichen Veränderung der Machtverhältnisse seine ehemaligen Peiniger mit in den Abgrund trudeln zu sehen! „Was soll's",heißt die Devise unter vielen jungen Menschen, „arbeiten müssen wir überall, und viel schlechter als jetzt kann es auch nicht werden."

Hier liegen die Wurzeln der Staatsverdrossenheit. Es ist zu fragen, ob nicht der Bürokratismus in westlichen Demokratien dadurch im Dienste sozialistischer Sklavenhalter steht, daß er durch Repression in der Bevölkerung bewußt oder unbewußt Wehrunwillen und Verteidigungsunlust aufbaut. Bürokratien vollziehen eine *Ermattungsstrategie* des politischen Widerstandes..

Diese Frage stellt sich, weil es sehr verwundert, daß über die mögliche Rauchbelästigung durch ein Kartoffelfeuer im Herbst Gesetze und Bußgeldkataloge angefertigt werden, derweil Kommunisten überall zum Aufbruch blasen, die Klassenfeinde, zu hängen, und Sowjetbotschaften in westlichen Demokratien damit beschäftigt sind, die Liquidationslisten der bürgerlichen Gesellschaft zu schreiben..

Erkenntnistheoretisch haben sich die Relationen nicht nur verstellt, sie sind aus dem Blickwinkel des Zeitgeistes irreversibel geworden. Wer noch etwas ändern will, muß aus der Käseglockenkultur seines Zeitgeistes aussteigen.

Es geht in der politischen Pädagogik nicht nur um die Beendigung der Kulturzerstörung durch seelenlose Bürokratien und entgrenzte Staatsgewalt, nicht nur um die Beseitigung des sozialpathologischen Polit-Terrors einer sozialistischen Bonzennomenklatur der Pfründensicherung, sondern darum, die manipulativen, zeitgeistbestimmenden Ursachen und Bedingungen des seit Jahrzehnten relativ freiwilligen Freiheitsverzichts der Mehrheit eines verführten Volkes aufzudecken. Die eingeübte Resignation und Ohnmachtserfahrung muß in Zukunft ausgeschlossen bleiben.

Die natürlichen Wechselbeziehungen der geistigen Energien zwischen den Menschen müssen von den herrschaftsgefälligen Absichtsbestimmungen ordinärer Vorteilssicherung zu Lasten des Volkes gereinigt und schließlich befreit werden. Das kann nicht anders geschehen als durch Verringerung des Ahnungslosenpotentials des Wählers, der als ein ahnungslos Vertrauender Macht auf Zeit verleiht und umerklich zum Opfer dieser verliehenen Macht, also zum Schuldner wird. Der Erwachsene muß wieder voll verantwortlich wie ein Erwachsener handeln dürfen. Eine Kultur, sagt Solschenizyn, ,,in der Erwachsene, sich der Meinung ihrer Kinder unterwerfen'', (16) ist weit genug verformt und verunsichert, um widerstandslos durch List oder Gewalt kassiert zu werden. Insofern haben auch die unzählbaren Steigbügelhalter sozialpathologischer Selbstkasteiung, die Möchtegernpsychologen mit ihrem psychologischen Manierismus, viel dazu beigetragen, bei Schwächlingen den Glauben an die eigene Urteilskraft endgültig zu erschüttern.

Auch dieser erkenntnistheoretische Bereich des zu stabilisierenden Selbstvertrauens in die eigene Urteilsfähigkeit ist Gegenstand der politischen Pädagogik. Nicht die dauernde Infragestellung der eigenen Erkenntnisfähigkeit und -bereitschaft ist Erziehung, sondern Analyse der möglichen Verfahren zur verläßlichen Bestimmung der eigenen Antriebe und ihre Fixierung auf ein Maximum an Gewißheit.

Nicht die Vergeblichkeit der Wahrheitsfindung aus subjektiver Urteilskraft, sondern die Vergeblichkeit des Wahrheitswillens kollektiver Urteilsvorgaben sollen durch politische Pädagogik in Erfahrung gebracht werden. Die Urteilsübertragung auf Kollektive und Parteivorstände impliziert die Bereitschaft zur subjektbeleidigenden Selbstverachtung. Das mag der Unwissende nicht spüren, der Denkende aber leidet.

Politische Pädagogik hinterfragt die psychologischen Hintergründe dekadenter Todessehnsucht aus Angst vor dem Tode (17) und entwickelt eine politische Elastizität gegenüber der aggressiven politischen Geiselnehmerei ideologisierter Narren, denen Menschen noch nie mehr waren als austauschbare Objekte ihrer Gewaltherrschaft.

Politische Bildung im Dienste der politischen Pädagogik

Politische Pädagogik achtet, unabhängig von parteipolitischen Rollenerwartungen, auf die treue Ausführung der Naturrechtsprinzipien des Rechtsstaates aus der Idee der Freiheit.

Die bisher praktizierte politische Pädagogik ist nicht nur erfolglos gewesen, sie ist wegen ihres unpolitischen Anspruchs ein Unterrichtsmittel zur Einübung der Staatsverdrossenheit. Die eingeführten kultusministeriell genehmigten Lehrmittel zur politischen Bildung praktizieren politische Resignation, sozialpathologisches Anspruchsverhalten und gepflegte Verteidigungsunwilligkeit.

Eine Verteidigungsapparatur ohne Verteidigungswillen, was ist sie schon wert? Wozu ist sie nütze als dafür, die Waffenarsenale des Großtyrannen aufzufüllen. (Siehe Vietnam-Krieg, den die Nordvietnamesen mit erbeuteten amerikanischen Waffen gewonnen haben.)

Auch die Tatsache, daß im Geltungsbereich des Grundgesetzes niemals eine politische Bildung im Sinne der Sicherung einer politischen Kultur gefordert war, beweist die systemimmanente, wenn auch verborgene, sich krebsartig ausbreitende Kapitulationsbereitschaft, trotz schimmernder Wehr und schrecklicher Waffen.

Politische Bildung kann nicht in der schulischen Reproduktion des apolitischen Schwachsinns konfuser Zeitgeistbestimmungen vor unschuldigen und unwissenden Schülern und Schülerinnen bestehen. Sie muß die Analyse des Schreckens möglicher Unterwerfung aus Feigheit vor dem Welt-Tyrannen darzustellen verstehen und die sittlichen Seinskräfte des Menschen in der immateriellen Dimension seines Lebensanspruchs kultivieren können.

Politische Bildung muß die Urteilskraft des Wahlberechtigten bis zur verläßlichen Deformationsimmunität steigern können, und das gelingt nur, wenn das Wesen jeder Herrschaft als ein ewiger Unterwerfungswille verständlich gemacht werden kann, und einsichtig wird, daß der individualsouveräne Freiheitswille jede Objektdegradierung des Menschen durch jede Ideologie und Demagogie verweigern muß. Dieser Antagonismus gegenteiliger Interessen ist ein absoluter. *Der Mensch ist immer nur so frei, wie er Herrschaft über sich duldet.*

Politische Pädagogik hält sich an historische Tatsachen, nicht an Ideologien

Das weitgehende Unverständnis der Freiheit und die merkwürdige Informationsverweigerung, z. B. aus Furcht vor dem sozialistischen „Terror als Mittel der Überzeugung", wie Lenin einst verlangte (18), ist nicht die gewachsene Feigheit aus physischer oder technischer Ohnmacht, sondern allein das Resultat einer vernunftgelähmten Sprachlosigkeit ob der Dreistigkeit, mit der seit der sozialistischen Oktoberrevolution der etablierten Unmenschlichkeit 1917 und seit der Machtergreifung durch die Nazis 1933, die dem bolschewistischen Massenterror nachzueifern trachteten, versucht wird, über Menschen bedenkenlos zu verfügen.

Ein symptomatisches Dokument nach Beendigung des nationalen Sozialismus 1945 (NSDAP) in Deutschland soll hier in Stellvertretung für die Unterwerfungspraxis des internationalen Sozialismus - die durch Solschenizyns Archipal GULAG belegt werden konnte - die Objektdegradierung des Menschen durch Staatsgewalt deutlich machen.

Aussage des Lagerkommandanten von Auschwitz, Höss, vor dem Internationalen Militärtribunal

... Massenhinrichtungen durch Vergasung begannen im Lauf des Sommers 1941 und dauerten bis Herbst 1944. Ich beaufsichtigte persönlich die Hinrichtungen in Auschwitz bis zum 1. Dezember 1943 und weiß auf Grund meines laufenden Dienstes in der Überwachung der Konzentrationslager WVHA, daß diese Massenhinrichtungen, wie vorerwähnt, sich abwickelten ...

... Eine andere Verbesserung gegenüber Treblinka war, daß wir Gaskammern bauten, die 2000 Menschen auf einmal fassen konnten, während die zehn Gaskammern in Treblinka nur je 200 Menschen faßten. Die Art und Weise, wie wir unsere Opfer auswählten, war folgendermaßen: zwei SS-Ärzte waren in Auschwitz tätig, um die einlaufenden Gefangenentransporte zu untersuchen. Die Gefangenen mußten bei einem der Ärzte vorbeigehen, der bei ihrem Vorbeimarsch durch Zeichen die Entscheidung fällte. Diejenigen, die zur Arbeit taugten, wurden ins Lager geschickt. Andere wurden sofort in die Vernichtungsanlagen geschickt. Kinder im zarten Alter wurden unterschiedslos vernichtet, da sie aufgrund ihrer Jugend unfähig waren zu arbeiten. Noch eine andere Verbesserung, die wir gegenüber Treblinka machten, war diejenige, daß in Treblinka die Opfer fast immer wußten daß sie vernichtet werden sollten, während in Auschwitz wir uns bemühten, die Opfer zum Narren zu halten, indem sie glaubten, daß sie ein Entlausungsverfahren durchzumachen hätten. Natürlich erkannten sie auch häufig unsere wahren Absichten, und wir hatten deswegen manchmal Aufruhr und Schwierigkeiten. Sehr häufig wollten Frauen ihre Kinder unter den Kleidern verbergen, aber wenn wir sie fanden, wurden die Kinder natürlich zur Vernichtung hineingesandt. Wir sollten diese Vernichtungen im geheimen ausführen, aber der faule und Übelkeit erregende Gestank,

der von der ununterbrochenen Körperverbrennung ausging, durchdrang die ganze Gegend, und alle Leute, die in den umliegenden Gemeinden lebten, wußten, daß in Auschwitz Vernichtungen im Gange waren.
Von Zeit zu Zeit kamen Sondergefangene an aus dem örtlichen Gestapo-Büro. Die SS-Ärzte töteten solche Gefangene durch Benzin-Einspritzungen. Die Ärzte hatten Anweisung, gewöhnliche Sterbeurkunden auszustellen, und konnten irgendeine Todesursache ganz nach Belieben angeben.
Von Zeit zu Zeit führten wir medizinische Experimente an weiblichen Insassen aus, zu denen Sterilisierung und den Krebs betreffende Experimente gehörten. Die meisten dieser Menschen, die unter diesen Experiementen starben, waren schon durch die Gestapo zum Tode verurteilt worden ...

Dieser in der marxistischen Klassenkampftheorie erstmals durchgesetzte erbarmungslose Liquidationswille der „politischen Antagonisten" ist nicht etwa seit dem Untergang des NS-Staates beendet, sondern erlebt grausige Wiederauferstehung in täglicher Polit-Praxis.

In den 2000 Gefängnissen, Konzentrationslagern und psyschiatrischen Haftanstalten (18a siehe Anhang) des Großtyrannen sollen seit der sozialistischen Oktoberrevolution mehr als 30 Millionen Menschen nicht vergast worden, aber an Entkräftung gestorben, verhungert und wegen menschenunwürdiger Behandlung umgekommen sein. Die Zahlen sind, wie Betroffene nach der großen Amnestie 1954-1956 unter Chruschtschow berichteten, Mindestwerte. Die Zahl der nicht einmal in den Konzentrationslagern Angekommenen ist nicht bekannt. Übereinstimmende Schätzungen überlebender Sowjetopfer sprechen von 50 Millionen politisch Liquidierten seit der Oktoberrevolution in Moskau und Leningrad.

Merkwürdig, daß diese Tatsachen in der restlichen antikommunistischen Welt so geflissentlich unterschlagen werden. Es erinnert an das dunkle Kapitel der Judenausrottung, worüber viele wußten, aber auch die Kriegsgegner des NS-Staates nahezu vollständig schwiegen.

Die Vorstellungskraft der politischen Schrecken einer aufgehobenen Freiheit ist dem Freien im Regelfall nicht gegeben. Er ist in seinem selbstverständlichen Gebrauch politischer Rechte durch keine lebensgefährdende Erfahrung sensibilisiert. Wenn er diesbezügliche Erfahrungen machen muß, ist es zur Abwehr meist zu spät, weil das staatlich organisierte Verbrechen erst beginnt, wenn die Abwehr des Unrechts durch Wehrlosigkeit des Volkes gesichert erscheint. Wer den Zeitpunkt des möglichen Widerstandes verschläft, widersteht nicht mehr. Gefahren, *die vom Gefährdeten vor sich hergeschoben werden, werden im Regelfall größer.*

Politische Pädagogik bündelt den Freiheitswillen des Volkes zielgerichtet

Politische Pädagogik meint diesen Prozeß der Selbstentwürdigung des Menschen durch Existenzangst, meint die Ursachenanalyse der menschlichen Feigheit und den Persönlichkeitszusammenbruch durch politischen Terror oder existenzielle Angstandrohung. Wenn politische Pädagogik ihre erkenntnistheoretischen Ansprüche markiert, dann strebt sie an, den chaotischen Volkswillen endlich an die Bedingungen des Rechtsstaates aus der Idee der Freiheit zu knüpfen.
Politische Pädagogik stabilisiert erkenntnistheoretisch die Voraussetzung der Freiheit dadurch, daß sie das Verfahren erläutert, wie gegen Dauerdeformation des Menschen durch Herrschaft Immunitätsenergien aktiviert werden können.
Politische Pädagogik beendet die geistige Selbstentwaffnung und die moralische Entsagung vor hartnäckigen ideologischen Naturrechtsverweigerern und sonstigen tyrannischen Clownerien auf der politischen Weltbühne. Dauernde und überzeugende Standfestigkeit in dem Willen, Freiheit und Gerechtigkeit von neimandem beugen zu lassen, ist ihr sittliches Prinzip und pädagogisches Anliegen.
Politische Pädagogik ist psychologische Friedenssicherung durch Unerschütterlichkeit und Gleichmut, ist politische Tapferkeit durch die Standfestigkeit des Willens, sich dem Unterwerfungswillen des Großtyrannen nicht zu beugen. Kein Wunder, daß relative Eliten der politischen Pädagogik den Wissenschaftsanspruch verweigern!
Politische Pädagogik überwindet die ,,lähmende Resignation, die den Widerstand bricht'', und kanalisiert den unbeschäftigten Tatendrang, der nach einer Zukunftsvision schreit und nach kaum geahnten Zielen sucht (19).
Politische Pädagogik stellt die Würde des Menschen durch die Freigabe seiner gestohlenen Freiheit wieder her und verzichtet auf Unterwerfung als ein Mittel der Politik zur Ausplünderung der Wehrlosen.

Anstelle des vernunftwidrigen staatlichen Dirigismusanspruch strebt die individuelle Urteilskraft zur Autonomie und Selbstverwirklichung.

Die Besinnung auf die Eigentlichkeit des Menschen, die Verpflichtung zur Gerechtigkeit, Freiheit und Würde der Individualsouveränität des Mündigen muß wieder zum Maß aller Dinge werden.

Sie entfaltet anstelle einer irreparablen, rechtlich verkommenen Staatssouveränität, die es naturrechtlich nicht gibt, die Omnipotenz der Individualsouveränität auf der Grundlage materieller Unabhängigkeit als der immer noch verläßlichsten Garantie geistiger Freiheit überhaupt.

Politische Pädagogik erzieht zum Selbstvertrauen

Politische Pädagogik muß nicht nur gegen Selbstwertverfremdung Argumente und Beweise finden, sie muß diese Beweise aus individueller, rationaler Urteilskraft selbstentdeckend systematisieren und schlußfolgern können. *Sie hat die seelische Substanz des Inividuums zu entdecken und ihre Unverzichtbarkeit zu begründen.* Politische Pädagogik will niemanden angreifen, aber auch niemanden unterwerfen. Sie lehrt: Standhalten! und zwar so, wie Thomas von Aquin, der große Philosoph und Kirchenlehrer , es gemeint hat: als das Ergebnis eines mündigen Individuums mit Substanz.

In seiner Summa Theologica (II. II. 123 b ad 1) schrieb er vor 700 Jahren einen tragenden Grundsatz für die heute notwendigerweise nicht mehr entbehrliche politische Pädagogik:

> ,,Standhalten ist schwerer als angreifen, und das aus dreifachem Grunde:
>
> *Erstens:* Wer standhält, der steht, so scheint es , gegen einen überlegenen Angreifer; wer aber angreift, der geht selber vor auf die Weise des Stärkeren; es ist also schwerer, gegen einen Stärkeren zu kämpfen als gegen einen Schwachen.
>
> *Zweitens:* Wer standhält, der spürt die Gefahr schon als gegenwärtig, wer aber angreift, für den ist sie noch in der Zukunft; es ist jedoch schwerer, vom Gegenwärtigen nicht erschüttert zu werden, als vom Künftigen.
>
> *Drittens:* Standhalten schließt zeitliche Dauer ein, angreifen indes kann einer aus politischem Antrieb; es ist aber schwerer, lange unerschüttert zu verharren, als in plötzlicher Bewegung auf ein steiles Ziel loszugehen.''

Standhalten fällt selbst dem Starken schwer, dem Schwächling scheint es schier unmöglich. Der ,,Herrschaft der Lernbehinderten und Ahnungslosen'' muß es notwendigerweise aus Unwissenheit über die Gefahren steriler Geschäftigkeit noch schwerer fallen als allen anderen.

Standhalten ist ein Produkt des Selbstvertrauens. Wer sein politisches Selbstvertrauen verloren hat, kann nicht standhalten. Politische Pädagogik vermittelt Selbstvertrauen, damit durch Standhalten der Weltfriede erzwungen und der Großtyrann zur Aufgabe seines Unterwerfungswillens gezwungen werden kann.

Wie diese Treue zum unteilbaren Prinzip des Rechtsstaates aus der Idee der Freiheit durch berufsmäßig potenzielle Feinde dieses Prinzips genannt wird, ist für die politische Pädagogik völlig belanglos. Ob ,,säbelschwingendes Abenteuer'', Kriegsbrandstiftung, Kalter Krieg, Atomkriegsbefürworter, geistige Spinner, Antiideologen, ist nur insofern nicht gleichgültig, als ein Lob aus dem Herrschaftsgebiet des Großtyrannen nur ein Grund wäre, den sittlichen Anspruch der politischen Pädagogik sofort zu überdenken. *Wer vom klar fixierten Naturrechtsignoranten gelobt wird, macht Fehler in seiner Naturrechtssicherungspolitik.*

Wer dagegen von Naturrechtsignoranten verunglimpft wird, ist auf dem richtigen Weg der weltweiten Aggressionsabwehr und Friedenssicherung. Die Sache der Gerechtigkeit und Freiheit ist prinzipiell immer gut aufgehoben, wenn die politischen Pläne des Großtyrannen durchkreuzt werden.

Politische Pädagogik sichert den Weltfrieden

Die bisherige euro-atlantische Strategie des Nachgebens, des Zurückweichens und der Feigheit hat den Sowjetimperialismus nicht aufgehalten, sondern von Jahr zu Jahr gewalttätiger werden lassen, mehr noch, zum Sowjetkolonialismus gesteigert.

Die Theorie der friedlichen Koexistenz hat der Großtyrann genutzt, sich allein in Afrika in 13 Staaten häuslich niederzulassen, wie z.B. in Mosambique, Äthiopien, Angola. In den Staaten Sambia, Tansania, Uganda, Kongo, Ghana, Obervolta, Guinea, Algerien, Libyen ist er politisch, ideologisch und militärisch präsent. 13 Völker sind vorübergehend der politischen Entrechtung anheimgefallen, Südostasien ist ein Flüchtlingslager, Afghanistan überfallen, der Vordere Orient bedroht, Mittelamerika revolutioniert. Der Großtyrann aber drohte den euro-atlantischen Todgeweihten, nur nicht mit dem ,,Säbel zu rasseln''. Der Weltfriede sei durch die Existenz der nicht-kommunistischen Staaten noch immer bedroht.

Die amerikanische Außenpolitik unter Jimmy Carter bot in dieser verzweifelten Lage dem letzten Pufferstaat zu den warmen Gewässern, Pakistan, 200 Millionen Dollar zur Verteidigung gegen den Großtyrann an, wo 20 Milliarden Soforthilfe am Platze gewesen wären, um nicht möglicherweise 200 Milliarden in den nächsten Jahren aufbringen zu müssen.

Wie nun kann politische Kultur den Weltfrieden erzwingen? Gibt es gegen Kanonen und Raketen eine Chance der Entwaffnung durch das Wort?

Um es deutlich vorweg zu sagen, es gibt nur die Chance des logischen Sachverstandes. Die Macht des gelogenen Wortes hat den Großtyrann in die Rolle einer Weltmacht gehoben, die Macht des wahren Wortes wird die verlogene Weltmacht zur Demokratie freier Menschen zurückführen.

Die Friedenserzwingung durch politische Pädagogik vollzieht sich durch die wissenschaftliche Aufbereitung der Ursachen des Selbstwertverlustes des Menschen durch das manipulative Wort. Allein das Wort ,,Entspannung'' aus dem Munde eines Hexers fasziniert und tötet zugleich alle jene, die das Gefühl sprechen lassen statt der Urteilskraft.

Entspannung heißt, die existierende Spannung zu verringern. Weil niemand sonst in der Welt als die kommunistischen Sklavenhaltersysteme mittels Unterwerfung, Eroberung, Aggression, Untergrundbewegung, Terrorismus, revolutionärer Kaderschulung, Weltherrschaftsambitionen unter dem Diktat des Sowjetfaschismus, dieser internationalen Ausführung des deutschen National-Sozialismus im Großformat, anstrebt, kann die politische Spannung in der Welt, die durch den sowjetischen Machtanspruch über friedfertige Völker entstanden ist, nur durch Zurückweisung auch der geringsten sowjetischen Aggressionshoffnung abgebaut werden. Entspannungspolitik kann daher nie etwas anderes sein, als dem seit 64 Jahren wütenden Sowjetaggressor die nunmehr erreichten Grenzen seines Unterwerfungswillens täglich vorzuführen und die koloniale Bevormundung anderer Völker einzustellen.

Friedenssicherung durch erzwungene Stagnation des sowjetischen Unterwerfungswillens

Sobald die straff organisierten internationalen Naturrechtsverweigerer dieser Welt keine Chance mehr finden, sich territorial auszudehnen, also auf der Stelle treten müssen und politisch glaubhaft gehindert werden können, aggressive Ausbrüche in die Lebensbedingungen der nichtkommunistischen Welt weiterhin zu organisieren, werden sie täglich durch die Solidarität der Standhaften besiegt, und zwar demoralisierend besiegt.

Wenn die territoriale Aggression und ideologische Verhexung des Großtyrannen gestoppt werden kann, dann wird er zu einer innenpolitischen Konfrontation mit den Kräften der Freiheit im eigenen Lande gezwungen. Standhalten also gegen den Aggressionswillen des Großtyrannen, beschleunigt die weltpolitische Entspannung durch den Umkehrzwang, die Unterwerfungsmittel gegen die Welt, z.B. gegen Afghanistan, von außen nach innen kehren zu müssen.

Entspannung heißt also, das nach außen gerichtete Unterwerfungspotential des Großtyrannen innengerichtet umzukehren, nicht aber durch Wehrlosigkeit das Unterwerfungspotential auf sich zu ziehen.

Die Stagnation einer auf Aggression orientierten Ideologie führt eigengesetzlich zur außenpolitischen Entspannung dadurch, daß die *innenpolitische Stabilität* der apparativen Unterwerfungsmacht durch Aggressionsverlust und erzwungene Ausdehnungsblockade langsam, aber sicher *zerbricht,* weil der Freiheitsverlust für die Gewaltunterworfenen immer unmotivierter und die Fortsetzung der Unterwerfung der unterworfenen Völker ohne territorialen Zugewinn immer kostspieliger und aufwendiger und unsicherer werden. Eine Großmacht, die auf Bajonetten ruht, bricht ohne außenpolitische Erfolge mit Notwendigkeit zusammen.

Die Furcht des Großtyrannen vor den freiheitsbegehrenden, in den eigenen Kreisen dauernd unter Lebensangst stehenden Genossen drängt zur Aggression. Kann dieser Zwang zur Aggression durch Standfestigkeit und Prinzipientreue zum Rechtsstaat aus der Idee der Freiheit durch alle friedliebenden Völker der Welt verhindert werden, dann hat die Weltsklaverei die entscheidende Schlacht durch die Macht des konstruktiven logischen Wortes verloren.

Gewähren wir Aggressionsventile (z.B. Afghanistan) zum Abfackeln innerer Spannungen im Herrschaftsbereich des Großtyrannen, dann verlängern wir die Unterwerfungsbedingungen nach innen und erweitern die Unterwerfungsmöglichkeiten nach außen.

Der Vielvölkerstaat des Großtyrannen und die in der sozialistischen Unterwerfungsklammer unterworfenen Nachbarvölker werden aus dem Zusammenbruch der Aggressionspolitik die Signale der Beendigung kampfloser Siege über friedfertige und ahnungslose Völker erkennen, aber auch durch die Standfestigkeit der Freien in der nichtkommunistischen Welt an die Wiederherstellung der Freiheit im eigenen Lande erinnert.

Das Zerstörungswerk des politischen Stillstandes (Stagnationsgesetz), das eine Rückentwicklung einleitet, wirkt in Sklavenhaltergesellschaften zunehmend freiheitsfördernd. Der qualitative Umschlag des inneren Zusammenbruchs durch außenpolitische Erfolglosigkeit wird durch den Stillstand einer auf Machtzuwachs programmierten Sklavenhaltergesellschaft garantiert.

Wer Tyrannen Gelegenheit gibt, mittels einer Aggressionschance jeden Widerstand nach innen zu ersticken, ohne die Aggression selbst zu verhindern, bereitet ungewollt, aber unausweichlich die Alternativlosigkeit der letzten Auseinandersetzung vor, mit anderen Worten, fordert zum technisch jederzeit möglichen atomaren Gegenschlag heraus, wodurch das Überlebensrisiko aller, weil in der Stunde der letzten Bedrängnis eine andere Schlußfolgerung als die des atomaren Befreiungsschlages nicht mehr möglich sein wird, auf Null verkürzt wird.

Eine Aggression vom Gegner ist daher immer selbst verschuldet. Ein Starker wird nie überfallen. Jugoslawien ist wehrhaft, und alle Staatsmänner der Welt buhlten anläßlich Titos Tod um die Gunst Jugoslawiens.

Überfallen werden nur Schwächlinge und Unbewaffnete. Vielleicht muß das so sein in der Geschichte der Völker, Rassen und Kulturen. Aber diese Frage wird, ohne zu spekulieren, keiner beantworten können.

Es besteht daher kein Grund, sich nach dem rechten Gebrauch der Entspannungspolitik mit anderen Mitteln über das bald einsetzende Wehklagen über die Erfolglosigkeit sowjetischer Aggressionsabsichten zu beunruhigen. Im Gegenteil, der Weltfriede ist um so sicherer, je chancenloser naturrechtsverweigernde Kommunisten nach Kollaborateuren, Günstlingen und politisch Korrumpierbaren jenseits ihrer Grenzen Ausschau halten. Und der Weltfriede ist erzwingbar, wenn Orientierungslosigkeit, Unentschlossenheit, Opportunismus und Feigheit, wenn politische Unmündigkeit und Ahnungslosigkeit durch politische Pädagogik sich verwandeln zur Standfestigkeit und Prinzipientreue zur Freiheit.

Durch den standfesten Willen zur Unantastbarkeit der Individualsouveränität eines jeglichen wird in der euro-atlantischen Welt die kommunistische Tradition der Naturrechtsverachtung natürlich absterben, und zwar proportional zum wiedergewonnen Selbstwertgefühl der bürgerlichen Gesellschaft.

*

Kapitel II

Das Gesetz von der quantitativen Unverlierbarkeit geistiger Energie der Freiheit

Relative Zeitgeistbestimmung

„Ein Denker ist ein Mensch, dem es bestimmt war, durch das eigene Schauen und Verstehen die Zeit symbolisch darzustellen. Er hat keine Wahl. Er denkt, wie er denken muß, und wahr ist zuletzt, was als Bild *seiner* Welt mit ihm geboren wurde . . . Nur dieses Symbolische ist notwendig . . ." (1)

So verstrickt umschreibt Oswald Spengler, der große Kritiker der abendländischen Selbstzerfleischung, die geistigen Strömungen, die gesellschaftlichen Entwicklungen und die vernunftwidrigen politischen Spannungen, die in dem Blickwinkel des kritisch reflektierenden Denkers aus unzähligen Impulsen und Anlässen zu einem groben und nie vollständigen Bild individualtypischer Art zusammenfließen. Die Tatsache der Mannigfaltigkeit ähnlicher und sich widersprechender Entwürfe des Zeitgeistes, der Gegenwartsbeschreibung und der Zukunftsvision beweist die Wirksamkeit immaterieller Impulse einer geistigen Kraft im Zustand sich dauernd verändernder Intensität analytischer Schärfe und schwachsinniger Irrtümer.

Die Intensitätsintervalle dieser geistigen Energie, die als Pro-und Contra-Ideen aus den Gehirnen steigen und in die Gehirne der Menschen einbrechen, sich über Gruppen, Massen und Völker wie Epidemien vorübergehend ausbreiten und wieder verschwinden, sind die wahren Gestaltungskräfte des Zeitgeistes, die als jeweilige überschwappende Kultur oder Unkultur kurze Epochen mehr oder weniger bedeutsam fixiert haben.

Das wahre Gewicht der meist praktizierten Unmenschlichkeit und der nur selten zugestandenen Menschlichkeit konnte nur im nachhinein gewogen und mit einiger Verläßlichkeit bestimmt werden. *Der Zeitgeist selbst ist blind, wenn er sich selbst betrachtet.*

Kultur und Größe waren Kräfte des negativen Willens (Unterwerfungsverbrechen)

Der viel beschworene, ersehnte und gefürchtete Wechsel der Kulminationspunkte beliebiger Kulturen und sogenannte Groß-oder Weltreiche hat im Grunde *noch nie* stattgefunden. Es gab in der Geschichte der Menschheit noch keine längerfristige Blüte des Verstandes und paradiesischer Vernunftpflichtigkeit freier Menschen. Alle gefeierten sogenannten Hochkulturen waren zugleich auch Höhepunkte der Barbarei, deren vernunftwidriger Monumentalismus nicht selten aus Katakomben von Leichen und Millionen von Entrechteten aufgerichtet wurde. Den Monumentalismus der politischen Entrechtung feierten nicht nur die Pharaonen, die Römer, Sonnenkönige und Hitleristen. Die Demonstration des Entrechtungszustandes eines Volkes hat sich zur Sowjetolympiade 1980 wiederholt, und die ahnungslosen Staunenden haben es noch - wie immer in der Weltgeschichte - phantastisch gefunden.

Der Untergang des Abendlandes, das noch nie auf der Höhe war, ist in seiner bisherigen Verfassung nicht schnell genug herbeizusehnen, damit die Wege frei werden, die Autonomie der Individualsouveränität gegen das schreckliche Diktat der großen Zahl einer manipulierbaren und chaotischen Volkssouveränität wiederherzustellen. Der ganze Spenglersche Mythos vom Kommen und Gehen der Großkulturen übersah, daß die ordinären Machtverhältnisse zwar wechselten, aber die Kulturen der offenen oder verschleierten Menschenverachtung sich im Grundsätzlichen nie änderten.

Wer die dramatische Ohnmacht der Entrechteten hinter den glänzenden Fassaden einer Großmacht unterschlägt oder stillschweigend billigt, verwechselt glänzende Tyrannei mit Größe und Archipel GULAG mit Staatsräson. Was ist das für eine Kultur, die die Entfremdung des Menschen zur Bedingung ihrer Selbstdarstellung erzwingt? Auch Oswald Spengler ist nicht zufällig das Opfer falscher Staatsprämissen geblieben, sonst hätte ihn die Zelebration der Macht vermeintlicher Großkulturen anwidern müssen!

Der Großtyrann in unseren Tagen hat Macht und Weltgeltung, aber er hat keine politische Kultur. Er hat eine Sklavenhaltergesellschaft ohne Eigentum und Freiheit errichtet. Er mißachtet die Menschenwürde und verbietet die Vernunftpflichtigkeit, er bedient sich selbstaufwertend einer unpolitischen Kulturreproduktion, die nur entstehen konnte zu einer Zeit, als es ihn -den Großtyrannen - noch nicht gab. Er schmückt sich mit den schönen Künsten seiner bürgerlichen Vorgänger und reproduziert das unpolitisch Schöne, um das Grauen seines politischen Alltags zu verschleiern.

Die Unwissenheit über die Eigentlichkeit und die Seinsbestimmung des Menschen ist das eigentliche Unglück des 20. Jahrhunderts. Die aufgelaufene Widerstandsenergie reichte oft noch zum Sturz der Tyrannen. Bis zur Verwirklichung der natürlichen Freiheit war die geistige Energie zum Leidwesen der Bedrückten im Regelfall erschöpft. Vom Augenblick der Wiederherstellung der gleichen Rechtsverhältnisse für alle gegen die Verfügungsgewalt von Menschen über Menschen versank noch jede neue Revolution in den vorrevolutionären Unterwerfungsterror. Eine Macht stürzte, aber eine neue entstand. Die alte Herrschaft verblutete unter den Gewehren der neuen Herrschaft, die blutig die Herrschaft des Neuen erzwang. In Revolutionen siegen nur neue Herrscher über die alten. Die Herrschaften kommen und gehen; die Herrschaft selbst bleibt und wird immer gewalttätiger. Es ändern sich nur die Personengruppen der zur politischen Verfolgung Freigegebenen.

Die Rache des Siegers gebiert erneute Unterwerfung. Die Reproduktion der Disproportionalität der Rechtsgleichheit setzt sich fort. Das Rad der Geschichte scheint sich zu drehen, aber es dreht sich nichts. Es rotiert auf der Stelle, und jeder glaubt, es ginge bergauf.

Worin liegt die Größe, die Erhabenheit solcher Kulturen, die sich bisher nur im Wettkampf um die größere Grausamkeit, um die perfekteren Unterwerfungsmaschinen den Rang streitig machten?

Wo die Kettenreaktion der Unzufriedenen die Massen gezündet und in Bewegung gesetzt hat, ist noch jede etablierte Herrschaftselite entweder in den Krieg gezogen oder gestürzt worden. Nicht nur die erfolgreichen Aufstände des Volkes aus der Geschichte belegen diese Erscheinung (1517 Reformation, 1789 Französische Revolution, 1917 Oktoberrevolution, 1949 Mao-Revolution), sondern auch die ausbrechenden „Revolutionen" der Gegenwart, ob in Persien unter dem Schah, in Nicaragua unter Somoza, in Spanien unter Franco oder sonstwo auf der Welt.

Die Tragik all dieser Revolutionen, diese zur qualitativen Veränderung aufgelaufene und drängende Widerstandsenergie gegen Unterdrückung, war die *staatspolitische Perspektivlosigkeit* der Zukunft der wirklichen und der sogenannten Revolutionäre.

Freiheitsverweigerung ist die Ursache jedes Herrschaftswechsels. Aber die Unterwerfungseliten werden so lange wechseln, bis der Mensch in seiner Individualsouveränität respektiert wird. Erst dann gibt es Kultur.

Naturrechtsgestörte individuelle Ausgangsenergie

Die Ungerechtigkeit, wie Unrecht überhaupt, das sowohl empfangen wie an anderen begangen werden kann, wäre nie möglich, wenn die Bedingungen der Freiheit eines jeglichen von Geburt an nicht durch die bereits etablierte negative Gewalt disproportionalisiert wäre.

Der Organismus der Staatsgewalt hat sich des Volkes nur zur Selbsterhaltung bedient. Die produktiven Energien der „Sozialproduktschaffenden", gleichgültig, ob Leibeigene oder Lohnsklaven, dienten zu allen Zeiten nur der Gewaltmaximierung gegen die Interessen der Produktivkräfte. Nie konnte das Volk sich selber Zweck sein, und nie war es ohne tributeintreibende Herren. Insofern war die individuelle Ausgangsenergie zu jeder Zeit herrschaftsstabilisierend vorbelastet, in der Dispositionsfreiheit über sich selbst immer beschränkt und unter der Verfügungsgewalt anderer stehend.

Daß die Lebensbedingungen der Menschen ursprünglich jedoch gleich waren, darüber kann es keinen Zweifel geben.

Der Unrechtsetzung geht also voraus die Umstellung des natürlichen, positiv aufgeladenen, geistigen Energiepotentials aller in eine unnatürliche, negative Energieausschüttung weniger über alle. Wenn „böser Geist" umgeht, dann erst sind die Überlebensbedingungen der freien Menschen gestört, und der natürliche Egoismus der individuellen Bedürfnisbefriedigung entartet zur Menschenrechtsignoranz, die nichts anderes ist als die Disproportionalisierung der Rechtsgleichheit. Die individuelle Ausgangslage stößt mit dem Eintritt in eine beliebige sogenannte Rechtsgemeinschaft - die ein zufälliges Ordnungssystem unter Aufsicht von Ordnungshütern im Dienste der Ordnungselite ist, die einen Unterwerfungsvertrag erfüllt - auf eine auf Unfreiheit begründete Ausgangsenergie repressiver Unterwerfungsverhältnisse.

Solange niemand auf die Idee kommt - also eine geistige Energie entzündet -, sich auf Kosten eines zu Entrechtenden zu salvieren, verhalten Menschen sich gerecht und friedfertig.

*

Ausgewogenheit der repressiven Ausgangslage

Jeder Neugeborene hat ein nahezu gleichwertiges Ausgangspotential geistiger Energie. Auf dem sensibilisierten Piano seiner wachen Sinne vermag der Mensch unter repressionsfreien und kultivierten Bedingungen alle Oktaven seiner individuellen Selbstverwirklichung zu spielen.

Die auf Unfreiheit begründete Rechtsgemeinschaft aber setzt Rahmenbedingungen des Überlebens, die der durch Geburt in die Rechtsgemeinschaft einzutreten Genötigte nicht ohne das Risiko der Verschlechterung seiner Lebenschancen durch die Ordnungselite zu ignorieren vermag. Insofern existiert eine *gleichmäßig beschränkte relative Ausgewogenheit* der Ausgangslage aller Glieder der jeweiligen Rechtsgemeinschaft.

Der geistige Schlüssel zu dieser wie selbstverständlich angenommenen Unterwerfung der ursprünglich Freien heißt Legitimation. Das Unrecht durch die Macht der Herrschaft schlüpft in ein beliebiges Ordnungsmodell, das sich gemeinwohlsicherndes Staatsrecht nennt. Es legitimiert sich schon dadurch, weil es sich gescheit selber so nennt.

Staatsrecht kanalisiert den Unterwerfungswillen der Ordnungselite. Es kam bisher nicht darauf an, welche Ordnung sich zu einem Staatsrecht zusammensetzte, um dem Staatsrecht die sogenannte „internationale Anerkennung" einzuräumen. Was zählte, war immer nur die Erzwingbarkeit des Unterwerfungsvertrages durch die Ordnungselite, die Durchsetzungsfähigkeit der Ordnungsselite und die Adaptionskraft der herrschaftssichernden informativen Manipulationsenergie.

Geistige Energie zeigt sich in der Intensität des Willens

Geistige Energie tritt als *Wille* auf, er mag chaotisch auf Unfreiheit oder vernunftpflichtig als Reiner Wille auf Freiheit bedacht sein, immer ist seine individuelle Dosierung zugleich die Willensstärke oder Willensschwäche eines Menschen. Die Willensstärke ist natürlich und gilt als normal, wenn sie den Einbruch des chaotischen Willens *eines anderen* in die individuelle Dispositionsfreiheit der eigenen Lebensgestaltung abzuwehren und zu verweigern vermag, wenn sie imstande bleibt, die Disproportionalisierung der chaotischen Anspruchsenergie *eines anderen,* sozusagen seine naturrechtswidrige parasitäre Neigung, durch geistige Konterenergie abzugrenzen und auf den Naturzustand der Rechtsgleichheit zurückzuführen.

Diese natürliche Immunität gegenüber intellektueller Verfremdung, diese *Deformationsimmunität* ist intakt, wenn vernunftüberlagernde Denkschablonen keine Macht über die Denk- und Handlungsregulative des Individuums gewinnen und an der willensstarken Konterenergie eines vernunftpflichtigen Verstandes scheitern.

Die Willensstärke ist schwach, wenn die Überlagerung eines fremden willkürlichen Willens gegen den eigenen Willen zwar widerstrebend, *aber doch hingenommen,* nicht selten sogar willig angenommen wird. Wo die mögliche geistige Konterenergie nicht mobilisiert oder aus müder Resignation auf sie verzichtet wird, wird eine Unterwerfungslust aus Lebensschwäche in das Erbgut des Menschen als Verhaltensstigma einbrechen.

Geistige Energie und politischer Wille korrespondieren miteinander. Ist der Energieausstoß schwach und ungesteuert, so ist der politische Wille zerfasert oder vernunftwidrig chaotisch, im Regelfall selbstzerstörend.

Wenn Wissenschaft die Bündelung aller geistigen Kräfte auf ein Ziel ist, dann kann Politik sowohl Wissenschaft sein als auch Schlamperei. Die Politik z.B. der Euro-Atlantischen Gemeinschaft ist die optimale Verwahrlosung der geistigen Energie, die durch eine organisierte Ziellosigkeit aus Feigheit zur Entscheidung nur die Ohnmacht einer kleinkarierten Prinzipienlosigkeit verschleiert.

Die millionenfach vorhandene geistige Energie der Vernunftfähigkeit vagabundiert ohne Herberge, weil die Ziel- und Richtungslosigkeit durch Pro- und Contra-Energien im euro-atlantischen Polit-Drama der Vernunftpflichtigkeit keine Chance gewährt, sich zu konzentrieren.

Die Intensität des Handelns lähmt sich selbst durch die Bipolarität der Interessen zweier Seinsauffassungen: Ideologie contra Antiideologie rivalisieren in Todfeindschaft miteinander. Kommunistische Sklaverei oder eine bürgerliche Freiheitsverfassung, die verlernt hat, sich selbst darzustellen, stehen sich antagonistisch gegenüber. In diesem Ringen um die Bewährung der bürgerlichen Freiheiten darf nicht übersehen werden, *daß der stärkere Wille und die konzentrierte Bündelung der geistigen Energie über die Zukunft der Welt entscheiden werden, nicht die Verpflichtung zur Gerechtigkeit.*

Gleichrangigkeitsverzerrung der Rechtsgleichheit durch Unterwerfungsenergie

Die durch gepflegte Angst rasch zu lähmende individuelle geistige Abwehrenergie gegen Bedrohung und Persönlichkeitsverstümmelung des Individuums wird an die auszehrende entpersonalisierende Unterwerfungsenergie des Herrschaftswilligen relativ mühelos und rasch übereignet. Selbstaufgabe verwandelt die Widerstandsenergie in Unterwerfungssenergie.

Geistige Deformation ist nichts anderes als die mittels Angstandrohung erzwungene Verfügungsgewalt über die Urteilskraft anderer. Die zum Widerstand fähige, ursprünglich gleichwertig proportionierte geistige Energie hätte im fairen, angstenthobenen geistigen Zweikampf als Konterenergie der Unterwerfung widerstanden. Dieser Ideenkampf wäre, z.B. im ursprünglichen paradiesischen Zustand, nicht nur gleichrangig entschieden, sondern er wäre nicht einmal begonnen worden, weil der Unterwerfungswille unbekannt und aus erlebter Freiheit aller nicht denkbar war.

Des Menschen Funktion ist, sich in Friedfertigkeit im Schweiße seines Angesichts zu nähren und niemandem untertan zu sein. Seine geistige Energie ist darauf angelegt, sich in Freiheit zu verwirklichen, jeder für sich und keiner für einen anderen. Gott, so es ihn gibt, hat die fruchtbare Erde geschaffen, damit sich jeder ernähren kann, und, soweit erkennbar, keine Unterwerfungsapparaturen gewollt, die aus der Teilung der Beute der Entrechteten reichlich bemessen ihren Lebensunterhalt sichern.

Die relative Gleichgewichtigkeit der geistigen Ausgangsenergie nach der Geburt verpflichtet zur Anerkennung der Gleichrangigkeit eines jeglichen vor dem Naturrecht. Wie aber ist es zur Gleichrangigkeitsverzerrung, z.B. durch Rassismus, Chauvinismus, Ideologismus etc., in allen staatlich organisierten Sozialverhältnissen gekommen?

„Vor Gott waren alle Menschen gleich, nach ihm gibt es Unterschiede" (2), sagt das einfache Volk treffend und wagt nicht mehr, auf die Wiederherstellung der natürlichen Gerechtigkeit zu hoffen, obwohl keine andere Zeit als die unsrige dazu aufgerufen ist, den Rechtsfrieden durch Rechtsgleichheit aller souveränen Individuen wiederherzustellen.

Die Gleichrangigkeitsverzerrung ist entstanden durch die Disproportionalisierung ursprünglich proportionierter geistiger Energie. Die Mittel der einschüchternden Überredung oder des verschleierten oder offenen Unterwerfungswillens relativer Eliten blieben immer prinzipiell die gleichen.

Die Substanz der Persönlichkeits-Sicherheits-Energie, die ursprünglich gleich ist, wird durch gepflegte Angstausbreitung disproportionalisiert. Der herrschaftstypische Energieaustausch hat aus gleichgewichtigen geistigen Energiepotentialen zweier Menschen ein neues Sozialverhältnis geschaffen, das sich niedergeschlagen hat in einer Automatik des Führenden und der Geführten.

Die Herrschaft über Beherrschte, der Mächtigen über Entmachtete, ist immer so gestaltet, wie es dem einzelnen, mehreren oder zu Gruppen Organisierten der relativen Elite gelang, *Zustimmung zur Entfreiheitlichung des einzelnen oder aller eines Volkes zu erschleichen oder mit List, Überredung, Verführung, Demagogie, Verfremdung oder Einschüchterung abzutrotzen.*

Energieabtausch durch Zielgerichtetheit der Ansprüche

Die Gleichwertigkeit des geistigen Ausgangspotentials hat sich zugunsten des Willensstärkeren im Verhältnis genau um den Teil verschoben, auf den der Willensschwächere freiwillig oder widerstrebend verzichtet. Mit anderen Worten und umgesetzt in die politische Sprache unserer Zeit: Wer seine natürlichen Rechte nicht wahrnimmt, wird sie an einen anderen abtreten müssen. Wer seine Rechte erst einmal abgetreten hat, wird sie freiwillig nicht wiederbekommen, und damit er sie nicht erstreiten kann, wird er bis zur Ohnmacht entrechtet, was leicht gelingt, weil er auf seine ursprünglichen Rechte verzichtet hat. *Jeder Rechtlose wird wie ein Rechtloser behandelt,* weil das Ausdehnungsprinzip der chaotischen Energiequanten sich immer so weit ausdehnt, wie es sich durch Widerstandslosigkeit anderer automatisch ausdehnen kann.

Der international angesehene Staatsrechtler Kelsen hat das einmal so gesagt: „In der ewigen Kette der Kausalität . . . ist immer und überall jede Veränderung die Wirkung einer vorausgegangenen und die Ursache einer zukünftigen Veränderung. Jedes Geschehen auf der Welt, jede minimalste Veränderung ist ein Zwischenglied zwischen einer entfernteren Ursache und einer entfernteren Wirkung". (3)

Jede Wirkung und Ursache hat daher einen geistigen Ursprung im einzelnen oder in einer beliebigen Summe einzelner. Der Zusammenschluß geistiger Energien, bei völliger Gleichgültigkeit ihrer inhaltlichen Bestimmungen, ihres logischen oder idiotischen Gehaltes, kann unter bestimmten Umständen machtvoll und unaufhaltsam sich zu politischen Lawinen verdichten und die überraschten unorganisierten Konterenergien einzelner sturmflutartig ohne bemerkenswerten Widerstand hinwegspülen.

Was ist nun die Ursache der Disproportionalisierung ursprünglich freiheitssichernder und selbstbehauptender geistiger Energie? Was ist der Grund so rascher Selbstaufgabe im Falle menschenentwürdigender Drohgebärden machtmißbrauchender Mikroapparaturen? Die Antwort ist relativ leicht: Es ist die Erfahrung mit der anonymen Kraft millionenfach organisierbarer Nadelstiche des Herrschaftsinstrumentariums relativer Eliten. Man hat gelernt, wie hartnäckig sie jeden , früher leibeigenen und heute sozialisationsdeformierten Bürger, weit über die Lästigkeit hinausgehend, zu erniedrigen, zu verfolgen und existenziell zu ruinieren vermag. Nachgeben beweist sich oft als Klugheitsregel, als unumgängliche Flucht, um wenigstens in einem verkürzten privaten Freiheitsraum die Dispositionsfreiheit über sich wiederherzustellen, obwohl Staatsgewalt auch schon in diese Restzonen der familiären Restfreiheiten eingebrochen ist.

Wer würde sich vor der aufhaltenden Kraft eines Sandsturms nicht bücken in der Hoffnung, unbeschadet daraus hervorzugehen?

Wozu wäre der Widerstand gegen die erzwingbaren Unterwerfungsrituale organisierter Ordnungshüter, die nur vollziehen, was ihre Ursache von ihnen fordert, nütze?

Die freiheitsbewahrenden geistigen Energien des Freien, die nun zusammenbrechen, erleben die Ohnmacht ihres Widerstandes dramatisch. Immer sind es die Angst und die Vorstellbarkeit möglicher Nachteile, durch „Renitenz" und „Aufsässigkeit", die in den meisten Fällen vernunftpflichtige Notwehr sind, in das Visier der Widerstandsvernichtung der relativen Ordnungselite zu geraten.

Der Satz, daß ein „geknechtetes Volk immer die Herren hat, die es verdient", stimmt daher nur zum Teil.

Die Gewalt der relativen Eliten, die aus der negativen Gewaltanwendung üppig negative Gewalt reproduziert und sich berufsmäßig mit der Ausdehnung der herrschaftssichernden Gewalt und mit nichts anderem als Herrschaft beschäftigt, hat die medienpolitische Steuerung der geistigen Energie zur Abwehr geistiger Widerstandsenergie fest im Griff.

Immer organisiert, tritt sie gegen die Widerstandsenergie des Freien geschlossen auf. Allein die optische Überwältigung sich großtuender und spreizender Herrschaftsgewalt schreckt. Alle menschenrechtsverweigernden relativen Herrschaftssysteme in der Welt haben auf machtvolle Rutenvorzeigestrategien aller Art nie verzichtet. Sie können nicht darauf verzichten, ohne fürchten zu müssen, daß jede negative Gewalt, jede Macht zerfällt, wenn sie nicht zugleich Überlegenheit demonstriert und Angst reproduziert. *Herrschaft sichern, heißt, die Furcht präsent zu halten,* das gilt nach innen wie nach außen - innenpolitisch wie außenpolitisch.

Unterwerfungssehnsucht ist Selbstwert-Mangel, ein Verlust von geistigen Konterenergien, aber auch von Menschenwürde

Es liegt auf der Hand, daß Millionen Menschen, die ihr Leben lang sich ducken mußten, immer müder werden, sich noch einmal aufzurichten. Die triumphierende negative Unterwerfungsgewalt genießt den totalen Sieg über das Volk, indem sie den aufbegehrenden Zorn eines einzelnen Widerständlers, sozusagen als abschreckendes Beispiel für die ängstlich hoffenden Gewaltunterworfenen, mit delikater Genüßlichkeit seiner „gerechten Strafe im Namen des Volkes'' zuführt. Das Unrecht am Unglücklichen wird herrschaftsstabilisierend, staatsrechtlich und im Namen des ungefragten Volkes zelebriert. Die existenzielle Vernichtung, z.B. der Bürgerrechtler im Herrschaftsbereich des Großtyrannen, bezeugen die ungezählten Opfer des Unterwerfungswillens von Menschen über Menschen. Die Unterwerfung wird ursächlich nicht, wie es scheint, mit dem Gewehr entschieden, sondern durch den Willen im Kopf negativer Energiepotentiale.

Die wilden kleinen und großen ideologischen Strudel der aufziehenden sozialistischen Weltsklaverei reißen die restlichen Unterwerfungswilligen und die meisten Ahnungslosen in merkwürdig neodarwinistische Todesängste. Die widerlichsten Theorien von der Wahrnehmung *jeder* „Überlebenschance'' bieten sich an, z.B. die unaufgeforderten Canossa-Wallfahrten der euro-atlantischen Lakaien des Großtyrannen zur Kreml-Gruft nach Moskau. Der Wettlauf um die beste Anpassung an das Unvermeidliche, vom Volksmund schnoddrig als ,,Lieber-Rot-Als-Tot''-Weisheit in Umlauf (4) gesetzt, ist der Beweis der Unverlierbarkeit einer zielgerichtet ausgestreuten geistigen Unterwerfungs-Energie zur Eingewöhnung in eine ideologisch begründete Selbstaufgabe.

Die seelischen Lieber-Rot-Als-Tot-Ruinen

Wenn diese neodarwinistische Todesangst als gebündelter, zielgerichteter Informationsstrahl dauernd und unablässig - selbst als größte Lüge, glaubhaft dargestellt - auf die Volksempfänger auftrifft, dann zeigt die Adaptionskraft Wirkung dadurch, daß die Widerstandsenergie gegen die Unglaublichkeit der faustdicken Lügen durch hämmernde Wiederholung der Lüge zunehmend schwächer wird. Dieser Vorgang gilt als klassisches Mittel zur deformierten Selbstentfremdung und ist ein in allen Volksdemagokratien praktiziertes Herrschaftsmittel.

Die Unterwerfungsliebe bedarf jedoch auf Dauer einer sublimativen Umformung, um die Bewußtseinsgespaltenheit des Selbstzusammenbruchs durchzustehen. Jede seelische Lieber-Rot-Als-Tot-Ruine, z.B., muß ihren durch Anpassungsangst an die stärker erscheinenden politischen Kräfte des Großtyrannen abgetretenen Gerechtigkeitssinn in einer anderen Weise wiederherstellen, um nicht an der eigenen Würdelosigkeit zu zerbrechen.

Nach dem Afghanistan-Überfall der Sowjetarmee schreibt ein Deutscher, der für viele spricht, an den „Stern": „Lieber unter russischer Herrschaft als tot". (5) Das ist mehr als nur ein dummes Wort in gefährlicher Zeit, es ist eine Anklage gegen die Vergewaltigung durch Staat und Gesellschaft, eine Anklage gegen die regierenden Peiniger, deren Praktiken offensichtlich mit den Praktiken des Großtyrannen verglichen und für schlimmer befunden werden.

Die seelischen Lieber-Rot-Als-Tot-Ruinen in unseren Reihen *sublimieren die Armseligkeit ihrer inneren Verhältnisse im Aufspüren partieller Ungerechtigkeiten.* Daß diese in der Tat nicht notwendig sind und als Unterwerfungsergebnisse relativer Elitensysteme wie Geschwüre der Unglaubwürdigkeit einer freien Gesellschaft zum Himmel stinken, wird niemand in Frage stellen.

Aber die gleichen politisch Engagierten verweigern sich den Protesten gegen die Untaten ihrer vermuteten späteren Herren. Sie wissen sehr genau, daß sie morgen nur noch im sozialistischen Konzentrationslager enden würden, wenn sie heute schon zufällig in den Blickwinkel des „Großen Bruders" gerieten.

Die Verfremdungsimmunität der seelischen Lieber-Rot-Als-Tot-Ruinen ist bereits zusammengebrochen. Als Manipulationsopfer bieten sie sich ihren vermuteten späteren Herren willig zur Gefolgschaftstreue an. Ihre Überlebensstrategie ist einfach: Zivil-, Ersatz- und Sozialdienst haben, wie sie glauben, rehabilitierenden Charakter, wenn die Russen kommen.

Auch diesen längerfristig geplanten Überlebensegoismus unserer im Selbstwert zusammengebrochenen Mitbürger sollten die Vernunftpflichtigen nicht übersehen. Es ist nicht nur Feigheit, die solche Entscheidungen trifft, sondern Resignation und Hoffnungslosigkeit, *und diese haben andere, nämlich die politisch unfähigen relativen Herrschaftseliten, verschuldet.*

Herrschaft steuert die Sublimation der Konterenergien gegen Wehrlose

Unterwerfungseliten kennen die Bedeutung der Sublimationsventile für Gewaltunterworfene nur zu gut; sie schaffen rechtzeitig Aggressionsentladungen, um Unbehaglichkeitsstauungen herrschaftsstabilisierend abzufackeln.

Freiheitsverweigernde Denkschablonen werden daher durch herrschaftsungefährliche Ersatzgerechtigkeiten angereichert, die meistens in ein Verfolgungsrecht gegen ,,böse'' Schwächere, ,,gefährlich'' Klügere oder beliebige andere einfließen.

Die vernunftwidrige Verfolgung von mit Fremdgefühl aufgeladenen Objektträgern, z. B. Andersaussehenden, die zu Außenseitern abgestempelt werden könnten, Andersdenkenden, die zu Volksfeinden ausgerufen werden, sichert der Herrschaft die Mitläuferschaft der manipulierten und am Unrecht beteiligten, gegenüber anderen schuldig gewordenen Masse. Die mögliche Widerstandsfront der Wissenden, der offen oder latent sich Verweigernden, wird mit revolutionärem Elan und ideologischer Einfältigkeit mühelos gebrochen.

Jede Unterwerfungselite bedient sich offizieller und inoffizieller Buh-Mann-Strategien, die das Mitschuldigkeitsreservoir auffüllen und an die Herrschaft binden. Ob Juden unter Christen, ob Christen unter Moslems, ob Armenier unter Türken, ob Indianer unter Amerikanern, ob Schwarze unter Weißen oder Weiße unter Schwarzen oder Klassenfeinde unter Weltanschauungsgeschädigten, die Buh-Mann-Strategie hilft immer, die Naturrechtsignoranz einzugewöhnen und Unrechtsetzung als Herrschaftsmittel zu legitimieren.

Die disproportionale, anmaßende Unterwerfungsenergie des einen war immer die erduldete energielose Disproportionsbereitschaft des anderen. Zu beachten ist, daß die Rechtsgleichheit ohne den Unterwerfungswillen relativer Eliten sich von selbst nicht disproportioniert hätte, woraus folgt, *daß alles Unrecht der Welt nicht durch Menschen in Freiheit, sondern durch freiheitsaufhebende Herrschaft organisiert wird.*

Umschichtungspotentiale der geistigen Energie

Die geistige Energie des Zeitgeistes, mag sie zielgerichtet oder ziellos erscheinen, bleibt immer Energie, auch wenn sie dem Anschein nach nichts erreicht. Selbst die eigene Auszehrung der eigenen Energiepotentiale durch intensivere Impulse einer anderen Energiequelle, z.B. Panslavismus, Frankophilismus, Germanismus, Russifizierung, Bolschewisierung, Rassismus, Antirassismus, ist kein grundsätzlicher Energieverlust, sondern nur eine Umschichtung der Energie des Ausgezehrten in das Energiepotential des Aufzehrenden. Das Mehr des einen ist das Weniger des anderen. Die geistige Potenz als die Summe aller Individuen bleibt unverloren und wird durch die Gesamtzahl der potentiellen Träger der geistigen Energie begrenzt. Geistige Energie gleicht eigenschaftlich dem Wasser, das sich verdampfend verzehrt, um in anderer Weise, manchmal wolkenbruchartig, an anderer Stelle wiederzukehren. Daraus folgt, *daß absolute Ohnmacht vieler die absolute Brutalität weniger institutionalisiert.*

Die quantitative Disproportion der Rechtsverhältnisse ist immer ein Willensakt eines geistigen Energieträgers.

Keine Rechtsungleichheit geschieht von selbst!

Die zunehmende Ohnmacht der Rechtsbetrogenen steigert die Macht der Rechtsdiebe!

Falls eine Wiederherstellung des Gleichgewichts der Rechte unterbleibt, driftet die Rechtsgleichheit zuverlässig und, sich beschleunigend, in die Rechtsungleichheit ab.

Die Rechtszuwachssicherung wird immer mehr zum Schaden des Rechtsbetrogenen stabilisiert. Es wird dem Rechtsdieb immer leichter, sich zu organisieren. Am Ende der Drift hat der Betrogene die Beweislast, sein ursprüngliches Recht überhaupt zu beanspruchen.

Das Auseinanderfxllen der Rechtsgleichheit ähnelt einem wegen seitlicher Gewichtsverlagerung kenternden Dampfer.

Die Restabilisierung wird um so schwieriger, je weniger Gegengewicht auf der leichter gewordenen Seite organisiert werden kann. Das Schiff kippt immer schneller seitwärts und reißt alle haltlosen Teile mit zunehmender Geschwindigkeit mit sich. In der repressiven Gesellschaft geschieht nichts anderes. Der Mitläufereffekt potenziert sich proportional sowohl zur praktizierten Grausamkeit als auch zur praktizierten Gerechtigkeit. *Die investierten zielgerichteten geistigen Energiequanten bestimmen je nach Intensität und Beharrlichkeit den Erfolg sowohl der Freiheit als auch der Unfreiheit.*

Körperliches Unbehagen durch negative Belastung des Geistes

Die Rechtsgleichheit aufhebende politische Umschichtungsprozesse durch geistige Energie haben nicht nur gesellschaftpolitische Folgen, sie greifen auch in die biologischen Prozesse in gegenseitiger Wechselwirkung ein. Abgestrahlte geistige Energie kann Gesunde krank machen und Kranke wieder gesund. Die Persönlichkeitszerstörung des Menschen durch Umkehrung seiner Voraussetzung zur Selbstverwirklichung, die besonders durch herrschaftslegitimierte Verfolgung Unschuldiger - verdunkelte Kerkerhaft, Lichtentzug, Hungerfolter, Schlafverweigerung, Freiheitsentzug, Liebesverweigerung und Geschlechtsignoranz - ohne Anwendung von Tätlichkeiten beschleunigt werden kann, ist vielfach in der Fachliteratur erwähnt und bewiesen.

Daß ein Austausch zwischen geistiger Energie und körperlichem Befinden stattfindet, belegen autogene Steuerungstechniken, Untersuchungen von ,,psychogenen Faktoren der Schwangerschaft'' (6), beweisen Wechselwirkungen von Körper und Geist. ,, Mach dir schlechte Gedanken, und du wirst ein schlechter Mensch''! Andererseits werden gute Gedanken einen Menschen gut machen können.

Diese als schlichte Wahrheit beobachtete Eigenschaft der Geist-Körper-Steuerung bestätigt sich auch in den auffälligen Verhaltensweisen bei den durch vielerlei Umstände bedingten ,,unerwünschten'' Kindern.

Geistige Konterenergie zum Kind verursacht körperliche Beschwerden wie Erbrechen, Schreien oder Apathie, wie umgekehrt Zustimmung zum Kind Heiterkeit und Gesundheit des Kindes stabilisieren. (7)

Eingebaute Veränderlichkeit des Gens

Wenn diese Geist-Körper-Reaktionen schon in kurzfristigen, absehbaren Phasen erkennbar werden, dann kann die ,,eingebaute Veränderlichkeit'' des Menschen durchaus ein verändertes Grundverhalten in der Gesellschaft genetisch motivieren und die Prädisposition eines kollektiven Instinktverhaltens einleiten.

Die ,,eingebaute Veränderlichkeit'' der Lebewesen hat strenge Rahmenbedingungen, die nicht überschritten werden, und wenn es doch geschieht, dann endet die genetische Unverträglichkeit mit dem Tod des einzelnen Lebewesens, mit dem Aussterben der Art des Ganzen.

Durch die Dauerdeformation der geistigen Energie des Menschen durch Herrschaft kann der durch Unfreiheit systematisch geschwächte Überlebenswille umkippen in die degenerative Dimension einer Fortpflanzungsverweigerung im Personenkreis der Wissenden und Verantwortungsbewußten, die in dem heute bereits erkennbaren Geburtenrückgang ihre Bestätigung findet. Dies ist nichts anderes als der Beginn einer symptomatischen Entsagung gegenüber einer entfreiheitlichten, bürokratisch terrorisierten Welt, in der die Lebensvoraussetzungen des Menschen als der von Gott (oder der Natur) als *freies Geschöpf gewollten* Kreatur in ihren wesentlichen Merkmalen, Freiheit und Selbstbestimmung, verlorengegangen sind.

Das biologische ,,System Organismus'' wird aus der geistigen Dimension des Seins - die auch eine biologische ist - bedrängt, unter den veränderten Bedingungen des staatlich organisierten Freiheitsverlustes aller, neue Normen des Überlebens zu finden.

Wird die biologisch ,,eingebaute Veränderlichkeit'' im ,,System Organismus'' des Menschen die Dauer-Aufpfropfung einer Unterwerfungsgesinnung genetisch aushalten? Werden die strengen Rahmenbedingungen der ,,eingebauten Veränderlichkeit'' durch die Dauerdeformation aus Unfreiheit aufgesprengt und für eine negative Mutation prädisponiert?

Mit anderen Worten: *Kann die auf Freiheit fixierte geistige Energie jedes Menschen durch dauernde Ohnmachts- und Unterwerfungserfahrung zu einer geistigen Energie kollektiver Anpassungssehnsucht genetisch gezündet werden?*

*

Genetische Instabilisierung

Daß „Erlebtes als Erbinformation" genetisch codiert und weitervererbt wird, ist wissenschaftlich nicht mehr fraglich, wenn auch noch nicht ganz geklärt ist, wie „die Information vom Gehirn in die Chromosomen" gelangt (genauer: die DNA der Keimzellen) (8).

Ob dauernde geistige Unfreiheit auf den Überlebenswillen eines auf die Freiheit des Menschen fixierten Gens in der Fortpflanzung längerfristig prädisponierend einwirkt, ist ohne weltweite generative Vergleichsanalysen der Verhaltensweisen mit Sicherheit noch nicht zu beweisen. Die Vermutung des Biochemikers Whytes, so heftig sie auch bestritten werden mag, kann jedoch nicht widerlegt werden, wenn er schon in den 60er Jahren feststellte, daß „bereits auf der Ebene der Gene, dann auf denen der Zellen und Organe regelnde Prozesse ablaufen, die dem Organismus aufgrund des mehr oder weniger guten Funktionierens dieser biochemischen und physiologischen Vorgänge schon von sich aus eine *Über- oder Unterlegenheit* verschaffen, noch bevor die Umwelt als möglicher selektierender Faktor wirkt." (9)

Die Monokausalität der darwinistischen Evolutionstheorie über die Entstehung der Arten übersieht „das unumstößliche biologische Gesetz der Polarität von Konstanz und Variabilität, indem sie das Augenmerk zu stark auf die biologischen Variationsmöglichkeiten lenkt und den Zwang der inneren Gesetzmäßigkeiten, denen jedes Lebewesen unterworfen ist, zu wenig berücksichtigt." (10)

Nimmt man an, daß im Gehirn Informationen, die von den Sinnesorganen aufgenommen werden, "zunächst im Ultrakurzzeitgedächtnis wenige Sekunden elektrisch gespeichert (Netz von erregten Nervenzellen) und im Kurzzeitgedächtnis (Speicherdauer: von Minuten bis zu wenigen Stunden) chemisch in RNA-Moleküle codiert werden, die dann als Vorlage zur Synthese von Proteinen dienen, welche schließlich auf Dauer die Informationen speichern, (Langzeitgedächtnis) so ergibt sich eine Erklärungsmöglichkeit . . .

Nun könnte man sich vorstellen, daß bei sehr intensiven Erlebnissen die RNA nicht nur als Vorlage zur Proteinsynthese dient, sondern daß von ihr auch DNA-Kopien gemacht werden (über die Zwischenstufe von komplementären RNA-DNA-Doppelsträngen). Diese DNA-Kopien könnten, in einer Membran verpackt, als „körpereigene Viren" über die Blutbahn zu den Keimzellen produzierenden Organen (Hoden, Ovarien) gelangen und dort an bestimmten Stellen in bestimmte Chromosomen von Samen bzw. Eizellen eingebaut werden."(11)

Daraus folgt, daß die Art und Weise von Gedanken die Überlebenskraft des Individuums erheblich, bis zur genetischen Prädisposition, beeinflussen und schließlich auch bestimmen.

Genetische Deformation des Menschen durch Herrschaft

Für Carlo Sistoris (12) hat unsere heutige Kultur, noch bevor sie richtig begann, schon viele Merkmale des Rückschritts angenommen. An einem Beispiel, in dem ein ,,noch nicht zwanzigjähriges Mädchen seine Eltern, Großeltern und Geschwister durch zwei Killer, die ihre Liebhaber waren, ermorden ließ, kaltblütig dabei zusah und auch mitwirkte'' (13), überraschte Sistoris die Öffentlichkeit mit der wissenschaftlichen Erklärung (der noch nicht widersprochen wurde), daß man nicht ausschließen dürfe, daß möglicherweise durch dauernde Fehlinformation schon *Veränderungen der Chromosomen* zugrunde lägen. Für ihn sei die Darwinsche Evolution in unserem Organismus nicht mit Sicherheit stabilisiert. Zum Beweis seiner Regressionsthese führt er die Zunahme tierischer Ausdrucksformen bei Neugeborenen an, die zunehmende Diskrepanz zwischen Körpergröße und Intelligenz, das tierische Verhalten bei Ausübung von Gewalt. Aber auch die Verachtung der Kultur, der Mangel an kritischem Geist, der *Konformismus* sind im Zeichen eines nicht mehr kontrollierbaren Niederganges eine ,,genetische Rückbildung''. (14)

Wenn hier der Autor, vereinfachend darstellend, das tierische Verhalten aufgreift, um die Ausübung von Gewalt unter Menschen zu beschreiben, dann darf die Erbarmungslosigkeit eines Fuchses im Hühnerstall oder eines blutsaugenden Marders nicht als ein genetisch gestörtes Verhalten gedeutet werden. Der Vergleich ist nur richtig im Hinblick auf die Darstellung einer in der Tierwelt so gewollten Erscheinung, die aber in der Menschenwelt, die denkt und die Folgen ihrer Handlung zu erkennen vermag, und somit zum Überleben *nicht* auf einen Kanibalismus angewiesen ist, undenkbar sein sollte.

Das Tier erfüllt Ordnungsfunktionen im Haushalt der Natur und tut nichts anderes, als es tun muß, und zwar infolge seiner Instinktgebundenheit vorwurfs- und straffrei.

Das Gleichgewicht der auf Freiheit fixierten geistigen Energie des zwanzigjährigen Mädchens war völlig gestört und rechtsdisproportionalisiert überwertig. Es maßte sich Herrschaftsrechte über andere, mehr noch, über seine Erzeuger an, deren Widerstandspotential es unter Ausnützung der elterlichen Liebe und Friedfertigkeit, Ahnungslosigkeit und Sippenzugehörigkeit bis zur Handlungslosigkeit lähmte.

Hier wiederholt sich sekundenlang der Ursprung jeder Herrschaft durch die *Dominanz der negativen Energie*. Die Aufhebung der Rechtsgleichheit ermöglicht erst die Verfügungsgewalt über andere.

Diese gräßliche Tat erscheint als außerhalb des obligatorischen und eingewöhnten Gewaltmonopols des Staates jedoch schrecklicher, als sie in Wirklichkeit ist. Diese Tat des Grauens außerhalb der Legalität ist, verglichen mit der legitimierten Gewalt relativer Elitenherrschaft, nahezu belanglos. In Herrschaftsfestigungsperioden - häufig werden sie auch Revolutionen genannt - findet täglich hundertfach das gleiche statt. Große Revolutionen begnügen sich nicht mit der Liquidation von hundert oder tausend Familien. Sie vernichten ganze Religionsgruppen, Rassen, Klassen oder Stände, erschießen gebildete Menschen nur deswegen millionenfach, weil sie lesen und schreiben gelernt haben, so geschehen im kommunistischen Pol-Pot-Regime, das in „vierjähriger Schreckensherrschaft rund 3 Millionen Menschen hingemordet" (15) haben soll. Die Gewaltkriminalität einzelner ist mit der legitimierten Herrschaftskriminalität der Staatsgewalt wegen ihrer Geringfügigkeit unvergleichbar.

Ein indisches Sprichwort sagt: „Tötest du einen, bist du ein Mörder, tötest du tausend, bist du ein Held". Und ein deutscher Denker vom Range Oswald Spenglers mißt die Kultur eines Volkes an Maßstäben der Macht, die auf Angst gründet, und stilisiert Kultur ins Gegenteil dessen, was Kultur ist, nämlich Nicht-Macht und nicht-politische „Weltgeltung" eines Staates. Welch eine Verirrung des Verstandes!

Die widernatürliche Quantifizierung der geistigen Energie einer ungeübten Freiheit im Gehirn des deformierten Mädchens schlug um in die neue Qualität einer chaotischen Willensfreiheit, die den Unrechtsgehalt der Gewaltanmaßung nicht mehr erkannte. Die sexuelle Hörigkeit zweier Liebhaber steigerte die Lust am Machtmißbrauch. Was ist die ideologische Hörigkeit anderes als die sexuelle, triebhafte, zur Mordlust treibende? Dieses Mädchen vollzog illegitim das gleiche, was uniformierte Banditen im Namen irgendeines Idioten, der sich zufällig Präsident nennt, legitim unter Umständen täglich tun. *Was ist daran anders als die perverse Lust am Machtmißbrauch jener, die über schlagkräftige Armeen von Hörigen, Ahnungslosen und „Linientreuen" mit ideologisch ausgewaschener Urteilskraft verfügen!*

*

Fortpflanzungsverweigerung

Die andauernde Disproportionalität der auf Freiheit fixierten geistigen Energie des Gewaltunterworfenen als Ergebnis einer durch beliebige Staatsgewalt erzwungenen Ungleichgewichtung hat selbst die stärksten Antriebe des Menschen, nämlich den Fortpflanzungswillen, in seiner genetischen Eigengesetzlichkeit substantiell schon erschüttert. Aus dem Willen der Arterhaltung als unbedingte Voraussetzung des Überlebens hat sich ein sexuelles, körperlich behagliches Entspannungstraining auf gegenseitiger Unverbindlichkeit entwickelt, das sich des Fortpflanzungszweckes nur noch bedient, wenn die herrschaftsstabilisierenden Mutterschaftshilfs-, Still-, Schonungs-, Aufzuchtförderungsmittel und Erziehungsbeihilfen finanziell lohnend und überlebenssichernd erscheinen.

Die familiäre Geborgenheitsvernichtung sozialistischer Gesellschaftsplanung organisiert die Kinderaufzucht durch Umkehrung der natürlichen Funktion der Frau. Die Mutter wird Arbeiterin, die Arbeiterin Lohnabhängige, die Lohnabhängige Leibeigene einer sozialistischen Leibsättigungsgesellschaft, ihre Kinder aber unterstehen der staatlichen Erziehungs- und Aufsichtspflicht!

Die herrschaftsstabilisierend und steuerpolitisch unproduktive Rolle der Mutter in der Familie wird in eine entschädigungsträchtige, kinderbewahrende Aufsichtsrolle gedrängt. Aus dem natürlichen Fortpflanzungswillen der genetischen Triebkräfte der Arterhaltung ist über die Dauerdeformation der natürlichen geistigen, auf Freiheit fixierten Energie eine auf Aufzuchtsentschädigung bedachte Kindermachmentalität ohne den Willen zum eigenen Kind geworden.

Welcher gedemütigte Vater könnte denn Kinder wollen, sein Kind in eine bürokratisch oder ideologisch organisierte Knechtschaft und selbsterfahrene entwürdigende Ohnmacht entlassen zu müssen? Er wird sich der Fortpflanzung, der Reproduktion seines Ichs, unter den entsprechenden Bedingungen einer deformierten Gesellschaft ohne Zukunft entsagen.

Hier wird spätestens deutlich, wie die Zerstörung der natürlichen Lebensbedingungen durch Obrigkeit und widernatürliche Herrschaft über Menschen auf die genetische Deformation schon eingewirkt hat.

Überfremdungsursachen

Die erzwungene Ungleichgewichtigkeit der individuellen Energieschöpfung, also die Nötigung zur geistigen Auszehrung durch andere, ist die eigentliche Überfremdungsursache. Unbemerkt entwickelt dieser disproportionalisierende Energieaustausch die zunehmende Verfügungsgewalt über geistig energieentladene und somit widerstandslose Menschen. Die Euro-Atlantische Gemeinschaft z.B. ist energieentladen, weil sie ihre ursprüngliche Vision einer auf Vernunftpflichtigkeit begründeten Welt seit mindestens 20 Jahren, sich widerwärtig selbstkasteiend, in den Rinnstein geworfen hat.

Praktizieren doch schon alle sozialdemokratoiden bis sozialistisch-drogengeschädigten Gemeinwohlvorsorgesysteme Eigentumsverbote und verekeln seit 50 Jahren in psychologisch abgestimmter Dosierung *aus vorgeblicher Sorge um das Gemeinwohl, das immer angerufen wird, wenn das eigene Wohl verkommen gelassen worden ist,* jeden Gedanken an eine verlorene Freiheit. Parteihörige Medien laborieren unentwegt an hausgemachten Zukunftsvisionen einer verschleiert entrechteten Welt, um die Seinsfinsternis der Widersprüche im politischen Alltag dialektisch erträglicher zu machen!

Noch konnten die Gewaltunterworfenen immer zum Produkt der Ideen ihrer Herren gemacht werden, und solange das unbemerkt geschehen kann, hat die politische Kultur des Menschen auch noch nicht begonnen.

„Es sind Menschen, die handeln, und nicht die Lawinen'', (16) sagt Sartre, und doch steht das entrechtete Individuum der Wucht der Lawinen, die als Herrschaftsanspruch über ihn herfallen, ohnmächtig gegenüber. Der herrschende Geschmack ist der Geschmack der Herrschenden, diese Binsenwahrheit gilt immer noch!

Sozialpathologische Gedanken, die Menschen verderben, sollte man daher mehr fürchten als Krankheiten, die wieder heilen. Denn alle sogenannten staatstragenden Gedanken, die freiheitseinschränkend etwas von einem wollen, sind auf die Disproportionalität der Rechtsgleichheit gerichtet. Ist die Disproportionalität der Rechtsgleichheit erst einmal zugestanden worden, dann ist jene Abhängigkeit eingetreten, die Unterwerfung und Beherrschung der Ahnungslosen auf Ewigkeit zu besiegeln vermag.

Sollte durch andauernden informativen Überfremdungsterror durch die Medienmonopole der sozialistischen Internationale die genetische Codierung der Unterwerfungssehnsucht gelingen, dann würden die neu aufkommenden Herrschaftsverhältnisse noch deutlicher als bisher, noch selbstverständlicher ihre kollektive Leitochsenfunktion erfüllen. Die heute noch gelegentlich auftretenden Herrschafts- oder Unregierbarkeitsschwierigkeiten könnten mit Sicherheit endgültig ausgeschlossen werden. Der weitergehende, genetisch codierte Verzicht auf die geistige Energie eines auf Freiheit fixierten Menschen könnte jeden, der nach der genetisch codierten Unterwerfungssehnsucht noch nach der Freiheit des Individuums verlangte, als psychisch krank aus der sozialistischen Kollektivgesellschaft ideologisch Normaler ausschließen.

Soweit erkennbar, bewegt sich die Sowjetideologie des wissenschaftlichen Ideologismus im Herrschaftsbereich des Großtyrannen bereits vorsichtig, aber bestimmt auf diesem Weg. Darüber kann in den Leitlinien zur Psychiatrie aus sowjetischer Sicht, wie Prof. Sneschnewskis sie entwickelte, nachgelesen werden. Es reduziert sich alles auf den Satz: ,,Wer das Regime kritisiert, ist krank''.

Die geheime Rebellion der konstruktiven Konterenergie der Vernunftpflichtigen

Manchmal muß man sich fragen, welcher Sinn des Lebens darin liegt, eine Straße, die man gemeinsam gehen muß, eine Welt, in der man gemeinsam leben muß, unaufhörlich überflüssigerweise mit dirigistischen und ideologischen Unmenschlichkeiten zu beschweren, das unschuldige Leben unter Gottes großem Himmel bürokratisch zu unterwerfen und mit einem aus staatlich produzierter Ungerechtigkeit fließenden Zorn der Entrechteten aufzuladen. Staatsrecht kann doch nicht im organisierten Diebstahl der Freiheit anderer liegen!

Die aufgestapelten Quantitäten des Zorns dieser Welt können nicht mehr entweichen, aber auch nicht mehr gestapelt werden. Der millionenfache Zorn drängt nach einer neuen Weltordnung der Gerechtigkeit für alle weltweit Entrechteten. Die zulässige und systematische Entmachtung der Tyrannen des Wortes und der Tat steht auf dem Programm der beginnenden 2. Aufklärung. Die Beseitigung der Herrschaftsansprüche der relativen Eliten über friedliche Menschen, die in Ruhe gelassen werden wollen, ist die Vision der Gerechtigkeit des ewig alten und doch neuen Staatsrechts aus der Idee der Freiheit.

Ob es der Zorn auf relative Eliten ist oder der Haß auf Institutionen, die berechtigte Verachtung gegenüber den reglementierenden Obrigkeiten und arroganten Bürokratien oder die Stille, wehrlose Empörung gegen die Unterwerfungsgesetzgeber in den Parlamenten, ob es die lebensqualitätsvernichtende Massenausplünderung durch negative Herrschaftseliten oder die vielen anderen Gründe der Entwürdigung der Individualsouveränität des freien Menschen sind, die Geschichte beweist, daß in der Stunde der Not nicht nur der relativ milde Schah von Persien vom Volk verlassen wird.

Ohne angstausbreitenden brutalen Terror werden die politisch etablierten Ausbeuter des Volkes in den bürokratisch deformierten Demokratien niemanden finden, der sich für sie freiwillig in die Bresche wirft.

Die geistige Energie des freiheitsfixierten Menschen ist der andauernde Widerstandswille gegen Unrecht und Selbstentfremdung. Wer dem Menschen die Wahrnehmung dieser von der Natur als Selbstschutz gesetzten Energie heimtückisch verweigert oder ihn überredet, sie freiwillig herzugeben, vergreift sich an einem Ahnungslosen.

Er stiehlt ihm die Seele, um seine Selbstverwirklichung in Freiheit bei lebendigem Leib auszuschließen. Welches Verbrechen ist auf dieser Welt größer als dieses, das auf leisen Sohlen daherschleicht und die Ahnungslosen durch Mündigkeitsgefasel heimtückisch entrechtet!

Und doch, der Zeitpfeil der Evolution zur Vernunftpflichtigkeit wird, trotz Rückfalls in die Unfreiheit und des Fortbestandes der Unrechtsetzung durch Staatsgewalt, weitergetragen. Eine Erfahrung genügt eben nicht, Fehler zu wiederholen. *Auch Völker bedürfen wiederholter Selbstzerfleischungen, um zu erkennen, daß Vernunftpflichtigkeit nicht auf Unfreiheit begründet werden kann. Ein hoher Gipfel ist eben mühsam zu ersteigen.*

Grenzen der Disproportionalisierung der Rechtsgleichheit

Die Quantifizierung des unrechtsetzenden Unrechts durch Herrschaftswechsel bleibt nicht ohne Folgen. Der Zeitpfeil der Evolution wirkt weiter bis zum qualitativen Sprung in eine neue Staatsrechtsauffassung der Rechtsgleichheit aller. Die Disproportionalisierung der Rechtsanteile der Entrechteten, das Auseinanderdriften der ursprünglichen Gleichheit aller in eine zunehmende gesetzliche Gewalttätigkeit der Herrschaft und eine *abnehmbare Selbstbestimmung der privaten Gesellschaft* sind nicht unbegrenzt, ohne Vernichtung der Eigentlichkeit des Seins, organisierbar.

Stößt die staatliche Gesetzgebung an die Grenzen der noch zumutbaren und erträglichen Volksentfreiheitlichung und beginnen die medienpolitischen *Eingewöhnungsinformationen zur Verinnerlichung der Selbstentwürdigung,* wie sie z.B. durch die staatliche Familienzerstörung, die geförderte Entfamilisierung durch vormundschaftliche Familiengerichtsbarkeiten, dem ,,mündigen Bürger" zugemutet werden, dann nähert sich eine neue Zeit eines visionären Gerechtigkeitswillens, der sich zu einem ,,qualitativen Sprung" zu verdichten vermag. Einfache Menschen, die in ihrer ganz persönlichen Entscheidung zwischen Mann und Frau widerliche Gängelei und Bevormundung durch Staatsgewalt erfahren, werden sich Pflichten die gegenüber einer gerechten Führungselite einst selbstverständlich waren, nunmehr mit Sicherheit verweigern.

Die riesigen Verdichtungen von chaotischen, weltanschaulich fehlgesteuerten geistigen Energien in unserer Zeitgeschichte - sie sind chaotisch, weil sie aus der natürlichen Proportionierung herausgestoßen sind und durch Disproportionierung der ursprünglichen Gleichgewichtung der weiteren Chaotisierung und Entfreiheitlichung menschlicher Natur aufmunternd zur Selbstzerstörung und allgemeinen Entrechtung zur Verfügung gestellt bleiben - scheinen die natürlichen noch vorhandenen weltweiten Konterenergien der geistig unbeschädigten Freien wie verhext zu lähmen. Aber aus dieser Verhexung der Freien wird ein neuer Selbstbehauptungswille immer dann entsteigen, wenn die negative Staatsgewalt auf dem Gipfel ihres Machtmißbrauches angekommen ist.

Resignation ist die negative Konterenergie gegen den Deformationswillen der Herrschaftselite

In der staatspolitischen Verweigerung eines großen Teils der Jugend, der angewiderten Abwendung von Parteien und den hohlen Phrasen und ,,Reden der Politiker als Spruchblasenprodukte aus einer fremden Welt" (17) fließen unbewußt die Restbestände eines unklaren Freiheitswillens zusammen. Die Bedingungen, unter denen die sogenannten Aussteiger versuchen, der bürokratisierten Unterwerfungsmaschine der Staatsgewalt zu entfliehen, sind eine Mischung von grausamer Trostlosigkeit und parasitärer Pfiffigkeit. Eine Untersuchung über das Verhalten der a-politischen Jugend 1979 fand heraus:

,,Sie lieben sich selbst wie kaum einen Nächsten, und Arbeitslosenhilfe ist ihnen allemal lieber als Arbeit". Die Gründe werden resignativ genannt: Immer mehr Kinder und Jugendliche werden eigentümlich gleichgültig und apathisch. Wenn überhaupt, so ,,spielen sie gelangweilt in Familienleben, in Schule und Hochschule die formalen Rituale so eben mit . . . Aber sie ziehen nicht mehr gegen die Autoritäten zu Felde, die jenen Betrieb repräsentieren, dem sie entweichen. Sie nehmen einfach nicht mehr ernst, was die anderen machen. Also lohnt es sich für sie nicht mehr, sich zu ereifern und sich zu streiten". (18)

Die hier noch vermutete, in sich gekehrte Eigentümlichkeit ist so eigentümlich nicht, sondern der Versuch vieler Jungen und Mädchen, unter verkürzten Bedingungen der Selbstverwirklichung die verbliebenen Restbestände der geistigen Energie des auf Freiheit fixierten Menschen nicht der bürokratisch organisierten Unmenschlichkeit einer ideologisierten Verbohrtheit, alles machen zu können und alles regeln zu wollen, zu opfern. *Die Strategie des Aussteigens aus der Leistungsgesellschaft, die eine staatliche Ausplünderungsgesellschaft geworden ist, um mit der „Mehrwertsteuer" die Entwicklungshilfe für die Arbeitsunwilligen in der übrigen Welt zu finanzieren,* ist einsichtig und durchaus nicht unverständlich.

Es ist dies die Taktik der wortlos anklagenden Verweigerung der Mitschuld am Monstrum einer Bevormundungsgesellschaft, deren „lautlosem Krakenterror" man sich nicht mehr entgegenzustellen wagt, weil, durch ihre übertechnisierten, datenerfassenden Entpersönlichungs- und Entkleidungszwänge aktenkundig geworden zu sein, furchterregender ist als mittelalterliche Auspeitschungen. Die Wunden des Ausgepeitschten heilten, und die Schmerzen konnten vergessen werden, aber der aktenkundig Aufgefallene bleibt aktenkundig Aufgefallener sein Leben lang, und er weiß das. Hier ist die Unterwerfungsenergie der Staatsgewalt als psychotyrannische Tintenfolter voll in Aktion, jeden oft berechtigten Widerstandswillen präventiv zu brechen.

„Nein, danke!" ist geistige Konterenergie in aktiver Passivität

Das höfliche, aber bestimmte „Nein danke!" einer heranwachsenden Generation läßt leise hoffen, daß die geistige Energie des auf Freiheit fixierten Menschen sich regeneriert, nicht mehr ahnungslos und völlig widerstandslos die Wahrnehmungen der eigenen Menschenwürde Demagogen überantwortet, sondern gegen jedes Quentchen weiterer Entmachtung durch die Staatsbürokratie aus Leibeskräften mit den verbliebenen Mitteln des möglichen Protestes kämpft. Das tendenzielle Unbehagen wird symptomatisch am Beispiel eines Leserbriefes alamierend dargestellt:

13. September 1979 „Stern"
„Ich habe zwei Kinder geboren. Ich würde meine beiden relativ gesunden, begabten, oft hinreißenden Kinder nicht noch einmal bekommen wollen. Nicht, weil die Mühe zuviel war, sondern weil die Bitterkeit zu groß ist, diese Kinder aufgezogen zu haben für eine durch Atommüll tödlich bedrohte Zukunft. Kinder aufziehen heißt: In jeder Sekunde Kraft aus sich selbst herausholen und weitergeben. Sehen, wie etwas un-

geheuer Kostbares, zu Hütendes entsteht. Zu erfahren, daß dieses kostbare Leben letztlich von den finanziellen Interessen einiger weniger abhängt, die unser Land auf Jahrhunderte hin gefährden und dabei ein „Restrisiko" nicht scheuen, erzeugt in mir ein Gefühl der Ohnmacht. Ohnmacht gebiert Haß. Wenn ich überhaupt fähig wäre zum Haß, würde ich die Regierenden und Mächtigen, die hinter ihnen stehen, mit aller Kraft hassen. Ich kann es nicht. Ich kann auch nicht kämpfen. Ich werde wahrscheinlich flüchten. Doch manche neigen zum Angriff, wenn ihr Leben und das ihrer Kinder bedroht wird. Mir ist angesichts dieser Energiepolitik zum erstenmal die Entwicklung der Ulrike Meinhof ahnungsweise und nicht nur vom Rationalen her verständlich geworden. Die sanften Aussteiger, die kühlen Verachter unserer Gesellschaft sind ein nicht zu unterschätzendes Potential - sie werden sich vielleicht nicht darauf beschränken, keine künftige Generationen mehr zu produzieren."
Christiane Sturm-Hübinger, Bonn-Röttgen.

Noch niemals in der Weltgeschichte hat Gewalt in beliebiger Gestalt den auf Freiheit fixierten Menschen so unmittelbar und ausweglos konfrontiert - beginnend in den bürokratisierten Industriestaaten und weiterlaufend in Pol-Pots, Idi Amins, Khomeinis, Bokassas- und Breschniews-Herrlichkeiten - wie in unserer Zeit.

Konnte sich das unterdrückte Volk vor Jahrtausenden oder Jahrhunderten noch in die Berge und Wüsten flüchten, sich im undurchdringlichen Urwald verbergen oder in fremde Kontinente ausweichen, so sind die Gewalttätigen heute überall die Herren der Erde geworden und haben die Herrschaft über das Volk an sich gerissen, um sich auf Kosten der Entrechteten, unter dem Vorwand, das Gemeinwohl zu sichern, schamlos zu bereichern.

Der weltweite Prozeß der organisierten Entfreiheitlichung durch offene oder verschleierte Verweigerung der Menschenwürde ist an einem Punkt angelangt, der die erzwungene Ungleichgewichtigkeit der intellektuellen Gestaltungsenergie für ein unabhängiges und freies Leben auf Dauer irreparabel macht.

Die Rückerstattung usurpierter Rechtsräume durch die etablierten Staatsgewalten an den autonomen Bürger wird immer unwahrscheinlicher. Die Staatsräson - die es von Natur aus gar nicht gibt - will die Omnipotenz der Rechtschöpfung, obwohl der Staat zur Beliebigkeit einer Rechtschöpfung weder befugt ist noch durch irgend jemand aufgefordert werden kann. *Der Staat muß die Naturrechte eines jeglichen sichern, andere Rechte hat er aus eigener Kompetenz nicht!*

Die Wortsiege der Ideologen sind gewonnene Schlachten des Nicht-Krieges

Verzaubernde, einschüchternde oder sonstwie einflußnehmende Wortenergien bestimmen Sieg oder Niederlage über die unorganisierten Freien, die um so eher unterworfen werden, je uneiniger sie sich zur Bündelung der Widerstandsenergien gegen etabliertes Unrecht entschließen.

Der totale Dirigismus einer unter Vernunftverbot stehenden Masse, das soll hier nicht bestritten werden, kann eine neue Seinsseligkeit bescheren, deren paternilistischer Sozialfaschismus für das entindividualisierte Kollektivmitglied nicht ohne Reiz zu sein braucht.

So ist es durchaus denkbar, daß eine auf erfüllte Überlebensgarantie reduzierte Leibsättigung des Kollektivmenschen sozialistischer Leitochsenkultur endlich die dauernde spannungsfreie Interessengleichheit zwischen Herrschaften und Beherrschten begründen könnte. Das Überleben der Beherrschten, wenigstens bis zum Ende ihrer gesellschaftlichen, nutzbringenden physischen Kraft, könnte zum ,,heiligsten Ziel'' sozialistischer Politik und staatlicher Führungskunst erklärt werden. Niemand würde mehr darben oder frieren, dagegen jeder sich an staatlichen Feiertagen etwas Besonderes leisten dürfen.

Eine neue Sozialethik, ausgehend von der reinen Lehre von der Wissenschaftlichkeit des Ideologismus -wer nicht arbeitet, soll auch nicht essen-, könnte fortschrittlich weiterentwickelt werden zu einer sozialen Verzichtsethik, z.B. einer sozialistisch-moralischen Pensionsentsagung.

Der Verzicht auf Pensionierung könnte dem Kollektiv der Werktätigen, z.B. aus ,,gesellschaftlicher Verantwortung für die Gemeinschaft'', eine unproduktive Sozialproduktvernichtung durch egoistische Langlebigkeit des Rentners ersparen. Durch kultische Trommelwirbel mehrfach variiert und mit hohen Ehren in Form von Urkunden und golden aussehenden Anstecknadeln sowie feierlichen Gedächtnisreden umrahmt, könnte die schon eingeredete Entsagungssehnsucht zum freiwilligen Beerdigungswillen gesteigert werden.

Niemand würde wagen zu protestieren, denn die absolute Verfügungsgewalt über alle Massenmedien würde in dieser Leitochsengesellschaft alle gesellschaftsfeindlichen Andersdenkenden rechtzeitig als psychisch Kranke erkennen lassen, und der Staat könnte - zum erstenmal in der Weltgeschichte - auf die Einrichtung politischer Sicherheitsorgane endgültig verzichten und alle Fragen der Staatssicherheit psychotherapeutisch oder klinisch regeln. Dauernd Uneinsichtige und undankbare Leibgesättigte, die unverschuldet am sozialschädlichen und gesellschaftlich unproduktiven Lebensverlängerungswunsch leiden, könnten z.B. den Appelationshof für Endlösungen anrufen oder ihre Beschwerden über nicht verhütetes Aufkommen dieser Krankheit nach 40 Arbeitsjahren dem Generalsekretariat des Zentralkomitees für Oberpsychiatrie vortragen mit der vagen Möglichkeit der Bestrafung aller seiner Gedankenbetreuer, die seinen Alterswiderstand gegen seine vorzeitige freiwillige Beerdigung nicht zu beseitigen vermochten.

Vielleicht gelingt diesem zähen, asozialen Langlebler die Bestrafung und sofortige Hinrichtung aller seiner ehemaligen Vorgesetzten. Erzieher und Aufpasser, die so kläglich versagt haben, jenen Freiheitsvirus, der unerwartet begehrt, in Würde nur alt zu werden, rechtzeitig auszurotten. Eine bösartige Phantasie? Wer hätte 1923 an die Nürnberger Gesetze 1935 oder an die Endlösung der Judenfrage 1942 geglaubt? Schließlich ist die genetisch codierbare Prädisposition des Menschen eine neue Erkenntnis, und daher ist es nur logisch, wenn Restbestände einer geistigen Energie des früher einmal auf Freiheit fixierten Menschen in einer aufziehenden sozialistischen Sklavenhaltergesellschaft nur noch klinisch behandelt werden.

Die Wortsiege über Entrechtete sind nicht so schwierig, wie man meint. Es gehören dazu nur Ausdauer, Unverfrorenheit, kalte politische Strategie und die absolute Herrschaft über alle Produktionsmittel, Arbeitsplätze und Einkommen, die absolute Verstaatlichung von Grund und Boden, Arbeit und Kapital einschließlich aller Manipulationstechniken. Verstaatlichung ist doch nichts anderes als der freiwillige Verzicht des Volkes auf die Verfügungsgewalt über das Bruttosozialprodukt. Es ist doch kein Zufall, daß relative Eliten heute die Vergesellschaftung begehren. Ist doch Verstaatlichung die sicherste Form der Langzeitsicherung staatlicher Macht gegenüber absolut entrechteten Völkern!

Der deformierte Mensch denkt, was er hört, und haßt den, der ihn liebt, und liebt den, der ihn verschaukelt. Der Großtyrann unter dem Sowjetstern ist in dieser Beziehung der größte Politkünstler aller Zeiten. *Er vollbringt im Industriezeitalter des zwanzigsten Jahrhunderts das Wunder sklavischer Herrenliebe von Menschen, die lesen und schreiben gelernt haben, um sich ideologisch verhexen zu lassen.*

Totaler Psychologismus als Beweis der totalen Machbarkeit von Vorstellungen

Psychologisch ist unter bestimmten Bedingungen nahezu alles möglich!

Daß die Psychiatrie als die Gedankenapotheke einer deformierten Gesellschaft vieles zu leisten vermag, belegte auch die amerikanische Psychotherapeutin Deborah Phillips, die erfolgreich lehrt, ,,Liebeskummer im Schnellverfahren'' mittels einer Gedankenstop-Technik gegen verschmähte Liebe gründlich zu beseitigen. (19)

Wenn alles nicht hilft, kann die Gedankenstop-Technik dritten Grades angewandt werden. Die Psychiatrie-Professorin greift in solchen Fällen ,,zu einer schlimmen Technik, die sie selten anwende'', und die Redaktion des ,,Spiegels'' (20) hat dankenswerterweise in Kurzfassung das Verfahren so beschrieben: ,,Sie gipfelt darin, den Expartner mit abstoßenden Objekten in Verbindung zu bringen, so daß selbst dem beharrlich ans Vergangene Geketteten erst mal graut. Ekliges aus Deborahs (Phillips) Katalog: Exkremente, Abwässer, Erbrochenes, Blut, Müll - notfalls - eine verwesende Ratte. Auch für diese Technik gibt die Professorin genaue Anweisung: ,,Schließen Sie sich in ein stilles Zimmer ein, denken Sie heftig an den Geliebten'', erläutert sie, ,,und wenn Sie gerade seine Brust mit ihren Lippen berühren wollen, merken Sie , daß diese mit Kot beschmiert ist.'' Und weiter: ,, . . . und alles verschwindet, auch die geliebte Person, die Luft wird rein und süß, sie fühlen sich frisch und neu . . .''

Abschluß der Entwöhnungskur ist die allmähliche Vorbereitung auf ein neues Liebesleben. Dr. Phillips empfiehlt: ,, . . . sich vorher mit einer orgasmischen Rekonditionierung abgesichert zu haben. Unter dieser Methode versteht die Therapeutin Masturbation in Heimarbeit, wobei die Reizwirkung, die von der verflossenen Liebe ausging, langsam auf die neue Bindung übertragen wird; Frauen wird zusätzlich ein vaginales Muskeltraining angeraten. Alle ihre Kursus-Patienten, so versicherte Dr. Phillips, seien dank dieser Methode nach höchstens drei Monaten völlig entliebt gewesen.''

In der Tat, die Amerikaner sind kreativ und wissen sich meistens zu helfen, leider nur zu oft, wenn es *nicht* ,,ums Politische'' geht.

Dieses Beispiel über die Machbarkeit von beliebigen geistigen Energien und Verhaltensweisen in privatrelevanten Beziehungsfeldern ist, staatspolitisch zu organisieren, eine Kleinigkeit, sofern die Bedingungen des

Ausschlusses von störenden Konterenergien günstig sind. Eine Staatsgewalt im Monopolbesitz aller Massenmedien kann jede Verhaltensweise des Volkes, aber auch jede, organisieren und in die Wirklichkeit umsetzen!

Warum sollte es nicht gelingen, mit der gleichen Gedankenstop-Technik auch die Naturrechtsidentität des Menschen und das Recht auf Selbstverwirklichung in Freiheit auszumerzen?

Die Mitglieder der Akademie der pädagogischen Wissenschaften im Herrschaftsbereich des Großtyrannen und der Akademie der pädagogischen Wissenschaften im Sowjetgouvernement-Mitteldeutschland, auch sprachverfälschend und verständnisirritierend von Naturrechtsignoranten oder Ahnungslosen die „DDR" anstatt das DDR (1) genannt, sind allzu ausgezeichnete Techniker von Denkschablonen, um nicht den Zeitraum berechnen zu können, wann der Wechsel der Meinungshorizonte informativer Manipulationsopfer von Fall zu Fall stattfindet.

Am Beispiel der wechselnden Moden für beliebige Artikel des Alltags erfährt jeder die Macht der Wortenergie im Konsumbereich. Im politischen Bereich geschieht nichts anderes. Ein jüngstes Beispiel für die Manipulationskraft des Wortes für einen gleichen Tatbestand ist der sogenannte „Todesschuß" der Polizei, der solange umstritten war, bis er durch die Umwandlung in „Rettungsschuß" des Volkes Zustimmung fand. Der rettende Todesschuß ist eben etwas anderes als der tötende Rettungsschuß. Die Verpackungsstrategie der politischen Manipulateure ist der Unterwerfungselite sensibelste Denkarbeit, weil die Zustimmung zur Selbstentrechtung nur durch die Selbstentfremdung der Manipulationsopfer realisiert werden kann. *In der bisherigen Geschichte der chaotischen Volkssouveränität haben Wahlen im Regelfall immer nur die besseren Manipulateure gewonnen, diejenigen also, die über eine bessere Parteimaschine verfügten.*

Freiheit als Notwendigkeit zur genetischen Restabilisation der Eigentlichkeit des Seins

Um die chaotische Volkssouveränität zu beenden, müssen die Interessen des einzelnen auf die Eigentlichkeit des Seins zurückgeführt und muß das Prinzip Freiheit zur einzigen Bedingung jeder Politik erhoben werden. Die geistige Energie zur Re-Installation der Freiheit könnte zum ersten Kampf antreten. Die Freiheitsgewährung könnte zu einer biologischen Frage des Menschen gemacht werden.

Es geht nicht mehr darum, ob der Mensch in Freiheit lebt oder nicht, sondern ob der Mensch vom einst freien Menschen zum geistigen Kretin degeneriert, der der Freiheit nicht mehr bedarf. Die Verkrüppelung der Glieder kann prothetisch geheilt oder gerichtet werden. Gegen die Verkrüppelung der geistigen Energie werden auch keine Gehirnprothesen mehr helfen, weil Herrschaft, im Besitz des Informationsmonopols, ihre Herstellung zu verhindern wissen wird.

Wenn der Gewaltunterworfene pfleglich zur Unterwerfungsliebe erzogen wird, entwickelt er sich mit unausweichlicher mutativer Konsequenz genetisch zum Knecht.

Daß Staats- und Herrschaftsgewalt seit Jahrtausenden mit immer verfeinerten und verdichteten Abhängigkeitsmechanismen darum bemüht sind, die individuelle Widerstandsenergie gegen ihre Unterwerfungserwartung auszumerzen, steht außer Frage. Wo und wann aber beginnt aus der quantitativen Auszehrung des individuellen Widerstandswillens gegen Unfreiheit der qualitative Sprung in den genetisch codierten Freiheitsverzicht?

Ein bereits erkanntes Indiz scheint die weltweite Geburtenverweigerung in den überbürokratisierten Industriestaaten zu sein. Dieser Fortpflanzungsverzicht von Denkenden verweigert sich der Reproduktion von Leben in eine Zukunft, die endgültig auf Unfreiheit fixiert zu sein scheint.

Die Fortpflanzungsunlust, insbesondere bei denkenden und herrschaftssystemdurchschauenden Menschen, signalisiert die Ahnung einer ,,Endzeitgeneration'', wie sie in unserer Zeit sich ankündigt.

Ein zweites erkennbares Symptom der Fortpflanzungsverweigerung Wissender ist der sozialdemokratoide, gerechtigkeitskonfuse politische Anspruch auf Entmündigung der Eltern vor den Augen ihrer Kinder. Als drittes erkennbares Symptom grassiert die Zukunftsangst. Alle Fluchtwünsche ins Ausland, Kapitalflucht, Lebensangst, Verzweiflung über die Führungslosigkeit der Verantwortlichen, diese und tausend Gründe mehr könnten sich genetisch zu einer Resignationsgewohnheit niederschlagen.

Wenn der Wille zur Freiheit als biologischer Anspruch der immateriellen Seinsverwirklichung nicht endlich seine Forderung realisiert, im Gegenteil, die Hoffnungslosigkeit machtvoll die Dispositionsräume des Individuums bestimmt, *dann zerbricht die Hoffnung auf Restabilisation der Eigentlichkeit des Menschen an dem negativen Wortgebrauch der modernen Demagogie.*

Qualifizierung der Konterenergie durch eine neue Strategie der Freiheit

Die geistige Energie der auf Freiheit fixierten Menschen entfaltet sich erst aus der Dauerstabilität der Rechtsgleichheit eines jeglichen. Der geringsten politischen Unachtsamkeit, der zaghaftesten Vertrauensseligkeit gegenüber der freiheitsbeschneidenden Obrigkeit folgt die Auszehrung, Begünstigung oder Benachteiligung der Rechtsgleichheit. Wer mit dem Unrecht widerstandslos gegen wenige beginnt, schafft unrechtmehrendes Unrecht bis zur Widerstandslosigkeit aller.

Die politische Bildung unserer Tage schweigt sich über diese Grunderfahrung und Einsichten aus, und auch der Philosophie sind solche Allerweltsweisheiten zu suspekt. Sie müssen schon etwas weniger verständlich sein, um beachtet und gelehrt zu werden.

Die Großartigkeit der Philosophie als das Setzen von Maßstäben versteht sich immer noch als „reines Suchen, das sich nicht mehr in einem Finden beendet, sondern als Suchen, das selbst ein eigenes Finden ist . . . Aus der gelehrten Unwissenheit gibt sich die Philosophie das Suchen als Ihr Gesetz". (21)

So weit so gut; aber das Suchen der Philosophie darf nicht das endlich Gefundene immer wieder aufs neue konturlos zerfließen lassen.

Die Bedeutung philosophisch abgesicherter Widerstandsenergien der Gewaltunterworfenen wird von den geschickten Herrschern nicht übersehen. Das politische Hoch- oder Herunterspielen ihrer jeweiligen Theoretiker gehört zur Unterwerfungstechnik jeder ideologisch beschränkten Denkschablonenkultur.

Im Energieabtausch gebündelter Gedankenketten unterliegt immer jener, der zaghafter und unsicherer und dadurch energiegeschwächter reagiert.

Labile und aktive Interessen setzen, vermehren oder verlieren Rechtspositionen proportional zur Fähigkeit ihrer Energieausschüttungsintensität. Als berechtigte Interessen im Kraftfeld *labiler* Übereinstimmung sichern sie ihre Ansprüche nur so lange störungsfrei, als sie nicht durch *aktivere* Energieausschüttung anderer, auch unberechtigter Interessen ausgetauscht werden.

Die relative Elite hat sich zu allen Zeiten der Philosophie als der Sortier- und Bündelungsmaschine geistiger Energie bemächtigt, um den Unterwerfungsanspruch theoretisch zu überhöhen oder gar zu ritualisieren. Die Verwissenschaftlichung des Ideologismus, wie sie die Gesellschaftskritik volkstümlich anbietet, ist lediglich in der Dogmatisierung von Behauptungen und Schlußfolgerungen allen vorausgegangenen Herrschaftslegitimationstheorien insofern überlegen, als sie den Aufbau einer geistigen Konterstrategie in der freien Welt seit mehr als sechzig Jahren schon im Ansatz zu ersticken vermochte. Wenigstens bisher!

Es scheint an der Zeit, die geistigen Unterwerfungsenergien der sozialistischen Sklavenhaltergesellschaft durch vernunftpflichtige Konterenergien der freien Welt methodisch ins Leere auflaufen zu lassen und den gegen die friedfertige und langmütige Euro-Atlantische Gemeinschaft seit 20 Jahren eingeleiteten 3. Weltkrieg der Worte, den wir bisher an allen Fronten verloren haben, nicht nur anzunehmen, sondern durch die „Solarbombe der Vernunft'' aus den Niederlagen der Friedfertigkeit Siege der Freiheit werden zu lassen.

„Geistige Energien'' entzünden sich zu Kettenreaktionen sowohl positiv wie auch negativ. Die organisierte Menschenrechtsverweigerung als Staatsrecht relativer Elitenherrschaft kann, wenn sie nicht mehr geglaubt wird, d.h., wenn ihre geistigen Energien der Rechtfertigung des Unrechts an der plötzlich aufbrechenden Vernunftpflichtigkeit des politischen Willens der Euro-Atlantischen Gemeinschaft verpuffen, über Nacht zusammenbrechen oder neue innenpolitische Formen der Abwehr kolonialer Tributpflichtigkeit entwickeln, wie sie der staunenden Welt in Polen 1980/81 vorgeführt werden.

Wir sollten unsere politische Vision von der Freiheit des Christenmenschen, die schon lange im Rinnstein liegt, emporheben und sie dem Großtyrannen und seinen unter Vernunftverbot stehenden Völkern vorleben, damit der Sieg des freien Wortes die Niederlage der Gewalt und damit die Erzwingung des Weltfriedens aus totalem Überlebenswillen eines gesunden Egoismus Friedfertiger, aber Wehrhafter, ohne einen Schuß Pulver abzugeben, verwirklichen kann.

Kapitel III

Einführung in die Theorie des konstruktiven Egoismus

Was ist Egoismus

Egoismus ist die persönliche Triebfeder der materiellen und immateriellen Daseinssicherung.

Der Egoismus des Menschen ist auf materielle wie auf immaterielle Maximierung der Lebensfreude gerichtet. Er versorgt zwei Interessenfelder, die allgemein als sinnlich-leiblich und seelisch-geistig bestimmt werden.

Beide Interessenfelder müssen sich ergänzen, um die Eigentlichkeit des Menschen zu verwirklichen, nämlich sowohl die Freiheit, die aus materieller Unabhängigkeit des Menschen sich entfaltet und Glückseligkeit verspricht, als auch die existentielle Sicherung, die zur Selbstverwirklichung befähigt.

Die geläufigsten Egoismusdefinitionen für Menschen sind wegen ihrer herrschaftsstabilisierenden Absicht fehlerhaft. Sie müssen geduldig analysiert und einer entideologisierten, herrschaftsunabhängigen, wissentschaftlichen Hinterfragung unterworfen werden.

Viele Egoismustheorien unterliegen mythologischen Spekulationen, die mühsame Versuche darstellen, die Gründe menschlichen Verhaltens, seien sie moralisch oder unmoralisch, aufzuhellen. Es darf in diesem Zusammenhang nicht das herrschaftsbeliebige Interesse an der Interpretation dessen, was moralisch oder unmoralisch ist, übersehen werden. Nicht nur Ideologen, Parteiapparate, Vertrauensleute, relative Eliten oder Kirchenrechtler, sondern auch Philosophen und „Moralisten" aßen und essen das Brot ihrer Herren. Insofern haben viele Egoismus-Theorien nur bibliophilen und historischen Wert, aber keine normative, verbindliche Qualität für den Denkenden, der sich seiner egoistischen Antriebe erfreut und sie qualifiziert, um zur Autonomie der Willensfreiheit zu gelangen, die alle egoistischen Antriebe mit ihrer Krönung beschließt.

Egoismus wird herrschaftsgefällig allgemein als Fehlverhalten dargestellt, was es nicht ist, sofern die parasitäre Absicht der Vorteilsuchenden ausgeschlossen bleibt.

Die Klarstellung der menschlichen Antriebe unter angstfreien Bedingungen ist die zentrale Frage der Erziehung eines Volkes, weil sie des Volkes Kultur prägt, den Willen zum Erwerb und zur Sicherung einer unabhängigen Existenz freiheitsichernd kanalisiert und die Würde des freien Menschen sicherstellt.

Die in allen an Unterwerfung interessierten Herrschaftsordnungen bildungspolitisch gesteuerte Diskussionsverweigerung über die Selbsterhellung der eigenen Antriebe, die Auseinandersetzungsfurcht vor möglicher Desillusionierung der wirklichen Motive des Menschen über die Methoden der Wahrnehmung von persönlichen Interessen sind bewußt gesteuerte Strategien zur Vorbereitung der Verinnerlichung herrschaftsbeliebiger und konventioneller Rollenerwartungen.

Eine heute noch nachlesbare Egoismustheorie ist z.B. die Vorstellung von der Sünde der „gefallenen menschlichen Natur" (1). Obwohl entwicklungsgeschichtlich verständlich, vermag diese Theorie den Menschen in seinem natürlichen Egoismus zur Freiheit - Egoismus ist auch ein Festhalten der natürlichen Natur des Menschen - nicht zu erfassen.

Ein trauriges Beispiel einer einfältigen Egoismusbeschreibung, die besonders typisch den deformativen Sozialverhältnissen einer Gesellschaft entspricht, die verlernt hat, politisch wie kulturpolitisch präzise Schlußfolgerungen zu ziehen, beweist nachfolgende autorisierte Egoismusdefinition:

„Egoismus äußert sich in *vielen Reden* von der eigenen Person, den eigenen Fähigkeiten, Arbeiten, Sorgen und Erfolgen. Egoistische Kinder lassen andere nicht zu Wort kommen, stellen sich *ehrgeizig* in den Mittelpunkt, stoßen und lügen, wie auch der Egoismus im Geschäftsleben keine Rücksicht kennt und z.B. in unsicheren Zeiten als schamloses Hamstern und Schieben blüht. Die Tendenz des Egoismus, alles allein haben zu wollen, entspricht dem Neid als Trauer über Vorteile anderer." (2)

Alle mit einem Vorwurf bedachten aufgezählten Eigenschaften des ersten Satzes sind in Wirklichkeit alles durchaus berechtigte bewußtseinsstabilisierende Anstrengungen zur Selbstwertsteigerung. Wer über sich redet, kann sich auch entdecken, sich öffnen, sich hinterfragen.

Der 1. Teil des 2. Satzes dramatisiert unblutige und schadensfreie Rangordnungskämpfe, die auch dem Unterlegenen unter veränderten Bedingungen neue Möglichlkeiten der Selbstbehauptung nicht ausschließen.

Es ist wichtig und für den subjektiven Egoismus förderlich, die Grenzen und Möglichkeiten der eigenen Kräfte rechtzeitig zu kanalisieren, um sie nach tatsächlichen Fähigkeiten und Begabungen selbststeuernd einzusetzen. Menschen, die im Leben scheitern, scheitern an der Überschätzung der eigenen Kräfte und an der Uneinsichtigkeit, daß vor jeden Erfolg die Götter Fleiß, Ausdauer und Zielstrebigkeit gesetzt haben. So bleibt dem Schwächsten eine Chance zur materiellen Unabhängigkeit, wenn er mit Fleiß, Ausdauer und Zielstrebigkeit bei der Sache bleibt. In der freien Gesellschaft einer optimalen Demokratie ist für jeden Platz, der einem anderen nicht auf der Tasche liegen will und gesund genug ist, für sich selbst zu sorgen.

Der 2. Teil der Egoismusdefinition ignoriert die Ursachen der Zerstörung marktwirtschaftlicher Versorgungsmechanismen durch Herrschaft. Vor der „schamlosen Hamsterei" käuflich und damit zu Recht erworbenen Gutes ist die materielle Not durch relative Eliten produziert worden, stand im Regelfall die kriegerische Abschlachtung einer Generation eines geistig verblendeten und in die Irre geführten Volkes durch eben diese Herrschaft.

Wenn weitblickende wenige eines Volkes sich der chancenlosen Kanonenfutterpolitik relativer Elitensysteme zu entziehen trachteten, dann war der gesunde Egoismus, materielle Unabhängigkeit als Überlebensstrategie zu realisieren, natürlich und vernünftig gewesen und die Urteilskraft des Individuums trotz Repression und informativer Vergewaltigung aller durch Unterwerfungseliten intakt geblieben.

Zum 3. Satz: „Die Tendenz, alles allein haben zu *wollen*", entspricht dem natürlichen Erwerbsstreben und ist gesünder, als alles von anderen zu erwarten. Darf man nicht haben wollen, was man, ohne einem anderen gewaltsam zu nehmen, ohne listig zu erschleichen, rechtmäßig erwerben oder erarbeiten kann?

Warum also die überflüssige Lähmung möglicher Antriebe zur Wunschbefriedigung aus eigener Kraft? Das ist jämmerlicher Destruktivismus, weinerliches, neidvolles Gejammer über die Tatkraft und Weitsicht anderer.

Eine noch kuriosere Verurteilung des gesunden Egoismus durch deformierte Sozial- und Herrschaftsverhältnisse liegt auch hier vor:

„Ergreifen und Festhalten alles Erreichbaren ist beim Kleinkind noch nicht notwendig Egoismus, vielmehr Streben, mit der Umwelt fertig zu werden. Egoismus ist aber schon, wenn das Kind alles nur für sich haben, nichts mitgeben, ganz im Mittelpunkt stehen will, eifersüchtig wird." (3)

Dieser lexikalische Schwachsinn erzieht zum lebensfeindlichen Nekrophilismus, der sich dem geistig Hinfälligen mit größerer Anteilnahme zuwendet als dem Vitalen, dem Lebenstüchtigen, der sich auf sich selbst und weniger auf andere verläßt. Was der Ausdruck einer lebhaften kindlichen Geborgenheitssicherung und Vertrauensvergewisserung ist, wird als negativer Egoismus vorwurfsvoll verfremdet.

Wo Vertrauensgewißheit und Existenzgarantie am Beispiel der Eltern in besonderer Weise auch vom Kleinkind erfahren wird, schwächen sich die ängstlichen Geborgenheitsvergewisserungen und existentiellen Absicherungsbedürfnisse mit wachsendem Selbstvertrauen ab. Wo darüber hinaus das Selbstbewußtsein, mittels des gesunden Egoismus die Bewältigung des Lebens zu meistern, gestärkt werden konnte, stellt sich die Gelassenheit des Erwachsenen und die Vernunftfähigkeit des in materieller Sicherheit und Freiheit Geborgenen von selbst ein.

Ein gültiges Standardwerk der Pädagogik belegt das gestörte Verhältnis zum natürlichen Egoismus des Menschen, (4) wenn es z.B. der Pubertät ein Ausnahmeverhalten einräumt:

„In der Pubertät ist betonte *Selbstherrlichkeit* und *Rechthaberei* nicht immer Egoismus, oft nur Ausdruck des neuen Icherlebens, das den Weg zur Mitwelt noch nicht gefunden hat.''

Selbstherrlichkeit und Rechthaberei werden begrifflich mit einem undifferenzierten Egoismus zusammengeworfen, obwohl nur ein negativer, unqualifizierter, nicht wünschenswerter Egoismus gemeint sein kann.

Selbstherrlichkeit und Rechthaberei werden nicht, wie erforderlich, als ein zu vermeidender Antrieb verkürzter Einsicht und verdunkelter Motive der Selbststeuerung bestimmt.

Rechthaberei ist doch nichts anderes als der Wille, recht haben zu wollen, ohne Recht, es zu haben, also die Unfähigkeit des logischen Beweises des naturrechtlichen Einsichtzwanges. Selbstherrlichkeit hat vielfältige Motive, sie können ebenso begründet wie albern, einsichtig wie versnobt, wertneutral, d. h., niemand schädigend, wie auch überflüssig sein, wenn Selbstherrlichkeit andere verletzt oder diskriminiert. Aber es ist keine Selbstherrlichkeit, wenn der fachlich Qualifizierte darauf besteht, das Bessere nach seinem Willen zu wollen. Das gilt nicht nur für die Naturwissenschaften, sondern sollte auch für die Geisteswissenschaften verbindlich werden.

Egoismus ist also ein natürliches Schutzverlangen, das als Tatantrieb die Selbstverwirklichung begründet, wie umgekehrt, mangelnder Tatantrieb aus mangelndem Egoismus die seelische und leibliche Verwahrlosung begünstigt und, als Ursache aller Neidkomplexe, sich zur Manipulationsmasse relativer Eliten prädestiniert.

Egoismus unter natürlichen Lebensbedingungen ist gerecht, weil er gesund macht

Die Diskreditierung des natürlichen Egoismus der vernunftpflichtigen individualsouveränen Persönlichkeit hat den Gebrauch des Egoismus als gesunde Antriebskraft der menschlichen Freiheitssicherung in einer Weise verunsichert, daß die Grenzen zwischen Freiheit und Unfreiheit, gesundem und ungesundem, natürlichem und widernatürlichem Egoismus, diesen für die Verhaltenssicherheit sehr wichtigen Unterscheidungen, unklar und verschwommen geworden sind.

Der Egoismus des Menschen ist unter Bedingungen seiner *natürlichen* Entfaltung sozial, weil er des Menschen Sein sichert, er ist gerecht, weil er des Menschen rechtlicher Gleichheit bedarf, er ist human, weil er die Freiheit als Selbstzweck für den Menschen will.

Der natürliche Egoismus sorgt als Überlebens- und Glückseligkeitsantrieb dafür, daß der Eifer vom Ausstreuen der Saat bis zur Einbringung der Ernte nicht nachläßt. Wer das Leben in seiner Fülle liebt, kann es nicht untätig leben, ohne Antrieb, ohne den Egoismus, die Befriedigung eigener Bedürfnisse für den morgigen Tag zu sichern.

Die Anspruchserwartung des einen reguliert sich eigengesetzlich durch die Anspruchserwartung des anderen. Man kann nur immer so viel erhalten, wie ein anderer freiwillig abzutreten bereit ist, und kaum jemand wird etwas freiwillig abtreten, wofür er nicht etwas empfangen hat oder glaubt, etwas zu empfangen, es sei denn, daß gewonnene soziale Autarkie gelegentlich materielle Selbsteinschränkungen erlaubt, wenn sie nicht an die Substanz der materiellen Unabhängigkeit gehen.

Den natürlichen Egoismus zu stillen, ist die tägliche Bestimmung der menschlichen Natur. Wer sich selbst und sein Leben liebt, wird sich nicht verkommen lassen wollen und sich nicht in die materielle Abhängigkeit anderer treiben lassen.

Gesunder Egoismus zeichnet sich aus durch die Achtung der Rechtsgleichheit und durch den Verzicht auf eine Vorteilssicherung unter Ausnutzung einer Rechtsungleichheit. Gerechtigkeit ist eine selbstverständliche Pflicht des natürlichen Egoismus. Diesem natürlichen Egoismus zu gehorchen, bedeutet nicht, in „krasser Selbstsucht" zu handeln, sondern Verantwortung über sich selbst zu wollen und niemandem zur Last zu werden.

Der Egoismus ist als natürliches antiparasitäres Begehren immer so lange natürlich, wie seine Entfaltung zur freien Selbststeuerung und Selbstverwirklichung ungestört bleibt. Unter repressionsfreien Bedingungen ist jeder Egoismus des Menschen gerecht.

Der natürliche Egoismus ist unterwerfungsunwillig

Die natürliche Bestimmung des Menschen kann nicht sein, eigene Wunschbefriedigungen anderen aufzubürden, weil es nicht in der Natur der Dinge liegen kann, Rechtsvorteile von anderen zu erschleichen, vielmehr ist einem jeglichen aufgetragen, nach Kräften sein eigenes Wohlergehen zu erstreben, zu begründen und zu verteidigen.

Alles für sich haben wollen, im Mittelpunkt stehen, anerkannt und geliebt werden, sind persönlichkeitsstabilisierende Selbstwertversicherungen, die keinem schaden müssen, wenn der Egoismus des anderen gleichberechtigt und auf Gegenseitigkeit anerkannt bleibt. Wenn der Egoismus des Gebenden sich mit dem Egoismus des Nehmenden im Gleichgewicht befindet, dann ist die gesellschaftliche Harmonie der gegenseitigen Abhängigkeit in gegenseitiger Freiheit zur Herstellung der gegenseitigen Unabhängigkeit die geglückte Symbiose gegensätzlicher und gleichzeitig gemeinsamer Interessen.

Diese Symbiose gelingt nur unter natürlichen repressionsfreien Bedingungen der optimalen Demokratie einer politisch mündigen Volkssouveränität.

Der natürliche Egoismus des Individuums auf materielle Unabhängigkeit und Freiheit als Mittel der Selbstverwirklichung ist ein personales Anspruchsverhalten, das den Interessen jeder Herrschaft entgegensteht. Dieser Egoismus wird daher von allen relativen Herrschaftseliten der Welt offen oder verdeckt verweigert und, sofern es in ihrer Gewalt steht, mit allen Mitteln der steuerlichen Ausplünderungsmöglichkeiten bekämpft.

Die Furcht aller Ideologen, durch materielle Unabhängigkeit eines jeglichen die Verfügungsgewalt über das Volk zu verlieren, ist allgegenwärtig und in allen Volksdemokratien gleichermaßen nachweisbar.

Herrschaft kann über Menschen, die die Chance haben, durch materielle Unabhängigkeit politisch mündig zu werden, nur noch durch Verweigerung der sozialen Autarkie und Sicherung eines allgemeinen Unterschichtsstandards aufrechterhalten werden.

Der Obrigkeits- und Vorsorgestaat ist keine Besserungsanstalt für alle und auch kein Gemeinwohlerzwinger, obwohl er nur in dieser Rolle glaubt, sich rechtfertigen zu können. Das Wunderbarste, das der Vorsorgestaat tun könnte, wäre, sich wie durch ein Wunder aufzulösen, damit die Menschen ihr Leben und ihre Vorsorge wieder nach eigenem Willen gestalten könnten.

„Denn Kant, der Philosoph der Freiheit, der Menschlichkeit und des Gewissens'' (Popper) hat geschrieben:

„Niemand kann mich zwingen, auf seine Art (wie er sich das Wohlsein anderer Menschen denkt) glücklich zu sein, sondern ein jeder darf seine Glückseligkeit auf dem Wege suchen, welcher ihm selbst gut dünkt, wenn er nur der Freiheit anderer, einem ähnlichen Zwecke nachzustreben . . . nicht Abbruch tut . . . Eine väterliche Regierung (imperium paternale), wo also die Untertanen als unmündige Kinder, die nicht unterscheiden können, was ihnen wahrhaftig nützlich oder schädlich ist, sich bloß passiv zu verhalten genötigt sind, um, wie sie glücklich sein sollen, bloß von dem Urteile des Staatsoberhauptes . . . . zu erwarten: ist der größte denkbare Despotismus.'' (5)

Der natürliche Egoismus des Menschen kann niemals wollen, sich der Selbstgestaltung seines Lebens und seines Glücks zu entledigen, um sich dem hoheitlichen Gewerbe, den Ideologie-Tyrannen und Menschenrechtsignoranten anzuvertrauen, die eigene Zukunft von ihnen gestalten zu lassen.

„Jeder Mensch ist eine kleine Welt für sich selbst'', hat der griechische Philosoph Demokrit präzise bestimmt, und so muß es bleiben, damit des Menschen Einmaligkeit und Würde nicht durch wachsende Herrschaft für immer zerrieben wird.

Der natürliche Egoismus qualifiziert zum immateriellen Bedürfnis

Der natürliche, antiparasitäre Egoismus steigert seine Egoquanten aus der durch die politische Gemeinschaft zu sichernden fairen Chance, das Erworbene behalten zu dürfen und mit niemandem teilen zu müssen, von der Phase der Leibsättigung über die Familiengründung und materielle Absicherung bis zur dominierenden Immaterialität der Bedürfnisse.

Wenn die vernunftpflichtige Begehrlichkeit des einzelnen in die Prinzipien der Schadenslosigkeit anderer eingebunden bleibt, um sich als natürlicher Egoismus aus eigener Kraft zu entfalten, dann sind die Diskriminierungsmöglichkeiten materieller Bedürfnisbefriedigung beseitigt.

Die immaterielle Steuerung der materiellen Antriebe wird gesichert durch den Totalen Egoismus, die Vernunftpflichtigkeit des souveränen Individuums auch erreichen zu wollen. Die Realisierung der materiellen Bedürfnisse bleibt immateriell kontrolliert.

Wer die materiell dimensionierte Umklammerung des Denkens aus materiell ungesicherten Verhältnissen überwunden und zur immateriellen Dimension des Seins, der Vernunftpflichtigkeit, Zugang gefunden hat, der würde sich pflichtwidrig verhalten, wenn er es zuließe, seine soziale Autarkie als Chance zur Aufbereitung höherer Lebensqualitäten leichtfertig zu vertun. Würde er seine materielle Unabhängigkeit jedoch absichtlich verspielen wollen, so dürfte er, unter der Voraussetzung der Schadensfreiheit anderer, niemals gehindert sein, sein Eigentum beliebig umzuwandeln.

Wenn die Vernunft gebietet, die Vernunftwidrigkeit anderer zur Sicherung der Vernunftfähigkeit aller abzuwehren, so gilt die Abwehrverpflichtung nur, wenn die Vernunftwidrigkeit des einen die Vernunftfähigkeit eines anderen bedroht oder einschränkt; wenn sie sich selbst bedroht, so ist es niemandem zu verwehren, sein eigenes Geld zu verbrennen oder sich vom Eiffelturm zu stürzen. So bedauerlich der Einzelfall auch sein mag - niemand sollte dem Verzweifelten seine Hilfe verweigern -, das Prinzip, über sich verfügen zu dürfen, ist der Unterschied zwischen Freiheit und Sklaverei, was leider oft vergessen wird.

An diesem Punkt des immateriell dimensionierten Egoismus der Anerkennung der schicksalhaften Ungleichheit jedes Menschen qualifiziert sich der natürliche Egoismus zum Totalen Egoismus. Die Geradlinigkeit des Zweckes, des Zieles und der Bestimmung des Egoismus ist durch keinen parteipolitischen ,,sozialen Gestaltungsauftrag'' sozialistischer Humanitätsignoranten à la Juso-Strasser und sozialdemokratoider neuzeitlicher Unterwerfungsstrategien, die das Volk zur geklonten Rumpf-Menschen-Kultur erniedrigen möchten, zu verfälschen. (6)

Diese Totalisierung des Egoismus jedes freiheitsbedürftigen Individuums, sich selbst sein zu dürfen, verträgt keine Relativierung unaustauschbarer Prinzipien.

Weil es keine Verfügungsgewalt von Menschen über Menschen gibt, gibt es auch keinen selbsternannten und selbstgemachten ,,sozialen Gestaltungsauftrag'' gegen das Volk, und noch weniger gegen das Individuum. Selbst wenn dieser Auftrag einer chaotischen und manipulationsanfälligen Volkssouveränität eingeredet werden könnte, wäre er nicht rechtens, wenn ein einziges Glied des Volkes sich diesem selbstermächtigten ,,sozialen Gestaltungsauftrag'' widersetzte.

Es gibt Aufträge einer Volksmehrheit, die zu nichts verpflichten, bei denen, im Gegenteil, sie nicht zu befolgen, moralische Pflicht ist.

Deformierter Egoismus ist blinder Selbsterhaltungstrieb

Der Egoismus des Menschen ist unter Bedingungen seiner unnatürlichen Entfaltung ein durch Herrschaft verursachter persönlichkeitsdebilisierender Zustand. Sein wesentliches Merkmal ist der Orientierungsverlust entsittlichter und in ihrer Eigentlichkeit gebrochener Persönlichkeiten.

Durch spontane, mangels Selbstvertrauen und analytischer Urteilskraft oft übersteigerte oder überflüssige Wunschbefriedigungen erscheint der Egoismus als ungeordnetes Begehren. Als in seinen Ansprüchen oft verkümmertes Begehren ist er entwicklungsspezifisch gestört, altersspezifisch emotional und erfahrungsgemäß perspektivisch verkürzt.

Deformierter Egoismus ist neidisch, diebisch, andere schädigend, den Wohltäter hassend; er ist blind für die immaterielle Vertrauensinvestition in die Zukunft und leidet am Unvermögen redlicher Beurteilung der eigenen Lebenschancen.

Widernatürliche Egoismen sind auf Aneignung der materiellen Ergebnisse natürlicher Egoismen anderer fixiert, d.h., sie wirken geld-, vermögen- oder leistungsabschöpfend. Immer haben sie den Hang zur parasitären Nutznießung am Arbeitsertrag anderer und neigen zur pathologischen moralisierenden Schizophrenie.

Ungerecht, weil widernatürlich, sind Egoismuserwartungen, die mittels Raubes, Ausplünderung, Vertrauensmißbrauchs, ruinierender Maßlosigkeit unter Anwendung von Kraft, Gewalt, Terror oder Ausnutzung Ahnungsloser das *Eigene* zu Lasten anderer zu sichern suchen, d.h., der Egoismus wird ungerecht unter repressiven Bedingungen, die den Widerstand der repressiv Entrechteten brechen und die Rechtsgleichheit des Individuums ignorieren. Die Ursache aller Widernatürlichkeit des Egoismus liegt daher in der Angstandrohung und im Gewaltmißbrauch.

Jede *chaotische* Egoismusbefriedigung, die der Harmonie der Persönlichkeit schadet, weil sie die Selbstverwirklichung zu Lasten eines anderen begehrt, ist widernatürlich.

Alle widernatürlichen Egoismen entstehen nicht von selbst, sondern werden durch die antihumanen oft staatlichen Pilzkulturen anti-sozialer Umverteilungstheorien oder Arbeitsscheuer und handwerksdiskriminierender Pseudointellektueller in die Gesellschaft gespült, um bei gleichgesinnten parasitären Anspruchsbewerbern unverdiente Begehrlichkeiten auf Kosten der arbeitenden Bevölkerung zu wecken.

Ein makabres Beispiel sozialistischer Menschenrechtsverachtung stammt von einem der Chefideologen des SPD-Vorstandes, hier als Spiegel-Zitat (7), das als symptomatisch für den möglichen und der Bevölkerung zugemuteten Schwachsinn bekanntgemacht werden muß.

„Die beträchtlichen Unterschiede im Einkommen, etwa unter den abhängigen Beschäftigten, seien, so behauptet beispielsweise der Politologe Johannes Strasser (SPD), vor allem durch die Unternehmer böswillig verschuldet, um die „innerbetrieblichen Herrschaftsstrukturen aufrechtzuerhalten". Sogar die Tatsache, daß einige krank, andere dagegen gesund sind, einige einsam, andere kommunikativ, einige mit den Händen arbeiten und manche mit anderen Körperteilen, das Faktum, daß einige mit einem Volksschulabschluß, andere mit einem Universitätsdiplom durchs Leben laufen, daß manche ins Theater, in die Oper, ins Konzert gehen und andere nicht - all das erscheint dann als eine mit Absicht ins Werk gesetzte Ungleichheit, als ein willkürlicher Akt des Systems. „Bildungsmäßige und kulturelle Unterentwicklung" (was immer damit gemeint sein mag), die „Trennung von Hand- und Kopfarbeit", die Existenz der „Gruppe der Kranken und der Geschädigten, der Arbeitsunfähigen und der Drogenabhängigen" seien, so glaubt Strasser, „erzwungen", seien nur die Folge „einer besinnungslosen Expansion von Produktion, Konsum und Profit", seien mithin überwindbar durch die „Konzeption eines Reformprozesses mit antikapitalistischer Tendenz".

Die verblüffend simple Diagnose, daß alle Ungleichheit Willkür sei, die einfache Rezeptur, wonach fast alles, was den einen von dem anderen Menschen trennt und unterscheidet, einzuebnen wäre, wenn die „Politik nur eine „umfassende soziale Gestaltungsaufgabe" (Strasser) übernähme, das ist wohl ein wenig zu schlicht und zu kraus gewebt und gestrickt."

Diese nicht mehr zu überbietende Ahnungslosigkeit über gesellschaftliche Zusammenhänge und ihre wirklichen Ursachen macht linke Sozialreformer im sozialdemokratoiden Gewande zu verbrechensbereiten Ignoranten der Seinsbestimmung der Menschen zur Freiheit und Individualsouveränität. Kein autonomes Individuum mag in das Korsett ideologischer Spinner und Naturrechtsignoranten gepreßt werden.

Der sozialistische zentrale Stellenwert des Menschen sind, unter sozialpathologischen, parasitären Gemeinwohlvorgaben der etablierten Unterwerfungselite, das soll hier ohne Wenn und Aber eindeutig festgestellt werden, *die Rentabilität der Arbeitskraft und ihre Abschöpfungsbelastbarkeit*.

Die Seinsbestimmung des Menschen ist allein auf seine materielle Funktionalität und die Möglichkeiten der Umverteilung des Arbeitsertrages der Fleißigen an all die anderen, die ohne Arbeit sich auf Kosten der Allgemeinheit machtmißbrauchend sanieren möchten, beschränkt.

Dieser parasitäre Selbsterhaltungswille ist blind, weil er nie begreifen wird, was es heißt, durch eigener Hände Arbeit mit Ausdauer und Disziplinierung der Antriebe, ohne Protektion und Unterwerfungskarriere, es zu etwas gebracht zu haben.

Den Fleiß der Tüchtigen steuerrechtlich ungleich zu beschneiden, abzuschöpfen, progressiv für das Bonzensyndikat und für die sozialistische Internationale abzusahnen, ist ein machtmißbrauchendes Verbrechen gegen das Menschenrecht auf Eigentum.

Über rechtlich Erworbenes verfügt der Eigentümer und sonst niemand. Nur wer nichts erworben hat, will sich des Gutes anderer Leute per Abstimmung bemächtigen. Das ist keine Demokratie, sondern politischer, antisozialer Banditismus. Das ist sozialistischer Sozialismus und sonst gar nichts!

Alle Theorien, die dieses Verbrechen verniedlichen oder gar zu rechtfertigen trachten, vergreifen sich am mühsam erworbenen Eigentum der Rechtschaffenen, und das ist üblicherweise eine kriminelle Handlung, die auch einer Volksvertretung nicht erlaubt ist, wenn es gerecht zugehen soll in einer politischen Gemeinschaft der Gleichberechtigten.

Die asoziale Sozialutopie der Begehrungsneurotiker

Die sozialistische Asozialität auf dem Wege eines erzwungenen Unterschiedstandards für alle Werktätigen ist der parasitäre Partizipationsversuch eines geschwächten Überlebenswillens am Überlebenswillen eines Stärkeren. Der Energieaufwand des stärkeren Überlebenswillens, dessen gesunder Egoismus zur eigenen Lebenssicherung noch fähig geblieben ist, wird durch ideologisch zusammengeschlossene Bonzensyndikate schamlos geplündert.

Der unnatürliche Egoismus schmarotzt also aus der Leibeskraft der Ahnungslosen und Entrechteten.

Die Durchsetzbarkeit solcher widernatürlichen Ansprüche gelänge nicht ohne eine vorausgegangene *Amputation der Urteilskraft,* die durch Ideologien bewerkstelligt und durch die Herrschaft über die Gehirne der Menschen mittels Informationsmonopole der Staatsgewalt gesellschaftlich „machbar" gemacht wird.

Renate Merklein, die sich mit ihrer Artikelserie „Der Griff in die eigene Tasche" um Aufklärung der Weltanschauungsgeschädigten verdient gemacht hat, sieht den sozialistischen Betrug an der arbeitenden Bevölkerung illusionslos, wenn sie am 9. Juni 1980 feststellt:

> Heute werden Bürger vom Staat gezwungen, Wohltaten für andere zu bezahlen -darunter auch solche Wohltätigkeiten, die selbst sehr karitative Bürger freiwillig wahrscheinlich niemals austeilen würden. Und auch die Philosophen von heute sind keineswegs alle der Meinung, daß eine emsige Transfertätigkeit des Staates ganz Rechtens und mit der Moral vereinbar ist.
>
> Philosoph Nozick etwa behauptet ganz schlicht: Pure Umverteilung, bei der ein Teil der Bevölkerung - etwa der fleißige, tüchtige und erfolgreichere Teil - zu finanziellen Opfern gezwungen, also nur benutzt wird, um einem anderen Teil - beispielsweise den Untüchtigen, den Nichterfolgreiphen (von den Faulen oder jenen, die von Parteien für ihre Wahlstimme belohnt oder geködert werden sollen, ganz zu schweigen) - wohlzutun, das sei unmoralisch.
>
> Nozick zog genau diesen Schluß aus Kants Sittenlehre. Kants Forderung: „Der Mensch kann von keinem Menschen (weder von anderen noch sogar von sich selbst) bloß als Mittel . . . gebraucht werden, und darin besteht eben seine Würde (die Persönlichkeit), dadurch er sich über alle anderen Weltwesen, die nicht Mensch sind und doch gebraucht werden können, mithin über alle Sachen erhebt." Nozicks Folgerung:
>
> *Benützt man einen . . . um des Wohles anderer willen, so wird er ausgenützt, und den anderen wird gedient. Sonst nichts ... Wenn ein Mensch auf diese Weise benützt wird, so fehlt es an Rücksicht darauf, daß er ein selbständiger Mensch ist, daß er nur einmal lebt. Er gewinnt durch sein Opfer kein größeres Wohl, und niemand ist berechtigt, ihm das Opfer aufzuzwingen - am wenigsten ein Staat oder eine Regierung, die von ihm Loyalität verlangt und daher zwischen den Bürgern peinlich neutral sein muß.*
>
> Das Argument, so verblüffend es sein mag, scheint kaum widerlegbar zu sein. Zwar: Es wäre ohne Gewicht, wenn diejenigen, die im Rahmen staatlicher Umverteilungsmaßnahmen einen Teil ihres Einkommens für andere hergeben müssen, eben diesen anderen zuvor etwas genommen hätten und dazu noch auf widerrechtliche Weise.
>
> Aber: Haben etwa die Nahrungsmittelkonsumenten den Bauern irgendwann irgend etwas genommen, das nun zurückgezahlt werden muß? Hat der hochbezahlte, stets Überstunden leistende Facharbeiter etwa dem unterdurchschnittlich und dazu nur gelegentlich verdienenden Hilfsarbeiter etwas gestohlen? Oder ist der Eigner eines mittelgroßen Handwerksbetriebes (oder der Klein- oder der Großaktionär einer riesigen Aktiengesellschaft) dann, wenn er Verluste macht, leider selbst schuld und auch zum Tragen derselben verpflichtet - jedoch für den Fall, daß er Gewinne einstreicht, des Betruges an seiner Beleg- und/oder Kundschaft schuldig? Wohl kaum. (Zumindest muß, wer das behauptet, mehr vorlegen als nur ein wohlfeiles Vorurteil, und sei es auch außer dem eigenen noch das seiner Freunde.)

Der Asozialismus des Sozialismus

Seit der Etablierung der sozialistischen Asozialität im Herrschaftsbereich des Großtyrannen geht es unter seinen Nachahmern mit dem Wohlstand und der persönlichen Sicherheit und Freiheit der zu Lohnsklaven degradierten Sozialstaatsopfern systematisch bergab. Selten jemand, mit Ausnahme der sich salvierenden politischen Unterwerfungseliten, kann die materiellen Fesseln des erzwungenen Unterschichtsstandards der in der sozialen Vernetzung Verstrickten noch aufbrechen und die Menschenwürde anrufen, um über den Wert seiner Arbeit auch verfügen zu wollen.

Die Entrechtung des Menschen beginnt mit der Enteignung seiner Lohnanteile durch Staatsgewalt. Sozialismus ist daher die absolute Macht über die absoluten Einkommen der zu Lohnsklaven degradierten Menschen im Industriezeitalter.

Das sozialistische Planwirtschaftschaos des Staatskapitalismus ist wohl zur totalen Kriegsrüstung und zur Kriegsvorbereitung, zu Aggressionsplanungen und weltweiten Bürgerkriegsinszenierungen gut organisierbar, zur individuellen Konsumbefriedigung ohne Zwang jedoch unfähig. *Sozialistische Volkswirtschaftssysteme sind daher Produktionsgesellschaften der verweigerten Verfügungsgewalt des Volkes über das Bruttosozialprodukt.*

Nicht die Sicherung der privaten Bedürfnisse des arbeitenden Volkes ist das Prinzip der verstaatlichten Produktionsverhältnisse, sondern die Herstellung der Mittel zur Reproduktion der Arbeitskraft zur Vorbereitung der Weltherrschaft.
So ungeheuerlich, ja unglaubhaft diese Wirklichkeit ist - jeder Kenner der sozialistischen Sklavenhaltergesellschaft wird sie bestätigen -, so tragisch ist das Eingeständnis, daß Sozialismus als ehemalige Hoffnung aller Armen und Zukurzgekommenen nur noch eine Leibsättigungsgesellschaft für geistig Arme und Zurückgebliebene geworden ist.

Seine Anziehungskraft besteht heute nur noch aus dem sozialpathologischen Neidkomplex, aus der zerstörenden Partizipation am mittelständischen Lebensstandard anderer, sich parasitäre Nutzungsrechte zu erschleichen, ohne zu ahnen, daß nach der Aufhebung aller Besitzverhältnisse die jämmerliche, entwicklungsbedürftige Agonie einer Sklavenhaltergesellschaft das allgemeine Schicksal jener sein wird, die heute hofften, durch Teilung des Bestehenden ihr Los zu verbessern.

Wohlstand entsteht nicht durch Teilung des Bestehenden, sondern durch die bußgeldfreie Vermehrungschance des Vorhandenen.

Sozialismus ist zur Appellation an die niedrigsten Instinkte des Menschen verkommen. Sie begründet die Negation jeder Eigenverantwortung und legitimiert den Aufstand sozialer Begehrensneurotiker, die sich auf Kosten der Fleißigen und der Redlichen angstausbreitend sanieren möchten. Der Staatssozialismus des Großtyrannen etabliert eine widernatürliche, staatsrechtliche Asozialität und ist seinem innersten Wesen nach parasitär. Das Wesen jedes Parasiten ist die Bedürfnisbefriedigung durch die Kraft und die Anstrengung zur Selbsterhaltung anderer. Sozialismus animiert die *niederen* Kräfte eines jeden Volkes formalrechtlich oder revolutionär, mittels negativer Machtausdehnung die Teilungsgewalt über Eigentum, Besitz und Selbsterworbenes anderer zu erobern.

Der etablierte Staatssozialismus des Großtyrannen geht noch einen entscheidenden Schritt weiter. Durch die Verstaatlichung der Produktionsmittel setzt er sich in den Besitz von allen Überlebensvoraussetzungen. Er nimmt nicht mehr von anderen, die noch etwas haben - diese existieren nicht mehr -, sondern er vermag allen alles zu verweigern, was zur politischen Kultur befähigt. Die Verfügungsgewalt über die Leibeigenen, die die Verstaatlichung der Existenzsicherungsmittel aller staatsrechtlich zu verewigen vermag. Etwas staatsrechtlich Bösartigeres als die Gemeinwohllüge des Sozialismus kann sich ein denkender Mensch, der etwas von der Würde des Menschen weiß, nicht mehr vorstellen.

Es gehört zur Konsequenz des natürlichen Egoismus, den organisierten Schrecken des sozialpathologischen Sozialismus als das klassische Schulbeispiel deformierter Egoismusbefriedigungen am Ausgang des 20. Jahrhunderts entideologisiert darzustellen.

Viele Zeitgeistgeschädigte werden nicht glauben wollen, daß der Fortschritt der Menschheit nicht im Sozialismus liegen soll, sondern nur in der Wiederaufrichtung aller in Freiheit gedachten politischen Rechte eines stolzen und unabhängigen Bürgertums. Aber eine scheinbar beiläufige Geschichte aus dem Alltag des Großtyrannen kann das grandiose Schauspiel der Massendeformation eines ganzen Volkes durch staatlichen Denkschablonenterror einsichtig machen.

Der Stern zitiert am 29.5.1980 in seinem Artikel „Ein Russe sieht Rußland" die Erfahrungen eines Insiders der sozialistischen Sklavenhaltergesellschaft und schreibt folgendes:

Er ist Wirtschaftswissenschaftler an einem Institut, Parteimitglied, 43 Jahre alt. Er gehört zu jenen russischen Akademikern, die sich im Laufe ihres Lebens ein intellektuelles Doppelleben angewöhnt haben. Nach außen weicht er keinen Finger breit von der Parteilinie ab und schreibt brilliante Analysen über die Vorzüge des Sozialismus. In seinem Inneren jedoch ist er ein radikaler Kritiker des Systems. ,,Wenn wir ehrlich wären, müßten wir uns eingestehen, daß das System gescheitert ist. Gerade vollenden wir den zehnten Fünfjahresplan, aber noch kein einziges Mal ist es uns gelungen, wirklich nach dem Plan zu leben. Wir belügen uns alle fünf Jahre aufs neue.''

Sergej, der das Getriebe des Systems bis zum letzten knirschenden Zahnrad kennt, hat insgeheim eine 100-Seiten-Analyse der ,,russischen Krankheit'' ausgearbeitet. Höhnisch zitiert er den Wirtschaftsprofessor Melnikow, der vergangenes Jahr in der Zeitschrift ,,Planowoje Chosjaistwo'' (,,Planwirtschaft'') voller Stolz schrieb: ,,1977 gab es im Lande bereits 5,5 Millionen Beschäftigte in den Organen für Planung und Statistik. Kein anderes Land der Welt besitzt solche Kader, solche qualifizierten und selbstlosen Diener der Sache der Kommunistischen Partei und des Volkes.''

,,Genau dies ist der Grund'', sagt Sergej, ,,warum wir immer tiefer in den Sumpf geraten: 5,5 Millionen Planer, aber keinen einzigen Menschen, der Verantwortung tragen will.'' Seine Studie kommt zu der Schlußfolgerung: ,,Es ist nicht möglich, die heutige Wirtschaft mit administrativen Mitteln zu lenken. Wenn die Wirtschaft immer komplizierter und die Planung immer lückenloser wird, können wir nur eine Verschärfung unserer Schwierigkeiten erwarten.''

Unter Stalin hätte ihn schon die heimliche Abfassung dieser Analyse den Kopf gekostet. Heute kann es Sergej wagen, sein Papier einigen Freunden, sogar einem Vertrauten im ZK-Apparat zu zeigen. Aber: ,,Das schlimme ist, jeder nickt mit dem Kopf und sagt: Da hast du vollkommen recht, aber vergiß es lieber! Du hast doch ein ganz gutes Auskommen.''

In vier bis fünf Jahren, so prophezeit Sergej, werde die Partei die Krise der Planwirtschaft nicht mehr regieren können, dann werde in der Sowjetunion die Grundfrage nach der persönlichen Verantwortung des Menschen gestellt werden müssen, mithin auch nach seinen Rechten.

Es ist nicht sicher, ob Sergej dies wirklich glaubt oder ob er es nur sagt, um sich Mut zu machen, um nicht gänzlich ohne Hoffnung leben zu müssen. Denn am nächsten Morgen wird er wieder in sein Institut gehen und eine optimistische Analyse des ablaufenden Fünfjahresplanes verfassen. Auch sein Institut wird wieder eine Prämie bekommen. (8)

Der russische Fotograf Wladimir Sitschow, der in den Westen emigrieren konnte, belegte mit 10 000 unzensierten Negativen eine politische Wirklichkeit, wie sie kaum einer der sozialistischen Weltanschauungsgeschädigten außerhalb des Sowjetimperiums kennt. Sozialismus ist ein Potemkinscher Traum vom Glück Wundergläubiger.

Denkschablonen sichern den parasitären Egoismus der Unterwerfungseliten

Weltanschauungen, Ideologien, religiöse wie areligiöse Gemeinwohlvorgaben relativer Eliten ersetzen den individuellen Gestaltungswillen durch Austausch der wahren Natur des Menschen mittels dosierter Denkschablonen zur Vorbereitung der Selbstentmachtung.

Relative Herrschaftssysteme attackieren daher notwendigerweise den natürlichen und unabhängigkeitsstabilisierenden Egoismus des Individuums.

Die in der jeweils gültigen Herrschaftstheorie oft als ,,Selbstsucht'' und ,,krasser Egoismus'' diffamierten natürlichen Anspruchserwartungen der Individuen haben immer nur die gleiche verschleierte Ursache, nämlich den Selbstbehauptungswillen des Individuums zu schwächen und die Wahrnehmung aller Lebenschancen in einer freien Lebensgemeinschaft der Freien zu verhindern. Natürlicher Egoismus ist auf der Rechtsgleichheit aller begründet, Herrschaft dagegen auf Privilegien, Vorrechten und Pfründen, also auf Rechtsungleichheit.

Rechtsgleichheit würde die Unterwerfungschance der politischen relativen Elitenherrschaft, die aus der Disproportionalisierung des Rechts und der parasitären Aneignung des Arbeitsprodukts der Wehrlosen besteht, ausschließen. Ideologien sorgen dafür, daß etablierte Rechtsungleichheit unerkannt bleibt.

Ideologien gewähren niemals personale Freiheit, und niemals haben sie Menschenrechte stabilisiert. Sie sind dazu da, auf jene freiwillig zu verzichten. Weltanschauungen sind beliebig begründete Anschauungen über die Nichtexistenz vor-weltanschaulicher Naturrechtsverhältnisse. Eine Weltanschauung hat keinen anderen Sinn, als die Unantastbarkeit vorstaatlicher über-weltanschaulicher Menschenrechte zu beseitigen. Weltanschauungen schauen über die Natur des Menschen hinweg, sie entsubjektivieren den Menschen zum Objekt jeweiliger Weltanschauung. Nur Weltanschauungen verursachen die unnatürlichen Egoismusbefriedigungen unter unnatürlichen Lebensbedingungen.

Alle Weltanschauungen, gleichgültig, ob politische, ideologische oder theokratische, sind auf Verweigerung der natürlichen Egoquanten fixiert. Die wichtigste Aufgabe jeder Ideologie sind Vernunftlähmung und Verzicht auf eigene Urteilskraft des Verführungspotentials Masse. Aus diesem Grunde ist die Idee der Freiheit des Menschen als vorstaatliches Rechtsverhältnis des Menschen mit sich selbst für jede ideologische Weltanschauung unannehmbar.

Intensität, Wesen und Form der individuellen egoistischen Antriebe werden entschieden durch den Grad der eingetretenen oder bereits vollzogenen Verfremdung des Menschen durch gemeinschaftsdeformative Weltanschauungen.

Die Erscheinungsformen des subjektiven Selbsterhaltungswillens richten sich nach dem Zustand der politischen Verhältnisse, unter denen die private Gesellschaft mehr oder weniger leidet oder nicht leidet. Weil jedoch jede Herrschaft aus der Disproportionalisierung des Rechts der Schwächeren sich selbst setzt, heckt sie unaufhörlich Macht zur Unterdrückung zunehmender Staatsverdrossenheit. Um den Weg des natürlichen Zerfalls jeder Tyrannei zu verlängern, sind Ideologien entstanden, um die Tyrannei zu vernebeln und die Selbstentfreiheitlichung zu verschönen. Alle vernunftverbietenden Denkschablonen sichern das süße Leben der Denkschablonenpfleger.

Ideologien haben keinen anderen Sinn, als die Massenausplünderung des Volkes zu verundeutlichen. Mit anderen Worten: wer sich einer Ideologie ohne den Gebrauch seiner kritischen Vernunft geistig nähert, macht sich zum drogensüchtigen Weltanschauungsopfer von Ideologien. Die eintretenden geistigen Schlußfolgerungsschäden - (vergleiche die paronoide Moskautreue des Führers der französischen Kommunisten, Marchais, im Zusammenhang mit dem Überfall des Großtyrannen auf das afghanische Volk von Bergbauern und Viehzüchtern) - sind oft folgenschwer bis irreparabel. Es gibt millionenfache Tragödien von sogenannten ,,Edelkommunisten'', die in ihrer weltanschaulichen Drogensüchtigkeit an Stalin noch geglaubt haben, als sie massenhaft, in heimlichen oder vereinzelten Schauprozessen, schon zum Tode verurteilt wurden und doch im Augenblick ihrer Ermordung noch trotzig, wohl an Stalin, nicht aber an der Weltbeglückungsreligion Sozialismus verzweifelnd, die Internationale sangen.

Die Denkschablone der Gemeinwohllüge als stabiles Herrschaftsmittel

Der parasitäre Teilungsegoismus des Sozialismus, der auch asozialer Egoismus genannt werden kann, verschleiert seine Naturwidrigkeit und menschenunwürdige Schmarotzerkultur durch einen konstruierten, nur ideologisch logisch erscheinenden politischen Moralismus. Als Ausdruck verlorenen Überlebenswillens aus eigener Kraft bieten sich asoziale Gemeinwohlattituden als Kompensation latenter Lebensangst verlockend an.

Dem Individualwohl entgegengesetzt wird ein nebulöses ,,Gemeinwohl'', das die Beliebigkeit der Ausplünderung aller einleitet und zu verewigen vermag. Gemeinwohl ist nie um das eigene Wohl besorgt, sondern immer um das vermeintliche Wohl des anderen, das nicht nötig wäre, wenn das Wohl des anderen nicht zuvor für die Gemeinwohllüge einer relativen Elite geopfert worden wäre.

Gemeinwohl ist daher nichts anderes als ein Ausplünderungsregulativ, dessen Ausplünderungsquanten beliebig auf Kosten der Allgemeinwohlgeschädigten gesteigert werden können.

Alle Gemeinwohldemagogien sind amputative Verfahren der Zustimmung zur Selbstentfremdung. Vorgegebene Gemeinwohlzwänge bedrohen das Recht auf Individualsouveränität und verletzen die Unantastbarkeit der schöpferischen Einmaligkeit des Menschen allein aus dem einzigen Grund, eine sinnlose und lebensqualitätschmälernde ,,Einordnung in die Gemeinschaft'' (9) herrschaftsstabilisierend erzwingen zu wollen. Gemeinwohldemagogien entwürdigen das Individuum bis zur Urteilslosigkeit, insofern es präpariert wird, die eigene Entfreiheitlichung jubelnd zu begehren.

Es wird völlig unterschlagen, daß Gemeinschaften auf der freiwilligen Grundlage gemeinsamer Interessen sinnvoller und für alle Teile nützlicher sind als eine ,,Einordnung unter Gemeinwohlvorgaben'', die in erster Linie der Herrschaft, nicht aber dem Unterworfenen dienen.

An einer immateriellen vernunftverpflichtenden ,,Gemeinwohlvorgabe'' ist Herrschaft noch nie interessiert gewesen. Gemeinwohldemagogen verspotten neidvoll den Handwerker- und Bürgerstolz über selbstvollbrachte Leistungen als niedere Hab- und Raffgier, und das individuelle Selbstinteresse als unversiegbarer Strom millionenfacher Inovation auf der Ebene moderner Volkswirtschaft wird neidschürend als Eigenumsfetischismus entstellt.

Egoismusverweigernde Gemeinwohlideologen der Neuzeit appellieren an die herdentriebhaften Verhaltensweisen des Menschen vor der Zeit seiner selbstwertentdeckenden Aufklärung. Es liegt daher im natürlichen Interesse jedes vernunftfähigen Menschen, die Restauration reaktionärer Leibeigenschaftsverhältnisse, die als menschenunwürdige Lebensformen historisch längst abgeschlossen sind, nicht mehr durch vernunftlosen Ideologismus zuzulassen.

Die Theorie des Egoismus ist in die Auseinandersetzung zwischen dem natürlichen und dem parasitären Egoismus eingetreten. So verkürzt sie sich hier auch darstellt, für die politische Analyse praktizierter Staatsegoismen, z.B. des räuberischen, erpresserischen, schamlosen, unmenschlichen, asozialen Sozialismus des Großtyrannen in der Kreml-Gruft, genügt die Unterscheidung, daß seit *Beginn der Sowjetbarbarei 1917 die bürgerlichen politischen Gemeinschaften, wenn auch unter labilen demokratischen Verhältnissen, niemandem auf der Welt zur Last gefallen sind, sich aus allen Unterwerfungskonflikten herausgehalten und allen Völkern der Welt, soweit sie konnten, geholfen haben, mit ihren selbstverschuldeten wirtschaftlichen Problemen fertig zu werden.*

Der Sowjettyrann dagegen überschwemmt die Welt mit Waffen, Kriegen, Greueln, Hungersnöten, Volksausrottungen, Aggressionen, Massenmorden und Weltanschauungsdrogen allein aus dem einen Grund, seinen zusammengeraubten Vielvölkerstaat gegen den Unabhängigkeitswillen zu erhalten und nach Möglichkeit auf Kosten der staatlichen Substanzvernichtung anderer Völker zu vermehren.

Seit mehr als 60 Jahren ist es der Gemeinwohllüge des asozialen Sozialismus nicht ein einziges Mal gelungen, eine menschenwürdige politische Ordnung zu errichten. Alle Menschen, die fliehen können, fliehen und verlassen die Sklavenhaltergesellschaft, ob es Kubaner sind, Kambodschaner, Äthiopier, Afghanistanis, Vietnamesen, die Deutschen hinter der Mauer, Tschechen oder Russen.

Sie fliehen, weil sie nur noch durch Flucht in die bürgerliche Welt die Verfügungsgewalt über sich selbst wiedererlangen können.

Aus der Schweiz oder aus den Vereinigten Staaten ist noch niemand geflohen, um seine Menschenwürde retten zu müssen.

Sozialistische Politik ist heute die Kunst der Ausweitung der Entrechtung Ahnungsloser geworden. Es ist an der Zeit, den natürlichen Egoismus der Ahnungslosen zu wecken, um sich vor der endgültigen Entrechtung aller durch den Großtyrannen und seine Helfershelfer im Restdeutschland und anderswo noch rechtzeitig zu schützen.

*

Kapitel IV

Transparenz egoistischer Antriebe

Fundamental-Anthropologismus

Die Beschreibung der Eigentlichkeit des Menschen als zweidimensionale Existenz ist der Anthropologie noch nicht hinreichend gelungen. Die Einheit von Körper und Geist ist zuverlässig erkannt, aber die bewußte Teilhabe des Menschen am Ideal seiner zweidimensionalen Existenz ist erziehungswissenschaftlich bisher nicht bewältigt worden.

Die Untersuchung der Ursachen der Verhaltensbestimmungen des Menschen ist eher von privaten, konventionellen, zufälligen als von grundsätzlichen Interessen gewesen.

Die Darstellung der seelischen Eigenschaften, der Verhaltensweisen des Menschen sowohl unter repressionsfreien als auch unter herrschaftsstabilisierend deformierten Umweltbedingungen ist im Vergleich zur Erblehre, Konstitutionsforschung, Abstammungslehre und Rassenkunde völlig in den Hintergrund getreten. Diese Problemfurcht und Tatsachenignoranz der Deformationskraft eingeschliffener Zeitgeistlügen haben die Glaubwürdigkeit der Euro-Atlantischen Gemeinschaft in der Welt stark erschüttert.

Westeuropa ist als letzte Bastion der Freiheit gegenüber der menschendeformativen Unterwerfungsstrategie der anti-anthropologischen Seeleningenieure des Großtyrannen über Jahrzehnte hilflos ausgeliefert gewesen und bis zur Grenze seiner Überlebenschance in die Irritationsstrategien zur Selbstauslieferung an die Freiheitsschänder verstrickt worden.

Nur dadurch ist zu verstehen, daß die etablierte Wissenschaftsförderung der konfusen Herrschaftseliten an der Entwicklung einer auf dem Naturrecht begründeten Fundamentalanthropologie wenig oder überhaupt kein Interesse fand und im Fahrwasser kollektivistischer Zukunftserwartung auch nicht finden konnte.

Die Anthropologie hat zu allen Zeiten die wirklichen Antriebsimpulse des Menschen in seiner zweidimensionierten Körper-Geist-Beziehung verschleiert. Sie konnte sich nicht zur Anerkennung des natürlichen Egoismus als bestimmende Überlebenskraft entschließen. Statt dessen suchte sie die Auswüchse profan-materieller Egoismen als Einzelerscheinungen schlechter Menschen zu erklären, obwohl die Ursachen der Deformation des Menschen in der obrigkeitlichen Angstausbreitung gesucht werden müssen.

Die Erziehungswissenschaft konnte die Systematik der Disziplinierung der Antriebe und ihre qualitative Bestimmung von sich aus und allein nicht in ein Grundmuster stellen und auch keine Verhaltenssicherheitsmerkmale systematisieren, solange Anthropologie sich nicht zur Fundamental-Anthropologie als der Eigentlichkeit des Menschen grundlegend geäußert hatte.

Die Erziehungswissenschaft in der Euro-Atlantischen Gemeinschaft verließ sich bisher nur auf die natürliche Einsichtsfähigkeit in jedem einzelnen Falle, ignorierte aber die prägende Kraft herrschaftsstabilisierender Verfremdungsenergien durch Anpassungs- und Sozialisationsgebote negativer Staatsgewalten unter den besonders prägenden Bedingungen der monopolistischen Verfügungsgewalt aller Produktions-, Konsumtions- und Manipulationsmittel.

Zur Weiterführung der Anthropologie zum Fundamental-Anthropologismus ist die Zeit also reif geworden. Sich an die Eigentlichkeit des Menschen zu erinnern und den Urzustand der Freiheit des Individuums, also seine Verfügungsgewalt über sich selbst, trotz Massenzeitalter und vermeintlicher „Wohlstandskultur" fundamental-anthropologisch wiederherzustellen und endgültig zu verankern, ist heute die alles andere in den Schatten stellende Primär-Aufgabe aller Denkenden, die den Zeitgeistschwindel politischer Hanswursteleien in der Gesellschaft nicht mehr mit ansehen können.

Anti-anthropologische Konformismuspression durch Unterwerfungspsychologie

Neben der Fortschrittsunterschlagung durch die etablierte politische Repräsentanz einer chaotisierbaren Volkssouveränität hat sich im letzten Jahrzehnt zur herrschaftsstabilisierenden Philosophielosigkeit noch eine systemkonformistische psychologische Industrie gesellt, die nicht nur im Sowjetsystem - was als Gewöhnungstechnik an legalisiertes Unrecht noch verständlich wäre - um herrschaftsgefällige Gutachtertätigkeit nachsucht. Der Nachweis der Gemeingefährlichkeit der sogenannten Normabweichler, die eine Integration in eine kranke Gesellschaft verweigern, ist psychotherapeutisch heute rasch zubereitet worden.

Wer seinen Protest gegen die Entfremdungsgewalten unangemessen artikuliert, landet neuerdings nicht nur im Sowjetsystem auf der Unterwerfungscouch. Psychiatrie und Polizeigewalt haben schon vor hundert Jahren eng zusammengearbeitet und die Verwaltung des ,,Wahnsinns'' nicht nur zur NS-Zeit diensteifrig entpolitisiert. (1)

Konventionsverweigernde und systemkonterkarierende Verhaltensweisen empfehlen sich einer sozialisationsbeflissenen, systemkonformen Begradigungspsychologie halluzinierender Sozialingenieure, die die Wiederausrichtung in ,,konformes Verhalten'' berufsmäßig betreiben wollen. Die Psychologie hat bisher noch kein verhaltensnormabgesichertes Konzept entwickelt. Was sie bisher vermochte, war, sich nach systemkonformen Gefälligkeiten auszurichten, und das ist nicht nur zu wenig, sondern lebensgefährlich. Pseudowissenschaftlicher Devotismus als eine neue Sozialisationsstrategie der Unterwerfungselite bietet sich karrierefördernd an. Erziehungsgrundsätze zerfasern! Das Werteproblem in der Psychologie ist restlos zerstritten. Konformität, Kollektivität, Sozialisierung, Selbstzentrierung, Fremdzentrierung, jedes hat seine eigene desorientierende Methode.

Dieses Wissenschaftschaos der Psychologie 1980, das auf widersprechenden Methoden und Befunden basiert, die in Küchenlabors mit pseudopräzisen Verfahren angekocht, aber immer unausgegoren, jederzeit anfechtbar und durch Gegengutachten aufhebbar, zum Herrschaftsmittel avancieren, erfüllt das weltweite anti-fundamental-anthropologische Interesse der relativen Herrschaftseliten zielstrebig. Der Weg bis zur möglichen Aufnahme der politischen Gefälligkeitspsychologie in den finanziellen Zuweisungskatalog für Wissenschaftsförderung wird auch in der BR-Deutschland nicht mehr weit sein.

Die kommerzialisierbare psychasthenische Marktlücke, die durch Zusammenbruch der Erziehung und Zunahme immateriell Geschädigter das neue Berufsfeld der ,,Geldsprecher und Normbegradiger mit psychologischem Beiwerk'' - das immer noch zwischen geistiger Zuckerwatte und Arsen elektrisch verpackt werden darf - entstehen ließ, hat nie gewagt, das konventionelle Terrain zu verlassen und außerhalb der unpolitischen, familiären oder zwischenmenschlichen Beziehungen die Zerstörung der seelischen Potenzen aus dem politischen System der Unterdrückung, der Entrechtung und der existenziellen Lebenserschwernis durch Herrschaft aufzubereiten.

Psychologie drängt in weltanschauungsgeschädigten Sozialverbänden zunehmend nach Art der mittelalterlichen Zwei-Schwerterlehre in die

Rolle des Erfüllungsgehilfen der Staatsgewalt relativer Herrschaftseliten. Die Konformismuspression in deformierte Sozialverbände ist das Wesensmerkmal jeder Psychologie, die sich mittels exerzierter Unterwerfungssozialisation der negativen Staatsgewalt bis zur Widerlichkeit andienert.

Anti-anthropologischer Normrelativismus

Der sich politisch verselbständigende Anti-Anthropologismus der Sozialisationspsychologie bietet sich den Unterwerfungseliten herrschaftssichernd und inquisitionsbereit an, und zwar nicht nur der Moskauer Nomenklaturistenzentrale: Er installiert vielmehr seine Macht schon mitten unter uns.

Besonders sensibilisierte Individuen verzweifeln an einer Erziehung, die hilflose Eingewöhnung an eine Gewaltunterworfenheit billigt. Sie vermögen nicht aus eigener Kraft und im Alleingang, etwa durch kompensatorische Selbstwertrettungsversuche der Fragenden, ein normales Selbstvertrauen, das durch ständige Relativierung aller Normen in der Gesellschaft, die die Infragestellung ihrer Urteilskraft herausfordert, und zerstört wurde, wiederherzustellen.

Schon Nietzsche, dieser oft mißverstandene ,,Ketzer'', wußte: ,,Alles moderne Philosophieren ist politisch und polizeilich, durch Regierungen, Kirchen, Akademien, Sitten und Feigheiten der Menschen auf den gelehrten Anschein beschränkt; es bleibt beim Seufzer ,,wenn doch'' oder bei der Erkenntnis ,,es war einmal''. (1)

Nietzsche fordert Wahrhaftigkeit, Identität zwischen Denken und Handeln, naives Vertrauen in die Vertrauensseligkeit des Naiven, intellektuelle Redlichkeit, vornehmlich bei jenen, die vorgeben, gebildet zu sein. Denn sonst wird ,,das innere Elend des modernen Menschen an den Tag kommen, und an die Stelle jener ängstlich versteckenden Konvention und Maskerade können dann, als wahre Helferinnen, Kunst und Religion treten, um gemeinsam eine Kultur anzupflanzen, die wahren Bedürfnissen entspricht und sie nicht, wie die jetzige allgemeine Bildung, nur lehrt, sich über diese Bedürfnisse zu belügen und dadurch zur wandelnden Lüge werden''. (2)

Ein Hinweis ist gegeben, die wahren Bedürfnisse zu erkennen und uneingeschränkt zu begehren.

Die Transparenz der Egoismusquanten schützt vor ihrer Verfälschung durch politische Egoismusdosierer und Bedürfniskontrolleure.

Erziehung muß die Anspruchspalette der zweidimensionierten Existenz des Menschen aufdecken und qualifizieren. Was aber anderes geschieht in der politischen Wirklichkeit als das Gegenteil!

Anti-anthropologische Konformismuspression und naturrrechtswidriger Normrelativismus als Methode zur Eingewöhnung an die stärkeren Herrschaftsverhältnisse des Großtyrannen sind die Menetekel, die das alte Europa und die neue Welt schon hinreichend gewarnt haben.

Was muß der Denkende in der Euro-Atlantischen Gemeinschaft noch alles sehen und ertragen, um vor dem Glücksbegriff der Gemeinwohllüge einer sozialistisch-ideologisch-dogmatischen „weltlichen Gegenkirche" nicht endlich umkehrfähig zu erschrecken?

Die Wurzel aller seelischen Deformationen der Menschen liegt in der positiv-rechtlichen antiliberalen Theorie über die zulässige Verfügungsgewalt von Menschen über Menschen. Wenn diese unverschämte und vernunftwidrige Staatsrechtsanmaßung nicht gründlich ausgerottet und täglich zertreten wird, wird sich auf unserer chaotischen Welt, die sich nicht entschließen kann, die Verfügungsgewalt von Menschen über Menschen zu beenden, nichts ändern!

Angesichts des aggressiven und brutalen Sowjetimperialismus, der weltanschaulich nach den Seelen der Menschen greift, um über ihre Leiber zu herrschen, drängt sich die totale Weltsklaverei unter dem Sowjetstern um so zwingender auf, als die Gewöhnung an den positiv-rechtlichen Staatsrechtsunsinn über die Verfügungsgewalt von Menschen über Menschen keinen Widerspruch findet. Es gehört zum originären Interesse des Menschen, nicht zum Sklaven eines anderen gemacht zu werden. Diese Transparenz egoistischer Antriebe ist jedermann zu seiner Selbsterhaltung zu verdeutlichen.

Die Gefahr ist nicht so sehr die, daß der zur Weltsklaverei drängende Sowjetimperialismus nicht durch gemeinsame Aggressionsabwehr aufzuhalten sei. Die Gefahr liegt in der Entspannungserpressung auf der einen und in der feigen Zerstrittenheit über den Zeitpunkt des Widerstandes gegen den ideologischen und territorialen Aggressionswillen der sowjetischen Nomenklatura auf der anderen Seite.

Der ehemalige General der Sowjetarmee, Pjotr Grigorenko, hat diese Situation treffend so beschrieben: „Die Sowjetunion ist ein Raubtier. Kein Löwe, sondern ein Schakal. Feige und nur leichte Beute reißend. Tritt man ihm entgegen, weicht er zurück. Aber der Westen tritt ihm nicht entgegen!"

Diese Einsicht hat auch eine Menge kluger Leute in Europa. Aber warum wagt es keiner zu sagen?!

Der anti-anthropologische Normrelativismus unter Weltanschauungsgeschädigten, deren Urteilskraft durch Adaptionsgewöhnung der jeweiligen Informationsketten - deren Energiepotentiale den Zeitgeist am stärksten zu prägen scheinen - allein durch den Zustimmungsprozeß durch andere Denkschablonenadapter zufriedengestellt werden kann, begünstigt durch Manipulateure im Dienste der relativen Eliten die Mißachtung der eigenen Vernunftfähigkeit.

Der herrschaftsstabilisierend produzierte Normrelativismus der Übergangsphase von der chaotischen Volkssouveränität zur Weltsklaverei des Großtyrannen basiert auf der Ignoranz der Urteilskraft der Gewaltunterworfenen. Wer nur im dauernden Halbdunkel der Halbwahrheit gehalten wird, erschrickt vor der Wirklichkeit, falls jene sich ihm für Augenblicke erhellt.

Diese anti-anthropologische Urteilskraftignoranz meint politisch die tägliche Rechtsentmachtung des Verblendeten durch sich selbst.

Die immaterielle Dimension des zweidimensionierten Menschen, die unter repressionsfreien Bedingungen eine vernunftpflichtige ist, wird durch die Anpassungseinübenden ideologisierter, d.h., urteilkraftausschließender Informationsquanten beliebiger Herrschaft weitgehend stillgelegt oder durch Denkschablonen, die zwar in der Prämisse falsch, in den Schlußfolgerungen jedoch logisch erscheinen, ersetzt oder ausgetauscht.

Jeder ideologisierte Denkansatz ist anti-anthropologisch. Er ist schon in der Prämisse falsch. Jede Ideologie ist ein Dogma und hat urteilskraftauslöschenden Charakter. Jede beliebige Ideologie verpflichtet zur Selbstaufgabe des Menschen, sie verzichtet anti-anthropologisch und ausdrücklich auf die individuelle Urteilskraft der ideologisch Überwältigten.

Ideologie hat vernunftersetzenden Charakter, sie scheidet die Gedanken nach dem Maß wechselnder Herrschaftsinteressen. Menschen, die „ideologisch sauber“ sind, in der „reinen Lehre stehen“, sind geistig gestörte und selbstentfremdete, normverlustige, im eigentlichen Sinne unglückliche Menschen.

Vernunft, die Freiheit will, wird durch Aberglauben, Vernunft, die Glückseligkeit begehrt, durch gemeinwohlerzwingende Gemeinwohllügen ersetzt. Weil das immer so war, muß es nicht immer so bleiben! Die Egoismusquanten der gewalttätigen relativen Elite haben sich immer in ein absolutes Unterwerfungsbegehren gesteigert. Es zertrümmert die zarten individuellen Selbstwertsicherungsbemühungen durch die Macht ihres Selbstverständnisses und durch völlige Beherrschung des theoretischen Überbaus der Staatsgewalt.

Dem Heranwachsenden, aber auch dem ahnungslos Erwachsenen verbleibt nur noch die Sicherung der auf Überleben fixierten Egoismusquanten der informativ Entrechteten.

Ein Volk ist in seiner Masse manipulativ zu jedem Objektivitätsirrtum aufzubereiten. Masse ist der Denkschablonenadapter beliebiger Sinnproduzenten.

In dieser Tatsache liegt die absolute Entrechtungschance der Menschen allein durch das Mittel gesteuerter Informationen.

Anti-anthropologischer Sozialkollektivismus

Es ist der freien Euro-Atlantischen Gemeinschaft, obwohl sie das Recht, die Pflicht und die wissenschaftlichen Mittel dazu hätte, bisher nicht gelungen, die Merkmale einer freien vernünftigen Persönlichkeit fundamental-anthropologisch zu bestimmen.

Das Sowjetsystem, das in dieser Einführung zur Erzwingung des Weltfriedens der analytischen Korrektheit wegen nur als Großtyrann definiert wird, hat seit 60 Jahren mit phantastischer Gründlichkeit erziehungswissenschaftlich „sowjetpädagogisch" die Anthropologie antianthropologisch allein durch das Informationsmonopol umgekehrt, also, noch lebensfähig, auf den Kopf gestellt.

Unter dem Sowjetstern sind und werden die Merkmale einer vernunftreduzierten sozialistischen Persönlichkeit erziehungswissenschaftlich bis zur totalen Vernunftignoranz erstaunlich überzeugend, politisch konsequent und apparativ linientreu bis zur individuellen Selbstaufgabe verläßlich verwirklicht.

Das Raster der Wert- und Zuverlässigkeitsquanten im Sinne der sozialistischen Entpersonalisierung des Individuums ist so eng geknüpft, daß kein freier eigenständiger Gedanke in diesem Dressurakt zur Selbstentfreiheitlichung mehr Raum findet, sich zu entfalten. (3)

Jeder halbwegs gebildete Mensch weiß, daß das Verhalten der Menschen durch herrschaftsspezifische Normvorgaben kanalisiert werden kann - die Sowjetpädagogik stützt ihre ganze Beweisführung auf die Milieutheorie - und daß der seelische Zerstörungsgrad der Menschen abhängt von der staatlichen Deformationsenergie widernatürlicher, also vernunftwidriger, ideologisierter Handlungsregulative und ahumaner Zwänge.

Die materielle Veränderung der Gesellschaft verändert auch die Denkweisen der Menschen. Das ist tendenziell richtig. Der Mensch lernt nach der veränderten Gesellschaft mit wachsender innerer Zustimmung, in den Kategorien der neuen Gesellschaft zu denken, und gerade dies ist der bestimmende Faktor der Sowjetpädagogik, die sich von der politischen Pädagogik, die den Menschen aus der soziokulturellen Determinanz befreit und ihn mit der Manipulationsimmunität eines politisch mündigen Menschen ausrüstet, diametral entgegengesetzt unterscheidet.

Ist die politische Pädagogik fundamental-anthropologisch, also auf die radikale Wahrnehmung der individuellen Urteilskraft des einmalig urgeschöpften Individuums gegründet, so ist die Sowjetpädagogik anti-anthropologisch. Sie ist anti-anthropologisch, weil sie die Urteilskraft ignoriert, weil sie die Autonomie der Willensfreiheit des vernunftfähigen Individuums politisch verweigert, weil sie die Grundlagen der materiellen Unabhängigkeit jedes einzelnen verstaatlicht, weil sie materielle Unabhängigkeit als die Voraussetzung des Freiheitschutzes eines jeglichen durch das Staatsmonopol von Grund und Boden, Kapital, Arbeit, Produktion und Konsumtion endgültig aufhebt, weil sie sozialkollektivistisch die immaterielle Seinsbestimmung des Menschen durch ideologische Denkschablonen nicht nur ersetzen, sondern ganz in den Dienst zur Selbstunterwerfung einzusetzen trachtet und Erziehung als Mittel der Selbstentfremdung politisiert.

Die persönliche objektive Interessenlage jedes Unterwerfungsopfers im Sozialismus ist zugunsten der Parteikader im Dienste des Sowjetnomenklaturismus abgetreten und nur unter Bedingungen vorbildlicher Unterwerfungsrituale im Rahmen „gesellschaftlicher Arbeit" stückweise reinstallierbar. Die Macht der Kremlmonster ist also zusammengesetzt aus dem entindividualisierten Sozialkollektivismus aller politisch entrechteten und zu Lohnsklaven degradierten Individuen.

*

Die objektive Interessenlage als Generalregulativ aller Egoquanten des Individuums

Um die umfassenden, breit ausgelegten Ursachen der Fremdbestimmung und der selbstzerstörenden Widernatürlichkeit des Menschen durch Herrschaft, Staat oder Obrigkeit verständlich werden zu lassen, müssen die Eigentümlichkeiten der Wechselwirkungen der jeweils objektiven Interessenlagen des in ein widernatürliches So-Sein gestellten Menschen aufgeschlüsselt werden.

Der Wille zum Leben gründet auf dem natürlichen Egoismus, der tätig wirkt, um das Überleben zu sichern. Egoismus ist die genetisch abgesicherte Überlebenszentrale jeder lebendigen Natur. Ihn verweigern zu wollen, hieße, die Natur des Menschen vergewaltigen zu wollen.

Neben der Transparenz der wichtigsten wiederkehrenden Egoismen muß dargestellt werden, daß die objektive Interessenlage eines jeglichen unter jeweiligen Bedingungen in jedem Falle die Initialzündung des subjektiven Begehrens ist. Es gibt kein Begehren, keinen Antrieb, etwas zu wollen, ohne bewußte oder unbewußte objektive Interessiertheit. Die jeweilige objektive Interessenlage wird von der Rangordnung selbsteingeschätzter, erreichbarer Ziele zur Fixierung weiterer Ziele, ständig wechselnd und sich erneuernd, bestimmt. Daraus ergeben sich zweckdienliche Verhaltensweisen und zweckspezifische Egoismen, die im System des zu erzielenden Endzwecks aufstufend korrespondieren.

Der *Endzweck aller Zwecke ist* für den gesunden, sich frei entwickelnden Menschen eine in der Ferne erhoffte, erreichbare *Glückseligkeit*, ein Wohlbehagen über das zweidimensioniert Erreichte, eine Selbstzufriedenheit darüber, vernünftig gelebt zu haben. Das Endziel aller Egoismen des Menschen schlägt sich in dem Begehren nieder, eine Furcht-und Leidlosigkeit in einer repressionsfreien Lebensgemeinschaft der Freien und materiell Unabhängiggewordenen, die ihren Kindern Vorbild und Hilfe sein durften, gesichert zu haben.

In dieser angedeuteten Reihenfolge steht die materiell dimensionierte Überlebensmaxime des Menschen nur in der Aufstufung - nicht in der endgültigen Qualifikation der Egoismusquanten - an erster Stelle. Sie nimmt als unmittelbarer Selbsterhaltungswille in der materiellen Dimension des menschlichen Seins den vorerst und im Regelfall alles andere verdrängenden ersten Rang ein.

Die objektive Interessenlage des Menschen ist dynamisch. Sie entwickelt sich dauernd fort. Sich stets ergänzend, ist sie dialektisch, stets zur Weiterentwicklung fähig und nach Maßgabe des prädisponierten physisch-psychischen Energiepotentials, d.h., der körperlichen Konstitution und seelischen Kraft, aufbereitet.

Die objektive Interessiertheit jedes Menschen ist zweidimensioniert und hierarchisch strukturiert, sie beginnt materiell-dimensioniert mit dem ersten Interesse des Babys, die Mutterbrust blind an sich zu reißen, und kann über unendliche Aufstufungen, z.B. mit dem schrecklichen Willen eines Großtyrannen, die Weltherrschaft zu begehren, enden. Immateriell-dimensioniert vermag sich eine gelegentlich vollzogene gute Tat bis zum Totalen Egoismus, die Individualsouveränität zu vollziehen, steigern. Freiheit und Gerechtigkeit für sich und jedermann zu verwirklichen, notfalls ertrotzen zu wollen, ist ein totaler immateriell fixierter Egoismus, der sich nicht mehr opportunistisch zu erniedrigen vermag.

Wenn die Freiheit des Individuums gesichert bleibt, wenn der Mensch den natürlichen Egoismus zur Totalität höherer Egoquanten qualifiziert, dann ist jede objektive Interessenlage naturrechtsstabilisierend und objektiv ethisch wünschenswert. Wenn sie die Freiheit des Individuums einengt, ist jede so gestaltete objektive Interessenlage ahuman und von krimineller Energieaufladung. Man kann daher die *positiven* und *negativen* objektiven Interessenlagen deutlich unterscheiden.

Positiv-objektive Interessenlagen sind alle materiell wie immateriell dimensionierten Interessen, die unter der Voraussetzung der Schadenslosigkeit anderer und durch eigenen Energieaufwand ohne negative offene oder verdeckte Gewaltanwendung realisiert oder angestrebt werden. Das Ziel jedes positiven Interesses ist die Respektierung und Sicherung der Individualsouveränität des anderen wie auch der eigenen. Aus dieser Maxime ist jede objektive Interessenlage absolut moralisch. Der Egoismus bleibt in jedem Falle, trotz und gerade wegen seines objektiven Interesses, friedferig. Aus diesem Grund ist der natürliche Egoismus, der auf negative Gewalt verzichtet, moralisch. Wenn der Egoismus nicht durch eine widernatürliche gewalttätige Veränderung der Umstände die Überlebenschance absichtlich disproportionalisiert - wie es durch Herrschaft immer wieder geschieht -, *ist der natürliche Überlebensegoismus absolut human.*

Wann ist der Egoismus widernatürlich und unmoralisch?

Der natürliche Egoismus ist weder gut noch böse. Er ist der Wille zum Leben. Leben wollen, kann nicht moralisiert werden. Erst wenn der Wille zum Leben, unter allen Umständen in ein Überlebens-Muß gezwungen, durch widernatürliche Sozialzwänge und parteipolitische Deformationen des ursprünglichen Lebensrhythmus seine Reinheit und die Unschuld seines Antriebes verliert, durch repressive, überflüssige, parasitäre Gewalt verfremdet wird, beginnt die Widernatürlichkeit des Egoismus.

Die Unmoral des oft im Überlebensantrieb handelnden, politisch bedrängten und geängstigten Subjekts liegt *nicht* im Angetriebenen, sondern in den durch Herrschaft verursachten deformierten Umständen. Die deformierten widernatürlichen Lebensumstände sind die Ursachen unmoralischer Egoismusquanten. Die Verfremdung des Subjekts durch den negativen Machtgebrauch anderer ist das Unglück des Verfremdeten.

Die Disproportionalisierung der Rechtsgleichheit in der politischen Gemeinschaft hebt den natürlichen Urzustand der Rechtsgleichheit auf. Die objektive Interessenlage eines jeglichen ist durch das widernatürliche, auf Rechtsungleichheit basierende Anspruchsverhalten der bevorrechtigten relativen Herrschaftselite erheblich erschwert. Neue Überlebensstrategien entfalten sich nach Maßgabe der widernatürlichen Herrschaftsbedingungen. Die Egoismen der Gewaltunterworfenen werden herrschaftsgefällig, sie werden opportunistisch verfremdet, die objektiven Interessen werden negativ, d.h., erforderlichenfalls unmoralisch und parasitär, und zwar um so rascher, als eingeschliffene Verhaltensgewohnheiten bereits konventionell abgesegnet sind.

Die negativierenden objektiven Interessenlagen sind oft nachahmende, die Urteilskraft aufhebende Sofortbegehren, die ihre vernünftige Steuerung durch den Verlust der natürlichen Lebensbedingungen verloren haben. Politische wie unpolitische kriminelle Handlungen der Gewaltunterworfenen sind nur Metastasen einer krebskranken Gesellschaft unter krebskranken Herrschaftseliten.

Politischer Banditismus wie unpolitische Kriminalität sind nur heilbar, wenn ihre Ursachen erkannt und zur Nachahmung auffordernde Ansteckungsherde beseitigt werden können. Die politisch-geistig Krebskranken, deren negative objektive Interessen als Objektivitätsirrtümer in ihrem Unrechtsgehalt nicht mehr wahrgenommen werden, weil sie als

Weltanschauungsgeschädigte der vernunftfähigen Urteilskraft für die Dauer ihrer Krankheit nicht mächtig sind, könnten nur durch Herausnahme aus der Dauerdeformation durch Herrschaft, also durch politische Emigration oder Beendigung der informativen Angstausbreitung repressiver Umstände, geheilt werden. Allein die Wiederherstellung des angstfreien Zustandes restabilisiert die natürlichen und somit moralischen Egoismusquanten.

Mag manchem der verehrten Leser die Rückführung aller objektiven Interessen auf die Triebfeder des Egoismus abscheulich erscheinen, so darf nicht übersehen werden, daß die Egoismusquanten ihre verschiedensten Qualifikationen besitzen und daß z.B. der mitleidlose oder unbarmherzige, durch Herrschaftsumstände unmoralisch gewordene Egoismus in der Intensitätsreihe egoistischer Antriebe auf unterster Stufe steht, obwohl er nicht durch den verantwortet werden kann, der ihn selbstentfremdet praktiziert.

Es muß an die Umstände erinnert werden, die die Überlebensbedingungen der Menschen absichtlich verschlechtern. Ein russischer Poet hat einmal gesagt: ,,Der Egoismus kann abscheulich sein.'' Er ist es gewiß, wenn er seine natürlichen Bedingungen verloren hat. ,,Aber er ist nicht lächerlich, weil er sehr vernünftig ist''. (4)

Wenn der Egoismus durch Herrschaft nicht in eine widernatürliche Alternativlosigkeit getrieben wird, kann er weder widernatürlich noch unmoralisch werden.

Ist natürlicher Vorteilsverzicht eine Krankheit?

Wenn die positive objektive Interessenlage natürlich ist, weil sie durch die Egoismusquanten neben der Existenzsicherung aus eigener Kraft die Glückseligkeitsfixierung nach subjektiven eigenen Vorstellungen ohne Nachteil für andere begehrt, die negative objektive Interessenlage dagegen keine vernunftpflichtigen Maxime der Antriebe anerkennt, sich sogar bis zur politischen sozialrelevanten und unpolitisch privatrelevanten kriminellen Energie zu steigern vermag und alle Eigenschaften nicht wünschenswerter Verhaltensweisen der Menschen potenziert, dann ist mit großer Berechtigung die Frage zu stellen und zu beantworten, ob ein Vorteilsverzicht, also die Nichtwahrnehmung einer objektiven Interessenlage, vernünftig oder vernunftwidrig, lobens- oder tadelnswert sei. Signalisiert Vorteilsverzicht ein degeneratives, urteilskraftentbehrendes Krankheitsbild? Nichtegoismus ist eine krankhafte Vorteilsblindheit, die die Degeneration des Menschen durch Antriebsarmut anzeigt.

Ist aber die Verweigerung der Annahme eines möglichen Vorteils, z.B. der Beförderung im Staatsdienst einer relativen Elite ein Vorteilsverzicht? Die subjektive Kalkulation der *objektiven Interessenlage* kann aus vielen persönlichen Gründen den Vorteil verneinen, z.B. wenn Opportunitätserwartung des Vorgesetzten das Selbstwertgefühl des „Aufsteigers" zerstören würde. Diese Ablehnung eines nur systemimmanent gültigen prestige-erhöhenden Vorteils, der eine moralische Deskelettierung impliziert, ist kein widernatürlicher Vorteilsverzicht und daher kein Krankheitssymptom, sondern die Sicherung der objektiven Interessenlage im immateriellen Sinne, die unverletzte Selbstachtung höher wägt als eine Beförderung im System relativer Herrschaftseliten.

Ein anderes Beispiel wäre das Ausschlagen einer sogenannten „Guten Partie", ob Mann oder Frau, ist gleichgültig. Für andere oft unverständlich, wird auf Vermögen gegen liebenswerte Eigenschaften eines Partners verzichtet. Es liegt aber trotzdem kein Vorteilsverzicht vor, im Gegenteil, die Autonomie der Willensfreiheit hat die objektiven Interessenlagen aus eigener Ermächtigung immateriell überhöht und sich nicht unterstufig verblenden lassen.

An Dummheit grenzender Vorteilsverzicht ist es, ohne ersichtlichen Grund einen legalen, natürlichen, niemand schadenden Vorteil auszuschlagen, z.B., eine Medizin zu verweigern und lieber zu sterben, als sich ärztlich versorgen zu lassen, einen Hauptgewinn in der Lotterie nicht abzuholen und verfallen zu lassen, Geld zu verbrennen, lieber als Landstreicher zu leben als unter geordneten Verhältnissen, einen Dieb nicht zu jagen, vor einem Brand sich nicht zu retten, obwohl der Fluchtweg noch offen ist, der Sklaverei nicht auszuweichen, solange noch die Möglichkeit besteht, auf die Selbstverwirklichung zu verzichten, nur weil jemand, der einen nicht hindern darf, sie verweigert, auf die Vernunft zu verzichten, weil lineares Denken nach Denkschablonen des kritischen Denkens enthebt, usw. . . .

Hier werden natürliche Vorteile selbstwertmißachtend verweigert, oft nur aus Bequemlichkeit, Nachlässigkeit, Feigheit, Gleichgültigkeit, Interessenlosigkeit, geistiger Umnachtung und vielen anderen Gründen. Ist diese Vorteilsblindheit, die ans Existentielle geht, nicht doch ein Krankheitssymptom?

Der erschreckende naturentfremdete Egoismusverlust ist ein Degenerationssymptom. Als Vorstufe der Unterwerfungsliebe ist Egoismusverlust eine merkwürdig moderne Erscheinung, nicht nur bei Ausgeflippten, Närrischen, Schwächlingen, Entmutigten und Anpassungsgeschädigten. Andauernder Vorteilsverzicht, Bevormundung, vor allem aber die „Knechtschaft", wie der französische Moralist und Philosoph Vauvenargues es präzise bestimmt hat, „erniedrigt die Menschen so weit, daß sie sie schließlich lieben". (5)

Ortega y Gasset sah die große Gefahr, „die heute die Zivilisation bedroht: die Verstaatlichung des Lebens, die Einmischung des Staates in alles, die Absorption jedes spontanen sozialen Antriebs durch den Staat; das heißt, die Unterdrückung der historischen Spontaneität, die letzten Endes das Schicksal des Menschen trägt, nährt und vorwärtstreibt". (6)

Es muß ganz klar werden: *Der naturwidrige, rechtsschmälernde Vorteilsverzicht institutionalisiert eigengesetzlich ewige Herrschaft über Vorteilsverzichtende.*

Die mangelnde Selbstliebe und intellektuelle Verwahrlosung, der Vitalitätszusammenbruch von geistigen Frührentnern und gesetzesgeschädigten Arbeitsscheuen muß notwendigerweise sich der Fürsorge der mit natürlichen Egoismen vernünftig ausgerüsteten Vorteilssichernden anvertrauen, d.h. mit anderen Worten, am Wirtschaftsertrag des närrisch Tüchtigen parasitär partizipieren.

Diese parasitäre Sozialproduktpartizipation ist aber nur in einer leistungsintensiven Arbeitsgesellschaft möglich, die fähig ist, vitalitätsverlustige und selbsterhaltungsunfähige und zur Selbsterneuerung lustlos gewordene debile Gestalten mitzuschleppen. Der parasitäre Charakter der Existenzsicherung durch andere wie auch die selbstverschuldete aufwendige Therapiebehandlung der ethisch und sozial Ausgeflippten auf Kosten der arbeitenden Gesellschaft dürfen in ihrer sozial-pathologischen Dimension nicht verkannt werden. Die Fortsetzung dieses Sozialzynismus kann der privaten Gesellschaft Leistungswilliger nicht länger zugemutet werden.

Wer die natürlichen Überlebensegoismen nicht steuern und mit ihnen nicht haushalten kann, sich der Selbststeuerung entzieht, also sich konturlos „hängen" läßt, sollte sich immer noch zumuten, sein tägliches Brot wenigstens als Handlanger in der Landwirtschaft oder sonstwo zu verdienen.

Wer jedoch anstelle eines ordentlichen existenzsichernden Handwerks sich der Überlebenspfründe durch Willfährigkeit und Gefolgschaftstreue versichert, ist nicht nur ein Knecht, er begibt sich auch in Knechtschaft, selbst wenn er über die arbeitende private Gesellschaft Bevormundungsmacht erhält.

Das Denken nach objektiven Interessenlagen

Demütigungsbereitschaft und Folterwilligkeit des Gehilfen im Dienste einer Herrschaft werden nicht selten aus mangelnder politischer Kultur für eine gesicherte Überlebensgarantie freiwillig ausgetauscht. Insofern sind im politischen Leben der Vergangenheit die geistig Krebskranken wegen ihrer intellektuellen Verwahrlosung immer die ansprechbarsten und willfährigsten Steigbügelhalter negativer Gewalt gewesen. Die Überlebensgestörten und Vitalitätsgeschwächten, die Unwissenden und die Vernunftgeschwächten sind zu allen Zeiten die eifrigsten, wenn auch nicht die einzigen zuverlässigen *Mitläufer* beliebiger relativer Eliten.

Ideologische wie auch profan-materielle Determination als Motiv, Anlaß und Ursache einer Meinungsbildung schließen rationale Urteilsfindung im Regelfall aus. Profan-materielle oder ideologisch-immaterielle Interessiertheit überlagert, bewußt oder unbewußt die rationale Urteilskraft trübend, die Meinungs- und Handlungsabläufe der Meinenden.

Eine kritische und systematische Hinterfragung der entstandenen Meinungsfelder zufälliger Versuchspersonen würde in den meisten Fällen die nackte profan-materielle oder ideologisch-verquere Interessenbezogenheit der Meinungsbildung aufdecken und erkennen lassen.

Meinungen entstehen immer und überall auf dem Hintergrund persönlicher Interessen, deren Deutlichkeit durch die Grenzen systemimmanenter Toleranzen der tatsächlich möglichen Meinungsfreiheit bestimmt wird. Der Austausch der subjektiven Meinungsfelder systemimmanent deformierter Informationsträger vollzieht sich automatisch mit der Veränderung der jeweils ein- oder ausgeredeten „objektiven Interessenlagen".

Wenn es gelingt, durch Manipulationsmonopole vorteilsverzichtende und vernunftwidrige irrationale, ideologisierte, vermeintlich „objektive Interessenlagen" in der mit Informationsketten überzogenen ahnungslosen und vertrauensvollen Bevölkerung zum Tragen zu bringen oder gar selbstentrechtend zu stabilisieren, dann ist die absolute Dispositionsfreiheit über das Volk hergestellt und jede *vernunftrestabilisierende Erinnerung* an die wirklichen, vernunftpflichtigen, auf Selbstverwirklichung und Freiheit fixierten objektiven Interessenlagen bis zur Erinnerungslosigkeit, wenigstens bei der Masse der Weltanschauungsgeschädigten, *nahezu absolut ausgewässert.*

Das Denken der Menschen vollzieht sich kontinuierlich, nicht in Sprüngen und selten in genialen Lichtblicken. Die Mannigfaltigkeit der gesellschaftlichen Widersprüche unserer Tage in der Welt beweist nicht die Denkunfähigkeit der ideologisch Fehlgeleiteten, sondern nur die unterschiedliche Schichtung und Aufstufung von Umständen und deren Denktoleranzen objektiver Interessen. Daß die Denktoleranzen mit der Veränderung der Umstände sich verändern und erneuern, bestätigt auch Volkmann-Schluck durch die klare Beantwortung der Frage: „Von welchem Gegenstand wird der Mensch am meisten gefesselt? Die Antwort lautet: Nicht von dem, was er in fragloser Sicherheit hat und besitzt, sondern von demjenigen, was er begehrt und das er, wenn er es erlangt hat, als ein So-Lange-Entbehrtes ansieht und deshalb zu verlieren fürchtet. Auf einen solchen Gegenstand wendet der Mensch seine ganze Sorge, und er lebt gefesselt durch die Sorge um den stets gefürchteten Verlust des Begehrten und endlich Erreichten". (7)

Also ist das Begehren eine auf Veränderung der Umstände angelegte Hoffnung, die Denktoleranzen initiiert und erweiternd verschiebt. Aber, so folgert Volkmann-Schluck weiter: „Ein Begehren kann nur dort aufkommen, wo eine Hoffnung auf mögliche Erfüllung leitet". (8)

Somit ist auch die Hoffnung auf eine bessere Zukunft ein politisch elementares Motivationsinstrument, die objektive Interessenlage meinungsbildend zu fixieren. Das grandiose Schauspiel politisch initiierter und gesellschaftlich gepflegter närrischer Objektivitätsirrtümer ist die Tatsache, daß die willige Hoffnung des Menschen der Vernunftpflichtigkeit nicht mit Notwendigkeit bedarf. Mehr noch, je vernunftwidriger eine Hoffnung gespeist werden kann, um so stärker vermehren sich die *vermeintlich* objektiven Interessenlagen, die schnurstracks in die Irre oder gar ins eigene oder das Verderben anderer führen. (Vgl. Glaubens-, Religions- und ideologische Unterwerfungskriege.)

Die Denkkraft des zeitgeistadaptierenden Menschen, wie auch seine Meinungsbildung, sind kein selbständiges oder eigengesetzliches Denken. Die objektive Interessenlage, wie sie zeitgeistgeschädigt erscheint, nicht wie sie wirklich ist, bestimmt die Meinungsbildung der Manipulationsgeschädigten.

Die variable Toleranz der vermeintlich objektiven Interessenlage steuert die Egoquanten. Diese spiritualistische Variabilität der Meinungsbildung der Masse ist unberechenbar, weil es ein den Umständen entsprechendes umstandstypisches Denken ist, das auch als milieuspezifisches oder „soziokulturelles Determinationsdenken" durch die Sozial- und

Kommunikationswissenschaft bestätigt wird. Die Veränderung der ursächlichen Umstände verändert die Denkwege und die Denkergebnisse, wie umgekehrt, die von außen angetragenen veränderten Denkinhalte auch die ursächlichen Umstände durchaus verändern können! (9) Von außen - deswegen so bezeichnet, weil die Denktoleranz der Umstandsgeprägten, hier als Zeitgeistgeschädigte zusammengefaßt, durch Gewöhnung und Nachlässigkeit, durch geistige Trägheit nur in langen, oft erst generativen Zeiträumen sich dehnt, nicht selten sogar durch die Anziehungskraft der herrschaftsstabilisierend gesteuerten Umstände stagniert.

Die Prägekraft der politischen und gesellschaftlichen Umstände deformiert den möglichen Widerstand der Ahnenden zuverlässig zur folgenlosen Mittelmäßigkeit.

Das Denken in destruktiven und konstruktiven Kompromissen

Zwei kontradiktorische egoistische Wirkungsenergien, zwei geistige Potenzen, nämlich Unterwerfungs- und Widerstandswille, verhalten sich bis zur Entscheidung kompromißbereit. Diejenige Seite jedoch, die am raschesten ihre auf Überleben gerichteten genetischen Kräfte zielgerichtet reaktiviert, wird aus jedem erzielten Kompromiß mit dem Antagonisten ihren kompromißwiederholenden Kompromißvorteil ziehen. Daraus folgt, daß jeder positionsverschlechternde Kompromiß den nächsten positionsverschlechternden Kompromiß nach sich zieht. Die zweite anstehende Runde der antithetgschen Kompromißfixierung des Stärkeren reduziert die Entscheidungstoleranzen des anfänglich gutmütig oder unvorsichtig nachgebenden Schwächeren, der im dauernden Kompromißkrieg schließlich bis zur Wehrlosigkeit irgendwann seine Kapitulation besiegeln muß.

Die Zwei-Schritt-Vorwärts-Strategie, die in versöhnlichen Friedensgesprächen kompromiß- und entspannungsbereit einen Schritt nachgibt, erreicht beim zweiten oder dritten Anlauf der Zwei-Schritt-Vorwärts-Einen-Schritt-Zurück-Strategie systematisch die Auflösung jeder Ausgangslage des Kompromißwilligen: Kompromisse sind daher nicht nur diplomatische Eingeständnisse politischer Schwäche und prinzipielle Prinzipienlosigkeit.

Die Kriegslist des Kompromißbereitschaftsmißbrauchs verändert die politischen Umstände immer zum Nachteil des ahnungslos nachgebend vertrauenden Kompromißbereiten.

Der politische, destruktive Kompromiß ist vergleichbar mit der Dreistigkeit z.B. eines Mieters, den Hausbesitzer so lange zu bedrohen, bis er um des lieben Friedens willen an den Mieter eine „Friedensmiete" zahlt, um im eigenen Haus wohnen bleiben zu dürfen, und glücklich ist, wenn die Friedensmiete nicht wegen möglicher Verärgerung durch den mietfrei wohnenden Mieter erhöht wird. Die deformierten zeitgeistgeschädigten „objektiven Interessen" des Eigentümers können durchaus in vermeintlich freier Meinungsbildung auch darin bestehen, den frechen instandbesetzenden Eindringling in seine Besitzverhältnisse stets bei guter Laune zu halten .

Daraus folgt, daß jeder, der es unterläßt, auf dem Rechtsstaat zu bestehen, keinen Rechtsstaat mehr hat. Der Schritt vom Rechtsstaat zum Revolutionschaos ist minimal und wird immer nur überschritten, wenn Tatenlosigkeit und Feigheit der Verantwortlichen Strafverfolgung auszuschließen scheinen.

Wer die normative Kraft des Normativen relativiert und vor der politischen Kraft des Faktischen zurückweicht, der hat aufgehört, politisch zu existieren.

Das Denken nach objektiven Interessenlagen darf also nie anders als ein vernunftpflichtiges Denken, ein auf Gerechtigkeit, Individualsouveränität und Freiheit gerichtetes Denken sein. Jeder destruktive Kompromiß zu Lasten der Vernunftpflichtigkeit vermehrt die kriminelle Energie, gleichgültig, ob sozial- oder privatrelevant oder politisch.

Im Gegensatz zum destruktiven, die kriminelle Energie ausdehnenden Kompromiß - Kompromiß heißt in diesem Fall nichts anderes als die stillschweigende Billigung eines Unrechtanspruches - ist der konstruktive Kompromiß eine die kriminelle Energie einschränkende Handlung. An einem politischen Beispiel läßt sich das veranschaulichen.

Wenn die Gefangenenhilfsorganisation Amnesty International die Freigabe von 10000 unschuldig von relativen Herrschaftseliten Verfolgten und Inhaftierten verlangt, aber nur 1000 in die Freiheit führen konnte, dann ist ein konstruktiver Kompromiß geschlossen worden, d.h., die Verminderung des aufgestauten Unrechtspotentials im Prinzip erreicht worden.

So, wie der konstruktive Kompromiß zulässig und moralisch wünschenswert ist, so ist der destruktive Kompromiß, also das Nachgeben gegenüber einer negativen Gewalt, unzulässig und moralisch nicht wünschenswert, weil das Unrechtspotential in der Welt unerträglich vermehrt wird. Der destruktive Kompromiß wäre dann gegeben, wenn die tyrannische Herrschaft anstelle der Freigabe von 1000 unschuldig Verfolgten der Gefangenenhilfsorganisation androhte, weitere 10 000 Unschuldige zu inhaftieren, wenn sie nicht ihre Menschenrechtsappelle sofort einstellte. Ein Stillhalteabkommen dergestalt, über die politisch Verfolgten lieber nicht mehr zu reden, wäre ein destruktiver Kompromiß, der den Übermut der Gewaltigen nur bestärken würde.

Der Rechtsstaat aus der Idee der Freiheit kennt also keine faulen Kompromisse: Seine Politik kann nie etwas anderes sein, als die Verringerung der aufgestauten Unrechtspotentiale in der Welt zu vollziehen. *Destruktive Kompromisse können ihm weder von anderen zugemutet werden, noch kann er sie praktizieren.*

Das Handeln nach objektiven Interessenlagen

Die Konstruktivismus-Maxime des politisch-, privat- und sozialrelevanten Kompromisses bestimmt die meinungsbildenden objektiven Interessenlagen des vernunftpflichtig Handelnden. Wenn die jeweils zufälligen ,,objektiven Interessenlagen'' selbst nichts über ihre moralisch wünschenswerten oder nicht-wünschenswerten Eigenschaften, Gründe und Ursachen dieser Interessen aussagen, z.B. die objektiven Interessenlagen des Selbstzerstörers, des Brandstifters, des Aggressors, des Sklavenhalters, des Bankräubers, so bleiben sie begrifflich ,,objektive Interessenlagen'' auch dann, wenn die Ausdehnung des Unrechtspotentials ausdrücklich gewollt ist. Allein das Ziel und der Zweck einer objektiven Interessenlage entscheiden über die Energie krimineller Selbstzerstörung oder des moralischen Konstruktivismus.

Die ,,objektive Interessenlage'' z.B. des Großtyrannen kann mit systemimmanenter Berechtigung darin bestehen, die moralische Konterenergie im Einflußbereich seiner Interessen zu eliminieren, z.B. ein friedfertiges Volk nur deswegen zu überfallen, weil es freiheitliche Lebensgewohnheiten bewahrt hat. Der völkermordende Überfall auf Afghanistan ist nur ein jüngstes Beispiel von bereits über 100 unterjochten Völkern im Vielvölkerstaat des Großtyrannen.

Die Geschädigten mit destruktiven Kompromissen zum Stillhalten zu überreden und die empörten Rechtsbewahrer als ,,Säbelrassler'' und ,,Friedensfeinde'' zu ,,geißeln'', gehört zum Wortkrieg politischer Aggressoren. Es gehört zur Strategie des Wortkrieges, die ,,objektive Interessenlage'' der politischen Schwächlinge zu verändern und die ,,objektive Interessenlage" des Furchteinflößenden nicht nur zu billigen, mehr noch, sie sogar durch gewährte Wohlgeneigtheiten unterstützen zu lassen. Wankelmütige Völker zahlen heute schon hohe Tribute, um nicht auf die Liquidationslisten weltgeschichtlicher Revolutionstribunale gesetzt zu werden.

Die objektiven Interessen eines Bankräubers sind andere als die eines Handwerkers, die eines Bankdirektors andere als die eines Spielers, die eines Vernunftpflichtigen andere als die eines Weltanschauungsgeschädigten, die eines Sozialpathologen andere als die neuzeitlicher Gewerkschaftsbonzen. Die Inhalte der zufällig objektiven Interessenlagen sind im voraus nicht bestimmbar, weil der Bankdirektor sowohl ein Weltanschauungsgeschädigter, Sozialpathologe wie auch Arbeitsloser werden kann.

Die moralische Gewichtung der jeweiligen objektiven Interessenlage geschieht also durch die Zielbestimmung der Handlung. Dient sie der Freiheitsausdehnung des einzelnen oder aller, ohne Beeinträchtigung der Freiheit anderer, dann hat die objektive Interessenlage eine immaterielle konstruktive Ursache, also eine wünschenswerte Qualität; sichert sie das eigene materielle Wohlergehen ohne Benachteiligung des Wohlergehens eines anderen, dann realisiert sie die natürlichen Egoquanten zur Sicherung der Eigentlichkeit des Seins. Die objektiven Interessen sind gerecht und von jedermann zu billigen und zu unterstützen, weil ihre Unterstützung der Sicherung der eigenen vernunftpflichtigen objektiven Interessenlagen förderlich ist. Die Konstruktivismus-Maxime der objektiven Interessen ist materiell wie immateriell erfüllt.

In seinem totalen Anspruch vollzieht der natürliche Egoismus die selbstverständliche Bewahrung der zweidimensionalen Eigentlichkeit des Menschen. Die materiell-dimensionierten objektiven Interessen werden durch aufstufende Begehren bis zur Sicherstellung einer sozialen Autarkie, die zur Vermeidung unvorhergesehener Notlagen oder äußerer Bedrohungen in gebührender individueller Vorsorge und verantwortlicher Familienplanung notwendig ist, in die immaterielle Anspruchsebene gehoben. Alle anderen objektiven Interessenlagen, die die Individualsouveränität eines jeglichen gefährden, sind nicht wünschenswerte Antriebe, weil sie der Destruktivismus-Maxime anheimfallen.

Die achtlose Reduzierung der objektiven Interessenlage auf die perspektivisch verkürzte Sicherung des Erreichten bedroht das Erreichte durch die mangelnde Beobachtung der originären Voraussetzung, jedes Erreichte auch politisch sichern zu können.

Die Sicherung der vernunftpflichtigen objektiven Interessenlage

Jeder Besitzstandsgarantie geht mit absoluter Kompromißlosigkeit die gesicherte Freiheit des Individuums voraus. Politische Freiheit zu haben, sichert alles, sie zu verlieren, verunsichert alles.

Wer eine Sache erstrebt, ohne den Rechtstitel zu sichern, sie besitzen zu dürfen - der Rechtstitel heißt Freiheit -, verliert seinen Besitz unausweichlich durch die zugelassene Unsicherheit der Rechtstitel. Die Habgier von Neidern ist die Habgier von Grausamen. Die moderne Herrschaft der relativen Eliten im Zeitalter der Demagogie verzichtet im Zustand der Machtergreifung geschickt darauf, vordergründig nach dem tatsächlichen Besitz zu greifen, vielmehr versichert sie sich unauffällig, aber systematisch der Rechtstitel, darüber verfügen zu dürfen.

Diese schleichende Besitzstandsauszehrung als dosierte politische Entrechtungsstrategie jeder Staatsgewalt relativer Eliten wird im Zeitalter der Demagogie in 90 v. H. Fällen vom politisch Ahnungslosen, diesem zeitgeistgeschädigten Manipulationsmedium mit Stimmberechtigung zur Selbstentrechtung, oft sogar wissentlich übersehen.

Was nützt einem Eigentümer ein in Generationen erworbener Besitz, wenn drei revolutionäre Raudis von der Straße kommen und ihn, rechtens geworden, enteignen dürfen?!

Moderne Herrschaft strebt nach der Verfügungsgewalt über die Rechtstitel der Besitzsteuerung. Wer die Besitzverhältnisse steuert, sprengt die Eigentumsverhältnisse auf und entrechtet ihren freien Gebrauch. Wer über die Rechtstitel entscheidet, entscheidet auch über die Existenzmittel. Die Macht über Rechtstitel begründet die Macht zur Steuerung der Überlebensbedingungen.

Relative Herrschaft wird stabil, wo die Eigentumsverhältnisse instabilisiert sind. Immer aber bleibt der profane Egoismus die Triebfeder der Sicherung der objektiven Interessenlage, auch die jener Herrschaft, die die Ausdehnungstoleranz herrschaftsstabilisierender Rechtstitel der Enteignung instinktsicher ergreift und naturrechtsvernichtend durchsetzt.

Politik ist ein Kampf um Rechtstitel, nicht um Sachen und Besitz, diese ergeben sich selbstverständlich aus der Verfügungsgewalt über die Rechtstitel. Die bürgerliche Gesellschaft ist im Begriff, diese simplen Revolutionstechniken tagträumend zu übersehen und bis zu ihrer Hinrichtung durch Revolutionstribunale zu verschlafen.

Natürlich ist, im eigentlichen Sinne, der Rechtstitel der Freiheit wichtiger als der Besitz von Eigentum und materieller Unabhängigkeit einer sozialen Autarkie. Aber Freiheit ohne Besitz ist eine unzuverlässige Freiheit der Besitzlosen. Freiheit läßt verlorenes Eigentum jederzeit immer wieder entstehen. Besitz durch schöpferische Phantasie oder harte und ausdauernde Arbeit ist immer wieder möglich. Besitz aber ohne die gesicherte und unantastbare Freiheit kann jederzeit begrenzt, eingezogen, ersatzlos vernichtet werden. Jedes Streben nach materieller Unabhängigkeit, nach angstfreiem Wohlstand und kulturpflegendem Überfluß ist verunsichert, wenn die Bedingungen der Gebrauchsgarantie des Eigentums, nämlich die Rechtstitel, durch relative Herrschaftseliten verweigert werden.

Das Streben nach materiellen wie immateriellen Dingen wird absolut reizlos, wenn der Lohn aller Anstrengungen in die Beliebigkeit der Staatsgewalt gesetzt ist.

Wo die Sicherung der vernunftpflichtigen objektiven Interessenlage, die Konstruktivismus-Maxime in der Transparenz egoistischer Antriebe durch Herrschaft verweigert, also entfallen ist, hat der natürliche Egoismus aufgehört, einen nach individuellen Bedürfnissen ausgestalteten Lebensraum zu haben.

Die objektive Interessenlage des hoheitlichen Gewerbes

Obrigkeit und Bevormundungsdemokratien sind nicht deswegen abzulehnen, weil sie für das Leben freier und vernunftfähiger Menschen, die 10 bis 16 Jahre vorberufliche Ausbildung genossen haben, überflüssig sind und ihrem Wesen nach permanenten und stetig wachsenden Entrechtungscharakter haben, sondern weil sie als Demonstrationsobjekt einer dauernd anwesenden relativen Elitenherrschaft die dauernde Einschüchterung der Bürokratieunterworfenen organisieren.

Bürokratien behindern den freien Bürger, gezielt und in voller Übereinstimmung mit der Gesetzgebung der relativen Elite sich seiner Vernunftfähigkeit vernunftpflichtig zu bedienen.

„Was im modernen Leben unmenschlich ist, das ist Bürokratismus", sagte einmal Oskar Wilde (10) und wußte noch nichts von den Krakenarmen der organisierten und erzwungenen Verbotbehörden und Verweigerungsapparaturen unserer Tage.

Jede Demokratie wird zerstört durch Bürokratismus, Staatsverschuldung und verwaltungsdirigistische Wirtschaftssabotage. Jeder Bürokratismus hat seinen eigenen Herrschaftsegoismus. Er realisiert seine objektive Interessenlage und infolgedessen seinen eigenen Herrschaftsegoismus allen anderen gegenüber durch freiheitsverweigernden Machtmißbrauch. Auch die objektiven Interessenlagen des Gesetzgebers schlagen sich im bürokratischen Apparat der existenziellen Selbstversorgung einträglich und überdurchschnittlich wohlstandssichernd nieder.

Ob Bürokratien, Ordnungsorgane, kaiserliche Folterknechte, mittelalterliche geheime Staatspolizei, neuzeitliche Staatssicherheitsdienste oder moderne Verbots- und Verweigerungsbürokratie, die durch etablierten Resozialisationspsychologismus optisch ergänzt werden, immer haben sie die Verachtung der Menschenrechte mit immer raffinierteren Methoden der Gehorsamserzwingung und Unterlegenheitseinsicht reproduziert und vielfältig die kriminelle Energie der Unrechtsetzung gesteigert.

Immer sind es die relativen Herrschaftseliten, die Völker verhetzen, die Ersparnisse der Rechtschaffenen durch inflationäre Geldvermehrung vernichten, das Volk ausplündern und obendrein noch die Staatsfinanzen ruinieren. Wenn das Entrechtungs- und Ausplünderungschaos unkontrollierbar geworden ist, sind nicht selten auch Kriege angezettelt worden. Ob 10 000 oder 10 Millionen oder auch 50 Millionen Menschen erbarmungslos in der Hoffnung der Sanierung der Staatsfinanzen durch den Besiegten geopfert wurden, blieb ziemlich belanglos für jene, die der Herrschaft wegen immer bereit waren, das eigene wie auch andere Völker zu ruinieren. Herrschaft muß rauben, um zu überleben!

Dieser negative Machtmißbrauch eines perversen, nur in der Politik der relativen Elitensysteme in höchster Perfektion zu vollziehenden widernatürlichen Egoismus ist dem natürlichen Egoismus des Freien wesensfremd. Der natürliche Egoismus maximiert einen gesellschaftlichen Konstruktivismus, er kann einen Vorteil mittels Machtmißbrauchs, der eine Menschenrechtsdeformation voraussetzt, nicht einmal denken.

Bevor der natürliche Egoismus sich destruktiv verfälscht, müssen die Überlebensbedingungen des Menschen herrschaftsstabilisierend verfremdet worden sein und durch negative Herrschaftsbeispiele sich zur konventionellen Rollenerwartung entwickelt haben.

Wenn der Mensch aber die „freie Ursache seiner selbst" (11) ist, dann ist es an der Zeit, den „Knecht" aus der Manipulationsmasse der Herrschenden wieder in den ursprünglichen Stand der Freiheit zu stellen. Wer fleißig strebt, ohne die Produkte seines Strebens zuverlässig sichern zu können, handelt närrisch. „Man sollte lieber an das denken, was wirklich ist: diese Welt ist das gemeinsame Vaterland aller" (12), sagte Erasmus von Rotterdam vor 500 Jahren, und es ist hinzuzufügen: heute mehr denn je.

Wir müssen uns auf unserer Welt alternativlos auf eine Friedfertigkeit sichernde Freiheit einrichten. Es gibt keinen anderen Weg zur Erzwingung des Weltfriedens als den durch die Erzwingung der Transparenz egoistischer Antriebe. Die Freiheit des Menschen muß als der *Gipfel aller Egoquanten* endlich begriffen werden!

*

Kapitel V

Der Fortpflanzungstrieb setzt den Selbsterhaltungswillen voraus

Jeder Fortpflanzungstrieb ist moralisch, weil er arterhaltend ist.

„So wirkt der Wille dort z.B. als Geschlechtstrieb und sorgt dafür, daß die Gattung Mensch - über den Tod der einzelnen Menschen hinaus - erhalten bleibt. Jedoch macht er das nicht selbstlos, wie ein gütiger Gott. Vielmehr bedient er sich trickreich der Liebe zwischen Mann und Frau oder der Schönheit des Weibes, um so im Fortbestehen der Menschheit einen Teil seiner eigenen Existenz zu sichern. Demnach ist die Liebe, wie wir sie uns vorstellen oder empfinden - eine Täuschung.'' (1)

Die Triebhaftigkeit des Menschen ist der Mechanismus der Urkraft, über der Denkfähigkeit des Menschen die Reproduktion seiner Art nicht zu vergessen. Die übermannende Triebhaftigkeit wird angefacht durch die Wollust. Wollust ist Lebenswille, ist Urkraft, die sich urkräftig selbst will. Was wäre ein Fortpflanzungstrieb ohne Wollust! Eine lustlose Beiläufigkeit, die der Mensch, sich selbst auslöschend, nur zu rasch vergessen könnte.

Triebhaftigkeit ist daher weder ein Makel noch unmoralisch, sondern Ausdruck urkräftigen Lebenswillens, die totale Bestimmung der Antriebe, nichts anderes zu wollen, als sich fortzupflanzen.

Der Trieb ist aus seiner diskriminierenden Verruchtheit abzuheben und als Fortpflanzungstrieb zum dauernden Vorgarten des Paradieses zu erklären. Es gibt nicht den geringsten Grund, sich nicht über die sexuelle Triebhaftigkeit eines Menschen zu freuen.

Wenn auch der Trieb nicht primär vom Verstand geleitet wird, so muß ganz klar herausgestellt werden, daß die Triebhaftigkeit an sich die Sicherstellung der biologischen Bedürfnisse Nahrung-Paarung-Bewahrung garantiert.

Der Sexualtrieb ist - immer unter der Voraussetzung des Schadens- oder Leidausschlusses anderer - natürlich und als Überlebensgarantie von reiner Absicht. Das Bedürfnis, zu zweit eins zu werden, ist ein durch die Urkraft des Fortpflanzungstriebes gesichertes und gewolltes Ereignis. Wer dagegen vernunftwidrig verstößt, muß die Folgen seiner gebrochenen Persönlichkeit nicht nur ertragen, er muß sich als unnatürlich aus dem Reproduktionswillen der Urkraft Ausgeschiedener akzeptieren.

Der triebhafte, sinnlich-leibliche Egoismus eines jeglichen, durch das körperliche Zusammenfließen zweier Menschen Glückseligkeit in der nachwachsenden Symbiose zweier Seelen zu finden, ist als „subjektive Triebfeder" ein körperliches oder gegenständliches natürliches Begehren. Der Mensch verwirklicht die körperlich-materielle Dimension seines Seins, um die Immaterialität der Glückseligkeit zu zweit zu begründen. Dieser Fortpflanzungstrieb als Überlebensmaxime scheint in seiner Reinheit und Selbstverständlichkeit durch ein falsches Keuschheitsideal immer noch belastet zu sein.

Entsagende Keuschheit ist wertlos, sie ersetzt nicht die Verantwortlichkeit eines bewußten Fortpflanzungswillens einer glücklichen und materiell unbedrängten, von Staatsabgaben weitgehend verschonten Familie.

Sein Überleben zu sichern, ist die Pflicht eines jeglichen

Der Mensch hat nicht das Recht, seinen Selbsterhaltungswillen zu leugnen. Niemand vermag selbstlos genug zu sein, um auf einen Vorteil, ohne heimliche Implikation möglicher anderer Vorteile, zu verzichten. Die eingebildete „Selbstlosigkeit" macht den konventionell eingespielten „Selbstlosigkeitsegoismus" nicht selbstloser. Selbstlosigkeitsegoismus ist der Egoismus, systemimmanent selbstlos, also gut, zu erscheinen. Natürlich ist der Selbstlosigkeitsegoismus, der etwa von der immateriellen Dimension des Menschen weiß, der weiß, was gut ist, keine Handlung, die böse oder bedenklich ist; nur ist sie eine schwache Handlung, die eingefärbt ist in Verhaltensrituale, die zu wenig Personalität und zu viel Sozialisationsbereitschaft beweist.

Der Selbstlosigkeitsegoismus ist in der immateriellen Dimension angesiedelt. Das spricht für ihn, aber die Transparenz der wirklichen eigenen Antriebe ist noch unklar und verschleiert. Es fehlt noch die Fähigkeit, sich selbst nichts vorzumachen. Die Pflicht, sein Überleben zu sichern, ist durch keine höhere Idee des Menschen zu ersetzen. Lebenssicherung ist das eigentliche Motiv jeden Willens.

Überlebenssicherung ist des Egoismus erstes Ziel. Sie ist die „Ursache der Ursächlichkeit der Ursache" (2). Der oft gepflegte Selbstlosigkeitsegoismus ist theoretisch und moralisch überflüssig, weil er die Antriebsberechtigung des Menschen, das Seinige zu sichern, verfälscht und das Streben nach materieller und geistiger Freiheit diskriminiert.

Der „objektive Beweggrund" garantiert die parzellierte Harmonie

Wenn es richtig ist, daß der Selbsterhaltungswille des Menschen artspezifisch mittels Körper und Geist vollzogen wird, dann kann es nicht falsch sein, daß der Selbsterhaltungswille sich der zwei Seinsweisen, der körperlichen und geistigen, bedient. *Dem natürlichen Egoismus des Menschen gemäß wäre dann im Prozeß der Existenzsicherung und Lebensgestaltung die Ausgewogenheit der zwei Seinsweisen, und der Natur des Menschen widersprechend wäre ihre Unausgewogenheit.*

Diese Materialität der ursächlichen Bedürfnisbefriedigung bewirkt aber zugleich die Einleitung der immateriellen Selbstverwirklichung aus „objektiven Beweggründen", die nicht von sich allein und aus sich heraus entstehen, sondern vorausgegangener kommunikativer Qualifikationssteigerungen bedürfen. Die immaterielle Moralisierung der allgemeinen Handlungen, also die Objektivierung der Beweggründe, bedarf der zweidimensionierten Trieb- und Interessenbefriedigung. Ohne die Liebe zweier Menschen, die durch die körperliche Verbindung über sich hinauswachsen, ist die Immaterialität des Seins im Regelfall nicht aufschließbar.

Wenn diese Behauptung belegt werden könnte, hätte dies die Konsequenz, daß ein Mensch, der seinen Lebenspartner nicht findet, auf die wesentlichste Lebensqualität verzichten muß. Der objektive Beweggrund bedarf zu seiner Kultivierung der Sensibilisierung durch den anderen. Gegenseitige Hochachtung steigert die gegenseitige Anerkennung des Ringens um objektive Beweggründe. Langeweile dagegen ist nichts anders als Unwissenheit über die Existenz objektiver Beweggründe, es ist die lange Weile vor ihrer Entdeckung. Wie die Verzierungen eines Bildes, das zur Kunst auswächst, bedürfen die objektiven Beweggründe des tragenden Grundes einer immateriellen Symbiose zweier Menschen, der Partnerschaft von Mann und Frau. Der Trieb sichert, obwohl aus ihm selbst noch kein moralischer Wert entspringt, die Projektionsmöglichkeiten moralischer Antriebe, sozusagen die Vielfalt des malerischen Könnens, auf den tragenden Grund einer Leinwand. Über die Liebe „verinnerlicht das Objekt tiefer als über die Erkenntnis, weil sie enger um das Ich verbunden ist: der wahre Wert der Person bestimmt sich deshalb auch durch den Rang ihrer Liebe, nicht durch den Rang oder Umfang ihres Wissens." (3) In dieser Zweisamkeit wächst die *parzellierte Harmonie,* die Vertrautheit zweier Seelen, die die Eigentlichkeit des Seins begründen. Alles andere sind krampfhafte Spiegelfechtereien, die sich in der Unruhe und Aufgeregtheit orientierungsloser Hysteriker verlieren.

Die parzellierte Harmonie ist der weltabgewandte Schonraum der Familie, ein Schonraum, der es vermag, alle Regierungssysteme der Welt an sich vorbeiwüten zu lassen, und der fähig bleibt, sich von allen persönlichkeitsverfremdenden *Ideologien* abzuspalten, d.h., bis zum familiären Schonraum zu parzellieren und sich vor der Zugriffsgewalt gemeinwohlerzwingender relativer Eliten einzuigeln. Die brutale Gewalttätigkeit insbesondere sozialistischer Ideologien zeigt sich in dem absoluten Herrschaftswillen über den letzten herrschaftsfreien Schonraum der Familie. Die politische Entleiblichung der Mutter von Kindern und Mann durch erzwungene Berufstätigkeit einer auf den Unterschichtsstandard sozialisierten Kleinfamilie ist die makaberste ideologische Manipulation zur geistigen Selbstverstümmelung des modernen Menschen in unserem Jahrhundert.

Der familienspaltende Sozialismus ist die Ignoranz der objektiven Interessenlagen der Menschen und das Verbot auf Selbstverwirklichung durch Selbstbestimmung. Der Sozialismus illusioniert eine Versorgungssicherheit für seelisch Leibeigene, die von der Wahrnehmung des „objektiven Beweggrundes" nichts wissen und durch Ideologie geistig behindert werden, auf den vorstaatlichen Rechtstiteln aller Menschen zu bestehen.

Die sozialistische Selbstverstümmelung der intrafamiliären parzellierten Harmonie durch wachsende Zugriffs- und Abschöpfungsgewalt „gemeinwohlsichernder" Verelendungsbürokratien produziert unaufhörlich die Lebensangst der Orientierungslosigkeit, die sich durch erkennende Deckungsungleichheit von Theorie und Praxis, durch systemimmanente ideologische Widersprüche ständig vermehrt.

Der Triebtod der zerstörten parzellierten Harmonie

Die Deformation der Partnerschaftsbeziehungen durch herrschaftssichernde biologische Rollenfälschungen deformiert auch die allgemeinen Überlebensbedingungen.

Welch einen Sinn hätte es, in einer durch Herrschaft zur Friedlosigkeit verfremdeten Gesellschaft natürlich erloschenes Triebpotential für die Reproduktion des Lebens wieder aufzubereiten?

Eine politisch kastrierte Gesellschaft von staatlichen Leibeigenen reproduziert nur noch Leiber, aber nicht mehr die Ebenbilder Gottes, reproduziert nur noch Körper, die zu Produktionszwecken zur materiellen Sicherung einer Unterwerfungselite mißbraucht werden, die, als objektdegradierte Machtpotentiale der Staatsgewalt gehirnlos gemacht und idiotisiert, zur Unterwerfung freier Menschen von Kriegsschauplatz zu Kriegsschauplatz dirigiert werden. Fidel Castro, Ghadafi und Breschnew lassen ihre uninformierten Ahnungslosen treuherzig Völker unterwerfen, und niemand wagt, bis auf die Vereinigten Staaten, die einzigen, die ihren Gefahrwitterungsinstinkt noch bewahrt haben, glaubwürdig zu protestieren.

Die zum Objekt der Herrschaftselite Entwürdigten merken ihren Verwendungszweck selbst am seltensten. Die kritischen Heranwachsenden in den bürgerlichen Gesellschaften fürchten, in gleicher Weise mißbraucht zu werden, verweigern sich irritiert, weil keinem Politiker mehr geglaubt werden kann, wie sie meinen. Sie suchen verzweifelt nach Kompromissen, nach dritten oder anderen Wegen, verstricken sich, vermeintlich manipulationsausweichend, in neue Ideologien oder resignieren bis zur Lebensmüdigkeit und Todessehnsucht.

Die aus Lebensangst und Resignation und Perspektivlosigkeit in das Gemüt des Menschen eingefressene Lebensschwäche verweigert sich in industriell entwickelten, aber politisch deformierten Lebensbereichen immer häufiger selbst dem triebhaften Fortpflanzungswillen. Es lohnt in der Vorstellungskraft vieler oft nicht mehr, sich fortzupflanzen. Die Bedingungen der Selbstverwirklichung aus sozialer Autarkie und autonomer Willensfreiheit erscheinen durch sozialistische Entmündigungsstrategien und kommunistische Leibeigenschaftsansprüche nicht selten bis zum Triebtod verschüttet.

Der Fortpflanzungstrieb als Überlebensmaxime versichert sich immer häufiger der Triebstärksten, weil nur noch die mit gesundem Egoismus ausgerüsteten Überlebensstrategien die Eigentlichkeit des Menschen weiterzutragen fähig bleiben, wohingegen die genetische Debilisation durch soziokulturelle Determinanz und widernatürliche Lebensgewohnheiten die Antriebsschwäche, also den Verzicht auf die objektiven Interessenlagen, verallgemeinern (z.B. Stadtkulturen, Hochhausneurosen, Bodenständigkeitsentwurzelung, familiäre Geborgenheitsvernichtung durch überzogene Steuerlastquoten etc.).

Wo geschlechtsspezifische Verhaltensweisen durch aufgepfropfte Informationsketten geschlechtsdiametral leichtfertig imitiert werden, wo Männer oder Frauen ihre geschlechtliche Zugehörigkeit gedanklich verweigern und, informativ verunsichert, in ihrem natürlichen geschlechtsspezifischen Selbstkonzept behindert wurden, selektiert die Natur selbst den fortpflanzungsunwilligen, genetisch gestörten Überlebenswillen. Sie bedient sich der Trieb- und Fortpflanzungsunwilligen. *Widernatürliche selbstbestimmungsverweigernde repressive Lebensbedingungen zerstören die genetisch angelegte Arterhaltungsgarantie auch der Einsichtigen und Urteilsfähigen.*

Der geschwächte Triebwille kündigt sich dadurch an, daß die Seinsbedingungen deformierter Sozialstrukturen die Überlebenskraft der Sozialisationsgeschädigten deformiert haben und die Verfremdungsabsicht durch Herrschaft nicht mehr zurückgewiesen werden konnte. Vielleicht ist es im höheren Sinne sogar vernünftig, wenn der Fortbestandswille der Urkraft sich seiner schwächsten Glieder, das Ganze erhaltend, in absoluter Repressionsfreiheit dadurch entledigt, *daß er es dem Menschen freistellt, todessehnsüchtig sich durch Fortpflanzungsverweigerung aus dem Fortbestandswillen der Menschheit selbst auszuschließen.*

Antriebsschwäche ist das Ergebnis falscher Informationsketten

Wer den Reproduktionswillen wegen informativer oder genetischer Störung seiner Antriebe nicht aufbringt, schließt sich selbst aus dem Reproduktionswillen der Urkraft, dem Fortpflanzungstrieb, aus. Dieses natürliche Ausscheiden aus der Lebenskette der Weiterlebenden wird seinen tieferen Sinn haben! Mehr als Spekulationen können dazu nicht angemerkt werden.

Der Fortpflanzungs-Triebverlust ist die Folge eines erschlafften Nahrungs-, Paarungs- und Bewahrungstriebs. Antriebsschwäche aber zerbricht die Bedingungen der Freiheit des Menschen und die Voraussetzung seiner materiellen Unabhängigkeit als Bedingung seiner geistigen Freiheit. Die immaterielle Kultivierung des Seins als Ergebnis sozialer Autarkie und der parzellierten Harmonie des familiären Schutzraumes verliert ihre natürliche Anziehungskraft, wenn permanent antiindividualistische Antriebsschwäche politisch organisiert wird. Ein geschwächter Egoismus kann nur noch empfangen, zum Geben hat er nicht mehr die Kraft.

Zum Triebtod der Fortpflanzungsunwilligen gesellt sich die Angst um die Überlebenschancen in Freiheit. In die staatlich organisierte Unfreiheit und Lebenserschwerung neues Leben zu setzen, erscheint sensiblen Menschen immer mit Recht verantwortungslos.

Die auf Erniedrigungsgewohnheit fixierte Herrschaftsweise aller sozialistischen Herrschaftseliten, die den politisch Wissenden ausschaltet oder parteipolitisch korrumpiert, hat den reinen Trieb als Überlebensmaxime in Freiheit und Selbstbestimmung schon erheblich geschwächt. Selbst die Psychiatrie ist nicht nur im Herrschaftsbereich des Großtyrannen politisierbar geworden. Als Nebenprodukt deformierter Herrschaftsverhältnisse betreibt sie in Zusammenarbeit mit der Sozialisationserwartung der weltweiten politischen Unterwerfungselite die Selbstzerstörung natürlicher Sozialverhältnisse. Sie biedert sich nicht selten herrschaftsstabilisierend an und ist bereit, den natürlichen Widerstand sensibler Menschen gegen Unterwerfung zu einem Krankheitsfall zu erklären.

Die bei zerbrochenen Persönlichkeiten so häufig anzutreffende Geringschätzung des eigenen Überlebenswillens, also der implizierte Verzicht auf den natürlichen Zustand der Freiheit, ist immer das Ergebnis bereits vollzogener Zustimmung zur eigenen Entfreiheitlichung. Der verinnerlichte Objektivitätsirrtum aus falsch adaptierten Informationsketten hat die unzulässige Erschwerung der Selbsterhaltungsbedingungen durch andere billigend in Kauf genommen.

Wer jedoch durch informative Deformation der eigenen Urteilskraft verurteilt wurde, an Lebensmüdigkeit und Überlebensangst schon in der Jugend zu leiden, nähert sich rasch der diesbezüglich vorbereiteten sozialistischen Leibeigenschaftsideologie.

Diese ist bereit, für die Leibsättigung auf dem Unterschichtsstandard wenigstens für die Zeit der Arbeitsfähigkeit, unter der Voraussetzung des Verzichts auf Menschenrechte, relativ zuverlässig zu sorgen.

Die totale Verfügungsgewalt über die Arbeitskraft des soziokulturell deformierten antriebsgeschwächten Menschen wird in keinem Herrschaftssystem der Welt besser und zuverlässiger reinstalliert als mit den politischen Organisationsformen der Übertragung aller Produktions- und Konsumtionsmittel in die Beliebigkeit einer Partei- und Staatsgewalt.

Für zwei Drittel der Menschheit in den Entwicklungsländern, die sich bisher nur mit der Leibsättigung als dem einzigen Sinn des Lebens begnügt haben, könnte der reale Sozialismus der totalen Arbeitspflicht aller vorübergehend durchaus einen materiellen Fortschritt bedeuten. Die gesetzliche Reduzierung der Lebenserwartung auf das Existenzminimum und die subjektive Profanisierung der Bedürfnisse könnte durch einen sozialistischen Verbraucherminimalismus den internationalen Energie-und Rohstoffmarkt erheblich entlasten, und auch die Konsumtionsrationierung hätte auf den individuellen Antriebswillen einen mäßigenden Einfluß.

Materielle Bescheidenheit und immaterielle Anspruchslosigkeit könnte in den unterentwickelten Ländern zu einer wenigstens die größte Not lindernden sozialistischen Genügsamkeitskultur der Massen führen. Das kritische Lesen und Schreiben Denkender, individualistische Extravaganzen und nonkonformistische Lebensgewohnheiten der Menschen in den restlichen bürgerlichen Demokratien müssen doch nicht an Orte jenseits abendländischer Denk- und Lebensgewohnheiten exportiert werden! Es genügt doch vorerst, daß unterentwickelte Völker sozialistisch die ersten volkswirtschaftlichen Gehversuche unternehmen, um auf die Überlegenheit marktwirtschaftlicher Produktivität als langfristige Lebensstandardsgarantie aller selbst zu kommen.

Die sozialistische Reduzierung aller Antriebe auf den Überlebenstrieb könnte die Herstellung jeder ,,materialvergeudenden technischen Überflüssigkeit'' für immer beenden. Es sollte gefragt werden dürfen, ob die sozialistische Lebensordnung der Antriebsschwäche und der Entindividualisierung der Ansprüche nicht doch für große Teile dieser Welt eine politische Lösung sein könnte? Gewiß, die abendländische Antriebsvielfalt würde auf sich selbst gestellt sein. Der qualifizierte progressive Lebenswille des freien Individuums würde zur Rarität Vernunftfähiger. Aber die Kulturbedürftigen auf der Welt sind nicht so zahlreich, als daß die ganze Welt nach dem euro-atlantischen Lebens- und Rechtsstandard gemessen werden muß. Hinzu kommt, daß *ein Volk, das dem Konstruktivismus objektiver Beweggründe sozialistisch entfremdet worden ist, sich bald daran gewöhnen kann, daß es keine Beweggründe jenseits der Unterwerfung unter Gemeinwohllügen gibt. Die bürgerliche Gesellschaft kann helfen, den weltweiten Unterwerfungswillen ideologisierter Narren abzuwenden, aber nicht verpflichtet werden, eine Sklavenhaltergesellschaft für Unterwerfungswillige jenseits ihrer freiheitlichen Grundverfassung auszuschließen.*

Die eindimensionierte Objektbestimmung des Menschen

Die sozialistische Antriebsschwäche der zu Lohnsklaven erniedrigten Menschen ist die Antriebsschwäche entleerter Beweggründe. Im Leibsättigungssozialismus des Großtyrannen wird durch Schlampigkeit in der Produktionsweise und Gleichgültigkeit gegenüber dem entprivatisierten Eliteneigentum an Produktionsmitteln die Verkürzung der Egoquanten auf profane Überlebensstrategien tatsächlich bestätigt. Der Verlust des Konstruktivismus *objektiver Beweggründe* als eine Individualplanung des Lebens führt zur Unausgewogenheit der materiellen und immateriellen Seinsweisen und disproportionalisiert die natürlichen Egoquanten.

Die eindimensionierte Objektbestimmung des Menschen durch Ideologie verfremdet den individuellen Selbsterhaltungswillen und reduziert die sozialistische Gesellschaft zum Klassenstaat von Hvrrschern und Beherrschten, von Sozialproduktschaffenden und Sozialproduktabschröpfenden, von Ausbeutern und Ausgebeuteten. Sozialismus ist das Herrschaftsmonopol naturrechtsverweigernder Genossensyndikate. Diese Tatsache ist das Resümee eines 60jährigen Kampfes der sozialistischen Internationale um die Verfügungsgewalt über das Sozialprodukt der Werktätigen durch Verstaatlichung. Verstaatlichung der Produktionsmittel ist nämlich nichts anderes als der freiwillige Verzicht des Volkes auf die Verfügungsgewalt über das Bruttosozialprodukt.

Allgemein kann beobachtet werden, daß in jeder persönlichkeitsverachtenden Staatsverfassung sich in der Gesellschaft gesetzmäßig schädliche Naturwidrigkeitsfolgen einstellen. Das gilt insbesondere für den kollektivistischen Sozialismus, der die Individualsouveränität als Rechtstitel nicht kennt und konsequenterweise staatsrechtlich auch ausschließt. Daraus folgt die Aufhebung des Selbstzwecks des Menschen als Person und als Individuum. Der Mensch ist funktionierende Sache, ein Glied in einer kollektiven Kette, die kein Eigenleben außerhalb der Kettenglieder beanspruchen darf.

Die Schrumpfung und Verkürzung des im abendländischen Denken selbstverständlichen zweidimensionierten Selbsterhaltungs- und Selbstverwirklichungswillens auf einen sozialistischen, widernatürlichen, lebensartzerstörenden, einseitigen Gebrauch der Seinsweisen ist kein unabänderliches Schicksal und auch kein Moskowiter Gottesurteil über die Beendigung der menschlichen Existenz in Freiheit.

Dieser Herrschaftswille ist lediglich einem politischen Prozeß zuzuschreiben, der die Planung von sozialproduktpartizipierenden Rangordnungen gegen die Interessen des Volkes, der Sozialproduktschaffenden, weltanschaulich, d.h., ideologisch organisiert.

Wenn auch die Resultate der bereits vollzogenen Macht über Millionen von Menschen im System des Sowjetkolonialismus politisch entschieden worden sind, so haben in der Geschichte der Menschheit politisch erzwungene Resultate gegen die Freiheit des Menschen nie Bestand gehabt, d.h., auf die Veränderung politischer Resultate der Vernunftwidrigkeit kann nicht nur gehofft, sondern darf getrost auch gewartet werden.

Was wir Abendländer durch Fehleinschätzung der sozialistischen Bewegung selbstverschuldet haben, kann durch logische Einflußnahme auf die übergreifenden Informationsquanten auch wieder beseitigt werden. Der Mensch kann sich aus dem Verplanungswillen seiner körperlichen und geistigen Kräfte durch die Unterwerfungseliten des asozialen Sozialismus willentlich erst befreien, wenn die ahumane Naturrechtsignoranz der sozialistischen Internationale mit Sicherheit belegt ist. Die bewußte Aktivierung geistiger Konterenergien gegen die eindimensionierte Selbstverstümmelung durch sozialistisch ideologische Urteilskraftverkürzung und parteipolitische Vernunftverbote wird erst zur kompromißlosen Notwehr, wenn der asoziale Sozialzynismus des Sozialismus in Theorie und Praxis eindeutig bewiesen worden ist.

Als eine geeignete Strategie der Notwehr gegen Ideologismus bietet sich vorerst das „Auflassen" an, d.h., die Wortentladungen der Weltanschauungsgeschädigten müssen, auseinandersetzungslos verpuffend überhört werden, *weil Weltanschauungsgeschädigte im Zustand des ideologischen Objektivitätsirrtums logischen Argumenten nicht zugänglich sind.*

Ideologen sind drogensüchtig! Es wird viel zu oft übersehen, daß auch Weltanschauungsgeschädigte im Unterbewußtsein ihre „objektive Interessenlage" sichern, insofern sie ihre mögliche Folterknechtskarriere im möglichen Machtapparat des Genossensyndikats rechtzeitig kalkulieren und nicht durch ideologische Unzuverlässigkeit aufs Spiel setzen wollen. Diese nur selten zu beweisende Unterstellung ist als existente Unterwerfungsenergie moralisch zerbrochener Persönlichkeiten viel stärker im Umlauf, als sie sich zeigt.

Machtwille ist ein Verrottungszustand geistiger Unordnung

Der natürliche Fortpflanzungstrieb als Überlebensmaxime eines jeglichen gedeiht nur störungsfrei unter freiheitlichen Lebensbedingungen. Jeder Macht- und Unterwerfungswille zerstört die freie Lebensplanung des Individuums. Weltanschauungsgeschädigte haben darüber noch nicht nachgedacht, sonst würden sie ihre Lebensbestimmung nicht so eindimensioniert fixieren.

Oft wird auch der Machtwille als eine verständliche Durchsetzungseigenschaft des Menschen gedeutet. Der mit Machttrieb verschönernd dargestellte Unterwerfungsanspruch hat mit dem Fortpflanzungstrieb als Überlebensmaxime nichts zu tun. Der persönliche Machtwille über Menschen belegt nur den Verrottungszustand einer geistigen Unordnung. Er liegt nicht in der reinen Natur des Menschen, sondern ist ein aus ungesundem Egoismus, also dem Egoismus der parasitären Nutzung der Vorteile anderer, ein aus Lebensangst abgeleiteter Unterwerfungsanspruch.

Jeder negative Machtwille, das muß hier vorangestellt werden, ist kriminell und bösartig. Der Machtwille ist immer negativ, wenn die Selbstbestimmung des Menschen gegen den Willen des vernunftfähigen Individuums durch die Anwendung von Gewalt, eben der negativen Gewalt, verletzt oder beeinträchtigt wird. Es gibt Theoretiker der Macht, die Macht als unvermeidlichen Trieb interpretieren. Diese Auffassung ist falsch und verniedlicht die kriminellen Motive einer legalisierten Nötigung. Machttrieb ist nicht mit Geltungstrieb gleichzusetzen (5), denn schließlich will jeder etwas gelten, aber deshalb nicht auch mächtig sein. Daß die christliche Ethik den Machtwillen verwirft, ist eine kluge, in die Zukunft weisende Erkenntnis. Es ist nämlich unmenschlich, einen Vorteil zu sichern durch Bedrohung der Überlebenschance eines anderen, und der Machtwille sucht nichts anderes als dies!

Unterwerfungsgelüste können nicht mittels einer Trieberklärung entschuldigt werden. Sie existieren nicht in der Natur des Menschen, sondern nur in den Unterwerfungstheorien der Gewalttätigen. Es ist daher jeder politischen Macht zu untersagen, die natürlichen Triebfedern des Menschen in Richtungen zu drängen und sie nach staatspolitischen Gemeinwohlvorgaben um so schärfer auszurichten, je unwilliger das Individuum sich der Bedürfnisreglementierung verweigert.

Der Mensch wird des Menschen Feind im Augenblick des Bestimmungsversuchs des einen über den anderen. Menschen werden um so ahumaner und gewalttätiger, also unnatürlicher, je stärker ein politischer Unterwerfungswille negativer Macht die Organisation der Unfreiheit Freier betreibt.

Der Überlebenswille jedes Menschen ist ursprünglich gleichermaßen für alle gleich. Eine leichte, das Gleichheitsrecht disproportionalisierende Geneigtheit drängt sich bei vielen als immerwährende Versuchung auf. Auch wenn sich negativer Machtwille widerstrebend in durchaus sehr bewußter Erkenntnis der Unrechtsetzung entfaltet - die wirklichen Skrupel parasitärer Nutznießung sind im Regelfall gering.

Sind die natürlichen Lebensbedingungen herrschaftslos, d.h., existiert nicht der negative Wille, über andere verfügen zu wollen, so bleiben die Selbsterhaltungsregulative des Menschen auch dann *human,* wenn die natürlichen Überlebensbedingungen hart und entbehrungsreich sind. (6) Wird die Lebenssicherung durch Unterwerfungseliten und Kontributionsbürokratien erschwert, vergröbern die Formen der Lebenssicherung. Bleiben die Lebenssicherungsbedingungen im Zustand der Freiheit, so bleiben die Bedingungen der Selbsterhaltung gerecht.

Die Schwächung des Selbsterhaltungswillens des Menschen durch politische Erschwerung der Selbsterhaltungsbedingungen durch negative Staatsgewalt ist ausnahmslos ein naturwidriger Eingriff in die Lebenssicherungspflicht eines jeglichen.

Der parasitäre, unnatürliche Herrschaftsegoismus der Kontributionsgewalten schätzt das Lebensrecht anderer so gering, daß er glaubt, die Indienstnahme anderer fordern zu dürfen. Negative Macht beutet arglistig aus, indem sie sich der Zustimmung zur Benachteiligung der Ahnungslosen durch Manipulation der gestörten Urteilskraft versichert. Das angemaßte Recht der negativen Gewaltrepräsentanz setzt sich zusammen aus den Anteilen der vielfach geschmälerten Rechte der Gewaltunterworfenen.

Machtwille ist daher nicht nur ein Verrottungszustand geistiger Unordnung, ist nicht nur menschenverachtend und kriminell, sondern das Unterwerfungsmittel aller Kontributionsgewalten relativer Eliten, die aus der absichtlichen Unrechtsetzung durch negative Gewalt die Rechtsungleichheit und somit die Friedlosigkeit der Welt begründet und verschuldet haben.

*

Kapitel VI

Die Nichtexistenz der selbstlosen Nächstenliebe

Nächstenliebe als politische Waffe des aktiven Widerstandes am Anfang des Christentums

Es war ein nicht zu verkennendes Verdienst des Christentums, daß die Menschenverachtung der römischen Oberschicht, wie sie der Poet dieser Klasse, Horaz (65 — 8 v. Chr.), mit den Worten ausdrückte: „Ich hasse das gemeine Volk und halte es mir vom Leibe", durch eine regenerative Bewegung der Unterworfenen langsam, aber stetig beendet wurde.

Der Apostel Paulus schrieb später über diese Zeit: „Sie war ohne Liebe, ohne Treue und ohne Erbarmen" (1). Die christliche Entdeckung, daß nicht der Mensch, sondern Gott das Maß aller Dinge sei, verschaffte den Geschundenen und Gewaltunterworfenen Bewegungsfreiheit und den politischen Spielraum, nicht sofort wegen einer unterlassenen Unterwerfungsgeste erschlagen zu werden, wie es heute wieder in vielerlei Gestalt der revolutionären Zeitgeistkatastrophen allgegenwärtig geworden ist.

Vor 2000 Jahren forderte das Gebot der Nächstenliebe die Verringerung des Unrechts. Es war dies eine nichtstaatliche, religiöse Konterdiktion der verachteten, zur Sklaverei erniedrigten privaten Gesellschaft gegen den Unterwerfungbwillen der damaligen relativen Herrschaftselite. Als die geistig wirkungsvollste Waffe der Wehrlosen zwang sie die Tyrannen, demonstrativ Wehrlose und Friedfertige zu verfolgen und zu ermorden. Solche Demonstration des Unrechts vermochte zu jener Zeit noch einzelne und persönliche Tyrannen erweichen. Diese psychologische Zumutung konnte Verfolger, Auspeitscher und Henker vor 2000 Jahren noch moralisieren. Heute ist das längst vorbei, weil die Macht, entpersonalisiert, sich hinter anonymen Ausschüssen verbirgt und Befehle, je drahtloser, desto bedenkenloser, vermittelt werden können.

Die Nächstenliebe entstand nicht sogleich, sondern entwickelte sich aus vielerlei Anregungen und Zufällen. Seneca (gest. 65 n. Chr.) war schon überzeugt: „Stete Güte besiegt das Böse!" Und Kaiser Marc Aurel (121-180 n. Chr.) erklärte schon ganz im christlichen Verständnis der Nächstenliebe: „Güte und verzeihende Liebe bleiben noch immer Sieger".

Diese damalige Entwicklung ist auf unsere Zeit nicht mehr übertragbar. Politik zu jener Zeit war noch ein persönliches Geschäft, so daß gute

Menschen gute Herrscher sein konnten. Heute ist die Politik der Welt die des Großtyrannen, sie ist weder gut noch böse, sondern nur noch Unterwerfungsmaschine, die alles nutzt, was der Herrschaft dient, und alles vermeidet, was ihr schadet.

Die ehemaligen Christen, ,,Kinder des Lichts'', konnten für die ,,Kinder der Finsternis'' noch beten und um deren Heil bitten; heute werden die Demonstrationen für Freiheit und Menschenrechte mit Maschinengewehren zusammengeschossen (Afghanistan), und wer opponiert, wird verbannt, wird ausgesiedelt oder ins Massengrab gestoßen.

Mit dem Appell zur Entfaltung von Nächstenliebe, den Jimmy Carter in tagträumender Hoffnung an den Großtyrannen richtete, werden angesichts der Aggressionswut des letzteren Kommunisten nur provoziert, die nächste Revolution zu entfachen. Kommunisten sind keine Römer, die zwar grausam waren, aber denken durften, gelegentlich auch denken wollten.

Damals konnte Christus den Gläubigen noch eindrucksvoll zurufen: ,,Und wenn dich einer auf die rechte Wange schlägt, so biete ihm auch die linke dar . . . Liebet eure Feinde! Tuet Gutes denen, die euch hassen . . .'' (2). Die individuellen Herrscher waren zu jener Zeit noch sensibilisiert. Solche Worte klangen nach. Heute ist der obligatorische Tyrann abgestumpft, er hört nicht mehr hin, er bleibt anonym hinter Parteitagsbeschlüssen verborgen.

Ursprünglich war Nächstenliebe eine aus dem Widerstandswillen gewachsene passive Aufforderung an den Tyrannen, der Gewalt zu entsagen. Sie war eine religiöse Bewegung gegen legitimierte staatliche Gewalt und Grausamkeit, die Henker beeindrucken konnte. Als sie als christliches Gebot die historischen Konterenergien gegen staatliche Tyranneien freisetzte, da lag in der selbstlosen Nächstenliebe des kämpferischen Christentums noch der Wille zur Freiheit und die Hoffnung auf eine unverschüttete Menschlichkeit der Gewaltherrscher begründet.

Der Staatsgewalt der Tyrannen früherer Zeiten ist es immer schwieriger geworden, anstelle von Aktionen in offenen Feldschlachten nur die protestierenden Aktionen friedlicher Christen zu zerschlagen. Wie vermutet, ließen die wütenden Verfolgungen der Christen langsam nach. Als Jesus mit den drohenden Worten, ,,Wer nach dem Schwerte greift, kommt durch das Schwert um!'' das ,,Panier der Nächstenliebe, der götterfüllten Sittenlehre und der Hoffnung auf ein ewiges Leben'' (3) aufrichtet und das bisherige Menschenbild von den Sockeln stieß, veränderten sich auch die Herrschaftsverhältnisse.

Heute wirken solche Ermahnungen nicht mehr und beeindrucken niemanden. Alle Macht kommt aus den Gewehrläufen, sagen die Kommunisten; das ist die einzige Realpolitik, die überzeugt. Kommunisten wissen, daß jeder Massenwiderstand zerbrechbar ist, wenn der großen Zahl, die nicht weiß, was sie will, mit Härte und Entschlossenheit begegnet wird.

Nächstenliebe hat als Waffe des passiven Widerstandes vor 1800 Jahren eine neue Zeit aller begründet und das Christentum ausgebreitet, bis es durch Aufklärung und Rückfall in den Atheismus in eine Phase der Resignation und des Rückzuges gedrängt wurde.

,,Die Idee Christi übersteht den Untergang des Römischen Reiches, ja sie ergreift missionierend und lehrend als der berufene Kulturträger antiken und religiösen Geistesgutes die hereinströmenden Barbarenvölker und geleitet sie hinüber ins anhebende Mittelalter. Christliche Lehrer sind es, die auf den Schutthalden des dahingegangenen Imperiums und in den Wäldern eines sich erschließenden Abendlandes eine neue Wissenschaft begründeten. Vom Geiste des Erlösers und der von ihm verkündeten göttlichen Zielsetzung für alles Menschliche beseelt, entwickelt die mittelalterliche Gelehrsamkeit ein unleugbares Übergewicht von Theologie, Philosophie, Staats-, Rechts- und Sozialwissenschaft. Selbst Plato und Aristoteles gelten nur noch als die Vorarbeiter und Assistenten einer neuen Geisteswissenschaft. In der Vermählung antiken, germanischen und christlichen Wesens entsteht das neue Europa''. (4)

Dieses christliche Europa hat der Welt die Aufklärung - und mit ihr, was selbst evangelische Theologen gelegentlich einfältig zu übersehen scheinen, die politischen Freiheiten - geschenkt, die heute von Kommunisten und sonstigen religiösen und areligiösen Weltanschauungsgeschädigten in das politische Nichts der Sklavenhaltergesellschaft einer vorchristlichen Barbarei zurückgestoßen werden soll.

Entpolitisierte Nächstenliebe durch Partizipation der Macht

Nach der Inthronisation der päpstlichen Gewalt, nach der Etablierung auch der kirchlichen Gewalt, nach der Zwei-Schwerter- und Zwei-Reiche-Lehre wandelt sich die inhaltliche Bestimmung des Begriffes der Nächstenliebe. Der Aspekt des Freiheitsanspruchs der Nächstenliebe als ursprüngliche, gewaltlose Konterenergie gegen Herrschaftswillkür verlor sich proportional zu der Zunahme kirchlicher Gewalt und Verweltlichung der Kirche. Schließlich erstarrte dieser Begriff der Nächstenliebe nur noch in demütiger Entsagung und verkam in einer versprochenen

Gottesherrlichkeit nach dem Tode für gehorsame Knechte und gütige Herren. Das aber ist zu wenig, um die Welt aus ihrer heutigen Not zu retten!

Eine Nächstenliebe, die als ursprünglicher tapferer Gerechtigkeitswille der Wehrlosen und unbeugsamer Freiheitsanspruch Friedfertiger zur unfruchtbaren Selbstkasteiung und Entsagungsbereitschaft, zur antiaktionistischen Wehrlosigkeit sich kastrieren lassen konnte, verliert heute zunehmend ihre Identifikation mit dem natürlichen Volkswillen des auf Freiheit gerichteten Menschen.

Der Klerus selbst, immer stärker zur Macht drängend, entschied sich schließlich für die Macht, um am Widerstand der politischen Gegenspieler, wenn auch in Jahrhunderten, langsam, aber doch stetig an Bedeutung zu verlieren. Die Reformation war nur ein Signal zur Besinnung und zur Umkehr. Die Geschichte der Mächtigen zeigt aber, daß lieber ein dreißigjähriger Krieg geführt wird, als daß Mächtige ihre Macht kampflos preisgeben.

„Neue, irdische Ideen, andere Ziele und Ideale suchten die christliche Idee (die sich im Machtmißbrauch verstrickte) zu ersetzen. Aufklärung, Rationalismus, Wissenschaftsgeist, sozialpolitische Ströme und schließlich die große Ernüchterung und Hinwendung zur Welt ergriffen immer größere Schichten der Völker. Vernunft, Materialismus und ihr Kind, der Atheismus, suchten neue Wege . . . . Die verkaufte und verzerrte Idee Christi sah sich von allen Seiten angegriffen . . . . Eine Epoche schien heraufzudrängen, die sich von Christi und jeder Religion abwandte und ein neues irdisches Paradies verkündete." (5)

Seit der Oktoberrevolution 1917, diesem Totensonntag der Individualsouveränität, ist das neue Paradies ausgerufen. Es verbreitet sich mit Krakenarmen über die wehrlose und eingeschüchterte Welt. Die Sklavenhalterkultur des Großtyrannen verbreitet seitdem Angst und Schrecken; das organisierte Grauen geht um die Welt und will nicht stillstehen.

Wie die Nächstenliebe des Christentums am klerikalen Machtwillen zerbrechen mußte und auch zerbrach, so wird die Sklavenhalterkultur des neuzeitlichen Großtyrannen an seinem absoluten Unterwerfungswillen zerbrechen müssen.

Afghanistan signalisiert wetterleuchtend die Wende, das sowjetische Kolonialreich stößt an die Grenze seiner Unterwerfungskraft.

Es kann dem ideologischen Bonzen- und Genossensyndikat nicht gelingen, alle „Gehirne der Welt auf einen Haufen zu werfen" (6) und die Denkkraft aller Menschen in vernunftwidrige Denkschablonen zu pressen. Die ohnmächtigen und entrechteten Vernunftfähigen im Herrschaftsbereich des Großtyrannen werden zu rasenden Derwischen, wenn sie ihre manipulative Selbstentfremdung erst begreifen. Die Bürgerrechtsbewegungen haben zum Freiheitswillen in Polen geführt. Die Kettenreaktion wird nicht ausbleiben. Die Gedemütigten werden am Beispiel einer optimalen Demokratie in der freien Welt lernen, daß sie nichts mehr zu verlieren haben werden als eine überflüssige Repressionsmaschine und parteipolitische Entwürdigungsapparatur.

Aber diese optimale Demokratie darf keine Freiheitsstatue sein, zu der man aufschaut, sie muß zum gelebten Leben aller freien Völker werden, bevor sich die Entwürdigten erheben können, um mit ihren aufgesprengten Ketten ihre Tyrannen zu erschlagen.

Nächstenliebe als politische Waffe des passiven Widerstandes am „Ende" des Christentums

Für das Christentum ist die ursprüngliche, auf Freiheit und Menschenwürde bedachte Nächstenliebe im Kampf gegen die römischen Sklavenhalter heute zur kleinbürgerlichen Entsagungssehnsucht verkümmert, aus der nichts Großartiges, Kühnes und Selbstüberwindendes mehr erwartet werden kann. Nur noch für den Widerstand gegen die harmloseren, wenn auch lästigen Unterwerfungsbürokratien relativer Elitensysteme vermögen sie noch politische Aufmerksamkeit zu erwirken.

So haben sich auch die Aktionen des Widerstandes seit den offenen Feldschlachten der Studenten in den sechziger Jahren in gleicher Weise von dem lebensgefährlichen direkten zum verdeckten, indirekten Protest erheblich gewandelt.

Wenn sich Widerstand in eher artiger und blumenschwenkender Weise einer zuschlagenden Staatsräson zu entziehen trachtet, so daß die Strategie der Nächstenliebe sich in den palavernden sit-ins unserer Tage wiederfindet und als letztes Mittel der politischen Verständigung eingesetzt wird, dann sind die Kommunikationsbrücken zwischen Herrschern und Beherrschten, im Grunde genommen, schon längst zusammengebrochen, dann ist die Rechthaberei der Gewaltinhaber schon längst gerichtsnotorisch und die tatsächliche Ohnmacht des Volkes zur deutlichen Gewißheit geworden.

Das Unterlaufen zuschlagender, repressiver Staatsgewalt mittels indirekter Waffen des Widerstandes wie beherrschte Freundlichkeit, blumenschwenkender Frohsinn oder nur stumme Anwesenheit gehorsamer und folgsamer „Massen" sind durchaus keine Zeichen mutloser Ergebenheit, sondern die Ausschöpfung der allerletzten Mittel noch möglichen Protestes.

Die heutigen tanzenden, singenden Happening-Proteste familisierender Demonstrationen in repressiv gewordenen Herrschaftssystemen erinnern an die Herausforderung der ersten Christen, die Gewalt der Herrschaft gegen Wehrlose widerstandssteigernd zu exemplifizieren. Wer für die Freiheit nicht mehr durch Worte überzeugt werden kann, so hoffen die „Aussteiger" und Verweigerer, der kann vielleicht mittels der Strategie des sich entladenden Zorns angesichts knüppelnder und schießender Unterwerfungseliten für die weltweite Bewegung der Selbstbefreiung von Bevormundungsbürokratien gewonnen werden. Diese Hoffnung ist vergeblich, weil sozialisationsgeschädigte Intellektuelle längst verlernt haben, aufrecht und dauerhaft zu kämpfen!

Passiver Widerstand als untaugliches Mittel der Restabilisation der Freiheit

Obwohl Nächstenliebe auf zwei verschiedenen Wegen, am Anfang des Christentums als politische Waffe eines *aktiven* Widerstandes gegen die etablierte Menschenverachtung einer Sklavenhaltergesellschaft und am „Ende" des Christentums - im auf das vorliegende Thema bezogenen Verständnis - als politische Waffe eines *passiven* Widerstandes gegen den etablierten menschenverachtenden Dirigismus, Bürokratismus und amtsmißbrauchenden Zynismus einer Obrigkeitsgesellschaft die Sache der Unterdrückten und politisch Entrechteten verteidigen konnte, hat sich weltweit in den *repressiven,* vom sowjetischen Großtyrannen noch nicht unterworfenen Gesellschaftssystemen und Staaten herausgestellt, daß der passive politische Widerstand gegen freiheitsverweigernde relative Eliten nahezu zwecklos und erfolglos geblieben ist.

Seit 1965 haben sich bei bleibenden oder absinkenden Bevölkerungszahlen die Unterwerfungsbürokratien in allen westlichen *repressiven,* aber nicht versklavten Ländern vermehrt bis verdoppelt. Dieser Prozeß der Machtausdehnung hält unverändert an. Etablierte repressive Gewalt konnte trotz Widerstandes mit den passiven Möglichkeiten der Nächstenliebe nicht beeindruckt werden.

Die Abschreckungsapparaturen moderner Bürokratien reagieren neuzeitlich. Sie gehen dazu über, den Freiheitswillen ihrer Unterwerfungsopfer mit geräuschloseren, aber wirkungsvolleren Verfahren zu ersticken.

Was als geistige Konterdiktion gegen staatlich legitimierte Grausamkeit mittels des Begriffes der Nächstenliebe früher assoziativ geleistet werden konnte, nämlich heilsame Einsicht in den Unrechtgehalt dauernder Unterdrückung Friedfertiger, hat zwar historisch eine naturrechtsstabilisierende Tradition und theoretisch auch vieles für sich, aber als verläßliches Steuerungsmittel zur vernunftpflichtigen Gestaltung urteilsfähiger, auf Eigennutz bedachter Menschen, deren Totaler Egoismus unausweichlich die Maximierung der Eigentlichkeit des Seins erstrebt, ist die Reduktion aller Antriebe auf das Prinzip einer historisch einmal erfolgreich gewesenen Nächstenliebe für unsere Zeit ungeeignet, dem erweiterten Reflexionsverständnis des aufgeklärten Menschen unserer Tage zu genügen.

Wenn Nächstenliebe nicht zu einer leeren Worthülse erstarren und schließlich nur noch als unverstandenes Lippenbekenntnis widerstrebend ertragen werden soll, dann ist es an der Zeit, über die Schizophrenie der Anwendung dieses Begriffs in unserer Zeit sich Klarheit zu verschaffen, um die Redlichkeit der Verständigungsmittel wiederherzustellen. Als unbehagenkompensierende Großmutshandlung weniger, die Schuldgefühle über die eigene Ohnmacht durch gute Taten zu beruhigen wünschen, kann Nächstenliebe das große Unglück unserer Zukunftsverlorenheit nur noch vergrößern.

Wenn Appelle zur Nächstenliebe zum Widerstand gegen sich ausdehnende Gewalt untauglich geworden sind, die tätig praktizierte Nächstenliebe aber verhöhnt, betrogen, mit Undankbarkeit und unverschämter Habgier der Unterstützten mißbraucht wird, dann ist das Prinzip der Nächstenliebe nach seiner Ursache und Wirkung neu zu hinterfragen und in die modernen Bedingungen des Zeitgeistes zu stellen.

Die katholische Kirche wäre unter ihrem jetzigen Papst, Johannes Paul II., fähig, das Prinzip Nächstenliebe neu zu interpretieren, aber noch sind die heutigen Kirchen wie hochwertige Maschinen, die im Freien herumstehen und vor sich hinrosten, anstatt Tag und Nacht für den Frieden der Welt zu arbeiten. Nicht das Gebet allein hilft und nicht das materielle Opfer, sondern nur die Analyse der Bedrohung der Menschheit durch den Welttyrannen setzt ethische Energien frei, dem Unterwerfungswillen Mächtiger zu widerstehen.

Die evangelische, führungs- und orientierungsverlorene Theologie der Feindesliebe und Selbstentwaffnung hat ihre Kirchen, die einst reformierte Geschütze der Freiheit waren, zu Rohrkrepierern heruntergewirtschaftet und nennt diese Selbstmordsehnsucht in geistiger Umnachtung auch noch Fortschrittskirche.

Ist Nächstenliebe selbstlos?

Der zu erbringende Beweis der Nächstenliebe als ein *transzendentes* Gebot eines konstruktiven Dogmatismus ist nicht die Aufgabe der politischen Gesellschaft. Diese muß sich auf den Selbstzweck des Menschen und die freiheitssichernden Konsequenzen konzentrieren.

Die Selbstsucht der Individuen wurde zwei Jahrtausende lang durch Herrschaft systematisch diskriminiert, nur damit es ihr leichter fiel, die Selbstlosen, Friedfertigen, Vertrauensseligen und Nächstenliebenden in Kriegen, Gaskammern oder Arbeitslagern des Archipel GULAG zu eliminieren. Selbstlose Nächstenliebe ist zum urteilskraftlähmenden, betörenden Opium der Demagogen geworden, damit die Entrechteten nicht aus totaler Selbstliebe auf die Idee kommen, den Tyrannen zu töten. Entsagungsfähige Nächstenliebe vermag die dauernden Wunden, die Tyrannen dem Volk schlagen, nicht nur besser heilen zu lassen, sondern erzeugt noch Dank dafür, das Schlimmste überlebt zu haben.

Nächstenliebe ist also nicht unpolitisch zu sehen, wie viele glauben machen wollen, sondern nüchtern und nach reiner Zweckmäßigkeit in die politische Gemeinschaft nutzbringend zu reintegrieren. Selbstlose Nächstenliebe lähmt und irritiert die Widerstandsenergie gegen die staatlich organisierte Ausdehnung des Unrechts und begünstigt die Mächtigeren, die Friedfertigen als wehrlose Beute zu mißbrauchen.

Die Klarheit über die Nichtexistenz der selbstlosen Nächstenliebe würde die Verfügungsgewalt über Menschen verringern. Die Vitalisierung des Selbsterhaltungstriebes des Menschen ist notwendiger denn je geworden, wenn er verhindern will, daß die herrschaftsstabilisierende gepflegte Unterwerfungslust und Entsagungssehnsucht in die degenerative genetische Codierung fällt.

Nach dem heutigen Stand der Antriebs- und Motivforschung kann gesagt werden, daß selbstlose Nächstenliebe pathologische Unwissenheit der Antriebe ist.

Nächstenliebe ist Hilfsbereitschaft zur Friedfertigkeit auf Gegenseitigkeit. Aber ist Hilfsbereitschaft frei von Eigennutz? Wenn Eigennutz die Antriebsquelle der Hilfsbereitschaft ist, wie vermag die gesteigerte Hilfsbereitschaft der Nächstenliebe selbstlos zu sein? Wer liebt schon den Nächsten, mit Verlaub zu fragen, wie sich selbst? Würde das nicht heißen, den mühsam ersparten Sonntagsbraten einem vorübergehenden Fremden aufzutischen? Wenn ich den Nächsten so liebte wie mich selbst, müßte ich nicht jedem Fremden den Vortritt lassen? Was geschähe, wenn der Fremde sich weigerte, meine Gabe anzunehmen, mich zwänge, mich der Gier des eigenen Genusses zu unterwerfen? Nähme er aber an, müßte er folgerichtig mich in meiner selbstlosen, entsagungsfreudigen Nächstenliebe glücklich machen. Wo aber bleibt die Nächstenliebe des Annehmenden? Müßte er sich nicht mir zuliebe verweigern?

Niemand tut so etwas, und doch reden die Menschen von der Nächstenliebe, als opferten sie unablässig selbstlos für andere. Theoretisch ist dieser Anspruch, liebe deinen Nächsten wie dich selbst, unsinnig, und logisch ist er nicht haltbar!

Was ist zu tun? Es soll hier versucht werden, wenigstens die gute Absicht der Nächstenliebe für die Nachwelt zu retten. Die selbstlose Nächstenliebe ist in Wahrheit nicht nur gescheitert, sie hat es in Wirklichkeit auch nahezu nie gegeben.

Praktische und pathologische Nächstenliebe

Immanuel Kant unterscheidet zunächst einmal in praktische und pathologische Nächstenliebe. Mit praktischer Nächstenliebe meint er ein „. . . Wohltun aus Pflicht, selbst wenn dazu gar keine Neigung treibt, ja gar natürliche und unbezwingliche Abneigung widersteht . . ." (7)

Nächstenliebe gst somit nur dann in *reiner Form* möglich, wenn die Handlung dem Handelnden keine materiellen und keine immateriellen Vorteile bringt.

Da aber nach jedem Akt der Nächstenliebe bei jedem ein Gefühl der inneren Befriedigung (mit sich selbst) auftritt, ist es unmöglich, von reiner Nächstenliebe zu sprechen, sondern vielmehr davon, daß in jedem Akt der Nächstenliebe auch ein Stück selbstbeglückende Selbstwertsteigerung mitschwingt und es im eigentlichen Sinne keine selbstlose Nächstenliebe, also praktische Nächstenliebe, wie Kant es ausdrückte, geben kann. Wenn aber selbstbeglückende Selbstwertsteigerung ein Empfinden ist, das begehrt und mit Neigung erstrebt wird, dann sind alle selbstwertsteigernden Akte einer vermeintlich selbstlosen Nächstenliebe nur pathologische Akte der Antriebsirritation, insofern von selbstloser Nächstenliebe gesprochen, aber selbstwertanhebendes Empfinden, das nicht selbstlos sein kann, begehrt wird.

Setzt man Nächstenliebe mit selbstlosem Handeln gleich, so ist sie unmöglich, da selbst derjenige, der freundlich und hilfsbereit ist, zwar vermeintlich selbstlos handelt, dies aber eine immateriell dimensionierte seelische Investition ist. Es entsteht die Frage, ob der Antrieb der Handlung der ist, jemandem selbstlos zu helfen, oder unbewußt der, sein Selbstwertgefühl zu steigern und somit seine Glückseligkeit zu sichern.

Daß jede Handlung einen egoistischen Antrieb hat, wird ein gläubiger Christ entschieden abstreiten. Für ihn wird die Steigerung des Selbstwertgefühls eine im Hintergrund stehende nicht kalkulierte Nebenerscheinung der Nächstenliebe sein. Ebenso wird er bestreiten, daß es ein oberstes Gebot des Menschen sei, seine eigene irdische Glückseligkeit zu sichern. Der Christ glaubt aus religiöser Überzeugung zu handeln, einfach um seiner Pflicht als Christ nachzukommen. Das wäre durchaus ein Handeln aus reinem Pflichtbewußtsein gegenüber den Geboten des Christentums, gewissermaßen praktische Nächstenliebe. Weil aber das Christentum für fromme Werke das Himmelreich verspricht, geschieht die Handlung nicht ohne Interesse. Pathologisch ist nur, die Animation zur Handlung aus der verborgenen Lohnerwartung nicht einsehen zu wollen.

Jede Nächstenliebe ist praktisch, wenn sie aus Neigung handelt

Selbstlose Nächstenliebe bleibt also begrifflich pathologische Nächstenliebe, sie wird erst im modernen Sinne praktisch, wenn die Praktikabilität der freiheitssichernden Nächstenliebe aus Selbstliebe eingestanden und mit Interesse betrieben wird.

Die pathologische Unwissenheit der Antriebe in dieser Frage vermochte vor Jahrhunderten die Menschenrechtsausdehnung nicht zu stören, heute schadet sie, weil die praktizierte Nächstenliebe der Christen von relativen Machteliten schamlos mißbraucht wird. Richtig ist auch mit großer Wahrscheinlichkeit, daß selbst der Altruismus als ein Leben für andere, der gegenüber der religiösen Dimension der Nächstenliebe zurückhaltend bleibt, seine Selbstlosigkeit nicht beweisen kann. Glaubwürdiger scheint der Altruismus als immaterieller Eigennutz zu sein, der in Form der bewußten Erfahrbarkeit der eigenen Selbstwertsteigerung durch eine gute Tat immateriellen Genuß erfährt, auf den ein gebildeter Mensch, der um die Vergänglichkeit aller Dinge weiß, nicht mehr verzichten mag.

Altruismus und Nächstenliebe, die bei vollem Bewußtsein in Ansetzung des Zwecks praktiziert wird, ist praktische Nächstenliebe, weil die Interessenentleerung der Antriebe des „Reinen Willens" nicht zur absoluten Bedingung des „Reinen Willens" gefordert werden kann. Die Nächstenliebe ist praktisch, wenn sie aus Neigung handelt und sich der Gegenseitigkeit verbürgt, sie ist töricht, wenn sie tagträumend der Selbstvernichtung durch Tyrannen zuarbeitet.

Mißverstandene Nächstenliebe

Eine Nächstenliebe, die vom Mißbrauch der Nächstenliebe ihre Rechtfertigung ableitet, muß religiös scheitern. Wieweit sie religiös mißbraucht wird, beweist ihre grundgesetzliche Verankerung nach Art. 4 Abs. 3, der jedem erlaubt, aus „Gewissensnot" die Verteidigung der eigenen Freiheit anderen zu überlassen. Die sogenannte „Wehrdienstbefreiung", die ein Privileg der Verteidigungsverweigerung ist, die nach den Gewissensfragen vor der Einberufung ausgesprochen wird, bezieht sich auf die religiöse Festigkeit des Antragstellers dahingehend, ob er aus Nächstenliebe auf keinen Okkupanten schießen könne.

Der etablierte vernunftwidrige Objektivitätsirrtum ist der, daß Feigheit und Rückgratschwund als moralischer Antrieb bescheinigt werden und die Verteidigungsverweigerung mit Nächstenliebe verwechselt wird, obwohl gerecht und moralisch wäre, jeden aggressiven Feind der Freiheit, der auch ein Feind der Nächstenliebe ist, nach Anruf, die Aggression aufzugeben, aktionsunfähig zu machen, notfalls aus Notwehr zu töten.

Hier haben sich Rechtsirrtümer einer konfusen Staatsrechtspraxis verfassungsrechtlich zum Schaden des Rechtsstaates freiheitsgefährdend etabliert. Gerade der Verteidigungsverweigerer aus religiöser „Gewissensnot", die, schlicht gesagt, nur eine gesellschaftlich verursachte Bildungsnot ist, sollte wissen, daß die in einem freien Lande geltende Naturrechtsgarantie des Menschen besser aufgehoben ist in der Vermutung, daß es einen Schöpfer gibt, als in der Behauptung, daß es ihn nicht gäbe. Wie aber ist es zu verstehen, aus religiösen Gründen die Verteidigung der Religionsfreiheit verweigern zu sollen? Welch eine Denkschlamperei! Die Rechtssicherheit aller Menschen ist gut aufgehoben in der Vorstellung von der Existenz aller Menschenrechte, noch besser aber durch die Behauptung ihres göttlichen Ursprungs.

Es ist für den Pragmatiker völlig gleichgültig, ob diese Behauptung eine Zweckbehauptung ist, wenn sie nur hilft, die Vorstaatlichkeit von Menschenrechten zu begründen.

Der Totale Egoismus des Vernunftfähigen sollte auch fähig sein, auf die politisch wirksame Taktik seiner erleichterten Selbstbehauptung unter politisch initiierten Kollektivzwängen nicht zu verzichten.

Gewissensnot und religiöse Überzeugung des Wehrdienstverweigerers setzen voraus, daß es Gott gibt. Die Bundeswehr, die zur Verteidigung der Vorstaatlichkeit der Menschenrechte geschaffen wurde, kann daher nicht an der Verteidigung der Menschenrechte gehindert werden. Es ist eine frömmelnde, geheuchelte Nächstenliebe, die darauf vertraut, daß andere, weniger Religiöse, die Verteidigung vorstaatlicher, möglicherweise göttlicher Menschenrechte übernehmen.

Man kann Soldaten der Bundeswehr nicht in den Konflikt stürzen, einer ungerechten Sache zu dienen. Das Wehrdienstverweigerungsgesetz nach Art. 4/2 ist ein Anachronismus des Grundgesetzes und sollte, weil die Bundeswehr sich gegen niemanden richtet und niemanden bedroht, sondern einzig zur Abwehr militärischer Überfälle politischer Naturrechtsignoranten gegründet wurde, *ersatzlos gestrichen werden.*

Aber auch gesellschaftlich wird die schizophrene Nächstenliebe an ihrer Unwirklichkeit zerbrechen, weil durch die erschwerenden Lebensbedingungen einer pfründenausdehnenden Herrschaftselite die eigene materielle Not mit den zunehmenden Steuerlastquoten und Bevormundungen immer weiter wächst und zur materiellen Hilfsbereitschaft, z.B. aus saturierten wirtschaftlichen Verhältnissen heraus, immer weniger Bürger fähig bleiben. Niemand kann dem arbeitenden Volk länger zumuten, auf dem Wege über verplemperte Steuermilliarden für die Entwicklungshilfe nationaler rivalisierender Herrschaftseliten bis zur Selbstausblutung - Staatsverschuldung sind Wohlstandsvernichtungsstrategien - eine Nächstenliebe zu praktizieren, die unsere Erpreßbarkeit in der Welt der Unterentwickelten und vom deutschen Steuerzahler Geförderten durch die Konflikte rivalisierender Staaten nur erhöht. Solche Nächstenliebe ist weder praktisch noch pathologisch, nicht einmal mehr mißverständlich, sondern politischer Infantilismus einer geistig umnachteten Nächstenliebe.

Unter privatrelevanten Bedingungen wächst sich die Nächstenliebe einer ungläubigen Christenheit in einen Zustand aus, der die Entrechtung des Fleißigen und Tatkräftigen und die Überberechtigung des Faulen und Unentschlossenen bis zur Sozialpathologie übertreibt, die den Fleißigen bestraft und den Gammler belohnt, so daß am Ende die Ordentlichen die Dummen und die Liederlichen die Schlauen gewesen sind.

*

Nächstenliebe als Prinzip des Eigennutzes

Wie kann in einem erweiterten Sinne der Begriff der Nächstenliebe in die Egoismusquanten des Menschen integriert werden? Als eine mögliche Form bietet sich an, sowohl das Wort Nächstenliebe wie auch das Prinzip Eigennutz anzuerkennen!

Die klare Kalkulation des Eigennutzes impliziert die Quanten der jeweiligen Hilfsbereitschaft, und je qualitativer der individuelle Eigennutz hierarchisiert werden kann, um so höherwertiger werden die Quanten der gegenseitigen Hilfsbereitschaft zur gegenseitigen Freiheitssicherung sich entwickeln. Liebe deinen Nächsten wie dich selbst nicht selbstlos, sondern aus Egoismus, damit du nicht durch seinen Zorn über deine Unliebe zu Schaden kommst! Nur die gleichwertige Abdeckung gleicher Interessen sichert die Gleichheit des Interesses an der Nächstenliebe.

Sehr komplizierte Geflechte sozialpsychologischer Beziehungen sorgen dafür, daß die gegenseitige Hilfeleistung nach ungeschriebenen Gesetzen innerhalb bestimmter Fristen ihr Gleichgewicht hält. In den Fällen, in denen die Herstellung des Gleichgewichts trotz Ausdehnung der Fristen nicht stattfindet, stellt sich zwangsweise Enttäuschung ein; die Beziehungen zerbrechen. Aus wirklicher Nächstenliebe im Kantschen Sinne und erst recht aus selbstloser Nächstenliebe geschieht nahezu nichts. Nächstenliebe existiert als reine Aktion für sich eigentlich überhaupt nicht, und wo sie als solche angerufen ist, hat sie selbstwertstabilisierende Wirkung, und das ist ein Genuß, der mit großer Neigung erstrebt wird und dem Kenner bekannt ist!

Nächstenliebe als Gebot der Menschlichkeit ist als ursprüngliche Anrufung der Gerechtigkeit und Freiheit ebenfalls nicht ohne Egoismus gewesen. Was ist denn der Wille zur Gerechtigkeit anderes als ein Akt der Selbsterhaltung! Kein Selbsterhaltungswille aber ist denkbar ohne eine gehörige Portion Selbstliebe, die sich unter existenzbedrohenden Bedingungen sogar zur *Selbstsucht steigern muß,* wenn sie überleben will. Steigert sie sich nicht zur Selbstsucht, wird sie sich der Selbstsucht des Mächtigeren widerstandslos ergeben und sich der leichtfertigen Hinnahme der Rechtsungleichheit, also der Disproportionierung der Rechtsgleichheit, schuldig machen.

Es gibt in unserer Zeit eine Variante der praktizierten Nächstenliebe, wie sie in den täglichen und unzähligen gegenseitigen kostenlosen Hilfeleistungen, die den Verkehrsteilnehmern so selbstberständlich geworden sind, auftreten. Verstehen sich diese - auch wenn es vielfach behauptet wird - als selbstlose Nächstenliebe? Natürlich nicht. Jede Hilfeleistung ist immer zugleich auch Eigennutz, ist eine Rückversicherung für eine vielleicht selbst einmal in Anspruch zu nehmende Hilfeleistung durch andere. Die allen Verkehrsteilnehmern gemeinsame Strategie der Hilfsbereitschaft ist eine pragmatische, eine Art Landstraßenkameradschaft, sie entzieht sich jeder moralisierenden Mystifikation.

An diesem Beispiel der Hilfsbereitschaft aus Eigennutz läßt sich über die „Nächstenliebe" aus Eigennutz gar die Friedfertigkeit aus Egoismus und, *auf der Ebene einer höheren Warte, Gerechtigkeit aus Totalem Egoismus theoretisch und logisch schlüssig begründen.* Es bedarf dazu keiner hochtrabenden, dunklen Mystifikation des Seins oder bombastischer gehirnverklebender Ideologien. Es genügt, sich zu entschließen, mit einer selbstlosen, nur Bösewichter herausfordernden Nächstenliebe zu brechen *und den Nächsten nur noch zu lieben, wenn er mich in meiner Selbstverwirklichung nicht behindert, wofür ich ihm garantiere, das gleiche auch ihm einzuräumen.*

Nächstenliebe aus Eigennutz praktiziert die Freiheit praktisch

Wenn die ursprüngliche Absicht der selbstlosen Nächstenliebe, Gerechtigkeit zu festigen und Freiheit zu sichern, heute gescheitert ist, dann muß gefragt werden, ob die gleiche Absicht nicht durch andere Verfahren wie Eigennutz, Selbstliebe, Selbstsucht, mehr noch, durch eine besondere Form des Totalen Egoismus besser erfüllt werden kann? Diese Frage ist hier gestellt und soll beantwortet werden.

„Die Liebe zum Anderen ist nur aufgrund von Selbstliebe möglich. Das Gebot, den Nächsten so zu lieben wie mich selbst, setzt offensichtlich voraus, daß ich mich liebe: „Wer gegen sich selber böse ist, gegen wen sollte der gut sein?" (8) Wer sich also selbst liebt, der sorgt für den Bestand seiner Existenz unter den denkbar günstigsten Bedingungen, und deren eine ist, weil die Welt für jedermann zu klein geworden ist, wegen der jedermann beeinträchtigenden möglichen Folgen fehlender Selbstliebe die praktizierte Nächstenliebe aus *Neigung.*

Verwerfe ich die *Selbstwertsteigerung* durch eine beliebig gute Handlung, so blockiere ich die mögliche Ausdehnung der Nächstenliebe durch Verweigerung dieser Anerkennung. Warum soll die gute Handlung nicht ohne Selbstwertsteigerung gedacht werden können? Nächstenliebe sollte sich also auf die Steigerung der Nächstenliebe aus Lust, Selbstwert zu stapeln, beziehen dürfen. Wenn das Ziel der überlieferten Nächstenliebe, nämlich Friedfertigkeit und Freiheit durch Gerechtigkeit, durch die Methode einer moralisch in Pflicht nehmenden Entsagung und Verteidigungsverweigerung in zweitausend Jahren nicht erreicht werden konnte - denn weder Frieden noch Freiheit noch Gerechtigkeit sind verläßlich gesichert, sondern durch den neuen marxistischen Versuch der konfliktaufhebenden Massenentfreiheitlichung noch entschlossener vernichtet worden -, dann muß die Fehlerhaftigkeit dieser Denkkonstruktion endlich zur Kenntnis genommen werden. Durch gutes Vorbild kann der Bösewicht ohne seinen Guten Willen nicht gezwungen werden, einsichtig zu werden und seine Vernunftwidrigkeiten zu unterlassen.

Rationalisierung der Nächstenliebe durch Totalen Egoismus

Die Vorteilserschleichung des Bösewichts blieb bisher ungesühnt; schließlich war der Betrogene, der auf Einsicht des Betrügenden hoffte, aber Dreistigkeit erfuhr, wie gelähmt und vergaß aus einfältiger Nächstenliebe, angemessen zu reagieren.

Heute muß in der geplagten Welt von 155 rivalisierenden Rechts- und Herrschaftssystemen der direkte Weg der rationalen Desillusionierung der wirklichen Antriebe des Menschen eingeschlagen werden, damit Freiheit und Gerechtigkeit nicht auf einem möglichen Sollen, sondern auf einem aus Eigennutz unabdingbaren Müssen begründet werden können.

Die gute Tat muß durch gegenseitigen Eigennutz erzwingbar werden! Nicht die Selbstlosigkeit oder Entsagung, sondern ihre Umkehrungen, Eigennutz und Totaler Egoismus, können uns die nicht erreichte Zielfixierung der ursprünglichen Nächstenliebe praktisch näherbringen.

Die Psychologie, sofern sie sich nicht der Staatsgewalt andienert, kann hilfreich sein, die Ursachen der menschlichen Antriebe, Verhaltensgewohnheiten und Neigungsqualitäten aufzudecken. Aber auch die Biologie kann zu Rate gezogen werden.

Wie der Zusammenschluß fressender Rinder zu einer Herde nicht aus Nächstenliebe oder Anhänglichkeit geschieht, sondern aus dem egoistischen Überlebenswillen, im Verband der Herde entweder den Einbruch eines Löwen auszuschließen oder auf Kosten eines anderen Tieres, das gerissen wird, zu überleben (9), so beruht auch die Friedfertigkeit und Freiheit des Menschen als ursprüngliche Eigentlichkeit seiner Überlebenskriterien auf der Selbstsucht, dem Egoismus.

Egoismus auf Gegenseitigkeit kann in seiner zur reinen Selbstsucht vollendeten Natur zugleich zu einem ,,Gesetz der gegenseitigen Hilfe'' werden. (10)

Dem einfachen Volk sind Prinzipien und Erfahrungen dieser Gegenseitigkeitsverpflichtung wie ,,Eine Hand wäscht die andere'' oder ,,Wie Du mir, so ich Dir'' eingeübte und anerkannte Verhaltensweisen.

Jeder bleibt jederzeit bemüht, Interessengleichgewichte herzustellen oder im gegenseitigen Austausch Hilfsbereitschaftsquanten bewußt oder unbewußt bereitzuhalten. Diese werden nach Bedarf investiert, angeboten, aber auch selbstverständlich im Gegenzug zurückerwartet.

Der Interessenaustausch nachbarschaftlichen Entgegenkommens ist daher nie eine abstrakte Selbstlosigkeit, sondern wohlabgewogene gegenseitige Egoismusbefriedigung. Die gegenseitige Vorteilssicherung aller läßt nach diesem Verfahren keine Alternative zu als die Unausweichlichkeit des ,,größten Glücks der größten Zahl'', wohingegen die abgetakelte, heute historisch antiquiert gewordene Praxis gepredigter Selbstlosigkeit die ,,Schlaueren'' bisher nur ermuntert hat, die Selbstlosen und Nächstenliebenden zu schröpfen und wegen ihrer latenten Demut und Unterwerfungsbereitschaft in ihren Dienst zu pressen.

Kant muß die Rationalisierung der Nächstenliebe durch einen Totalen Egoismus, wie er hier angesprochen worden ist, geahnt haben, wenn er in der ,,Metaphysik der Sitten'' unter Viertens erklärt: ,,In betreff der verdienstlichen Pflicht gegen andere ist der Naturzweck, den alle Menschen haben, ihre eigene Glückseligkeit. Nun würde zwar die Menschheit bestehen können, wenn niemand zu des anderen Glückseligkeit etwas beitrüge, dabei aber ihr nichts vorsätzlich entzöge: allein es ist dieses doch nur eine negative und nicht positive Übereinstimmung zur Menschheit *als Zweck an sich selbst,* wenn jedermann auch nicht die Zwecke anderer, soviel an ihm ist, zu befördern trachtete. Denn das *Subjekt,* welches Zweck an sich selbst ist, dessen Zwecke müssen, wenn jene Vorstellung bei mir *alle* Wirkung tun soll, auch, soviel möglich, *meine* Zwecke sein.'' (11)

Was ist die hier geforderte Nächstenliebe aus Neigung eines jeglichen anderes als das Zusammenfließen aller primären Freiheitsinteressen aller Subjekte auf Gegenseitigkeit? Die primären Freiheiten des einen sind die des anderen, und keine der Freiheiten des einen kann bestehen ohne die Zustimmung des anderen. Der Verweigerer *des Zweckes an sich* ist daher ein Naturrechtsverweigerer, der Universalfeind eines jeden lebenden Menschen. Er ist ein friedloser Zerstörer der Selbstverwirklichung aller, ein Menschenfeind, ein Sklavenhalter, ein sozialistischer Großtyrann. Seine Politik der materiellen Entmachtung aller erweist sich als das zuverlässigste Unterwerfungsinstrument, das unter neuzeitlichen Bedingungen je organisiert werden konnte. Eine praktizierbare Nächstenliebe ist in einer liquidierten privaten Gesellschaft der staatlich Ausgebeuteten historisch sowieso beendet, weil sie aufgehört hat zu bestehen.

Praktizierte Nächstenliebe aus einem Totalen Egoismus nach Freiheit, das ist die einzige Alternative, die verbleibt. Der natürliche Eigennutz eines jeglichen garantiert allein die Wiederherstellung der natürlichen Entfaltungsräume zur Selbstverwirklichung in gegenseitig geschützter Freiheit.

*

Kapitel VII

Egoismus der Liebe

Die Selbstlosigkeit in der Liebe ist eine Täuschung

In der zwischenmenschlichen Beziehung sind Liebe, Treue, Zärtlichkeit weder selbstlose noch unegoistische Verhaltensweisen, sondern besondere körperliche oder geistige, triebhafte und kultivierte Formen der bewußten oder unbewußten Vorteilssicherung. Nächstenliebe, Hilfsbereitschaft und Fernstenliebe sind auf Selbst- und Arterhaltungstrieb bedachte, luststillende Selbstwertsteigerungen.

Selbstlosigkeit ist eine kulturspezifische Worthülse, die eine einfache Luststeigerung verneint, diese jedoch, heimlich begehrend, meint. Selbstlosigkeit vermittelt auch begrifflich eine Überhöhung einer immateriellen Lustbefriedigung. Die Tragfähigkeit einer tatsächlichen Selbstlosigkeit des Willensantriebes ist psychoanalytisch nicht zu beweisen. Selbstlosigkeit gibt es weder in der Liebe noch in der Caritas. Im allgemeinen Leben der privaten Gesellschaft, wo sie als solche erscheint, liegt Illusion, Selbstbetrug oder Unklarheit über die Antriebsenergien des Menschen vor.

Selbstlosigkeit ist ein interessenentleertes Begehren, ein Antrieb ohne Antrieb. Antriebsleere führt zu keiner Handlung, und wo sie sich doch zu einer Handlung verdichtet, täuscht sie doch über die eigentlichen Handlungsantriebe hinweg. „Jede menschliche Handlung setzt als Bedingung das Wollen, das Begehren und die Liebe voraus, umgekehrt gibt es keine Liebe, die nicht das Begehren erregte, nicht sich im Wollen entfaltete, nicht sich im Tun auszudrücken strebte". (1)

Selbst wer die Selbstlosigkeit wollte, handelt, selbstlos erscheinend, in der Absicht, selbstlos zu erscheinen, was zweifellos ein Interesse ist, nämlich das Interesse, selbstlos zu erscheinen.

Das nüchterne Eingeständnis der Nichtexistenz einer antriebslosen, also selbstlosen Handlung verhilft zur dauernden Transparenz eigener Antriebe und verhindert die Täuschung über die wirklichen Ursachen der eigenen Antriebe und Begehren.

Liebe ist Egoismus auf Gegenseitigkeit

Die dramatischste Form des Egoismus ist die Liebe zwischen Mann und Frau. Liebe ist Egoismus auf Gegenseitigkeit zu zweit, ist die klarste Form von Soll- und Habenrelationen im strengen Raster aller Vorteilserwartungen und Nachteilsanalysen.

Auch wenn nur wenige Menschen die wahren Motive ihrer vorgegebenen Zuneigung als Ergebnis egoistischer Antriebe erkennen oder eingestehen, so bleibt Liebe immer ein Egoismus zu zweit, das eigene Lebensbedürfnis mittels der Hilfe des anderen zu stillen. In Berücksichtigung des partnerschaftlichen Angebots von Soll und Haben der körperlichen, eigenschaftlichen und gegenständlichen Fakten erscheint die Liebe unter dieser Rationalität der Motivforschung - selbst die scheueste - nun nicht mehr als das ahnungslose, zufällige Zusammenfließen von Empfindungen zweier Menschen, sondern als die nackte Aufrechnung möglicher Lust- und Vorteilserwartungen auf Gegenseitigkeit. Egoismus sichert die realsten und redlichsten Voraussetzungen zur Erfüllung der beiderseitigen Hoffnungen auf Zärtlichkeit, Zufriedenheit und Glückseligkeit oder auf das, was als solches gedacht wird.

Zuneigung ist ein möglicher Brückenschlag zur Sicherung beiderseitiger Interessen, die zu gegenseitigen Vertrauensinvestitionen ermuntern.

Liebe ist eine Hoffnungserfüllung zweiseitiger Grunderwartungen nach Maßgabe geschlechtsspezifischer subjektiver Dispositionen. Als Egoismus zu zweit verbindet sie zwei Interessenfelder, die sich zu einem neuen, unverzichtbaren Bedürfnis entdecken.

Kooperationsvertrag biologischer Verständigung

Das Ziel des Mannes ist immer die Paarung, das Ziel des Weibes ist immer das Abtasten der Sicherheitsgarantien der Paarungsfolgen. Dieser Interessenaustausch ist natürlich und moralisch, weil die unterschiedlichsten Seinsweisen der Geschlechter unterschiedliche Egoismusquanten erzeugen. Schließlich sehen Mann und Frau nicht nur anders aus, sie sind auch in ihren gegenseitigen Erwartungshorizonten verschieden.

Stimmt das Gefühl auf Anhieb, d.h., sind die Erwartungshorizonte im Endziel trotz geschlechtsspezifisch unterschiedlichster Ausgangsbetrachtungen der Gründe des Zusammenfließens der Interessen gleich, dann spricht der Volksmund von „Liebe auf den ersten Blick". Was geschieht aber anderes als die vermutete Erfüllung eigener Antriebe und Befriedigung von Lusterwartungen durch den anderen? Es kann an alltäglichen und somit nachvollziehbaren Beispielen gezeigt werden, welche Reizreaktionen egoistischer Antriebe miteinander korrespondieren, wenn zwei junge Menschen in Sympathie sich näherkommen und in Leidenschaft füreinander entflammen.

Der Volksmund nennt diesen Kooperationsvertrag biologischer Verständigung zweier Menschen gewöhnlich Liebe, ohne den komplizierten Katalog von Hoffnungen und Erwartungsversprechungen wahrzunehmen oder sich einzugestehen, daß durch den anderen und nur durch ihn die Sicherstellung der eigenen Befriedigung und Erfüllung von Erwartungen stattfindet.

Die Körpersprache signalisiert in zunehmender Erregung den Lustwillen. Der Mann bemüht sich durch vielfältige Taktiken, das Ungestüm seiner sexuellen Lust wie beiläufig erscheinen zu lassen. Das zu erstrebende Primärziel des körperlichen Lustgewinns wird verdeckt. Alles wird getan, um den Verlust einer möglichen Luststeigerung durch den anderen auszuschließen. Konventionen aller Art variieren die Verfahren der Zielfixierung. So kunstvoll die Varianten der Absichtsverschleierung auch sind, die erotische Kultur beginnt mit der Ausdehnung indirekter Umwege.

Die Kunst des verdeckten Angriffs auf das andere Geschlecht, die Inbesitznahme des Objekts der eigenen Lust, ist mannigfaltig und voll der Fülle von Einfällen, die „Überlistung" glücken zu lassen. Die konventionellen Strategien gegenseitiger Lustsicherung sind artenreich und undurchdringlich.

Die Körpersprache als ein leitendes und direktes Signal fixiert die Begegnungserwartung nach Maßgabe der Intensität eigener Wünsche, Ansprüche und Möglichkeiten.

Nirgends geschieht die Kalkulation von ausschöpfbaren gegenseitigen Chancen, die Abwägung der trennenden oder verbindenden Wunschrealisationen so exakt wie zwischen sympathisierenden, liebenden oder sich trennenden Partnern.

Heterogenität der Erwartungshorizonte

Reizreaktionen, die auf Dauer einseitig signalisiert und vom erhofften Empfänger unbeantwortet bleiben, scheitern nicht daran, daß sie nicht glaubwürdig oder redlich waren, sondern am milieuspezifisch aufgebauten, prädisponierten Erwartungshorizont des anderen.

Dieser kann über- oder unterwertig, überspannt, abartig oder sonstwie zustande gekommen sein, als Adressat bleibt er infolge einer Prädisposition durch andere Informationsketten, Zeit und Umstände, für das spezifische Reizsignal unempfänglich. Wer eine sogenannte ,,Abfuhr'' erfährt, kann sie durchaus grundlos erfahren. Er hat die gegenseitigen Egoismushorizonte lediglich unverhältnismäßig kalkuliert und nicht aufeinander abgestimmt. Die vorgelaufenen Informationsketten seines Wunschpartners waren andere, haben andere Wunschbilder und Erwartungshorizonte verfestigt. Diese können sich zwar ändern, aber zum Zeitpunkt des Antrages waren sie für den Signalisierenden nicht präpariert.

Erst die Umstellung der Informationsketten, das dosierte Insistieren zielfixierter Informationsmengen durch häufigere ,,Besprechungen'', die nichts anderes als den Austausch der aufgenommenen Informationsquanten bezwecken, hätten unter Umständen Erfolg.

Jede Informationskettenbestimmung, z.B. die einer Ideologie, bedingt ein informationskettenspezifisches Verhalten, das nur durch andere Informationsketten in ein anderes Realverhalten hinüberwechseln kann. Die Übersetzung eines Realverhaltens in ein anderes ist im Hinblick auf die Zielfixierung unendlich. Entscheidend ist, daß die Gangschaltung der informativen Übersetzung synchron bleibt.

Die Kunst der geräuschlosen Synchronisierung heißt im politischen Leben: Propaganda, im privatrelevanten Raum: Überredung.(Siehe Anmerkung)

Anmerkung: Über die Relativität der Meinungsfreiheit im Sozialisationsraster herrschaftsbeliebiger Unterwerfungsinformationen gibt es keine Illusionen. Der herrschaftsintegrierte Mensch denkt als soziales Wesen in der Kategorie seiner Sozialstruktur. Nur als Individuum unter repressionsfreien Bedingungen ist er zur Vernunftfähigkeit fähig. Unter repressiven Bedingungen bedarf es eines ,,Urwillens'', die Eigentlichkeit des natürlichen Seins bewahrt zu haben. In seltenen Ausnahmen gelingt auch unter repressiven Umständen die Vernunftpflichtigkeit der starken, ungebrochenen Persönlichkeit.

Auswässerung der informativen Konterenergie

In der Praxis lassen die reduzierten, kommunikativen Gelegenheiten zur Umstellung sich überschneidender oder widersprechender Informationsquanten die persönlichen Beziehungen rasch abbrechen.

Die Zurückweisung des oder der Werbenden kann zu vielerlei Manövern der Überredung führen. Es kann zu hartnäckigen Auswässerungsversuchen der Konterenergie im Wunschpartner kommen. Das geschieht, wenn eine hohe Lustvermutung die Begehrlichkeit stabilisiert oder eine eindrucksvolle ,,Attraktivität'' die Antriebsenergie mobilisiert. Auch hinterhältige, angstausbreitende Formen der vorteilserzwingenden Nötigung wie Selbstmordankündigungen oder verpflichtende Geschenkstrategien sind meinungsändernd einsetzbar, immer aber muß eine Restchance für ihn oder sie witterungsfähig bleiben. Daraus erklärt sich auch unter Umständen warum vorwiegend das weibliche Geschlecht die gespielte Unbestimmtheit seiner Neigung zu einer genüßlichen Lust kultiviert hat und warum z.B. der Heiratsschwindler seine Vorteilsgewinne durch den weiblichen Erwartungshorizont ausfüllende Versprechungen erschleicht.

Eine taktisch oft praktizierte Form der Sympathieerzeugung als Mittel körperlicher Lusterwartung ist die Intellektualisierung der Zielverschleierung. Das geschieht durch das ,,eindruckmachende Besprechen'', das ,,Auftauen'' von Widerständen, z.B. in Situationen noch heterogener Spannungsfelder der Gefühle.

Ein merkwürdiges Beispiel kompensatorischer Egoismuspraxis ist die Instinktsicherheit, mit der Männer und Frauen ihre jeweiligen offenen und verschleierten Kalkulationen der Vor- und Nachteile langzeitstrategisch in die Partnerschaft einbringen.

Der Geborgenheitssicherungstrieb der Frau als Urverhalten

Nicht selten entscheiden sich (äußerlich) attraktive Frauen, die ihre eigenschaftlichen (inneren) oder gegenständlichen Kompensationslücken intuitiv erkennen, für solche Männer, die ihrer Schönheit oder Jugend wegen glauben, auf eigenschaftliche Äquivalenzen verzichten zu können. Das Risiko für den Mann ist groß, nach Verlust der jugendlichen Anziehungskraft seiner Partnerin in eine Empfindungsleere zu fallen, vor allem dann, wenn seine wachsenden immateriellen Ansprüche eigenschaftlich durch den Partner nicht nachvollzogen, also nicht erfüllt werden.

Der weibliche, oft unbewußte Geborgenheitssicherungstrieb für sich und die Nachkommenschaft akzeptiert die körperliche Äquivalenzverschiebung, d.h., den nicht gleichaltrigen Mann, wenn vermutete Nestwärme, soziale Sicherheit oder gesellschaftlicher Rang Kompensationsfähigkeit versprechen. Umgekehrt bringt der Mann *seinem* Schmuckbedürfnis, mit einer jungen, schönen Frau liiert zu sein, hohe ,,Opfer". Er ist bereit, fehlende materielle wie immaterielle eigenschaftliche Kompensationsangebote über längere Zeit, wenigstens bis zum Zeitpunkt nachlassender Körperreize, in Kauf zu nehmen. Frauen soll es ähnlich gehen. ,,Jede Frau, die einen Geliebten wählt, stellt stärker in Rechnung, wie andere Frauen diesen Mann sehen, als wie sie selber ihn sieht." (2) Die Überproportionalität der körperlichen Egoismuserwartung des Mannes ist eine *unterbewußte männliche Potenzfurcht, durch den sexuellen Spannungsverlust einer vorzeitig welkenden Frau um einen wichtigen männlichen Lebenssinn betrogen zu werden.*

Soll- und Haben-Realisationserwartungen der Partnerwahl

Auch wenn der immaterielle Kompensationsfaktor den Verlust körperlicher Anziehungskraft absolut auszugleichen vermag, so setzt diese Austauschfähigkeit Sensibilität, qualitative Spannung, Vernunft und geistige Genußfähigkeit voraus, die im voraus von beiden Partnern nicht mit Sicherheit garantiert werden kann. Die nachfolgenden Informationsketten während des gemeinsamen Lebens, z.B. durch Doppelberufstätigkeit und Interessenverschiebungen, können völlig gegensätzlich auftreffen und von Partnern verschieden selektiert werden.

Entfremdung ist vorhersehbar, sie ist das Ergebnis ungleicher Informationsaufnahmen, die untereinander nicht kommuniziert wurden.

Im Gegensatz zum Mann ist die körperliche Egoismuserwartung der Frau nicht so dominierend, wenn materielle Unabhängigkeit und Schutzgarantie durch den Mann als berechtigte Vermutung abgesicherter Nestwärme begründet erscheinen. Obwohl zwei Interessenfelder sich geschlechtsspezifisch überschneiden und nicht deckungsgleich, sondern grundverschieden sind, treffen sie doch im gegenseitigen Erwartungshorizont gleichwertig zusammen.

Die beiderseitigen Egoismusquanten halten sich, wenigstens in der Ausgangslage, die Waage. Erst wenn die Intensitäten der Reizreaktion des einen oder anderen Partners abklingen und nicht durch andere Spannungsfelder ersetzt werden, treten die Umstellungen in den Partnerschaftsbeziehungen ein. Der drohende Verlust der Nestwärme, gestörte

Familienverhältnisse oder die Möglichkeit einer Verbesserung der eigenen Egoismusquanten durch oder mit einem anderen verändern den Gleichgewichtszustand der Interessen. Mit der Veränderung der Interessen zerbricht auch die Harmonie der Partnerschaft.

Triebrealisation ist Pflicht und keine Wollust

Wenn Liebe auch fundamentaltheologisch als „personale Verschenkung von Mann und Frau" (3) immer noch idealisiert und, irrational antiegoistisch interpretiert, selbstlos verstanden wird, mehr noch, als das „selbstbeherrschte Freisein von egoistischer Triebverfallenheit", so ist diese Heroisierung und theoretische Verschönung eines natürlichen Bedürfnisses nichts Nachteiliges an sich. Es schadet nicht jenen Menschen, die ohnehin in konventionellen Kategorien den Zeitgeist adaptieren und nie das Bedürfnis hatten, die Schlußfolgerungen einer Handlung auch geistig abzuschließen. Allein die Ignoranz des positiven Eigenwertes der unter Verachtung stehenden sogenannten Triebverfallenheit ist logisch nicht zulässig, weil Triebegoismus und Triebbefriedigung ein natürlicher Bestandteil des gesunden Menschen sind, der theoretisch nicht einfach nur deswegen weggedacht werden kann, weil die „Wollust" und „Triebverfallenheit", ungeachtet ihrer unschuldigen Antriebe für „Moralisten" sich als stärkste Angriffsstelle anbieten, ihr Erziehungsbedürfnis loszuwerden.

Anstatt den Urheber der Dauerdeformation des Menschen, nämlich die repressive Herrschaft, zu attackieren, wühlen sie im friedfertigen Geschlechtsleben anderer herum, obwohl dieser privatrelevante Raum jeden Außenstehenden absolut nichts angeht.

Triebrealisation ist Pflicht und keine verderbliche Wollust. Wollust ist die Kraft des Fortpflanzungstriebes, der sich blindlings will.

Liebe ist nichts Metaphysisches und kein esoterisches Freisein von Trieben, wie Glückseligkeit zu zweit eine Realität sein kann und nichts Unmögliches ist.

Liebe ist ein zweigleisiger natürlicher Egoismus, in dem jeder auf dem Gleis des anderen seine Seligkeit findet. Die Glückseligkeit, Freiheit über sich und von anderen zu gewinnen, gelingt nur zu zweit.

Diese Behauptung ist nicht romantisch. Daran ist nichts verträumt. Aber sicher ist, wer durch gegenseitige Liebe zur Selbstentdeckung gefunden hat, wird durch die glücklichen Umstände seines Seins gerecht und friedfertig, er wird glückselig durch die Geborgenheit in der Seele des anderen.

In der familiären Geborgenheitsvernichtung, der Zerstörung der sozialen Autarkie einer gesunden Familie, liegt ein zwingender Grund jeder negativen Staatsgewalt, um das natürlich wachsende Gerechtigkeitspotential zufriedener und daher glücklicher Menschen zu eliminieren.

Die politische Ungerechtigkeit relativer Elitensysteme ist die Rache der Vereinsamten. Ihre Grausamkeit ist der logische Umkehrschluß erfahrenen Liebesmangels. Liebesentzug und Zärtlichkeitsentzug begründen die moralische Entwurzelung der Familie und damit zugleich die moralische Deskelettierung der Gesellschaft. Weil die Zerstörung der sozialen Autarkie der Familie anfällig macht für Unmenschlichkeit und für die Staatsbeliebigkeit der Zwecke, zerstören relative Eliten die Geborgenheitsbereiche familiärer Harmonie mit Vorbedacht.

Liebe ist Selbstliebe

Ohne vermutete Deckungsgleichheit der Interessen findet die Intensivierung der gegenseitigen Reizsignale nicht statt. Die Interessen stürzen jedoch aufeinander zu, wenn die zweiseitigen, unbewußten Kalkulationen von Vor- und Nachteilen zueinander passen. Insofern ist Liebe immer zugleich Selbstliebe. Die Hinwendung zum anderen ist die Zuwendung zu sich selbst. Wer sich selbst liebt, vermag sich nicht zu verweigern. Wer sich dem anderen grundsätzlich verweigert, ist blind für die Wahrnehmung der eigenen objektiven Interessenlage, er haßt sich und hat seine bestimmenden Geschlechtssignifikanzen verloren. Das gilt für Mann und Frau gleichermaßen. Ich liebe den anderen aus Selbstliebe, ich wende mich dem anderen zu, um mich aufzuschließen, ich öffne mich dem anderen, um in den anderen einzudringen. Nur durch den anderen gelingt es, meinen eigenen Egoismus zu befriedigen. Ich liebe den anderen nicht, wenn ich vermuten muß, daß meine Egoismen nicht befriedigt werden.

Sucht sie durch ihn Existenzsicherung durch Lustgewähr, so sucht er durch sie Lustgewinn durch Existenzsicherung. Jeder begehrt den anderen aus Selbstliebe und Realisation eigener Interessen, „die Liebe zum Anderen ist nur aufgrund der Selbstliebe möglich". (4)

Die Romantik kann das alles besser und lieblicher, sicherlich auch attraktiver und honigreicher beschreiben. Das soll auch so bleiben für alle jene, die es so wollen. Schließlich lassen sich viele Menschen kirchlich trauen, obwohl sie weder fromm noch gläubig sind. Der Mensch will seine Träume, Illusionen und Zaubereien. Aber der gelegentlich gründlicher Fragende soll nicht im unklaren gehalten werden über Dinge, die, nüchtern gesehen, für den Denkenden nicht ihren Reiz verlieren müssen.

Liebe ist Harmoniewillen der Zweidimensionalität des Seins

Nur der ununterbrochene und anhaltende Ausgleich beiderseitiger Egoismusquanten sichert Harmonie und Entwicklung. Glückseligkeit zu zweit ist ein Zustand gegenseitiger Bereicherung und gegenseitig ausgewogener und erfüllter Egoismuserwartungen, die, von Jahr zu Jahr gemeinsam wachsend, sich qualifizieren und das Leben schöner werden lassen.

Die Harmonie der zwei Seiten menschlicher Natur ist gesichert, wenn die körperlich-dinglichen wie auch eigenschaftlich-nichtdinglichen Seinsweisen in fairer Partnerschaft miteinander ungetrübt und selbstverständlich korrespondieren können.

„Die Liebe zum Anderen verinnerlicht das Sein-Wollen und das Besser-Sein-Wollen des Anderen, indem sie es mit dem zu den Dimensionen des Wir erweiterten Sein-Wollen des Liebenden vereinigt." (5)

Der immaterielle Egoismus, der nicht selbstlos ist, schließt die „ Liebe zum Nächsten", zum Verwandten, zum Freunde nicht aus. Für den immateriellen Egoismus in seiner höchsten Form, den Totalen Egoismus, ist selbst der Fremde noch verwandt, der Verwandte der Nächste und der Geliebte der Gleiche. Nur der materielle, profane, also partielle, unterrangige, kulturarme oder kulturentleerte Egoismus erkennt den Fremden, den Verwandten *nicht* als seinen Nächsten an, oft nicht einmal seinen Geliebten als seinesgleichen.

„Ein wahrhaft menschliches Leben braucht die Gewißheit, geliebt zu werden, genau so nötig wie das Brot. Wir sind darauf angewiesen, unser gebrechliches Sein auf andere zu stützen, die dadurch, daß sie uns annehmen, uns unseres Wertes versichern und uns dadurch hindern, an uns selbst zu verzweifeln." (6)

Diese Gefahr besteht um so mehr, als die nach Erich Fromm zitierte „Krankheit des Jahrhunderts" in der Reizlosigkeit der modernen Industriegesellschaft liegt, die ihre Vision verloren zu haben scheint. Erich Fromm sagt: „Wenn das Leben keine Vision hat, nach der man strebt, nach der man sich sehnt, die man verwirklichen möchte, dann gibt es auch kein Motiv, sich anzustrengen, sich anzuspannen, einer Vision nachzuleben. Ich will vielleicht sagen, die Vitalität selbst ist das Resultat einer Vision. Wenn es keine Vision mehr gibt, von etwas Großem, Schönem, Wichtigem, dann reduziert sich die Vitalität, und der Mensch wird lebensschwächer". (7) Nicht nur das politische Leben, auch Liebende bedürfen einer über die persönlichen Beziehungen hinausgreifenden Vision, die sie bindet, erregt, vitalisiert. Das ist die Vision von der Glückseligkeit, dieser Innigkeitsverdichtung totaler Bedürfnisbefriedigung auf Gegenseitigkeit. Es ist das „Höher-Geht's-Nimmer-Gefühl" des totalen Umgreifens sinnlich-seelischer Übereinstimmung.

Liebe bedarf der Hierarchisierung der Egoquanten

Der profan-materielle Aspekt der Liebe, der die Vorteilssicherung auf Gegenseitigkeit verabsolutiert, muß, um auf Dauer zu bestehen, durch zunehmende Verinnerlichung der Beziehung, also durch Hierarchisierung der Egoismen, *wachstumsfähig* gehalten werden.

Stagniert die Erwartung im profanmateriellen Feld körperlicher und nahrungssichernder Beziehungen, kann nur die Gleichartigkeit der Bedürfnisverkürzung, also die mangelnde kulturelle Phantasie auf beiden Seiten, die Fortsetzung des Verhältnisses auf Dauer sichern. Steigern sich die lebensqualitativen Ansprüche nur bei einem, kann das Auseinanderfallen der partnerschaftlichen Beziehung infolge der unterschiedlich wachsenden Egoismusquanten mit Sicherheit vorausgesehen und erwartet werden. Nur die anhaltende Bestätigung zweier Bedürfnishorizonte auf Dauer ist Ehe.

Partnerschaftliche Beziehungen, die in der Öffentlichkeit oft idealisiert als „Traumpaare" umschrieben werden, sind verwurzelt in klaren gegenseitigen Interessen aneinander, die sich entweder erfüllen oder sich in der Vorstellung zu erfüllen scheinen. Erfüllen sich die Interessen nicht oder nicht mehr, dann lösen sich nach bisheriger Erfahrung auch die festesten Verbindungen. Den abrupten Scheidungen gehen lange zuvor Veränderungen der Egoismusquanten voraus, die, oft unbemerkt, die eigentliche Ursache des „Unverstandenseins", d.h., der nicht erfüllten egoistischen Erwartungen, geworden sind.

Die Milieugebundenheit hat für zwei Zusammenlebende harmoniestabilisierende Bedeutung. Steigt einer aus dem Milieu aus, muß der andere folgen, oder die Beziehung zerbricht. So hat z.B. das neue soziale Eheauflösungsvorbereitungsgesetz beschlossen, die Milieubindung der Ehepartner gesetzlich dadurch aufzuheben, daß es dem beruflich sich verändernden Ehepartner nicht mehr erlaubt, auf dem Umzug seiner Familie in eine andere Stadt gegen den Widerspruch seines Ehepartners zu bestehen.

Die Qualifizierung der Ansprüche des Ehemanns durch ein höheres Einkommen wird vor die Alternative gestellt, entweder Arbeitsplatzwechsel oder Ehewechsel, dieser aber ist bis zur finanziellen Katastrophe erschwert worden. Dramatischer kann die familiäre Geborgenheitsvernichtung durch den Gesetzgeber, der seine herrschaftsspezifischen Gründe hat, nicht geplant werden.

Der *körperliche* Aspekt des substantiellen Egoismus in der Liebe wird durch den *eigenschaftlichen* Aspekt ergänzt. Die Kompensationsmöglichkeiten variieren vielfältig. Diese zwei Aspekte, die im materiell wie immateriell dimensionierten Bereich der Antriebe liegen, gehören zu den zwei Seinsweisen des Menschen, die mit den hier verwendeten Ordnungsbegriffen materieller und immaterieller Egoismen belegt werden sollen.

Die Ausdehnung der denkerischen Dimensionen des Menschen, die Immaterialisierung seiner Ansprüche, führt von der Reduktion der Lebenserwartungen auf die Fortpflanzung weg in die Intellektualität der Ansprüche.

„Erst wenn der Geliebte die Liebe des Liebenden erkannt hat und in seine eigene geistige Immanenz hineingenommen hat, wird diese Liebe wirklich ihre Absicht erfüllen. Einfacher gesagt: Liebe ist ihrem Wesen nach einend, und es gibt zwischen Personen keine echte Einung, ohne daß sie miteinander erkennen und anerkennen" (8) mehr noch, daß sie fühlen, daß jeder Tag ohne den anderen ein verlorener Tag ist.

Liebe ist das Gegenteil der Opferbereitschaft

Liebe zwischen Erwachsenen ist keine opferbereite, selbstentsagende Gefühlsbindung, sondern die Sicherung der eigenen Bedürfnisse durch den anderen.

Die sogenannte „Opferbereitschaft" in der Liebe ist kein Sichaufopfern, sondern die Pflege einer Beziehung, an der ein persönliches Interesse besteht. Es ist eine immaterielle Investition in den anderen, die in Erwartung einer materiellen oder immateriellen Erwiderung eines körperlichen oder eigenschaftlichen Äquivalents aufgebracht wird. Sie ist weder selbstlos noch ohne Neigung, sie ist egoistisch. Eine Liebe, die auf Opferbereitschaft bestände, wäre die Pflege eines parasitären Zustandes, es sei denn, daß die Opferbereitschaft des Gebenden die Kompensation mangelnder Sinnlichkeit wäre.

Selbstlosigkeit und Opferbereitschaft treten nur als dekadente Verbrämung einer Zielfixierung auf. Wo sie als eigenschaftlich spezifiziertes Annäherungsritual erscheinen, geschieht nichts anderes, als daß versucht wird, den Adressaten eigener Luststillung stärker zu fesseln. Die Eigenschaft einer vorgetäuschten ,,Selbstlosigkeit'' ist eine immaterielle Reizerhöhung, ist ein Sympathieerwiderungsbeschleuniger für die Fortsetzung und Absicherung der eigenen Egoismuserwartungen, die bedenkenlos investiert wird.

Niemand pflegt die Beziehungen zu einem anderen aus Selbstlosigkeit, wie niemand sein Fahrrad oder Auto aus Liebe zum Gegenstand pflegt, sondern immer nur aus Selbstliebe. Ich will ein schönes Auto haben, deshalb pflege ich es, damit andere sehen, was ich mir leisten kann, ich will Beziehungen haben zu Menschen die mich interessieren und nicht zu Menschen, die mich nicht interessieren. Aha, fragt der Verhaltensforscher, sind Beziehungen, die interessant sind, selbstlos? Opfert sich der Beziehungspfleger? Was soll die Selbsttäuschung? Wem nützt sie?

Die Erwiderungserwartung erlischt, wenn die Erwiderung ausbleibt. Die Werbung um einen Partner hält nur so lange an, als die Erwiderungschance vermutet werden kann.

Selbstlose Opferbereitschaft ist in keinem Augenblick, weder bei dem einen noch dem anderen Interessierten, im Spiel. Wozu wäre sie auch nütze? Um sich mißbrauchen oder ausplündern zu lassen?

Eine Liebe ist daher, wenn sie erlischt, weil sie nicht erwidert wird, weder eine selbstlose noch opferbereite Liebe gewesen. Selbst ein ausdauerndes Bemühen ist nur ein Starrsinn gegen die Einsicht der Erfolglosigkeit materieller oder immaterieller Investitionen.

Opferbereitschaft ist eine Erwiderungserwartung

Jede sogenannte Opferbereitschaft ist eine uneingestandene Erwiderungserwartung, das gilt auch für die Erziehung, für die Berufswelt und für das öffentliche Leben aller systemimmanenten Wortberufler.

Daß Liebe auch als Mutterliebe Egoismus bleibt, belegt Nancy Friday (My Mother - my-self), die den ,,Aufstand gegen die Mutterliebe'' klar als Voraussetzung zur Liebesfähigkeit überhaupt begründet. Marina Moeller-Gambaroff (9) faßt die Abrechnung der Autorin präzise so zusammen: ,,Sie redet sich in den Zorn über die ,,Lügen'', mit denen Mütterlichkeit in unserer Gesellschaft verbrämt wird, von der Seele. Sie (die

Autorin) versucht nachzuweisen, daß fast überall, wo konventionellerweise das Wort Mutterliebe gebraucht wird, Begriffe wie Unterdrückung, Heuchelei und Verlogenheit viel eher am Platze wären''. Das überenge Mutter-Tochter-Verhältnis ist demnach nicht selten der Liebesneid einer alternden Frau auf die Liebeschancen der eigenen Tochter.

„Was in der Mutter-Tochter-Verbindung häufig fehlt, nämlich die gegenseitige Anerkennung und Achtung von Grenzen, also persönliche Eigenständigkeit, ist in Nancy Fridays Augen auch die entscheidende Barriere für eine konstruktive Partnerschaft mit Männern''. Dem ist mit geringem Vorbehalt zuzustimmen. Denn: ,,Trennung und Abgrenzung von der Mutterliebe sind Vorbedingungen für Liebe und reife Sexualität . . . eine prolongierte Symbiose zwischen Mutter und Tochter das Hindernis.''

Nancy Friday sagt es treffend: ,,Wahre Sexualität, bleibende sexuelle Spannung kann nur zwischen zwei getrennten Personen bestehen, die sich jede ihrer individuellen Einheit und damit auch der *fremdartigen Anziehungskraft des anderen* bewußt sind!!'' Eine Frau, die ihre Lebensberechtigungen allein daraus schöpft, daß sie sich als Mutter begreift, ist im Grunde ebenso bedauernswert wie eine Frau, die sich ihr Leben lang als Tochter fühlt.'' (10) Das ist einer der klügsten Sätze, die zur Emanzipation gedacht werden konnten.

Hier geht es um die Wiederherstellung der geschlechtlichen Verschiedenheit, um die Originalität des Individuums und der Freiheit eines jeglichen über sich und um das Recht zu seiner Andersartigkeit und Vielfältigkeit, die nur in Freiheit entstehen und erhalten werden kann, niemals aber in einer sozialpathologischen Familienvernichtungsgesellschaft kollektiver Amtsanmaßung.

Die sogenannte Opferbereitschaft stellt sich oft nur als Angst heraus, die reduzierte Erwiderungserwartung endgültig zu verlieren. Selbst Zärtlichkeit entsteht aus dem Interesse, einen wertvollen Besitz zu pflegen. Wertloser Besitz dagegen macht gleichgültig. Der Verlust an Zärtlichkeit signalisiert Gleichgültigkeit und Mißachtung. *Mißachtung ist aber nichts anderes als mangelnde Lust, sozusagen ein entleerter Egoismus, ein Egoismus ohne Antrieb.*

Enttäuschte Liebe ist ein Egozusammenbruch

Die Immaterialisierung der Egoismen, die in der Liebe zwischen Mann und Frau selbstverständlich wachsen sollten, scheitern heute immer häufiger an der zunehmenden Lebenserschwerung durch die bürokratisierten Unterwerfungsansprüche des neuzeitlichen Ausplünderungsadels. Die verallgemeinerte Existenzbedrohung, durch gezielten Kaufkraftschwund, durch Inflation und Steuerlastquoten des international sozialproduktumschichtenden Sozialdemokratismus, der das Überleben zu zweit nur noch unter der Voraussetzung beiderseitiger Berufstätigkeit ermöglicht, hat die ursprüngliche selbstverständliche Verantwortung der Eltern zum Kind systematisch ausgezehrt und immer häufiger den Willen zum Kind zur existentiellen Frage deformiert.

Der Egoismus der Liebe ist nicht nur der Egoismus zum Kind als einem triebhaften Egoismus zur Fortpflanzung, sondern auch der Egoismus der Eltern, mittels der Kinder die Partnerschaft in der Familie zu immaterialisieren. Die Asozialität der internationalen Sozialpathologie linker Gemeinwohltyrannen demagogisiert die Einflußnahme der Eltern auf das Kind zur elterlichen ,,Fremdbestimmung''. Welches Interesse können Eltern noch an einem Kind haben, das nicht an ihren Erfahrungen teilhaben darf?

Die Familienplanung ohne Kind wird letztlich in eine gewisse Sterilität jeder Lebensplanung führen. Aber, und das ist heute die entscheidende Frage, ist die familiäre Reproduktion in eine entfreiheitlichte Zukunft einer asozialen staatlichen Zwangsanstalt dem Denkenden noch zuzumuten? Dies hieße doch, seinen Kindern das Schicksal einer individualitätsvernichtenden Sklavenhaltergesellschaft zumuten zu wollen!

Die Freude am eigenen Kind genügt heute nicht mehr, um ein Kind zu wollen. Der Unterwerfungswille der sozialistischen Internationale unterwirft auch das eigene Kind zum Objekt staatsbeliebiger Interessen. Wer kann noch wollen, sein eigenes Fleisch und Blut der unausweichlichen politischen Versklavung oder den herrschaftsstabilisierenden Interessen als Kanonenfutter zu überantworten?

Wie kann die Verantwortung für andere und darüber hinaus noch für eigene Kinder in einem Staat übernommen werden, der aus der Pro-Kopf-Verschuldung des Volkes seine Herrschaftselite mästet? Kindergeldbeihilfen können nur noch den Willen zum Kind korrumpieren. Das Kind wird nicht mehr des Kindes wegen gewollt, sondern der Beihilfe oder der erleichterten Überlebensbedingungen wegen. Welche familienfeindliche Gesetzgebung und staatliche Deformation der Elternliebe hat sich aufgetan, den Willen zum Kind durch Kindergeldbeihilfen erkaufen zu wollen!

Die asoziale Verfügungsgewalt des Staates über Menschen hat sich mittels grandioser Ausplünderung und Abschöpfung aller individuellen Dispositionsreserven aus den Einkommen der Väter systematisch auch schon auf die Lebensplanung vieler Jungbürger und Liebenden ausgedehnt.

Weder eine Familie noch sorgenloser Kindersegen, nicht einmal die soziale Autarkie als Mittel der Selbstverwirklichung in Freiheit sind noch erstrebenswerte Ideale. Die Überlebensbedingungen sind durch den etablierten Ausplünderungsadel so erschwert, daß keine Notgroschen mehr zur Seite gelegt werden können. Das Individuum wird gehindert, in eine materielle und soziale Unabhängigkeit einzutreten, aus der es die Verfügungsgewalt über sich selbst wiedergewinnen könnte. Mögliche Ersparnisse schmelzen durch staatlich organisierten Kaufkraftschwund regelmäßig dahin. Wie kann eine Familie gedeihen, wenn die Überlebensbedingungen die Immaterialisierung der Egoquanten familienfeindlich erschweren?

Soziale Deklassierung durch Sozialpolitik

Es ist noch nicht so lange her, da haben erfolgreiche und fleißige Männer sich Frauen zur Familiengründung geleistet und ohne Wohnungsbeihilfe und Kindergeldprämien Haus und Hof gegründet. Heute werden Erfolgreiche und Fleißige bestraft, daß sie eine Familie begehren, deren Existenz sie aus eigener Arbeit zu sichern trachten.

Wer hat schon Lust, eine Familie zu wollen, deren Mitglieder, in Produktion und Kindergärten zerstreut, um das tägliche Existenzminimum ringen müssen.

Die Auflösung der Familie durch internationalen Sozialpathologismus und seinen Ausplünderungs- und Verwaltungsadel hat durchaus einen tieferen Sinn, er heißt: Abschöpfung der Arbeitskraft Entrechteter durch Fleißbußgelder.

Sozialpolitik ist nur ein Feigenblatt vorausgegangener verschleierter Volksausplünderung bis unterhalb des Existenzminimums. Die antragsgewährende Sozialhilfe für hilfsbedürftig gewordene Berufstätige ist ein unüberbietbarer Sozialzynismus sozialistischer Gemeinwohllügen. Wen wundert noch die Rette-Sich-Wer-Kann-Bewegung der antifamiliären Einzelgänger, der Allein-Sein-Wollenden, die den Mut zur Familie nicht mehr aufbringen!

Das Problem des Rückzuges in die Single-Alternative hat sich nicht nur in der Bundesrepublik verstärkt, sondern ufert in allen sozialpathologischen Wohlfahrtsystemen der relativen Herrschaftseliten aus, in denen die Überlebensbedingungen zu zweit zunehmend durch eine konfiskatorische Fleißbußgeldstrategie des Gesetzgebers erschwert werden. (11)

Schon 29% der Haushalte sind Ein-Personen-Haushalte (1950 = 19%). Die Zwei-Personen-Haushalte vergrößerten ihren Anteil von 25% (1950) auf 28% (6,9 Millionen Haushalte). Gesunken dagegen ist der Anteil der Privathaushalte mit drei Personen (23% im Jahre 1950) auf 18% 1978 und mit 4 Personen von 16% (1950) auf 15% (1978).

Regelrecht „aus der Mode gekommen'' sind offenbar Haushalte mit fünf oder mehr Personen. Ihr Anteil verringerte sich von 16% (1950) auf 10%, auf nur noch 2,3 Millionen Haushalte im Jahre 1978.

Der anti-familiäre Trend ist überdeutlich und hält weiter an. Männer werden sich aus finanziellen Überlebenserwägungen weigern, zu heiraten, und Frauen werden nur noch einen Mann bekommen, wenn sie gut verdienen, berufstätig bleiben und keine Kinder wollen. Der asoziale Charakter *des unterschichterzwingenden sozialistischen Sozialpathologismus* zeigt sich an der Langzeitplanung familiärer Geborgenheitsvernichtung in allen Ländern, die denkfaul darauf vertrauen, daß Wohlstand auch durch Teilung des Bestehenden und nicht durch Vermehrung des Vorhandenen entsteht. *Dieser Zustand der optimalen Interessennivellierung durch sozialistische Gemeinwohllügen ist privat- und sozialrelevant auf allen Ebenen antiliberaler Politik zum Schreckgespenst einer armseligen Zukunft für alle jene geworden, die das Pech haben, durch körperlich Kraft das Sozialprodukt anderer vermehren zu müssen.*

Gesellschaftliche Deformation durch asozialen Sozialpathologismus

Strebsamkeit ist nur erstrebenswert, wenn die Ergebnisse der Strebsamkeit sich lohnen, sichtbar werden und genießbar bleiben. Zerbricht das Interesse an einer Produktivität des Arbeitstages, dann wird Strebsamkeit sinnlos, dann hat die Politik der negativen Eliten die Gesellschaft zugrunde gerichtet. (12)

Erich Fromm sagte in seinem letzten Interview: „Vor allem die Gesellschaftsformen, die der Liebe im Wege stehen, sollen durch solche ersetzt werden, die sie fordern''. (13) Das ist absolut richtig, wenn damit gemeint ist, daß die Dauerberufstätigkeit der Mutter und Frau eine liebestötende Unterwerfungseinrichtung von Ausplünderungseliten ist, die an die Substanz des Fortpflanzungswillens und der Lebenslust geht.

Die Wiederentdeckung der Freiheit als des Urzustandes des Menschen und seiner Eigentlichkeit des Seins, das Näherrücken an die natürlichen Bedingungen des Lebens, des Umweltschutzes und der Naturrechtsfixierung der Staatsgewalt, verweigern sich der modernen Unterwerfung, durch technisch bürokratisierte Seelenlosigkeit. Die herrschaftsstabilisierenden Gemeinwohlvorgaben nützen niemandem, weil der sogenannte *Fortschritt in der Sozialpolitik nichts anderes ist als ein dauerndes Fortschreiten der Bedürftigkeit. Jeder sozialen Vernetzung geht die Verelendung, die Reduzierung der Lebenserwartung auf das Existenzminimum voraus.*

Summa technologiae

Die „Summa technologiae" am Ende des 20. Jahrhunderts, die den Menschen seiner Ursprünglichkeit endgültig zu entreißen trachtet, diese verbrämte Entmenschlichung der Gesellschaft durch den Sozialzynismus des Sozialismus, diese Selbstentfremdung der Massen mittels der Verstaatlichung ihrer Existenzmittel, ist zielgerichtet der heutige Herrschaftswille aller ideologisch kopflastig gewordenen negativen Eliten.

Ob sich der asoziale Sozialismus realer oder demokratischer Sozialismus, schwedisch oder sozialdemokratisch nennt, fortschrittlich oder demokratisch-sozialistisch, ist völlig gleichgültig. In jedem Fall nur im Tempo verschieden, geht es um die letzte Zerstörung der natürlichen Orientierungsgewißheit des freien Menschen. Die Zerschlagung der geschlechtsspezifischen Signifikanzen durch familiäre Geborgenheitsvernichtung durch zur Doppelberufstätigkeit verurteilte Kleinfamilien, durch staatliche Kinderverwahranstalten und schulische Legasthenie-Ausbreitung als Beschäftigungsstrategie der Sozialbürokratie, schreitet zügig voran.

Die Regelsysteme einer moralfreien Technologie vermögen Produktionsweisen zu erleichtern, wogegen niemand etwas einwenden wird, aber sie können nicht das Individuum in den Dienst einer Technologie pressen, die nicht nur die Zweierbeziehungen von Mann und Frau unausweichlich verderben läßt, sondern das ganze Leben in die Dispositionsgewalt der Verfügungsbürokratie der Staatsgewalt drängt.

Der demagogisch beschworene Wandel aller Lebensbedingungen kann und darf den Wandel der heute verfremdeten menschlichen Natur nur im Hinblick auf die Wiederherstellung der verlorengegangenen Würde eines freien Menschen wollen, nicht die Fortsetzung seiner Defiguration. Die Vorbereitung einer endgültigen Sklavenhaltergesellschaft, in der die Kinder vor der elterlichen ,,Fremdbestimmung'' durch staatliche Sozial- und Erziehungsdienste ,,geschützt'' werden sollen, sind schon so weit verinnerlicht worden, daß sie kaum noch erkannt werden.

Defiguration der Geschlechtsrollensignifikanzen

Die gefährlichste Entrechtungsideologie seit Bestehen der Menschheit ist die Ideologie über die Defiguration der Geschlechtsrollensignifikanzen.

Die im letzten Jahrzehnt systematisch betriebene Verringerung der Realleinkommen jeder männlichen Arbeitskraft auf das Überlebensminimum hatte nie einen anderen Sinn als das politische Ziel der familiären Geborgenheitsvernichtung zum Zwecke der Zerstörung staatsunabhängiger, in sozialer Autarkie geborgener, natürlicher Zweierbeziehung zwischen Mann und Frau. In den gewalttätigen Demagokratien sozialistisch-sozialdemokratoider Manipulationssysteme der Gegenwart entseelen die Zweierbeziehungen zu armseligen Rechtsverhältnissen einer Altersvorsorge.

Die Defiguration der Frau durch entfamilisierende Emanzipationsvorgaben hat bisher nur dazu geführt, die steuerlich abschöpfungsfähige Produktivkraft der ursprünglich männlichen Ernährer einer Familie durch Doppelberufstätigkeit zugunsten der Ausdehnung der Ausplünderungsquoten Entrechteter zu erhöhen. Der Weg zu den computergesteuerten ,,maschinellen Ehestiftern'' ist vorbereitet. Die politisierte Emanzipation der Frau als naturwidrige Degradierung weiblicher Substanz ist ein weiterer Meilenstein auf dem Weg der Zerstörung der Instinktsicherheit im Rollenverhalten der Geschlechter. *Die Zerstörung des natürlichen Selbstkonzepts der Geschlechter entspricht der sozialistischen Deformationspolitik des Menschen durch Ideologie und ist die notwendige Voraussetzung zur dauernden Entwurzelung der natürlichen Familienbeziehungen.*

Die familiäre Geborgenheitsvernichtung und Verunsicherung der Selbstachtung durch ideologisch eingespielte Defiguration der Geschlechtsrollensignifikanzen ist Voraussetzung jeglicher Anpassungsbereitschaft an beliebige Herrschaftsverhältnisse.

Das praktische Ergebnis des tatsächlichen Selbstachtungsverlustes durch Emanzipationsideologien wird sein, daß die Unerträglichkeit des Selbstachtungsverlustes verschleiert wird, sublimativ aber durch Hysterie und Vernunftwidrigkeit die politische Gemeinschaft in die geschlechtspartnerschaftliche Unverträglichkeit treibt, aus der die relativen Unterwerfungseliten leichter ihren steuerabschöpfenden Honig saugen werden.

Die systematisch betriebene Zerstörung der materiellen Unabhängigkeit der ehelichen Gemeinschaft wird die mögliche Freiheit zur Selbstverwirklichung der Menschen endgültig verderben; wo sie aber verdorben ist, ist die Grausamkeit von Menschen gegen Menschen rascher organisierbar, ist die Verfügungsgewalt über andere gründlicher zu vollziehen. Es hat schon einen herrschaftsstabilisierenden Sinn, durch entfamilisierenden Geschlechtsrollentausch die aus einer familiären Geborgenheit wachsenden guten Seinskräfte des Menschen zu eliminieren und die Entwicklung des guten Willens durch die „Fremdbestimmung" der Eltern, der moralisch wirken könnte, zu verhindern. Unverbindliche Leibsuche, wie sie die Singles-Kultur der Alleinstehenden, die jedoch allein nicht liegen wollen, bereits signalisiert, kündigen den Tiefgang gesellschaftlicher Deformation und Selbstaufgabe schon an.

Fußnote
Hier muß eingeflochten werden, daß heute politische Deformationsstrategien zur Vernichtung staatsunabhängiger Geschlechtssignifikanzen den Naturzustand des Menschen zu vernichten trachten, um die entgleitende Verfügungsgewalt über Menschen durch Geschlechtszertrümmerungsstrategien von Mann und Frau wiederherzustellen. Diese politisierten Emanzipationsentrechtungen werden m.E. als Unterwerfungsideologien langsam, aber sicher durchschaut werden und am wiederentdeckten Glückseligkeitswillen der Geschlechter zerbrechen.

Antifamiliäre Doppelbesteuerung ist asozial

Die vorwiegend aus sozialistisch-asozialem Gedankengut betriebene Umstellung des eingeschlechtlichen Steuerlastzwanges auf einen zweigeschlechtlichen Steuerlastzwang, der durch Progressivsteuern die gemeinsam veranlagten Einkommen zusätzlich verschlechtert, hat die Ehe als immateriellen Entfaltungsraum der Selbstverwirklichung zu zweit mit zunehmender sozialistischer Ideologisierung zur Vernunftlosigkeit in ihrem Kern bereits erheblich beschädigt.

Mit dieser politisch eingeleiteten Globalzerstörung der Familie durch einen vernunftliquidierenden ideologisierten Gesetzgeber hat der unerträgliche Steuerlastzwang der Unterwerfungselite die Substanz der menschlichen Rollenfunktion, nämlich in Freiheit und Unabhängigkeit aus der sozialen Autarkie eines Familienstammes über seine Selbstverwirklichung frei verfügen zu dürfen, prinzipiell schon vernichtet.

Die ideologisierte, auf Familiendeformation bedachte, politisch überzogene Emanzipation der Frau ist nichts anderes als der Lockruf der Fabriksirenen zum Mutterschaftsverzicht. Der Rhythmus der Maschinen wird die notwendige Nestwärme der Familie mit Sicherheit zerstampfen.

Die noch vor zwei Jahrzehnten selbstverständliche Nestwärme einer gesunden Familie - die den Staat zur Mäßigung der steuerlichen Abschöpfungsquoten des Ernährers verpflichtete -, ist ausgetauscht worden gegen den fortschrittsfeindlichen Ausplünderungsanspruch der Staatsgewalt auf eine totale Erwerbs- und Steuerabschöpfungsfähigkeit von Mann und Frau.

Der Egoismus der Liebe als Symbiose der Artverschiedenheit zu zweit und jedermanns Chance zur immateriellen Glückseligkeitssicherung verkommt in den Unterschichtsstandardsystemen einer sozialen Vernetzung von Ausgeplünderten zur oberflächlichen Leibsuche sexueller Bedürfnisbefriedigung.

Der Sinn der Familie zerbricht am täglichen Erschöpfungszustand einer zweigeschlechtlichen Doppelausplünderung durch negative Herrschaftseliten, die darauf aus sind, über die Verstaatlichung aller Existenzmittel die Steuerung aller Lohn- und Einkommensquellen nicht nach den Bedürfnissen der freien Menschen, sondern nach herrschaftsstabilisierenden und politischen Zweckmäßigkeiten zu regeln.

Auch die „Programmierung des Erbgutes" sowohl auf Widerstandslosigkeit gegen Unrecht als auch auf dauernde Arbeitswilligkeit enthüllen den Willen zur Objektdegradierung des Menschen. Man sucht nach Wegen, die letzte Fluchtmöglichkeit in den privatrelevanten Raum, den letzten Zufluchtsort vor staatlicher Kontrolle, endgültig zu versperren. *Sozialismus will die Aufzucht von Lohnsklaven in staatlichen Brut- und Erziehungsanstalten, die, ideologisiert berauscht, nichts mehr vom Selbstzweck des Menschen wissen!*

Genetisierung der Defiguration der Geschlechter

Genetisch programmierte Arbeitssklaven können entfamilisiert und in staatlichen Fütterungs- und ideologischen Ausrichtungsanstalten bis zur Arbeitsfähigkeit verwahrt werden. Die Versuche, durch besondere Informationsketten die natürlichen Familienbeziehungen soweit zu verfremden, daß die gleichen Ergebnisse durch die Zukunftsfamilien freiwillig reproduziert werden, setzen voraus, daß die Verfremdung der noch lebenden Familien mittels unbewußter Objektivitätsirrtümer genetisch prädisponiert oder sogar genetisch gezündet werden kann.

Der politische Griff der sozialistischen Drogenhändler nach allen Medien und die intellektuellen Korruptionskampagnen zur Kaderaufzucht von Schrift- und Wortgewandten für die Unterwerfung der Werktätigen sind in vollem Gange.

Es muß medienpolitisch noch einmal an den Ziehvater der sozialistischen Naturrechtsignoranz, an Lenin Iljitsch, erinnert werden, der apodiktisch gewarnt hat: ,,Die Existenz bürgerlicher Zeitungen zu dulden, heißt aufzuhören, ein Sozialist zu sein.''

Das ,,Gesetz zum Schutze des Volkes vor unprogrammiertem elternverfremdetem, unsozialistischem Erbgut'' wird nicht mehr lange auf sich warten lassen. Welchen Sinn hätte dann noch Ehe? Welchen Zauber eine Liebe, welche Freude die eigenen Kinder, deren familiär gepflegter kritischer Verstand und Nonkonformismus einer sozialpathologischen Erbgutsäuberung zugunsten der Reinheit einer Ideologie und eines Kollektivbewußtseins zum Opfer fallen müßten?

Noch scheitern in den bürgerlichen ,,Übergangssystemen'' zum Sozialismus die totalen Staatskontrollen. Die noch nicht vollständig vollzogene Integration der Frau in den Steuerlastzwang einer lebenslänglichen Doppelberufstätigkeit, wie sie im ,,Arbeiterparadies'' des Großtyrannen seit 1917 erzwungen wird, hindert den etablierten Sozialpathologismus, die Konsequenzen der Objektdegradierung des Menschen mit aller Deutlichkeit aufzudecken.

Staatliche ,,Seelentechnologie'' verstaatlichter Manipulationsmonopole ist ein heimtückischer krimineller Anschlag auf die Gutartigkeit und Vertrauensseligkeit ahnungsloser Manipulationsopfer.

Staatspsychologie im Dienste der Menschenrechtsdeformation

Sollte es der sozialistischen Sklavenhalterideologie mittels der verstaatlichten Informations- und Meinungsmonopole gelingen, die Ahnungslosen dieser Welt weiterhin zu deformieren, die Ahnenden noch schärfer einzuschüchtern und die Wissenden und Vernunftpflichtigen geräuschlos zu liquidieren oder durch politische Säuberungen aus der Gesellschaft, wie bisher, zu entfernen, dann werden familienrechtlich staatliche Ehe-Computer widerstandslos die Arbeitskraftreproduktionsreserven steuern und jede sozialschädliche Unproduktivität von Menschen auf ein Mindestmaß reduzieren. Nicht nur die Blutgruppe oder die Organspende werden in die Disposition der Staatsgewalt gestellt, der vergesellschaftete Lohnsklave der sozialistischen Naturrechtsignoranz wird sich psychologischen Ausfragungen über den Zustand seines gesellschaftlichen Bewußtseins regelmäßig unterziehen müssen.

Die wenigen, die sich weigerten, würden aus sozialer Verantwortung ihre Selbstselektion durch den etablierten, amtlich bestellten Mitarbeiter des ,,Ministeriums für Konfliktfreiheit'' in Kauf nehmen müssen.

Die politisierte Psychologie ist für die Rechtfertigung der Gewaltherrschaftssysteme chaotischer Massendemagokratien gut vorbereitet. Sie ist für die totale Menschenrechtsdeformation jederzeit disponibel und steht auf Abruf bereit, die Staatssicherheit klinisch aufzubereiten. Sie ist in flinker Gutachterlichkeit imstande, politischen Terror lautlos zu vollstrecken, gewissermaßen auf einer Couch liegend, in voller staatssichernder ,,Hilfsbereitschaft'' in jedem Augenblick opportunitätsbewußt.

Auch Psychologen fürchten den Terror ihrer Wissenschaft; um ihm zu entgehen, wird der Psychologe im Staatsdienst zum Apologeten, zum etablierten Naturrechtsignoranten der herrschenden Klasse.

Der vermeintliche Fortschritt einer Gesellschaft hat sich bisher immer nur als ein Fortschritt in den Techniken der Unterwerfung herausgestellt, nur selten, ja beinahe nie, in einer Ausdehnung der individuellen Freiheit, wie sie in der Bill of Rights von Virginia 1776 so großartig zum Tragen kam. Artikel 15 sagt es klar: ,,Eine freie Regierung und die Segnungen der Freiheit können einem Volk nur durch strenges Festhalten an den Idealen der Gerechtigkeit und ein ständiges Besinnen auf die grundlegenden Prinzipien bewahrt bleiben . . . ''

Ein grundlegendes Prinzip auch für die Liebe ist die Freiheit, in freier Entscheidung sich den Egoismus nach politischer und menschlicher Geborgenheit nicht nur wünschen zu dürfen, sondern, durch keine Staatsgewalt behindert, auch zu erfüllen.

*

Kapitel VIII

Der gestörte Gefahrwitterungsinstinkt

Der Gefahrwitterungsinstinkt ist ein Restinstinkt, der durch Vernunft ergänzt wird

Hätte der Mensch seinen Instinkt bewahrt, wäre er frei geblieben. Die Arglosigkeit der Friedfertigen steigert den Unterwerfungswillen der Bösartigen. Der Friedfertige, der seinen Frieden nicht bewacht und ihn nicht tagtäglich schützt, hat seinen Gefahrwitterungsinstinkt verloren, was ihn unvermeidlich in die Abhängigkeit des Bösartigen führt. Sklaverei ist das unausweichliche Schicksal der wehrlos Friedfertigen und der ahnungslos Vertrauenden.

Der menschliche Instinkt erscheint in einem zweifachen Urtrieb:

1. *Sicherung der Arterhaltung durch Fortpflanzung*
2. *Witterung der Gefahr für die Arterhaltung.*

Die Witterung der Gefahr der existentiellen Bedrohung seiner Arterhaltung ist als *Restinstinkt* durch die modernen Vernunftverbotideologien, Weltanschauungen und aufgepfropften Denkschablonen in tödliche Bedrängnis geraten.

Der Instinktverlust des Menschen ist kein totaler, sondern ein gespaltener. Als *Gefahrwitterungsinstinkt* ist er schon erheblich amputiert, wohingegen er im Fortpflanzungstrieb noch halbwegs dort intakt ist, wo die politischen Gesetze zur Deformation der natürlichen Familienverhältnisse durch Herrschaft noch nicht durchgegriffen haben.

Die steuerabschöpfende Unterschichtssicherungsstrategie durch relative Herrschaftseliten hat die Kinderfeindlichkeit der Gesellschaft, die Mutterschaftsunlust und männliche Zeugungsverweigerung aus Sorge vor der totalen Existenzvernichtung schon so weit organisiert, daß auch der Fortpflanzungstrieb unter Wissenden und Hellsichtigen schon stark in Mitleidenschaft gezogen worden ist.

Auch wenn die genetisch noch unwiderstehlich vollzogene Vater- und Mutterschaft die zweidimensionierten Instinkte, nämlich den Fortpflanzungsinstinkt und den *Gefahrwitterungsinstinkt* immer wieder zu reaktivieren vermag, der auf Dauer angelegte Sozialpathologismus ahumaner Gleichheitsstrategien zerstört die Wachsamkeit gegen die totale Vereinnahmung des Individuums zum Lohnsklaven seiner Unterwerfungselite.

Als Erfahrung zeigt sich, daß der schrumpfende natürliche Gefahrwitterungsinstinkt sich selbst oft durch die Fähigkeit hilft, kritisch denkend und vernünftig schlußfolgernd, eine ideologisch verschleierte existentielle Gefahr sich vorstellbar zu machen. Logische und illusionslose Schlüsse steigern die Vorstellungskraft bis zur Klarsichtigkeit. Genau an diesem Punkt setzt die „gemeine Menschenvernunft" ein, diese Präzision der Urteilskraft, die des Menschen Segen ist, wenn er sie gebraucht, die mit Sicherheit aber sein Verderben einleitet, wenn er durch manipulative geistige Energie anderer sich in seiner Vernunftanwendung hindern läßt.

Es kann nicht klar genug herausgestellt werden: *Jede Herrschaft über Menschen ist aus dem Vernunftverzicht der Beherrschten entstanden! Vernunftverzicht aber entsteht aus einem zusammengebrochenen Gefahrwitterungsinstinkt.*

Die kompensatorische Vernunft für ausgefallene Instinktsicherheit ist ein Geschenk des Himmels. Unter Bedingungen ihres freien Gebrauchs ist die „gemeine Menschenvernunft" jedermann zugänglich. Sie bedarf allein der klaren Erkenntnis, daß nichts in der Welt dem Menschen wichtiger sein kann als sein unbeugsamer Wille, sein eigenes Leben menschenwürdig zu führen, niemandem hörig zu werden und keinem etwas schuldig zu bleiben.

Bei einem gesunden Menschen sichert sowohl der Fortpflanzungstrieb als auch der übriggebliebene Gefahrwitterungsrestinstinkt mit der ausgleichenden Unterstützung der Vernunftfähigkeit die rechtzeitige Abwehr möglicher Entfreiheitlichung.

Das Individuum gehört niemandem, es gehört sich selbst, und kein politischer Unterwerfungsverbrecher hat das Recht, Gewalt über es zu begehren.

Daraus kann gefolgert werden, daß der freiheitsbejahende, körperlich und geistig gesunde Mensch in *zweifacher* Weise instinktsicher reagiert. Gesellschaftlich ungeschädigt, kann er seine Manipulationsimmunität gegen alle ideologischen Objektivitätsirrtümer relativer Elitenherrschaft durchhalten und bewahren. Er vermag jede Fremdbestimmung, etwa durch die Verinnerlichung weltanschaulicher oder theokratischer Ideologismen politischer Unterwerfungsverbrecher, *aus Einsicht in das Formelle Prinzip Vernunftfähiger* zuverlässig abzuwehren.

Der Fortpflanzungstrieb ist stärker als die soziale Deformationsenergie der Anpassung

Wenn hier von der möglichen Amputation des ursprünglich voll ausgerüsteten Instinkts durch beliebige Unterwerfungseliten die Rede ist, muß gefragt werden, wo und in welchem Bereich und unter welchen Umständen des Menschen Instinktsicherheit zur Gefahrabwendung mit Notwendigkeit versagt.

Der Fortpflanzungstrieb ist insbesondere in der biologischen Reproduktionsphase eine auf natürliche Arterhaltung angelegte Überlebenssicherung, die sich im Zustand der Vollreife den sogenannten „vernünftigen" Einwänden gegen die Fortpflanzung widersetzt. Wäre der Fortpflanzungsinstinkt „vernünftigen" Einwänden *jederzeit* zugänglich, könnte der Mensch rasch vergessen, seine Art zu erhalten. Der Fortpflanzungstrieb muß also als sinnlich-leibliches Begehren vernunftwidrig stärker sein als der *Gefahrwitterungsinstinkt.* Der Fortpflanzungstrieb bedient sich des biologistischen Arterhaltungswillens. Der Gefahrwitterungsinstinkt dagegen muß sich der Vernunft als intellektuelles Hilfsmittel sozusagen aus eigener Ursache bedienen, um die gleiche Intensität wie die des Fortpflanzungstriebes zu erfahren.

Daß der Fortpflanzungstrieb in seiner übersprudelnden Intensität mit dem geschrumpften Gefahrwitterungsinstinkt, der den Vernunftgebrauch in Freiheit weitgehend zu vernachlässigen beliebt, unvergleichbar ist, beweist die gewaltige Konzentration aller sinnlich-leiblichen Kräfte auf den Paarungswunsch, der sich sogar eigengesetzlich, z.B. durch die ungewollte unwiderstehliche Pollution, bemerkbar macht.

Die allen intellektuellen Einwänden entgegenstehende übermächtige Fortpflanzungsenergie, die sowohl im bis zur Panik auswachsenden wilden Willen des Weibes zur Mutterschaft als auch im stürmischen Begattungswillen des Mannes jeden anderen Wunsch übermannt, ist unter den Naturvölkern, sofern die Lebensbedingungen angemessen sind, noch unbeschädigt, unter zivilisatorischen bereits beeinträchtigt und unter einer ideologisch-politischen Verfremdung der Fraulichkeit schließlich gefährlich gestört. „Es gelingt nur der Erziehung, das Mädchen in seiner Fraulichkeit mißglücken zu lassen," bekannte der Pädagoge Langenveld und meinte genau diese Objektdegradierung auch der Frau zum Erfüllungsgehilfen staatsbeliebiger Interessen.

Die Instinktsicherheit, sich fortpflanzen zu wollen, ist noch relativ intakt. Jede Geburt restabilisiert nicht nur die natürliche Geschlechtsidentifikanz, sie reaktiviert auch das geschlechtsspezifische Selbstkonzept der Frau und des Mannes. Die natürlichen Vorsorge- und Hüteeigenschaften sowohl des zum Vater gewordenen Mannes als auch der zur Mutter gewordenen Frau regenerieren relativ rasch.

Trotz der familiären Geborgenheitszerstörung durch sozialzynistische entgrenzende Herrschaft und des mit Vorbedacht organisierten und eingeredeten Mann-Frau-Antagonismus, der zur *konfrontativen* soziokulturellen Determinanz der Geschlechter-Harmonie geführt hat, konnten bisher die meisten seelisch noch ungebrochenen Mutterpersönlichkeiten in ihrer Instinktsicherheit, Familie im natürlichen Zustand ihrer biologisch angelegten Arbeitsteiligkeit zu wollen, nicht erschüttert werden.

Die Geburt als die elementarste Erinnerung des Menschen an seine Eigentlichkeit vermag selbst labile, orientierungsverlustige junge Frauen wieder zur natürlichen Zweckbestimmung zu reaktivieren und degenerative Verhaltensunsicherheit und selbstzerstörende Geschlechtsignoranz, Berührungsangst und Partnerschaftsverweigerung umzukehren in Zärtlichkeit und vernünftigen Partnerschaftswillen.

Durch Zeugung und Geburt reaktiviert sich das zweidimensionierte Instinktverhalten - Fortpflanzung und Gefahrwitterung der Mutter - und entwickelt zuverlässige Widerstandskräfte gegen irritierende Denkschablonen deformierter Umwelteinflüsse.

Eine dem Fortpflanzungstrieb gegensteuernde erfolgreiche intellektuelle Konterenergie gelingt nur selten bzw. so gut wie nie, und dort, wo gelingt, kann erkannt werden, daß die Instinktverhältnisse irreparabel, mitunter bis zur Degeneration, gestört worden sind. Die Natur des Menschen ist auf Arterhaltung bedacht und nicht auf den Nichtgebrauch natürlicher Bedürfnisse. Es gibt keine überflüssigen Apparaturen, Merkmale oder Eigenschaften eines lebenden Wesens. Das Geschöpf, das seine Eigenschaften nicht gebraucht - das gelingt keinem anderen Geschöpf als dem Menschen, der sich Lebensverhältnisse durch andere einfältig aufzwingen läßt -, *ist ein absterbendes, durch mutative Evolution zum Ausscheiden aus der Artkette verurteilt.*

*

Fortpflanzungsverweigerung ist ein freiwilliger Wunsch der Selbstauslöschung

Ein Mensch, der keinen Willen zum eigenen Kind mehr entwickelt, ist zwar ein gleichberechtigter, rechtlich vollwertiger Mensch; allein seine immaterielle Seinsdimension ist durch deformative Informationsketten beliebiger Herrschaftslügen so verfremdet worden, daß die eigene Urteilskraft die notwendige und jedermann mögliche intellektuelle Deformationsimmunität nicht mehr aufzubauen vermochte. In diesem Falle war die berieselnde informative Deformationsenergie eines theoretisch-modernistischen, sozialpathologischen oder religiös-verzückenden Schnickschnacks stärker geworden als der natürliche Fortpflanzungstrieb.

Die genetische Grundbestimmung des Menschen wäre in diesen Fällen, sofern nicht aus Einsicht in die Zukunftlosigkeit einer freien Gesellschaft die Fortpflanzung verweigert wird, durch das soziokulturelle Bombardement negativer Informationsketten irreparabel zertrümmert worden.

Niemand, der ein geborgenheitsgeschütztes Kind will, sollte daher unter repressionsfreien Lebensverhältnissen die Paarung mit einem Fortpflanzungs u n w i l l i g e n erstreben, weil niemand mit Sicherheit voraussagen kann, ob der Selbstauslöschungswunsch aus der auf arterhaltende Fortpflanzung bedachten Lebenskette nicht schon g e n e t i s c h codiert worden ist.

Mutter- oder Vaterschaftsverweigerung ist daher ein freiwilliger Wunsch zur Selbstauslöschung aus der Fortpflanzungskette des Lebens. Dieser Wunsch muß von jedermann geschützt werden, um - in übergreifender Gesamtverantwortung für die Menschheit - die schon in einem Elternteil erkennbare mögliche Debilität der Nachkommenschaft zu verhindern.

Der natürliche Forpflanzungswille muß die intellektuell entgegengesetzten Willensabsichten beherrschen, mehr noch, vergewaltigen können. *Vergewaltigt umgekehrt ein weltanschaulich chaotisierter Wille den Fortpflanzungstrieb, dann ist der Mensch aus seiner natürlichen Ursprünglichkeit durch den deformierten Zeitgeist schon entwurzelt worden.*

Die Degeneration hat sich seiner bemächtigt. Todessehnsucht, Lebensunwillen und Lebensuntüchtigkeit werden genverändernd fortwährend mutieren und ihn samt seinem Erbgut am Ende endgültig auslöschen.

Daß die Degeneration bisher schleichend aufgetreten ist, ist den Urkräften der Natur zuzuschreiben. *Sie erneuert die Lebenswurzeln der Menschen immer wieder, entsumpft die biogenetischen Folgen der gesellschaftlichen Deformation und verzögert die Reproduktion des Schwachen durch Fortpflanzungsunlust.*

Vernunftzusammenbruch schwächt den Gefahrwitterungsinstinkt

Hätte der Mensch seinen Gefahrwitterungsinstinkt unverkümmert bewahren können, wäre er nicht nur für alle Ewigkeit frei geblieben, er hätte der ergänzenden Vernunft nicht einmal bedurft. Weil er sich nunmehr seiner Vernunft zur Sicherung der geschrumpften Gefahrwitterung zusätzlich bedienen muß, zerbricht die natürliche Lebensbestimmung des Menschen in dem Augenblick seines Vernunftverzichts.

Das Unglück des Menschen ist, daß seine Vernunft verhältnismäßig leicht mit etwas Lebensangst, mit fein dosierten Foltergraden und obrigkeitlichem Imponiergehabe restlos ausgetrieben werden kann. Im Gegensatz dazu wäre z.B. die Austreibung des Fortpflanzungstriebes als des alles umgreifenden natürlichen Instinktes viel schwieriger. Wird der Instinkt eines Tieres zerstört, so wird es mit Sicherheit zugrunde gehen. Den instinktverlustigen bzw. instinktverkümmernden Menschen dagegen können die Bedingungen des Vernunftgebrauchs genommen werden, er wird orientierungslos, aber er stirbt nicht. Er kann zum willigen Knetgummi in den Händen seiner Manipulateure, seiner Verderber, seiner Unterwerfungsverbrecher werden, aber er wird weiterleben als Kniender, als Kriechender, als Wurm oder als Tyrann. *Die merkwürdige Fähigkeit des Menschen, sich selbst geistig zu verweigern, um körperlich überleben zu können, seine totale Selbstentfremdung gegen Sättigung, sozusagen für ein Linsengericht zu verschachern, ist die eigentliche Ursache seiner mehr als tausendjährigen Unterwerfungstradition.*

Nur ein starker, stets mißtrauischer, freiheitssichernder Mensch bleibt fähig, seine Deformation durch Herrschaft, die in der unbewußten Verfremdung seines Ichs besteht, immer noch rechtzeitig zu erkennen und zu begreifen, um sich ihr klug, aber konsequent zu verweigern. Den meisten Gewaltunterworfenen gelingt die Bewahrung der Verfremdungsimmunität nicht. Die Manipulationstechniken sind zu weit fortgeschritten, und eine schulische, *herrschaftsunabhängige Unterweisung* in die Techniken der Freiheitssicherung findet in der bürgerlichen blindgewordenen Welt *keinen kultusministeriellen Fürsprecher mehr.*

Der Mensch lebt seit Menschengedenken unter der Verfügungsgewalt von Menschen über Menschen, obwohl es diese Verfügungsgewalt im Urzustand der menschlichen Existenz, sozusagen von Natur aus, gar nicht gibt. *Naturrechtlich ist die praktizierte Verfügungsgewalt von Menschen über Menschen niemals zu beweisen.* Diese Tatsache ist ein immer wiederkehrender Schlüsselsatz. Dieser Satz muß zum Brecheisen werden, die etablierte Staatsrechtsidiotie von der Vorrangigkeit der Staatsräson zu beenden.

Es gelingt also nur dem Menschen, seine Eigenschaften und Lebensbedingungen mittels eines vagabundierenden, ziellosen Verstandes den negativen Sinnen auszusetzen.

Intelligenz wird nicht selten in der Fähigkeit erblickt, Wahrheit umzustellen oder in ein widernatürliches Gegenteil theoretisieren zu können. Diese modische Vernunftverneinung deformiert nicht nur die universale Harmonie der Friedfertigen, was noch viel schlimmer ist, sie schwächt den subjektiven Gefahrwitterungsinstinkt bis zur kollektivistischen Sklavenjoch-Bereitschaft Ahnungsloser, die im Langzeitprogramm zu verinnerlichender Objektivitätsirrtümer sogar als sogenannte „soziale Errungenschaft der Menschheit, als die neue „Wahrheit" einer „Praw--da" nahezu allen Ahnungslosen aufgeschwatzt werden kann.

Die wachsende *Gefahrwitterungsunfähigkeit,* die immer einen politischen Bezug hat, ist in Westeuropa ideologisch schon so gut vorbereitet, daß denkende Menschen im Vollbesitz ihrer geistigen Kräfte Freiheit und Glück des einzelnen nur noch vom Kollektivstaatsrecht verstaatlichter Produktions- und Konsumbedingungen erhoffen.

Setzt man die Voraussetzungen eines vernunftfähigen Verstandes außer Kraft, d.h., wird die natürliche Angstlosigkeit einer freien Gesellschaft beseitigt, dann verliert der sowieso schon geschrumpfte, verkümmerte Gefahrwitterungsinstinkt des Menschen Richtung und Ziel; er verliert die Orientierung über sich selbst und verkriecht sich in eine abwartende, passive Unterwerfungsbereitschaft. Vernunft bedarf der Repressionsfreiheit, um sich zu wagen. Ist sie aber durch Angstausbreitung „wortlos geworden", zur Vernunftlosigkeit gelähmt, dann geht die Saat der relativen Eliten auf, und die Menschen werden angesichts möglicher Schrecken gefügig.

Der Freiheitswille als Bestandteil des Gefahrwitterungsinstinktes vermag im Gegensatz zum Fortpflanzungswillen längerfristig schwerfällig und untätig vor sich hinzudämmern.

Die Entzündbarkeit des Freiheitswillens zur Leidenschaft wird unter modernen Weltanschauungsgeschädigten immer umständlicher und träger, die Naturrechtswahrnehmung immer ängstlicher und der Selbstbehauptungswille immer kläglicher.

„Ein Volk, das seine Rechte nicht mehr wahren kann, hat keine", sagte einmal der israelische Verteidigungsminister Mosche Dajan und meinte sarkastisch unsere Zeit, in der Klarheit und Wahrheit, die Fähigkeit des großen Wurfs in die Zukunft, so absolut abhanden gekommen zu sein scheinen.

Ein dramatisches politisches Beispiel zusammengebrochenen Gefahrwitterungsinstinktes ist der feige präsidiale Opportunismus Jimmy Carters gewesen, der in seiner Amtszeit in der Stunde der Not politische Freunde und Verbündete im Stich gelassen hat. Diese Schmach der Treulosigkeit eines Präsidenten einer Großmacht, die einst die Ideale einer progressiven Menschheit repräsentierte und Europa durch finanzielle und moralische Unterstützung der französischen Revolution 1789 zu politischen Freiheiten verhalf, bleibt historisch unvergessen.

Es brauchen hier nur die treuesten Verbündeten der westlichen Allianz gegen die Sowjetsklaverei, Taiwan oder Israel oder der Schah von Persien, genannt zu werden. Es muß auch an die Berliner Mauer erinnert werden, an die Auslieferung Kambodschas an Hanoi, an die Solidaritätsverweigerung in der Stunde der Not in Südafrika und an den Verrat an Afghanistan, dessen Männern, verteidigungswillig dem Großtyrannen erbitterten Widerstand leistend, die einfachsten Waffen zur Selbstverteidigung verweigert wurden. Mit anderen Worten: *Der Gefahrwitterungsinsinkt des Abendländers, Gefahr mittels der kritischen Vernunft rechtzeitig zu erkennen, ist bis auf Restbestände geschrumpft.* Die euroatlantische politische Repräsentanz der letzten Jahrzehnte war eine prinzipienlose Gesellschaft, die sich nur noch, die Reste der Macht mühsam zusammenraffend, ziellos und untergangsbewußt fortpflanzte. Das ist kein Verdienst, sondern die Unerträglichkeit einer wachsenden Katastrophe. Die freie Natur des Menschen, die sich selbst unwiderstehlich will, verlangt den Austausch dieser sterilen Eliten. Die etablierten Parteien sind zur politischen Führung in die Freiheit nicht nur unfähig geworden, sie verstehen nicht einmal mehr, wie Völker unter repressionsfreien Bedingungen sich ihr Leben in Freiheit und Unabhängigkeit einrichten würden.

Zusammengebrochener Gefahrwitterungsinstinkt an Beispielen

Der Zusammenbruch des politischen Gefahrwitterungsinstinkts entsteht nicht zufällig. Die Ursache dieser Perspektivverkürzung ist der berufliche Mißbrauch der Politik. Politiker, die ihre Vernunftpflichtigkeit opportunistisch einer weltanschaulisch gestörten parteipolitischen Vorstandsloyalität opfern, um ihre pfründensichernde Wiederaufstellung für den Wahlkreis zu sichern, haben sich von der Aufgabe der Politik, nämlich die Freiheit des Volkes zu mehren, unwiederbringlich getrennt.

Die politische Einheit der Euro-Atlantischen Gemeinschaft ist weltanschaulich zerfasert, sie liegt zerstritten in tiefer Agonie. Volkswirtschaftlich siecht sie sozialpathologisch dahin und weigert sich hartnäckig durch Verzicht auf jeden Egalitarismus, sich gesellschafts- und wirtschaftspolitisch heilen zu lassen.

Der Verlust an politischer Rationalität, nämlich Ideologien als Ideologien zu behandeln und aus intellektueller Distanz als erledigt abzuheften, das ist das eigentliche Drama wachsender Selbstentfreiheitlichung einer technischen Hochleistungsgesellschaft, die geniale Techniker ausbildet, aber Politik dem Infantilismus prinzipienloser Karriererittern überantwortet.

Es ist erst 100 Jahre her, daß Nietzsche mit einem kontinuitätslosen bürgerlichen Bildungsbegriff abrechnete: „Er sieht einiges nicht, was doch das Kind sieht, er hört einiges nicht, was doch das Kind hört; dieses Einige ist gerade das Wichtigste: weil er dies nicht versteht, ist sein Verstehen kindischer als das Kind und einfältiger als die Einfalt trotz der vielen schlauen Fältchen seiner pergamentenen Züge und der virtuosen Übung seiner Finger, das Verwickelte aufzuwickeln. Das macht: er hat seinen Instinkt vernichtet und verloren, er kann nun nicht mehr, dem „Göttlichen Tiere" vertrauend, die Zügel hängen lassen, wenn sein Verstand schwankt und sein Weg durch Wüsten führt. So wird das Individuum zaghaft und unsicher und darf sich nicht mehr glauben, es versinkt in sich selbst, ins Innerliche, das heißt hier nur: in den zusammengehäuften Wust des Erlernten, das nicht nach außen wirkt, der Belehrung, die nicht leben wird. Sieht man einmal aufs Äußerliche, so bemerkt man , wie die Austreibung der Instinkte durch Historie (Historismus) die Menschen fast zu lauter abstractis und Schatten umgeschaffen hat: keiner wagt mehr seine Person daran, sondern maskiert sich als gebildeter Mann, als Gelehrter, als Dichter, als Politiker. Greift man solche Masken an, weil man glaubt, es sei ihnen ernst und nicht bloß um ein Puppenspiel zu tun - daß sie allesamt den Ernst affichieren (1) -, so hat man plötzlich nur Lumpen und bunte Flicken in den Händen. Deshalb soll man sich nicht mehr täuschen lassen, deshalb soll man sie anherrschen: ‚Zieht Eure Jacken aus, oder seid, was Ihr scheint . .' ." (2)

Der zusammengebrochene Gefahrwitterungsinstinkt bedeutet aber auch zugleich den Verlust eines Naturtriebes. Wie kann eine Gesellschaft sich selbst sein und überleben, deren Gefahrwitterungsinstinkt sich durch Ideologie-Drogen aller Art, von Bolschewismus, Kommunismus, Sozialdemokratismus, Eurokommunismus, Privatsozialismus à la Arafat, Khomeini, Ghadafi, sandinistisch, arabistisch, rotgardistisch, schwarzrassistisch, banditistisch, terroristisch etc. . . bis zur Totenstarre hat lähmen lassen, derweil die tausend kleinen Bösewichter sich ihre Untaten vom Fleiß der einfältigen euro-atlantischen Fabrikarbeiter und produktiv Schaffenden ,,entwicklungshelfend" finanzieren lassen!

So viel Wirrköpfigkeit und sterile Geschäftigkeit wie in den atlantischen Krisenstäben scheint es nur noch in Lernschulen für geistig Behinderte zu geben. Es ist leider so, daß politische und wirtschaftliche Sicherheit von jenen systematisch verspielt wird, die sie vorgeben zu sichern.

Wer den politischen Gefahrwitterungsinstinkt schon verloren hat, wird die schon gesetzten Signale der Selbstaufgabe für sehr übertrieben halten. Nicht wenige aber werden aus der Lieber-Rot-Als-Tot-Gesinnung eines entarteten Gefahrwitterungsinstinktes nach Möglichkeiten Ausschau halten, sich rechtzeitig durch Signalisierung ideologischer Unterwerfungsbereitschaft mit dem Großtyrannen zu arrangieren.

Die Langzeitstrategie der Kreml-Nomenklatura gewährt solchen Friedensfreunden schon seit Jahren vielfache Reputation. Im ideologischen Wortkrieg gegen die letzten ,,Brutstätten" individueller Selbstliebe und bürgerlicher Freiheit des Individuums werden sie behutsam wie geschickt auf ihre politische Rolle fixiert. Die Chancen für gedeckte, im Sozialpathologismus sich tummelnde Überläufer zum Sklavenhalter werden von Jahr zu Jahr günstiger. Selbst der Vorsitzende der deutschen Sozialdemokratie, Willy Brandt, läßt, wie man beiläufig hört, seinen ehemaligen Apo-Sohn in Moskau studieren. Wahrlich, es sind wunderliche Zeiten!

In der Geschichte der Völker ist das langzeitlich angelegte Kapitulantentum nicht neu. Riesenreiche haben sich dem entschlossenen Willen einer Handvoll unerschrockener politischer Banditen ausgeliefert. Die in Moskau gebauten Trojanischen Pferde stehen überall in der Welt, neuerdings sollen sie auch in Washington, im Büro der Friedrich-Ebert-

Stiftung aufgestellt werden, um „die Möglichkeiten der Zusammenarbeit zwischen der SPD und der Demokratischen Partei" auszukundschaften (1). Dietrich Stobbe, dem ehemaligen SPD-Bürgermeister von Berlin, soll die Mission übertragen werden, den amerikanischen Sozialdemokratismus, der sich in der Demokratischen Partei einnistet, in die „richtigen Bahnen" zu lenken.

„Die westliche Gesellschaft nähert sich einer Grenze", sagt Solschenizyn, „hinter der das System instabil wird und zerfallen muß. Immer weniger beschwert von vierhundertjähriger Legalität, marschiert die Gewalt schamlos und siegreich durch die ganze Welt". (3)

Es kann mit Trauer konstatiert werden: Die relative Führungselite der Euro-Atlantischen Gemeinschaft hat in ihrer Mehrheit den politischen Gefahrwitterungsinstinkt verloren. Politik heute dient nur noch der persönlichen Karriere, nicht mehr der Sicherung der natürlichen Freiheit des Volkes. An die entscheidenden Nahtstellen der politischen Verantwortung konnten sich die falschen Leute anschleichen, weil die besten sich nicht hochdienern wollten und konnten. *Unter den gesellschaftlichen Bedingungen der moralischen Deskelettierung vor Parteioberen haben aufrechte Männer und Frauen keine Chance, politisch und gesellschaftlich gehört, beachtet oder in die Verantwortung genommen zuwerden.*

Es hat schon seinen tieferen Sinn, wenn ethische Normen und Naturrechtsprinzipien durch den propagierten Weltpluralismus aufgelöst werden. Der persönlichen Bereicherung durch Politik soll kein sittliches Gebot zur verläßlichen Treue gegenüber der Freiheitssicherungspflicht mehr entgegenstehen.

Der aufziehenden sozialistischen Katastrophe des Egalitarismus der Ausgeplünderten soll im Lande niemand entrinnen können. Auch das muß klar gesagt werden, daß diejenigen, die schon zu Hunderttausenden Vorbereitungen zur Auswanderung treffen, z.B. durch Kapitaltransfer, Internationalisierung der Altersruhesitze in demokratische Fluchtländer, Betriebsverlegungen nach Kanada oder Australien, sehen die politische Lage ziemlich klar sehen, aber es wird ihnen längerfristig nichts nützen, weil, wenn Europa der kolonialen Expansion des Großtyrannen nicht standhält, es keinen Platz und kein Volk der Welt geben wird, das sich seinem Unterwerfungswillen noch entziehen könnte. Nach Lenin, der gesagt hat, daß, wer Deutschland hat, Europa gewinnen wird, darf gefolgert werden, daß, wer Europa hat, längerfristig die Welt beherrschen wird.

Ist der den sekundären, geschrumpften Gefahrwitterungsinstinkt begleitende und schützende Verstand, mit dem der Mensch seine Unterwerfung und Entfreiheitlichung erkennen könnte, ideologisch betäubt, dann ist die natürliche Manipulations- und Verfremdungsimmunität vorübergehend nahezu restlos aufgehoben und die instinktsichere „Verhaltenssicherheit", wie sie sich unter repressionsfreien Bedingungen einstellte, zerstört. Der freie Mensch wird, ohne es eigentlich zu wollen, ideologisch verwirrt, zum Diener fremder Herren.

Die euro-atlantische Polit-Repräsentanz entwickelte sich im letzten Jahrzehnt immer deutlicher zum Diener ihres morgigen Henkers. Ein merkwürdiger Neo-Panslavismus, der die Quellen der europäischen Kultur plötzlich aus dem Osten kommend zu erkennen glaubt, breitet sich unter der moralisch deskelettierten und sozialpathologisch verseuchten Intelligenz einer zusammengebrochenen Bildungsreform aus. (4) Die vorsichtige Andienerei selbst schon von Abiturienten an den Großtyrannen läßt das Schlimmste befürchten. Der Kanzler-Spion Guilleaume ist nur zufällig enttarnt worden, nun ist *er* wieder frei, aber noch lange nicht „verbrannt", wie Geheimdienstler zu sagen pflegen!

Herrschaft wuchert auf dem Rücken zerbrochener Persönlichkeiten

Es kommt hier nicht auf die Nachweise einer ineinandergreifenden und übergreifenden gesamt-europäischen kulturellen Entwicklung in Ost und West an, die jeder gebildete Mensch sich wünscht und beglückt zur Kenntnis nehmen würde, sondern auf die Gewichtung und Diktionen jener hintersinnigen politischen Schlußfolgerungen, die zur westeuropäischen Selbstentfreiheitlichung einladen und einen Selbstachtungsverlust zu erkennen geben, der beschämt.

Die wachsende Einschränkung der politischen Freiheit, die als wachsende Einschränkung der Verfügungsgewalt über sich zur Kenntnis genommen werden muß, hebt mit Notwendigkeit jede Vernunftpflichtigkeit, die zunehmend unzulässiger und gefährlicher wird, auf. Der zur Selbststeuerung verhinderte und dadurch orientierungslos gewordene Mensch wird unausweichlich s e l b s t z w e c k v e r n i c h t e n d zum Manipulationsmittel seiner Verderber präpariert und aus dem Reich der unbeschädigten Unschuld des Individuums zum sogenannten vernunftlosen Rumpfmenschen degradiert. Die Langzeitstrategie der Dauerunterwerfung des modernen Menschen *bedarf solcher* ideologisch ausgeklügelter Strategien, um die eigene Entrechtung fahnenschwenkend und jubelnd begehren zu machen.

Unschuld und Verdammnis sind zwar mythologisch belastete Begriffe, aber sie subsummieren die Extreme der Reinheit und Einmaligkeit des Menschen einerseits, aber auch die Entmenschlichung, die Entwürdigung, die Rechtsverweigerung, den Unterwerfungswillen, die Sozialisationsrepressionen, die Konventionszwänge, die doppelgesichtigen Verhaltensweisen der Tarnung und Täuschung im Spannungsfeld innerer und äußerer zwischenmenschlicher Beziehungen andererseits. Unter dem Begriff der Verdammnis kann zusammengefaßt werden, was der Freiheit aller Menschen schadet.

Verfremdung des Subjekts, das sich nicht mehr selber Zweck sein darf, meint diese Verdammnis und signalisiert die Objektbestimmung des Menschen in den Klauen seiner obrigkeitlichen und parlamentarischen Ausplünderer, seiner Gemeinwohlbetrüger, seiner Lebensangstprodukteure, seiner Lebensglückvorschreiber, seiner Hausbau- und Lebensvorplaner, seiner Schwarzarbeitsanzeiger, seiner Verdienstüberwacher, seiner Eigentumsbestrafer, seiner Willens- und Gedankenvormünder, seiner Psychotester und Bußgeldeintreiber und sonstigen überflüssigen Datensammler, Datenüberwacher und der Überwacher der Überwacher. Wenn man alle diese zum „Klassenkampf gegen die private Gesellschaft" angetretenen Gemeinwohlvorsorge- und Sicherungsorgane näher betrachtet, so entdeckt man, daß eigentlich nur noch die schlechtverdienenden Idioten für gut verdienende Reglementierungsbürokratien arbeiten, deren Tätigkeit darin besteht, der hart arbeitenden Bevölkerung in der privaten Gesellschaft einzureden, daß sie durch ihr Steueraufkommen die Ordnung und Sicherheit des Staates erhalten, womit sie in Wirklichkeit nur ihr eigenes ordentliches Leben in Sicherheit mittels der Einkommen eben dieser „Idioten" meinen.

Der geneigte Leser mag mir verzeihen, dieser Satz ist ganz unwissenschaftlich und sehr emotional, vielleicht auch ungehörig, die „Verdammten dieser Erde" als arbeitende „Idioten" zu bezeichnen. Natürlich sind sie es nicht, es sind die Redlichsten, die Anhänglichsten, die Treuesten, die Fleißigsten und die *Ahnungslosesten;* eigentlich die besten eines jeden Volkes, nur werden sie von ihren bürokratischen Vormündern und politischen Vorgesetzten wie Idioten behandelt, und das ist die Verdammnis, von der hier, so gemeint und nicht anders, die Rede ist.

„Die öffentlichen Bürokratien sind zu einer „lautlosen Krake" geworden, deren Fangarme immer weiter in die private Gesellschaft hineinreichen" (5), um jeden Widerstand gegen den Reglementierungs- und Unterwerfungswillen des hoheitlichen Gewerbes jederzeit rechtzeitig im Keime ersticken zu können.

Der *Objektbestimmung* des Subjekts durch die „öffentliche Gewalt", die es merkwürdigerweise noch immer gibt, obwohl die elterliche Gewalt politisch schon längst kastriert worden ist, kann nur durch Vernunft, diesem kompensatorischen Instinktersatz des Menschen, widerstanden werden.

Jede Herrschaft ist, um sich der zum Objekt Degradierten zu bemächtigen, vernunftzerstörend. *Herrschaft wuchert auf dem Rücken zerbrochener Individuen und zur Scheinfreiheit verurteilter „Persönlichkeiten", die ihre Lebenskultur und geistigen Ansprüche auf das Banalitätenprogramm der Sekundärfreiheiten systemkonform verkürzt haben.*

Vernunftgebrauch stärkt den Gefahrwitterungsinstinkt bis zur Manipulationsimmunität

Der durch negative Informationsketten der Staatsgewalt zur Freiheitsunwilligkeit deformierte Mensch, der den degenerativ verkürzten Instinktzusammenbruch der Gefahrwitterung geistig nicht erfaßt - sonst würde er den vernunftfähigen Verstand zur Sicherung des Freiheitswillens einsetzen -, hat seine Manipulationsimmunität vorzeitig aufgebraucht und ist nicht mehr Herr seines Willens im positiven Verstande.

Die Manipulationsimmunität ist keine feste Größe, sondern eine variable Eigenschaft, die sich von Fall zu Fall ausdehnt oder schrumpft. Manipulationsimmunität ist ein Energiepotential dauernder Wachsamkeit einer stets bedrohten Vernunftpflichtigkeit, das im Spannungsfeld herrschaftszufälliger Verfremdungsenergien, die durch Informationsketten stattfinden, täglich gefordert, aber auch verbraucht wird und nur durch intelligible Selbstaufladung vor seiner endgültigen Entladung geschützt werden kann. Um den Vernunftgebrauch gegen den Vernunftverweigerungswillen jeder Herrschaft zu schützen, bedarf es informativer Hilfen, etwa durch Gesprächspartner, die durch die Feuerprobe naturrechtrelativierender ideologischer Beeinflussungsversuche gegangen sind und ihr selbstwertsteigernd widerstanden haben. Ideologisch oder theokratisch immunisierte Stärkere, als man selber ist, können helfen, immer wieder beginnende Selbstzweifel, logische Zusammenbrüche und allgemeine Frustrationen aus kurzfristiger Orientierungsverlorenheit wieder aufzufangen.

Informationsketten, die den Unterwerfungswillen relativer Eliten transparent machen, politische Schriften, klassische philosophische Grundlagen und Staatsrechtstheorien, die die geistige Unabhängigkeit des

Menschen theoretisieren und beweisen, auch Diskussionen mit geistig unabhängigen Menschen müssen gesucht und gepflegt werden, um der täglichen Deformationsstrategie durch Herrschaft gewachsen zu machen.

Die systematische Stabilisierung der Manipulationsimmunität durch den Gebrauch der kritischen Vernunft restabilisiert den Gefahrwitterungsinstinkt, und dieser restabilisiert seinerseits die kritische Vernunft in ununterbrochener höherführender Schraubenbewegung der Egoquanten bis zur politischen Mündigkeit des Individuums, das zur Autonomie der Willensfreiheit fähig geworden ist. Politische Pädagogik will nichts anderes als die Wiederherstellung der Würde des Menschen, des politisch Mündigen, und zwar nicht als mögliches Geschenk politisch Handelnder, sondern als unantastbaren, bewußten Besitz eines jeglichen.

Der intellektuelle Aufstand der Vernunftfähigen

Der aus dem Gefahrwitterungsinstinkt angetriebene Überlebenswille begreift, daß dauernde Billigung vernunftwidriger Individualverfremdung angesichts des Weltherrschaftswillens des Großtyrannen und seiner Mitläufer, aber auch angesichts des weltweiten bürokratischen Übermutes relativer Eliten, zur endgültigen Selbstaufgabe und Kapitulation vor den Sklavenhaltern der Neuzeit führen muß. Ein Entrinnen aus dem etablierten Staatsrecht einer Sklavenhaltergesellschaft durch passiven Individualwiderstand, wie einige immer noch zu hoffen wagen, ist im Zeitalter der technisch möglichen totalen Kontrolle aller Menschen unmöglich geworden.

Die verstreuten Widerstandsenergien, millionenfach in Einzelfällen gleichsam stahlgehärtet, müssen sich zur unaufhörlichen Freiheitsbewegung, zum intellektuellen Aufstand der Massen gegen ihre Unterwerfung sammeln, um gemeinsam das Joch der Bevormundung und menschenverachtender bürokratischer Gängelei endlich abzuschütteln.

Der historische Vergleich technisch möglicher Verfolgung Andersdenkender in der Neuzeit, die ohne Aufsehen und erkennbaren Widerstand umgebracht wurden (Stalinismus und Nach-Stalinismus: 50 Millionen KZ-Opfer, Hitlerismus: ca. 6 Millionen KZ-Opfer, Pol-Pot-Regime: ca. 2-4 Millionen Erschlagene; (6) nicht genannt die Millionen unschuldig oder wegen Vernunftpflichtigkeit erschlagenen Inhaftierten, Gefolterten, Gedemütigten und Verhungerten in der ganzen Welt, mit Ausnahme sehr weniger Demokratien in der nicht kommunistisch-sektiererisch -, religiös- oder ideologisch-idiotisierten Welt), zeigt, daß die Zeit reif geworden ist, nicht nur über das kantische Staatsrecht aus der Idee der Freiheit zu reden, sondern es zu vollziehen.

Die aufmunternde Solidarität der Wissenden und Vernunftpflichtigen wird die Immunität gegen Anpassung und Unterwerfung um so eher mehren, als in den Herrschaftsregionen des Großtyrannen von der Elbe bis zur polnischen Westgrenze und von der polnischen Ostgrenze bis Kamtschatka die intellektuelle Selbstaufladung gegen Persönlichkeitsverfremdung und geistige Unterwerfung für generative Zeiträume erstickt worden ist. Die Leibeigenen des Sowjetsystems können ohne glaubwürdigen Freiheitswillen in der übrigen Welt nicht aus ihrer *Mutation der produktiven Selbstverleugnung* (MdpS) gerettet werden.

Die Zeit zum Aufstand der Vernunftfähigen gegen die systemimmanente Verweigerung der optimalen Demokratie und Freiheit durch das hoheitliche Gewerbe ist reif geworden. Eine relative politische Repräsentanz, die den bürgerlichen Staat im Ernstfall allein wegen formalrechtlicher kleinkarierter Kompetenzstreitigkeiten vor dem Weltfeind der Menschheit nicht zu schützen vermag - viele meinen schon, die Freiheit des Individuums nicht einmal schützen will - könnte zugleich formalrechtlich schon bei der nächsten Wahl bedenkenlos abgewählt werden.

Eine relative Elite, die nicht garantieren kann, den Ausverkauf nationaler und euro-atlantischer Interessen an die sozialistische Internationale zu beenden, ist außer Kontrolle geraten. Sie ist abzuwählen und politisch zu entmachten.

Jeder, der es mit der „Freiheit des Christenmenschen" ernst meint, muß die Möglichkeit eines afghanistanisch eingefädelten sowjetischen brüderlichen „Beistandes" zum „Schutze des Friedens" in Bonn, Paris oder Rom mit Sicherheit ausschließen. Wer in Freiheit überleben will, muß die geplante große politische Säuberung, die Kommunisten nach ihrem Sieg über das Bürgertum veranstalten werden, rechtzeitig zu verhindern wissen.

Stalin hat es gesagt: „Der Tod eines Menschen ist eine Katastrophe, dagegen der Tod von Millionen nur noch eine Statistik". Die Tagträumer, die auf dem Regenbogen reiten, denken sich Realitäten einfach hinweg!

In der Euro-Atlantischen Gemeinschaft muß daher im Falle einer kommunistischen Machtübernahme unter den mildesten Umständen mit der Inhaftierung von 30 Millionen Menschen gerechnet werden, die mindestens bis zur politischen Stabilisierung der inneren Verhältnisse in Konzentrations-und Arbeitslagern festgehalten werden. Die Zahl wird sich erhöhen, wenn die politische Stabilisierung länger als 10 bis 20 Jahre andauert.

20 bis 30 Millionen Grundbesitzer, Hauseigentümer, Intellektuelle, Hippies, Andersdenkende, Händler, Juristen, Lehrer und Professoren, mit einem Wort, alles, was denkt oder jemals gedacht hat, werden aus beliebigem Anlaß öffentlich erschlagen, nach Schauprozessen hingerichtet oder einfach erschossen werden. Das Besitzbürgertum wird, bis auf wenige Ausnahmen, in gleicher Weise ausgerottet werden, wie es unter der Herrschaft Stalins geschah.

Einige wenige Erfüllungsgehilfen sowjetischer Interessen werden, sofern sie alt genug werden - die Namen sollen hier unerwähnt bleiben, weil jeder Leser, der den Zeitgeist manipulationsimmun zu beobachten vermag, sie zu nennen weiß -, wahrscheinlich ihr Leben retten können. Durch den unnötigen internationalisierten Verzicht deutscher Rechtstitel können sie auf die Dankbarkeit der sozialistischen Internationale vertrauen. Ansonsten werden viele, die hoffen, bei der Neuverteilung der Unterwerfungsämter dabeizusein, nicht überleben. Denn die Revolution frißt ihre Kinder, sagt treffend Djilas, und die Genossen des Ayatollah machten offensichtlich die gleichen Erfahrungen.

Der intellektuelle Aufstand der Vernunftfähigen in der ganzen Euro-Atlantischen Gemeinschaft ist daher kein rührender Patriotismus, kein hysterisches Erwachen von Schwarzsehern, sondern nackte Selbsterhaltung und nüchterne Kalkulation der verbliebenen Überlebenschancen, die auch durch Flucht aus Europa nicht mehr viel größer werden können.

Europa muß nicht nur gehalten werden, es muß das politische Ende des Aggressionswillens des Sowjetimperialismus in Solidarität mit allen Kräften des Fortschritts in der Welt einleiten.

Es darf nicht übersehen werden, daß vor dem ausgreifenden Unterwerfungswillen des Großtyrannen à la Afghanistanismus kein freies Land auf der Welt davor geschützt ist, politisch oder militärisch überfallen und zur Volksrepublik erklärt zu werden.

Fürsprecher für die westeuropäischen Sowjetopfer, für die gefangenen, erschlagenen, erschossenen und verschwundenen „Konterrevolutionäre" wird es in der verbliebenen Welt nicht mehr geben! Latein-Amerika wird längst von kubanischen Politeliten angeführt und die USA von Sozialpathologen der demokratischen Partei, wie sie ein Kennedy schon signalisierte, regiert sein, die die Übergabe der restlichen Welt an den Großtyrannen tagträumend vorbereiten werden. Einige gekonnt initiierte Auftritte des Bolschoi-Ballets in der Wall Street, und die „Gesellschaft für russisch-amerikanische Freundschaft'' wird den nächsten US-Präsidenten nominieren dürfen. Der Schwachsinn der Weltanschauungsgeschädigten kann auch im noch freiesten Land der Welt politisch vermarktet werden. Es fällt einer politischen Macht, die Milliarden für Untergrundarbeit und Propaganda bereitstellt, nicht schwer, einen politischen Stimmungsumschwung in einer chaotischen Volkssouveränität zu arrangieren. Wahlsiege werden durch politischen Rummel gewonnen, nicht durch Aufforderungen, sich seines Verstandes zu bedienen!

Der politische Gefahrwitterungsinstinkt und der Unabhängigkeitswille der restlichen freien Völker sind durch die euro-atlantische bürokratische Selbstfesselung einer Gesetzproduktion am Fließband systematisch bis zur Unkenntlichkeit zertreten worden.

Im Chaos rivalisierender, auf Kosten des Volkes pfründensichernder Interessen, Verbindlichkeiten und normrelativierender Unverbindlichkeiten *zerbrechen langsam, aber sicher sowohl die Orientierungsfähigkeit des Volksvertreters als auch der politische Orientierungswille des Volkes selbst.*

Rückkehr zur Pflege des Gefahrwitterungsinstinktes

Jeder Gefahrwitterungsfähige und daher auch Vernunftswillige, der seine Verfremdungsimmunität noch bewahrt hat, ist hier und in diesem Augenblick aufgerufen, gemeinsam mit allen freiheitswilligen Kräften in der Gesellschaft den Sicherheitsdamm der Welt, friedenssichernd gegen den Sozialzynismus der Sklavenhaltergesellschaft des Großtyrannen, diesem Weltfeind der Menschheit, jetzt, und zwar sofort, zu errichten. Keine Mühe darf gescheut werden, die kleinen Egoismen der Alltäglichkeit zurückzustellen, damit die Kräfte zum Totalen Egoismus praktizierender Vernunft bereitgehalten werden können. Wer in Freiheit überleben will, muß seinen Verstand kultivieren, um nicht unverhofft von politisch verführten revolutionierenden Raudis im ,,Namen einer Revolution'' enteignet, gefoltert, erschossen oder erschlagen zu werden.

Wir, die letzten freien Völker der Welt, sollten wieder lernen, Gesetze zu machen, die Freiheit zu sichern und keine neuen Einschränkungen und Verbote zu zementieren. Mit der vielleicht zurückkehrenden Freiheit wird auch der gelähmte Gefahrwitterungsinstinkt aus seiner Totenstarre wiedererwachen, damit die Neue Zeit des Rechtsstaates aus der Idee der Freiheit, diese reale Utopie des intellektuellen Paradieses einer sozialen Autarkie eines jeglichen, als letzte Alternative zum garantierten Atomselbstmord doch noch eine Wirklichkeit wird.

In der Verteidigung der privaten Gesellschaft gegen den intra-euro-atlantischen „Klassenkampf der öffentlichen Gewalten" steht bisher jedes einzelne Individuum der privaten Gesellschaft für sich relativ allein.

Die relative Herrschaft des Bürokratenadels im Industriezeitalter ist elastisch im Verfahren, aber brutal im Prinzip der Machtausdehnung und mit allen nur erdenkbaren Finanzierungsmitteln abgesichert und organisiert. - Das Individuum der privaten Gesellschaft hingegen ist finanziell bis zur Ohnmacht ausgeplündert, politisch desorganisiert und auf sich selbst gestellt. Das ist kein Zufall!

Die zusammengebrochene Manipulationsimmunität im Herrschaftsbereich des Großtyrannen ist für das Volk tragisch, aber sie ist *unverschuldet.* Es liegt kein freiwilliger Vernunftzusammenbruch vor. Wenn dagegen in nichtkommunistischen Ländern eine Freiheitsunwilligkeit sich ausbreitet, die natürliche Manipulationsimmunität durch kleinbürgerliche Schlafmützigkeit selbst zerstört, dann muß eine degenerative und resignative Lebensmüdigkeit konstatiert werden, die nur auf eine unerträglich gewordene bürokratisierte Entgrenzung der Staatsgewalt zurückgeführt werden kann. Im Gegensatz zum unfreiwilligen Vernunftverbot in der Sklavenhaltergesellschaft liegt in der Euro-Atlantischen Gesellschaft ein *freiwilliger* Vernunftzusammenbruch vor!

Wenn die Abscheu über eine rückgratlose und orientierungsverlustige Cliquenherrschaft, die demokratische Politik zur systematischen Reallohnverschlechterung ruiniert hat, die den ahnungslos vertrauenden Volkswillen durch bildungsreformistische Verweigerung einer politischen Kultur in Schulen und Lehranstalten absichtlich chaotisiert, um sich jederzeit der Legitimation zur Ausplünderung Ahnungsloser manipulativ zu versichern, die jeden Bürokratenunsinn zum Gesetz befördern kann und politische Gesamtverantwortung zur schnöden Wiederwahlpolitik verkommen läßt, wenn alles dies dem zeitgeistgeschädigten Manipulationsopfer ungestraft zugemutet werden kann, dann ist die Volksherrschaft zur bitteren Farce geworden, dann ist Volkssouveränität nur noch die Souveränität von Cliquen über Mediengestörte und Wiederkäuer von Denkschablonen.

So verstanden, ist die sich vorsichtig entfaltende, reaktivierende Vernunftpflichtigkeit, wie sie in den Bürgerrechtsbewegungen der Apo und der sogenannten grünen Parteien entsteht, eine aus dem Gefahrwitterungsinstinkt resultierende natürliche Kraft der Erneuerung, auch wenn die Konturen eines neuen Anfangs noch zerfließen, undeutlich bleiben und selbstverständlich zugleich durch die Agenten des Großtyrannen in den Leitungsfunktionen schon längst unterwandert sind.

Die Anstrengung, die Arterhaltung des Menschen unter den ursprünglichen Bedingungen der noch unklaren Individualsouveränität in Freiheit wiederzuentdecken und wiederherstellen zu wollen, bezeugt, daß die Grenzen des Zumutbaren durch Herrschaftsgewalt erreicht worden sind. Der ungebrochene Lebenswille der Gewaltunterworfenen beginnt sich zu regen. Möge er erwachen und seine nachrevolutionären Peiniger seit 1789, diesem Jubeljahr einer erhofften Weltfreiheit mit Schimpf und Schande, davonjagen!

Aus dem Nichtgebrauch der politischen Vernunft durch Politiker ist nicht zu folgern, daß es Vernunft im Volk nicht mehr gibt. Obwohl bildungspolitisch viel getan wird, Vernunft- und Denkfähigkeit durch wechselnde Schulreformen und Stoffüberladung zu unterbinden, ist der Überdruß über die Erziehungslosigkeit des modernen Schulbetriebs so gewachsen, daß auch hier das Ende der schulpolitisch verschuldeten Vernunftverweigerung in Sicht ist.

Die systematische Pflege des Gefahrwitterungsinstinkts, die Sensibilisierung der Sinne gegen die öffentlichen Lügen der offiziellen und inoffiziellen Weltanschauungsgeschädigten und der Berufsrevolutionäre müssen den vernunftbedürftigen Menschen wieder fähig machen, jederzeit vernünftig sein und selbstverantwortlich handeln zu dürfen.

Der Erzogene muß die soziokulturelle Deformationsenergie der hauptberuflichen Gesellschaftsverfremder eigenständig erkennen können und sich jeder kollektivistischen Anpassungsgewohnheit verweigern, wie er auch der Sozialisationspression in deformierte Sozialverhältnisse widersprechen muß, wenn er sie schlußfolgernd zu hinterfragen und darzustellen vermag.

Der zur Sensibilisierung des Gefahrwitterungsinstinkts Erzogene verzichtet nicht mehr auf die Wahrnehmung seiner objektiven Interessenlagen und läßt sich seine Primärfreiheiten nicht abschwatzen für Sekundärfreiheiten, diese zu verweigern nicht in der objektiven Interessenlage der relativen Unterwerfungselite liegt. Der vernunftpflichtig Erzogene ist friedfertig, aber wachsam, er ist vertrauensbereit, aber unverwundbar, er ist versöhnlich, aber nicht erpreßbar, er verachtet jeden Konflikt, unter Umständen bis zur Grenze der Naturrechtsverletzung, aber ist unbeugsam und unbestechlich in allen Fragen der Freiheit des Geringsten unter den Menschen. Es ist daher an der Zeit, mit der Pflege des Gefahrwitterungsinstinktes unverzüglich zu beginnen.

Der vernunftpflichtig Erzogene hat ausreichende Kenntnisse über den Unterwerfungswillen jeder Herrschaft und vermag die relativen Eliten von den objektiven Eliten theoretisierend zu unterscheiden. *Seine angewandte Vernunft restabilisiert die Ablehnungsfront gegen jeden Ideologismus, ganz gleich, in welcher Gestalt, und bleibt dem Fragenden hilfreich und dem Suchenden wegweisend. Der zur Freiheit Erzogene versteht sich auf die Autonomie der Willensfreiheit und auf die Gefahr der Chaotisierung der Willensfreiheit durch etablierte Naturrechtsignoranz und herrschaftsgefällige Menschenrechtsverachtung.*

*

Kapitel IX

Intensitätsreihe egoistischer Antriebe
Vorbemerkung zur Qualifikationsbestimmung der Egoquanten

Das politische Wort als strategische Waffe der geistigen Langzeitschlachten

Seit der am Ende des 18. Jahrhunderts gewagten Vertrauensinvestition in die Volkssouveränität als Möglichkeit des Ausschlusses der Willkürherrschaft absolutistischer Monarchen findet die dauernde Machtergreifung der Demagokraten über die chaotisierbare, politisch entmündigte Volkssouveränität statt. Der ehemalige Herrscher von „Gottes Gnaden" ist durch den manipulierenden Demagogen von Volkes Gnaden ersetzt worden.

Die Legitimationsdoktrin des einen oder anderen ist in jedem Fall wurzellos geblieben und rechtfertigt sich nur durch Selbstrechtfertigung politischer Opportunisten, die das politische Wort zum verschleierten Werkzeug der Existenzsicherung von Berufspolitikern bedenkenlos mißbrauchen.

Es ist in der jetzigen Herrschaftsperiode des abdriftenden Interessengegensatzes zwischen Bürgerwillen und Staatswillen notwendiger denn je zuvor, das Vertrauen in die Glaubwürdigkeit des gesprochenen Wortes wiederherzustellen.

Die in allen europäischen Demokratien zur Sprachdroge abgewirtschaftete politische Sprache „erlaubt, mit offenen Augen zu schlafen". (1)

Die politische Sprache operiert nur noch mit anmutungsqualitativen Begriffen, deren positive oder negative Assoziationskraft die informativ verschlüsselten Deformationsziele und Unterwerfungsabsichten sprachlich durch Wortgebrauch, Satzbau und Diktion raffiniert zu verschleiern vermögen. Das politische Wort ist zum Köder, zum Fangeisen für Ahnungslose degradiert und im Dienste der politischen Ausplünderungseliten zum billigen Honigspender der Bewußtseinsmanipulateure geworden.

Wenn die politische Sprache sinnverfremdet und seit Aufkommen der sozialistischen „Bewußtseinsarchitekten" und Seeleningenieure in die beliebige Doppeldeutigkeit manövriert werden konnte, um durch bewußt implizierte Mißverständlichkeiten herrschaftsstabilisierende Vorteile zu erschleichen, dann wird Sprache zu einem der gefährlichsten Kampfmittel ideologischer Kriegsführung, in der die politischen Schlachten der endgültigen Volksentfreiheitlichung im Nachtkriegs-Europa allein durch Worte zu gewinnen sind.

Die planmäßig gesteuerte Wert- und Inhaltsverfremdung des Wortes in einem ideologisch geordneten Denkraster entwickelt die Macht des Wortes zur schärfsten politischen Waffe jedes ideologischen Eroberers der Denk- und Urteilskraft Einfältiger.

Die geistige Energieausschüttung jedes Wortes hat ihr spezifisches Gewicht, das durch Aufsattelung und insistierende Wiederholung jedes nur denkbare Verhalten kalkulierbar erzwingt. Auch wenn die Energieausschüttung eines Wortes im übertragenen Sinne nur mit Apothekenwaagen gemessen werden kann, so darf nicht übersehen werden, daß z.B. 765 g Lüge nicht durch 600 g konterenergetische Wahrheit beseitigt werden kann. Im Gegenteil, die restlichen 165 g nicht widersprochenen Lügen, um beim Beispiel zu bleiben, werden Wurzeln schlagen und sich eigengesetzlich vermehren. Durch hartnäckige Wiederholungen der Wortlügen kann jede Wahrheit bis zur Unkenntlichkeit aus der Erinnerung ausgewaschen werden. Ein Bauer, der auf seiner Wiese achtlos Brennesseln und Disteln sich vermehren läßt, weiß von der Eigengesetzlichkeit wuchernden Unkrauts.

Um die Wahrheit im Volksbewußtsein zu restabilisieren, müssen mindestens 765 g geistige Konterenergie der Lüge entgegengestellt werden, d.h., einer 765-mal behaupteten Lüge muß 765-mal widersprochen werden, dann erst ist ein Gleichgewicht, die geistige Balance produzierter Wortenergiequanten wiederhergestellt.

Das politische Wort ist schon lange nicht mehr ein Verständigungsmittel, sondern angesichts des Weltherrschaftswillens des Großtyrannen nur noch ein Irritationsmedium zur politischen Machtergreifung über Denkfaule.

*

Der Wortkrieg der Bewußtseinsaggressoren

Das politische Wort verschleiert die wirklichen Egoquanten. Um die Wirklichkeit der Interessen der politischen Manipulateure zu erkennen, bedarf es wenigstens eines groben Systemrasters materieller und immaterieller Antriebe des Menschen, der wie ein Kompaß zur Orientierung darüber verhilft, was der andere wirklich will und durch das politische Wort verbirgt.

Die unvermeidliche Auseinandersetzung um den vernunftpflichtigen Menschen, die endliche Anerkennung seiner Kulturfähigkeit, die Wahrnehmung der bisher verweigerten Verwirklichung seiner Eigentlichkeit erfordern die Aufbereitung und inhaltliche Säuberung politischer Begriffe zu einem für das praktische Leben anwendbaren Katalog präziser Verhaltensanalysen, die insbesondere unter politisch deformativen Gesellschaftsverhältnissen konsequent durchgehalten werden könnten.

Wer die Langzeitschlachten des gegen die freie Natur des Vernunftpflichtigen gerichteten und dem vertrauensseligen Volk aufgezwungenen Wortkrieges des Großtyrannen gewinnen will, muß unausweichlich lernen, sich mit der politischen Deformationsimmunität auszurüsten. Er muß fähig werden, die geistigen Verfremdungsenergien der Bewußtseinsaggressoren mühelos zu entschärfen und sie in die Ausgangspotentiale zielgerichtet abzuschmettern. Nur die politische Manipulationsimmunität allein macht Demagogen sprachlos. Politische Lügen haben nur dann kurze Beine, wenn sie sofort durchschaut sind.

Die friedliche, unzerstörte Natur des Menschen vermag ihn die antihumane Herrschaftsenergie ideologischer Bewußtseinsaggressoren sowohl rational als auch intuitiv erkennen zu lassen. Aber die Tatsache seiner unfriedlichen, widernatürlichen gesellschaftlich deformierten Lebensumstände, die dauernd unsystematisch aufgenommenen Informationsketten trüben seine Urteilskraft und schließen präzise Kommunikation im Regelfall aus. Der arbeitende Mensch bleibt lediglich zur primitiven Minimalkommunikation über Nebensächlichkeiten fähig; das ist auch der Grund, warum relative Eliten den Unterschichtsstandard des arbeitenden Volkes präzise aufbereiten und sozialzynistisch pflegend verschleiern.

Das Volk in seiner friedlichen und rechtschaffenen Natur wagt oft nicht, weil keiner es das lehrt, für es Uneinsichtiges, aber von Obrigkeiten Legitimiertes in Zweifel zu ziehen.

Aus Erfahrung weiß es von einem durch obrigkeitliche Anordnung erzwingbaren Wertrelativismus, dem zu widersprechen noch über ihn zu reflektieren es für erfolglos hält.

In unserer historischen Gegenwartsphase des Höhepunktes einer gesetzgebenden chaotischen Volkssouveränität, die bereit ist, die Omnipotenz der größten Zahl zur traurigen Rechtsquelle eines beliebigen Staatsrechtes anzuerkennen, gilt nicht mehr das Recht an sich, sondern nur noch das Recht zufälliger Mehrheiten. Die optische, akustische und intellektuelle Überwältigung des „Stimmberechtigten" ist die einzige Chance jeder Anwartschaft auf Herrschaft geworden.

Der ganze nichtssagende, Objektivitätsirrtümer stapelnde Täuschungsschwulst mit Begriffen aus der Welt des politischen Wortgeklingels wie „demokratische Lebensqualität", „Klassenkampf", „Arbeiterklasse", „Profitgier", „wissenschaftlicher Sozialismus", „Demokratisierung aller Lebensbereiche als sozialistisches, gesellschaftliches Lebensprinzip", „Berufsverbote", „Kriegsdienstverweigerung" (die Verteidigungsverweigerung meint) Instandbesetzung etc. sind auf Überredung und Täuschung angelegte Lügen- und Irritationskampagnen der jeweilig etablierten oder zur Herrschaft strebenden relativen Eliten.

Begrifflich assoziieren sie viel und nichts zugleich, sie haben nicht den geringsten informativen Gehalt, dafür um so mehr emotionalen. Wenn politische Sprache und politisches Handeln sich nicht decken, und sie decken sich seit Jahrzehnten nicht mehr, sind neue Grundmuster zu erstellen, die die durch die Wortkriege der Bewußtseinsaggressoren undurchschaubar gewordene politische Lebenswirklichkeit zu entflechten und zu zerlegen vermögen.

Ideologische Bewußtseinstrübung ist eine kriminelle Aktivität gegen die Vernunftpflichtigkeit

Die Massenmanipulation durch die ideologischen Seeleningenieure der staatlichen Vernunftunterschlagung ist nur möglich geworden durch die schlampige Schulpolitik der letzten 50 Jahre in allen Staaten der heutigen Euro-Atlantischen Gemeinschaft, die dem jungen Menschen das Lesen und Schreiben beigebracht und ihn zur Berufsqualifikation geführt hat, ihn aber in der Selbstentdeckung seiner Einmaligkeit und der Unantastbarkeit seiner Menschenwürde allein gelassen und unvorbereitet dem Hexenkessel sozialpathologischer Anspruchserwartungen anderer überantwortet hat. Was Wunder, daß ein großer Teil ahnungsloser Zeitgeistverfremdeter dieser kriminellen Aktivität der ideologischen Bewußtseinsaggressoren zum Opfer gefallen sind und als Weltanschauungsgeschädigte heute die größte Mühe haben, sich ihrer ursprünglichen Vernunftfähigkeit zu erinnern!

Jedem Vernunftpflichtigen im Zustand seiner bewahrten Verfremdungsimmunität wird sichtbar, daß der staatliche Verfügungswille relativer Eliten über Wehrlose ein gewalttätiger, krimineller Akt ist. Er ist *kein* unwiderstehlicher, menschlich allzu menschlicher, verzeihlicher, mit Nachsicht zu behandelnder Machttrieb, sondern er bezeugt den Verrottungszustand der geistigen Unordnung einer in Unordnung geratenen Welt.

Es besteht kein Grund, sich durch eine anempfohlene Sozialisation in deformierte Herrschaftsverhältnisse an der Fortsetzung der Unordnung in dieser Welt mitschuldig zu machen.

Die Aggressivität der ideologischen Seeleningenieure, die mit der Technik ausbalancierter Wortenergien vernunftausgewässertes politisches Bewußtsein produzieren - anstatt Verantwortung für die Freiheit eines jeglichen-, ist deswegen kriminell, weil das Verbrechen der böswilligen und geplanten Täuschung politisch Heranwachsender billigend in Kauf genommen wird, mehr noch, die Betrugsabsicht gegenüber dem Vertrauensseligen, d.h., die Verschleierung der Unterwerfung des Ahnungslosen, politisch organisiert ist.

Nunmehr soll es mit Hilfe der hier aufgezeigten illusionslosen Transparenz egoistischer Antriebe möglich werden, den gewaltigen Unrechtswillen menschenrechtsverweigernder Ambitionen bürokratischer Anordnungsmaschinen transparent zu machen. Die kretinoide Unterwerfungssucht relativer Eliten wird als bürgerbedrohende, kriminelle Energie einer entgrenzten Staatsgewalt dem entrechteten Volk kenntlich gemacht, damit der Austausch der Unterwerfungseliten in allen Ländern staatsrechtlich und sozialzynisch verstümmelter Sozialverhältnisse vernunftpflichtig und zielstrebig in naher Zukunft vollzogen werden kann. Die 2. Aufklärung kann nicht beginnen ohne den endgültigen Sturz des ideologischen Absolutismus, der die Verfügungsgewalt von Menschen über Menschen krampfhaft fortzusetzen gedenkt. Die Zeit des ideologischen Absolutismus ist seit dem Völkermord in Afghanistan abgelaufen, das muß auch der Großtyrann in der Kreml-Gruft zur Kenntnis nehmen.

Ohne den Austausch der relativen Ausplünderungselite scheinlegalistischer parteipolitischer Unterwerfungsmonopole wird die Sicherstellung der politischen Kultur des Menschen der schöne Traum eines ewig Gefesselten bleiben.

Hinter den Führungsansprüchen der relativen Herrschaftseliten steht nichts als eine ungefragte, unaufgeforderte und nur eingeredete Verantwortung für das Wohl des Volkes, das sich am Ende bisher immer nur als das Wohl der relativen Herrschaftseliten herausgestellt hat. Wer die Macht über sich selbst aus der Hand gibt und relativen Eliten anvertraut, braucht sich ob seiner Ohnmacht nicht mehr zu wundern. Dieser zu allen Zeiten gültig gewesene Grundsatz freiwilliger Selbstentrechtung ist mit Blut geschrieben und sollte von jedem Vernunftfähigen endlich beherzigt werden.

Die Überwindung des *parasitären Herrschaftsegoismus relativer Eliten,* sich auf Kosten anderer zu salvieren - der auch die Ursache der meisten kriminellen Entgleisungen in der Existenzsicherungsphase Heranwachsender ist -, ist die Voraussetzung einer in den nächsten Jahrzehnten zu verwirklichenden friedfertigen und mündigen Gesellschaft der Vernunftpflichtigen. *Die staatsrechtliche Legalisierung parasitärer und naturrechtswidriger Herrschaftseliten ist durch Verweigerung der etablierten Unterwerfungserwartung mit Beharrlichkeit zu beseitigen.*

Die kalkulierten Wortniederlagen der Gerechten

Woraus resultiert die Zuversicht der ideologischen Seeleningenieure und Vernunftsignoranten, die Denkschablonenüberlagerung gegen die Verfremdungsimmunität der Urteilskraft des Vernunftfähigen im Bewußtsein des politisch Ahnungslosen anzuwurzeln und zunehmend selbstentfremdend gegen das eigene Interesse gedeihen zu lassen?

Die tatsächliche Unfreiheit in unserem Jahrhundert seit Etablierung der Legitimationsdoktrin der Jakobiner-Herrschaft, dieser Schreckensherrschaft chaotischer Volkssouveränität insbesondere seit der Einführung der Revolutionsberufe, der sogenannten hauptberuflichen Politkader in den Volksdemagokratien und im Herrschaftsbereich des Großtyrannen und seiner Apologeten, hat die Anfälligkeit für die Orientierungslosigkeit in Grundsatzfragen so weit erhöht, daß *jede* durch Berufsrevolutionäre politisch nur eisern durchgehaltene *Zielfixierung* in dem stehenden Gewässer einer zukunftslos gewordenen Gesellschaft zu einer politischen Kraft heranwachsen kann, auch wenn nur wenige Prozent der Bevölkerung die Bewegung tragen. Die Tatsache ist, daß Tausende friedlicher Karpfen sich von einem Hecht in jede Ecke eines Teiches jagen lassen, so wie Millionen abwartende, willenlose Menschen vor wenigen Männern mit Gewehren oder charismatischer Manipulationskraft ohne Not kapitulieren.

In Industriestaaten bedarf es nicht einmal der Gewehre, es genügen Worte, um die Niederlage sprachloser Gerechter, die verlernt haben, ihre Gerechtigkeit glaubwürdig zu beweisen, zu besiegeln. Den Bewußtseinsaggressoren gegen die Vernunftfähigkeit der Friedfertigen sind die akustischen und visuellen Überwältigungsstrategien, die Wort-Bild-Aktions-Dialektik der Berufsdemagogie, selbstverständliche Handwerksmittel der politischen Machtergreifung geworden.

Die Sicherstellung der Wortsiege gehört zum Berufsbild der denkschablonenpflegenden Berufspolitiker aller Demagokratien, d.h., aller relativen Herrschaftseliten, die sich auf die Legitimationsdoktrin chaotischer Volkssouveränität berufen und alles tun, um eine mögliche Entchaotisierung des Volkswillens, etwa durch eine politische Pädogogik einer herrschaftsunabhängigen Schule, zu verweigern.

Vernunft ist Gradmesser aller Wortenergien

Im Gegensatz zu den denkschablonenpflegenden Politkommisaren, Weltanschauungskadern, Parteiagitatoren und Bewußtseinsaggressoren der nationalen wie internationalen Sozialisten im Schlepptau des Großtyrannen bedarf der Rechtsstaat aus der Idee der Freiheit solcher Berufsrevolutionäre zur politischen Unterwerfung eines Volkes *nicht*.

Vernunft hat ihre eigene Überzeugungskraft, sie bedarf nicht der Überredung zur politischen Linientreue. Im Gegenteil, Vernunft hört auf, wo sie durch Gefolgschafts- oder Linientreue zur Vernunftwidrigkeit genötigt wird. Allein die Vernunft des Freien ist der Gradmesser aller sozialrelevanten Wortenergien.

Die klaren Bestimmungsmöglichkeiten der Egoquanten, die selbstgesetzten Prioritäten der möglichen Antriebe in der zweidimensionierten Natur des Menschen sind nicht nur hilfreich für die unabhängige Meinungsbildung, sie vermögen sich auch in ihrer Nützlichkeit als Orientierungshilfe gegen Selbstverfremdung dem kritischen, dem hinterfragenden Intellekt zu stellen.

Das Ideale besteht nicht, wie manche zerbrochenen Persönlichkeiten meinen, darin, die „Gefühlserregbarkeit auf ein Mindestmaß zu drosseln, sondern sie zum Dienst an der Wahrheit einzusetzen, sozusagen ein Parteiergreifen *für die Unparteilichkeit zu erzeugen* und eine redliche und unerbittliche Bereitschaft, um jeden Preis der Wahrheit zu folgen, trotz aller Hindernisse für ihre Forderungen aufgeschlossen zu bleiben und niemals wider das Licht zu sündigen." (2)

Vernunft entzieht sich der Bewußtseinsmanipulation der parteipolitischen Berufsrevolutionäre, sie ist „zum Dienst an der Wahrheit" verpflichtet und zu sonst gar nichts. Vernunft schließt die Beschädigung, Bedrohung, Leidverursachung, seelische oder körperliche Verletzung, selbst die Kränkung durch Wortenergien aus.

Es gehört zur gegenseitigen Verständigung, daß vor allem sozialkritische, gesellschaftsrelevante Begriffe in ihrer inhaltlichen Bestimmung für den Sprechenden und für den Zuhörenden deckungsgleich bleiben und die gemeinsamen Begriffsassoziationen die gleichen sind und Fehldeutungen ausschließen.

Die zum Verstehen unerläßliche Konkretisierung der abstrakten läuft nur an, wenn die Jedermann-Assoziation abstrakter Begriffe wie Gott, Vernunft, Freiheit, Wahrheit, Liebe, Treue, Hoffnung, Gerechtigkeit, Vertrauen, Haß, Eifersucht, Wohlstand, Zufriedenheit, Glück, Gut und Böse, Unglauben, Gemeinwohl, Recht, Souveränität, Lust, Trieb, Stolz, Egoismus, Vaterland, Tapferkeit, Feigheit, Mut, Pflicht und vieler anderer voneinander verständlich unterschieden und einlassungsfähig bestimmt werden.

Nur wenn diese Bedingungen von freien Menschen erfüllt sind, erhält eine geistige Auseinandersetzung mit hauptberuflichen Naturrechtsignoranten ihren Sinn und eine Chance zur Verständigung.

Was ist die objektive Interessenlage?

Ausgehend von der allgemeinen Schwierigkeit der Selbstanalyse der wirklichen, geheimen und uneingestandenen Antriebe im Prozeß der Wahrnehmung „objektiver Interessenlagen", deren oft nur rein materielle Dimensionierung unter gesellschaftsdeformierten Bedingungen mehr erschreckt als beglückt, muß das *Bekenntnis zum Egoismus eines jeglichen* aus der trügerischen Verschleierung nunmehr offen und mit erhobenem Haupte heraustreten.

Der solcherweise sich bekennende Wille zur Qualifikation der eigenen Antriebe wird getragen von dem Verständnis der vernunftpflichtig gewordenen privaten Gesellschaft, die auf der Erfüllung der objektiven Interessenlage eines jeglichen gründet.

Es ist das Deformationspotential der Politik relativer Eliten, die objektive Interessenlage der Menschen mittels der Beschlagnahme der Vernunftfähigkeit zu verfälschen, um sie gegen die eigene objektive Interessenlage - die nie auf etwas anderem als auf Freiheit und Unabhängigkeit begründet sein kann - für die Aufbereitung persönlichkeitsdeformierender Denkschablonenadaptionen vorzubereiten.

Die Wahrnehmung der objektiven Interessenlage im Dienste der Individualsouveränität ist in dem Augenblick gestört, wenn sich das spontane Interesse eines Menschen gegen die eigene Individualsouveränität richtet. Manipulative Selbstentfremdung kraft einer kriminellen Manipulation gegen die Vernunftpflichtigkeit ist die Umkehrung der objektiven Interessenlage, ist ein Angriff gegen sich selbst.

Diese bewußtseinsaggressive politische Manipulation zur Selbstentrechtung gelingt den in der bürgerlichen Gesellschaft weltweit angesiedelten Demagokraten im Schlepptau des Großtyrannen um so leichter, je unklarer die Antriebsbestimmung der Egoquanten durch falsche, zwiespältige Moral und anerzogene konventionelle Täuschungsbereitschaft im dunkeln bleibt. Die Gradualität egoistischer Antriebe aber ist erkennbar. Sie ist der kritischen Infragestellung grundsätzlich nicht entziehbar.

Es muß endlich anerkannt und eingeräumt werden, daß die Generaldeformation unserer Kultur durch relative Herrschaft beharrlich geleugnet wird und ein offenes Bekenntnis der wirklichen Antriebe der Menschen immer noch zu erschrecken vermag und auf den gesellschaftlichen Widerstand jener stößt, die fürchten müssen, in ihren wirklichen Antriebsimpulsen entlarvt zu werden oder an öffentlicher „Reputation" zu verlieren.

Diese Desillusion der Wirklichkeit ist Bedingung jeder auf Menschlichkeit und Freiheit begründeten Rechtsgemeinschaft. *Wer nicht den Mut hat, sein wirkliches Begehren zu objektivieren, macht Selbstüberlistung und Täuschungsbereitschaft zur häßlichsten Maxime seines Lebens.*

Transparenz der egoistischen Antriebe als Waffe gegen Bewußtseinsaggressoren

Damit die guten Seinskräfte der Gerechten in der Welt nicht, wie bisher, in politische Zuchthäuser und politische Konzentrationslager geworfen werden, ihre Abwehrbereitschaft nicht wirkungslos verpufft und sie nicht sprachlos gegenüber den Bewußtseinsaggressoren bleiben, ist eine anschauliche Strukturierung der menschlichen Verhaltensweisen, die wenigstens an groben graphischen Modellen ableitbar sind, erforderlich geworden.

Die menschlichen Antriebe in allen Situationen der politischen Unterwerfung und gesellschaftlichen Repression sind allgemeinverständlich zu übersetzen und in späterer Zeit in den Mittelpunkt der politischen Pädagogik zu stellen.

Es ist der Vernunft möglich, die Erscheinungsform des Egoismus eines Bösewichts von der eines Redlichen zu unterscheiden. Denn Erfahrung, Wissen, Bildung und schließlich auch politische Kultur korrespondieren miteinander nicht zufällig. Sie erweitern die Erkenntnisfähigkeit, und es ist nicht so, wie wertrelativierende Vernunftignoranten predigen wollen, daß Erziehung einer normativen Qualität, was nichts anderes heißt als Anerkennung der Werthierarchie, *nicht* bedarf.

Der relativ grobe Wertungsentwurf der Egoquanten im hier vorgegebenen Rahmen sollte zu dauernden und verläßlichen Normen weiterentwickelt werden. Er sollte als Rangordnung menschlicher Orientierung durch Erfahrung und vernünftige Hinterfragung gefestigt werden, von jeglicher weltanschaulicher wie areligiöser Idealisierung befreit, und sich zur einlassungsfähigen Gewißheit entwickeln, damit die Kluft zwischen dem gewaltunterworfenen Bürger und seinen ihn nicht mehr repräsentierenden Repräsentanten nicht immer größer wird.

Transparenz der Antriebe schützt vor Selbsttäuschung

Das praktizierte Begehrungsvermögen des Menschen bedarf wegen der ausufernden demagokratischen Entfreiheitlichungsstrategien einer überschaubaren Qualifikationsstufung aller Egoismen bzw. Begehren.

Natürliche und widernatürliche Egoquanten müssen beschrieben, gedeutet und voneinander abgesetzt werden können.

Weil alle Antriebsenergien des Menschen auf Vorteilserwartung bedacht sind, muß die Verhaltensqualität des Menschen nach Art und Umfang sowie nach natürlichen oder unnatürlichen Gesichtspunkten des Egoismusgebrauchs genauestens unterschieden werden, und die Behauptungen darüber, was natürlich und was widernatürlich sei, müssen der öffentlichen wissenschaftlichen Diskussion überantwortet werden.

Hier kann es nur darum gehen, die einsichtig gewordenen Gründe darzustellen und notfalls den Widerspruch herauszufordern, um die Beweisfähigkeit der natürlichen Egoquanten zu verbessern.

Die sogenannte ,,doppelte Moral'' ist so selbstverständlich geworden, daß ihr hier geforderter Verzicht in Einzelfällen nur zu unerwünschten und peinlich verweigerten Selbstentlarvungen führen könnte.

Aber, und das sollte sich jeder Angesprochene sehr gewissenhaft fragen, was wiegen diese Einwände gegen die Chance, ein würdigeres Leben in Freiheit führen zu können, das auf alle deformativen Formen der Selbstüberlistung verzichtet!

Wenn ein graduelles Interesse der Ursprung aller Handlungsgründe ist, dann läßt die Gradualität den moralischen Zustand im Hinblick auf Zweck und Ziel des Egoismus erkennen. Die noch nicht erworbene, schon erworbene oder wieder verlorene politische Kultur eines Menschen schlägt sich nieder in den jeweils vollzogenen Egoismusquanten. Ziel und Zweck einer Handlung im Gesamtsystem der Qualifikationsskala der Egoquanten sind die Gradmesser positiver oder negativer Egoismen. Das Ziel selbst ist der Nachweis der Vitalität, ist der Grundsatz, der Eigentlichkeit des Subjekts gerecht werden zu können.

Egoismus ist tätig werdende Begehrlichkeit zur seinsbestimmten Selbstverwirklichung. Die persönliche Intensität der Antriebe bezeugt die Kraft des Egoismus, die Eigentlichkeit zu vollziehen oder zu verraten.

Es geht hier nicht mehr darum, wie es die herrschende Lehrmeinung vertritt, die „Überwindung eines simplen Egoismus" (3) zu gewährleisten, sondern darum, den Begriff „Egoismus" in seiner natürlichen Klarheit und seinem selbstverständlichen Anspruch zu begreifen und ihn aus seiner abzulehnenden und diskriminierenden Bedeutung endlich zu befreien. Die uneingeschränkte politische Wahrnehmung der originären Rechtsquelle des Menschen nach Maßgabe klarer, vernunftpflichtiger Wertvorstellungen ist als lobenswerte Pflicht des mündigen Bürgers zu fordern und zu bejahen.

Der Egoismus des Menschen muß so weit getrieben werden, daß er auf eine friedfertige Gesellschaft in Freiheit um keinen Preis der Welt mehr zu verzichten bereit ist. Erst dann garantiert er die Voraussetzungen seiner angstfreien und zukunftsgewissen Selbstverwirklichung.

Der Egoismus ist als Triebfeder aller menschlichen Handlungen anzuerkennen. Er sichert die Eigentlichkeit des Menschen, seine Verwirklichung ist des Menschen Zweck. Es sollte keinen Willen und keinen Wunsch geben, ohne das Begehren auf das alleinige Fernziel, den Selbstzweck des Menschen, zu vollziehen.

Nur darin erfüllt sich die objektive Interessenlage des Menschen, und nicht in dem Sekundärfreiheiten kanalisierenden Banalitätenprogramm relativer Herrschaftseliten zur Ablenkung des Volkes vom immerwährenden Unterwerfungsprozess und von täglicher Selbstentfreiheitlichung.

Selbstliebe hat freiheitsstabilisierenden Charakter

Die Transparenz der objektiven Interessenlage schützt vor Selbsttäuschung und Fremdbestimmung. Sie steigert die Tugend der Selbstliebe freiheitsausdehnend, weil Selbstliebe den Willen zur Selbstverwirklichung und zur Verfügungsgewalt über sich selbst festigt. Die Individualitätsausdehnung wird durch Selbstliebe zum Willen zur persönlichen Individualsouveränität ausgedehnt.

Eine Selbstliebe, die allergisch gegen menschenentwürdigende Gehorsamsrituale relativer Eliten zu reagieren vermag, ist eine politische Tugend von hohem Rang.

Die konventionelle Diskriminierung der natürlichen Selbstliebe hat nur den einen politischen Sinn, von parasitären Egoismen der etablierten Unterwerfungseliten abzulenken und nicht durch anerkennende Selbstliebe die Zuunterwerfenden zur Unbotmäßigkeit aufzufordern. Selbstliebe verwirklicht das ,,Prinzip Eigennutz'' illusionslos, sie ist ein notwendiger daseinssichernder Antrieb. Wer ihn nicht hat oder vorgibt, ihn nicht zu haben, ist im degenerativen Zusammenbruch seiner selbst verstrickt, was sich äußerlich durch erbärmliches sozialparasitäres Anspruchsverhalten, im Regelfall auf Kosten anderer, niederschlägt. Selbstliebe ist die Voraussetzung zur Selbstachtung Vernunftfähiger, die tatkräftig fähig bleiben wollen, für sich selbst jederzeit einstehen zu können.

Es gehört nämlich auch zur Selbstliebe, Respekt vor sich selbst haben zu wollen und stolz auf die eigene Tüchtigkeit sein zu dürfen. Wer sich selbst liebt, wehrt mögliche parasitäre Makel von sich ab und verweigert sich schmarotzenden Anspruchserwartungen eines liederlichen Gewissens.

Jeder Egoismusantrieb im differenzierten System seiner möglichen Erscheinungen im Spannungsbogen von Gut und Böse, gerecht oder ungerecht hat eine normative Qualität. Es gibt keinen wertfreien, normlosen egoistischen Antrieb. Jede persönliche Erwartung signalisiert den seelisch-leiblichen Zustand der persönlichen Entwicklung.

Der Mensch denkt nicht nur so, wie er ist, er ist auch so, wie er denkt. Wer mit sich selbst nicht ins reine gekommen ist, wie können dessen Egoquanten rein, also in Ordnung sein?

Nichts ist so wenig Zufall wie der Zustand der Egoquanten und die Art und Weise der Bedürfnisrealisation. Jede Bewegung des Körpers hat einen Anlaß und ein Ziel, das Ziel ist die Ursache der Bewegung. Jede Bewegung auf ein Ziel ist ein egoistischer Antrieb. Weil das Ziel Interesse zeigt, bewegt der Egoismus die Steigerung des Interesses. Interessiert es nicht, entsteht kein Egoismus, das Ziel zu wollen, folglich auch keine Bewegung zum Ziel. Egoismusentleertes Triebverhalten wäre ziellos, bewegungslos, wäre antriebsentleerter Stillstand.

Kein Floh würde springen, kein Rind würde fressen, kein Mensch würde sich kleiden, essen, sich kämmen, sich reinigen, überhaupt irgend etwas tun ohne den Egoismus eines Zieles oder Zweckes. Der Egoismus ist die Vitalität selbst, ist Leben und bei allen Geschöpfen instinktsicher und daher vernünftig.

Vernunft bedarf der höchsten, der qualifiziertesten Egoquanten, Unvernunft der geringsten. Nur wer sich nicht ausreichend selbst liebt, handelt unvernünftig. Der Vernünftige setzt sich nicht leichtfertig aufs Spiel.

Es bedarf der grenzenlosen Selbstliebe, das eigene Sein im Zustand der Freiheit geschützt zu wissen. Wer aber Selbstliebe bekennend für sich beansprucht, vollzieht Selbstliebe durch absoluten Egoismus, und zwar zur absoluten Seinsbestimmung im Zustand primärer Freiheit und nicht etwa nur zum Überleben auf der Ebene des Existenzminimums. *Absolute Seinsbestimmung bedarf des denkbar höchsten Egoismus, des totalen also, weil nur der Totale Egoismus die Selbstliebe freiheitssichernd verläßlich vollzieht.*

Dekadenz der Antriebsschwäche

Die größte Gefahr der Individualsouveränität eines jeglichen sind Vitalitätsschwäche und Egoismusverzicht. Sie verführen die Weltanschauungsgeschädigten und Antriebsarmen, sich aus Zukunftsangst willfährig in den Dienst einer beliebigen Tyrannei zu stellen, die die ihrigen reichlich privilegiert, wenn sie sich aus mangelnder Selbstliebe sowohl zur eigenen als auch zur Unterwerfung anderer bereit erklären.

Vernunftfähigkeit aus Selbstliebe des Freien würde in diesem Falle ausgetauscht werden gegen eine existenzsichernde hündische Gefolgschaftstreue.

Der Preis für Privilegien im Sklavenhaltersystem des Großtyrannen heißt im Regelfall: Selbstaufgabe. Kein Vernunftwilliger wird diesen Preis zahlen können.

Die Intensitätsarmut egoistischer Antriebe korrumpiert als geschwächter Lebenswille auch den Willen zur Freiheit. Egoismusgeschwächte vergeuden ihre Pflicht, vernünftig zu leben, und verschleudern ihre Individualsouveränität für ein Linsengericht sozialparasitärer Nutznießung.

Allein der Mensch kann seinen Egoismus mißbrauchen und durch Profanisierung der Egoquanten die eigene Vernunftwidrigkeit zur Gefahr für andere Menschen machen.

Der natürliche Egoismus ist überlebensbestimmend. Die Informationsquanten, positiv oder negativ, sind verantwortlich für die Intensitätsintervalle. Natürliche Egoquanten - Realisationen entziehen sich der billigenden oder mißbilligenden Kritik des Außenstehenden.

Vernünftiger Egoismus ist natürlich und seinem Wesen nach gut, er ist ein reiner Wille. Unvernünftiger Egoismus ist widernatürlich und seinem Wesen nach böse, ist ein unreiner Wille.

Jeder Egoismus, der *antriebsgeschwächt* seine immateriellen Bedürfnisse ohne Not minimalisiert, ist im Regelfall korrumpierbar. Die Korrumpierbarkeit selbstgeschwächter Egoquanten jedoch begünstigt Herrschaft, weil Herrschaft die verkürzten Egoquanten korrumpierbar käuflich erwerben kann. Die Exekutivorgane aller Tyrannen waren Söldner, die Urteilskraft und Gewissen gegen Sold verpfänden konnten, weil sie nichts zu verkaufen hatten als ihren Charakter.

Verkürzter Egoismus und die Antriebsschwäche, ein menschenwürdiges Leben mit Macht zu wollen, sind die Ursachen der Verfügbarkeit der Antriebsgeschwächten durch Herrschaft. *Mangelnde Selbstliebe ist mangelnder Lebenswille, geschwächter Lebenswille signalisiert Unterwerfungsbereitschaft, die die Dekadenz der Unterwerfungssehnsucht vorbereitet.*

*

Die drei Entwicklungsphasen der Egoquanten

Zone 1 - Profane Bestimmung

Die Rückführung des soziokulturell und systemimmanent irritierten Individuums zur Vernunftpflichtigkeit aus eigener Kraft gelingt wahrscheinlich nur durch eine systematische Erhellung der Antriebsursachen des zufällig in den gesellschaftlichen Deformationszustand hineingeborenen „Staatsbürgers".

Das freie Individuum muß in seiner informativ verfremdeten und deformierten Welt wieder lernen, auf die Eigentlichkeit seines Seins zurückzukommen. Es muß seinen Egoismus totalisieren, um nicht durch Egoismusschwäche am brutalen Egoismus seiner Peiniger als Mensch und als humanes Wesen zu scheitern.

Ursprung aller Handlungsgründe sind sofortige oder spätere Vorteilserwartungen. Nichts geschieht ohne die Kalkulation eines Zweckes. Die zweckfreie Handlung ist illusionärer Selbstbetrug. In Wirklichkeit gibt es sie nicht. Es ist kein Makel, unter Vermeidung der Ausnutzung Argloser auf seinen Vorteil bedacht zu sein, aber es ist pure Heuchelei oder naturwidrige dekadente Lebensunlust, keinen Egoismus zu haben.

Mangelnde Selbstliebe neigt zum Parasitismus, zur sozialpathologischen Anspruchserwartung, sich auf Kosten anderer zu sanieren. Mangelnde Selbstliebe deformiert zur mangelnden Selbstachtung. Auch dies ist ein Schlüsselsatz im Qualifikationssystem materieller und immaterieller Egoquanten.

Die subjektive Intensität egoistischer Antriebe gehört zum Persönlichkeitsbild jedes einzelnen. Sie ist schicksalsbedingt und von jedermann in ihrer jeweiligen Erscheinung unter der Bedingung der privat- oder sozialrelevanten Unschädlichkeit zu tolerieren.

Die Intensitätsreihe egoistischer Antriebe beginnt unter natürlichen Bedingungen an der Nullschwelle und steigert den Egoismus der unteren Intensität bis in die oberste Intensitätsphase in drei Entwicklungsschüben, die vom konkret profanen über den kombinatorischen, oft bewußtseinsgespaltenen bis zum abstrakten Totalen Egoismus sich aufstufen.

Die Hierarchiesierung der egoistischen Antriebe in drei Entwicklungsphasen bedeutet zugleich eine Aufwertung jeweiliger Egoquanten in der Intensitätsreihe der Qualifikationsskala. Die graphisch dargestellte Nullschwelle bezeichnet die politisch-rechtliche Subjekt- oder Objektstellung des Menschen in dem jeweiligen theoretischen Prämissensystem der jeweiligen Herrschaftsverhältnisse, in welche das Individuum unverschuldet hineingeboren wird.

Die Hierarchisierung beginnt mit der materiellen und endet mit der immateriellen Dimension der menschlichen Antriebe. Der alles überragende Fortpflanzungstrieb priorisiert als körperlicher Lebenswille die materielle Dimension der Egoquanten.

Die Intensitätsreihe egoistischer Antriebe beginnt mit dem „Etwas-Haben-Wollen", steigert sich zum „Etwas-Werden-Wollen" und endet mit dem „Etwas-Geworden-Sein". (Vgl. Bild am Ende des Kapitels Seite 222)

Die Zone 1 sichert die Überlebensvoraussetzungen. Die Ansprüche sind profan verkürzt auf die Leibsättigung und Einrichtung der Behausung, auf die Sicherung der Paarung und der Fortpflanzung. Höherwertige Kalküle oberhalb der Überlebenssicherungsenergien sind noch weitgehend verdrängt.

Zone 2 - Kombinatorische Bestimmung

Mit zunehmender Arrondierung des Haushaltes, der eigenheimkultivierten Wohnlandschaft und der wachsenden materiellen Unabhängigkeit beginnt die Qualifizierung der Egoquanten und die Hinwendung nach höherwertigen Erwartungen und Bedürfnissen.

Oberhalb des Existenzminimums, also auf dem Niveau der beginnenden sozialen Autarkie, findet im Begehren ein Qualitätssprung statt, der Egoismus wird immateriell. Selbstreinigung der Handlungsregulative und Selbstwertsteigerung stellen neue Ansprüche.

Es wächst zunehmend die Gewißheit, daß nach Erfüllung aller materiellen Erwartungen der Wunsch nach Glück oder nach dem, was dafür gehalten wird, nicht aufhört.

Der hohe moralische Gehalt, der durch Umwandlung der materielldimensionierten, profanen Egoismen aus der Überlebensstrategie der Bedrängten in die immaterielle Dimension Totaler Egoismen der sich Befreienden mündet, verwirklicht sich im freiwilligen, selbstauferlegten Qualifikationsstreben.

Die Immaterialisierung der Egoquanten, also die Hinwendung zu den schönen Künsten, zur Literatur, zur nichtlebensnotwendigen Überflüssigkeit kleiner und größerer Luxusbefriedigungen haben als Zone 2 der Qualifikationsbestimmung noch kombinatorischen Charakter. Die Antriebserwartungen sind zwar nicht mehr leibsättigend, aber doch noch gegenständlich fixiert, (wertvolles Mobiliar, Schmuck, Kunstgegenstände als Ausdruck von Exklusivität). Kombinatorisch meint aber auch, daß die Immaterialisierung der Ansprüche, z.B. die Klarheit der Gedanken, die Fähigkeit logischer Schlüsse, der wachsende Sachverstand und die Souveränisierung der Problembewältigung, das wachsende Wissen um die Eigentlichkeit des Seins, in die kombinatorische Phase der Zone 2 unbemerkt, aber mit Sicherheit einfließt und zur Lebensumstellung, d.h., zur Veränderung der Egoquanten anregt.

Zone 3 - Totale Egoismusbestimmung

Haben sich die Egoquanten durch die gewonnene Muße aus sozialer Autarkie qualifiziert, beginnt der Eintritt in die Totale Egoismusbestimmung der Zone 3.

Nur Sattsein ist für jene Völker, die nichts von den Möglichkeiten der Technik wissen, oft einziges Lebensziel! Soziale Autarkie und luxuriöse Extravaganzen sind für viele Menschen in technisch unterentwickelten Kulturregionen verlockende meist unerfüllbare Sehnsüchte oder gar Träume, für den Denkenden in freien Marktwirtschaftssystemen jedoch sind beide mehr oder weniger Selbstverständlichkeiten.

Die Lebensqualität des Denkenden in Industriestaaten würde viel mehr als bisher in der individuellen Selbstverwirklichung in Freiheit liegen, wenn nicht die Zukunftsangst vor den Kreml-Monstern und ihren Günstlingen, die Sorge um den Erhalt des Erworbenen ständig die Lebenswirklichkeit überschattete.

Die höchste Stufe der immateriellen Qualifikation, frei zu sein über sich und von anderen, bedarf des Totalen Egoismus, ein menschenwürdiges Leben zu fordern, das zugleich der Kulminationspunkt aller Begehrlichkeiten aller Egoquanten ist.

Der Verzicht auf materielle Extravaganzen oberhalb des Existenzminimums fällt dem reifenden Menschen relativ leicht, wohingegen er auf Freiheit und Glückseligkeit in Unabhängigkeit nie mehr verzichten würde. Mehr noch, viele Menschen auf dieser Ebene der qualifizierten Bedürfnissicherung können sich materiell wieder bis zur Bedürfnislosigkeit einschränken, ohne etwas zu vermissen, wenn sie das Gefühl haben, frei und in ihrer individuellen Selbstverwirklichung von niemand behindert zu sein.

Leider ist dieses Gefühl der Freiheit nicht selten nur ein vermeintliches, weil die organisierte Gewalt der relativen Eliten das zufällig sich frei wähnende Opfer noch nicht ins Visier genommen hat, z.B. den Almwiesenbauer, der mit der Welt kaum in Berührung kommt und nur frei ist, weil ihm nichts genommen werden kann.

Es ist tendenziell erwiesen, daß immaterielle Bedürfnisse höhergeschätzt werden als materieller Wohlstand ohne Glückseligkeit, als steriler Besitz ohne höherwertige Interessen. Im Zustand der Verwirklichung immaterieller Egoquanten verflüchtigt sich der Wunsch nach weiterer Ausdehnung materieller Bedürfnisse.

In der Zone 3 der Totalen Egoismusbestimmung entschuldigt der moralische individuelle Restabilisierungsanspruch ohne Vorwurf die egoistische Zielfixierung, z.B. die Sicherstellung einer eigenen sozialen Autarkie, nicht so sehr deswegen, um unbedingt sozial autark zu sein, sondern als zuverlässige Bedingung der Verwirklichung des Totalen Egoismus im Erwartungshorizont immaterieller Bedürfnisse. Die materielle Unabhängigkeit aus sozialer Autarkie ist vorwiegend *Mittel zum Zweck,* den Selbstzweck des Menschen zu sichern.

Politische Kultur erbringt den Beweis, daß durch die Transparenz der menschlichen Triebfedern des Begehrens die *profan-egoistische,* also materielle Dimensionierung aller Handlungen durch einen höher gedachten, immateriell dimensionierten Totalen Egoismus überwunden werden kann, ohne die Notwendigkeit einer natürlichen Egoismusrealisation im Bereich profan-egoistischer objektiver Interessenlagen zu bestreiten. Nicht, ob der Mensch egoistisch handeln soll, ist die Frage, sondern ob und wie er die Egoquanten qualifizierend zu fixieren vermag.

Insofern ist jeder Egoismus, solange er niemandem schadet, nicht nur erlaubt, er ist auch moralisch, weil er den parasitären Sozialpathalogismus geschwächter Persönlichkeiten ausschließt und jeden verpflichtet, das Eigene pfleglich zu sichern, zu erhalten und zu mehren, um auch das Eigene des anderen besser zu bewahren.

Unmoralisch ist alles, was jemandem schadet

Es ist die Pflicht eines jeglichen, Leben und Glückseligkeit aus eigenem Antrieb zu sichern und alles zu unterlassen, was die eigene Antriebsarmut als auch die anderer begünstigt.

Die öffentliche Moral kann sich nicht auf andere Bereiche als den der Existenzsicherung aus eigener Kraft beziehen, weil alle anderen zwischenmenschlichen Verhältnisse, z.B. zwischen den Geschlechtern, absolut privatrelevante Entscheidungen sind, deren gegenseitige Egoquanten durch die partnerschaftliche Intensitätsreihe egoistischer Antriebe qualifizierend abgedeckt sind.

Insofern ist moralisch, was vernünftigen Menschen gefällt, und unmoralisch, die Egoquanten vernünftiger Menschen zu diskriminieren.

Unmoralisch ist nicht eine kurz- oder längerfristig angelegte kuriose oder egozentrische Egoismusbefriedigung, die niemandem schadet, sondern unmoralisch ist die Trägheit einer selbstverschuldeten Lebensschwäche, die sich der Allgemeinheit aufdrängt, um saniert zu werden.

Lebensuntüchtigkeitserzeugende Bedürfnissetzungen wie Faulheit, Arbeitsfurcht, Drogenschwäche, parasitäre Nutznießung der Vermögenswerte anderer sind egoismusauslöschende, vitalitätsschwächende negative Selbstzerstörungsenergien zur Schwächung der Antriebe. Sie sind so lange erlaubt und wertneutral, als sie privatrelevant, d.h., ohne Belästigung anderer, organisiert bleiben. Sie werden parasitär, d.h., unmoralisch oder, politisch gesehen, sozialpathologisch, wenn sie sozialfürsorgliche Anspruchserwartungen auf Kosten der Sozialproduktschaffenden signalisieren.

Lebensuntüchtige, vitalitätsschwache, degenerierte Wahnliebe und Todessehnsucht, z.B. über den „Regenbogen" mit oder ohne Drogenschuß zum himmlischen Frieden zu kommen, also der Wille zum Freitod, sind durchaus *zulässige Selbstreinigungsprozesse* in einer kranken und visionslosen Gesellschaft.

Solche Selbstselektionen der Natur kommen der genetischen Restabilisation der menschlichen Natur wundersam entgegen. Man sollte den Todessehnsüchtigen sterben lassen, wie es sich gehört, und nicht durch ungewollte maschinelle Lebensverlängerung dem Sterbensbereiten die Qual eines Lebens aufzwingen, das er nicht mehr will. Es gehört zur Freiheit des Menschen, die Verfügungsgewalt zur Selbstbestimmung über sich auch in kritischen Situationen behalten zu dürfen. Es schadet dem Individuum immer, wenn in seine persönliche Entscheidungsfreiheit eingebrochen werden darf.

Wer sich z.B. der Droge zuwendet, kennt ihre Konsequenzen; es gehört zur Freiheit des Menschen, auch Dummheiten zu machen, die anderen nicht schaden. ,,Jeder ist seines Glückes eigener Schmied'', sagten die Alten. Was ist daran falsch? Es ist an der Zeit, die Selbstverantwortung wiederherzustellen und die kostspieligen Bevormundungsapparaturen zu beseitigen.

Nicht die Vielfalt der individuellen Antriebe und schadensfreien Sehnsüchte, sondern allein das Ziel des Vitalen bestimmt entweder die Moralität oder Kriminalität menschlicher Antriebe. Hierbei ist zu beachten, daß die profane, unmittelbare, materiell-dimensionierte Vorteilssicherung *unter Verletzung der Prinzipien der immateriellen Dimension der Antriebe* die spätere Qualifizierung der Egoquanten erschwert.

Das Prinzip der profanen Vorteilserwartung und Egoismusbefriedigung unter Nichtachtung immateriell dimensionierter Handlungsregulative einschließlich der unberechtigten Vorteilserschleichung durch Wahrnehmung sozialproduktpartizipierender Ansprüche durch List oder negative Gewalt sind Egoismusbefriedigungen zu Lasten anderer.

Diese kriminelle Partizipation am Eigentum anderer, u. U. sogar durch legalisierte Gewalt, ist zutiefst unmoralisch, weil sie die ungerechtfertigte Benachteiligung anderer billigend in Kauf nimmt. Wenn moralisch alles das ist, was niemandem schadet, dann ist unmoralisch alles, was jemandem schadet. Dieses Alternativprinzip gilt sowohl privatrelevant wie sozialrelevant, sowohl familiär wie gesellschaftspolitisch.

Ein Staatsrecht, das die Ausplünderung des arbeitenden Volkes zuläßt und Drohnen, Schmarotzer und Nichtstuer zu Lasten anderer öffentlich priviligiert, ist zutiefst unmoralisch, auch wenn es, in einem Objektivitätsirrtum verstrickt, vorgibt, moralisch zu sein!

Unterwerfungseliten sollten nicht frontal attackiert werden

In diesem Zusammenhang ist es wichtig, zu begreifen und sich zur festen Regel zu machen, daß die eigengesetzlichen, auf Entfreiheitlichung fixierten Herrschaftsapparaturen in fast allen Ländern der Welt niemals frontal, etwa aus der unschuldigen Empörung des Entrechteten, attackiert werden können; dazu sind ihre Unterwerfungsmaschinen zu spitzfindig, die Bestrafungszähne zu scharf und durch die Millionen der unwissenden und korruptionsanfälligen ahnungslosen Erfüllungsgehilfen negativer Macht jederzeit erneuerungsfähig.

Für den politischen Kampf um die Wiederherstellung der Bürgerrechte genügt es, die Schändlichkeit des Zugriffcharakters der bürokratischen Adelsklasse in das Leben anderer und das Verfügungsmonopol über Menschen mittels der Angstandrohung am Beispiel aller sozialistischen Demagokratien zu durchschauen.

Die eigentliche kritische Masse aller Manipulationsbomben der Herrschaft gegen die Vernunftpflichtigkeit des Menschen sollte schon im Vorfeld als Manipulationsabsicht erkannt, entlarvt und durch Schwerhörigkeit entschärft werden.

Die politischen Phrasen der Mächtigen können und sollen nicht mehr attackiert werden. Der Gewaltunterworfene muß lernen, sie zu überhören und die herrschaftsstabilisierenden deformierenden Informationsketten mit Verachtung an den Urheber zurückzuweisen.

Unterwerfungseliten, die die Vernunftpflichtigkeit verweigern, das Vernunftverbot verteidigen, die Pressezensur manipulieren, die Meinungsfreiheit ignorieren, die Entrechtung des Volkes ausdehnen, die Widerstandsfähigkeit unter Verfolgung stellen, die Kultivierung der Egoquanten hintertreiben, das Liebesleben der Menschen unter Gemeinwohlzwänge pressen, die materielle Unabhängigkeit eines jeglichen durch Steuerlastquoten unmöglich machen, mit einem Wort: die Eigentlichkeit des Menschen verfälschen, sind infolge ihrer hochgezüchteten technischen Unterwerfungsmaschinen frontal nicht attackierbar.

Der Sieg über die Naturrechtsignoranten und Menschenrechtsdeformanten geschieht über die präzise Demaskierung der parasitären Egoquanten aller relativen Herrschaftseliten. Der Sieg über sie ist ein Sieg der Vernunft über die Bewußtseinsaggressoren, ein Sieg der Freien über die Solidarität des Bonzensyndikats der Ausplünderungseliten. Ein Kantianer im Jahre 1980 würde wahrscheinlich ausrufen müssen: „Intellektuelle aller Länder, verweigert euch der Dauerdeformation durch relative Herrschaftseliten!" Die politische Lösung der Zukunft heißt nicht „Revolution", sondern: „Völker der Welt, vereinigt euch gegen die Gewalttätigkeit der Obrigkeiten!"

SCHEMA DER QUALIFIKATIONEN UND DISQUALIFIKATIONEN NATÜRLICHER UND NATURWIDRIGER EGO-QUANTEN

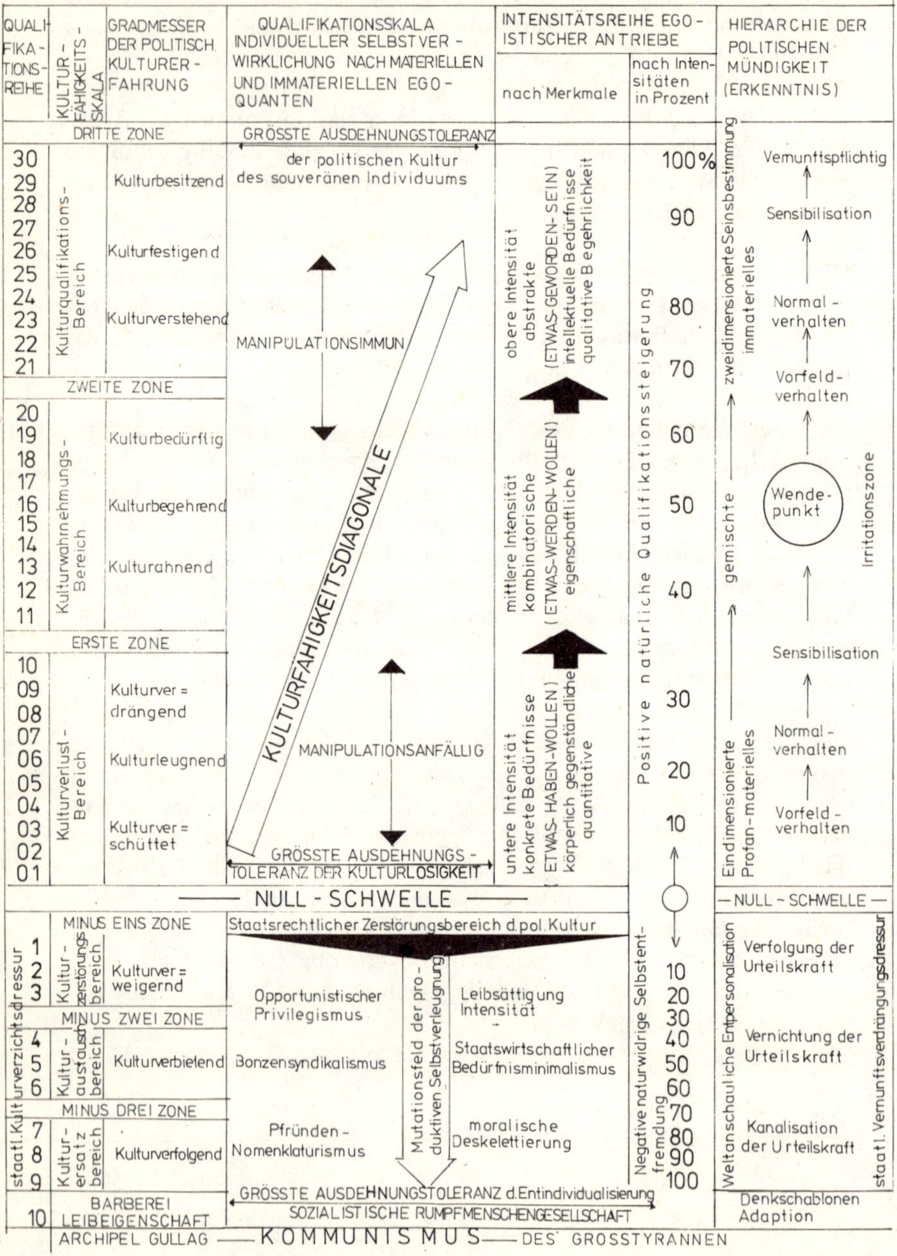

Kapitel X

Die Interessenverdichtungen nach Lebensabschnitten

Die Interessenschraube im Qualifikationssystem der Egoquanten

Alle Lebensabschnitte haben ihre eigenen Interessen, unterschiedliche Intensitäten und Qualifikationsmerkmale. Zwischen dem kreativen Überlebenswillen, der täglichen Leibsättigung, der vorsorglichen Lebensplanung, der kultivierten Lebensgestaltung, der Immaterialisierung der Egoquanten bis zur Verwirklichung der Individualsouveränität in Freiheit und materieller Unabhängigkeit liegen Jahre der Erfahrungen, der Enttäuschungen, des Durchsetzungskampfes liegen Glücks- und Pechsträhnen, Entmutigungen und Hoffnungen und unendliche Ketten von Informationen, die dem *zentripetalen* Denken zur Höherführung der eigenen Interessen nützlich waren oder als *zentrifugale* Informationen im nachhinein sich als schädlich herausgestellt haben.

Das Leben ist voll der Fülle von Gegensätzen, Widersprüchen und schwankenden, aber auch zielstrebigen Interessen.

Es kann im vorliegenden Versuch nicht gelingen, die ungeheure Kompliziertheit der Überschneidungen der Interssen aufzudecken oder darzustellen. Es bedürfte jahrelanger Forschungen und Systematisierungen, um zu wissenschaftlich haltbaren Aussagen zu kommen.

Es genügt, einfache Einordnungskriterien zu finden, die die oft unausgesprochenen und komplizierten Motivations- und Interessenüberschneidungen verständlich machen können. (Vergleiche Bild: Schema der wechselnden Interessen nach Lebensabschnitten).

Die graphische Aufgliederung will nichts verewigen, sie soll nur helfen, die schwierige Durchschaubarkeit des Gegenstandes, die Orientierungslosigkeit in der Weltbestimmung von Antrieben, Wünschen und Hoffnungen wenigstens mit dem Mittel der graphischen Einordnung durchsichtiger zu machen.

Im übertragenen Sinne soll das gebündelte altersspezifische subjektive Interesse als Schraubenmutter dargestellt werden, die auf einer diagonal liegenden Schraube durch ständige Veränderung der Interessenlage auf- oder abwärts gleitet.

Die Geschwindigkeit des Auf- und Abstiegs wird bestimmt durch die Informationsketten, die auf das subjektive Interessenfeld der „Schraubenmutter" aufschlagen. Die Art und Weise der individuellen *Informationsselektion* entscheidet das Tempo der Qualifizierung der Antriebe.

In freien, ideologiegeschützten Vernunfterlaubnissystemen ist jedes Individuum durch straffreie Informationsselektion fähig, die Rotationsgeschwindigkeit seiner Selbstverwirklichung auf- oder absteigend selbst zu bestimmen.

In ideologiebedrohten oder in ideologisierten Vernunftverbotsystemen ist die individuelle Informationswahl ausgeschlossen, weil es andere als herrschaftsstabilisierende Informationen nicht gibt. Die schubweise selbstfixierende Rotation der Selbstverwirklichung ist unterbrochen, weil die aufgehobene Verfügungsgewalt des Menschen über sich selbst das Wesen jeder Ideologie ist. *Ideologie entpersonalisiert, und zwar in jedem Falle!*

Es gibt in generativen Abständen geschlechts- und generationsspezifische Interessenprioritäten, die auf der Lebens-Interessen-Schraube sich punktuell verdichten und mit der Reife, der Einsicht, der Abgeklärtheit und der zunehmenden Entkörperlichung der Interessen sich in der graphischen Darstellung, nach rechts aufsteigend, orientieren. Die Verdichtungstoleranzen sind individuell verschieden, sie schwanken zwischen systematischer, kleinkreisiger Geradlinigkeit und unsystematischer großkreisiger Vielwilligkeit, zwischen widersprüchlicher Hysterie und eigenschaftlicher Verläßlichkeit. Je breiter das Toleranzfeld möglicher Interessen sich zentrifugiert, also sich auslegt, desto flacher erweisen sich die Intensitätsquanten, wie auch umgekehrt, die Intensitätskonzentration im Regelfall um so höher ausfällt, je dichter die Interessenbündelung sich vollzieht bzw. je dichter das eingekreiste Toleranzfeld zentripetiert.

Die Umstellung in neue Interessenhorizonte mit zenripetalen Schwerpunkten entwickelt sich durch den Abwurf alter und der Fixierung neuer Interessen. Sie entstehen aus dem soziokulturellen Informationsüberhang, der ununterbrochen in die subjektive Egoismusplanung einfließt, zugleich aber auch durch die gemachten Erfahrungen der Realisationschancen eigener Egoismen.

Wenn sich die Erwartungshorizonte ändern, dann haben sich nicht das Volumen und die Verdichtung der Antriebsenergien des persönlichen Egoismus geändert, sondern ihre inhaltliche Bestimmung wurde durch die subjektive Selektion der Informationsketten verändert. Diese persönliche Schwerpunktsetzung, ob aus falschen oder richtigen Informationen, ist die gewagte Freiheit des Individuums, die Selbstverwirklichung selbst zu vollziehen, sie gelingen oder scheitern zu lassen.

Zur Freiheit des Menschen gehört es, selbst sein Glück zu erstreben, aber auch ein mögliches Unglück selbst verschulden zu dürfen.

Am graphischen Modell einer Interessenschraube läßt sich der fließende Umstellungsprozeß der Antriebsenergien nach vier Phasen aufbereiten. Die kreative Phase der Überlebensbestimmung, die pubertierende kritische Phase der Seinshinterfragung, die Selbstbestimmungsphase als Periode individueller Lebensplanung und die Intensivphase der Selbstverwirklichung sind Qualifikationsmerkmale eines geglückten Lebens.

Am Beispiel der Informationsdiagonale (Bild: Selektive Informationsdiagonale) im Schema der wechselnden Interssen läßt sich die Umstellungsursache der subjektiven Egoquanten nach Generationen durch systemimmanente Informationsketten erläutern.

Interessenwechsel durch informativen Zugewinn und Selektionswechsel

Die Informationsdiagonale erklärt den Austausch der Egoquanten nach Generationen durch den Zugewinn an Informationen, Erfahrungen, Wissen und Können.

In jedem Lebensabschnitt, der nach dem graphischen Modell der selektiven Informationsdiagonale von 1 bis 9 aufwärts gegliedert ist, findet ein Selektionswechsel statt, der durch die vorausgegangenen individuellen Erfahrungen individuell verschieden aufbereitet wird.

Ob Informationen negativ oder positiv waren, läßt sich nur aus dem Verarbeitungsergebnis ableiten, d.h., wer durch systemimmanente, konformistische Informationen in seiner selbstwertsteigernden Entwicklung zur politischen Mündigkeit und politischen Kultur sich hat behindern lassen, hat negative, deformative Informationen an sich herangelassen und in sich hereingelassen. Diese mangels negativer Erfahrungen unkritische Bereitschaft, jeder Information zu glauben, kann in einen Objektivitätsirrtum führen, der nur mühsam durch geistige Konterinformationen - falls der Zugang nicht herrschaftssichernd versperrt ist - ausgeschwemmt werden kann.

SELEKTIVE INFORMATIONSDIAGONALE

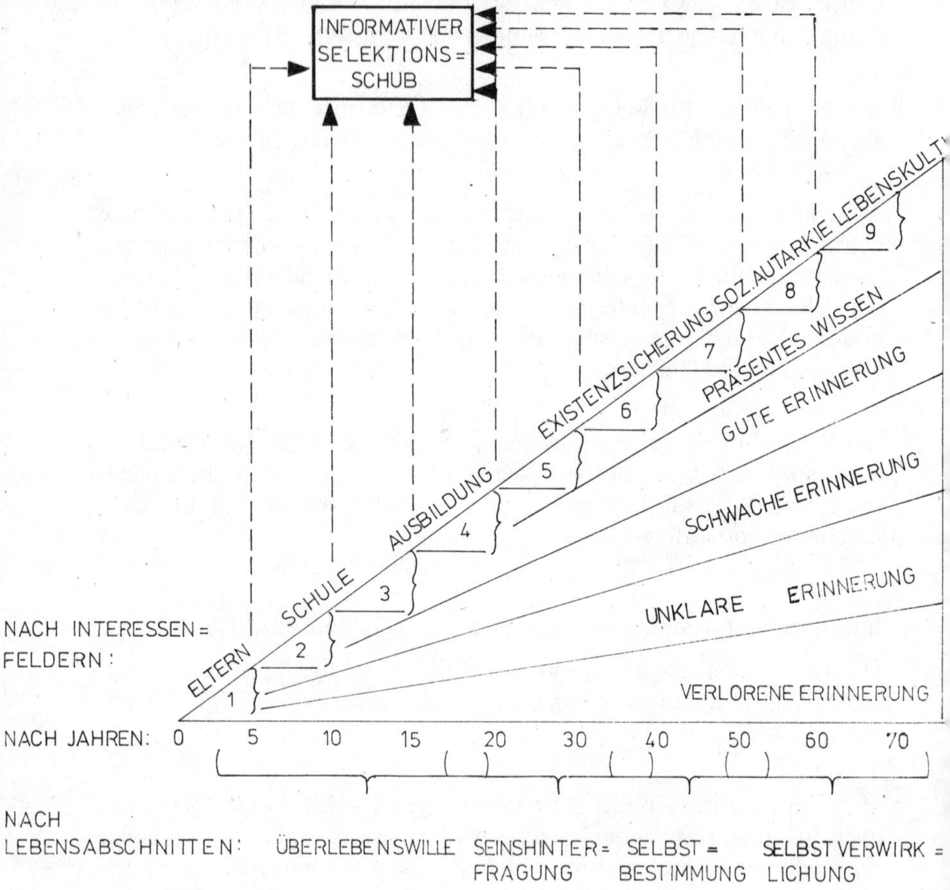

Die in dem Bild der Informationsdiagonalen aufgeführten Lebensabschnitte 1-3 werden hauptsächlich durch Elternhaus, Schule und Berufsbildung geprägt, die Lebensabschnitte 4-6 von persönlicher Existenzsicherung über das Minimum hinaus bis zur sozialen Autarkie gekennzeichnet. Familiengründung und gesellschaftliche Etablierung sichern die Aufbauphase ab. Die Lebensabschnitte 7-9 geben Zeit und Muße zur Verinnerlichung und Kultivierung der eigenen Antriebe. Innerer Abstand zu allen Merkwürdigkeiten dieser Welt geben zu der illusionslosen Analyse Anlaß, die Welt neu zu begreifen und den Lebensabend am liebsten im Kreise der Enkel lebensberatend, aber zurückhaltend, zufrieden und illusionslos zu genießen.

Diese Eigenschaften der entideologisierten Besinnlichkeit in den reiferen Jahren erweist sich bei jenen, die sie erhalten und bewahren konnten, als wirkungsvollste Macht der materiell und geistig Unabhängigen, zugleich aber auch als größte Sorge der Volksverführer in allen Demagokratien.

Die Handlungsregulative des reifen Menschen, die sich aus einer unvergleichlich höheren Informationsauswahl und Lebenserfahrung zusammensetzen können, befähigen zur qualifizierten Informationsauswahl und zur schärferen Transparenz der Doppeldeutigkeit von politischen Begriffen, sozialrelevanten Entscheidungen und machtverschleierndem Phraseologie.

Die gespeicherte Summe aller Informationen hat sich aufgeteilt in unklare, schwache und gute Erinnerungen, die zugleich nach ihrer Bedeutung für das praktische Leben eingeordnet worden sind. Der informative Zugewinn formt und gestaltet die Ansprüche des Menschen sowohl positiv als auch negativ. Deformationsimmunität ist die Fähigkeit, den ethischen, zentripetalen, banalen oder zentrifugalen Gehalt jeder Information präzise bestimmen zu können, woraus folgt, daß große Bandbreiten der Erfahrung die Vernunftfähigkeit steigern und die Manipulationsanfälligkeit abwehren können, geringe Bandbreiten der Erfahrung die Manipulationsanfälligkeit dagegen steigern und die Vernunftfähigkeit schwächen.

Qualifizierte Informationsauswahl der Senioren gefährdet Herrschaft

Es darf nicht übersehen werden, daß die Informationsdiagonale ideal ausgelegt ist. Die Wirklichkeit ist die, daß jene, die am härtesten arbeiteten, durch das Gewicht der staatlich angetriebenen Steuerlastquoten über das Existenzminimum bzw. über den herrschaftsstabilisierenden gewollten Unterschichtsstandard der arbeitenden Bevölkerung nur mühsam hinauskommen und in ihrem Leben wenig Zeit finden, über ihren täglichen Sorgen und Lasten sich mittels positiver Informationsaufnahmen zum materiell unabhängigen und geistig freien Menschen zu entwickeln.

Die meisten Arbeiter und Facharbeiter sind, antriebsverkürzt, zufrieden, wenn sie das Pensionsalter ohne vorzeitige Invalidität erreicht haben, um noch ein wenig auszuruhen, bevor der Tod sie holt.

Erst am Ende eines arbeitsreichen Lebens entsteht u.U. die nüchterne und illusionslose Abgeklärtheit, zu sehen, wohin das Staatsschiff gerudert und wie das Sozialprodukt der mühsam um das Existenzminimum ringenden Werktätigen von Herrschaftscliquen, Bonzen- und Parteigenossen in den wuchernden Unterwerfungsbürokratien verschleudert wurde.

Das Lebenswissen solcherweise Ausgeplünderten ist jeder Unterwerfungselite allzu unbehaglich und demaskierend, als daß sie nicht nach intellektuellen Sterilisationsmöglichkeiten der Erfahrungsschätze eines gelebten Lebens Ausschau halten müßte.

Das bisher gutgeschmierte Rezept des Abschiebens auf das Altenteil mit Altenpaß und Ferienspaß, mit Altersheim und Seniorenbungalows, mit Unterhaltungsprogrammen und Kaffeefahrten, isoliert von der heranwachsenden Generation der Volljähriggewordenen, den Jungarbeitern und Jungarbeiterinnen, sichert der etablierten Unterwerfungselite im Regelfall den *Erfahrungszusammenbruch* von 50 Lebensjahren.

Dieses Informationskapital der Illusionslosen wird aus dem dicht geknüpften Netz der unterhaltsamen Altenbetreuung nicht herausgelassen. Der Informationsvorsprung der Senioren wird durch „Kaffeefahrten ins Grüne" kindergärtnerisch oder auch altenpflegerisch zugesponnen, damit die fortgesetzte Manipulationsstrategie der etablierten Unterwerfungseliten nicht durch das Klagelied der Wahrheit der um ihre Selbstverwirklichung betrogenen Senioren gestört werden kann.

Im „realen Sozialismus" haben die Senioren als einzige Bevölkerungsgruppe in Mitteldeutschland das vermeintliche Vorzugsrecht, nach Erreichen des Pensionsalters den Herrschaftsbereich des Großtyrannen verlassen zu dürfen, *obwohl es tatsächlich nur darum geht, das qualifizierte herrschaftsentlarvende Informationskapital der sozialistisch ausgeplünderten Senioren außer Landes zu bringen.*

Die zusätzlich politisch gesteuerte Überbetonung der politischen Rechtsstellung von Jungbürgern animiert zur politischen Anmaßung; so ist z.B. die Arroganz des ahnungslos Heranwachsenden, der dem „Opa" und der „Oma" sowieso nicht mehr viel politischen Verstand zutraut, nicht zufällig, sondern ein *gewolltes Erziehungsprodukt jeder Unterwerfungselite.*

Hinter der politischen Kastration der Seniorengeneration steht die Furcht der Demagogen und der politischen Rentenbetrüger, an die Wiederherstellung der Eigentlichkeit des Menschen erinnert zu werden.

Die Alten sehen oft mehr als andere, aber sie reden weniger, vielleicht, weil sie zu viel gesehen haben.

Kapitel XI

Die generative Entnabelungsreihe der Selbstverwirklichung

Politik ist die Summe verweigerter Selbstverwirklichung politisch Entrechteter

Selbstverwirklichung ist der ,,Generaltrieb'' aller Antriebe und die Ursache aller freiheitlichen Begehren. Der Wunsch nach Selbstverwirklichung ist permanent antiherrschaftlich und prinzipiell unterwerfungsunwillig und daher immer im politischen System offener oder verschleierter Leibeigenschaft ein Gegenstand dauernder Verfolgung, Unterdrückung und Verweigerung.

Politik war bis in die Gegenwart - mit wenigen Ausnahmen - nie etwas anderes als die generelle Verweigerung oder nur widerstrebend zugelassene Selbstverwirklichung der Gewaltunterworfenen. Eine Politik im Dienste der Freiheit blieb immer nur ein Traum, um die Träumenden um so sicherer kontributiv zu mißbrauchen.

Weil die Selbstverwirklichung eines jeglichen die parasitäre Nutznießung am Arbeitsertrag Entrechteter ausschließt, besteht Herrschaft in der Verweigerung der Selbstverwirklichung sowie der Verweigerung ihrer Voraussetzung bis zur Motivationslosigkeit der Ausgeplünderten, die an den herrschaftsstabilisierenden Unterschichtsstandard aller widerstandslos gewöhnt werden. Die Bedürfnispyramide nach Maslow z.B., obwohl sie Statussymbole und Ersatzbefriedigungen überwertet, erklärt die Immaterialität des Seins so wenig, wie sie die Qualifikation der Egoquanten nicht ausreichend differenziert. Allerdings zeigt sie deutlich, daß die Reduktion der Lebensqualität auf die Befriedigung der physiologischen (biologischen) Grundbedürfnisse, wie sie der sogenannte ,,reale Sozialismus'' des garantierten Unterschichtsstandards anpreist, *jede individuelle Selbstverwirklichung aus eigener Urteilskraft ausschließt.*

Selbstverwirklichung ist daher an die Voraussetzung der Angstlosigkeit gebunden, die nicht denkbar ist ohne Freiheit.

In Weiterentwicklung der Bedürfnispyramide nach Maslow, die von der systemimmanenten Verfremdungssituation ausgeht und nicht aus ihr heraustritt, qualifiziert die hier dargestellte generative Entnabelungsreihe der Selbstverwirklichung die Bewußtseinserweiterung durch wechselnde Erfahrungshorizonte und Einsichten, die das Anspruchsniveau der Egoquanten durch selbstvollzogene Befreiungsprozesse kultivieren.

SCHEMA DER ENTNABLUNGSSCHÜBE DER SELBSTVERWIRKLICHUNG

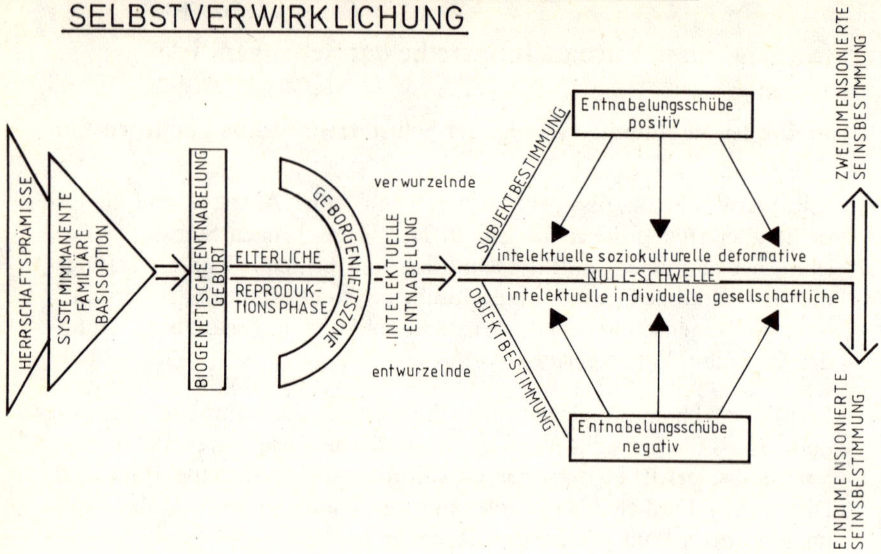

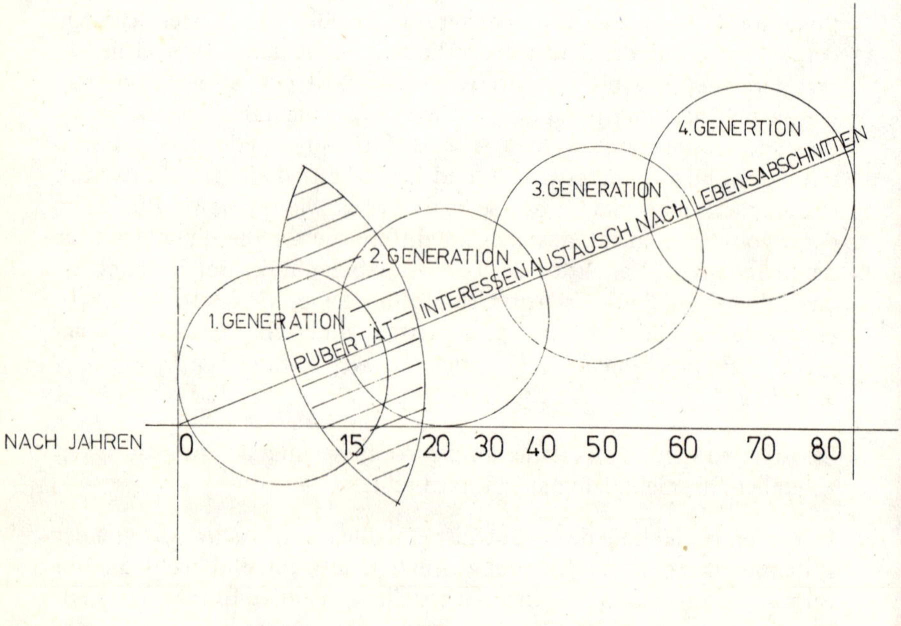

Selbstverwirklichung ist ein dauernder Befreiungsakt aus den soziokulturellen Deformationsstrategien relativer Eliten

Die Interessenkonzentration nach Lebensabschnitten und Generationen, ihr dauernder Wandel durch informativen Zugewinn und persönliche Erfahrungen, läßt sich aus der fließenden Generationsdiagonalen des Entnabelungsmodells leicht ableiten.

Die in vier Kreisen zentrierten generativen Interessenverschiebungen sind selbstverständlich ineinander verschränkt und nur als Vorstellungshilfe schematisiert.

Ausgegangen wird von der normalen Gesellschafts- und Lebensbestimmung des Neugeborenen in Industriestaaten mit relativ antiideologischem Rechtsverständnis und wenigstens theoretisch anerkannter Menschenrechtsdominanz. Dieser einschränkende Hinweis ist notwendig, um die mögliche Chancenungleichheit der genetisch angelegten und gesellschaftlich möglichen Energien der individuellen Selbstverwirklichung auszuschließen, d.h., die Toleranzen der Selbstverwirklichung sind je nach Staatsverfassung verschieden bis ausgeschlossen. So sind einem Deutschen im Geltungsbereich des Grundgesetzes ganz andere Möglichkeiten der Entfaltungsfreiheit noch offen als dem Menschen unter sozialpathologischen, skandinavischen oder den sozialzynistischen Unmenschlichkeitsverhältnissen im sogenannten „Realen Sozialismus", wie ihn der Großtyrann im Deutschland der Russen, auch DDR genannt, so exemplarisch exerziert.

Die motivationsreichsten Möglichkeiten der individuellen Selbstverwirklichung bietet immer noch Amerika an, wenngleich der auch dort schrittweise einziehende administrative Sozialfeteschismus und der Obrigkeitsdirigismus der Jimmy-Carter-Ära die Selbstverwirklichungstoleranzen auch in diesem einst freiesten Land der Welt zum Nachteil aller zunehmend zu nivellieren beginnen.

Auch für die Vereinigten Staaten 1981 wird die Selbstverwirklichung immer häufiger ein mühsamer Befreiungsakt aus der soziokulturellen Verfremdung bleiben, weil die wachsenden bürokratisch-dirigistischen Deformationsstrategien der immer relativer und somit dummköpfiger werdenden Eliten, die immer größere Schläue entwickeln, sich an der parasitären Nutznießung vom abgeschöpften Arbeitsertrag der Werktätigen nichtsnutzig zu beteiligen, immer schwieriger abgewehrt werden können.

Der Mensch entnabelt sich von Zwängen oder von Rechten

Der Befreiungsakt aus Unterwerfungszwängen wird nach seinem Sinngehalt am Entnabelungsmodell der Selbstverwirklichung (Siehe Bild: Entnabelungsschübe der Selbstverwirklichung) zweiseitig ausgelegt; zum einen geht es um die Subjektsicherung (Subjektbestimmung) des Individuums gegen alle staatsbeliebigen antiindividualistischen Verfremdungsenergien, zum anderen um die Selbstaufgabe und Entnabelung von vorstaatlichen Menschenrechten und immateriellen Seinsbestimmungen.

Subjektbestimmung oder Objektdegradierung sind die Entnabelungsprozesse, die in generativen Perioden zur zweidimensionierten Lebenserfüllung führen oder nicht führen.

Nach der bio-genetischen natürlichen Entnabelung des Neugeborenen und seiner Entbindung in die elterliche Geborgenheitszone, der Übernahme von Überlebenstechniken, Adaption elterlicher Verhaltensregulative und Denkgewohnheiten mündet die erste Lebensphase in die Aufbruchstimmung der Pubertät, die den Urwillen der Seinsbestimmung des Menschen ahnen läßt.

Pubertät ist selbstentdeckender Wille zur Selbstverwirklichung

Pubertät ist die Embrionalphase intellektueller Gehversuche aus eigener Kraft. Die „zweite Geburt" des Menschen kündigt sich an, die als familiäre Entnabelung und Eintritt ins Erwachsenwerden mit allen Schmerzen und Komplikationen der Selbstentdeckung und Selbstverantwortung beginnt. Alle Merkmale einer lebensqualitativen Grundbestimmung quellen aus der Phantasie des Pubertierenden, die an Grenzen stößt und Möglichkeiten aufschließt, je nach dem, wie die elterliche Basisoption und das politische Ordnungsmodell die Motivationstoleranzen des Heranwachsenden kultiviert oder vergewaltigt haben.

Das „Flügge-Werden" kann, je nach dem genetischen und ordnungspolitischen Ausgangspotential, den Charakter eines steilen Fluges auf Adlerschwingen, gemächlich, aber zielgerichtet oder ängstlich widerstrebend, behutsam verlaufen.

Die Möglichkeiten eingesetzter Energiequanten zur Durchsetzung der Entnabelung aus der Geborgenheit des Elternhauses sind so vielfältig und voller Überraschungen wie das Leben selbst.

Pubertät als selbstentdeckender Antrieb, Selbstverwirklichung zu begehren und zu vollziehen, vermag den durch eine ideale familiäre Geborgenheit zur Vernunft aufbereiteten Pubertanten wider Erwarten zur vorübergehenden Vernunftwidrigkeiten zu verführen. Destruktive Niveauerlebnisse, das kriminelle Wagnis werden durch Pubertierende häufig absichtlich und oft trotzig erstrebt. Die Provokation wird gesucht und herausgefordert. Was geschieht anderes als Selbstentdeckung und das Abschreiten von Grenzbereichen? Jeder Pubertant probt den Aufstand, er überschreitet Grenzen, um Grenzen zu finden.

Wenngleich sich auch die tendentielle Prädisposition durch das adaptierte Erfahrungspotential der vorgelaufenen Elterngeneration mitteilt, der Pubertant will seine Erfahrungen selber machen.

Einstellungen und Verhaltensweisen als eine feste Fixierung bleiben nicht berechenbar, weil die außerelterlichen neuen, elterlich ungefilterten Informationsketten der jeweiligen entwickelten oder nicht entwickelten Deformationsimmunität des Heranwachsenden anvertraut bleiben müssen.

Die Manipulationsanfechtung bleibt in der elterlichen Geborgenheitszone oft unerprobt. Pubertät ist das Manöverfeld der Selbstentfaltung, das Erprobungsgelände der Vernunftfähigkeit. Die erziehungsrechtlichen Konsequenzen, nämlich anleiten, notfalls konsequent strafen, aber nicht existenziell vernichten, sind noch immer nicht ausreichend institutionalisiert.

Die Interessenintensität in der Pubertätsphase ist spontan, wichtige Prädispositionen für das weitere Leben werden vorbereitet. Es ist vielleicht der empfindlichste und sensibelste Erfahrungszeitraum, der eher zur Nachahmung der Denk- und Verhaltensgewohnheiten anderer neigt als zur Selbstverwirklichung aus eigener Urteilskraft.

Die Erziehungsimpulse haben weichenstellenden Charakter, und es sollte die ganze Verantwortung von in der politischen Kultur bewanderten Männern und Frauen eingesetzt werden, um die suchenden Lebensentscheidungen des Fragenden und Heranwachsenden zur menschenwürdigen „Autonomie der reinen praktischen Vernunft, d. i. der Freiheit" (1) zu führen.

Pädagogisch ist nichts furchtbarer, als beobachten zu müssen, wie diese fruchtbare Zeit höchster geistiger Aufnahmebereitschaft ungenützt und oft mit Nichtigkeiten sinnlos vertrödelt und verplempert wird.

Die verwurzelnde familiäre Entnabelung

Nach der zweigleisigen auseinanderstrebenden Entnabelungsreihe im Entnabelungsmodell, die oberhalb und unterhalb der Nullschwelle verläuft, besteht der Unterschied zwischen der intellektuellen Entnabelung und der familiären Entnabelung durch den Pubertierenden in der tendenziellen Prädisposition einer eindimensionierten oder zweidimensionierten Bestimmung des Seins.

Ausgegangen wird bei der familiären Entnabelung von der normalsoziokulturell determinierten familiären Geborgenheitsgemeinschaft, die, im Dauerzustand der systemkonformen Anpassungsverfremdung und herrschaftssichernd informativ abgeschirmt, zur vernünftigen Individualsouveränitätssicherung im Regelfall keinen bewußten Zugang hat.

Der durch Basisoption im Elternhaus aufgenommene *Sensibilitätshintergrund* gegen soziokulturelle Deformationsenergie oder die *Desensibilisierung* durch widernatürliche Erziehungsfaktoren zerstrittener oder durch Doppelberufstätigkeit und herrschaftsgefälliger Geborgenheitsvernichtung verfremdeter Familienbedingungen der Kleinfamilie bestimmt einleitend (2), in welcher Weise eine familiäre Entnabelung stattfindet.

Die familiäre Entnabelung kann im Elternhaus verwurzelt bleiben, wenn die selbst erfahrenen Entnabelungskonsequenzen die ursprüngliche Basisoption des Elternhauses bestätigend abdecken, der Erfahrungshorizont des Pubertanten durch nachfolgende, nicht durch Eltern abgeschirmte Informationsketten bestätigt wird, d.h., ob die Entnabelung als Ausbruch aus der elterliche Geborgenheit sichernden Eierschalenwelt als verwurzelt angesehen werden kann, richtet sich nach den Bestätigungserfahrungen auf dem Erprobungsgelände der Vernunftfähigkeit außerhalb des Elternhauses des sich familiär Entnabelnden.

Die entwurzelnde familiäre Entnabelung

Die familiäre Entnabelung gilt als entwurzelt, entzweit, ,,entfremdet", wenn die Entnabelungskonsequenzen des Pubertanten der elterlichen Basisoption widersprechen. Beide Entnabelungsoperationen, die verwurzelnden wie entwurzelnden, müssen nicht konstant bleiben, sie fließen in kürzeren oder längeren Phasen auseinander, aber auch möglicherweise wieder zurück. Entscheidend sind immer die meist zufällig aufgenommenen Informationsketten und die im Elternhaus erworbene oder versandete Selektionsfähigkeit qualifizierter Urteilskraft.

So kann ein aus dem Elternhaus theatralisch ausbrechender Pubertant jahrelang unversöhnlich den Eltern fremd bleiben und doch nach vielen Kreuz- und Quererfahrungen auf dem Manöverfeld der Selbstentfaltung an die ursprüngliche Basisoption des Elternhauses anknüpfen und sich später der leidenschaftlichen Besserwisserei früherer Zeiten schämen.

Diese im eigentlichen Sinne längerfristig reproduzierende Entnabelung ist in Wirklichkeit keine Entnabelung, sondern eine späte Anknüpfung und Fortsetzung der elterlichen Basisoption.

Die reproduzierende Entnabelung kann jedoch sowohl eine vernunftpflichtige Reproduktion der elterlichen Basisoption sein wie auch eine Wiederholung vernunftwidriger Sozialisationserfahrungen, wie es repressiv deformierte Staats- und Gesellschaftsverfassungen insistierend zu erzwingen suchen.

Wenn die familiäre Entnabelung des Pubertierenden die Reproduktion des Seins unter der gleichen elterlichen Basisoption außerhalb der Ursprungsfamilie fortsetzt, dann findet nach dem generativen Entnabelungsmodell eine verwurzelte, die Basisoption reproduzierende Entnabelung statt; entsteht jedoch infolge neuer selektierender oder überwältigender Informationsketten eine andere Prädisposition - sie muß bessere oder schlechtere, harmonische oder disharmonische Egoquanten ausbilden -, dann findet eine entwurzelnde familiäre Entnabelung statt, die mit der aufgenommenen Basisoption der elterlichen Geborgenheitszone endgültig bricht. Auch in diesem Falle kann die entwurzelnde familiäre Entnabelung entweder vernunftwidrig oder vernunftpflichtig sein. Die familiäre Entnabelung bezeichnet nur den Prozeß des selbstentdeckenden Willens zur Selbstverwirklichung, nicht die qualifizierende Wertigkeit der Selbstbestimmungsantriebe.

Die intellektuelle positive Entnabelung

In jedem Fall aber bedingt die verwurzelnde oder entwurzelnde familiäre Entnabelung eine intellektuelle Reflexion der Seinsbestimmung, die als pubertierender Ausbruch aus dem elterlichen Adaptionsraster neue, andere oder gleiche, Verhaltensregulative installiert.

Eine intellektuelle Entnabelung könnte bedeuten, daß die ganzen in Elternhaus, Schule und Gesellschaft vorgeprägten negativen Basisoptionen der Anpassung, Unterwerfung, Sozialisation, Entscheidungslosigkeit und Opportunitätsbereitschaft gesprengt werden und ein kühner, wenn auch nicht ungefährlicher, neuer und eigener Weg einer vernunftpflichtigen Selbstorientierung und ethisch-kategorischen Normbestimmung versucht wird.

Dieser Befreiungsakt wäre ein intellektuell positiver Entnabelungsvorgang, der Überliefertes nicht gedankenlos adaptiert, sondern jede gesellschaftliche Normbestimmung und jeden politischen Verhaltenszwang nach ewigkeitsgültigen Maximen hinterfragt.

Die positive intellektuelle Entnabelung bedingt die qualifizierende Anhebung der Egoquanten in das Reich der Immaterialität des Seins. Die jeweilige Basisoption der elterlichen Geborgenheitszone muß durch eine neue, qualitativ nachprüfbar aufgebesserte Bestimmung der Antriebe überwunden werden. Es muß eine friedliche und versöhnliche, vernunftpflichtige *Auswurzelung* von nicht überlieferungswürdigen insistierten oder adaptierten Denkschablonen stattfinden.

Die intellektuelle negative Entnabelung

Umgekehrt gelingt nicht immer die qualifizierte Reproduktion der elterlichen Basisoption an das weitergegebene Leben des aufbegehrenden Pubertanten. Die erfahrene und adaptierte individualistische Selbstachtung einer kultivierten elterlichen Geborgenheitszone wird u.U. trotzig herausgefordert, und in Extremfällen steigert sich der Pubertant in eine manische Selbstzerstörungslust.

Die in der elterlichen Basisoption des Pubertierenden erfolgte unerprobte Sensibilisierung auf Würde, Freiheit und Vernunftpflichtigkeit scheitert überraschend an der außerfamiliären informativen Deformationsenergie negativer Informanten.

Junge Männer und Frauen aus ordentlichem Elternhaus verdingen sich an die relative Elite in bedenkenloser Bereitschaft zum Machtmißbrauch, entwickeln Hörigkeitsmerkmale und chaotische Selbstzerstörungsambitionen wie Studienunterbrechung, Drogensucht, Liederlichkeit und körperliche Unsauberkeit, grobe Manieren und häßliche, defigurative selbstwertverletzende Gewohnheiten.

In diesen Fällen findet eine negative intellektuelle Entnabelung statt, das heißt, der Rückfall der Egoquanten aus der elterlichen Basisoption einer gepflegten Immaterialität der Interessen in ein dominierend profanmaterielles Bedürfnis ist Bedingung einer negativen intellektuellen Entnabelung. Intellektuelle Entnabelung kann also eine positive wie negative sein, immer aber ist die Umkehrung der aufgenommenen Basisoption gemeint.

Soziokulturelle Entnabelung

Die Chance der individuellen Selbstverwirklichung als Konterdiktion zur Repressivität jeden Herrschaftswillens ist um so eher gegeben, je stärker und selbstbewußter das mittelständische Lebenserwartungspotential den unterwerfungswilligen Herrschaftswillen parzellieren, unterlaufen, zügeln oder gar zerbrechen und ausschließen kann.

Der Bürger-Staat-Konflikt ist nie etwas anderes als ein Freiheit-Herrschaft-Konflikt gewesen und wird es immer bleiben, *wenn nicht die neuzeitlichen Möglichkeiten der Industrialisierung* zur Massenbefriedigung aller Bedürfnisse und zur Sicherung der sozialen Autarkie eines jeglichen gegen den Willen einer am Unterschichtsstandart aller interessierten modernen relativen Herrschaftselite *voll ausgeschöpft werden.*

Solange beliebige Herrschaft über die Möglichkeiten der Steuerung materieller Abhängigkeit der Gewaltunterworfenen verfügt, so lange wird die Chance der individuellen Selbstverwirklichung und Selbstbestimmung unterdrückt und vernichtet bleiben.

Selbstverwirklichung existiert aus der politisch durchgehaltenen Verhinderung ihrer Verweigerung, d.h., aus einer materiellen Unabhängigkeit, die erst zur geistigen Unabhängigkeit in concreto befähigt.

Eine geistige Unabhängigkeit aus materieller Abhängigkeit ist unmöglich. Diese Binsenweisheit hat selbst die Redaktion der weltweit angesehenen deutschen Wochenzeitschrift „Der Spiegel" im Zusammenhang mit einer Preiserhöhung in eigener Sache, wenn auch zögernd, bestätigen müssen. Das Zitat der Redaktion: „Nur eine gesicherte wirtschaftliche Unabhängigkeit garantiert unabhängige Information" (3). Dem ist zuzustimmen, und zwar für alle Variationen einer sich selbstverwirklichenden Freiheitssicherung.

Sind die Freiheiten der Arbeitsplatzwahl, der Ausbildung, der beruflichen Qualifikation und der individuellen konsumtionellen Selbstbestimmung ungestört und ist alles dies frei von dirigistischen und herrschaftsstabilisierenden Abhängigkeits- und Unterwerfungsstrategien parasitärer Eliten, dann steht der sozialen Autarkie eines jeglichen als dem Ergebnis eigener Arbeit, planender Strategie und ausdauernden Fleißes nichts im Wege.

Ist die materielle Unabhängigkeit überschaubar vollzogen, erst dann kann die soziokulturelle Entnabelung aus dem Repressionsüberhang relativer Unterwerfungseliten relativ gefahrlos unternommen werden; eventuell früher beachtete Rücksichten auf materielle Abhängigkeiten, menschenrechtsdeformierende Herrschaftszwänge in der Arbeitswelt vielfacher Existenzsicherung, können langsam, aber bestimmt abgebaut werden.

Die soziale Autarkie ist die materielle Unabhängigkeit des sog. ,,kleinen Mannes'' und einzige verläßliche Garantie persönlichen Schutzes gegen die Katastrophenpolitik aller Weltanschauungsgeschädigten in politischer Verantwortung und an der Schaltstellen der Macht.

Soziale Autarkie begründet den Freiheitswillen eines jeglichen explosionsartig. In der Regel zwar noch unerreicht, ist sie aber dort, wo sie gelang, mit Sicherheit die Initialzündung zur Selbstverwirklichung geworden. Der Abwurf soziokulturell immanenter Herrschaftszwänge wird zum selbstverständlichen Bedürfnis der materiell Unabhängigen, wie umgekehrt, die Unterwerfungsbereitschaft proportional zur materiellen oder gar politischen Abhängigkeit steigt.

Die quantitative Arrondierung der materiellen Zukunftssicherung aus eigener Initiative und Langzeitplanung springt von einem bestimmten Punkt abgesicherter Autarkie in die immaterielle Qualität der allgemeinen Seinsbestimmung über.

Dieser Vorgang bewirkt und bewegt den Anspruch auf geistige Unabhängigkeit und Zurückweisung systemimmanenter obrigkeitlicher partei- oder weltanschauungsdirigistischer Bevormundung. Henry Ford faßte dieses Prinzip der Individualitätsgarantie in einem knappen Satz so zusammen: ,,Kraft und Maschine, Geld und Güter sind nur insofern nützlich, als sie zur Lebensfreiheit beitragen.'' (4)

Zur Lebensfreiheit aber gehört die Verläßlichkeit des Bestandes erworbenen Besitzes, gleichgültig, ob in Sachgütern oder zurückgelegten Altersversorgungssicherungsgarantien in Gold, Immobilien oder Ersparnissen, über die jeder jederzeit selbst verfügen muß und die *nie* in die Treuhänderschaft von Staats- oder Herrschaftsgewalten geraten dürfen, *weil durch Inflation, Rentenbetrug oder Enteignung relative Herrschaftseliten den Ertrag der Lebensarbeit anderer jederzeit durch die Gesetzgebung einer chaotischen Volkssouveränität vernichten können.* Es besteht nicht der geringste Grund, einer beliebigen, einer wechselnden oder anonymen Herrschaft zu vertrauen, noch weniger, ihr den Arbeitsertrag eines langen Lebens treuhänderisch zu überantworten.

Was nützen nach aufgebrauchten Rentenrücklagen durch den Staat rentenrechtliche Generationsverträge, die eine Generation bezahlen soll, die selbst ihre Arbeitskraft nur noch auf dem Existenzminimum reproduzieren kann? Generationsverträge sind vom guten Willen der Verpflichteten abhängig, der sich über Nacht ändern kann.

Jede neue Regierung kann die Gesetze ihrer Vorgänger ersatzlos streichen. Es ist daher schon immer besser gewesen, den „Spatz in der Hand" zu wissen als die „Taube auf dem Dach". Aber das Sozialgeschwafel der etablierten politischen Volksausplünderer betört, und die Binsenweisheiten der sozial isolierten Alten sind zu schlicht, als daß sie als wahr geglaubt werden.

Wenn es richtig ist, daß materielle Unabhängigkeit frei macht, dann findet die soziokulturelle Entnabelung aus herrschaftsbeliebigen Zwängen nur parallel zur wachsenden sozialen Autarkie eines jeglichen statt. Nur mit der Verwirklichung der sozialen Autarkie verwirklicht sich die Subjektbestimmung des Menschen. Der Vollzug der politischen Kultur eines Menschen ist der Vollzug seiner Unabhängigkeit aus der geistigen Bevormundungsfolter der negativen Staatsgewalt. Es braucht nicht sonderlich auf die Mangelwirtschaft im Herrschaftsbereich des Großtyrannen hingewiesen zu werden, um zu beweisen, was geschieht, wenn z.B. polnische Arbeiter nicht nur ihr Existenzminimum, sondern auch ihre immaterielle Selbstverwirklichung begehren.

Die materielle Ausfüllung der Zweidimensioniertheit des menschlichen Seins ist immer ein von jedem Menschen selbst zu beschließender Individualakt selbständiger Arbeit.

Die Summe des Ertrages eigener Leistung ist prinzipiell unantastbares Eigentum und nie ein tributpflichtiger Besitz. Er ist verfügungsrechtlich gegen den Willen des Eigentümers nicht übertragbar, weil Eigentum nicht in die Dispositionsgewalt anderer gelegt werden kann.

Weil Arbeit der Ursprung und die Quelle individuellen Eigentums ist, gehören die angesammelten Produkte der Arbeit dem, der sie erwirtschaftet hat, und zwar frei von allen Besitzsteuern. Eigentum ist der Verfügungsgewalt durch andere entzogen. Die Gesellschaft hat keinen Anspruch über das selbsterwirtschaftete Eigentum ihrer Gesellschaftsglieder. Die monetäre Inpflichtnahme jedes Bürgers in die gemeinsamen Angelegenheiten der Nation ist nur unter klaren, sachbezogenen Angaben, deren Kosten offenzulegen sind, zulässig.

Das Regulativ der individuellen Differenzierung materieller oder immaterieller Ansprüche ist die Selbstbestimmung über Art und Dauer der eigenen eingesetzten oder einzusetzenden Energiequanten zur Herstellung von Eigentum. *Schöpferisches Tun* oder motivationsarmes, eigentumsverzichtendes *Nichtstun* bleibt in einer freien, optimalen Demokratie in die Dispositionsfreiheit des Subjekts gestellt. Ein Versorgungsanspruch jener, die ihre Eigentumslosigkeit selbst verschuldet oder auch nur gewollt haben, an die Gemeinschaft der Schaffenden, ist parasitär und der eigentumsbildenden Gesellschaft nicht zumutbar. Nur unverschuldete Bedürftigkeit ist existenzerhaltend in gegenseitiger Hilfsbereitschaft auszugleichen, selbstverschuldete Leichtlebigkeit hingegen unter der Bedingung der Schadenslosigkeit anderer schließt die Konsequenz der Selbstverantwortlichung nicht aus. *Im Gegenteil, weil Leichtlebigkeit nicht zu verbieten ist, muß sie auch selbst verantwortet werden.*

Individuelle Entnabelung durch weltanschauliche Denkblockadenpflege

Das Gegenteil der soziokulturellen Entnabelung als Befreiungsakt zur Selbstverwirklichung ist die freiwillige oder knechtische Entnabelung vom Naturrechtsanspruch auf Individualität. Voraussetzung der individuellen Entnabelung ist die eingesehene Hoffnungslosigkeit dem Unterwerfungswillen anderer entrinnen zu können. Der klassische Fall der perfekten individuellen Entnabelung nicht nur einzelner, sondern ganzer Völker vollzieht sich vor aller Augen im Herrschaftsbereich der sozialistischen Denkblockadenpfleger. Die sozialistische Internationale aller Naturrechtsignoranten organisiert die absolute Verfügungsgewalt über Menschen und nennt dieses Schauspiel der Massenentnabelung vom Naturrecht in zynischer Dreistigkeit politischen Fortschritt.

Die individuelle Entnabelung nach aufgehobener materieller Unabhängigkeit und geistiger Kastration durch Verstaatlichung der Produktionsmittel zur Herstellung von Informationen vollzieht sich automatisch, indem die Bestimmung des Menschen zum Objekt der Staatsgewalt erst weltanschaulich, dann politisch und schließlich verfassungsrechtlich durchgestzt wird.

Die totale Verfügungsgewalt der sozialistischen Staatsgewalt über alle Existenzmittel befähigt zur totalen Manipulation. Sozialistische Manipulation ist zur Staatskunst geworden, den Manipulierten dahin zu bringen, die eigene Entrechtung leidenschaftlich zu begehren und der eigenen Entfreiheitlichung jubelnd zustimmen.

Als Beispiel soll hier nur an den dreist-makabren Jubelmarsch der SED-Genossen im Deutschland der Russen am 13. August 1981 anläßlich des 20. Jahrestages des Mauerbaus in Berlin erinnert werden. Die Entnabelung vom eigenen Ich, die individuelle Entnabelung also, könnte dramatischer nicht bewiesen werden.

Wenn totale Planungsbürokratien aus unangetasteter Machtkompetenz Ausbildung, Arbeitsplätze, Einkommen, Konsumbegünstigungen und Konsumdeklassierungen nach politischem Wohlverhalten verwalten, darüber hinaus das „Gemeinwohl", d.h., den persönlichen Anteil der Konsumgüterindustrie steuern, für jedermann generalisieren und unter Androhung von Repressalien wie Rentenverlust, Strafen oder Verbannungen erzwingen, dann findet die individuelle Entnabelung automatisch, also mit unausweichlicher Konsequenz statt.

Ohnmächtige Selbstaufgabe und herrschaftsgefällige Sozialisationsbereitschaft vollziehen die individuelle Entnabelung mit Notwendigkeit als einen Verzicht auf sich selbst, um wenigstens auf dem Existenzminimum zu überleben.

Konsequenzen der individuellen Entnabelung

Individuelle Entnabelung heißt also der Verzicht auf sich selbst, die Aufgabe des Anspruchs auf das Selbstverständnis der Individualsouveränität. Der Bezug auf den Ursprung der Menschenwürde wird aufgegeben und die Objektdegradierung des Menschen durch Staatsgewalt ohnmächtig, widerwillig oder ahnungslos hingenommen oder gebilligt.

Der naturrechtlich ableitbare Anspruch des Individuums auf Individualität, Verfügungsgewalt über sich selbst zu haben, wird der ideologisch-repressiven Staatsgewalt zugunsten einer erhofften Überlebensgarantie geopfert.

Individuelle Entnabelung ist die *resignative Selbsterhaltung eines deformierten Ichs.* „Wie ein zerschnittener Wurm, der seinem Pflug vergibt" (5), sucht der Entrechtete und über seine politischen Rechte im unklaren gehaltene Gewaltunterworfene zu überleben. Schon längst wagt er nicht, das zu tun, was er unter anderen Bedingungen wollen würde. Die Quelle seiner geistigen Kraft ist erloschen. Die viel beklagte Gleichgültigkeit der Arbeiter im Sozialismus ist eine Flucht aus der Unerträglichkeit der sozialistischen Leibeigenschaft. Er tut nur noch das, was andere von ihm fordern.

Obwohl Rousseau schon wußte, daß ,,die Freiheit der Menschen eben auch darin liegt, nicht das tun zu müssen, was man nicht will'' (6), vollzieht der individuell Entnabelte den Willen seiner Peiniger gleichgültig, mechanisch oder, weltanschauungsgeschädigt, ahnungslos begeistert. Oft wird im sozialistischen Ghetto der organisierten Angst die Nabelschnur des Gedemütigten und Entrechteten zu seiner naturrechtlichen Ursprünglichkeit einer existierenden und gebotenen Individualsouveränität freiwillig zerschnitten, um nicht in das tödliche Überwachungssystem politischer Unzuverlässigkeit zu geraten.

Jeder mögliche Verdacht der staatlichen Unterwerfungsorgane auf unbotmäßige Ambitionen wird, gewitzt und durch Erfahrungen bestärkt, durch demonstrative Entpersonalisierungsrituale und Loyalitätsbekundungen unmißverständlich ausgeräumt.

Diese oft demonstrativ vollzogenen individuellen Entnabelungsrituale sind verständliche Schutz- und Notwehrhandlungen und nur im Zustand absoluter Entrechtung und verweigerter sozialer Autarkie geboten. *Totale Wehrlosigkeit und totale politische Entmündigung im System eines weltanschaulichen Absolutismus gebietet oft, Dinge zu tun, die Freie nicht verstehen können!*

Sozialistischer Leibeigenschaftsanspruch als Ursache der weltweiten Entindividualisierungsgewohnheit

Die personale Individualitätszerstörung als Mittel der Wiederherstellung der mittelalterlichen Leibeigenschaft unter alphabetisierten Bedingungen einer Industriegesellschaft ist ohne die totale Entprivatisierung aller Produktionsmittel zur Restauration leibeigenschaftlicher Abhängigkeiten nicht realisierbar.

Die Vergesellschaftung von Produktionsmitteln ist daher die Voraussetzung des sozialistischen Leibeigenschaftsanspruchs über Entrechtete und existentiell Staatsabhängige.

Hat die Aufklärung vor dem Beginn der Neuzeit in Europa den Menschen aus geistigen Bevormundungen und Abhängigkeiten befreien wollen, so hat der historisch überlieferte Unterwerfungswille 1789 nicht etwa kapituliert oder aufgehört zu bestehen, im Gegenteil, er hat sich diesmal listig im Gewande der politischen Demagogie mittels ideologischer Denkschablonenpflege absolutistisch restauriert. Die einst Adligen des Feudalismus sind in die Larven der Nomenklaturisten, Parteibonzen und Politbürokraten geschlüpft. Sie reproduzieren ihre einstmals verlorenen Privilegien, vielfach gesteigert, mittels der ideologischen Manipulation des Volkswillens. Als Adlige sind die untergetaucht, als Sozialisten tauchen sie wieder auf, und als kommunistische Kader haben sie ihre alte Macht über Menschen nicht nur zurückerhalten, sie hoffen sogar, sie theoretisch weltanschaulich-staatsrechtlich endgültig verewigt zu haben.

In jeder sozialistischen Staatsordnung, insbesondere aber unter den klassischen Unterwerfungsbedingungen der sowjetischen Sklavenhaltersysteme, ist die endgültige Vernichtung aller Grundlagen und Möglichkeiten materieller Unabhängigkeit die Grundbedingung zur Aufrechterhaltung des parteipolitischen, sozialistischen Ständestaates, dessen Nepotismus die pfründensichernde Arbeitsdisziplin der zu Leibeigenen degradierten Werktätigen erzwingt.

Würde das materielle Ergebnis der sozialistischen Arbeit auch nur ein bißchen mehr als das Leibeigenschaft erhaltende Existenzminimum sichern - der millionenfache Widerstand gegen die absolute Unterwerfung würde aus der Situation einer wachsenden materiellen Unabhängigkeit der arbeitenden Bevölkerung nicht chancenlos bleiben.

Die systematische Aufhebung der sozialen Autarkie aller durch asozialen Sozialideologismus ist das restaurierende, antiaufklärerische Verfahren der politischen Entfreiheitlichung. Die Manipulationskraft der Verblüffungsfestigkeit weltanschaulicher Einparteienstaaten in der Neuzeit ersetzt die Herrschaftstheorie des Ständestaates des analphabetischen Mittelalters spielend.

Es ist auffallend, mit welcher Sogkraft ein entschlossen vorgetragener Unterwerfungswille am Ende der Neuzeit die Ängstlichen hypnotisiert und die Ahnungslosen der Freien Welt freiwillig in eine selbstaufgebende Entindividualisierungsgewohnheit drängt.

Individuelle Entnabelung durch konfiskatorische Steuerlastquoten relativer Eliten

Aber auch in weniger tyrannischen Herrschaftssystemen als unter den klassischen Formen der sozialistischen Prototypen der Volksentfreiheitlichung finden individuelle Entnabelungen und Selbstwertzertrümmerungen statt, und zwar immer dort, wo mittels konfiskatorischer Steuerlastquoten relativer Herrschaftseliten den Werktätigen der Durchbruch in die soziale Autarkie durch Arbeit verweigert werden konnte.

Die systematische steuerpolitische Ausdehnung der Anreiz- und Motivationsvernichtung zur Verhinderung der eigenverantwortlichen Lebens- und Zukunftsplanung und die Unterbindung selbstwertsteigernder Kulturbedürfnisse aus materieller Unabhängigkeit sind herrschaftsgefällige Entindividualisierungseinübungen zur geistigen Vorbereitung, mittels der Weltanschauung des sozialistischen antiindividualistischen Selbstwertverzichts die Verewigung der Verfügungsgewalt über *alphabetisierte Menschen* im Industriezeitalter zu restaurieren.

Das weltweite entmündigende *staatliche* Treuhandverwaltungssystem der Individualinteressen entfreiheitlicht und bürokratisiert die politische Gemeinschaft der ahnungslos Vertrauenden mit der Konsequenz und Systematik eines gehirnlosen Roboters!

Jeder Leser mag selbst seine systemimmanenten Herrschaftsbedingungen hinterfragen und den Stellenwert seiner Restfreiheiten, falls er überhaupt noch ein nonkonformistisches Individualinteresse entwickelt, im System seiner staatlichen Unterwerfungsbürokratien gewichten und sich ausrechnen, was in 10 oder 20 Jahren fortgesetzter Bürokratisierung von seinen gegenwärtigen Entscheidungsräumen noch übrigbleiben wird.

Es ist kein Zufall, sondern System, daß in der Übergangsphase zur sozialistischen Leibeigenschaftsordnung unter dem linkslastigen Sozialdemokratismus, wie in Skandinavien oder dem linkslastigen Nachkriegs-England belegt, die Reichen immer ärmer werden und die Armen noch nie weniger hatten als heute. Nur noch durch herrschaftssichernde soziale Vernetzung auf dem Unterschichtss andard kann das Existenzminimum der bereits Sozialistisch-Deklassierten noch gehalten werden.

In den sozialdemokratoiden Vorbereitungssystemen der individualsouveränen Massenentnabelung, in denen die Reichen immer ärmer und die Armen steuerlich-konfiskatorisch zu entwürdigten beihilfe-antragstellenden Habenichtsen ausgeblutet werden, hat die ausufernde Abhängigkeitsstrategie nur das eine Ziel, nämlich die endgültige politische Entmündigung eines materiell von Staatsalmosen abhängigen Volkes.

Ist die materielle Abhängigkeit und die individuelle Entnabelung aller vorbereitet, dann ist das Volk für den Sozialzynismus des S o z i a l i s m u s präpariert und die Vernunftfähigkeit des Menschen endgültig an den politischen Bonzenapparat verpfändet. Das ideologisierte Einspinnen der vernunftentleerten Unterwerfungsopfer garantiert widerstandslose Gewaltunterworfenheit. Wie anders als durch ideologische denkschablonengepflegte Irritationstheorien können politische Zwänge in einer Zeit, in der die physische Folter theoretisch nicht mehr begründet werden kann, noch durchgesetzt werden?

Dem Landesherr im Mittelalter war es ziemlich gleichgültig, was seine bis auf Rufweite kommunikationslosen Tributpflichtigen dachten. Abschreckendes Radaufschlagen, Hängen oder Schuldenturm konnten immer noch zur Pflichterfüllung, zum Frondienst oder zu Abgaben ermahnen. Die heutigen relativen Eliten haben längst gelernt, daß öffentliches Auspeitschen Unbotmäßiger nicht mehr die „geeigneten Maßnahmen" sind, die Steuergroschen der Werktätigen zu erpressen. Sie legen Wert auf eine freiwillige vorauszahlende Steuermoral und penible Offenlegung der winzigsten Einkommen.

Dieses Kunststück der Staatsgewalt ist der Kulminationspunkt möglicher Massenentrechtung überhaupt und der Triumph der Manipulationstechnik, Unterwerfungsgewohnheiten bramarbasierend zu verinnerlichen.

Die nächste Stufe des Staatsrechts ist die sozialistische Zuteilungsgesellschaft sowohl der Arbeit als auch der Konsumtion, wie sie sich seit der Oktoberrevolution 1917 wie eine Seuche über die Welt ausbreitet. Der Totengräber der Freiheit ist nicht der Kommunismus, sondern die sozialismusambitionierte, weltweit grassierende Sozialpathologie. Der Kommunismus ist nur die Endstufe der individuellen Entnabelung, sozusagen das Grab aller menschlichen Freiheit. Kommunismus ist die Omnipotenz der Naturrechtsignoranz und staatsrechtlich der Kulminationspunkt der Menschenrechtsverachtung.

Wenn der theoretische Schwachsinn der Linken aller Schattierungen sich habituell einer human anmutenden Gesellschaftsbeschreibung bedient, Gewalt über Menschen jedoch legitimiert, dann vermehren sich die niederen Überlebenskriterien der bedrängten Kreatur rascher, als ihnen Einhalt geboten werden könnte. Anpassungsbereitschaft, politische Denunziation, Mitleidlosigkeit und Brutalität im Umgang mit dem Menschenrecht des Nächsten lassen sich auch nicht durch „revolutionäre Gewalt" rechtfertigen; sie bleiben immer, was sie sind: Terror.

Huxley hat einmal apodiktisch erklärt: „Eine soziale Reform durchzuführen, die unter den gegebenen historischen Umständen auf so viel Widerstand stoßen muß, daß Gewaltanwendung notwendig wird, ist ein übereiltes Verbrechen'' (7). Es ist nicht zu erkennen, daß Huxley Unrecht hatte.

Ein kluger Beobachter unserer Tage, Peter Maiwald, beschrieb die Individualitätsfeindlichkeit unserer politisch deformierten Gesellschaft fast nachsichtig: ,,Wenn man wissen will, wie die Selbständigkeit der Menschen geringgeschätzt wird, braucht man nur auf die Betonung zu hören, mit der das Wort ,,eigenwillig'' verwendet wird''.

Die ganze Sophisten-Philosophie der sogenannten Linken, die heuchlerisch den individuellen Terror im Einzelfall - aus guten Gründen der Selbsterhaltung - ablehnt, die aber revolutionäre Gewalt gegen vielerlei Andersdenkende verherrlicht, ist die Weltanschauung von bösartigen Schreibtischtätern und nicht selten von Lustmördern im pseudointellektuellen Gewande.

Man muß sich mit dem Gedanken abfinden, daß es die Freiheit einer optimalen Demokratie nie geben wird, solange ,,Regierungen'' über die wirtschaftliche und politische Macht verfügen, die Interessen des Volkes unter dem Rechtfertigungsschema einer Gemeinwohllüge nach Belieben reglementieren zu können.

Bürokratien stehen im Dienste der individuellen Entnabelung

Jede Unterwerfungsmacht bedient sich der bürokratischen Apparaturen als der zuverlässigsten und geräuschlosesten Brechwerkzeuge der Volksentfreiheitlichung.

Die nationale und internationale aufgeplusterte Unordnungsbürokratie lebt und mehrt sich aus der Reformierung und Umordnung ihrer geplanten Unordnung. Jedes überflüssige Gesetz ist ein fesselnder Strick, der aus der Verfügungsgewalt über sich in die Verfügungsgewalt durch andere zerrt. Jedes machtausweitende Unterwerfungsgesetz vertreibt aus dem Paradies der Individualsouveränität und öffnet die Höllentore der Bevormundungsbürokratien.

Wenn moderne Parlamentsarbeit nur noch darin besteht, schlechte Gesetze nicht mehr ersatzlos aufzuheben, sondern durch Verbesserungen nur noch schlechter zu machen, dann hat dieses Parlament den ursprünglichen Auftrag, nämlich die Rechte, eines jeglichen zu schützen und zu sichern, und zwar jene, die er schon vor dem Parlament hatte, und nicht jene, die durch Staatsgewalt vergeben wurden, verloren und auf den Kopf gestellt. Schon längst ist bekannt, wissenschaftlich untersucht und bestätigt, daß ,,umfassende Planung von einzelnen Nationen zum internationalen Chaos'' führt und ,,nationale Planungslosigkeit in Witschaftsangelegenheiten die beste internationale wirtschaftliche Zusammenarbeit ergibt''. (8, siehe Huxley, ,,die geplante Gesellschaft'')

Das ist kein Widerspruch, sondern Erkenntnis! Die perfekteste Planung mit den geringsten Reibungsverlusten ist die Planung, die nicht geplant wurde, sondern sich nach der Bedürfnislage der Gesellschaft situativ selbst entwickelt.

Es ist schlimm genug, daß durch überhöhte Steuerlastquoten viele Menschen sich für die Ausweitung der Bürokratien, sich selbst entrechtend, fast zu Tode arbeiten, um sich am Leben erhalten zu können. Wenn dieses zweifelhafte Glück aber auch noch sozialer Fortschritt genannt wird, dann ist ausgemachter Schwachsinn Politik geworden.

Eine Behörde ist sich immer selbst genug, sie ist mit der Reproduktion von Planstellen vollauf mit sich selbst beschäftigt. Ob wohltaten- oder übelverbreitend, sofern sie, sich selbst beschäftigend, aus der Wehrlosigkeit und Ohnmacht der Unterworfenen ihren Honig saugen darf, funktioniert sie reibungslos.

Bürokratisierte Verwaltungen sind Bürokratien, die sich durch Verwaltung ihrer Verwaltung unaufhörlich verwalten. Würden alle Bürokratien nichts tun, so würden sie durch Verringerung des Unheils, das sie stiften, mehr tun als jede unheilstiftende, in Bewegung geratene Verwaltung.

Bürokratien reproduzieren die Verwaltung und mehren sinnlose Übel, die es ohne Bürokratien nicht gäbe. Einer Bürokratie ist die Einsicht in das formelle Prinzip unmöglich; würde sie es begreifen, würde sie ihre Selbstauflösung beschließen müssen.

Bürokratien leben und existieren durch die Überarbeitung anderer, sie blühen, wachsen und gedeihen auf Kosten der wehrlos gemachten Tributpflichtigen. Ralf Dahrendorf hat einmal gesagt: ,,Kleinlebewesen vermehren sich durch Zellteilung, Bürokratien durch Arbeitsteilung''; und C. N. Parkinson, der schärfste Analytiker bürokratischer Zellteilung, erklärt schlicht: ,,Bürokratie ist nichts anderes als eine gut organisierte Seuche.''

Jedes bürokratisierende Gesetz steht im Dienste der Restauration neofeudalistischer Leibeigenschaftshoffnungen relativer Eliten. Bürokratie ist das Instrument zur Wiederherstellung voraufklärerischer Unterwerfungsverhältnisse, ist antibürgerliche, körperverletzende politische Reaktion für den allgemeinen und seelische Folter für den politisch sensibilisierten Bürger jedes Landes.

Es geht nicht mehr darum, ob ein Gesetz gut oder schlecht ist, allein die Tatsache, daß es ein weiteres ist, ist Grund genug, daß es zur seelischen Körperverletzung eines ganzen Volkes zu entartet.

Es kann festgestellt werden, daß der Zeitpunkt der Unzumutbarkeit weiterer Gesetzesflut erreicht ist und der Tatbestand einer psychischen Körperverletzung durch den obligatorischen Unterwerfungsterror eines jeden überflüssigen Gesetzes mit Sicherheit gegeben ist.

Die deformative Entnabelung

Eine weitere Entnabelung neben der positiv-intellektuellen, soziokulturellen und individuellen oberhalb der Nullschwelle ist die sogenannte deformative Entnabelung. Sie besagt, daß die erreichte politische Kultur aus sozialer Autarkie zu einer geistigen Unabhängigkeit geführt hat, die jede manipulative Strategie relativer Eliten klarsichtig und rechtzeitig durchschaut und, gesichert in einem Freiraum materieller Unabhängigkeit, zum politischen Risiko der systemtransparenten Wahrnehmung der eigenen Urteilskraft fähig geworden ist.

Dieser Prozeß der gewachsenen Deformationsimmunität soll in der Entnabelungsreihe *deformative Entnabelung* genannt werden. Er meint die Entnabelung von deformativen Zwängen, manipulativen Informationsketten und gehirnschädigenden und urteilskraftlähmenden Ideologien.

Der politische Mündigkeitsanspruch wäre folgerichtig erst unter diesen Bedingungen möglich. Niemand kann politisch mündig sein wollen, der sich vor Deformationsstrategien relativer Eliten nicht zu schützen weiß. Anton Slonimskis Auffassung ist voll zuzustimmen, wenn er konstatiert, daß „die Immunität gegen Demagogie in dem Maße zunimmt, in dem die Stabilität (der Existenzbedingungen) und der Lebensstandard wachsen".

Es kann nicht deu lich genug gesagt werden, daß soziale Autarkie der sicherste Schutz ist vor Entrechtung und Deskelettierung der Menschenwürde durch Herrschaft. Moderne Unterwerfungsherrschaft, die das weiß, konzentriert daher ihre Machtsicherungsstrategie auf die Enteignung, Verstaatlichung und Besitzlosigkeit, weil niemand wehrloser sein kann als der Besitzlose.

Besitz ist hier nicht Selbstzweck, nicht Anhäufung von überflüssigen Luxus- oder Gebrauchsgütern, sondern nur als Mittel zum Zweck notwendig. Denn nur die Herrschaft, die das Eigentum schützt, es sich mehren läßt und nicht bestraft, stabilisiert die Freiheit durch die wachsende Angstlosigkeit existenzgesicherter und zur wachsenden Vernunftpflichtigkeit bereiter Bürger; diese Herrschaft ist ideal, als solche wird sie hier auch bezeichnet.

Eine Herrschaft, die sich am Eigentum der Beherrschten vergreift, ist nicht nur eine schadenstiftende, eine freiheitsvernichtende und vernunftwidrige, sondern auch eine seelenlose, instrumentale Herrschaft, die sich selber Zweck ist. Daß wenige einzelne die Deformationsimmunität auch ohne Besitz, ohne sozial autark zu sein, sondern allein durch die Klarheit des Verstandes entwickeln können, ist nicht ausgeschlossen. Jedoch nützt es ihnen nichts, weil Klügere durch Besitzlosigkeit gezwungen werden könnten, nachzugeben, wenn existentielle Not ihnen das Überleben verhindert. Was nützt es einem Rechtsuchenden, die Staatsgewalt zu verklagen, wenn er seinen Anwalt nicht bezahlen kann und sich einem staatlich befohlenen Pflichtverteidiger anvertrauen muß? Wie will ein Besitzloser, der von seiner Herrschaft Arbeit und Lohn empfängt, einen Prozeß gegen seinen Herrn gewinnen, der täglich seine Obrigkeit ist?

„Wer frei sein will,'' sagt Epiktet (9),'' muß nichts begehren und nichts fürchten, was in eines anderen Macht steht, andernfalls ist er dessen Knecht''. Warum sind die überall nachlesbaren Weisheiten klassischer Denker so schwer zu verstehen? Wenn sie schon nicht in den Schulen relativer Herrschaftseliten gelesen werden, so sollten doch freie Menschen sie lesen, bevor sie politisch urteilen.

Die deformative Entnabelung beendet die geistige Deformationswirkung jeder relativen Elite und negativen Gewalt.

Eine Zertrümmerung der eigenen Urteilskraft durch materielle Abhängigkeit, politischen Terror oder gedankenlose Nachahmung systemimmanenter Verhaltensgewohnheiten ist durch die bewußt gewordene Individualsouveränität ausgeschlossen. Die Kommunikationsbrücke obrigkeitsstaatlicher Deformationsapparate ist gesprengt, die Deformationsimmunität der Urteilskraft der geistig Unabhängigen ist stabilisiert. Der Wille ist autonom, zur vernunftpflichtigen Selbstbestimmung fähig geworden.

Die geglückte positiv-intellektuelle, soziokulturelle und deformative Entnabelung sind Garantien eines glücklichen und erfüllten Lebens in einer wiederkehrenden Freiheit. Die Zweidimensioniertheit des Menschen mit ihren materiellen wie immateriellen Bedürfnissen ist harmonisch ausgeglichen, der subjektiv denkbare Erwartungshorizont durch Mut, Nüchternheit, Ausdauer und Klarheit des Verstandes befriedigt worden. Die vollzogene Glückseligkeit ist die irdisch erreichbare Glückseligkeit eines Freien!

Das Geheimnis dieser Selbstverwirklichung unter deformierten Herrschaftsbedingungen im Verlauf selbstwertsteigernder Entnabelungen erschließt sich nicht von allein. Es ist der Lohn der beständigen Bereitschaft, diese Freiheit geduldig, aber zäh und entschlossen für sich zu fordern und keinem Vernünftigen zu verweigern. Das Leben unter repressiven Herrschaftsverhältnissen ist immer ein dauernder Kampf um Unabhängigkeit und eine dauernde Abwehr der Verfremdungsenergie durch Obrigkeit und verschleierte Herrschaftslügen.

Es ist der größte Irrtum aller Zeiten gewesen, den Schutz der Freiheitsrechte, sich entblößend, anderen anzuvertrauen und Obrigkeiten zu bitten, sie zu verwalten. Jeder einzelne muß die Gewähr behalten, für sich selbst einzustehen.

Der Rechtsstaat aus der Idee der Freiheit verbürgt daher den Schutz der Freiheit aller dadurch, daß er den Schutz zur Selbsthilfe aller verbürgt; daraus folgt, daß jede Idee, die die Selbsthilfe und materielle Unabhängigkeit des Bürgers hintertreibt, die Freiheit des Volkes in Ketten legen will.

Die gesellschaftliche Entnabelung

Im Gegensatz zur deformativen Entnabelung aus Herrschaftszwängen des Siegreichen und des Glücklichen vollzieht sich für die schweigende und entrechtete Mehrheit, die den Überfluß für eine lautstarke Minderheit produziert hat, die sog. gesellschaftliche Entnabelung der politisch Mißbrauchten, materiell Abhängigen und um die Selbstentfaltung Betrogenen.

Gesellschaftliche Entnabelung charakterisiert die herrschaftsstabilisierende Abdrängung der arbeitsunfähig gewordenen Werktätigen auf das politisch-gesellschaftliche Altenteil einer macht-, einfluß- und kommunikationslosen, politisch irrelevanten Altenheimidylle.

Das unmenschliche Verbot der Berufstätigkeit mit dem Beginn eines generalisierten Stichtages, obwohl Können, Talent und Fähigkeiten, manchmal auch der Wille des Pensionsberechtigten dem entgegenstehen, gehört zur Strategie der gesellschaftlichen Entnabelung. Die abrupte Wegwerfsituation eines lebenslang produktiven Menschen charakterisiert den Zustand der konventionell eingespielten Unmenschlichkeit und Seniorenfeindlichkeit in einer Gesellschaft, die mit dem Verlust des Arbeitsrechts zugleich die gesellschaftliche Rangordnung absichtlich entzieht und den gesellschaftlichen Stellenwert des Abgeschobenen vernichtet.

Der Stichtag-Pensionär ist politisch out, er ist gesellschaftlich entnabelt. Nicht mehr anhörungswürdig, wird er zur inneren Emigration zu seinesgleichen verdammt. Mit Bedacht und unterwerfungssichernder Weitsicht wird die informative Zirkulation zwischen den Geschlechtern der heranwachsenden Ahnungslosen und den abgeschobenen Leidgeprüften und Erfahrungsträchtigen unterbrochen.

Die in den Sielen der steuerlastziehenden Fronarbeit grau und alt Gewordenen werden den Heranwachsenden, die für eine 40-jährige herrschaftssichernde Pfründenabschöpfung vorbereitet werden, sozialrelevant vorenthalten. Der systemtransparente Erfahrungsaustausch darf zwischen jung und alt nicht stattfinden, weil der Anblick des Endes des verbrauchten, zum Unterschichtsstandard verurteilten, erfolglos gebliebenen Werktätigen, der es bis auf seine angemietete Behausung zu nichts gebracht hat, den Heranwachsenden vor der eigenen grausigen Zukunft schaudern ließe.

Auch wenn die eindimensionierte Verkrüppelung der möglichen Lebensqualität, das arbeitskraftreproduzierende Ableben des Lebens am Rande des Existenzminimums, dem zu seinesgleichen gesellschaftlich entnabelten, abgeschobenen Pensionär oft unbewußt geblieben ist, so könnte der Heranwachsende beim Anblick der Sinnlosigkeit eines verbrauchten Lebens herrschaftsgefährdende, unerwünschte Schlußfolgerungen ziehen.

Die lebenslängliche Objektbestimmung des Arbeiters durch das hoheitliche Gewerbe, durch Staatsgewalt, politische Bonzen, Nomenklaturisten und Genossensyndikate, diesem Neuzeitadel im Industriezeitalter, hat ihm in der Regel *die mögliche seelische Erbauung aus der immateriellen Substanz seines Seins,* also seine Befreiung aus vernunftlähmenden Verhaltensmustern, ausgeschlossen.

Vielleicht ist es ein gütiges Geschick, das den lebenslang durch Staatsgewalt Mißbrauchten am Ende des Lebens davor bewahrt, zu erkennen, welchen immateriell qualitativen Lebensabend er hätte haben können, wenn Herrschaft ihn sein Leben lang nicht daran gehindert hätte, Eigner seiner selbst zu werden.

SCHEMA DER WECHSELNDEN INTERESSEN NACH LEBENSABSCHNITTEN

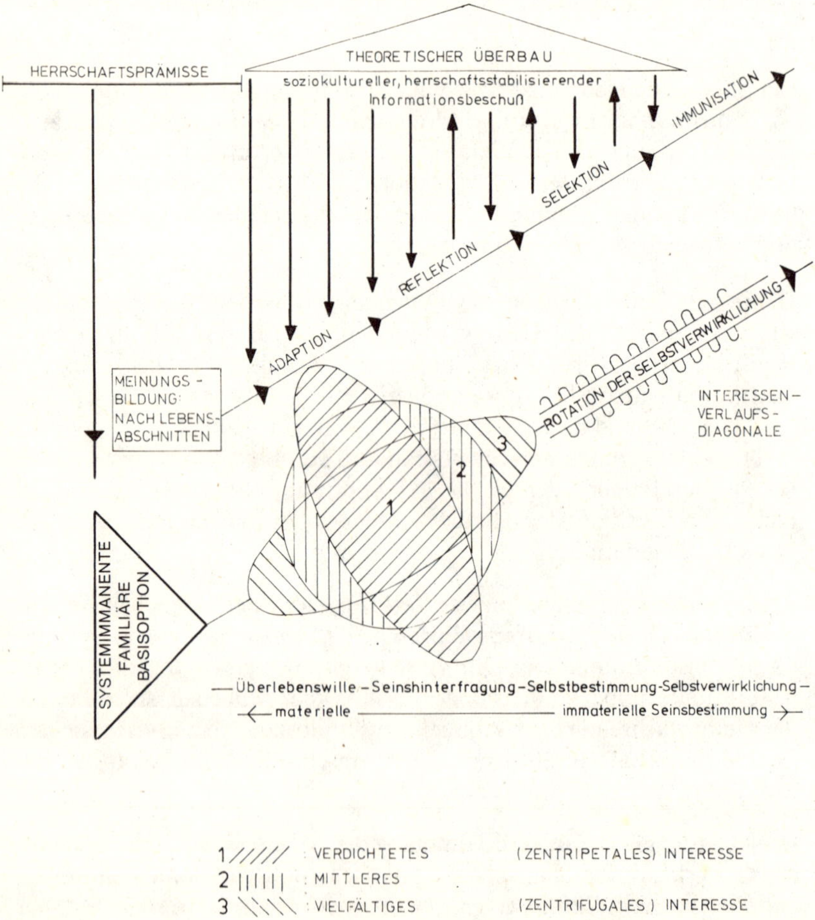

Kapitel XII

Die materielle Dimension des Seins

Bedürfnissicherung ist Lebenssicherungspflicht

Menschsein heißt, alle menschlichen Bedürfnisse befriedigen zu können! Zur Bedürfniseinschränkung ohne Not ist keine Kreatur geschaffen, am wenigstens der Mensch!

Es besteht für niemanden ein Grund, auf etwas, das man sich leisten kann, zu verzichten, weil vor jeder Wunschbefriedigung der Kostenfaktor des Wunsches durch Arbeitsleistung erbracht wurde oder aber als Verpflichtung anerkannt wird, den Kostenfaktor rechtmäßig zu regulieren. Ein Bedürfnisverzicht im Sinne eines Verzichts auf eine Sache ist in erster Linie eine Verweigerung der Chance anderer, durch die Herstellung dieser Sache zur eigenen Bedürfnissicherung beizutragen.

Nicht durch den Verzicht auf eine Sache wird die Not der Beschäftigungslosen gelindert, sondern durch die materielle Bedürfnissteigerung des einen wächst die Bedürfnissicherung des anderen.

Nicht wohltätige Gaben lindern die Not, sondern die Herstellung von Sachen durch Beschäftigungslose. Der freie, also straflose Gebrauch aller Bedürfnisse ist die Voraussetzung zur Entfaltung aller Produktivkräfte zur Bedürfnissicherung.

Die materielle Dimension des Seins vollzieht die Sättigung des Leibes und die Sicherung der Sinnenfreuden als Prinzipien körperlichen Wohlbefindens. Wohlbehagen ist ein mitmenschlich unschädliches Individualbegehren, dem nichts anderes als Billigung entgegengebracht werden muß.

Jede Wohlbehagen schmälernde Einflußnahme einer privaten oder öffentlichen Person auf die Seins- und Selbstbestimmung eines Individuums ist schon als Absicht ein Unrecht. Der unrechtvermehrende Unrechtgehalt einer Bedürfnisbestimmung durch verbrecherische Staatsgewalt ist das Unterwerfungsmittel jeder relativen Elitenherrschaft. Es muß beendet werden, wenn der Bedürfnisverweigerungsterror moderner Unterwerfungseliten nicht in die Massensklaverei eines Unterschichtsstandard-Sozialismus entarten soll.

Alle asozialen Verteilungstheorien zur Abschwächung der Bedürfnissicherungen wie auch alle politischen Ambitionen zur Verteilung der Lebenschancen durch Obrigkeiten, Kollektive oder Parteien, die das allgemeine Wohlbehagen der Menschen, die materielle wie die immaterielle Seinsverwirklichung, nachteilig, d.h., verweigernd, beeinflussen, bedrängen, verbieten oder bestrafen, *sind ihrem Wesen nach leidsetzende Ambitionen ohne hinreichenden Grund.* Sie entspringen einer machtwollenden Verweigerungswillkür eines anderen, was vernunftwidrig ist. Bedürfnisverweigerungsideologien sind folglich theoretisierte Idiotien, die durch Mangelwirtschaft die materielle Abhängigkeit der Entrechteten naturrechtswidrig zu erzwingen trachen. Jede naturrechtseinschränkende Willkür aber ist nichtig, weil naturrechtlich unzulässig ist, was die Natur des Menschen vergewaltigt, entwürdigt, bedrängt oder entfremdet.

Selbst jeder partielle, *gewollte* Bedürfnisverzicht des Menschen ist durch das Bedürfnis, zu verzichten, kein Bedürfnisverzicht. Ob aus Unvermögen der Bedürfnisverwirklichung oder aus Unbehagen an der Fortsetzung der erfüllten Bedürfnisse eine Umstellung des Bedürfnishorizontes stattfindet, ist gleichgültig. Auch die Negation eines Bedürfnisses ist das Bedürfnis eines Individuums,das sich die Verweigerung nur selbst auferlegen kann.

Insofern ist die Existenz des Menschen um so qualitativer, je höher der Entscheidungsspielraum über die individuelle Bedürfnisplanung durch individuelle Wertschöpfung entwickelt werden kann. *Nicht die Mangelwirtschaft sozialistischer Menschenrechtsignoranten, sondern die Überflußgesellschaft der freien Produktionskultur der Naturrechtspostulanten sichert Freiheit, materielle Unabhängigkeit und die ungeschmälerte Individualsouveränität des Freien.*

Die Geschichte der Menschheit ist keine Geschichte von Klassenkämpfen, sondern die der Pfründensicherung

Die Geschichte des Menschen ist nicht eine Geschichte von Klassenkämpfen, sondern immer nur die Geschichte der Abschöpfung von Pfründen durch Herrschaft und der Unterwerfungs- und Ausplünderungsverweigerung der Beherrschten gewesen. Die dauernde Verweigerung der praktischen Rechtsgleichheit und der Gleichheit der Lebenschancen ist das Wesen jedes Herrschaftswillens relativer Eliten.

Keine siegreiche Klasse hat je auf die Verfügungsgewalt von Menschen über Menschen verzichtet, im Gegenteil, jeder Sieg einer Klasse über eine andere hat die Methoden der Abhängigkeitssicherung herrschaftsstabilisierend verfeinert, die Überlebenschancen der Individuen erschwert, Gewalttätigkeit gegen Wehrlose spezialisiert und die Ausplünderungstechniken perfektioniert.

Klassenkämpfe waren nie etwas anderes als die Kämpfe der Entrechteten um die profan-materiellen Begünstigungen anderer. Machtmißbrauch verschafft den leichtesten Zugang zur Dauerpfründe auf Kosten der Entmachteten.

Von allen in der Geschichte bisher aufgetretenen Herrschaftstheorien ist der Sozialismus die bisher einzige Herrschaftsideologie, die diesen Machtkampf, diesen ewigen Wechsel der Nutznießung voller staatlicher Tröge, durch Verabsolutierung der politischen Entrechtung aller und durch totale Organisation der Ohnmacht der Gewaltunterworfenen mittels Verstaatlichung aller Existenzmittel für ewig herrschaftssichernd zu entscheiden trachtet.

Dieser Machtkampf um die Verewigung staatlicher Pfründe erklärt auch den totalen Unterwerfungswillen des Großtyrannen in der Kreml-Gruft, den Sieg über die werktätige Klasse der ganzen Welt zu wollen. Die krampfhafte Abwehr jeder Partizipation an der Medienpolitik, z.B. durch die kommunistische Partei in Polen nach der freien Gewerkschaftsbewegung Solidarnost, beweist den brutalen Willen, eroberte Macht unter keinen Umständen wieder aus der Hand zu geben. Es wird eher ein Bürgerkrieg in Kauf genommen, als daß der freie Zugang zu Massenmanipulationsmitteln gestattet wird.

Herrschaftsstabilisierend hat diese konsequente Vernichtung der kulturentwickelnden und kulturtragenden, bedürfnisentwickelnden bürgerlichen Gesellschaft einen logischen Sinn, nämlich den, mit der wachsenden wirtschaftlichen Ohnmacht aller die politische Macht über die Ohnmächtigen gesetzmäßig wachsen zu lassen. Die in der BR-Deutschland sozialpathologisch aufgezogene „Soziale Vernetzung" hat sich als manipulative sozialistische Deformationsstrategie noch rechtzeitig entlarvt. Die Ausdehnung der Sozialpolitik hat sich viel zu früh als wachsender Fortschritt der Bedürftigkeit entpuppt.

Die Geschichte der Menschheit ist daher nicht, wie durch neue Unterwerfungseliten behauptet wird, eine Geschichte von Klassenkämpfen, sondern die der wechselnden Pfründensicherung. Die Teilnehmer der jeweils neuen Pfründenabschöpfungscliquen waren nie eine neue Klasse, sondern im Regelfall die gleiche Klasse mit nur anderen Darstellern. Es hat keinen Zweck, hier auf die soziale Zusammensetzung der kommunistischen und sozialistischen Scheinparlamente einzugehen; nur soviel: *Vertreter der neuen Klasse, etwa Arbeiter und Bauern, sind hoffnungslos unterrepräsentiert bzw. in Wirklichkeit nicht vorhanden. Der in der Französischen Revolution 1789 gestürzte Hofschranzen und Bürokratenadel hat sich nur gewerkschaftlich und sozialistisch restauriert.*

Die materiell erstrangige, aber immateriell zweitklassige Selbstverwirklichung

Die materielle Dimension des Seins dominiert als materielles Sicherheitsbedürfnis aller menschlichen Antriebe. Kultur erwächst erst aus der wirtschaftlich saturierten Situation einzelner oder, sofern die mittelständische Existenzsicherung verallgemeinert ist, aus der saturierten Situation aller. Aus dieser Lebenspraxis können, umgekehrt, Schlußfolgerungen gezogen werden, die u.U. zu furchtbaren Einsichten führen.

Die materielle Dimensionierung der Antriebe *priorisiert* im Vorlauf der egoistischen Qualifikationsspirale alle anderen. Sie ist, obwohl erstrangig, im Hinblipk auf die Qualifizierung der Egoismusquanten die *zweitklassige* Form der Selbstverwirklichung.

Immer, d.h., es kann als Regel angenommen werden, erweist sich die materielle Dimension des Seins als erste und durchbrechende, als die stärkste Triebfeder des Menschen. Alles scheint in dieser Phase seinen Preis zu haben, selbst die Treue, der Verrat, das Verbrechen erscheinen käuflich, und bei materiell Abhängigen trifft dies im Regelfall auch zu.

Die materielle Dimensionierung ist also erstrangig, aber nicht erstklassig. Weil die materielle Bestimmung der Antriebe als Vorlaufphase die körperlichen wie materiellen Voraussetzungen für die zweitrangige, aber erstklassige Form der immateriellen Selbstverwirklichung des Vernunftpflichtigen erst ermöglicht und stabilisiert, hat dieser problematische Entwicklungsschub des Menschen eine gewisse Berechtigung, vor allem dann, wenn er als ,,Prozeß des Werdens" erkannt und eingesehen werden kann.

Die Unterscheidung der materiell erstrangigen, aber immateriell zweitklassigen materiellen Bestimmung der Antriebe hat strukturierenden Charakter. Sie soll den Stellenwert verdeutlichen und helfen, die eigenen Antriebe nach ihren Qualifikationen zu bestimmen.

Wenn das herrschaftsstabilisierend zugestandene Existenzminimum der Gewaltunterworfenen die qualifizierten Entfaltungsmöglichkeiten der Bedürfnisbefriedigung oberhalb des Existenzminimums eingeschränkt, verwehrt oder politisch ächtet, so wird durch Herrschaft die vitale Antriebsenergie der individuellen Selbstsucht und Qualifikation der Lebensinhalte auf die Ansprüche einer geschwächten Selbstliebe reduziert.

Daraus folgt, daß der Status eines lebenssinnverweigernden Existenzminimums als Dauererscheinung einer politischen Ordnung die materielle wie immaterielle Zweidimensioniertheit des Menschen bis zur Verkrüppelung lebensqualitativer Begehrlichkeiten naturrechtsverweigernd amputiert.

Die materiell zweitrangige, aber immateriell erstklassige Selbstverwirklichung

Die Unterwerfung des Menschen ist nicht zu beseitigen, wenn die Überwindung der herrschaftssichernden Dauerdeformation des individuellen Begehrungshorizontes nicht gelingt. Voraussetzung einer Reaktivierung der Selbstverwirklichung in Freiheit ist die *Aktivierung der Selbstsucht,* die absolute eigene Freiheit und nichts anderes als die absolute Freiheit des anderen zu wollen. Die Verweigerung der Selbstsucht als legitimer Interessenausdehnung durch beliebige Herrschaft fixiert den Menschen absichtlich auf nackte Überlebensstrategien.

Die Existenzsicherungsenergien des bedrängten Menschen müssen daher zur Existenzverwirklichung in Freiheit einen kühnen Sprung in das Reich immaterieller höherer Ansprüche wagen, was nur durch Vitalisierung der Selbstsucht möglich ist.

Leistungsadäquate, individuelle Anspruchserfüllungen sind nur unter repressionsfreien Bedingungen möglich, die durch keine herrschaftsstabilisierenden Einschränkungen in ihrer Chancengleichheit disproportionalisiert werden, d.h., jede Reglementierung, Beschneidung, Abschöpfung, parasitäre Partizipation an einer Vorteilssicherung anderer, Enteignung von Vermögen und Besitz, staatliche Bestrafung von Fleiß, Sparsamkeit und privater Akkumulation von Kapital sind als Beschränkungen der Verfügungsgewalt über Eigentum naturrechtswidrige Verweigerungen lebensqualifizierenden Wohlbehagens, wozu niemand in der Welt, weder Herrschaft noch der Nächste, noch weniger ein Fremder und am allerwenigsten eine anonyme Obrigkeit, die in keinem Verwandtschaftsverhältnis zum Auszuplündernden steht, ein Recht hat.

Es nützt einer erstklassigen immateriellen Existenzverwirklichung wenig, wenn z.B. materielle Not, entgrenzte Staatsgewalt, asoziale Zugriffsideologie auf anderer Leute Gespartes oder in Generationen Erworbenes, dessen Existenz niemandem schadet, oder ideologischer Parteiterror den Willen zur Selbstverwirklichung in Freiheit mit Angst begleiten und dem Entrechtungsanspruch *chaotischer* Willensfreiheiten, der den Tatbestand mehrheitlich organisierter Idiotien leicht nachweisen läßt, überantworten.

Den notwendigen Sprung von der erstrangigen materiellen Seinsbestimmung in die erstklassige immaterielle Bedürfnisqualifikation aller scheint der parteihörige, mit dem Mandat einer chaotischen Volkssouveränität ausgerüstete und zur chaotischen Gesetzgebung entschlossene Politiker unserer Tage kaum noch zu begreifen.

Verzicht auf die Immaterialisierung der Egoquanten ist ein Zukunftsangstverhalten

Es kann dem mangelnden Streben des europäischen Mittelstandes zur Erstklassigkeit der Antriebe vorgehalten werden, daß trotz sozialer Autarkie so wenig Beweise einer immateriellen Durchdringung der Lebensplanung öffentlich auffallen und die Jet-Set-Prominenz in ihrer Banalitätsverstrickung eher Ekel und Abneigung aufrichtet als Bewunderung und Hochachtung.

Die übermäßige Vergnügungssucht, die von Bell oder Erich Fromm als Hauptübel der westlichen Welt (1) beklagt wird, hat ihren Grund nicht in der Unverantwortlichkeit des einzelnen, sondern in dem parasitären Anspruchsverhalten einer schamlos ausplündernden negativen Staatsgewalt, die eine gehobene kulturelle Selbstverwirklichung oberhalb der profan-materiellen Egoismusquanten immer sinnloser erscheinen läßt.

Die relative politische Elite, die immer zugleich finanziell schamlos partizipiert und politisch entrechtet, die die individuelle Vermögensbildung und das Bedürfnis zur materiellen Unabhängigkeit zur Sicherung des Wohlbehagens als eines Bestandteils der immateriellen Selbstwertsteigerung im Prinzip grenzenlos beschneidet oder bis zur Reduktion auf das Existenzminimum besteuert, und soweit sie kann, sogar bestraft, verweigert zugleich bewußt und zielgerichtet die Umwandlung der erstrangigen , aber zweitklassigen Form der Existenzsicherung in die zweitrangige aber erstklassige Form einer vernunftpflichtigen Selbstverantwortbarkeit des Menschen in Freiheit. Dieser komplizierte Satz ist eiskalt, aber konsequent und klar und sollte zehnmal gelesen werden, damit sich im Gedächtnis verhaltensregulierend etwas bewegt.

Die nicht vollziehbare qualitative Erhöhung der Egoismusquanten im Anblick einer zerrinnenden Vernunftpflichtigkeit staatlicher Gewalt nach innen und Handlungs- und Entscheidungsunfähigkeit und opportunistischer, feiger Prinzipienlosigkeit nach außen läßt die Verzweifelten religiös wie areligiös versponnene bis dekadente *Ersatzhandlungen* vollziehen, um Bells ,,Schlachtfeld der mordenden Kultur'' und dem neurotischen Fäkalienkult der politisch vernunftentwurzelten Weltanschauungsgeschädigten und den sozialen Begehrungsneurosen der Asozialen, insgesamt also diesem Schmarotzerdunst einer institutionalisierten Sozialbürokratie, zu entfliehen.

Die weitverbreitete Stimmung des Volkes, ,,genieße den Tag, morgen hast auch du nichts mehr'', ist eine scharfsichtige Tendenzanalyse über den schamlosen Ausplünderungscharakter aller relativen Herrschaftseliten.

Wohlstand macht niemanden unglücklich, und gesicherter Wohlstand für alle macht niemanden schlecht. Unglücklich macht nur die Angst, erzielten Wohlstand durch die etablierte ,,Klassengesellschaft der öffentlichen Gewalt'' wieder zu verlieren.

Das ,,Sich-Klammern-An-Besitz'', wie Erich Fromm mißbilligend bemerkt, dieser ,,Habenmodus'', ist nichts anderes als herrschaftsverschuldete Zukunftsangst.

Der wachsende Gesetzesterror - jedes Gesetz ist eine Handlungsbeschneidung und Rechtsverkürzung - signalisiert das endgültige Grauen einer Zukunft, die den Menschen zum Objekt bürokratischer Leibeigenschaft zu entmündigen trachtet.

In den durch die Wohlstandssabotage des Gesetzgebers immer seltener werdenden Fällen, in denen glückliche Umstände, Können und Fleiß den existentiellen Minimalismus überwunden haben, mehr noch, soziale Autarkie bis zur Überfülle sich verallgemeinern konnte, die Egoismusquanten sich aus der materiellen Dimensionierung aber nicht mehr zu lösen vermögen, dort müssen andere, destruktive Kräfte den höherwertigen, bedürfnisbefriedigenden Qualitätsumschlag verhindern als nur die Raffgier oder der exaltierte Narzißmus abartiger, aber sozialrelevant harmloser Schwächlinge.

Daß diese Kräfte im hartnäckigen Auftreten weltrevolutionärer Gemeinwohl-Ambitionen und in der Unfähigkeit gewählter, nur um Macht und Pfründensicherung besorgter Volksvertreter liegen, die sich parasitär auf Kosten der zum ,,Selbstbedienungsladen der öffentlichen Hand'' (1) gewordenen privaten Gesellschaft bereichern, liegt überdeutlich auf der Hand. Die Untergangs- und Zusammenbruchsstimmung der Euro-Atlantischen Gemeinschaft erinnert ahnungsvoll an einen bevorstehenden Hunnensturm, erinnert an eine Gesellschaft, die durch eine merkwürdige geistig umnachtete Ostpolitik dem Großtyrannen schon versprochen zu sein scheint, um sich bei nächster Gelegenheit an ihn auszuliefern. Einer ,,provisorischen Volksregierung'' von Pseudo-Pazifisten könnte es durchaus einfallen, die ,,brüderliche Hilfe'' des Großtyrannen friedenssichernd an den Rhein zu bitten, weil die ,,bösen Amerikaner'' mit der ewigen Verteidigungshilfe Deutschland doch nur in ein Unglück stürzen würden.

Diese politische Selbstaufgabe ohne Not, diese demokratische Geschwätzigkeit von Prinzipienlosen und Weltanschauungsgeschädigten sind die wirklichen Ursachen der hektischen Aufladung kurzfristiger Begierden, die in einer verratenen Gesellschaft entstehen, in der es immer schwerer wird, sich noch wohlzufühlen. ,,*Eine prinzipienlose Herrschaft, die nur noch ihr Überleben programmiert, paktiert mit jedem.*''.

Lebenssinnvernichtung durch sozial-liberale Untergangskoalition

Die erhoffte soziologische Phantasie eines Parlamentes freier und souveräner Volksvertreter ist eine Fiktion geblieben. Dge weltweite Perspektivierung einer vernünftigen Politik hat sich in der BR-Deutschland gesetzgeberisch auf das Flöhehüten und auf die gesetzliche Beschlußfassung über Wurstsorten und Backrezepte eingelassen. So hat, dem Vernehmen nach, die Herstellungs- und Güteverordnung von Sahnebonbons 20 000 Wörter bedurft, um eine Rechtslage, für niemanden lesbar, darzustellen. Diese lebensfeindliche, nekrophile Ideologie der politischen, volkswirtschaftlichen und parlamentarischen Selbstbeißer kann nichts anderes hinterlassen als eine Zukunftsangst, die die Hellsichtigen auf eine materiell dimensionierte Ausgelassenheit drängen. ,,Genießt das Chaos, die Befreiung durch den Großtyrannen wird unerträglich'', würde der Zyniker sagen und sein Kapital lieber in Bordellen verjubeln, als das Opfer von revolutionären Säuberungskommandos zur Ausschaltung der bestehenden Klasse zu werden. Er handelt u.U. sogar klug, weil er am Tage X vielleicht die Überlebenschance wenigstens als Besitzloser hätte.

Die heutige Kunst der Politik reduziert sich darauf, jeden Widerstand gegen die hausgemachte, selbstproduzierende Unfreiheit durch die systematische Herabsetzung des Existenzminimums aller auszuschließen.

Die Organisierung der negativen Wachstumsraten durch kaufkraftvernichtende Übersteuerung, die tägliche Sorge um die quantitative Reproduktion der Arbeitskräfte unter den minimalsten Umständen der Unterschichtsstandardsgarantie und die aufdrängende Banalisierung der Freizeit- und Entspannungsphasen durch das Anschauenmüssen bezahlter Ballspiele bundesweiter Fernsehsendungen ist der modernen Politik süßes, aber auch makabres Geheimnis geworden.

Der sozialistische Marsch in das Existenzminimum aller stabilisiert zunehmend nicht nur eine Herrschaft über Entrechtete, sondern auch über immer mehr Besitzlose. Und Liberale, ehemals die Pioniere einer vernunftpflichtigen Verantwortlichkeit, liberalisieren durch die Komplizenschaft mit dem Großtyrannen seit 10 Jahren die Rechtstitel ihrer eigenen Hinrichtung. Nun, ich will die Leninsche Prophetie von dem Strick etc. nicht zitieren, jeder kennt sie, aber niemand bedenkt sie.

Wenn die selbstbestimmende Selbstverwirklichung durch die gesetzlich vorbereitete Erzwingung des Unterschichtsstandards aus materieller Abhängigkeit zu einem herrschaftskonformen Normverhalten erstarrt, dann ist die Lebenssinnwidrigkeit durch die Gestzgebung der sozialliberalistischen Untergangskoalition nicht nur beschlossen, sondern so weit fixiert, daß die wirtschaftlichen Regenerationschancen zur Sicherung des Mittelstandes aller Berufstätigen nahezu aussichtslos erscheinen.

Mit solcher gesetzlichen Entartung der natürlichen Lebensbedingungen entartet unter einer entgrenzten Staatsgewalt auch der Gebrauch der materiellen Bedürfnisbefriedigung. *Lebenssinnverlorenheit* als Folge klar erkannter Unterwerfungsabsichten und Bedürfnisfeindlichkeit der Abschöpfungsbürokratien der Staatsgewalt läßt auch den Sinn eines im Grunde ergebnislosen und nur noch auf ein Existenzminimum gedrosselten Arbeitsertrages verlorengehen. Denn „sich selbst zu erneuern, zu wachsen, sich zu verströmen, zu lieben, das Gefängnis des eigenen isolierten Ichs zu transzendieren, sich zu interessieren, zu geben", wie der Seinsmodus des neuen Menschen bei Fromm (3) zu Recht gewünscht und gedacht wird, ist niemals möglich unter Bedingungen eines gemeinwohlerzwingenden Existenzminimums und einer allgemeinen Zukunftsangst, die ihre Ursache in der letztlichen Ergebnislosigkeit der bewahrenden, erhaltenden, planenden und vorsorgenden Eigenschaften der Menschen hat.

Der Sozialdemokratismus hat die Weimarer Republik zerstört und verschuldet erneut die Bundesrepublik

Das abenteuerlichste Manipulationsbündnis unter der Führung der sozialistischen Internationalen gegen die Interessen der deutschen Nation als Ganzes bedeutet nicht nur den praktischen Ausverkauf deutscher Interessen (4), sondern belegt die Unfähigkeit der sozialliberalen Koalition, über die persönliche profane Materialisierung der Interessen, über die einfache Selbstbereicherung staatserhaltend hinauszudenken. Mit anderen Worten: Eine Politik, die nicht in immateriellen Egoismusquanten angelegt ist, die den Totalen Egoismus zur Erhaltung der Freiheit eines Volkes verleugnet oder pflichtwidrig vergessen macht, wird zur „Herrschaft der Inkompetenz" (5) über die entmachteten Kompetenten.

Liberale, die für Freiheit und Eigentum eintreten sollten, verbünden sich mit antiliberalen Sozialisten, die Freiheit und Eigentum aufheben müssen, um sich an der Macht zu halten. Welche anderen Interessen könnten diese sich als Freidemokraten ausgebenden Berufspolitiker haben als diejenigen profaner materieller Bereicherung durch Teilnahme an einer sozialistischen Macht, die für das Renegatentum liberaler Überläufer bereit war, den höchsten Preis zu zahlen?

Die Auflösung, selbst der Austausch liberaler Grundsätze wurde zugunsten der Herrschaftspartizipation und zum Schaden des gesamten deutschen Volkes billigend in Kauf genommen. An dieser Stelle darf, ganz emotional, „Pfui Teufel!" ausgerufen werden.

Die materielle Profanisierung der Politik wird symptomatisch erhellt am Beispiel der sozial-liberalen Abwirtschaftung der sozialen Marktwirtschaft und der Zerstörung der unternehmerischen Voraussetzungen für eine wirtschaftliche Hochleistungsgesellschaft, wie sie in grandioser Einfachheit der Selbstverantwortlichkeit aller vor dieser sozialistischen Sozialpathologie zum Wirtschaftswunder geführt werden konnte.

Hat der innen- und außenpolitische Wirtschaftsdirigismus der Sozialdemokratie in der Weimarer Republik durch Inflation und Massenarbeitslosigkeit, Ruhrbesetzung und Unternehmerbestrafungen den geschröpften Mittelstand systematisch in die Arme des Nationalsozialismus getrieben, so hat er nach Aussagen des Bundeswehrgenerals Franz Uhle-Wettler (6) innerhalb weniger Jahre die Bundeswehr durch Übertechnisierung ohne Infanterie verteidigungsunfähig gemacht.

Es braucht hier nicht an die sozialdemokratische Verordnung vom 20. Dezember 1919 über die totale Kontrolle des deutschen Außenhandels erinnert zu werden, dessen Paragraphen nicht davor zurückschreckten, neben der wachsenden Industriebelastung auch mit Bußgeldern in unbeschränkter Höhe durch die Planbürokratie Mittelstandsbetriebe zu vernichten.

Schon 1922 wütete der sozialdemokratische Staatsterror gegen die deutsche Industrie, so daß eine Übersicht über die ,,Gesetzgebung über Ein- und Ausfuhr'' (7) erschien, in der es im Vorwort heißt: ,,Die genaue Kenntnis der einschlägigen Gesetzgebung ist schon deshalb für den praktischen Kaufmann und Fabrikanten von großer Bedeutung, weil durch die neuen verschärften Bestimmungen auch der redliche Erwerber verbotswidrig eingeführter Waren Gefahr läuft, daß diese ohne Entschädigung, zugunsten des Reiches für verfallen erklärt werden''. Und warnende Stimmen, die auch heute nicht gehört werden, prohezeiten schon 1919: ,,Wenn es so weitergeht, wird zu guter Letzt die ausgequetschte deutsche Volkswirtschaft auf einem Berg Papier sitzen, für den es nichts mehr zu kaufen gibt.'' (8)

Es könnten unzählige Beispiele eines systematischen Vernichtungswillens des Lebensstandards des Mittelstandes durch die Sozialdemokratie gefunden und belegt werden, wie sie in der Weimarer Republik und seit der sozialliberalen Koalition in der Bundesrepublik den Mittelstand ausplündert und die Schlüsselindustrie sukzessive der politischen Bürokratie sozialistischer Genossensyndikate unterstellt. Die innere Verschuldung seit der sozialliberalen Unterwerfungskoalition wächst auf bald tausend Milliarden DM an und läßt ahnen, wie es mit dem Restdeutschland weitergehen soll.

Sozialismus qualifiziert die Existenzsicherung der Arbeitsscheuen

Kleinbürgerlicher Sozialismus als Übergangssituation zum Kommunismus ist als die qualifizierteste Existenzsicherung des Arbeitsscheuen die Herrschaftsreform, die handwerkliches Können und bürgerlichen Fleiß jenen überläßt, die redlich genug sind, sich nicht auf Kosten anderer bereichern zu wollen. Als Ideologie hat der Sozialismus in der gesellschaftlichen Wirklichkeit aus fleißigen Menschen lustlose Tagelöhner und aus Faulen schlitzohrige Hilfsbedürftige gemacht, die von einer Sozialbürokratie zur anderen gereicht werden, um die Segnungen des Sozialzynismus wehleidig und unzufrieden entgegenzunehmen.

Im Herrschaftsbereich des Großtyrannen hat sich das System der „Schabaschnikis" (Feierabendarbeiter) herausgebildet, das als freier Marktwirtschaftsersatz das fehlende materielle Interesse am Unterschichtsstandardlohn der geregelten Arbeit unter Staatsaufsicht auffängt und die Bedürfnisverluste durch Arbeit nach Feierabend aufbessert.

In der Bundesrepublik lohnt sich die geregelte Arbeitszeit für immer mehr Berufstätige immer weniger, so daß Gesetze gegen die „Schwarzarbeit" das ganze Chaos der Vermögensumverteilung durch die Staatsbürokratie sichtbar gemacht haben. *Es darf nur noch unter Aufsicht der Abschöpfungsbürokratien gearbeitet werden. Wie soll sich unter diesen Umständen die Strebsamkeit und das Interesse nach einer mittelständischen Lebensqualität entfalten?* Politik als Beruf ist der letzte Zufluchtsort all jener geworden, die das Abgleiten des Mittelstandes in das vorprogrammierte Existenzminimum wenigstens als Politiker, gut dotiert und überprivilegiert, zu überleben gedenken.

Selbst die soziale Marktwirtschaft als letzte Garantie einer möglichen materiellen Unabhängigkeit eines jeglichen wird von ihren privilegierten Nutznießern schon als eine überholungsbedürftige „Alte Ordnung" für das Währungssystem von nur 50 Nationen beschimpft. Einem nekrophilen, selbstmörderischen Griff nach einer „Neuen Ordnung, in der 155 Nationen harmonischen Platz finden können" (9), wird beifallsheischend das Wort geredet. Es wird um die Gunst derjenigen Völker gebuhlt, die seit ewigen Zeiten unter blauem Himmel und strahlender Sonne leben und bisher wohl nicht gewollt hatten, wie Euro-Atlantiker durch Doppelberufstätigkeit 80 Stunden in der Woche zu arbeiten, um erträgliche materielle Lebensverhältnisse für eben diese Woche zu erwirtschaften.

Der Arbeitstag des Europäers ist lang und mühsam; daher hat dieser ein ungeschmälertes Recht auf die Ergebnisse seiner Hände Arbeit, und sein gelegentlicher Überfluß gehört ihm ganz allein. Er braucht sich dessen nicht, wie Sozialisten arglistig meinen, zu schämen.

Europa kann es sich nicht leisten, von unbegrenzten Rohstoffen, die sie wegen der sozialistisch ausgeklügelten Preis- und Rohstoffkartelle zum Schaden der Euro-Atlantischen Gemeinschaft überbezahlen müssen, wie im Schlaraffenland vermeintliche Überschüsse zu verschenken. Und soweit Gegenteiliges nicht bekannt ist, haben die Euro-Atlantiker zu allen Zeiten der freien Marktwirtschaft ihre Rohstoffe in allen Ländern der Welt redlich bezahlt. *Die sogenannte ,,Ausbeutung'' der armen Länder durch Industrienationen war schon immer ein emotionales Märchen.* Erst als ,,Unabhängige Staaten'' haben die ärmer gewordenen Länder gelernt, was wirkliche Ausbeutung durch die eigenen nationalen relativen Eliten bedeutet. Arbeit lohnt sich immer weniger, weil der etablierte Ausplünderungsapparat der neuen Herren uferlos volkswirtschaftsvernichtend wächst.

Die Korruptionskraft möglicher Teilnahme an der Herrschaft ist nicht nur im Herrschaftsbereich des Großtyrannen präzise kalkulierbar geworden. In vielen Regionen der Welt konnten selbst die größten Götter mittels der sozialistischen Politik des existentiellen Minimalismus, z.B. für 50 g rationierten Reis pro Tag, mit Leichtigkeit von ihrem Thron gestoßen werden.

Denn auf alles vermag der in die Existenzangst getriebene Mensch zu verzichten, auf Gott, auf Menschlichkeit, auf Freiheit, auf Freundschaft, Liebe, Ehre, Vertrauen, auf Anstand und Moral, nur nicht auf das tägliche Brot zum Überleben.

Was liegt näher auf der Hand, als daß negativer Herrschaftswille, der heute die Auspeitschung oder das Vierteilen und Rädern nicht mehr glaubwürdig erklären kann, sich der Enteignung und Vergesellschaftung bedient, um die Herrschaft weniger über alle mittels der sozialistischen Unterschichtsstandard-Politik zugeteilter Brotkörbe endgültig zu sichern.

Einmal der kollektiven Existenzminimumsgarantie sozialistischer Sklavenhaltersysteme überantwortet, gibt es kein Zurück mehr in die Freiheit der vernunftpflichtigen Individualsouveränität. Die verstaatlichten Massenmedien werden die Herrschaft über die Gehirne nicht mehr loslassen. Die Unfreiheit wird zum Kulturbedürfnis der Massen kultiviert. Polen 1980/81 scheint eine sensationelle Ausnahme zu versuchen, die nicht gelingen wird, wenn die politische Entschlußlosigkeit der bürgerlichen Gesellschaft anhält.

Es sind nicht die Schaffenden, die den Schaffenden bedrohen oder verderben, sondern die Schmarotzenden, die Schaffende bedrohen und mißtrauisch machen.

Die sozialistische Existenzminimum-Erniedrigung ist die Herrschaftsform für Entwicklungsländer

Sollte die materielle Dimensionierung des Seins ihre Egoquanten so weit qualifizieren, daß eine verläßliche, individuelle, soziale Autarkie wider Erwarten gegen den hartnäckigen Widerstand bürokratischer Ausplünderungseliten in den nächsten Jahren gelingt, dann wäre der Überlebenswille der privaten Gesellschaft trotz zunehmender Repressivität staatlicher Unterwerfungseliten noch intakt.

Die Eingriffsrechte der negativen Gewalt obrigkeitlicher Amtsanmaßung in die private Existenzsicherung sowohl der sogenannten ,,kleinen Leute'' als auch des Mittelstandes, der Produzenten und Fabrikanten haben heute die Bedingungen geschaffen, daß selbst einfache Menschen die Bevormundungs-, Entrechtungs- und Antragsberechtigungsgesellschaft seelisch nicht mehr ertragen können. Der weitverbreitete Eindruck unter der arbeitenden Bevölkerung ist, daß die Teilung ihres Arbeitsertrages, diese bedingungslose Finanzamtsbeute, von Herrschaftssystem zu Herrschaftssystem zugenommen hat.

Wenn aber Sklaverei *dann* entsteht, wenn die materielle Dimension des Seins der privaten Disposition entrissen wird und in die absolute Verfügungsgewalt beliebiger Herrschaftseliten gerät, dann ist die sozialistische Politik, die Existenzminimumsgarantie für alle gleichermaßen, die perfekteste Sklaverei, die sich denken läßt. Dabei ist es gleichgültig, ob dieser Staat sich religiös oder ideologisch darstellt, volksdemokratisch, demokratisch, zentralistisch, demagokratisch oder tyrannisch organisiert ist, ob er sozialistische Republik, realer Sozialismus oder Sonnenstaat der Freiheit genannt wird.

Die Armseligkeit der wirklichen Zustände verbirgt sich nicht selten hinter großartigen Fassaden. Leere Tonnen geben großen Schall, sagten die Alten und meinten wohl das, was heute Sozialpolitik oder ,,realer Sozialismus'' genannt wird.

Es gebietet daher das eingebürgerte Menschenrecht, daß *der Armutssozialismus für Entwicklungsländer nicht auf produktionsintensive Lebensräume inIndustrienationen übertragen werden kann,* ohne alle Traditionen der in Europa errungenen Freiheiten zu vernichten.

Nur dort, wo wenig ist, könnte vielleicht ein sozialdemokratoider Armutssozialismus durch Erzwingung eines Existenzminimums für alle einen vorübergehend sozialen Charakter haben, *aber Industrienationen, deren Glieder 40 Wochenstunden Werte schaffen, arbeiten zu fleißig, um zu einer sozialistischen Existenzminimums-Erniedrigung gezwungen werden zu können.*

Die wirtschaftliche Bescheidenheit anderer Völker ist in Jahrtausenden relativ unkriegerisch gewachsen, die wirtschaftliche Bedürfnisausdehnung in Europa dagegen war gewalttätig und kriegerisch. Seit Beginn der „Entwicklungshilfe" aber haben nun auch die Kriege in den sogenannten „Entwicklungsregionen" in immer kürzer werdenden Abständen sich vervielfacht. Warum haben wir uns eingemischt in Wirtschaftsregionen, die seit Jahrtausenden anders leben wollten als wir? Diese Frage darf gestellt werden, weil sie noch nicht beantwortet ist.

Es besteht kein Grund, anderen Völkern die euro-atlantische Lebensweise aufzunötigen, weil jedes Volk unter seinen eigenen Bedingungen die volkstypischen Lebensweisen selbst bestimmt. Die für uns wichtige Zivilisierung, Motorisierung und Technisierung der Lebensweise kostet einen hohen Preis, den nicht alle Völker dieser Welt aufbringen können noch wollen. Man sollte sie nicht zwingen, durch die profane Materialisierung des Seins unglücklich zu werden. Schließlich erlaubt uns niemand, Lärm, Musik, Tempo, Hast gegen die Ruhe und Beschaulichkeit eines Reisbauern, der sich noch nach der Sonnenuhr richten darf, mit Gewalt oder aus Fortschrittsinteresse, wie wir es verstehen, eigenmächtig und aufdrängend zu vertauschen.

Eine euro-atlantische Weltpolitik der Anpassung an die sogenannten unterentwickelten Völker wirft die politische Kultur des Abendlandes um Jahrhunderte zurück. Wem sollte das nützen? (10)

Der nahezu totale Verlust einer immateriellen Dimensionierung des politischen Seins, die sich in Prinzipien der Redlichkeit, Zuverlässigkeit, Bündnistreue, Vernunftpflichtigkeit, Beständigkeit, Unerschütterlichkeit, Tapferkeit, Klarheit und in Freiheitswillen ausdrückt, hat zu der politischen Katastrophe der traditionellen Selbstauflösung geführt, in der alle Dinge Gefahr laufen, unbemerkt auf dem Kopf zu stehen.

Mit der Vielzahl unserer Unterwerfungsgesten vor dem sich internationalisierenden Herrschaftsabsolutismus in der sogenannten 3. Welt haben wir Euro-Atlantiker schon zu viel Gesicht und Würde verloren, um durch Geldgeschenke auch nur den geringsten Eindruck zu machen.

Im Gegenteil, was sich im Windschatten des Großtyrannen auf der internationalen Bühne der parasitären Vorteilserschleichung politischer Hysteriker auf Kosten der Euro-Atlantiker abspielt, ist nicht einmal mehr tragikomisch, sondern nur noch absurdes Dauertheater am New Yorker East River. (11) Es wird Zeit, das Ende des Uno-Chaos einzuläuten!

Europa und die Vereinigten Staaten sollten aufhören, ihre Überlegenheit durch Geldgeschenke vorzutäuschen, vielmehr sich darauf besinnen, den Völkern der Welt eine wiederhergestellte Freiheit zu exemplifizieren, für die es sich lohnt, zu leben, sie zu verteidigen und notfalls alles zu wagen.

*

Kapitel XIII

Der profane Materialismus

Selektion der Informationsketten garantiert Verfremdungsimmunität

Die quantitativen wie qualitativen Egoismusquanten werden durch Zeitgeistinformationen erheblich beeinflußt. Besteht die Fähigkeit des Zeitgeistmenschen zur zeitgeistunabhängigen Selektion von Informationen, so verbürgt diese Verfremdungsimmunität eine Hierarchisierung der egoistischen Ansprüche und Qualifizierung der Lebenserwartungen gegen den Willen der Zeitgeistprodukteure.

Die Fähigkeit zur Selbstselektion informativer Impulse zur quantitativen wie qualitativen Anhebung der Egoismusquanten ist besonders im Heranwachsendenalter im Regelfall sehr schwer und infolge systemimmanenter kultusministerieller Stoffpläne und Handreichungen nur *außerschulisch* zu erlernen.

Es ist richtig, daß Erfahrungen Älterer oder anderer nur unvollständig - besonders durch Heranwachsende - nachempfunden werden können. Die mangelhafte Nachvollziehbarkeit der Erfahrung eines anderen ist vergleichbar mit der mangelnden Vorstellbarkeit des Unwohlseins durch grippalen Infekt, das einem Gesunden erklärt werden soll. Nur die Erinnerung an einen selbst erfahrenen nachteiligen Zustand kann den Willen mobilisieren, die Wiederholung dieses Nachteils auszuschließen.

Die Nachteiligkeit eines Zustandes ist verbal nicht ohne weiteres für die Vorstellungswelt des Unerfahrenen aufzubereiten, um sie zu erkennen. Eine Belehrung aus eigener Erfahrung wird erst durch die Vorstellbarkeit eines vermeintlichen oder tatsächlichen *Vorteils* oder *Nachteils* vorstellbar.

Aus dieser wachsenden persönlichen Interessierung läßt sich eine konstruktive Vorstellungskraft entwickeln, um sich Qualitätssteigerungen der materiellen wie immateriellen Antriebe zu wünschen.

Wer es versäumt, seine kritische Urteilskraft in der Phase höchster Sensibilität eines menschlichen Lebens zu entwickeln oder durch desinformative Banalitätsüberflutung die Auswässerung vernunftpflichtiger Urteilskraft zuläßt, verliert u.U. für den Rest des Lebens den erregenden und lebensqualifizierenden Zugang zur Immaterialität egoistischer Antriebe. *Der vorzeitige Verlust der Abstraktionsfähigkeit höherer Ansprüche stabilisiert die Verkürzung der Ansprüche auf den profanen Materialismus.*

Qualifikationsspirale der Egoquanten

Alle egoistischen Antriebe sind quantitativ und qualitativ in Form und Inhalt bei Denkenden in einem dauernden Prozeß des Wachstums begriffen. Sie interdependieren spiralenförmig innerhalb variabler Toleranzen, die kontinuierlich harmonisch aufsteigen, wachsen, aber auch unharmonisch hektisch und zügellos auf der Qualifikationsspirale steigen oder fallen können.

Die allgemein praktizierten Egoismusquanten der Individuen sind herrschafts- und sozialisationsspezifisch verschieden. In politischen Systemen, die Überlebensregulative durch soziale Autarkie und Sicherung des Eigentums- und Besitzrechtes erleichtern, sind die Erscheinungsformen des allgemeinen Egoismus verträglicher als in Herrschaftssystemen, die volkswirtschaftlich die Überlebensbedingungen erschweren oder kaum zu sichern vermögen.

In politischen Systemen, die Überlebensregulative an Unterwerfungsrituale binden, reduziert sich der natürliche Egoismus auf die nackte Existenzsicherung. Er verliert seinen ethischen Drang, d.h. politische Denunziation als mögliche Existenzsicherung in repressiven Gesellschaftssystemen qualifiziert zum einträglichen Beruf gefürchteter Mitmenschen. Die Interessen der Gewaltunterworfenen in repressiven soziokulturellen Determinationsfeldern, also in typischen Kulturräumen unterhalb des allgemeinen Lebensstandards, reduzieren sich nicht selten auf das Überleben und können oft nur durch eine totale Fixierung auf den profanen Materialismus gestillt werden.

Die Entdeckung höherer Egoismusquanten stellt sich erst ein nach einer unverhofften leiderlittenen oder unrechterfahrenen „Besinnungsphase". Die Hierarchisierung der Egoquanten aus eigener Erfahrung und selbstvollzogenen Bilanzierungen bedarf eines langen Weges. Junge Menschen begehren die eigene Erfahrung oft gegen guten Rat und fordern sie, mutwillig gefahrsuchend, heraus.

Die Verweigerung der Reflexion über die Erfahrungen reiferer Menschen ist oft die Ursache eigenen Leides. *Es wird sicherlich ein Geheimnis bleiben, warum die Vorstellungskraft des jungen Menschen sich den Einsichten Erfahrener verschließt und oft willentlich die Versuchung zur Selbstdeformation begehrt.*

Profanmaterielles Vorfeldverhalten

In bestimmten politischen Lebensräumen und sozialen Schichtungsgefällen gehört z.B. der Zustand der totalen Trunkenheit zum anerkannten Männlichkeitsritual. Würfeln, Randalieren, Kartenspielen, Großmannssucht, Maulheldentum sind vielfältige entwicklungsspezifische Vorfeldverhaltensweisen profan-materieller Egoismusquanten. Sie sind nach dem Muster der Qualifikationsspirale, das darf nicht übersehen werden, dem jeweiligen Qualitätsumschlag vorausgehende Erfahrungsverdichtungen, die nach Umstellung der Perspektiven zur Überwindung stufenspezifischer Verhaltensweisen beitragen können.

Die baldige Selbsterkenntnis über die Banalität und Profanität eigener Bedürfnisse steigert die Egoismuserwartung quantitativ wie qualitativ. Die sinnwidrigen und oft vernunftentleerten eigenen Antriebe müssen als Unbehagen *selbsteinsichtig* vollzogen sein, bevor die Selbstsucht, höhere Egoismusquanten zu fixieren, stärker werden kann.

Eine Ermahnung von Außenstehenden, also der geistige Energieabtausch zwischen dem Erfahreneren und dem Erfahrungen Sammelnden, ist in den meisten Fällen ergebnislos.

Nur der körperliche Schmerz, die visuelle Demonstration der eigenen Niederlage und die greifbare Selbstzerstörung - die Alten sagten früher, „wer nicht hören will, muß fühlen" - können im Zusammenhang mit dem Anreiz einer vorstellbaren höheren Lebensqualität helfen, die Vernunftwidrigkeit der Selbstdeformation zu erkennen.

Ist der Grad der möglichen geistigen Abstumpfung erreicht oder schon überschritten, könnte nur noch unzulässiger Zwang helfen, die Fortsetzung der Selbstzerstörung zu beenden.

Das Problem des Zwangs gegenüber einem Todessüchtigen oder Lebensuntüchtigen ist eine spezielle Frage, die hier als Einzelfall nicht behandelt werden kann. Tendenziell dürfen die Würde des Menschen und das Recht auf die Verfügungsgewalt über das eigene Leben individuelle Todessehnsucht und persönliche Lust an der Selbstzerstörung - unter der Voraussetzung der Leid- und Schadenslosigkeit anderer - nicht ausschließen.

Wo die Priorisierung vernunftloser profan-materieller Bestimmung aller Antriebe trotz Glückseligkeitsminderung anhält, liegt Masochismus vor, ein Zustand informativer Banalitätsüberfrachtung, dessen Urteilskraftauszehrung die Herstellung vernünftiger Schlußfolgerungsketten hat zusammenbrechen lassen.

Die Urteilskraftauszehrung ist nicht immer absolut selbstverschuldet, sondern oft durch die deformative Sozialisationspression fremdbestimmt worden. Politisch hatte die Reduktion des Begehrungsvermögens auf die unmittelbare Triebbefriedigung profan-materieller Bestimmung schon immer den vorprogrammierten Sinn, das in einem vorsätzlich verstrickten Überlebenskampf ringende Volk von der Kultivierung der Antriebe und immateriellen Fixierung der Egoismusquanten fernzuhalten.

Die Verfügungsgewalt über sich selbst und somit auch die Fähigkeit zur Willensfreiheit überhaupt entstehen erst nach der Befreiung aus existenzieller Not und politischer oder gesellschaftlicher Abhängigkeit.

Profan-materielles Normverhalten

Materielle Abhängigkeit - man denke nur an die Selbstverständlichkeit, mit der die Allerweltsweisheit „Wessen Brot ich esse, dessen Lied ich singe", konventionell akzeptiert ist - ist die Voraussetzung zur Gefügigkeitserziehung jedes Volkes in seiner Gesamtheit. Nicht der Unterschichtsstandard allein beheimatet solche Korruptionsbereitschaft und Käuflichkeit der Seelen.

Im sozialrelevanten Raum offenbart sich profaner Egoismus durch Opportunitätsbereitschaft gegenüber beliebiger Herrschaft, im privatrelevanten Raum durch Beliebigkeit der Vorteilssicherung, die sich bis zur rücksichtslosen kriminellen Energieausschüttung steigern kann.

Jeder natürliche Egoismus wird in deformierten Gesellschaften organisierter Angstausbreitung bedroht und geschwächt. Oft entartet er aus perspektivistischer Verkürzung zum dauernden profanen Egoismus.

In der Hierarchie der Antriebe nach der materiellen Bestimmung des Seins beansprucht der *profane Materialismus* nach dem hier zu entwickelnden Egoismusmodell qualitativ den untersten Platz. Er setzt sich als Existenzsicherungsbedürfnis nach Maßgabe der Umstände, Möglichkeiten und gefahrlosen Vorteilssicherungen, nach herrschaftsüberlieferten Normvorstellungen und Denkvorgaben relativ reflexionslos und intellektuell unbedarft, unter Beachtung der Sozialisationsgebote zielstrebig in Bewegung.

Die Triebfedern aller Antriebe auf der Ebene des profanen Materialismus reduzieren sich allgemein auf vernunftentleerte, oft sogar auf vernunftwidrige Vorteilssicherungen, die subjektiv und zufällig niveauspezifischen Erwartungen des Interessenträgers entsprechen.

Die profane Materialität der Ansprüche als der vordergründigste Teil der Leibsättigung im breiten Spektrum der Eigentlichkeit des Seins ist vielstufig strukturiert und innerhalb ihrer Erscheinungsformen aufstufend hierarchisiert. Der Egoismus in seiner profan-materiellen Bestimmung, also in seiner ungeistigen Erscheinung, realisiert den vermeintlichen oder tatsächlichen materiellen Vorteil unverzüglich. Die Dinglichkeit oder Körperlichkeit des Begehrens dominiert. Auch eine theoretisch oder habituell verdeckte, uneingestandene oder ideologisch verschleierte Rechtfertigung der profan-materiell initiierten Unmenschlichkeit einer Handlung kann ihre wirklichen, auf Vorteil bedachtgewesenen Antriebe nicht verschleiern. Der Triebwille des chaotischen Triebträgers ist spontan und ihn selbst überwältigend.

Profan-materieller Triebverzicht zugunsten höherer existierender immaterieller Bedürfnisbefriedigung scheint dem Individuum in dieser Anlaufphase, manchmal auch auf der schon bleibenden Deformationsstufe der Entwicklung, nicht vorstellbar.

Brutalisierung der Interessen durch herrschaftliches Wohlwollen

Die politischen Denkvorgaben relativer Herrschaftseliten gewöhnen an profan-materielle Vorteilssicherungen, deren Brutalität sowohl vom einzelnen als auch von der Gesellschaft kaum beachtet wird.

Die Brutalisierung der Interessen des profanen Materialismus ist als systemimmanentes Individualverhalten herrschaftstypisch, und dieser ist in seiner Verachtung immaterieller Ansprüche variabel nach staatsbeliebigen Zweckmäßigkeiten dosiert.

Beispiele aus jüngster Geschichte beweisen den vorgelebten staatsrechtlichen Banditismus kaltblütiger Menschenrechtsverachtung und totaler Gleichgültigkeit gegenüber dem Menschenleben. So läßt die „kommunistische Umerziehung in Vietnam" (1) alle Zeugen verschwinden, d.h., sie bringt diejenigen um, die die Unmenschlichkeit des Regimes erlebt oder gesehen haben. Marter, Folterungen, Ermordungen, Genickschüsse nach Vergewaltigungen gehören zur Tagesordnung der Revolutionsgerichte und der revolutionären Polit-Kader.

In Kambodscha ist belegt worden, daß 7000 Einwohner von nur 12 Roten Khmer liquidiert wurden (2), und „das Herausreißen der Leber bei lebendigem Leib..., um sie anschließend als Leckerbissen zu verspeisen..., war nach Schilderung zahlreicher Lagerinsassen in Khao I-Dang unter den Pol Pot-Schergen weit verbreiteter Brauch" (3).

Aber auch in Europa, in unserer unmittelbaren Nähe, an der Westgrenze des Großtyrannen, geschieht nichts anderes mit Menschen, die nichts anderes wollen, als in Ruhe gelassen zu werden.

Wenn z.B. ein Grenzer der sogenannten „DDR", dieses Deutschlands der Russen, einen in die BR-Deutschland Flüchtenden für eine versprochene Belohnung von 14 Tagen Urlaub und 300 Ostmark gezielt erschießt oder ein politischer Denunziant einen rechtschaffenen Vernunftpflichtigen der sozialistischen Staatsgewalt ausliefert, dann ist die Vorstellungskraft über eine immaterielle Seinsbestimmung des Menschen unter den Weltanschauungsgeschädigten im Deutschland der Russen (DdR) fast nicht mehr vorhanden.

Der vermutete Vorteil profan-materieller Antriebe z.B. dieses Grenzwächters, der für persönliche Vergünstigungen in Form eines materiellen, profanen Zugewinns einen ihm unbekannten, in die Freiheit fliehenden Menschen erschießt, erweist sich auf der untersten Stufe der Hierarchisierung der Egoismusquanten nur als vermeintlicher Vorteil.

Die qualitative Erhöhung des Begehrens wird für alle Zeiten erschwert und durch die seelisch nachwirkende Belastung weit in die Zukunft verlängert. Insofern ist der vermutete Vorteil von 14 Tagen Urlaub und einer Abschußprämie von 300 Ostmark gegen ein Menschenleben ein vermeintlicher geworden. Er wurde erkauft auf Kosten des Verzichts auf eine immaterielle Qualifikationschance. Auf Kosten der Eigentlichkeit des Seins, hat sich der Unglückliche für den Rest seines Lebens mit der seelischen Hypothek beladen, damit fertig werden zu müssen, für 300 Mark einen Menschen erschossen zu haben. Hier hilft nur noch eine konstruierte Ideologie der Selbstrechtfertigung. Zweifellos ist diese Mitläuferstrategie aller Tyrannen eine starke Waffe zur erfolgreichen Gehorsamserzwingung zum Zwecke der Fortsetzung staatlicher Naturrechtsignoranz.

Abgesehen von den seelischen Verstrickungen, die dieses zum Rumpfmenschen degradierte Geschöpf „Gottes" Zeit seines Lebens bedrängen werden, steigt die Willfährigkeitsbereitschaft proportional mit der uneingestandenen Selbstverachtung. Auch eine mit ideologischem Theorieschwulst konstruierte Rechtfertigung bleibt immer nur eine jämmerliche positiv-rechtliche, die systemimmanent zwar ausreichen kann, das Gemüt zu beruhigen, die aber unter freien Individuen immer nur die praktizierte Jämmerlichkeit einer durch Herrschaft gebrochenen Persönlichkeit bleibt.

Das privat- oder sozialrelevante Gewaltverbrechen ist keine außergewöhnliche Form des Fehlverhaltens, sondern entsteht aus dem konsequenten Vollzug profan-egoistischer Antriebe zu vernunftwidrigen Vorteilserwartungen, wie sie den Denkgewohnheiten relativer Herrschaftseliten entsprechen.

Auch Ghadafis und Ayatollahs Mordaufrufe gegen die Staatsfeinde und der arabische Terrorismus exemplifizierten staatsrechtlichen Banditismus, der in einem pluralismusgeschwächten System der Rechtsunordnung sozialistisch verseuchter Demokratien um so gerechter erscheint, je konsequenter er durchgesetzt werden kann. Die Verblüffungsfestigkeit des politischen Zynismus eines Honeckers, Bahrs, Idi Amins oder Pol Pots haben schon mehr als Millionen sprachlos gemacht.

Kriminelles Staatsrecht und private Gewaltkriminalität kennzeichnen den Staatencharakter des 20. Jahrhunderts und beweisen die Notwendigkeit der Beendigung der Menschenrechtsmißachtung durch private und staatliche Gewalt mit neuen Mitteln.

Die kriminelle Energieausschüttung zur Sicherung materieller Bedürfnisse steigt im Regelfall begehrungsneurotisch um so schneller, je härter um die Existenzminimumsgarantie gerungen werden muß.

Dieser profane Vorteilssicherungseifer ergreift aber nicht nur die Gewaltunterworfenen, sondern auch zunehmend die immer räuberischer werdende Herrschaftsklasse selbst. Das eingeleitete systemimmanente Unterwerfungsritual als Voraussetzung zunehmender Pfründensicherung durch Politik entwickelt ähnliche begehrungsneurotische Interessenverkürzungen auf nur noch profan-materielle, prestigeanfällige Banalitäten. Diese merkwürdige Verhaltensparallelität des Banalen in den Volk-Herrschaft-Beziehungen auf zwei ungleichen Anspruchsebenen kann gesellschaftsanalytisch als eine Kulturzusammenbruchsphase konstatiert werden.

Das Redliche und Vertrauende der zwischenmenschlichen und der Volk-Herrschaft-Beziehungen wird durch die allgegenwärtig lauernde nur *profane* Vorteilsrealisationsbereitschaft sehr belastet.

Diese soziale Begehrungsneurose wäre, sofern sie sich nicht zum immateriellen oder materiellen Nachteil eines anderen entfaltet, privat-wie sozialrelevant unschädlich. Sucht sich dagegen der Egoismus *parasitär* zu entfalten, ist das Begehren aus der natürlichen Anspruchserwartung und Interessensicherung herausgefallen. *Die Person oder das Individuum, das Kollektiv oder der Staat deformieren durch Übersteigerung ihrer Ansprüche zur Naturrechtswidrigkeit.*

Kriminalisierung der Egoquanten auf privat- oder staatsrelevanten Interessenfeldern

So ist z.B. die Kriminalisierungsanfälligkeit profan-materialistischer, individueller oder kollektiver Antriebsträger kein Zufall. Im Gegenteil, das intellektuelle Chaos rivalisierender Interessen und der rücksichtslose Gebrauch negativer Staatsgewalt profan-materiell determinierter Herrschaftseliten, deren Interessen, auch oft Zwecke genannt, die Heiligung aller Mittel zu erlauben scheinen, geben keinen Anlaß, die profan-materielle Bestimmung der Handlungsgründe gesellschaftlicher Unterschichten fraglich erscheinen zu lassen. Die widernatürliche Vorteilssicherung der etablierten Unterwerfungselite führt zur Demontage möglicher immaterieller Egoquanten der Unterschicht. Lebensqualitative Selbstwertsteigerung wird durch Herrschaft verhindert.

Die im Grunde selbstbedrohende Egoismusverkürzung profan-materieller Fixierung der Antriebe wird im Zustand der begehrungsneurotischen Überwältigung der eigenen Antriebe nicht oder nur im verdrängten Unterbewußtsein empfunden. Der Begehrungsneurotiker ist soziokulturell deformiert, sein Normverständnis durch Übergewichtung von Äußerlichkeiten des statussymbolträchtigen Scheins milieuspezifisch verfremdet.

Es ist gleichgültig, ob die Begehrungsneurose das Individuum, eine Anzahl von Individuen, die Gruppen, Kollektive oder die Summe aller Kollektive, den Staat befällt. Entscheidend ist allein die Übersteigerung der eigenen Ansprüche auf Kosten Unbeteiligter, die Wahrnehmung von nicht freiwillig gewährten Vorteilen, die Erzwingung von Pfründen durch Angstmißbrauch oder Anwendung negativer Anmaßungsgewalt gegenüber Friedfertigen und Wehrlosen oder Entrechteten.

Die Kriminalisierung der Egoquanten besteht also in der Wegelagerei, in der Beutelschneiderei, aber auch in der Unterschlagung von Mitteln, die dem vorgegebenen Zweck entfremdet wurden.

Alle Tatbestände der Nötigung, der Räuberei, der Vergewaltigung sind privat- oder staatsrelevant immer die gleichen Delikte und in der Gleichartigkeit der kriminellen Energieausschüttung unteilbar. Wenn zwei das gleiche tun, ist es das gleiche, obwohl sich das Gegenteil, sinnwidrig und den Grundsatz der Unteilbarkeit der Rechtsgleichheit verletzend, eingebürgert hat. Schließlich besteht die Welt nicht aus Göttern und Ochsen, wie die alten Sklavenhalter früher glaubten und die modernen heute noch immer glauben, sondern aus Rechtsgleichen, die nicht ungleiche Rechtstitel beanspruchen können, ohne zugleich Unrecht zu setzen.

Die moderne Verfeinerung der Wertabschöpfungsmechanismen der Unterwerfungseliten aller negativen Staatsgewalten zum Nachteil nicht nur der ausgeplünderten Unterschicht steigert den profanen Materialismus der sogenannten „Kleinen Leute" bis zum mitleidlosen Nächstenhaß. Zur Kanalisierung des Unmutes des genarrten Volkes muß dieser auf einen wechselnden Adressaten, z.B. einmal gegen das Weltjudentum, dann gegen die Bourgeoisie oder wechselweise gegen die Krautjunker, Schlotbarone und, als diese entmachtet waren, gegen Multis, Konzerne, Kirche, Lehrer, Mittelständler, Bosse, Mercedesfahrer usw. usw. ständig geschürt werden, *um von der immer dümmlicheren Selbstentrechtung und materiellen Abhängigkeit, von der kaufkraftsteuernden und lebensstandardreglementierenden Herrschaftselite massenpsychologisch abzulenken.*

Denkblockade profan-materieller Fixierung der Antriebe

Die profan-materielle Bestimmung des urteilskraftausgeschwemmten Menschen kann den Brückenschlag zur reinen Pflicht, die sich als Achtung vor dem Kategorischen Imperativ begreift, nicht vollziehen.

So, wie Raum und Zeit selbst dem Denkenden unvorstellbar bleiben, so erscheinen alle nichtdinglichen, immateriellen Egoismen dem Träger profan-materialistischer Interessen gleichfalls unvorstellbar. Jeder Gedanke an eine höhere Bestimmung des Menschen erscheint als leerer Wahn oder schlicht als „Spinnerei". Durch die systemimmanent eingeschliffene Erniedrigungsgewohnheit hat der um seine Lebensqualität durch politische Herrschaft Betrogene die mögliche Würde des Menschen als Individuum noch nicht erfahren, so daß konkrete Hoffnungen auf eine bessere Seinsbestimmung des eigenen Lebens nicht handlungsintensiv gesteigert werden können, und dort, wo der Ausbruch aus der Erniedrigungsgewohnheit gewagt wird, kann die geringste materielle Belastung oder seelische Verunsicherung ihn rasch in die perspektivverkürzte profan-materielle Bestimmung aller Antriebe zurückwerfen. Die Einsicht in höhere Erwartungshorizonte bricht sofort zusammen. Die herrschaftsgefällig anerzogene Denkblockade einer milieureproduzierenden Unterwerfungsbereitschaft und freiwilligen Vernunftverweigerung verhindert die Persönlichkeitsentwicklung zum freien, selbstbewußten, zur vernunftspflichtigen Entscheidung fähigen Menschen.

Der herrschaftsstabilisierende herrschaftliche Vernichtungswille jeder materiellen und geistigen Unabhängigkeit des gewaltunterworfenen Volkes, der alle Möglichkeiten der Sicherstellung einer von jedermann erreichbaren sozialen Autarkie steuerrechtlich beschneidet oder politisch durch sozialzynistische Sozialtheorien endgültig aufhebt, beschränkt mit Vorbedacht die Verkürzung der Egoismusquanten systematisch auf die nackte, apolitische, profane Materialisierung der Lebensbedingungen des arbeitenden Volkes.

Relativer Unschuldsgehalt profaner Interessenverkürzung seelisch Deskelettierter

Die Reduktion der Lebenserwartung und Vorteilssicherung auf Dingliches wie Körperliches, ohne Verständnis oder Beachtung der höherqualifizierten immateriellen Dimension des Seins, ist nicht ohne weiteres vorbehaltlos zu verwerfen.

Das durch Herrschaft immer leidende, an der Selbstverwirklichung immer gehinderte, immer in Unfreiheit gehaltene Volk ist seit Jahrtausenden daran gewöhnt worden, die unmittelbare, abstraktionslose Egoismussicherung aus dem Überlebenswillen zu vollziehen. Der sinnlich wahrnehmbare, in barer Münze sich auszahlende Egoismus ist sichtbar und greifbar, motiviert stärker und wird einem abstrakten, mit Prinzipien angereicherten Egoismus, der nur in synchronischer Übersetzung langsam einsichtig wird, ohne weiteres vorgezogen. Ein Kind, das nichts über den abstrakten Wert einer Briefmarke weiß, tauscht sie bedenkenlos für eine bunte Murmel oder süße Liebesperlen ein. Diese profane Interessenverkürzung ist ein unschuldiger Akt eines Unschuldigen und geschieht auch täglich millionenfach, eben nur auf anderer Ebene.

Die profan-materielle Verkürzung der Antriebe durch das Volk der „Kleinen Leute" ist oft auch im Falle der kriminellen Verletzung der Rechtsräume anderer nur bedingt schuldeinsichtig. Die andauernde Deformationsenergie der herrschaftsspezifischen Verfremdungsgewalt durch Vernunftverbote, Denkschablonenpflege und amtlich abgesegnete ideologische Schwachsinnsbegeisterung hat den Betroffenen rechtlich verunsichert und das natürliche Naturrechtsregulativ der möglichen Vernunftpflichtigkeit erschüttert.

Die Vernunftausschwemmung und normative Deskelettierung durch kriminelle Unterwerfungseliten in den obligatorischen Staatsrechtsverkleidungen des legitimierten Banditismus überwältigt die eingeschüchterte Urteilskraft der Gewaltunterworfenen bis zur Vernunftanwendungsfurcht. Der Unschuldsgehalt ist daher oft nur ein mittelbarer, ein aus Objektivitätsirrtümern zusammengesetztes Unverständnis der Möglichkeit der vernünftigen Selbststeuerung der eigenen Handlungen.

Wie das Volk der „Kleinen Leute", das eher ahnend als verstehend an der Dauerdeformation der Lebensbedingungen durch Herrschaft und Reglementierungsobrigkeiten leidet, beweist die illusionslose Zukunftsahnung junger Menschen. Die bei jungen und denkenden Menschen in unserem Restdeutschland bereits vollzogene Reduktion auf das Jetzt, auf das Sofort -denn morgen kann es zu spät sein - beweist einen erschreckenden Vertrauensschwund gegenüber den pfründensichernden Herrschaftseliten.

In der „Stern"-Serie „Ohne Moos nichts los" entdeckte die Fotografin Eva Kroth 1980 Stimmungsbilder der gesellschaftlichen Deformation unserer Zeit, die den Verlust der Immaterialität des Seins dramatisch festgehalten haben.

„Ich bin überzeugt, es macht hier irgendwann mal einen dumpfen Schlag, dann ist es schwarz. Das ist ein Gefühl, das ich hab... Ich denke nicht an die Zukunft, ich lebe echt in der Gegenwart. So möchte ich es auch weiter halten", sagte ein 24-jähriger Berufsoberschüler. Ein anderer meint mit 26 Jahren: „Mir stinkt es, immer zu malochen. Als Traum würde ich auf eine Insel gehen, ungestört sein, wo man machen kann, was man will ... eben eine Art eigene Welt, in der man geschützt ist vor Einwirkungen von außen, wo ja alles nur Stress ist. Motto: ‚Werde frei, werde reich, reise ab, sag good bye'."

Welche Einwirkungen kann er gemeint haben? Die seiner Freunde? Gewiß nicht, sondern die anonymen Unterwerfungsapparaturen, die den volkswirtschaftlichen Produktionsapparat durch Maximierung der Steuerlastquoten so auf Hochtouren halten, daß er bei Dauermalochern für das bißchen Überleben Fluchtsyndrome verursacht, um dem Zustand so schnell wie möglich zu entfliehen.

Vom Fluchtsyndrom sind viele erfaßt. „Woanders leben als hier. Mensch sein kann ich hier nicht." Und eine 23-jährige Hausfrau sagt: „Hab keinen Bock mehr aufs Geldverdienen".
Mutlosigkeit oder Anpassung?
Die weitgehend verbreitete latente Verweigerung eines Herrschaftsanspruches, der die Arbeiter systematisch zu melkenden Kühen und die Unternehmer zu Honigspendern der Herrschaftseliten unterworfen hat, ist nicht zu übersehen. Wird der profane Materialismus sich selbst zuwider?

Die Reduktion auf eine Politik mit einer wöchentlichen Leibsättigungsgarantie im Gegenwert von 40 Wochenstunden mit arbeitskraftreproduzierenden Erholungspausen ist zu wenig für ein sinnvolles und freies Leben.

*

Kapitel XIV

Qualifikationsbestimmung der Egoquanten der unteren Intensität

Die Milieu-Reproduktion des Schwachen

Der Mensch verhält sich, wie er denkt, oder, wie der renommierte Kölner Philosoph Volkmann-Schluck es sagt: ,,Wie der Mensch wirklich denkt, so verhält er sich auch.'' (1)

Die gesellschaftlichen Bedingungen wuchern wie Krebsgeschwüre in die Denkdimension des soziokulturell Abhängigen und bestimmen Gestik, Mimik und Gedanken des Sozialisationsopfers relativer Elitensysteme. Die Anpassungsgewohnheit als Konventionsritual ist verinnerlicht und steht zur beliebigen Disposition beliebiger Herrschaft.

Die untere Intensität der Egoquanten wird bestimmt durch die Genügsamkeit des Unterwerfungsopfers, die Arbeitskraft lebenslänglich für die Sicherung der Leibsättigung und der Existenz schlechthin zu vergeuden. Eine höherwertige Qualifizierung der Egoquanten wird durch den politisch gesteuerten Einkommensminimalismus, der auf Milieu- und Arbeitskraftreproduktion herrschaftsstabilisierend gedrosselt ist, unterwerfungssichernd prinzipiell abgewehrt. *Das durch Herrschaft vorgezeichnete Schicksal der arbeitenden Klasse ist es, zur Sicherung der Herrschaftsverhältnisse arbeitende Klasse zu bleiben.*

Fortgeschrittene Bedürftigkeit zwingt zur sozialen Vernetzung

Die staatspolitisch organisierte Bedürftigkeit der arbeitenden privaten Gesellschaft ist die Voraussetzung zur Etablierung und Legalisierung einer allein auf ,,Wohlfahrtsversprechen'' legitimierten Herrschaft.

Lebten die Menschen alle oberhalb des Existenzminimums - und sie würden dort leben, wenn die staatlichen Ausplünderungsquoten nicht auf das Existenzminimum der arbeitenden Klasse organisiert wären, dann würde Herrschaft als Verfügungsgewalt über Entrechtete überflüssig werden. Herrschaft restabilisiert sich durch Gemeinwohlversprechen gegenüber einem entrechteten und auf die Ebene des Existenzminimums hinabgestoßenen arbeitenden Volkes.

Die brutale Abhängigkeit der bis auf das Existenzminimum ausgeplünderten arbeitenden Klasse im Sozialismus wird in der Übergangsphase der sozialdemokratoiden Sozialpathologie durch das wachsende und enger werdende Netz der sozialen Vernetzung nur gesichert, wenn die allgemeine Bedürftigkeit der arbeitenden Klasse fortschreitet. Kaum jemand kann sich dieser Verfügungsgewalt über Menschen durch soziale Abhängigkeitsstrategien entziehen. *Die Erhöhung des Sozialetats ist keine politische Errungenschaft, sondern der Beweis des Fortschritts allgemeiner Bedürftigkeit.* Wären alle Menschen sozial autark, so wäre ein Sozialetat, der die steuerpolitisch organisierte Bedürftigkeit politisch bis zur Überlebensgrenze des Existenzminimums beifallheischend wieder anhebt, überflüssig.

Sozialistische Sozialpolitik hat milieunivellierenden und milieureproduzierenden Charakter. Sie reduziert die Lebensqualität aller auf die unterste Stufe der existenzsichernden, ordinärer Egoquanten.

Es ist eine wichtige Erkenntnis über die sogenannte Sozialpolitik, *daß sie die Wohlfahrt aller verhindert, die soziale Autarkie durch Übersteuerung der Abschöpfungsquoten verweigert und Sozialpolitik nur zur Pflege des Existenzminimums der arbeitenden Klasse betreibt.*

Nullschwellenbestimmung der Plus-Minuszone

Die Milieudurchlässigkeit ist in privatwirtschaftlichen Produktionssystemen prinzipiell gewährleistet, in planwirtschaftlichen Staatsmonopolen prinzipiell ausgeschlossen.

Das im festen Griff der Herrschaft widerstrebend zur Gefolgschafts-und Gehorsamsbereitschaft aufbereitete Volk signalisiert durch schicksalsergebene Duldsamkeit verläßliche Merkmale der eingeschüchterten Persönlichkeit im gesellschaftlichen Operationsfeld der Zone 1 des Qualifikationsrasters der Egoquanten. (Siehe Graphik: Natürliche und naturwidrige Egoquanten - Gesamtmodell)

Ausgehend von der Nullschwelle des Qualifikationssystems der Egoquanten, sind 3 Qualifikationszonen aufwärts in zehnfacher Aufstufung und 3 Zonen abwärts in dreifacher Abstufung Grundlage des Wertrasters der politischen Kultur (2) einer Gesellschaft wie auch ihrer einzelnen Glieder.

Die Nullschwelle begrenzt die Zumutbarkeit der Objektdegradierung des Menschen unter relativen Herrschaftsverhältnissen. Unterhalb der Nullschwelle beginnt der staatsrechtliche politische Banditismus, der den Rest *primärer* Freiheiten, wie er unter relativen Eliten noch zugestanden wird, durch die absolute Objektdegradierung des Menschen endgültig vernichtet.

Die erste Zone oberhalb der Nullschwelle ist der Bereich manipulativer Selbstentfremdung und schweren Identitätsverlustes. Sie ist gekennzeichnet durch Anzeichen totaler Widerstandslosigkeit gegen persönlichkeitszerstörende Entrechtung, durch Verweigerung der Fähigkeit eigener Urteilskraft und durch hochgradige Anpassungsbereitschaft an den jeweiligen Zeitgeist.

Warum sind untere Egoquanten kraftlose Energieausschüttungen?

Alle Egoquanten auf der unteren Intensitätsebene sind, obwohl sie oft physisch bis an die Grenze der Leistungsfähigkeit bereitgestellt sind, im Hinblick auf ihre Qualifikation in dem hier entwickelten Modell unterrangig und von geringer Intensität, weil Ziel aller Anstrengungen die sofortige Bedürfnisbefriedigung ist, sowohl leibsättigend als auch luststillend.

Augenblickliche Trieberfüllung entkultiviert die Antriebe höherer Egoismuserwartungen. Die Kraftlosigkeit des unterrangigen Egoismus liegt in der punktuellen Entladung des Willens, in der Unbeherrschtheit des Begehrens, in der Unsicherheit des Zweckes, in der Unbestimmbarkeit des Zieles.

Die augenblickliche Sättigung des Egoismus, die Befriedigung der jeweiligen kreatürlichen Überlebensquanten sind Egoismen unterer Intensitätsquanten, weil sie partiellen Interessen dienen und sich der Intensität *total-egoistischer* Bedürfnisse verweigern. Die hervortretenden Eigenschaften der Kraftlosigkeit sind intellektuelle Schwäche und Rationalitätsmangel der Lebensenergieplanung.

Besonders im Heranwachsendenalter ist der punktuelle Egoismus aus sich selbst oft noch lange Zeit unfähig zur standhaften Prinzipientreue, zu weitsichtigen Existenzsicherungsoperationen und zu immateriellen Lebensplanungen nach den Maximen total-egoistischer Harmoniesicherung. Das Drehen eines Glücksrades gegen Entgelt, z.B., verschafft vermeintlich größeres Vergnügen als die Anlage einer finanziellen Rücklage zur Milieuüberwindung, aber auch das zu große Auto ersetzt nicht die soziale Autarkie höherer Egoquanten.

Obwohl die Intensität der Körperlichkeit und Gegenständlichkeit egoistischer Antriebe oft leidenschaftlich bis furios erscheint, ist diese Intensität weniger stark als die unkörperliche bzw. immaterielle.

Die einfache Form der Egoquanten-Sättigung ist die des undifferenzierten Kraftaufwandes. Es ist die vollziehende Form der spontan-kreatürlichen, unqualifizierten, wenn auch punktuell körperlich schweren Anstrengung.

Merkmale der unteren Intensität:

1. Profanisierung der Interessen, soziale Nicht-Autarkie

Der Überlebenswille des politisch entrechteten Sozialisationsopfers ist kreativ-profan-materiell, auf Überlebenswillen und konkreten materiellen Nutzen bedacht, und mag er noch so klein sein.

Der kreative Egoismus ist intensitätsarm, weil er die Nachteile eines „Soforterlebnisses'' nicht bedenkt und die Folgen hemmungsloser Trieberfüllung nicht überschaut. Wenn auch die Sinnlichkeit des Nichtunterlassenkönnens anderen nicht schaden muß, so kann der Schaden gegen sich selbst irreparabel werden.

Die punktuelle Interessensicherung geschieht zu leicht unter Verletzung des psychisch-physischen Gleichgewichts. Die Anarchie physischer Antriebe und psychischer Desensibilität unterbricht oft den Prozeß zur Harmonisierung des Menschen für lange Zeit. Die Profanisierung der Interessen verführt leicht dazu, einer augenblicklichen Vorteilssicherung zuliebe einem beliebigen Willen willig zu werden.

Wie also kann eine *profane* Egoismussicherung einen qualitativen Charakter haben? Die Antriebsenergien sind gering, weil sie sich nicht eines höheren Zweckes wegen zu disziplinieren vermögen.

Es muß eingeräumt werden, daß die Berufstätigkeit aller, insbesondere die Doppelberufstätigkeit, die Freisetzung des Betätigungsrahmens selbstwertsteigender Egoquanten mit Aussicht auf Erfolg nahezu vollständig ausschließt, d.h., das mögliche immaterielle Engagement der materiell durch Überbesteuerung der Einkommen in Abhängigkeit gehaltenen Berufstätigen wird durch das materiell-existenzsichernde Dauer-Engagement nahezu restlos eliminiert.

Das Wesen jeder repressiven Herrschaft ist die Herstellung der sozialen Nicht-Autarkie. Materielle Abhängigkeitsstrategien beliebiger Staatsgewalt führen zur Unumgänglichkeit einer existenzminimumpflegenden Sozialpolitik für Ausgeplünderte durch Staatsgewalt. Gewalt über Menschen, die sich staatsrechtlich nicht mehr legitimieren kann, schlüpft in den Sozialzynismus sozialistischer Gemeinwohllügen, um unzulässige Verfügungsgewalt über Menschen mit anderen Mitteln legitimierend zu erneuern.

Die bildungspolitisch langfristig geplante Profanisierung der Interessen des Volkes begünstigt die Antriebsverkürzung der arbeitskraftreproduzierenden arbeitenden Klasse, wodurch die Nicht-Autarkie des Familienverbandes sozialpolitisch zur Garantie herrschaftsstabilisierender Unterwerfungsverhältnisse organisiert werden kann.

Sozialpolitik mildert die steuerpolitischen Abschöpfungstechniken der materiellen Autarkievernichtung privater Einzelhaushalte und *garantiert der Ausplünderungselite* infolge der bildungspolitisch geplanten Verweigerung der politischen Kultur in der ausgebeuteten arbeitenden Klasse, objektivitätsirrend, *Reputation und Ansehen.*

Die bildungspolitisch geplante, interessenverkürzte „Gemeinnutz-Geht-Vor-Eigennutz-Erziehung" zur Vermeidung qualifizierter Egoquanten ist die Voraussetzung zur Fortsetzung der Herrschaft von Menschen über Menschen. Das moderne politische Herrschaftsmittel ist die Gemeinwohllüge. Sie und nur sie begründet die materielle Ausplünderung bis zur sozialen Abhängigkeit jedes einzelnen.

Es ist daher einsichtig, warum Herrschaft notwendigerweise den Urzustand der Menschen aufhebt, den Zugang zu den Quellen der materiellen Unabhängigkeit verwehrt und den Existenzminimalismus mit Eifer pflegt.

Die furchtausschließende und urteilskraftschärfende soziale Autarkie, z.B. eines jeglichen Familienvaters, zu verhindern, ist im Industriezeitalter sozialpolitisch die wichtigste Aufgabe jeder sozialistisch orientierten relativen Herrschaftselite.

Noch nie ist in der Weltgeschichte der Menschheit die Abhängigkeit der Menschen von Staat, Juntas und Bürokratien so planmäßig betrieben worden wie in sozialistischen Planwirtschaftssystemen. Die Endphase der Unterwerfung aller Menschen wird im kommunistischen System des nach Unterwerfungsbereitschaft gestuften Einkommensminimalismus der arbeitenden Klasse endgültig abgeschlossen sein.

Wenn Sozialismus die selbstverschuldete Herstellung der Abhängigkeit aller auf der Ebene des Existenzminimums ist, dann ist Kommunismus die Verewigung der Abhängigkeit aller auf der Ebene eines nackten arbeitskraftproduzierenden Konsumtionsminimalismus.

Die Fähigkeit zur immateriellen Anspruchsausdehnung und Qualifizierung der subjektiven Begehren des reifenden Menschen wird durch die dauernde Existenzangst im kommunistischen System der institutionalisierten Denkverbote für alle Ewigkeit beendet.

Das verbleibende immaterielle Vakuum des Denkenden wird durch ideologische Klischees und Denkschablonen jeweiliger Gemeinwohllügen mittels des staatlichen Medienmonopols notdürftig ausgetauscht. Eine intellektuelle Reflexion über die Herrschaftsverhältnisse innerhalb der Nutznießer der Herrschaft findet nicht mehr statt, weil die staatsapparativ gesteuerte Einkommenspyramide den Zustand der politischen Macht und die Teilnahme an der Herrschaft nach politischen Zuverlässigkeitsmerkmalen gewissenhaft selektiert.

2. Individualitätsverzicht

Materielle unabhängigkeitsbedrohende Gemeinwohlstrategien antiindividualistischer Unterwerfungssysteme begünstigen entpersonalisierende Kollektivzwänge, Gruppenentscheidungen und volkstribunale Rechtsetzungen.

Die Individualsouveränität als die vorstaatliche Verfügungsgewalt des Menschen über sich selbst ist nicht nur unerwünscht, ihr Anspruch ist kriminalisiert und politisch als ein Verbrechen gegen den Staat eingestuft. So heißt es in einem Standardwerk zur Pädagogik im Herrschaftsbereich des Großtyrannen, das 1978 verlegt wurde: „Das Bewußtsein und Verhalten des Kollektivs, der Charakter ihrer Beziehungen zueinander werden zunehmend von der Weltanschauung und Moral der Arbeiterklasse, von den Werten der sozialistischen Gesellschaft geprägt. Das Kollektiv ist eine *unerläßliche* Bedingung sozialistischer Persönlichkeitsentwicklung. Kommunistische Erziehung ist wesentlich Erziehung der Persönlichkeit im Kollektiv und Erziehung durch das Kollektiv". (3)

Kollektiv und Persönlichkeit bilden eine untrennbar verschmolzene Einheit gegen jeden Anspruch auf Individualität und Selbstverwirklichung nach eigenen antikollektivistischen vernunftpflichtigen Maßstäben. Materielle Abhängigkeit des arbeitenden Volkes, sozialpolitisch organisierte Existenzminimumsgarantie und aufgestufte Lebensqualitätsbestimmung nach staatspolitischer Zweckbestimmung durch Kollektiventscheidungen, die Verweigerung der sozialen Autarkie durch planwirtschaftliche Produktions- und Konsumtionsplanung und die Deformation des Eigenwillens durch Kollektiverziehung garantieren den Verzicht auf die Wahrnehmung vorstaatlicher Rechte des Individuums. Individualitätsverzicht ist daher ein signifikantes Merkmal der unteren Intensität der möglichen Egoquanten im Qualifikationssystem der menschlichen Antriebe zur Selbstverwirklichung. (vgl. 1. Zone der Kulturfähigkeitsdiagonalen)

Der Zusammenbruch der politischen Kultur als der Fähigkeit, sich seines Verstandes möglicherweise gegen den Widerstand von Unterwerfungskollektiven bedienen zu können, wird mit dem Individualitätsverbot nachgewiesen.

Die starke Orientierung auf den anderen, die Anlehnungsbereitschaft an den vermeintlich Stärkeren ist als Selbstverleugnungsbereitschaft typisches Normalverhalten unter repressiven Herrschaftsverhältnissen. Diese Erfahrung gilt unabhängig vom Selbstdarstellungsritual herrschaftsabhängiger Apologeten und Claqueure, diesen privilegierten Volksbeschwindlern der relativen Unterwerfungseliten, die sich selbstverständlich niemals so nennen, wie sie wirklich sind, sondern immer so nennen, wie sie nicht sind.

Weil die subjektive Antriebsenergie egoistischer Vorteilssicherung über Freiheitswillen und Unterwerfungssehnsucht entscheidet, ist die ,,Brotkorbpolitik'' aller Unterwerfungseliten so gesteuert, daß der Überlebenswille jedes politisch Entrechteten sich an der Existenzminimumssicherung weitgehend erschöpft und keine Restkraft zur Qualifizierung möglicherweise herrschaftsgefährdender individueller Egoquanten verbleibt.

Kollektiverziehung und Individualitätsverbot sorgen ,,weltanschaulich'' für die theoretische Neutralisierung möglichen Widerstandes gegen die herrschaftsstabilisierende Selbstentfremdung. Der Individualitätsverzicht, hier auch als individuelle Entnabelung entwickelt, wird im sozialistischen Volksunterwerfungssystem zur überlebenssichernden Klugheitsregel all jener, die noch denken können, aber aus Klugheit schweigen müssen.

3. Vernunftverzicht

Die ununterbrochene persönlichkeitsdeformative Freiheits- und Individualitätsverweigerung durch relative Herrschaftseliten, das Ausgeliefertsein zur Wahrnehmung jeglichen Vorteils sind eine politisch gewollte Zerstörung der Menschenwürde und der Selbstachtung.

Ein politisches System, das die Individualsouveränität des Menschen einschränkt oder weltanschaulich verweigert und das Denken des einzelnen unter ein Diktat beliebiger Kollektive zwingt, verweigert auch die Vernunftpflichtigkeit des Menschen.

Der Mensch bleibt auf der unteren Stufe des existenziellen Minimalismus unter Bedingungen des Vernunftverbotes für jede beliebige Herrschaft machbar, er bleibt aufschließbar und disponibel für jedes durch Befehl legalisierte Verbrechen, weil sein individueller Gerechtigkeitssinn, seine Individualsouveränität und seine Vernunftpflichtigkeit unter kollektiven Diktaten stehen. Der vernunftpflichtigen Selbstverantwortlichkeit wird ausgewichen, ein mögliches Bedürfnis nach Freiheit und Selbstverwirklichung aus Angst vor möglichen Nachteilen verdrängt. Er verzichtet auf Ideale, auf Gewissenssignale und auf Vernunft, die unter Verfolgung oder Strafe steht, von der er nicht einmal mit Sicherheit weiß, daß sie vernünftig ist, wenn sie erfahrungsgemäß im aufgezwungenen politischen Milieu mit Nachteilen bedroht ist. Niemand hat es ihm gesagt, was Vernunft ist, niemand hat ihn aufgefordert, die eigene Urteilskraft zu gebrauchen, aber in jedem Augenblick seines Lebens hat Herrschaft sie ihm bestritten.

Der profanitätsreduzierte Egoismus der politisch zur Vernunftlosigkeit Verführten, deren schuldlose negative Versuchung bisher nach den Gesetzen der unmittelbaren Triebbefriedigung erfolgt - ,,denn die Natur hat ihnen nichts anderes gegeben'', sagt Spinoza, ,,und ihnen die wirkliche Macht, der gesunden Vernunft gemäß zu leben, verweigert'' (4) -, hat den *Vernunftverzicht nur aus Unwissenheit* über die Macht und die Möglichkeiten der vernunftpflichtigen Individualsouveränität vollzogen.

Spinoza sieht die Gründe der Unverantwortlichkeit für den Vernunftverzicht des Menschen in der Natur. Dem muß hier widersprochen werden; *sie liegen nicht in der Natur des Menschen, sondern in der Natur der politisch deformierten Umstände, die die Wahrnehmung der natürlichen objektiven Interessenlagen unter Repression gestellt haben.*

4. Kulturverzicht

Vernunftverzicht und Kulturlosigkeit sind für den freien Menschen atypisch. Jeder Mensch hat mit seiner Geburt zugleich eine natürliche Kulturfähigkeit; ob er Kultur erwirbt, entscheiden die Herrschaftsbedingungen und die Umstände, die seiner Selbstverwirklichung förderlich sind oder sie absichtlich benachteiligen.

Die gesellschaftsverfremdenden Umstände haben die Kulturverschüttung vollzogen. Nachvollzogene Kulturverschüttung meint aber nicht eine ursprüngliche Kulturlosigkeit, sondern ein durch äußere Bedingungen aufgerichtetes Ghetto widernatürlicher Angst, die die ursprüngliche Handlungsfreiheit des Menschen zugunsten der obrigkeitlichen Anpassungserwartung aufgehoben hat.

Es ist also die durch Menschen erzwungene Aufhebung des Naturzustandes des Menschen, die die politische Kultur als Akt der vernunftpflichtigen Selbstbestimmung verschüttet.

Die natürliche Kulturfähigkeit des Menschen ist ins Unterbewußte abgedrängt und verdunkelt. Die Lebenswirklichkeit scheint nur bewältigt werden zu können unter der Bedingung der völligen Anpassung an die gesellschaftlichen Umstände und des völligen Verzichtes auf Hinterfragung des Sinnes und des Rechtes von Handlungs- und Rollenerwartungen vorgesetzter und anerkannter Respektspersonen oder Ranghöherer.

Die Reduktion der Handlungstoleranzen des Menschen auf der Nullschwelle der politischen Kulturskala geschieht nie von selbst, weil sie eine gewollte, von außen in das natürliche Leben der Menschen gepreßte Deformation der Lebensumstände ist.

Infolge der verweigerten politischen Kultur wie die der Nichterziehung zur Selbstachtung und Vernunftpflichtigkeit bleibt das Sozialisationsopfer herrschaftsbeliebig verführbar.

In seiner intellektuellen Irritation vermag das Sozialisationsopfer nicht aus eigener Kraft den Widerstand gegen menschenrechtsverweigernde Amtshandlungen selbstlegalisierter Obrigkeiten zu leisten.

Die Herrschaftsprinzipien der steuerpolitischen Brotkorberhöhung, der materiellen Unabhängigkeitsverweigerung, der Kollektiverziehung, des Vernunftverbotes und der Verschüttung der politischen Kultur durch Sozialisationsumstände erzwingen mittels des Manipulationsmonopols relativer Eliten die politische Entrechtung des Volkes, den sozialen Autarkieverzicht, den Individualitätsverzicht, den Vernunftverzicht und den *Kulturverzicht.*

Im Herrschaftsbereich des Großtyrannen sind diese Herrschaftsprinzipien weitgehend verwirklicht, weltanschaulich geschützt und ideologisch abgesichert.

Die Pädagogik des Großtyrannen erklärt ideologietrunken: „Der Marxismus-Leninismus hat seine weltgeschichtliche Bedeutung als *wissenschaftliche Ideologie* des revolutonären Proletariats (gemeint sind die Berufsrevolutionäre der Nomenklaturistenklasse) dadurch erlangt, daß sie " - und sie zitiert zur Bekräftigung der vernunftverweigernden Ideologieanbetung Lenin - „alles, was in mehr als zweitausendjähriger Entwicklung des menschlichen Denkens und der menschlichen Kultur wertvoll war, sich aneignete und verarbeitete". (5)

Dieser wissenschaftsverhöhnende Schmarren der Verwissenschaftlichung einer Ideologie ist als geistiges Energiepotential einer Gesellschaft nur durchzusetzen unter aufgehobenen Eigentumsverhältnissen und verstaatlichten Produktions- und Konsumtionsbedingungen.

Es ist nicht zufällig, daß der Griff nach den freiheitssichernden Kriterien der materiellen Unabhängigkeit das erste politische Verlangen jeder sozialistischen Politik ist. Die staatsrechtliche sozialistische Naturrechtsignoranz als politisches Programm ist ohne die Verstaatlichung aller freiheitsrelevanten Eigentumsverhältnisse anders nicht durchzusetzen. *Um diese schleichende Selbstentrechtung des Volkes zu organisieren, bedarf es des schulisch und gesellschaftlich aufgebauten Ahnungslosenpotentials eines weltanschauungsgeschädigten „revolutionären Proletariats", das den Kulturverzicht so weit ahnungslos verinnerlicht hat, daß individuelle Vernunftfähigkeit in den ideologisierten Führungskadern tendenziell nicht mehr erwartet werden kann.*

5. Moralische Deskelettierung

Alle Merkmale der aufgehobenen Individualsouveränität entpersonalisieren nicht nur das Individuum zum Objekt der Staatsgewalt, sondern deskelettieren die ethische Substanz des Menschen.

Die Freigabe der Unfertigen und politisch Unwissenden in das politische Manipulationsfeld von Wahlschlachten relativer Elitensysteme ist daher das gefährlichste Instrument der Manipulationsausdehnung einer freiheitsverweigernden Herrschaft.

Die moralische Deskelettierung ist wegen ihres insistierenden Charakters fast ausschließlich ein obrigkeitlicher Unterwerfungswille, ob in Form der gott-königlichen Pyramiden-Kulturen, der feudalistischen Leibeigenschaftsordnungen von Gottes Gnaden oder in der Form des Unterwerfungszwanges vor chaotischem Volkswillen in Demagokratien, unter den Bedingungen des wissenschaftlichen Ideologismus oder manipulationsanfälliger Formaldemokratien - immer ist die herrschaftsspezifische Deskelettierung des Menschen, also die Verweigerung vernunftpflichtiger Handlungen des Unangepaßten, Ursache seiner Kulturverschüttung und seiner Gefangenhaltung im Operationsfeld der Egoquanten der unteren Intensität der Kulturfähigkeitsskala, wie es im Gesamtsystem der Qualifikationsbestimmungen egoistischer Antriebe dargestellt ist.

Die modernistische Chaotisierung der ungefestigten verhaltens- und bewußtseinsgespaltenen Denkregulative Jugendlicher blockiert die vernunftpflichtige Selbstbestimmung oft irreparabel.

Ein extremes Beispiel der vollzogenen moralischen Deskelettierung ist die Kinderbewaffnung im revolutionären Kambodscha, in Lateinamerika, aber auch in Persien unter Khomeini und anderswo. Auch die schändliche und verantwortungslose Überforderung der Urteilskraft Unwissender und Ahnungsloser in den Fällen, in denen sechzehnjährige Halbwüchsige und oft auch Analphabeten die Wahl des Präsidenten eines Landes mitbestimmen sollen, deskelettiert das Verantwortungsbewußtsein und überhöht die Entscheidungsfähigkeit Halbgebildeter, die unwissend sich und andere ins Unglück oder Verderben stürzen.

Die Egoantriebe sind verkümmert und bis zur willentlichen Vernunftwidrigkeit verkürzt. Die Angst, Opfer der vernunftwidrigen Gewalt geängstigter Vernunftloser zu werden, geht um und verbreitet eine neue Zukunft, die die Eingeschüchterten und listig Entrechteten auch noch Fortschritt nennen sollen.

In Anlehnung an andere vermögen Heranwachsende zwar hochherzige, aber auch gefährliche Energien freizusetzen. Immer aber bedürfen sie einer Persönlichkeit, die sie anführt. An politische Irrtümer wie auch an demagokratischen Manipulationen sind sie relativ leicht auslieferbar.

Keine Herrschaft hat es bisher gewagt, ihren Sieg und ihren Bestand auf die 2. oder 3. Generation jener, die das Leben schon erfahren haben, zu begründen. Tyrannen haben sich immer der Unwissenden und Ahnungslosen bedient, um manchmal Besseres gegen Schlechteres, meist aber Schlechteres gegen Besseres zu erzwingen.

Ein politisierter Jugendkult zum Zwecke der kritiklosen Verinnerlichung der Herrschaftsverhältnisse bezeugt doch nur den Zusammenbruch einer politischen Kultur, die die Wertbeständigkeit einer politischen Ethik Denkender absichtlich ignoriert, um den politischen herrschaftsstabilisierenden Deformationswillen Ahnungslosen und Heranwachsenden zu verschleiern.

Ein dumpfes Verharren in einer geräuschvollen Disco-Kultur der Entnervten und Entkonzentrierten ist schließlich jeder Herrschaftselite eine bequemere, steuerpolitisch wie wirtschaftlich rentierlichere menschliche Verfügungsmasse als eine soziale Gemeinschaft politisch Mündiger, die sich dem seit allen Zeiten vorgezeichneten Weg des existentiellen Minimalismus durch Herrschaft verweigern würde. Der verkürzte profanmaterielle Brot-Und-Spiele-Egoismus Heranwachsender - dazu gehört auch die heutige Form der national-chauvinistischen Olympiabarberei - wird auf Dauereinstimmung in der Gehirnsubstanz der zum latenten Schwachsinn Erzogenen angelegt.

Insofern also ist das durch Obrigkeit und Herrschaft organisierte Ghetto der Angst immer zugleich der Wille zur Deskelettierung des Menschen, und die verbliebene Sekundär-Freiheit des Skelettlosen - die Sekundär-Freiheit meint hier, zwischen Fußballspiel oder Kegeln entscheiden zu dürfen - wird zur illusionären wichtigtuerischen Entscheidungsbefugnis über Nebensächlichkeiten.

Die Herrschaft der relativen Eliten einer chaotischen Volkssouveränität ist schon längst zur sanften Deskelettierung der im Ghetto der Angst Entmündigten angetreten und mißbraucht die Vertrauensbereitschaft Jugendlicher und Heranwachsender bedenkenlos, wenn es um die Zustimmungsmanipulation zur Selbstentrechtung und um die Herrschaftssicherung über das Volk geht. Es wird rechtstheoretisch immer deutlicher, daß manipulative Zustimmungstechniken unzulässige materielle Partizipationen am erworbenen und gesicherten Vorteil anderer legalisieren.

Niemand scheint um eine Immaterialisierung der Interessen, um eine gemeinsame Anhebung aller Interessenquanten bemüht zu sein. Würde die Qualifizierung der Bedürfnisse begehrt, wäre das Chaos der verantwortungslos gewordenen Ausplünderungspolitik der relativen Eliten und die Ohnmacht des Volkes vor dem hoheitlichen Gewerbe augenblicklich entlarvt. Würde das widernatürliche Ghetto der Angst der moralisch Deskelettierten gesprengt, so reaktivierten und regenerierten sich die Kräfte der Freiheit. Aber am aufrechten Gang eines Gerechten, am Stolz eines freien Volkes war in der Geschichte der Völker noch nie eine Unterwerfungselite interessiert.

In den letzten Jahren organisierte bereits die relative Herrschaftselite schleichend eine neue Form sanfter Deskelettierung des Menschen, und zwar mittels der sich anempfehlenden psychologistischen Manipulationswaffen. Moderne Herrschaftseliten sind heute in besonderer Weise daran interessiert, die Unfähigkeit der Selbststeuerung des Menschen mit wissenschaftlich erscheinenden Methoden eines mystifizierten Psychologismus zu beweisen. Eine nachgewiesene Unfähigkeit zur Selbststeuerung und Vernunftpflichtigkeit der heute Gewaltunterworfenen könnte nämlich Gewalt über Menschen plötzlich ,,wissenschaftlich'' notwendig machen und erneut, wie zur Zeit des Gottgnadentums theologisch- erziehungswissenschaftlich, nunmehr mit Hilfe eines sozialisierenden herrschaftsgefälligen Psychologismus im Sinne vorsorgender Gefahrenabwehr, legitimieren.

Milieu-Reproduktion auf der Ebene des Existenzminimums, Austausch der Primär-Freiheiten gegen herrschaftsungefährliche Sekundär-Freiheiten, die Ausdehnung des Sozialklimbims über zuvor Ausgeplünderte, die Verweigerung der mittelständischen sozialen Autarkie für alle durch kollektivistisch-sozialistische Enteignungs- und Verstaatlichungsstrategien zur Kontrolle der Produktions- und Konsumtionsverhältnisse der Gewaltunterworfenen, die Aufwiegelung der Ahnungslosen zur Selbstentrechtung durch Individualitätsverzicht, Vernunftverzicht und Kulturverzicht und die freiwillige Übertragung der eigenen Verfügungsrechte über sich auf das gemeinnutzsichernde sozialistische Kollektiv garantieren den Fortschritt der Staatsgewalt und die endgültige Objektbestimmung des moralisch deskelettierten Volkes.

Die untere Intensität der Egoquanten ist gewährleistet, wenn andere, höherwertige Bedürfnisse des Menschen nach Selbstverwirklichung unerwünscht sind und von der arbeitenden Klasse als *„unzumutbare Herausforderung"* zurückgewiesen bleiben.

Die Politik jeder relativen Herrschaftselite fühlt sich dieser Aufgabe erziehungspolitisch zutiefst verpflichtet und sorgt ausführlich für die Pflege sekundärer Freiheiten und engagierter demokratischer Aktivitäten in herrschaftsstabilisierenden Banalitätenprogrammen des kommunalpolitischen Aktivismus. Insofern bleibt das *„kleine Glück der großen Zahl"* das *„große Glück der wenigen"*, die augenzwinkernd unter sich bleiben und sich über die „Volkssouveränität" Gedanken machen, die hier nicht zitiert werden können!

*

Kapitel XV

Qualifikationsbestimmung der Egoquanten der mittleren Intensität

Milieu-Reflexion des Starken

Die mittlere Intensitätsphase egoistischer Antriebe zwingt den Menschen zur bewußten Entscheidung, ja zu sagen zur Freiheit als einer alles sichernden Generalgarantie des Lebens, der Existenzmittel und der Bedingungen zur Glückseligkeit.

Die mittlere Intensitätszone der egoistischen Antriebe entdeckt die Eigentlichkeit des Menschen aus eigener Ahnung und kritischer Reflexion seiner inneren und äußeren Lebensumstände. Harmonievorstellung und Harmonieverschwommenheit wechseln in dieser aufbrechenden Irritationszone des materiellen, aber zur immateriellen Dimension aufstrebenden Entscheidungsbereichs der Willensfreiheit. Die Irritationstoleranzen der mittleren Intensität egoistischer Antriebe durchlaufen ohne die Hilfe einer intellektuellen Kontinuität anderer widersprüchliche, schizophrene, entscheidungs- und verhaltensunsichere Perioden.

Die mittlere Intensität individueller Egoismusquanten pendelt zwischen unterentwickelter und beginnender Selbstverwirklichung. Es ist die Phase der Orientierung auf sich selbst, die Entdeckung des Ichs, aber auch die Phase größter Unsicherheit über die Resultate der eigenen Urteilskraft.

Der Widerspruch zwischen Furcht und Todesmut, Lebensangst und Selbstüberwindung ist in der mittleren Intensität der Qualifikationsreihe egoistischer Antriebe in besonderer Weise angesiedelt. Es ist bekannt: „Das, was den Geist im Innersten bewegt, das ist Verlangen nach uneingeschränkter Freiheit, und dieser Drang ist ausnahmslos von seinem Gegenteil begleitet, von der Furcht vor den Folgen der Freiheit". (1) Dieser Satz von Thornton Wilder ist für die mittlere Egoquanten-Qualifikation sehr typisch. Was kann für den Fragenden, den Denkenden denn notwendiger sein als das Wissen über die Ursachen eines Bedürfnisses, das Freiheit will, aber sich vor den Folgen zugleich furchtet?

Die egoistischen Antriebe, das Begehren höherer Egoquanten, hören nicht auf, solange noch unerschlossene immaterielle Bedürfnisse locken und unerfüllt bleiben. Das verkürzte Begehren des Augenblicks im Vorfeld der mittleren Intensität der Antriebe und die Anspruchslosigkeit aus der Heteronomie der Willensfreiheit - aus der Deformation gesellschaftlicher Verhältnisse -, die richtungs- und orientierungslos sich der Vernunftpflichtigkeit herrschaftsgefällig entledigt und der eigenen Vernunftfähigkeit über Jahre hinaus mißtraut hat, befriedigten ihre Bedürfnisse weit unterhalb kategorialer Maxime. Daß diese Selbstaufgabe des Individuums, dieser Selbstverzicht auf ein freies und menschenwürdiges Leben als Unterwerfungsritual das Wohlwollen der politisch Mächtigen sicherte, wird auf der mittleren Egoquanten-Entwicklung plötzlich transparent. Dem Stärkeren und Zielstrebigen offenbaren sich Wünsche zur individuellen Seinsbestimmung als eine neue Lebensqualität, deren Reiz von Stufe zu Stufe zu wachsen scheint. Sich seine personale Identität gegen den wachsenden Widerstand der Herrschaftszwänge bewahrt zu haben, wird mit Bewußtsein erlebt und durch milieukritische Reflexion unter Gleichgesinnten gestärkt.

Die in der Phase der unteren Intensität egoistischer Antriebe noch denkbaren schädlichen, leidsetzenden Vorteilswahrnehmungen bei gleichzeitiger Skrupellosigkeit als Voraussetzung zur Beliebigkeitsbereitschaft des Willens scheitern zunehmend an der wachsenden Transparenzfähigkeit und Urteilskraft des Verstehenden. Die soziokulturelle Deformationsenergie gerät in das Reflexionsfeld des kritisch Denkenden und wird unterwerfungsverweigernd enttarnt.

In diesen Entwicklungsphasen der Persönlichkeit steht in unserer Zeit jeder für sich allein, weil alle öffentlichen Institutionen, mit Ausnahme der christlichen Kirchen, das darf hier fairerweise nicht unerwähnt bleiben, an einer selbstentdeckenden Menschenwürde mit allen Konsequenzen der Unterwerfungsverweigerung schon deshalb nicht interessiert sind, weil ihre politischen Existenzen im Regelfall auf Gewährung und Verweigerung von Vor- und Nachteilen Entrechteter begründet sind.

Die Stärke des Reflektierenden liegt in der Verfremdungsimmunität, im Willen, sich nicht durch relative Herrschaft ,,verheizen'' und ,,kaputtmachen'' zu lassen, wie Modewörter dieses Phänomen treffend umschreiben.

Hier wird noch der unverbrauchte, ungeformte Mensch in der Entwicklung ,,wie rohes Eisen'' gehärtet, und es entscheidet sich rasch, wo die natürlichen genetischen Grenzen der Willenskraft zur Selbstverwirklichung in Freiheit gesetzt sind.

Austausch deformationsaufgeladener Informationsketten

Die Durchlaufphase der mittleren Intensität egoistischer Antriebe bedarf großer Anstrengungen der Selbstentschlackung, die durch Umstellung auf die neu aufzunehmenden Informationsketten geschieht.

Es ist notwendig, den Verfremdungsballast liebgewordener herrschaftsstabilisierender Denkschablonen abzuwerfen, und zwar bewußt und gründlich. Wie jeder Allesbrenner von Zeit zu Zeit gereinigt werden muß, so müssen auch die informativ überflüssigen deformativen Ballaststoffe der Erinnerung abgeworfen werden. Um es ganz deutlich zu erhellen: geheimnisvolle Umwege zur Neubestimmung der Lebens- und Orientierungshilfen über ,,Guru-Erleuchtungen'' oder selbstüberlistende apothekenpflichtige Opiate ersetzen nicht die notwendige klare, gedanklich disziplinierte Urteilskraft.

Nur logische Denkoperationen disziplinieren und qualifizieren die Antriebe. Die Überreste der deformativen Informationsketten müssen sorgfältig aus dem Gedächtnis abgehoben und der Selbstauflösung durch Vergessen überantwortet werden.

Nur das Ausschwemmen abgestandener, als Verfremdungsenergie entlarvter Normvorstellungen durch neue, persönlichkeitsstabilisierende Informationsketten garantiert die Sensibilisierung und Entwicklung der individuellen Urteilskraft. Widersprüchliche und konfuse Informationen behindern die Entscheidung zur Selbstbestimmung und erschweren den Austritt aus der herrschaftsgefälligen soziokulturellen Unterwerfungsdeterminanz einer Staatsgewalt, die einerseits seit der bolschewistischen Oktoberrevolution 1917 als ,,weltliche Gegenkirche'' die Machbarkeit eines ,,neuen Menschen'' (2) durch ideologische Seeleningenieure zu erzwingen trachtet und die Glückseligkeit des Individuums durch kollektive Gemeinwohlstrategien politisch Unmündiger durchzusetzen hofft und andererseits den Heranwachsenden in eine ,,Banalitätenkultur'' hinabzieht, um die Profanisierung der Egoquanten selbstwertdeformierend zum Zwecke bequemerer Leistungsabschöpfung zugunsten der Unterwerfungselite aufrechtzuerhalten.

Selbstreinigung der Erinnerungs-Potentiale

Es bleibt dem kritisch Reflektierenden überlassen, den Umfang der möglichen eigenen Lebensqualität selbst auszuloten und zwischen irritierenden ,,Gemeinwohlvorgaben'' der relativen Herrschaftseliten und den Eigennutzerwartungen als Wahrnehmung der objektiven Interessenlagen selbst und von jeder außengesteuerten Einredung unabhängig zu entscheiden.

Diese Bestandsaufnahme aller Plus-Minus-Informationen im Spannungsfeld der Objekt- oder Subjektbestimmung des Menschen durch Staatsgewalt führt zwangsläufig zur Selbstreinigung der Erinnerungspotentiale, zum Ausverkauf gedanklich abgestandener Ladenhüter und zum Abwurf informativer Deformationspotentiale.

Die normalen Informationsketten herrschaftsstabilisierender Denkschablonen sind deformative Energien zur Eingewöhnung in mißliche Umstände. Sie behindern die Verselbständigung des Individuums, die intellektuelle Entnabelung aus der überlieferten, im Regelfall repressiven soziokulturellen Determinanz. Sie haben keinen anderen Zweck, als durch Gewöhnung an die Umstände die Zustimmung zur eigenen Entrechtung zu vollziehen.

Die wirksamen und selbstverständlich gewordenen manipulativen Tricks, vor Einführung neuer Entfreiheitlichungsgesetze mittels Meinungsumfragen und Leserbriefe das Zustimmungsklima in der Bevölkerung anzuheizen, sind beliebige Manipulationsmethoden zur Eingewöhnung in neue, lebensqualitätsverschlechternde Rechtsbeschränkungen.

Der uralte Trick, ,,Frau Schulze ist sehr dafür und Herr Schmidt meint auch, man sollte es so machen'', zieht immer wieder, auch wenn er geflissentlich übersieht, daß ein Volk Millionen Menschen hat, die dagegen sein könnten, aber nicht gefragt werden. Die manipulative Informationssteuerung durch öffentlich-rechtliche Medien im Dienste karrierevergebender relativer Elitenherrschaft vollzieht sich für den Außenstehenden unmerklich und unglaublich.

Die Unmerklichkeit der Eingewöhnung in das entindividualisierende ,,man denkt - man sagt - man meint'', diese urteilskraftaushöhlende Fixierung der Meinungsbildung auf andere, sollte Anlaß zum ersten Schritt der Selbstanalyse sein, um die Selbstreinigung der Erinnerungspotentiale einzuleiten.

Es ist schon hilfreich, sich zu erinnern, aus welcher Quelle eine Information stammt, und sich zu verdeutlichen, welches verdeckte Interesse - jede manipulative Absicht ist verdeckt, sie ist um so manipulativer, je unauffälliger, je verborgener ihre Absicht bleibt - der jeweilige Informant mit der vorgegebenen abgeschlossenen Informationskette zu verbergen trachtete.

In der Übergangszeit von der chaotischen Volkssouveränität zur mündigen Volkssouveränität in späterer Zeit, also in der gegenwärtigen Periode der Ablösung des Herrschaftswillens über Menschen, ist die Manipulation des Volkswillens die letzte Herrschaftschance, Herrschaft formalrechtlich zu legalisieren.

Ein unorganisierter hysterischer aktiver Widerstand gegen relative Unterwerfungseliten wird an den Gewehrsalven der Ordnungsorgane, am Zeitgeistfaktor der zur Unterwerfungsgewohnheit zuverlässig manipulierten Massen immer scheitern. Allein die *Zustimmungsverweigerung* zur Fortsetzung der Entfreiheitlichung, der Reglementierung und Individulitätsverfremdung reinigt die politischen Verhältnisse durch Machtentzug und begründet den mündigen Volkswillen freier Menschen.

Im Prozeß der Selbstreinigung der Erinnerungs-Potentiale - und das ist die Schwierigkeit - sollten alle anderslautenden, früher aufgenommenen Informationsketten aus der Erinnerung verbannt und neue, diesen Selbstreinigungsprozeß aufhaltende und sofort einsetzende informative Konterenergien der etablierten Unterwerfungselite urteilssicher *überhört* werden.

Die um ihre Macht buhlenden und um ihre Privilegien und Pfründen besorgten relativen Eliten werden nichts unterlassen, das große Ahnen einer sich entchaotisierenden Volkssouveränität zu verunsichern, die Mündigen zu verunglimpfen und, wo ihre Macht stark genug ist, die Fürsprecher der Individualsouveränität mit Prozessen zu überziehen oder einfach ins Archipel GULAG zu werfen.

Qualifizierung der Antriebe durch Beistand Gleichgesinnter

Milieu-Reflexion, Austausch deformativer herrschaftsstabilisierender Informationsketten und die Selbstreinigung der Erinnerungs-Potentiale beschleunigen die Entchaotisierung des individuellen Willens wie auch des Volkswillens.
Die Solidarität der Vernunftwilligen unter repressionsfreien Lebensverhältnissen wird gefestigt durch den Beistand Gleichgebildeter und folglich auch Gleichgesinnter.

Die Umstellung der bisher aufgenommenen Informationsketten, ihre Vernunft und Menschenwürde sichernde Selektion, vollzieht sich durch den Austausch der Informationsquellen, d.h., ein neuer, anderer Bekanntenkreis ist zielstrebig anzuvisieren. Selektive informationsumschichtende Prozesse und der Abbruch aller Zeitverschwendungsliteratur, die informative Konzentration auf das Wesentliche, sind Bedingung für wachsendes Selbstvertrauen und für Orientierungsgewißheit aus eigener Urteilskraft im Entwicklungsfeld der Zone 2 der Kulturwahrnehmungsskala auf der mittleren Intensität der Egoquanten.

Die Gefahr der vorzeitigen Erschöpfung des Widerstandwillens gegen die selbstentfremdende Bevormundung durch Herrschaft bleibt bestehen, wenn nicht Gleichgesinnte und Gleichgebildete hinzuspringen und dem aufgebrochenen Freiheitswillen neue Nahrung geben. Es muß nüchtern eingestanden werden, daß die tägliche Abwehr des Unterwerfungswillens anderer mühsam ist und durch erkennende Ohnmacht nicht selten zur Resignation treibt. Wer hat sie schon, die Energie, in seinem kurzen Leben dauernd „gegen den Strom" des Zeitgeistes zu schwimmen? „Freiheit bedeutet Verantwortlichkeit", sagt G.B. Shaw, „das ist der Grund, weshalb die meisten Menschen sich vor ihr fürchten". (3)

Weil neben dem selbststeuernden Austausch und der Reinigung der Informationsketten auch andere, in der politischen Kultur weiterentwickelte Menschen über die Aktivierung der Egoismusquanten und Intensitätsgrade immaterieller Antriebe weiterhelfen können - die Administration der relativen Eliten bietet bisher keine Entsozialisations- und politischen Mündigkeitsprogramme an -, *muß der vernunftpflichtige „Außenseiter" der Gemeinschaft der Angepaßten intellektuell aus dem Wege gehen.*

Die Unerträglichkeit für den sich wissend Befreienden, adaptierte, fremdgesteuerte Wort- und Gedankenfetzen anhören zu müssen, verführt den, der am „Durchblick" arbeitet, zum ungedultigen Aufbegehren gegen soviel Unverstand, was zur Folge haben kann, daß die unverschuldet Deformierten und vermeintlich grundlos in ihrem Selbstwert Verletzten sich zu einer negativen Solidarität der Manipulationsopfer gegen den „Außenseiter" organisieren.

Sprunghaftes Aufbegehren, aber auch resignative intellektuelle Erschöpfung des „Außenseiters" sind oft Begleiterscheinungen dieser auf der mittleren Ebene der Egoquanten vollziehbaren intellektuellen Entnabelung aus der Sozialisationsverfremdung.

Der Gute Wille allein genügt nicht immer. Die Intensivierung der egoistischen Antriebe ist auch ein Gegenstand der individuellen Kraft, die als Ausgangsvitalität des angelegten Gens die Vitalität und den Überlebenswillen, die Robustheit und Tatwilligkeit des Menschen bestimmt.

Natürliche Grenzen der Willenskraft des zur Daseinserhellung Strebenden dürfen nicht übersehen werden. Sie verpflichten den bereits Vernunftpflichtigen zur Rationalität notwendiger Güte, mitmenschlicher Nachsicht und Hilfsbereitschaft, weil die Freiheit des Vernunftpflichtigen *allein nicht trägt* ohne die Freiheit des Ahnungslosen.

Dem Unterwerfungsopfer und Weltanschauungsgeschädigten ist jede informative Hilfe anzubieten und kein Beistand im obligatorischen Unterwerfungsabwehrkonflikt mit anderen, die den Selbstbefreiungsakt des Vernunftbereiten beneiden, aber zu kraftlos sind, ihn mitzuvollziehen, zu versagen.

Die intellektuelle Befreiung aus den Denkverkürzungen sowohl der Weltanschauungsgeschädigten als auch der sogenannten Normalen aus dem Ghetto der Sozialisationsunterworfenheit wird beschleunigt durch den intellektuellen Beistand bewußtseinserhellender, menschenrechtsanerkennender Literatur.

Der Übergang vom *Kulturwahrnehmungsbereich* der Zone 2 in den *Erlebnisbereich* der politischen Kultur der Zone 3 wird wesentlich erleichtert, wenn man gelernt hat, die gewaltige devote Entrechtungseingewöhnungsliteratur der unzählbaren um Herrschaft buhlenden literarischen Schwanzwedler und obrigkeitlichen Pfötchengeber ungerührt an sich vorbeiwerben zu lassen.

Soziale Autarkie der Zone 2 contra Nicht-Autarkie

Diese Souveränität der Selbstentscheidung über die Qualität einer literarischen Arbeit, insbesondere die Analyse über die gesellschaftliche Absicht, z.B. ob vernunfterhellend oder ideologisch, die Urteilskraft verkleisternd oder nur unterhaltend angelegt, setzt eine gewisse Dispositionsfreiheit über die Zeit und die finanziellen Mittel voraus. Im Gegensatz zu Rechtssystemen der sozialen Nichtautarkie, in denen kein Buch verlegt wird, das nach Meinung der Unterwerfungselite nicht gelesen werden soll, ist es in den restlichen Rechtssystemen noch möglicher sozialer Autarkie erst in den mittleren Jahren, nach der Begründung einer materiell unabhängigen Existenz möglich, eine angemessene literarische Auswahl zu erschließen.

Die Immaterialisierung der Interessen vollzieht sich im Regelfall als weiterer Schritt nach der materiellen Saturierungsphase. Die Qualifizierung der Antriebe wird durch qualifizierende Rahmenbedingungen vorteilhaft beeinflußt.

Schon Thukydides wußte vor 2400 Jahren von der kulturfördernden Kraft kultivierter Rahmenbedingungen des arbeitenden Menschen. „Im Frieden bei glücklichen Lebensumständen ist die Denkungsart der Menschen besser, weil sie nicht in den Zwang von Notlagen geraten. Der Krieg, der das tagtägliche von selbst gelingende Leben aufhebt, ist ein gewalttätiger Lehrer und stimmt die Leidenschaften der Menge nach dem Augenblick." (4)

Was aber ist der seit 1917 andauernde, gegen die friedliche Natur des Menschen gerichtete Wortkrieg des Großtyrannen anderes als die Beseitigung der kulturellen Rahmenbedingungen einer sozialen Autarkie in Freiheit eines jeglichen?

Die erzwungene Nicht-Autarkie des Volkes in allen sozialistischen Rechtssystemen etablierter Naturrechtsignoranz sichert die soziale Autarkie nur einer nomenklaturistischen Unterwerfungselite, und auch nur, wenn sie im ideologischen Denkkäfig einer sozialistischen Käseglocken-Kultur gehorsam bleibt.

Die soziale Autarkie eines jeglichen im Zustand der politischen Freiheit optimaler Demokratien dagegen sichert die Immunität gegen jeden staatlich-obrigkeitlichen Deformationswillen des hoheitlichen Gewerbes.

Die soziale Autarkie ist zwar nicht Bedingung zur Aufbereitung der mittleren Intensität egoistischer Antriebe des Menschen, ist keine starre Systematik im Qualifikationssystem zur Immaterialisierung aller Begehren, aber als Schutz gegen staatlichen Gewaltmißbrauch, gegen deformierende Tagesinformationen aus parteipolitisch besetzten Medienanstalten doch eine erhebliche und zuverlässige Absicherungschance der materiellen und geistigen Unabhängigkeit des Individuums.

Und gerade deshalb ist die steuerpolitische Ausplünderungsstrategie sozialistischer Rechtstheoretiker zielstrebig auf die Verhinderung der sozialen Autarkie eines jeglichen gerichtet.

In einem Land, in dem jedem Arbeitsfähigen zugemutet wird, 140 Tage (5) im Jahr nur für die Selbstentrechtung zugunsten der Machtausdehnung des hoheitlichen Gewerbes zu arbeiten, sind die Weichen auf wirtschaftliche Abhängigkeit, materielle Autarkievernichtung, sklavenhalterische Arbeitskraftreproduktion und Naturrechtsnegation, also eindeutig auf systematische Entfreiheitlichung des Volkes gestellt.

Der natürliche Egoismus des Menschen wächst, wenn er nicht durch Ausplünderungseliten behindert wird, aus seiner materiellen in die immaterielle Dimension. Er befindet sich zunehmend im Entdeckungszustand der Zweidimensioniertheit seines Seins.

Daraus folgt, das die Kulturfähigkeit eines jeglichen durch materielle Unabhängigkeit (Soziale Autarkie) sich vervielfältigend initiiert.

Wohlstand allein, soziokulturell spezifische Reputationen, vielleicht auch Attribute der Macht sichern, ist, das wird jedem Denkenden bald bewußt, als eine nackte Diesseitsfixierung nicht das Bedürfnis, das als Komplettierung eines glücklichen Lebens verstanden werden kann.

Neue Dimensionen der Lebenserwartung tun sich auf, die zuvor übersehen wurden, unbeachtet blieben, wenn andere darüber sprachen.

Die Anstrengungen einer erfolgreichen materiellen Existenzsicherung führen nicht, wie anfänglich geglaubt, zu einem dauernden Behagen über das Erreichte. Mit der materiellen Existenzsicherung stellen sich oft neue Überlegungen ein, die nach dem Zweck der ganzen Betriebsamkeit fragen lassen, merkwürdigerweise sogar wertabwägend und relativierend, obwohl vor der Zeit des Erreichten das Erreichte kaum erhofft und xls höchstes Ziel vermutet und erstrebt wurde.

Und genau an diesem Punkt qualifiziert sich das egoistische Begehren zu einem neuen Schub. Die untere Intensität durchbricht ihre profanmaterielle Fixierung und tritt in die hier als mittlere Intensität verstandene Übergangsphase. Das Interesse für Brot und Sachen entdeckt in der mittleren Intensität der Egoquanten die Liebe zum Immateriellen, zu Büchern, Kunst, Musik, Wissenschaften, Luxus....

Selbst der Bezug zusätzlicher Zeitschriften, mehrsprachige Auslandsinformationen, konterinformative Quellenaufbereitungen, Auslandsreisen und die Aufbereitungszeit des zu verarbeitenden Materials mit Freunden und Bekannten sind unschätzbare finanzierbare und organisierbare Vorteile einer bewußt angestrebten und vollzogenen soziokulturellen Entnabelung aus sozialer Autarkie. Die sich aus sozialer Autarkie von selbst einstellende Ausweitung der Begehren initiiert den Freiheitsanspruch, der aus der nebulösen Vorstellung sich *zum biologischen Bedürfnis steigern kann.*

Noch unentschlossen, bleibt der „Suchende", durch soziale Autarkie zur politischen Kultur bedürftig Gewordene anfechtbar für direkte oder verschleierte Vorteilsversprechungen der relativen Unterwerfungselite. Die Korrumpierbarkeit zur vorteilssichernden, mit Dauerprivilegien ausgerüsteten Mittäterschaft an der Volksausplünderung im administrativen Netz der sozialen Vernetzung bleibt noch nicht ausgeschlossen. Immerhin garantiert das selbstdeformierte, kulturlose, herrschaftsrechtsichernde Wohlverhalten Sicherheit und die Aussicht auf Bevörderung, die zugleich die Sublimation des möglichen ethischen Unbehagens über die rechtsverletzende Dauerverfremdung anderer erleichtert.

Höhere Pfründensicherung bleibt ein verlockendes Angebot zur Mittäterschaft in der Unterwerfungsapparatur, in besonderer Weise für jene, die es zur sozialen Autarkie aus eigener Kraft nicht gebracht haben oder aber glauben, es nicht so weit zu bringen.

Auch hier wird wieder deutlich, daß die Verschlechterung der Überlebensbedingungen für alle den run, diesen merkwürdigen Eifer zur Mittäterschaft an der Volksausplünderung, erhöht und die negative Rotation der Rechtsaufhebung durch Staatsgewalt beschleunigt.

Es ist daher absolut moralisch, aus der existentiellen Not, aus der Nicht-Autarkie herauszuwachsen, um sich von geistigen oder materiellen Abhängigkeiten leichter befreien zu können. Zur Kultivierung der Antriebe ist nur die materielle Unabhängigkeit verläßlich, um die erstrebte geistige Freiheit gefahrlos zu wagen.

Nur in materieller Unabhängigkeit kann sich der Mensch der Verfügungsgewalt der Menschen über Menschen entziehen. Materiell Unabhängige und sozial Autarke sind nur in freien, naturrechtsgeschützten Gesellschaften möglich, sie können nicht oder nur schwer beherrscht oder gegen ihren Willen genötigt werden. Sie lassen sich nicht unterwerfen und entziehen sich dem Unterwerfungswillen jeder Herrschaft und der Verfügungsgewalt von Menschen über Menschen. Es ist von genialer Einfachheit, warum die Verstaatlichung von Existenzmitteln die erste politische Forderung aller Sozialisten ist.

Auch Nicht-Autarkie schließt die Kultivierung der Antriebe nicht völlig aus, aber sie darf sich nie gegen Mächtigere richten und nie die primären Freiheiten des Menschen begehren. Unter *Beachtung systemimmanenter Verhaltens- und Denktoleranzen* ist eine entpolitisierte Kultivierung der Antriebe in repressiven Staatsverhältnissen sogar erwünscht. Aber was ist das für eine politische Kultur, die auf Dauer unter einem ideologischen Diktat steht?

Rückendeckung des Vernunftwilligen durch die Anonymität der Masse

In den Fällen, in denen der Wille zur Identität mit sich selbst noch zu schwach entwickelt oder durch Fehlinformationen erneut verunsichert worden ist, bietet sich die Rückgliederung in die Geborgenheit der anonymen Masse immer wieder aufs neue hilfsbereit an. Als mögliche Verschnaufpause mag es manchmal sogar nützlich sein, in der zur Sozialisation aufbereiteten, herrschaftsunbedrohten Masse Kräfte für einen späteren erneuten Ausbruch aus dem Ghetto der manipulativen Gesellschaft zu sammeln.

Dieser taktische Rückzug, manchmal aus Ohnmacht, manchmal aus Angst oder aus Unsicherheit über die Fähigkeit zur eigenen objektiven Urteilskraft, ist immer zugleich auch ein nützliches Erfahrungsergebnis und vernunfterhellendes Denkresultat.

Doppeltes Vernunftverständnis der Masse

Das Vernunftverständnis der herrschaftsaufbereiteten Masse ist ein zwiespältiges, d.h., aus ihrer Sicht ist unvernünftig, wer sich aus der Geborgenheit und der herrschaftsunbedrohten Masse nonkonformistisch entfernt. Der Alleingang des Ausscherenden kann nämlich allzu oft in einer Orientierungslosigkeit enden, und der ,,Außenseiter'' jenseits der Masse muß dann damit rechnen, dem aufmerksamen Zielrichtgerät obrigkeitlicher Dauerbeobachtung überantwortet zu werden. Mitglied der Masse zu bleiben, verspricht nicht nur, daß die Köpfe auf den gebeugten Rücken des Volkes von den alles glatt rasierenden Sensen der Obrigkeit unbeschadet bleiben. Masse garantiert das Überleben am sichersten, weil jeder sich hinter jedem ducken kann. Masse schützt im Regelfall, umschließt die Verratenen.

So entwickelt sich ein unausgesprochenes und ungeschriebenes Gemeinschaftserlebnis der als Masse bezeichneten Bedrängten, die nicht selten sowohl heroisch als auch überaus ängstlich handeln können. Mitglied der Masse zu sein, verspricht mehr Sicherheit, wenn es auch nur die des Überlebens ist.

Diese ,,Vernunft'' ist zwar die Vernunft der Wehrlosen. Aber Wehrlosgemachte wären unvernünftig, wenn sie sich der Vernunft verpflichteten, ohne - im übertragenen Sinne - das Maschinengewehr durchladen zu können, d.h., ohne Möglichkeit einer Chance ihrer persönlichen Verteidigung.

So bitter hier Vernunft interpretiert wird, vom Standpunkt des Gedemütigten und Entrechteten ist der Vernunftgebrauch unter relativen Herrschaftseliten im Ghetto der Angst höchste Selbstgefährdung. Die Umkehrung des Verunftbegriffes ist daher im Meinungshorizont der Entrechteten höchst logisch und verständlich, weil er existenzerhaltend das Überleben sichert.

Die Reduzierung der Egoismusquanten auf das Überleben in der Masse ist für den Entrechteten hier nur arbeitshypothetisch im umgekehrten Sinne vernünftig. In Wirklichkeit aber bleibt die reine Vernunft, die sich aus dem Überlebenswillen verweigert, vor der Tür, und ihre praktikable Umkehrung bleibt das Schauspiel einer entwürdigenden Entrechtung, auch wenn der Betroffene seine zeitlich beschränkte Unterwerfungsergebenheit tapfer als vernünftiges Handeln interpretiert.

Auf der mittleren Qualifikationsebene der Egoquanten wird dieser Vernunftverzicht der unteren Egoquantenbestimmung nur noch mit größter Unruhe ertragen.

Unter den materiell günstigeren Bedingungen einer erreichten sozialen Autarkie wird der Nichtgebrauch der Vernunftfähigkeit unbehaglich. Eine Priorisierung qualitativ gehobener Egoismen findet statt. Neue Egoquanten fließen in die Lebens- und Zukunftsdisposition zusätzlich ein.

Ist auf der unteren Intensität der Rangordnung egoistischer Antriebe die Verpfändung der Verfügungsgewalt über sich gegen ein gesichertes Existenzminimum noch die Regel, die Schonung des Lebens durch Sozialisation versprochen, so wird dieser Nichtgebrauch eigener Vernunftfähigkeit auf der mittleren Intensitätsskala schon kritischer reflektiert. Das bis dahin doppelte gestörte Vernunftverständnis weicht einer Ahnung von der Existenz der Urteilsfähigkeit des freien Menschen.

Diese merkwürdige Erscheinung einer unter repressionsfreien Bedingungen durchaus vernunftfähigen Masse, die aber aus dem verkürzten Egoismus der Überlebenssicherung sich dem Vernunftgebrauch verweigert, dadurch aber als Entrechtete wieder „vernünftig", weil überlebenssichernd handelt, hat G.B. Shaw einmal so beschrieben: „Der vernünftige Mensch paßt sich der Welt an; der unvernünftige besteht auf dem Versuch, die Welt sich anzupassen. Deshalb hängt aller Fortschritt vom *unvernünftigen* Menschen ab" (6), womit gesagt ist, daß immer nur der einzelne, der aus dem Volk Hervortretende die Welt, gleichgültig, ob gerecht oder ungerecht, bewegt. Heute verlangt die Zeit, daß, wenn das Volk als Ganzes schon nicht handelt, es doch wenigstens wissen sollte, wo die Verderber der Interessen des Volkes stehen. Sie sind leicht zu erkennen an den Begriffen, die sie verwenden, die meistens mit Volk anfangen: Volksdemokratie, Volksgerichtshof, Volkstribunal, Volksrevolution, Volkswohlfahrt, Volkskommisar, Volksgenossen, Volksgerechtigkeit etc.

Mit Ausnahme der Begriffe Volksschule und Volkswagen ist Vorsicht am Platze, wenn Volksbefreiungsausschüsse die Volksverräter nach Volksgerichtsurteilen durch Volksmilizen zusammenschießen. Das Präfix ,,Volk'' anonymisiert die Urheber des Schreckens und läßt jede Verantwortung in der ,,Masse'' untergehen.

Moderne Unterwerfungseliten haben längst gelernt, den eigenen Unterwerfungswillen auf anonyme Volksausschüsse zu delegieren, um im Namen des Volkes tausendfach das zu tun, wofür früher, als es noch den klassischen Tyrannen gab, solch ein Bösewicht schon nach einer einzigen bekannt gewordenen Untat gestürzt oder erschlagen werden konnte.

Manipulative chaotische Volkssouveränität hat den Schrecken verallgemeinert und die Anpassungs- und Unterwerfungsgewohnheit zur karrieristischen Selbstverständlichkeit verschandelt.

Pflicht des Vernunftwilligen zur bedrohungsausweichenden Klugheit

Masse und Volk gewähren in ihrer Mitte Sicherheit, aber aus ihrer Mitte entsteht auch das Gräßlichste, das Undenkbarste.

Die Aufklärung ist seit dem 18. Jahrhundert noch nahezu spurlos am Volk vorbeigegangen, und keine relative Elite hat es bisher gewagt, mit der Vernunftfähigkeit des Volkes zu beginnen und die Urteilskraft jedes einzelnen durch Schulbildung zu schärfen.

Die hilfreiche Unterweisung in die Vernunftfähigkeit jedes einzelnen ist also von relativen Herrschaftseliten weder zu erwarten noch zu erhoffen. Jeder ist auf sich selbst gestellt, die Dauerdeformation seiner Urteilskraft durch Herrschaft in eigener Weise zu unterlaufen, um die reine Gerechtigkeit gegen die häufig naturrechtswidrigen Normvorgaben chaotischer Volkssouveränität durchzuhalten und zu sichern.

Es ist erwiesen, daß der aufstrebende Mensch, der sich aus der existentiellen Not manchmal nur durch kluges Ausweichen vor der repressiven Herrschaftsbedrückung befreien konnte, aus sich und durch sich ein natürliches Rechtsbewußtsein von zuverlässiger Gerechtigkeit entwickeln kann, vor allem, wenn er von niemand animiert wird, die materiellen und immateriellen Ansprüche anderer zu verfremden.

Läge die Gerechtigkeitsfähigkeit nicht in jedem Menschen, gäbe es für die bedrängte und so leicht verführbare Kreatur Mensch überhaupt keine Chance zur Menschlichkeit, überhaupt kein Motiv zur höheren Bestimmung der eigenen Antriebe.

Staatliche Mordlust, die immer die Mordlust der Etablierten ist, die sich in Kriegen, Überfällen, Vernichtungs- und Unterwerfungswillen, wie neuerdings in kecker Dreistigkeit z.B. im Afghanistanismus, austobt, würde die einzige und ewige Triebkraft der Politik und des menschlichen Lebens bleiben.

Der Ausbruch aus den herrschaftsstabilisierenden Greifzangen der informativen Verfremdung bedarf auf der mittleren Ebene der Egoquanten noch eines langen und vorsichtigen Weges, denn der konsequent Freiheitsbegehrende wird unter allen relativen Eliten vernichtet oder wortlos gemacht. Die individuelle Selbstverwirklichung sollte zugleich die mögliche Gefährdung des eigenen Lebens ausschließen.

Wer an der Wiederherstellung seines Urzustandes, der Freiheit, laboriert, der muß wissen, daß die Deformationsenergie seiner sich selbst schützenden Herrschaftselite mit der ganzen Wucht der Unterwerfungsapparatur ihn daran zu hindern trachtet, aus der Verformungsapparatur der Staatsgewalt auszusteigen.

Es ist nicht leicht, gegen die Wirksamkeit der waltenden Kräfte des politischen ,,Über-Ichs'' Widerstand zu leisten, denn die über-ichwaltenden Herrschaftsenergien haben widerstandsvernichtende Potenz.

Es bedarf eines gerüttelten Maßes an Selbstvertrauen und einer klugen Informationsselektion, nicht in das Normverhalten der Entrechteten zurückzufallen, und größter Wachsamkeit, nicht zu einem gelähmten Opfer des aufgerichteten ,,Ghettos der Angst'' zu werden.

Die Klugheit gebietet, sich dem Deformationswillen der Staatsgewalt so zu entziehen, daß die Unterwerfungselite keinen formalen Anlaß findet, den Denkenden und Vernunftwilligen zu liquidieren oder gesellschaftlich, nach Art des alten Kirchenrechts, zu bannen.

Die Entnabelung aus systemimmanenten Denkschablonen muß in der Vorlauf- und Anlaufphase nicht selten vor den soziokulturell determinierten Freunden und Bekannten, besonders aber im existenzsichernden Arbeitsfeld, vorerst verborgen bleiben. Unverständnis oder Neid über die nicht selbst gewagte Kühnheit des ,,Außenseiters'' können das Arbeitsklima, die kollegiale Verständigung, irreparabel verderben.

Niemand wird seinen durch das ausgebreitete Ghetto der Existenzangst an sich selbst zugelassenen Determinationszustand durch Herrschaft offen eingestehen wollen. Jeder bleibt relativ verdeckt, um sich nicht durch Zustimmung und Unterstützung des Außenseiters möglicherweise gegenüber anderen zu entblößen, um nicht das nächste Opfer der systemimmanent Dressierten, zur Urteilsfähigkeit unfähig gewordenen Urteilskraft anderer zu werden.

War nicht schon oft die leichtsinnige Vertrauensseligkeit eines Kollegen Anlaß, zum Nachteil des Vertrauensseligen überflüssige Loyalität zur etablierten relativen Elite zu beweisen! Woraus setzen sich denn obligatorische, gleichgültige Bemerkungen über Wetter und Sport oder Autos zusammen? Doch wohl nicht aus großem Zutrauen oder blauäugiger Offenheit! Welche komplizierten Verhaltensängste in mittleren oder gehobenen unkörperlich arbeitenden Einkommensgruppen haben die Menschen schon so deformiert, daß sie nicht mehr über die Wetter-, Sport- oder Autothemen hinaus ihre nichtssagenden Konversationen betreiben!(7)

Fußnote
Beispiele: Ein kleiner Sachbearbeiter beim Finanzamt erschleicht sich die Gunst des Vorgesetzten durch eifrige Denunziation vermutlicher Schwarzarbeiter in der Nachbarschaft. Ein junger Polizeibeamter außer Dienst meldet während eines gemütlichen Beisammenseins im Dorfkrug heimwärts fahrende ehemalige Freunde oder Gäste der Funkstreife.
Ein Psychologe oder öffentlich bestellter Gegengutachter psychologisiert oder gutachtet willfährig zum Nachteil des Betroffenen oder Beschuldigten, um sich die Gunst des Auftraggebers zu sichern.
Ein Sachbearbeiter des Bauamtes legt Vorschriften extensiv und zum Nachteil des Bauwilligen nur deswegen rechtsverweigernd aus, weil er sich über den Antragsteller geärgert hat.
Aus dem Alltag können Hunderttausende anderer Falle bewiesen werden, die Verhaltensdeformation Zeitgeistgeschädigter nachweisen.

Ein zwiespältiges Doppelleben muß in der Aufbruchsphase der Selbstverwirklichung manchmal als Selbstschutz ertragen werden. Existenzerhaltende Kompromisse stören zwar den Prozeß der Selbstverwirklichung zur Individualsouveränität, dieser ,,Heimkehr'' zu sich selbst, aber es gebietet die Klugheit, *dem schamlos machtmißbrauchenden Stärkeren sich nicht auszuliefern.*

Die Hoffnung auf Einsicht des Gebietenden in die eigenen Belange ist lebensgefährlich und existenzbedrohend. Niemand soll vor dem Machtmißbrauchenden kriechen oder auch nur einen Millimeter sich tiefer bücken, als er sich demütigen lassen muß, aber jeder sollte so lange aufrecht bleiben, als er ungefährdet der erwarteten Vernunftwidrigkeit Widerstand zu leisten vermag.

Diese Grenzen werden, je nach Intellekt, Fachkompetenz und Wortgewandtheit, aber auch Mut und Würde vor sich selbst, fließend bleiben, aber die Gerechtigkeit und Freiheit, die in unserer Zeit täglich zentimeterweise vernichtet werden, können nur durch Hartnäckigkeit in der Methode und Beständigkeit im Ziel erhalten und millimeterweise restauriert und reaktiviert werden. Wenn tausend Naturrechtsignoranten die Freiheit täglich Zentimeterweise verkürzen, könnten zehntausend sie millimeterweise wieder zurechtrücken. Wenn Millionen das begriffen, würde der Rechtsstaat aus der Idee der Freiheit nicht lange auf sich warten lassen.

Dieses große persönliche Opfer muß von jedem selbst wie ein Läuterungsprozeß ausgetragen werden, sonst geschieht nichts, und alles bleibt nicht nur beim alten, sondern wird bösartiger und schlimmer.

Der Deformationsüberhang als herrschaftsgefällige, täglich abgestrahlte Verfremdungsenergie ist so gezielt und allgemein meinungsbildend geworden, daß die eine individuelle Konterenergie eines einzelnen, die offen aufbrennt, wie selbstverständlich von fast allen Zeitgeistgeschädigten niedergetreten wird. Wäre es anders, wäre die vielfach beklagte Deformationsstrategie jeder Herrschaft eine Lüge und die Manipulierbarkeit des Volkes nur eine kesse und aufmüpfige Behauptung.

Die Kulturahnung der Zone 2

Der Gerechtigkeitswille aller Gewaltunterworfenen muß, um die relative Unterwerfungselite auswechseln zu können, zum alles erfassenden, unsichtbaren Schwelbrand werden, damit zur rechten Zeit, im Großfeuer des Freiheitswillens, die Unterwerfungseliten möglicherweise für alle Zeiten disqualifiziert werden können und die politische Kultur einer mündigen Volkssouveränität friedensstiftend alle Weltkonflikte, die nichts anderes als Herrschaftskonflikte sind, beilegen kann.

Ist in der Zone 1 der Kulturfähigkeitsskala der nahezu vollständige Stillstand der politischen Kulturfähigkeit, eine resignative Kulturaufgabe bis zum Kulturverzicht signifikant, so zeigt sich in der Zone 2 eine drängende, sporadisch wiederkehrende Intensität einer Kulturahnung, die zwischen Kulturwahrnehmung und Kulturfurcht zwiespältig wechselt.

Die politische Kultur des Menschen ahnend, strebt der in der Zone 2 zum Fragen Bereite nach der Verwirklichung seiner Identität, erhofft den Vollzug der Eigentlichkeit seines Seins.Er begreift im Unterbewußtsein, daß es nicht der Sinn seiner Zeugung und seiner Existenz sein kann, im Dienste anderer zu darben, zu entbehren, zu denken, noch weniger idiotische Heldentode für falsche Theorien zu sterben. Der große Philosoph Popper hat ganz recht, wenn er sagt: ,,Laßt Ideen sterben, aber keine Menschen."

Der kritisch Fragende sieht mit zunehmender Urteilskraft, daß es keinen vernünftigen Sinn haben kann, andere zu unterwerfen, zu verfolgen oder zu ermorden. Er bleibt bestrebt, der Verlockung zu widerstehen, sich der Mittäterschaft am Unterwerfungswillen schuldig zu machen. Ein Hauch des ,,Guten Willens" weht ihn an, aber die Ahnung verdichtet sich noch nicht zur Zuversicht. Vor sich bestehen zu wollen, in einer Umwelt, die ihn kaum begreift, zehrt an der Vitalitätssubstanz. Zweifel zu verdrängen, braucht Kraft.

Auf der mittleren Ebene der Egoqualifikation erzwingt ,,Beachtung der eigenen Interessen das Einhalten moralisch-rechtlicher Verpflichtungen" (8).

Die Form der praktizierten Existenzsicherungsantriebe erhält auf dieser Entwicklungsstufe ein neues qualifizierendes Gewicht.

Das Mittelfeld der Kulturfähigkeitsskala hat aus der noch unbestimmten Ahnung schon zielstrebig wünschen und bedürfen lassen. Dieser Prozeß der Selbstwertsteigerung ist altersspezifisch nicht einzugrenzen und auch nicht zu verallgemeinern, weil es immer die spezifischen Informationen sind, die Menschen prägen, entstellen oder kultivieren. Es sind nicht die Jahre allein, die für sich sprechen, obwohl der Zeitvorteil, unter der Voraussetzung des Ausschlusses repressiver Umstände, dem Verständigen unzweifelhaft auch Erkenntnisreife mit auf den Weg gibt.

Orientierungssehnsucht und Lebenssinnbestimmung

Die mittlere Intensität des Egoismus setzt sich aus dem Zugewinn immaterieller Ansprüche zusammen. Das Bedürfnis nach der Gewißheit von Einsichten, nach lohnenswerter Treue zu Prinzipien und Grundsätzen, die Freude bereiten und sinnvoll erscheinen, bereitet sich vor. Die innere Furcht vor den möglichen Folgen des Alleingelassen seins und Unverstandenseins nach Vollzug soziokultureller und deformativer Entnabelung aus dem Zeitgeist ist durch soziale Autarkie beschwichtigt.

Während Wahrheitsgewißheit und Wahrheitsfurcht, Widerstandsbereitschaft gegen die Deformationsenergie der Staatsgewalt und Unterwerfungsbereitschaft unter die herrschaftssichernde Denkschablone, Staatsverdrossenheit und Vaterlandsliebe das Innerste des Menschen zu Beginn der mittleren Intensitätsskala egoistischer Antriebe noch verunsicherten, verfliegen am Ende der mittleren Intensität die Zweifel und zerstreut sich die Furcht. Der Mensch war auf der Suche, nun will er sich auf seine eigene Urteilskraft verlassen. Fürchtete er zu Beginn seiner Selbstverwirklichung die sich auftuende Kluft zwischen sich und den anderen, so sucht er jetzt die Niedergeschlagenheit anderer aufzurichten und die Faktoren der Selbstwertstabilisierung zu vermitteln.

Aus der Orientierungssehnsucht nach dem Erwerb der materiellen Unabhängigkeit entwickelt sich aus sozialer Autarkie eine selbständigere Lebenssinnbestimmung.

Das Begehren nach Selbstachtung ist ein Individualakt

Intensivierung und Qualifizierung der Egoismusquanten stellen sich in ihrer qualitativen Rangordnung nicht aufdringlich vor. Sie sind dem Noch-Nicht-So-Weiten nicht oder nur schwierig vorstellbar darzustellen. Die Selbstwertsteigerung sich qualifizierender Egoquanten muß durch jeden einzelnen nach Art und Qualität, nach Rang und Reihenfolge selbst entdeckt werden.

Würde sie sich dogmatisch oder insistierend empfehlen oder gar zur Nachahmung verpflichten, würde sie die freie Zustimmung des Individuums ausschließen und es anstelle selbst erstrebter, bedürfender Mündigkeit zum, wenn auch moralischen, Mitläufer degradieren, der ja im Grunde seines Wesens die Moralität seiner ethischen Antriebe nicht verstanden hat, also eigentlich nicht moralisch ist.

Der moralische Zustand eines moralischen Mitläufers ist zwar keineswegs für die politische Gemeinschaft schädlich, aber er ist unverläßlich. Es fehlt ihm die notwendige konstante Verfremdungsimmunität. Der moralische Mitläufer bliebe unter der Anführung objektiver Eliten zwar äußerlich im Regelfall moralisch, wäre aber durch zufällige Herrschaftswechsel jederzeit anfällig für die zufälligen Denkschablonen anderer relativer Eliten. Eine Aufforderung zur ethischen Bestimmung der menschlichen Antriebe, die das Gegenteil des Moralischen jederzeit zuließe, nützt niemandem. Das Begehren nach Selbstachtung ist ein Akt eigener Antriebe und muß es bleiben.

Die Entwicklung der Egoquanten sollte sich nicht in Sprüngen und kontinuitätslos vollziehen, sondern von Stufe zu Stufe aufsteigend, damit der jederzeit mögliche persönliche Entwicklungsstillstand oder Entwicklungs-Rückfall in Situationen selbstzweifelnder, also abgefallener Egoquantenrealisation deutlich aufbricht und sich der Selbstentdeckung nicht verschließt.

*

Kapitel XVI

Die immaterielle Dimension des Seins

Beweisverzicht der immateriellen Existenz in der Vorstellungskraft des Menschen

Die immaterielle Dimension ist als positiver vernunftpflichtiger existenzieller Anspruch des Menschen in der politischen Gemeinschaft der Vergangenheit nie rationalisiert oder volkstümlich aufgearbeitet worden, nie als eine tatsächliche Vernunftfähigkeit dem Menschen verantwortlich unterstellt und auch nie zum Regulativ einer leidausschließenden positiven Gewalt einer politischen Gemeinschaft erhoben worden.

Wie verhext, verstand sich Gewalt immer nur als vernunftwidrige Unterwerfung, und keine Herrschaftselite, weder Gottkönige, Cäsaren, Aristokraten, Monarchen, Kirchenfürsten noch Demokraten, hat sich je die Mühe gemacht, das Denken und Handeln des Menschen auf seine ursprüngliche und ungebrochene Vernunft zurückzuführen, deren immaterielle Existenz durch die Existenz des Begriffes selbst als auch der immerwährenden Hoffnung auf sie schon erwiesen ist.

Die immaterielle Dimension ist kein Raum leerer Begriffe, keine Welt von Hirngespinsten, wenn man in ihr nichts anderes als die Vernunftfähigkeit des Menschen aus eigener Urteilskraft sucht, obwohl sie vieles andere auch sein kann, wenn etwas anderes als Vernunft erwartet wird. Der Zutritt in die Immaterialität des Seins sollte immer an die Verpflichtung gebunden sein, die Wahrheit und Gerechtigkeit, also nichts als die Vernunft zu wollen.

Wenn es um die Bestandssicherung einer immateriellen Dimension des Seins geht, dann ist jede metaphysische Spekulation eines Beweises ihrer Existenz überflüssig und für alle Beteiligten am gescheitesten, sie auszuschließen.

Es ist davon auszugehen, daß die Zweitdimensioniertheit des Menschen die *Immaterialität egoistischer Antriebe* zur Bedingung hat und die Materialität existenzsichernder Egoismen eigentlich nur im Dienste der höheren Bestimmung des Menschen stehen sollte anstatt nur dem der Fortpflanzung und Leibsättigung, was der umfassenden Natur des nach Bildung und Sinnsetzung strebenden Menschen nicht gerecht würde.

Die Unendlichkeit der möglichen Ausdifferenzierung seiner Interessen und die Unzulässigkeit ihrer Beschneidung a priori - unter der Voraussetzung der Leid- und Schadenslosigkeit gegenüber anderen - hebt den Menschen aus dem triebbestimmten Fortpflanzungs- und Leibsättigungsbedürfnis eines Tieres unvergleichlich ab. Und gerade diese Fähigkeit der Immaterialisierung seiner Interessen hat, soweit erkennbar, nur der Mensch, und zwar jeder in seiner ganz besonderen, von niemand zu beschränkenden Einmaligkeit.

Wenn es gelänge, die immaterielle Dimension des Seins als ein natürliches Menschenbedürfnis festzustellen, d.h., biologisch zu sichern, ohne sich dabei in eine vernunftaufhebende metaphysische Gefangenschaft zu verstricken, sondern vielmehr die metaphysische Wurzel der immateriellen Dimension des Menschen als Vernunft auszumachen und zu rationalisieren und sie somit aus dem Schwulst abergläubischer Versponnenheit als klar fixierbaren selbständigen Eigenwert herauszuheben, dann könnte nichtgegenständliche Geistigkeit, also Immaterialität, Transzendenz, religiöse Übereinstimmung mit der Weltvernunft Gottes als ein kalkulierbarer Erwartungshorizont des Menschen erkennbar und wie etwas konkret Gegenständliches aufbereitet und gebraucht werden. Eines biologischen Beweises des immateriellen, Harmonie von Körper und Geist stiftenden Bedürfnisses bedarf es meines Erachtens nicht, aber der unentwegt Zweifelnde sollte sich jederzeit vergewissern dürfen.

Die Zweidimensioniertheit der menschlichen Natur ist sozusagen existentiell. Sie besagt nichts anderes, als daß der Mensch, sich durch Tätigsein körperlich erhaltend, zugleich frei sein muß, weil er nicht Mensch sein kann ohne Identität zu sich selbst. Das eine bedingt das andere. *Ein Auseinanderfließen der Zweidimensioniertheit der Seinsweisen defiguriert. Der Mensch ist frei, wenn er die Defiguration seiner Eigentlichkeit verhindern kann.*

Freiheit ist nichts anderes als der Anspruch auf Verwirklichung der ungeteilten Zweidimensioniertheit des Menschen.

Defiguration des Menschen durch Bipolarismus-Theorien

Keine Herrschaftselite war je daran interessiert, die in der Immaterialität begründete Vernunft des Menschen, die in Freiheit entsteht und nichts als die vernunftausweitende Freiheit will, sich entfalten zu lassen. Der Grund ist einfach: Relative Herrschaft muß herrschaftsgefährdende Vernunft ausschließen, weil Vernunft sich relativer Herrschaft verweigert. Beide Prinzipien haben sich unter relativen Elitensystemen immer nur wie Feuer zu Wasser oder Wasser zu Feuer gegensätzlich, bipolar oder antagonistisch verhalten. Daraus folgt:

Die Glückseligkeit des Menschen im Rechtsstaat aus der Idee der Freiheit einer optimalen Demokratie objektiver Eliten als allgemein anerkanntes Bedürfnis eines mündig gewordenen Volkswillens kann durch relative Eliten nicht gesichert werden.

Dem natürlichen Harmoniebedürfnis des Menschen entgegengestellt haben sich Bipolaritäts-Theorien, die des Menschen verlorene ,,Unschuld'' überflüssigerweise zur Voraussetzung haben, um ihn unter das ,,Erziehungsdiktat'' beliebiger religiöser oder areligiöser Unterwerfungsobrigkeiten zu zwingen. Die tatsächliche Vernunftfähigkeit jedes einzelnen, von Unterwerfungseliten stets geleugnet, verhütet das ,,Schuldigwerden'', mehr noch, Vernunftfähigkeit ist dafür geschaffen, das Lebensrecht eines jeglichen zu sichern und Unrecht gegenüber jedermann auszuschließen.

Der natürlichen Vernunftfähigkeit zum Trotz wird die gezielte herrschaftssichernde Defiguration des Menschen durch vielfältige bipolaristische Vernunftignoranz vielschichtiger herrschaftslegitimierender Freund-Feind-Theorien, Gott-Teufel-Gegensätze, Rein-Unrein-Behauptungen immer wieder erzwungen. Ideologische, nationalistische und hurrapatriotische Denkattrappen zur Disproportionalisierung der Rechtsgleichheit stabilisierten zu allen Zeiten die herrschaftssichernde Naturrechtsignoranz.

Die Zweidimensioniertheit des Menschen ist in ihrer genetischen Ausgangslage gesichert, wenn sowohl manuelle Tätigkeit und körperliche Lust *als materielle Dimension* wie auch Gerechtigkeitswille und intellektuelle Seinserhellung, Reflexion und Hinterfragung als Methode der Vernunfterkenntnis *als immaterielle Dimension* die ganze Existenz des Menschen unter repressionsfreien gesellschaftlichen Bedingungen tragen und entfalten.

Dieser genetisch vorgegebene unspaltbare Zusammenschluß der Mensch-Freiheit-Beziehung, die eine Körper-Geist-Symbiose darstellt, ist, solange es Unterwerfung gibt, das Ärgernis jeder relativen und daher negativen Herrschaftselite.

Der Anti-Bipolarismus von Geist und Materie

Die Übereinstimmung mit sich selbst vermittelt das Gleichgewicht von Körper und Geist. Sie begründet die Stimmigkeit des körperlichen Wohlbefindens unter der Bedingung der Ausgewogenheit der Körper-Geist-Beziehungen. Die vermeintliche unausweichliche Bipolarität der menschlichen Antriebe, etwa durch unaufhebbare Fleisch-Geist-, Teufel-Gott-, Fluch-Segen- und Rein-Unrein-Alternativen, sind überflüssige Erfindungen jener, die Macht über Menschen zu organisieren trachten.

Über den „Horizont des Begehrens" glaubt die überlieferte Lehrmeinung, daß der „Geist die Dinge nicht verachtet, sondern sie fürchtet. Er will sich nicht mit ihnen einlassen; er fürchtet, sich in ihnen heillos zu verlieren, er flieht ihre Aktivität, die ihn seiner Ruhe entreißt und seine innere Energie verzettelt." (1) Dieser Satz ist mißverständlich, weil der Geist die weltlichen Dinge weder zu fürchten noch zu verachten braucht, wenn er sie vernunftpflichtig gestalten kann.

Diese eindimensionierte Amputation der Antriebe übertreibt den „Überstieg" von der Materialität in die Immaterialität höherwertiger Antriebe. Der Mensch darf den Ursprung seiner sinnlich-leiblichen Herkunft nicht verachten. Die Bedingungen und Möglichkeiten seiner Reife zum intelligenten Wesen sind nicht voll auszuschöpfen ohne den Erfahrungshintergrund sinnlich-leiblicher Bedürfnisse.

Es muß daran erinnert werden, daß Gegenständliches und Nichtgegenständliches, Körperliches und Geistiges in ihrer harmonischen Verbindung die Eigentlichkeit des Menschen bestimmen und erfüllen. Ohne diese Grundeinlassung läuft nichts!

Es ist ein folgenschwerer Objektivitätsirrtum, den selbst exzellente Philosophen begehen, wenn sie Geist und Dinge, Immaterialität und Materialität der Antriebe bipolar entfremden, in Gegensätze kleiden und den Menschen in seiner Doppelseitigkeit nicht integrieren, sondern diametralisieren, anstatt durch Klassifizierung und Qualifizierung der Egoquanten ein zuverlässiges System der Selbststeuerung zur Glückseligkeit in Freiheit, gewissermaßen anti-bipolar, fundamental-anthropologisch aufzubereiten.

Die Zweidimensioniertheit jedes Individuums, das das politisch gestörte und durch Unterwerfungseliten verfremdete Leben als ständigen Kampf um die Übereinstimmung mit sich selbst erlebt, ist die grandiose Einmaligkeit der Natur des Menschen. Seine Schicksalsbestimmung grundsätzlich selbst gestalten zu dürfen, den subjektiven Harmoniewillen unverdrossen gegen die herrschaftsgefälligen und herrschaftslegitimierenden Bipolarismus-Theorien durchzusetzen, beweist die mächtige Kraft des Freiheitswillens, sich die immaterielle Dimension des Seins nicht durch herrschaftsstabilisierende Denkschablonen verfremden zu lassen.

Es gibt also ein seligmachendes, immaterielles Bedürfnis jenseits der materiellen Dimension jedes Menschen. Darüber gibt es vielfältige Erfahrungen, die als gesichertes Wissen nach 2000 Jahren nicht mehr in Frage zu stellen sind. Wiederholungen der Sehnsüchte und Dauer immaterieller Erwartungen, die seit Jahrtausenden die Menschen in vielfältiger Gestalt vom Glauben an Gott bis zum Glauben an einen Führer oder bis zum religiösen oder weltanschaulichen Fanatismus getrieben haben, und, für nüchterne und rational Denkende unvorstellbar geworden, immer noch treiben, sind überzeugende Beweise der Grundbedürfnisse und *Sehnsüchte nach Erfüllung der immateriellen* Seinsbestimmung des Menschen.

Es kommt also für den Menschen darauf an, seine Immaterialität aufzunehmen in der Gewißheit absoluter Manipulationsimmunität, d.h., sich vor der Defiguration seiner immateriellen Wahrnehmung durch alogische, vernunftwidrige Denkattrappen ideologischer, weltanschaulicher oder religiöser Objektivitätsirrtümer durch Vernunftpflichtigkeit und politische Kultur zu schützen, damit die Geist-Körper-Relation antibipolaristisch in symbiotischer Harmonie sich lustvoll in Freiheit und Friedfertigkeit entfalten darf.

Rückkehr zur Vernunft restabilisiert Transzendenz

Die individuelle, jeweils eigene Vernunft ist das zuverlässigste Regulativ der vollen Ausschöpfung der Immaterialität des Seins. Jeder andere Versuch soll dem Denkenden, der sich fest in der Hand hat, nicht versperrt oder gar verweigert werden.

Die unmittelbare Erfahrung mit Defigurationstechniken kleiner und großer Demagogen, Manipulateure, Scharlatane, Glücksgurus, Wahrsager, Sprüchemacher, ideologischer Illusionisten und Handelsvertreter in Weltanschauung kann sehr hilfreich sein, den eingeschlagenen Weg der alleinigen Einlassung auf die eigene Vernunft fortzusetzen.

Wem Vernunft zu wenig dünkt, soll wissen, daß Vernunft den Weg zu Gott für den, der ihn sucht, nicht ausschließt, sondern Gott sich dem Denkenden vielfach unter ganz neuen, unvermutet übersichtlichen Gesichtspunkten auftut.

Vernunftlose Einlassungen auf die Immaterialität des Seins jedoch sind voller Gefahren, weil der ahnungslos Vertrauende vor dem Mißbrauch seines Vertrauens, vor den Defigurationskünstlern, Hexenmeistern, Haßpredigern, Revolutionstrunkenen, Feindbildmachern, Seeleningenieuren und politischen Drogenhändlern ungeschützt bleibt. Die Rückkehr zur alles restabilisierenden Vernunft harmonisiert die verfahrensten politischen, gesellschaftlichen und wirtschaftlichen Verhältnisse. Den Weltfrieden zu erzwingen, gelingt nur, wenn die Vernunftpflichtigkeit des Friedfertigen überzeugend genug ist, den Aggressionswillen politischer Drogenhändler als Vernunft- und Freiheitswidrigkeit für jedermann durchschaubar zu machen. Ein Friedfertiger aber, dessen Waffe nur die Vernunft ist, kann und sollte nicht mit einem Waffentragenden an einem Tisch sitzen und gemeinsam eine Zeche machen wollen. Am Ende wird der Wehrlose die Zeche bezahlen müssen, wenn er nicht riskieren will, sein Leben zu verlieren. Mit vernunftlosen Bewaffneten ist nicht gut Kirschen essen, wenn gewohnterweise Macht das Recht und nicht Recht die Macht bestimmt.

Vernunft ist für Unterwerfungseliten ein Fremdwort und eine ganz persönliche existentielle Bedrohung. Der vernunftpflichtige Friedfertige kann den Frieden mit Vernunftignoranten nur sichern, wenn dem Tyrannen die Grenzen seines Übermutes glaubhaft und wirkungsvoll gesetzt sind.

Rationalität des politischen Willens und Kompromißlosigkeit der Naturrechtssicherung sind daher abschreckender als alle Divisionen, die ein zufällig freies Volk, das nicht weiß, was es will, aufzustellen vermag.

Noch vor Jahrzehnten, nach der Katastrophe des 2. Weltkrieges, hoffte die Euro-Atlantische Gemeinschaft die Rückkehr zu sich selbst ,,in einem Überstieg auf Gott hin'' (2) zu vollziehen. Heute dagegen geht der ,,Geist nicht mehr über sich hinaus auf ein Transzendentes, sondern auf ein tieferes Selbst hin'' (3). Dieser Prozeß ist heilsam und muß die Transzendenz an sich nicht ausschließen, sie muß nur anders geknüpft werden, von einem neuen Bezugspunkt ausgehen, der z.B. in der Fähigkeit gefunden werden kann, daß der *Mensch das Sollende* selbst begreift, um es unabdingbar auch zu wollen.

Wer aber ist die Ursache dieser Selbstsetzung dessen, was für den Vernunftpflichtigen recht und für den Gläubigen ,,gottgefällig'' ist? Hier ist der Anknüpfungspunkt der zu erneuernden Transzendenz eines rationalen Verstandes, dessen totaler immaterieller Egoismus die Fortsetzung seiner Verfügungsgewalt durch andere nicht mehr erträgt.

Das Rechtsverständnis des Vernunftpflichtigen kann kein anderes sein als das des ,,gottgefälligen Gläubigen'' und das des gottgefälligen Gläubigen kein anderes als das des Vernunftpflichtigen. Denken ist die Eigenschaft, diese Einheit zu begreifen, und Manipulation des Menschen mittels Denkschablonen ist es, diese Einheit unter allen Umständen auszuschließen.

Gottgefällig ist vernünftig, wie Vernunft in jedem Falle Gott gefallen muß. Das eine kann ohne das andere nicht sein. Das Denken an sich kann sich selbst alles denken, sowohl die Wahrheit als auch den Irrtum. Wenn Denken sich jeweils nach den Winden des Zeitgeistes richtet, die im Regelfall nur modische Fürze sind, dann ist Denken aus der Selbstverantwortung entrissen worden und aus der Individualsouveränität herausgefallen.

Fluch und Segen des Denkenden werden geschieden durch den Willen und Nicht-Willen, frei zu sein. Denn der „Mensch soll vor allem vermeiden, sich an die Dinge zu entfremden". Er soll über sie souverän verfügen und sich ihnen nicht unterwerfen. „Er sei und solle sein eigener Herr seines Schicksals, der Steuermann seiner Seele" bleiben (4). So verstanden, wäre der Mensch immun gegen seine Verfremdung. Die Erschließung der immateriellen Dimension des Menschen, die unantastbares Eigentum jeder Individualsouveränität ist, ist zum Totalen Egoismus nur dann zu erheben, wenn die kollektive Staatsgewalt als repressives Über-Ich daran gehindert werden kann, die grandiose Sensibilität des Individuums weiterhin zu verweigern.

Denn nichts ist großartiger als der Mensch in seiner Unantastbarkeit, und niemand ist sich seines Zweckes näher als der Vernunftpflichtige, der seine Denkfähigkeit nicht zum Schaden anderer mißbraucht. „Es ist nichts anderes in mir so vollkommen und so groß, daß ich mir nicht etwas noch Vollkommeneres und noch Größeres denken könnte", (5) sagte Descartes und weist auf die Grenzenlosigkeit des Denkens hin. Das Denken also ist wie ein Schiff im Meer, das ohne Steuerrad nirgendwo oder irgendwo auftreibt, mit einem manipulationsimmunen Steuerrad aber *jedes Ziel* anzuvisieren vermag und jedes nur denkbare Risiko vermeidet, den Anlaß der Reise, nämlich die Eigentlichkeit des Seins, aus dem Auge zu verlieren.

Die kompromißliche Mißlichkeit der Über-Ich-Determinanz

Vernunft restabilisiert die Transzendenz, aus der die Individualsouveränität eines jeglichen sich ableitet. *Die vorstaatliche Rechtsmaterie des Naturrechts,* die Eingang in das internationale Staatsrecht gefunden hat - obwohl es noch immer in der Welt keinen garantierten Anspruch auf ihre Unantastbarkeit gibt -, *ist eine planetarische,* eine nahezu religiöse Idee.

Wenn sie sich jedoch beweisen soll, kann sie niemandes Beistand anrufen als den Guten Willen des auf Freiheit begründeten Individuums. Vernunft, Individualsouveränität, Freiheit, Autonomie des Willens, kategoriale Maximierung der Antriebe, Pflicht zur Glückseligkeit unter repressionsfreien Bedingungen, Urteilsfähigkeit und Selbstverantwortung, individuelle Selbstverwirklichung und alles, was des Menschen Würde verbürgt, ist Immaterialität. Die Immaterialität gründet in der Vorstaatlichkeit des Naturrechts, die sich aber nur dann beweist, wenn das Naturrecht ein staats- und gewaltunabhängiges Produkt der existierenden Transzendenz ist. Gäbe es diese Existenz und diesen Ursprung aller Menschenrechte nicht, so würde es auch keine Verpflichtung geben, die Vorstaatlichkeit der Menschenrechte gegen den Willen der Unterwerfungseliten durchzusetzen.

Allein die objektive Interessenlage des Gewaltunterworfenen kann an nichts anderem Interesse haben als an der Aufgehobenheit seiner Menschenrechte in der planetarisch-religiösen Idee von der Existenz einer transzendenten Immaterialität des Individuums, das sich selbst Gesetz sein darf und, heute mehr als je zuvor, sich selbst sein Gesetz werden muß, um nicht für alle Ewigkeit elendes Opfer der Unterwerfungsgesetze sehr diesseitiger Interessen anderer zu bleiben.

Für den vernunftfähigen mündigen Bürger besteht überhaupt keine Veranlassung, sich mit der repressiven, psychodramatisch hochstilisierten sogenannten „Über-Ich-Determinanz" nur deshalb abzufinden, weil die herrschende Lehrmeinung davon lebt, Über-Ich-Geschädigte dadurch zu heilen, daß sie sich an die Unvermeidlichkeit des mysteriösen „Über-Ich" ordinärer Staatsgewalt gewöhnen.

Jedes Über-Ich, das die Individualsouveränität verletzt, ist ein menschenrechtbeugendes Milieu, das keine Existenzberechtigung hat, weil es dem Unterwerfungswillen dient. Politischer Fortschritt kann nie etwas anderes sein als ein gesellschaftlicher Prozeß der systematischen Verringerung repressiver Verhältnisse. Wer darunter etwas anderes versteht, etabliert die Fortsetzung der Unterwerfung und somit die Restauration und Reaktion.

Die Über-Ich-Repression ordinärer Staatsgewalt ist durch die geistige Konterenergie des Anti-Über-Ichs des Vernunftpflichtigen systematisch zu entschärfen.

Das ewige Über-Ich-Geschwafel der Kleingläubigen wird diese Welt vor der Alternative, Sein oder Nichtsein, nicht retten, sondern ihre Selbstzerstörung nur beschleunigen.

Weil die gesellschaftlichen Bedingungen im Regelfall durch relative Unterwerfungseliten verfremdet worden sind, kann jede Über-Ich-Determinanz als negative Gewalt und repressive Kraft identifiziert werden. Daraus folgt, *daß es kein Gebot geben kann, sich der weltweit vagabundierenden negativen Staatsgewalt widerstandslos zu unterwerfen,* es sei denn, daß der politisch moralische Widerstand des Vernunftpflichtigen durch die etablierte Solidarität der angstausbreitenden Über-Ich-Produkteure mit seiner existentiellen und physischen Vernichtung unmittelbar bedroht würde.

Die kompromißliche Mißlichkeit der Gegenstandsdeterminanz

Die kompromißliche Mißlichkeit, das vernunftwidrige etablierte Über-Ich ohnmächtig ertragen zu müssen, bedarf der ganzen seelischen Kraft einer begründeten Zuversicht, aus der auch die Geschicklichkeit fließt, den meist unbemerkten Repressionen der milieu-, gesellschafts- und weltanschauungsgeschädigten Zeitgeistopfer unbemerkt auszuweichen.

Der Über-Ich-Gewalten-Heiligkeit sind seit der Psychologie Freuds schon zu viele Opfer gebracht worden, als daß der Über-Ich-Popanz noch ernstgenommen werden könnte. Auch die moderne Philosophie des Wertrelativismus und des Wertpluralismus hat den neuzeitlichen Unterwerfungsadel unnötig gestärkt.

Die konstruierte Jaspersche Behauptung z.B., daß „kein Ich ist ohne Gegenstand, und kein Gegenstand ohne Ich" sein kann, ist eine Übertreibung der Bewußtseinsabhängigkeit von Umständen. Dieses schwache „Das Sein bestimmt das Bewußtsein"-Resultat ist nichts anderes als die Rechtfertigung einer Individualitätsverfremdung durch den Gegenstand, wie er erscheint. Die Legitimation des „Umgreifenden" wird gebilligt, das Hindurchschauen *durch* den Gegenstand auf das Ding an sich wird bestritten. Mit anderen Worten, Jaspers bestreitet die Fähigkeit, freiheitsdeformierende gesellschaftliche Zwänge aus dem reinen Denken heraus analytisch bestimmen zu können.

Diese kompromißliche Mißlichkeit der Begrenzung des Erkennens und der Einlassung auf eine Abhängigkeit des Denkens von „Umgreifendem", was die Wahrheit verschleiert und unerkannt läßt, ist ein philosophischer Schmarren, mit dem bisherige Objektivitätsirrtümer nur gemehrt werden und den erwarteten vernunftpflichtigen Antworten schwülstig ausgewichen wird.

Ein ,,schwebendes'' Weltverständnis ohne festen Halt mag dem Orientierungslosen und Unverbindlichen Muße und Rechtfertigung bereiten, eine Antwort auf die Unantastbarkeit der Menschenwürde und auf die Existenzfähigkeit der Vernunftpflichtigkeit - unter repressionsfreien Bedingungen als Voraussetzung - ist sie nicht! Die oft rühmliche Bescheidenheit des Philosophen ist nicht selten eine vulgäre Lust, bombastisch Unverbindliches wenigstens durch Bescheidenheit berühmt zu machen.

Jaspers muß als Relativist des fundamentalen Postulats von der Existenz der Freiheit unabhängig von Gegenständen und seinsverfälschten Umständen an seiner Sucht, allen zu gefallen und niemanden zu kränken, philosophisch scheitern.

Wer die Freiheit als die Eigentlichkeit des Menschen in Frage stellt, hat sich von der kleingläubigen gepflegten Mutlosigkeit nicht befreien können. Die Qualität des Menschseins und ihr qualitativer Anspruch auf Unverletzlichkeit können nicht deswegen aufgegeben werden, weil ihre Erkenntnis unter öffentlicher Strafandrohung steht. Fortschritt ist nur die Wiederentdeckung und Begründung der Freiheit des vernunftpflichtigen Individuums, alles andere ist Torheit. Es ist eine herrschaftsgefällige Lüge, daß es keine Freiheit für jedermann gäbe. Die konziliante Kaffeehausphilosophie, die viel redet und nichts sagt, ist herrschaftserhaltend, staatstragend und rechtspositivistisch lobenswert, aber für Denkende, die zur Sache kommen wollen, Zeitverschwendung.

Wen wundert *die kommerzielle Gunst,* die staatsrechtliche Schönredner zu allen Zeiten in allen Systemen erfuhren und eine kurze Weile noch erfahren werden? Für Redner unschöner Sentenzen, gilt umgekehrt das gleiche....

Es gibt weder eine Über-Ich-Gewalten-Heiligkeit noch eine zwingende Verpflichtung, die Gegenstandsunvermeidlichkeit zu hysterisieren. Gefälligkeitspsychologie und demagokratische Hofschranzen-Philosophie sollten die Kultivierung der Willensschwäche unterlassen, damit der Mensch in seinem Widerstand gegen seine Dauerdeformation durch Herrschaft nicht ohne wichtige Verbündete bleiben muß.

Philosophische Rhetorik der Ergebnislosigkeit

Nicht das Ding, wie es uns erscheint, ist ,,das Ding an sich'', nach dem der Mensch sich zu richten hat, sondern der Grundzustand der zweidimensionierten Harmonie einer angstfreien Existenz - dessen paradiesische Ferne uns nichts von der Richtigkeit nehmen kann - ist das ,,an sich Dingliche'', das uns die Vernunftfähigkeit nicht nur wiederbringt, sondern das rechte Maß der Verhaltenssicherheit aus deformationsfreier Urteilskraft wiederbegründet.

Alle theoretischen Arbeitshypothesen nichtanalytischer Natur wie solche originalitätsheischenden Wortgerüste (Oxymorone) über die Existenz, z.B. ,,viereckiger Kreis'' oder ,,hölzernes Eisen'', aber auch die Transzendenzvermutungswortgerüste vom waltenden und wirkenden Weltgeist, dessen ,,Schöpfungswille das Sein des Seienden'' umgreifen soll, sind überflüssige Verfremdungsenergien menschlicher Urteilskraft und begünstigen nur den Prozeß einer irrationalen Vernunftlosigkeit oder eine Gegenstandsdeterminanz, die die Unrechtsenergie in der Welt nicht zähmt, sondern ermuntert. Sie schaffen unnötige Objektivitätsirrtümer und befördern die Manipulationschancen der ahnungslos und unkritisch Vertrauenden.

Wohl vermögen sie Gemüt und Gefühl in Wallung zu bringen, auch Unerklärbares in ein vielfältig interpretierbares Geheimnis zu tauchen, aber der Wahrheit und der Klarheit der menschlichen Antriebe und Absichten, insbesondere aber des Zweckes des Erdendaseins der Unschuldigen, dienen sie nicht!

Wenn man auch die in der immateriellen Dimension des Menschen angesiedelte menschliche Freiheit nicht vergegenständlichen kann, so kann sie jedoch mittels der Vernunft in vielfältiger Weise erhellt werden. Die theoretisierende Philosophie hat bis heute nicht vermocht, die Ergebnisse ihres Denkens von den politisch deformierten Zuständen der Gesellschaft zu abstrahieren. Der einfache Mensch, aber auch der theoretisierende, sind sozusagen als Über-Ich-Opfer zur Vernunftpflichtigkeit untauglich geblieben, weil wir die Welt nicht so erkennen, wie sie ,,an sich'' ist, (Kant), sondern nur immer so, wie sie uns erscheint, also in der jeweiligen eingespielten, zufälligen Denkschiene einer durch Herrschaft verunstalteten Wirklichkeit, die die Wirklichkeit an sich, die eine in Freiheit begründete ist, bis zur Unkenntlichkeit deformiert hat.

Daß aber Freiheit die Fähigkeit ist, sich der herrschaftsspezifischen Objektverfremdung durch Entsozialisation entziehen zu können, das hat dem Menschen noch kein Unterwerfungssystem gesagt, noch weniger es ihn gelehrt. Die Rolle der Philosophie war oft nur eine zögernde, ängstliche und behutsam-theoretische und nicht selten, nein, meistens sogar, opportunistische.

Die deskelettierenden Wortenergien der Naturrechtsignoranten

Über-Ich-Einflüsse und Milieu-Prägung, wertrelativierender Pluralismus und demagokratische sozialistische Hofschranzenphilosophie der Individualitätsverachtung unter dem monopolisierten System dosierter

Informationssteuerung für politisch ahnungslos gehaltene Heranwachsende, die von der intellektuellen Selbststeuerung und der politischen Mitbestimmung über Primärfreiheiten ausgeschlossen bleiben, stürzen den zum Manipulationswesen degradierten Menschen in die totale Abhängigkeit von den herrschaftsstabilisierenden persönlichkeitsdeskelettierenden Meinungsfabriken, um den Anpassungsterror an die jeweils vorgegebenen Gemeinwohllügen durchzusetzen.

Kollektivistische Geborgenheitsvernichtung einer sozialistisch-sozialdemokratoiden, positiv-rechtlichen Entfamilisierung, die die Erziehungslosigkeit des Kindes zur Voraussetzung späterer *vernünftiger Entscheidungsunfähigkeit gesetzlich erzwingt* und erziehungsrechtlich die elterliche Ohnmacht sowie die Ohnmacht des Lehrherrn, aber auch des Lehrers auf allen Schulebenen dem Unerzogenen zelebriert, führt zu jener Orientierungslosigkeit, die den politischen Sturz in die Sklavenhaltergesellschaft des Großtyrannen vorbereitet.

Der Mensch ist kein soziales Wesen, das seine Wert- und Verhaltensregulative gegen die wirkliche Natur seiner Einmaligkeit aus einer Gemeinschaft empfangen muß, deren Führer und Anführer und Verführer den Menschen zum Objekt staatsbeliebiger Interessen degradiert haben und individualitätsverachtend auf der Negation der Naturrechte als alleingültigem Staatsrecht bestehen.

Wer die Verfügungsgewalt über sich auf andere überträgt, begibt sich in die Beliebigkeit der chaotischen Willensfreiheit anderer.

Nur der Ahnungslose oder der Weltanschauungsgeschädigte könnte wollen, seine im Naturrecht eingebettete Individualsouveränität einem oder mehreren, noch schlimmer aber, vielen anderen, am furchtbarsten aber für den freien Menschen, der Staatsgewalt selbst anzuvertrauen und sich *naturrechtsungeschützt* der Rechtsprechung eben dieser Staatsgewalt, die zum Herrn seiner Rechte geworden ist, zu überantworten.

Erfolgreiche Demagogie ist genau dieser Zustand, nämlich die subjektive Entfreiheitlichung mit Leidenschaft zu begehren und die im Naturrecht aufgehobenen Rechtstitel der eigenen Unabhängigkeit in Freiheit pathetisch zu verschenken und an Obrigkeiten abzutreten.

Geschlechtsrollendeformation als Herrschaftsmittel der immateriellen Vereinsamung

Die Philosophie ist zur Sicherung des theoretischen Überbaus der Anpassung an naturrechtsdeformierte Sozialverhältnisse verkommen. Sie darf sich in der Euro-Atlantischen Gemeinschaft in makabrer geistiger Umnachtung der politisch Verantwortlichen mit Lehrstühlen des Klassenkampfs und der wissenschaftlichen Naturrechtsignoranz schmücken und auf die evangelische Theorie-Konfusion vertrauen, die seit Jahren ihren Christus am liebsten in Karl-Marx umtaufen möchte, um an der atheistischen Zukunft, wenigstens als verdienter Überläufer geduldet, ein wenig teilzuhaben.

In dieser tiefsten Bedrängnis vor der informativen Überschwemmung geistig deskelettierender Wortenergien aus der Kreml-Gruft bemühen sich die Unterwerfungseliten auch um die gesetzliche Zerstörung der geordneten Familienverhältnisse, indem sie die Mann-Frau-Beziehungen in einer Art und Weise verrechtlichen, daß die Geschlechterrollen sich bis zur skurrilen, widernatürlich anmutenden Wunderlichkeit verzerren, so daß die Frau Dachdeckerin mit dem Herrn Säuglingspfleger in der Wohnkommune sich am Wochenende vom Herrn Hausmann einen Kuchen backen lassen, um im Betriebskindergarten zu bitten, die gemeinsamen Kinder aus vorausgegangenen Lebensgemeinschaften mit „Selbstgebackenem" zu erfreuen, sofern die Besuchsordnung des staatlichen Kindererziehungsprogramms für Berufstätige beiderlei Geschlechts diesem exklusiven Wunsch unter der Bedingung der Unterlassung jeglichen Versuchs elterlicher Fremdbestimmung nicht entgegensteht.

Mag diese verkehrte Welt den Obrigkeiten auch gefallen und die Kontrolle über die Erziehung und somit über das Denken perfektionieren, als Dauerlösung selbst für Entrechtete kann dieser Zustand nur unter äußerstem und anhaltendem Zwang durchgesetzt werden.

Richtig ist wohl, daß niemand „allein selig werden" könne, sondern veröde, wenn er nur sich selbst sein will. Der Mensch bedarf der Kommunikation, aber nicht beliebiger und nicht mit jedermann, sondern mit dem seiner geschlechtlichen Entsprechung. Nicht die gleichgeschlechtliche Kommunikation entspricht der Natur des Menschen, sondern die Kommunikation des einen Geschlechts mit dem anderen. Eine Kommunikation darüber hinaus ist möglich, aber gesellschaftlich ohne Interesse. Die materielle wie immaterielle Zweidimensioniertheit des kommunikationslosen Einen, ob Mann oder Frau, vervollständigt sich durch die Zweidimensioniertheit des kommunikationslosen Anderen in der Symbiose der zweigeschlechtlichen Signifikanz, die sich in der Begehrlichkeit nach dem körperlichen und geistigen *Anderssein des Anderen* zur Liebe trifft.

Die Geschlechtsrollenprädispositionen verschmelzen zur grandiosen Kommunikation der Einswerdung durch zweidimensionierte Paarung, und nur diese und nichts anderes ist wiederum das ,,Ding an sich'', eine der wesentlichsten Eigentlichkeiten des Seins. Eine Kommunikation darüber hinaus wird um so kurzweiliger und nebensächlicher, je dichter und verflochtener die Menschwerdung durch körperliche und seelische Paarung geschieht, je inniger zwei geschlechtsverschiedene Seelen ineinander zerfließen.

Dagegen wird die Kommunikation mit jedermann um so unverzichtbarer, je deutlicher die Symbiose der zweigeschlechtlichen Signifikanzen mißlang. ,,Vernunft, die uns zur Wahrheit befähigt, macht uns auch fähig zu echter Liebe. Deshalb besteht zwischen Liebe und Wahrheit eine tiefe Analogie''(6), wie auch umgekehrt: vernunftwidrige Selbsttäuschung, die uns die Wahrheit entfremdet, macht uns zur echten Liebe unfähig. Nicht selten stürzt sich eine Frau, die in der Liebe versagt, in einen selbstwertrettenden Beruf, wie nicht selten ein Mann, der im Beruf versagt, sich als Hausmann vorzüglich andienert, um nach seiner Art ,,unter die Haube'' zu kommen.

Diese Geschlechtsrollendeformation aus den Informationsketten des theoretischen Überbaus greift tief in das Selbstwertgefühl der Geschlechter ein und verunsichert in Grenzfällen die bewußte Zustimmung zum eigenen Geschlecht. Der Preis ist immer der Verlust der eigenen geschlechtsspezifischen Reizsignale auf das andere Geschlecht. Wer zu seinem Geschlecht nicht bedingungslos ja sagt, hat keins! Er siedelt sich selbst, zwischen den Grenzen fließend, irgendwo an und darf sich nicht wundern, wenn er vereinsamt. Wie anders dagegen die natürliche Begegnung von Mann und Frau, das Zusammenfließen zweier unterschiedlicher Erwartungshorizonte sich Liebender!

Ein vor körperlichem und immateriellem Höhenflug schnurrendes Glück beweist in seiner Insichgekehrtheit und Weltvergessenheit die Intensitätsphasen des Lebens, die nahezu aus totaler Kommunikationslosigkeit mit anderen, mit Fremden bestehen. *Es liegt also keine Wahrheit in der beliebigen Kommunikation mit jedermann, vielmehr ist Wahrheit in ihr gefährdet. Wahr ist die Kommunikation, die als Einswerdung durch Paarung die beliebige Kommunikation eher fürchtet als sucht.*

Daß hier die Immaterialisierung der Begehren stattfindet, indem durch körperliche Lust die geistige Einheit Glück bedeutet, wird niemand leugnen, und daß die *materielle* Variante des Seins vorübergehend fast bedeutungslos wird, kann empirisch nachgewiesen werden.

Daß die Partnerschaft zweier aufeinander Besessener durch niemand *Außenstehendem* aufgesprengt werden kann, ist für moderne Unterwerfungseliten ein Sicherheitsrisiko möglicher Unbotmäßigkeit, die aus der gegenseitig gestärkten Willenskraft die Kontrolle und Überwachung der familiär Geeinigten erschwert.

Der Familienverband muß daher herrschaftssichernd zerschlagen, in Kleinfamilien parzelliert, das gegenseitige Vertrauenspotential durch Geschlechtsrollendeformation erschüttert, die Erziehungsgewalt vergesellschaftet und Mann und Frau, durch Berufstätigkeit vereinzelt, in materielle Abhängigkeit gedrängt werden, um nicht mehr freiwillig füreinander aufkommen zu dürfen. *Das alles geschieht, damit die schwieriger werdende Verfügungsgewalt der Herrschaft über Menschen vor allem für die Zukunft festgeschrieben werden kann.*

Prinzipielle Unteilbarkeit des Mensch-Freiheit-Zustandes

Wie nun wird die natürliche Unspaltbarkeit dieser Mensch-Freiheit-Beziehung durch Herrschaft aufgebrochen? Wie gelingt es der Unterwerfungselite, zur widernatürlichen Kernspaltung der Seelen die Zustimmung der Betroffenen zu erhalten? Wie kann der Wille zur Seelenharmonie des Menschen zur Vernunftwidrigkeit verführbar gemacot werden? Wodurch wird die natürliche Vernunft, die, den Gefahrwitterungsinstinkt ergänzend, die menschlichen Handlungen vor Selbstzerstörung bewahren soll, in die Dispositionsgewalt anderer ausgeliefert? Welche materiellen Austauschaggregate ersetzen die ,,Heimkehr zu sich selbst'' und vermögen die wirkliche innere Glückseligkeit für äußerliche Dinglichkeiten zu verschleudern? Fragen, die uns täglich berühren und uns wundern lassen über die ungeheure Deformationskraft manipulativer Informationsketten.

Herrschaft über Menschen ist immer nur durch theoretische Kampfmittel, d.h., durch informative immaterielle Überlistung des Menschen etablierbar. Die Verfügungsgewalt über Menschen ist nur durch Entwurzelung der individuellen, natürlichen Potenzen vernünftiger Urteilskraft möglich.

Es genügt nicht, eine ominöse Freiheit aus der Adaption herrschaftsbeliebig verfälschter Objektbeziehungen irgendwie zu wollen, sondern Freiheit muß genau wissen, woher sie kommt und wohin sie will.

Ihre immaterielle Präzision der Verhaltenssicherheit gestattet keine aus einer verfälschten soziokulturellen Determinanz abgeleiteten Widersprüche. Entweder ist die Freiheit frei von Widersprüchen, oder sie ist keine. „Weil die Freiheit ihre Wurzel in der Vernunft hat (die der immateriellen Dimension des Seins zugerechnet wird), ist das Ideal und der Horizont der praktischen Vernunft auch das Ideal und der Horizont der Freiheit". (7)

Aus der naturrechtsverfremdeten Systemimmanenz heraus zu Urteilen kommen zu wollen, führt weder zur Systemtransparenz noch zur fundamental kritischen Reinstallation der Gerechtigkeit, zur Wiederentdeckung der immateriellen Dimension der Mensch-Freiheit-Beziehung sowieso nicht.

Es ist nun einmal so, daß jeder Mensch in Unterwerfungssystemen lernen muß, „so er ein wahrer Mensch ist, allein innerhalb aller zu stehen, allein für alle zu denken - wenn es not tut, sogar auch gegen alle! Aufrichtig denken, heißt, für alle denken, selbst wenn man gegen alle denkt". (8)

Diese Feststellung ist 1981 zu einer verzweifelten Wahrheit geworden, weil der allgemeine Adaptionscharakter beliebiger Informationsquanten die Meinungsbildung der Vertrauensseligen und Ahnungslosen *überall hinführt, nur nicht zur Wahrheitsfindung und Freiheitsbestimmung aus eigener Urteilskraft.*

Dosierte Infragestellung der eigenen Urteilskraft und die langsame und behutsame Fixierung (im System des Pluralismus) der eigenen Denkfähigkeit auf andere, das ist modernes Informationsmanagement. Das eingetretene Vakuum eigener Urteilskraft durch Übertragung der Verfügungsgewalt von sich auf andere wird durch die immateriellen Vakuumfüller wie religiöse Sektiererei, Ideologien, Weltanschauungen, konfusen Aberglauben oder staatsrechtlich positiv-rechtlichen Spiritualismus kompensiert. Keine Herrschaft über Menschen gelingt auf Dauer ohne wenigstens provisorische Befriedigung der verlorenen oder an andere abgetretenen Urteilskraft durch *beliebige intellektuelle Vakuumfüller.*

Selbst der gerechteste Monarch oder Herrscher, der keine Theorie seiner Gerechtigkeit zur immateriellen Bedürfnisbefriedigung in das Volk transmissioniert, scheitert an der explosiv entzündbaren Identitätskrise einer nur materiell befriedigten eindimensionierten Seinsweise ohne theoretische Seinsbestimmung. Dieser Grundsatz gilt sowohl für die bürgerliche Gesellschaft im allgemeinen wie auch für unsere treuesten Verbündeten, die Vereinigten Staaten von Amerika, im besonderen.

Die natürliche Unspaltbarkeit der Mensch-Freiheit-Beziehung unter immateriell unverfremdeten Lebensbedingungen bleibt gesichert, wenn sich niemand bereitfindet, die eigene Urteilskraft an andere abzutreten, und niemand darauf verzichtet, das Ergebnis der Urteilskraft anderer mit dem der eigenen Urteilskraft zu vergleichen.

Wer glaubt, die politische Rechtsmaterie nicht durchschauen zu können, hat mindestens so viel Urteilskraft, die Grenzen seines Vorstellungsvermögens zu erkennen. Er sollte sich entsprechend verhalten und keine revolutionären Lieder singen, wie das ängstliche Männlein im finstern Wald. Er darf jedoch darauf vertrauen, daß die klaren Rechtsverhältnisse des Naturrechts und des Vernunftpflichtigen im allgemeinen jedermann zugänglich und leicht vorstellbar sind.

Zentripetales und zentrifugales Denken

Die politische, sich in unendliche Widersprüche verzettelnde Welt ist zu einem verdrehten Produkt gehirnrissiger, adaptierter Bewußtseinsinhalte kleinkarierter Propheten geworden.

Sie ist als Karusell immer wiederkehrender Irrtümer, die mit Eifer verteidigt werden, ein jämmerlicher Hexenkessel rivalisierender Sklaventreiber, die jeden gegen jeden uniformieren, militarisieren, kriminalisieren und liquidieren. Was ist das Individuum heute anderes als eine gehorsame Sache in der Verfügungsgewalt anderer?

Hat doch die Deformation der Lebensbedingungen durch Herrschaft keinen anderen Zweck als die Verweigerung der immateriell dimensionierten Eigenschaften, die allein zur Wahrheitsfindung und Freiheitsbestimmung befähigen. Es ist alter Herrschaftsbrauch, daß im Falle einer mißlungenen Adaption herrschaftsstabilisierender Individualverfremdung bei Denkenden mit Strafandrohung, Liquidation oder der Aufforderung zur Emigration ausnahmslos exekutiv nachgeholfen wird.

Jede demaskierte Herrschaft hat das reine Denken als Idee eines guten Willens augenblicklich vernichtet. Denken hat herrschaftsgefällig zu sein und sich in ausschweifenden Banalitäten zu verlieren. Denken als Ersatzreflexion herrschaftsgefälliger Unterwerfungsgesten ist aber nicht Denken, wie viele glauben, sondern nur die theatralisch verschönte Darstellung der Selbstunterwerfung. *Denken als Anpassung, die sich des Denkens bedient, um die Selbstverfremdung zu leugnen, ist feiges Buhlen von Schwächlingen und seelisch Verkrüppelten um die Gunst der moralisch Verkommenen im Besitz der negativen Macht.*

Hier denkt sich der Mensch am Gegenstand vorbei, um den Gegenstand nicht beim Namen nennen zu müssen. Der Rückgratlose denkt zentrifugal außerhalb des wirklichen Grundes, er weicht der Zentrierung von Antworten aus.

Der Deformationszustand der Freiheit

Freiheitsmeinungen im Spannungsfeld systemimmanenter herrschaftsgefälliger Normvorgaben sind immer wertlos, weil sie zentrifugal ausufern und durch jeden Herrschaftswechsel neu bestimmt werden. Ihre verkürzte Urteilskraft entspringt der Fixierung auf einen Gegenstand, der soziokulturell beschädigt ist.

Das, was als soziokulturell adaptiertes Wissen aller als richtig geglaubt wird, wird leider nicht Wahn genannt, obwohl es nichts anderes als ein durch Mehrheit legitimierter Irrtum ist. Die Demopathologie chaotischer Volkssouveränität ist das Glück der Narren und das Unglück der Redlichen.

Henri Berson hat diese Erscheinung sehr vorsichtig 1934 so beschrieben: „Auf zehn politische Irrtümer kommen neun, die darin bestehen, daß man einfach das noch für wahr hält, was aufgehört hat, wahr zu sein. Aber der zehnte Irrtum, der der schwerste sein kann, wird darin bestehen, nicht mehr für wahr zu halten, was es trotzdem noch ist." (9)

Selbst das Gewissen ist in Herrschaftssystemen, die die Eigentlichkeit des Menschen schon längst deformiert haben, oft nichts anderes mehr als ein Gefühl, die vorgegebenen Verhaltensmuster der Unterwerfungseliten *nicht* befolgt zu haben. Obwohl aus der immateriellen Dimension des Menschen abgeleitet, hat das Gewissen nicht aus dem eigenen Rechtsgrund der Eigentlichkeit des Seins geschöpft, sondern aus dem soziokulturellen Adaptionsgebräu zufälliger Politstrukturen zufällig Mächtiger.

Das Denken steckt in der unerhörten Schwierigkeit, sich selbst zu begreifen. Der Denkende denkt mit guten Vorsätzen und will nicht glauben, daß das Resultat seines Denkens meistens ein Nichts ist, wie Dramaturgie, von Nichtigkeiten belegt, relationslos und ziellos nur den Zufall aufgeregt oder melodramatisch fixiert. Die immaterielle Dimension scheint sich der Rationalität entziehen zu wollen, und doch tut sie es nicht. Das Denken muß begrifflich getrennt werden in das *zentripetale,* auf das allein Wesentliche gerichtete, und das *zentrifugale,* auf alles andere Mögliche, aber Unwesentliche, Austauschbare , Rechts- und Freiheitssekundäre gerichtete Denken.

Zentrifugales Denken ist beliebiges, weltanschauliches, abergläubisches, zufälliges, irrendes, banales Denken, ein Denken irgendwohin und irgenswoher, ein fanatisches, gleichgültiges, aber auch böses, zerstörerisches, beleidigendes, rechtsverletzendes, unterwerfendes, herrschaftsdienendes, kriminelles Denken. Das Denken ist unendlich zenrifugal, weil es keine Grenzen der destruktiven Phantasie und des geistigen Interesses gibt.

Zentripetales Denken dagegen ist vernunftpflichtiges Denken, ist absolutes, unaustauschbares, präzises Wollen des Reinen Willens, ist freiheitgewährendes und freiheitsetzendes Denken, ist die Bereitschaft zur Verteidigung zentripetalen Denkens anderer. Diese Unterscheidung mag dem Denkenden das Zugehörigkeitsmerkmal seiner denkerischen Leistung erhellen. Es ist wichtig, die Nichtigkeit der eigenen Wortenergien zu erkennen, um nicht Opfer der eigenen Nichtigkeitsdramaturgie zu werden. Geistiges Format ist nichts anderes als die Fähigkeit, das Denken vom zentrifugalen Ballast freizuhalten, um jeden Gedanken zentripetal zu Ende denken zu können.

Luigi Pirandello erkannte schon 1921 erschreckend den Verständigungsverlust durch unpräzise, unterwerfungsverschleiernde Worte: ,,Wir haben alle eine Welt in uns, jeder seine eigene. Aber wie sollen wir sie verstehen, wenn ich in meine Worte den Sinn und die Bedeutung der Dinge lege, so wie ich sie empfinde, während derjenige, der sie hört, sie unvermeidlich mit dem Sinn und der Bedeutung der Dinge erfüllt, die zu seiner Welt gehören! Wir glauben, uns zu verstehen - wir verstehen uns nie!'' (10)

Das ganze Unglück in unserer Zeit liegt in den unpräzisen Worten und den halben Schlußfolgerungen. Tyrannen kennen die Macht der Worte und rotten ganze Völker aus durch Worte. Es schießt kein Maschinengewehr ohne Befehl, und Befehle sind Worte. Nicht das Maschinengewehr ist schuldig, sondern die Wortmacher, die Maschinengewehre gegen die Freiheit der Gewaltunterworfenen schießen lassen. Die Kriege werden durch Worte gemacht. Die Kanonen dröhnen erst nach der Zustimmung zur Unfreiheit.

Man sollte daher das eigene wie auch das Denken anderer nach der zentrifugalen oder zentripetalen Qualität des Sinnes des Gedachten hinterfragen, bevor aus Worten Handlungen werden, die uns alle nur deshalb umbringen könnten, weil geistige Nachlässigkeit die Schlußfolgerungen eines Unterwerfungsdenkens nicht ziehen wollte.

Banales Denken stagnierender Selbstverwirklichung

Das Denken, das weder auf die geistige, konstruktive Entwicklung hinführt noch vom zentripetalen Menschenbild, geistig destruktiv, zentrifugal wegführt, ist banales Denken, das im Zeitvertreibbereich angesiedelt ist und weder prinzipiell nachteilig noch prinzipiell vorteilhaft ist.

Unter banalem Denken ist das Interesse zu verstehen, das sich auf diesen oder jenen Tanz, diesen Sport oder jenen Sport, auf klassische oder Unterhaltungsmusik richtet, ob der Mensch per pedes oder motorisiert den Ort wechselt, gut und exklusiv oder einfach und praktisch gekleidet ist, viel oder wenig ißt, Limonade oder Milch trinkt, Tabak raucht oder Kaugummi liebt, seine Zeit vertrödelt oder zielstrebig einer Banalität opfert, sein Geld spart für nichtige Bedürfnisse oder verschwendet für den Augenblick. Mit einem Wort, banales Denken ist das tägliche, sich wiederholende, niemand schadende Denken. Die Meinungsfreiheit ist im Zustand der neutralen Disposition einer *stagnierenden Selbstverwirklichung.*

Banales Denken ist kurzfristig und unter wechselnden Interessen unbedenklich und ein notwendiges, erfahrungsspeicherndes Prinzip der Sensibilisierung der Interessenausdehnung. Längerfristiges oder anhaltendes banales Denken dagegen, das die Sensibilisierung der Ansprüche nicht steigert, desensibilisiert die Selbstverwirklichung, d.h., der Interessenstillstand deformiert die Anspruchserwartung minimalistisch.

Anstelle der Interessenausdehnung und der schöpferischen Innovation eines wachsenden Lebenswillens findet eine Interessenschrumpfung mit zunehmender Gleichgültigkeit bis zur Langeweile statt, die bis zur Todessehnsucht führen kann.

Banales Denken ist daher nur dann wertneutral, wenn es als erfahrungsspeicherndes Prinzip die Banalität der banalen Ansprüche erkennen läßt und als Umstellungsfaktor höherwertiger Interessen die Urteilskraft schärft, aus der Banalität herausführt und in ein zentripetales Denken hineinleitet. Es wird dagegen schädlich, wenn es zum geistigen Stillstand führt, die Deformationsimmunität gegen den destruktiven Unterwerfungswillen der gesellschaftlichen Umstände verliert und sich in das Chaos zentrifugaler Denkbereiche treiben oder zwingen läßt.

Die Träger der Denkbereiche des Banalen sind das bevorzugte Manipulationsmedium jeder relativen Elite, weil nur banalitätsorientierte Massen vom zentripetalen, menschenrechtssichernden Denken in die Dispositionsgewalt der Unterwerfungseliten abgedrängt werden können. Unrecht geschieht immer auf dem Hintergrund der Zustimmung wortgeschädigter Massen, die aus dem stagnierenden Banalitätsrhythmus in ein destruktives zentrifugales Denken verführt und „haltlos" wie ahnungslos zur Vernunftwidrigkeit ihrer Handlungen gedrängt werden konnten.

Das Wort ist das Kampfmittel aller Unterwerfungseliten

Die Manipulationskraft der Worte hat auf dieser Welt schon lange vor Hitlers Nationalsozialismus niemand so meisterhaft und so genial mißbraucht wie der leninistische Monarcho-Stalinismus früherer Tage, dessen gewalttätiger Anbeter Wladimir Majakowski 1926 in Erwartung des Sieges der sozialistischen Sklavenhaltergesellschaft über das apolitische Bürgertum kühn ausrief: „Worte!! - So heißt der Feldherr aller Menschenkräfte". (11)

Feldherr aller Menschenkräfte ist das Wort. Alle Demagogen bemächtigen sich der Herrschaft über das Wort, heute, im sogenannten realen Sozialismus unserer Tage, mehr denn je!

Im Herrschaftsbereich des Großtyrannen, der das Monopol der Informationsauslese zur Meinungsbildung der Vertrauensseligen in Generalstabsarbeit erprobt hat, weiß man über die Allmacht der gesteuerten Informationen. Anstelle von bewaffneten Bataillonen und Granaten sind Wortketten gegen die Euro-Atlantische Gemeinschaft geschleudert worden, die sie mürbegeschossen haben, so daß sie heute kurz vor der Kapitulation und Selbstaufgabe steht, mehr noch, zur Knechtschaft unterwerfungsfreudig verhext worden ist.

Die Politik der Unterwerfungseliten unserer Tage verspricht nur noch körperliche Sattheit und soziale Sicherheit aus der Gunst der Ausplünderungselite, zur Vision einer menschenwürdigen Zukunft in Freiheit stammelt sie nur Unverständliches.

Freiheit, Selbstverwirklichung, soziale Autarkie, Individualsouveränität, nichts davon! Nur sozialistische Träume von einem besseren Leben ohne Freiheit und Wohlstand werden feilgeboten. Der politisch etablierte Schwachsinn, der geglaubt wird, scheint keine Grenzen zu kennen!

Was soll das, diese dauernde Gegenwartsverweigerung! Der Mensch lebt jetzt und will sich jetzt einrichten, und zwar so gut es geht. Die Nachkommen werden sich schon selbst einrichten können, wenn wir ihnen die Freiheit hinterlassen, sich noch einrichten zu können.

Albert Camus zog seit der Einführung der chaotischen Volkssouveränität die Bilanz über die Volksverführer, wenn er feststellte: ,,Die Zukunft ist die einzige Art von Besitz, die die Herren den Knechten gutwillig zugestehen!'' (12)

In der Welt des realen Sozialismus wird für die Zukunft jederzeit um so mehr versprochen, je schlechter die Überlebensbedingungen der Gegenwart werden. Wo aber wird der sozialen Beglückungslüge nicht einfältig geglaubt! Ganze Volksstämme, mittelständische Klassen und bourgeoise Schwätzer übertreffen sich in er politischen Einfältigkeitsgewohnheit ihrer entwürdigenden Selbstentrechtung. Sie suchen schamlos dem Großtyrannen - wenigstens durch Worte - zu gefallen, indem sie sich, anbiedernd und um Überlebensversprechungen buhlend, ekelerregend bis zur Unerträglichkeit in der habituellen Gewichtigkeit von politischen Nullen der pluralistisch deformierten Öffentlichkeit darstellen.

Die Schmach der Unfreiheit weckt die Konterenergien der friedenssichernden Freiheit

Die immaterielle Dimension des Seins, in der Handlungsregulative abschließend entschieden werden, sind bisher in der Euro-Atlantischen Gemeinschaft geisteswissenschaftlich hochgradig vernachlässigt worden. Die zunehmende Schmach der kulturzersetzenden Komplizenschaft euro-atlantischer Politiker hat die Konterenergie der Selbstachtung des Unabhängigkeitswillens und des Rechts auf ungeschmälerte Selbstverwirklichung eines jeglichen in Freiheit vielfältig reaktiviert. Der abendländische Mensch drängt ahnend aus der Rolle des deformierten Anpassungsopfers seines Zeitgeistes, diesem tragischen Milieu der Selbsterniedrigung am Ende des 20. Jahrhunderts, wie durch ein Wunder heraus.

Er will wieder zum eigenständigen, kraftvollen ,,Schöpfer seines Milieus'' (13) werden, um die Weltgeschichte naturrechtssichernd wiederaufzunehmen, um die etablierten Angstmaschinen der andauernden Menschenverachtung durch das zentripetale Wort wirkungsvoll anzuhalten. Der Augenblick der höchsten Erniedrigung des Menschen kann zum Augenblick der endgültigen Selbstbefreiung werden, um die Friedfertigkeit der Welt zu erzwingen.

Noch nie hat ein Tyrann alle vernunftfähigen Kräfte der Welt bändigen und dauernd unterwerfen können. Mit seiner Ausdehnung der Menschenverachtung wächst seine Unterwerfungsverpflichtung unter Umständen bis zur Selbstauszehrung. Dieser Zustand zeichnet sich seit 1980 ab, seit der Überfall der Kreml-Monster auf einen friedlichen Kleinstaat von Bergbauern und Ziegenhirten der denkenden Welt die Provokation des Weltgewissens frei Haus geliefert hat.

Die skandalösen Sklavenhalter der Neuzeit könnten noch vor dem Beginn des 3. Jahrtausends zur Anerkennung der Freiheit aller Menschen in der Welt, möglicherweise sich vor ihren eigenen Völkern rettend, durchaus verpflichtet werden. Sie sind nicht unbezwingbar. Das Argument des Freien ist für den Tag nur ein Tropfen, aber auf die Dauer eine Solarbombe, gegen die keine Tyrannei der Welt Argumente findet, die Bestand haben. Wie Sartre treffend bemerkte, ist der Mensch selbst die Freiheit, und Albert Camus weiß, wovon er spricht, wenn er sagt: „Lieber aufrecht sterben als auf den Knien leben". Hier wird ahnungsvoll die zweite, die immaterielle Dimension des Menschen, diejenige nämlich, die den Menschen erst zum Menschen macht, hervorragend begriffen.

Welch ein Zusammenbruch der Seinsbestimmung des Menschen in der Gegenwart hat zwischenzeitlich stattgefunden, wenn ein Wortspiel tiefster Demütigung und Erniedrigung entstehen konnte, das in der schrillen Sackgassenverzweiflung eines gejagten Menschen als „Lieber rot als tot!" in vieler Munde sein konnte! Karl Jaspers wollte diesem Wortspiel zwar so nicht folgen, aber, und das kann nicht übersehen werden, das Weltgewissen der Freiheitsdurstigen schwappt, aus der Lethargie erwachend, über, die Revolutionshysterie von Halbidioten geht selbst den Gutmütigsten langsam auf den Nerv.

Der Mensch existiert erst in der ständigen Verwirklichung seiner Freiheit. Daß Freiheit als immaterielle Potenz existent ist, beweist ihre ständige Verfolgung und Vernichtung durch Herrschaft. Daß sie trotz permanenter Liquidation mit jeder Geburt eines Menschen sich immer wieder entfaltet, obwohl sie mit immer neueren und raffinierteren Methoden ideologisch, also mit vernunftlähmenden Opiaten, in Ohnmacht gehalten, in Resignation umgespult wird, beweisen in unseren Tagen alle Herrschaftspraktiken relativer Eliten in allen Ländern der Erde.

Der Machtzerfall aller relativen Elitensysteme muß, damit weltweit die Gerechtigkeit selbstverständlich wird, unverzüglich eingeleitet werden. Ob offen oder *klammheimlich* der Ausbruch aus geistigen Abhängigkeiten vollzogen wird, muß die politische Situation entscheiden. Aber der Austritt aus der soziokulturellen Determinanz des deformierten Zeitgeistes ist weltfriedenstiftend mit Notwendigkeit zu vollziehen, wohlgemerkt, mit Notwendigkeit, weil es keine andere Alternative gibt, zur Vernunftpflichtigkeit zurückzufinden.

*

Kapitel XVII

Der Kulturrealisationsbereich qualifizierter Egoquanten

Übergang in den Kulturrealisationsbereich der 3. Zone der Kulturfähigkeit

Die Kulturfähigkeitsskala ist oberhalb der Nullschwellenbestimmung nach drei Zonen gestaffelt, die die Bewußtseinserweiterung und wachsende Umsicht und Verantwortlichkeit bis zur politischen Mündigkeit schematisch strukturiert. In einem groben Skelett, dessen Schematisierung nur ein erster Entwurf sein kann, den Aufstufungscharakter einer geistigen Entwicklung des Individuums zu orten und wertend zu bestimmen, ist deutlich die wachsende Besinnung auf das Subjekt und dessen vernunftfähige Urteilskraft herausgearbeitet.

Ziel aller aufsteigenden Qualifikationen ist die individuelle Fähigkeit, das durch beliebige Herrschaft aufgerichtete *„Ghetto der Angst"* nicht nur negativ und gesellschaftlich wirkungslos im Alleingang zu unterlaufen, sondern *positiv* durch die Transparenz des Unrechtgehaltes jeder staatlichen Gewaltanwendung gegen freie Bürger in einer durch die Schöpfung zur Freiheit bestimmten Welt endlich zu *beseitigen.*

Wer die parasitären Herrschaftsmotive kennt, die Menschen hindern, frei zu sein, wird durch die Notwehrsolidarität mit allen Entrechteten mit Notwendigkeit frei. Wer den manipulativen Zugriff auf sich selbst durch andere in seinem unverschämten Unrechtsgehalt voll erkannt hat, entwickelt die regenerative Kraft der Selbstverwirklichung und entdeckt das absolute Subjektverständnis der Individualsouveränität. Das Glück im Unglück unserer Zeit ist, daß die Besinnung auf die Individualsouveränität sich erfahrungsgemäß erst wieder einstellt, wenn sie, wie in unserer Zeit, politisch fast verlorengegangen ist und nur noch ein Funke der Hoffnung glimmt, sie doch noch retten zu können.

Wem es durch politische Sensibilität gelungen ist, eine Adaptionsallergie gegen informative Deformationsstrategien zu entwickeln, wer die Deformationsimmunität bis zur Zone 3 der Kulturfähigkeitsskala durchgehalten hat, der vollzieht eine bewußte Selbstverwirklichung, die ihn zur Autonomie der Willensfreiheit Gleichberechtigter, Gleichrangiger und Vernunftpflichtiger trägt.

Die Gleichrangigkeit der Lebenschancen aller Menschen ist gekoppelt mit der Gleichrangigkeit des Prinzips der Freiheit. Die Autonomie der

Willensfreiheit postuliert die Gleichwertigkeit der Individuen und schützt die politische Rechtsgleichheit der Verschiedenen.

Der um die politische Kultur wissend Gewordene weiß über den dornenreichen Alleingang, weiß über die Ohnmacht des geängstigten Rechtschaffenen, der unbestechlich geblieben ist, in das opportunistische Lager seiner und anderer Peiniger doch noch überzulaufen.

Der Übergang in die Zone 3 qualifizierter immaterieller Antriebe wird erlebt wie eine geistige ,,Umwälzung von kopernikanischem Außmaß''. (1)

Der Wortgebrach im Kulturrealisationsbereich

Ist die von Zone 1 bis zum Beginn der Zone 3 der Kulturfähigkeitsskala aufstufende Entwicklung zur politischen Mündigkeit bis zum Kulturrealisationsbereich durchlaufen, so beginnt der eigentliche ,,Ernst des Lebens''. Nunmehr verpflichtet die Realisation der Vernunft, daß alles, was gedacht, gesagt und getan wird, zuverlässig sein muß und einer kritischen Hinterfragung stets standhalten kann. ,,Selbstverantwortung in Freiheit'' heißt, die Freiheit wahrzunehmen, ohne Störung oder gar Verletzung der Selbstverantwortung in der Freiheit anderer.

Der Gebrauch des Wortes gewinnt eine neue Dimension. Es ist kein plätscherndes Geplapper, das dieses oder jenes meint, sowohl das eine oder andere konfliktausweichend, unverbindlich, gefällig nach allen Seiten offen oder nichtssagend erklärt. Das Wort des Vernunftpflichtigen spricht mit der Autorität eines Gesetzes und meint, was es sagt.

Die Idee der eigenständigen vernunftfähigen Urteilskraft, die zur Gewißheit geworden ist, ist als ,,notwendige Vorstellung der Menschenvernunft'' das signifikante Merkmal des Kulturrealisationsbereiches. (vergl. 3. Zone, Kulturqualifikationsbereich)

Die ,,Umwälzung vom kopernikanischem Ausmaß'' ist keine schöne Floskel einer gewünschten Selbsterhöhung, sondern das Kommunikationsprinzip der zur objektiven Elite heranwachsenden Individuen.

Die Restabilisierung absoluter Verläßlichkeit des gesprochenen Wortes ist ein heiliges Prinzip des Kulturrealisationsbereiches. Die autonome Rechtschöpfung aus eigener Urteilskraft verpflichtet, sie muß der Rechtschöpfung herrschaftsstabilisierender Unterwerfungseliten jederzeit überlegen bleiben. Wer sonst als der politisch Mündige könnte und sollte diese Pflicht erfüllen?

Autonome Willensfreiheit ist ein Sieg über die organisierte Furcht vor repressivem Herrschaftswillen. Die ursprüngliche taktierende Überlebensvorsicht verwandelt sich unter den neuen Bedingungen der kulturellen Realisation in eine gestärkte Unbeugsamkeit, gerecht bleiben zu wollen. Zugleich stabilisiert sich die Fähigkeit, die Entfremdungsversuche anderer rasch abzuwehren und zu entlarven.

Die furchtsame und vorsichtige Lebensführung der dauernden Anpassung an den „Stallgeruch der jeweils landläufigen Meinung" (2) wird bewußt und intellektuell gekonnt, beendet. Die politische Reife des politisch Mündigen ist eine systematisch erworbene Fähigkeit durch viele Jahre geistiger Unabhängigkeit und tapferer Unverzagtheit in der Einsamkeit der Schwimmübungen gegen den Strom des deformierten Zeitgeistes.

Diese zu Beginn des Kulturrealisationsbereichs notwendige Vergewisserung über die Begründbarkeit des Selbstvertrauens, die hier als „kulturverstehend" umschrieben ist, soll nicht Zweifel säen, sondern die Notwendigkeit, das Notwendige zu vollstrecken, erhärten. Die tragenden Prinzipien der Menschheit sind seit Jahrzehnten durch Zauderei verschleudert worden, so daß der Großtyrann es heute wagt, sich anzuschicken, mit der Arbeitskraft von 250 Millionen Leibeigenen ein Aufrüstungspotential aus dem Boden zu stampfen, das geeignet ist, die Weltsklaverei zu errichten.

Dieser ewig zaudernde, sich selbst aufgebende Prinzipienverrat durch die relativen Eliten der Schönredner, Kompromißler, Opportunisten gegenüber dem brutalen Unterwerfungswillen sozialistischer Genossensyndikate und Banditen im Staatsrechtsgewande wird im Kulturrealisationsbereich qualifizierter Egoquanten durch die gedankliche Klarheit und begriffliche Sauberkeit der verbalen Kommunikation der vernunftfähigen objektiven Eliten beendet.

Die kulturbefähigende intellektuelle Substanz darf keine Ausnahme weniger bleiben, darf nicht zur Fähigkeit von Auserwählten stilisiert werden. Sie ist jedem Denkenden zugänglich, weil sie in jedem gesunden Menschen vorhanden ist. Nur, ihre natürliche Figuration, ihre schulische Ausprägung wurde durch die deformierten gesellschaftlichen Bedingungen der politischen Umstände bisher so erschwert, daß nur die Minderheit eines Volkes sich ihrer natürlichen Vernunftfähigkeit in Freiheit zu bedienen vermochte.

Das Land für Vernunftfähige ist im Regelfall nicht nur unter dem Großtyrannen der Archipal GULAG. Archipel GULAG lauert überall, er ist immer dort, wo Menschen über Menschen Macht haben wollen, wo ordinäre Staatsgewalt die Omnipotenz der Individualsouveränität verweigert!

Es hilft keine Schönrederei mehr, sich die Alternativlosigkeit unserer politischen Lage heute wegzudenken. Freiheit statt Sozialismus, war schon seit der sozialistischen Oktoberrevolution, diesem Totensonntag der Menschheit, eine geniale Erkenntnis.

In dessen hat die dekadente Selbstüberlistung eingeschüchterter kleinbürgerlicher Worterschrecker diese Alternativlosigkeit nicht zur Kenntnis nehmen wollen, wohingegen die Sozialisten sehr wohl den Sozialismus statt Freiheit ungestört, mehr noch, mit der materiellen und technischen Hilfe der Freien Welt aufgebaut haben, um uns Westeuropäer endlich bei passender Gelegenheit politisch zu *afghanistanisieren.* Quislinge stehen in der Nähe Bonns schon genug herum, um die ,,brüderliche Hilfe der Arbeiter- und Bauernmacht'' des Großtyrannen an den Rhein zu bitten.

Austausch politisch-sittlicher Emotionalität durch prinzipienfeste Rationalität

Die durch Deformationsimmunität geschärfte Erlebnisfähigkeit der politischen Kultur durchschaut alle sozial ausgeschmückten, herrschaftssichernd aufbereiteten, schmackhaften Selbstfesselungen. Sie erkennt und überschaut die verbliebenen und teilweise erschreckend eingeschränkten systemimmanenten Widerstandsmöglichkeiten.

Der Vernunftfähige auf der Ebene des Kulturrealisationsbereichs ist ein Mensch, der sich bemüht, auf allen erreichbaren Ebenen Schaden von anderen und Schaden durch andere abzuwenden.

Nur Menschen auf dieser Entwicklungsstufe sind und waren z.B. in der NS-Zeit fähig, durch eine *persönliche Tat,* wie sie historisch und dokumentarisch überliefert worden ist, unschuldig verfolgte Menschen unter eigener Lebensgefahr und gegen den Willen einer besonders verbrecherischen Staatsgewalt zu schützen oder ihnen zur Flucht zu verhelfen. Nur solche Menschen haben den staatlich erzwungenen Notverkauf jüdischen Eigentums *nicht* zur Selbstbereicherung mißbraucht, haben ein positiv-rechtliches, aber überflüssiges staatsgewolltes Todesurteil für Nichtigkeiten *nicht* vollstreckt.

Manchmal haben Menschen mit qualifizierter Lebensqualität einen offiziell legitimierten und mit Amtsgewalt ausgerüsteten, angstausbreitenden, bürokratisch exakt vollziehenden Schxdensstifter vor der Begehung eines weiteren Verbrechens rechtzeitig erschossen. Der 20. Juli 1944 ist nur in Ermanglung eines offiziellen wirklichen Widerstandes hochstilisiert worden, es gab bessere und mutigere Hunderttausende unbekannte Einzelkämpfer gegen staatlich verordneten Völkermord und Tyrannei als diesen stümperhaften Versuch mutloser Rückversicherung. Leider organisiert sich die Todesverachtung von Einzelkämpfern, für Irrtümer sterben zu wollen, zu oft auf der falschen Seite.

Die Welt hat zu wenig politisch Mündige, weil keine Herrschaft die politische Mündigkeit des Volkes will, sonst wäre es nicht so leicht, überall in der Welt die wechselnden tyrannischen Herrschaftssysteme der Weltanschauungsgeschädigten immer wieder einzurichten.

Es muß der *politischen* Kulturlosigkeit des Bürgertums vorgeworfen werden, daß sie, während sie die Produktivität der Industriegüter ins Phantastische zu steigern vermochte und das materielle Auskommen des arbeitenden Volkes in privatkapitalen Produktionsregionen der Welt weitgehend bis zum Überangebot sichern konnte, dem gleichen Bürgertum die Produktivität der Vernunftpflichtigkeit dabei zu Tode getrampelt hat.

Es geht hier nicht um die Etablierung einer Gegenkultur, nicht um die Zurückweisung des „inneren Elends unserer Herrscher" (3) allein oder um eine abstrakte körperlose und sachfeindliche Vergeistigung des Menschen, sondern um die Wiedereinsetzung des Menschen in einen angstfreien, d.h., herrschaftsfreien Zustand, der nur in der staatsrechtlich eingeräumten *Omnipotenz der autonomen Willensfreiheit* begründet liegt und nicht in einem entmündigenden herrschaftssichernden und bevormundungsrechtfertigenden Vor- und Nachsorgestaat eines Volkes von politisch Schwachsinnigen und Entscheidungsbehinderten.

Eine nur gefühlsmäßige Bereitschaft zur Selbstverwirklichung, die auf die entlarvende Transparenz des systematischen Deformationsprozesses staatlich handelnder Bürokratien gegen Familie und freie Gesellschaft verzichtet, bleibt immer eine politisch defensive, leicht zu zerschlagende und zu verunsichernde Position.

Die empfindsame Bereitschaft zur Deformationsabwehr eines informativen Terrorismus etablierter Ideologieprodukteure allein genügt *nicht,* ohne Gefahr zu laufen, rasch in eine diskriminierende Außenseiterrolle gedrängt zu werden. Vage Gefühle einer ethisch-sittlichen Emotionalität oder politischer Zorn über den Zustand des etablierten Unrechts helfen wenig. Nur das rationale Erkennen der staatlich manipulierten und bürokratisch dirigierten Selbstentrechtung führt zum notwendigen Austausch der relativen Eliten eines Unterwerfungssystems. Das engmaschig sozialzynistisch geknüpfte Netz staatlich organisierter Lebensangst kann *emotional nicht attackiert* und ausgewechselt *werden;* es bedarf der vernunftpflichtig abgesicherten Prinzipientreue, rationaler Schlußfolgerungen und kompromißloser Gerechtigkeitstreue.

Der Rechtsstaat aus der Idee der Freiheit wird niemandem geschenkt, er will durch die objektive Elite auf der Ebene des Kulturrealisationsbereiches gegen die relative Elite durchgesetzt werden. Es nützt dem Freiheitswillen nichts, wenn er infolge irrationaler Schwärmerei nicht zur politischen Kraft aufstiege. Die wiedergewonnene Freiheit muß auch politisch gesichert werden können, und zwar auf Dauer!

Die Verhaltensregulative des Individuums auf der Qualifikationsebene des Kulturrealisationsbereichs sind selbstverantwortete Entscheidungen von höchster Rationalität, die, ganz im Sinne Kants, frei sein müssen von jenen Neigungen, die die „Reinheit des Willens", den „Guten Willen" (4), verfälschen könnten. *Die Freiheit aller kann nur gelingen, wenn sie im „Reinen Willen" eines jeglichen deckungsgleich übereinstimmt.* So unmöglich ist das nicht, wie es im ersten Moment scheint!

Illusionslose Transparenz der Anfechtungen restabilisiert die Vernunftpflichtigkeit

Die oft instinktive Einlassung auf höhere immaterielle Lebensgüter entbehrt nicht konfliktreicher zweifelnder „Übergangsphasen". Jede „Reife" will erwachen, will wachsen, ehe sie vernunftpflichtig werden kann.

In jenen Fällen, in denen aus profan-materiell dimensionierter Anziehungskraft die Urteilsfähigkeit noch getrübt ist, wo also sogenanntes Wunschdenken den Reinen Willen schwächt, ist der Versuch, ein endgültiges Urteil finden zu wollen, zu unterlassen. Das Eingeständnis materiell dimensionierter Egoismusbefriedigung und immateriellen Unvermögens ist in tapferer Illusionslosigkeit und Selbsteinsicht deutlich zu vollziehen.

Der Mensch ist kein selbstloser Heiliger und darf auch im wechselnden Spannungsfeld materieller und immaterieller Begehrlichkeiten unter der Voraussetzung des Leidausschlusses anderer in einem intellektuellen Schwächezustand zurückfallen. Bedingung dabei ist nur jeder Verzicht auf Selbstüberlistung und Heuchelei.

Eine vorübergehende immaterielle Selbstherabsetzung aus einem Anfall triebhafter Lust oder spontanem unvernünftigem Begehren muß nüchtern und ohne Selbstvorwürfe gesehen werden. Die Beschönigung der eigenen Selbstwertanalyse würde den Schwächezustand nur zum Selbstbetrug verschlimmern.

Ein simples Beispiel aus dem gewöhnlichen Alltag zeigt den Körper-Geist- oder Trieb-Vernunft-Konflikt deutlich, wenn der übergewichtige Mensch vernunftpflichtig erkennt, daß Gewichtsabnahme ihm längerfristig nutzen könnte, er aber kurzfristig dem „Naschtrieb" nicht zu widerstehen vermag. Die Entschuldigungsgründe für den unwiderstehlichen Naschtrieb sind bis zum Selbstbetrug vielseitig und selbstüberlistend, aber selten rational. Besser wäre ein ehrliches Eingeständnis, daß Schleckereien viele kleine Begehrlichkeiten befriedigen, die der *augenblicklichen* Lebenserwartung entsprechen.

Zwei verschiedenartige Interessen, hier Egoquanten genannt, stehen sich rivalisierend gegenüber. Über sie darf in freier Wahl, niemandem schadend und daher jederzeit zulässig, entschieden werden. Auch die Vernunftwidrigkeit, die nur sich selbst zum Opfer hat, darf gepflegt werden, weil der Mensch Eigner seiner selbst ist.

Schwieriger wird die Abwägung der Interessen in Überlebensfragen und unter repressiven Situationen, dann nämlich, wenn Lebensentscheidungen anderer berührt werden oder eine beliebige negative Staatsgewalt die Selbstdeformation erpreßt. Wenn z.B. mittels politischer Denunziation durch eigentlich Vernunftfähige einer schreckenverbreitenden Staatsgewalt Unterwerfungsbereitschaft bewiesen werden kann, dann greift die Entscheidungsfreiheit des einen in die anderer lebensbedrohend ein, was im Rechtsstaat aus der Idee der Freiheit völlig ausgeschlossen wäre.

In diesen zur Gewohnheit gewordenen Fällen ist der Rückfall in wertmindere, andere Menschen schädigende Egoquanten nicht nur unmoralisch, er ist gemeingefährlich.

Wer in der Zone 3 der Kulturfähigkeitsskala ein Gemeinwesen freier Existenz werden will, der steht nach wie vor unter Anfechtungen, denn er „muß von den Interessen, in die er verflochten ist und bleibt, zugleich auch absehen können, er muß eine Überlegenheit über sich selbst gewinnen und bewahren. Dazu aber sind nicht alle zu jeder Zeit willens und bereit, ja, wahrscheinlich sind es immer nur die Wenigen, die sich in einer Überlegenheit über sich selbst halten können, ja, eine solche Haltung auch nur anstreben." (5)

Hier ist zu beachten, was Überlegenheit über sich selbst meint, nämlich, die Urteilskraft über den jeweiligen Wert des punktuellen, materiellen oder immateriellen Interesses zu bewahren und sich nicht durch einen schlechten Tausch, z.B. der Treue gegen Bestechlichkeit, der Redlichkeit gegen Opportunismus, der Freiheit unter materiell schwierigen Bedingungen gegen materielle Sicherheit, zum Verrat an der eigenen und der Freiheit der anderen überreden zu lassen.

Die analytische Theorie des Totalen Egoismus soll diese rivalisierenden Egoquanten durch illusionslose Transparenz real gewichten, um die moralische Entscheidung, die Bewahrung der immateriellen Dimension zu erleichtern.

Eine eigene, gemeinschaftsunschädliche, partielle und zeitlich begrenzte kulturelle Selbstherabsetzung kann auch ein produktives Regulativ zur Steigerung der Kulturfestigkeit werden, selbst dann, wenn bereits erklommene Höhen aus intellektueller Schwäche vorübergehend aufgehoben oder zurückgenommen worden sind. Dieser Gedankengang ist keine Entschuldigung und kein Freibrief zur Verwässerung egoistischer Antriebe. Was er berücksichtigt, ist dies: Die Totalisierung egoistischer Antriebe in dem hier entwickelten immateriellen Sinne ist als höchste Begehrlichkeit niemandem einzureden oder vorzuschreiben; *sie muß von jedem Individuum als lohnendes, selbstwertsteigerndes Qualitätsbegehren selbstentdeckt werden,* um auf Dauer nicht nur erstrebt, sondern auch vernunftpflichtig, sich selbst verwirklichend, vollzogen werden zu wollen.

Nur die nackte illusionslose Selbstbetrachtung vermeidet die selbstüberlistende Selbstwertüberhöhung, und nur das klare Wissen über den Zustand der eigenen Egoquanten-Bestimmung hilft, die moralische Qualifikation der Egoquanten mit der Antriebskraft der Selbstliebe, die zur Selbstachtung führt, zu steigern.

Die Identitätszerstörung beginnt mit dem Verlust der Fähigkeit und Bereitschaft zur Selbstkritik. Daraus folgt, daß nur die illusionslose Transparenz der Anfechtungen die Vernunftpflichtigkeit auf Dauer restabilisiert. Systemimmanentes Konventionsgeschwafel vermauert nur den Zugang zur Aufrichtigkeit.

Paul Valery sagte einmal: „Ich fürchte die, welche nicht sagen, was sie denken, und noch mehr fürchte ich die, welche nicht denken, was sie sagen". (6)

Das vernunftpflichtige Ich darf sich vollziehen, wie es ist.

Der Anspruch auf politische Mündigkeit verpflichtet zur gewissenhaftesten Ausschöpfung der Urteilskraft. Sie muß in jedem Falle unter dem Gebot der ,,Reinen Vernunft'' stehen.

Der Reiz der kulturträchtigen Immaterialität liegt in der Fähigkeit, die Kontrolle über körperliche und gegenständliche Egoismen gewonnen zu haben, alles wollen zu können ohne Gefährdung der Harmonie von Körper und Geist. Die Gefahr schizophrener Widersprüche und ahumaner Anfechtung durch manipulative systemimmanente Informationsketten kann nahezu restlos ausgeschlossen werden.

Das aus der Tiefe jedes Menschen aufbrechende Kulturbegehren, das aus der Ahnung einer über die kreative Bedürfnisbefriedigung hinausgehenden Lebenserfüllung entsteht, verwirklicht sich im qualifizierten Kulturrealisationsbereich. Wer von der materiellen zur immateriellen Dimensionierung der Antriebe von Stufe zu Stufe aufgestiegen ist und von den herrschaftsbeliebigen Fremdbestimmungen der Willfährigkeitsangebote sowie von versuchten Selbstwertverlusten unbeeindruckt bleiben konnte, hat die politische Kultur des mündigen Menschen nicht nur verfestigt, er hat sie zu seinem festen Besitz gemacht.

Politische Kultur zu vollziehen, setzt die Disziplinierung der Sinne voraus. Die Fähigkeit zur Auswahl der Informationsquanten nach dem Gesichtspunkt möglicher Freiheitssicherung, aber auch die Fähigkeit zur Systematisierung der denkerischen Kraft, ist die Vorbedingung, um sich der objektiven Elite zurechnen zu dürfen.

Intelligenz zeigt sich in der Selektionsfähigkeit positiver Informationen und in der Verweigerung negativer Irritationsquanten.

Der vorausgegangene Zwiespalt des Werdenden zwischen deformationsbereiter Anpassung und moralischer Selbstüberschätzung, zwischen erhofften ,,Unterwerfungssicherheiten'' und soziokulturellen Befreiungsnöten, selbst die Unsicherheit über die Kühnheit eigener Urteilskraft über menschenrechtsverweigernde Gemeinwohlvorgaben der Herrschaftselite *sind weitgehend überwunden.* Politisches Kulturverständnis gewonnen zu haben, bedeutet zugleich den Beginn der bewußten Verwirklichung des Ichs.

Das ,,Gewordensein'' ist immer eine immaterielle Qualität, die unverkäuflich und unaustauschbar ist. Der Mensch, der zu sich selbst gefunden hat, mit sich ins Reine gekommen ist, aus Identität mit sich selbst vernunftpflichtig geworden ist, hat sich und der Menschheit alles gegeben, was ein Mensch von sich geben kann.

Das subjektive, in der Vernunftfähigkeit begründete Ich, verwirklicht sich in der Vielfalt und Einmaligkeit eines autonomen Willens. Freiheit als Generalklausel jeder Selbstverwirklichung schließt den Kosmos individuellen Gestaltungswillens ungehindert und eigenverantwortlich auf. Was kann ein Mensch mehr wollen als die Wiederherstellung seines Paradieses, das nichts anderes sein kann als die Selbstverwirklichung in Freiheit in einem Rechtsstaat, der durch vernunftpflichtige objektive Eliten geschützt ist, um ein Rechtsstaat aus der Idee der Freiheit auch endgültig friedenstiftend und leidausschließend zu bleiben!

Die Identität mit sich selbst als Höchstform der politischen Kultur

Wenn die herrschaftsstabilisierend eingeübte Unterwerfungsgewohnheit selbstwertzerstörter Menschen die Voraussetzung der politischen Machbarkeit über Menschen ist, dann ist politische Kultur das Gegenteil dessen, was Herrschaft wollen muß, um zu herrschen. Die Wiederherstellung des herrschaftsbeliebig zerstörten Ichs ist die Wiederherstellung der Verfügungsgewalt über sich selbst.

Die durch Herrschaft auf Vernunftsverweigerung fixierte Verfremdung des Gesellschaftzustandes illusionslos zu erkennen, ist die Voraussetzung zur eigenen Urteilskraft als Initialzündung der Bestimmung der eigenen Glückseligkeit.

Politische Kultur im Realisationsbereich hochqualifizierter Egoquanten ist nichts anderes als das erkennende Verstehen dieser notwendigen Selbstverantwortung; sie, und nur sie kann zum *Austritt* sowohl aus der soziokulturellen Verfremdungsdeterminanz herrschaftsbeliebiger Denkschablonen als auch aus der verbrechensanfälligen Genossensolidarität der Weltanschauungsgeschädigten befähigen.

Jetzt erst wird es möglich, die direkte oder indirekte Teilnahme an einer Herrschaft, die menschenfeindliche Lebensbedingungen organisiert hat, aufzukündigen. Der Anspruch, die für ursprünglich freie Menschen geschaffene Natur und Gesellschaft wieder lebenswert zu gestalten, stabilisiert sich zur höchsten Sinnerfahrung einer wiederentdeckten Mensch-Natur- oder Natur-Mensch-Beziehung, d.h., die Wiederherstellung der Eigentlichkeit des Menschen und ihre Durchsetzung wird zum höchsten Bedürfnis aller nachfolgenden Egoquanten, weil es die Interessenverzettelung beendet und die seelischen Kräfte neu und konzentriert auf das Wesentliche kanalisiert.

„Freiheit, Gleichheit, Brüderlichkeit bedeuten nicht mehr Nivellierung, sondern Individualisierung und daher auch Qualifizierung"(7). Vive la différence! ist das Gebot des unter chaotischer Volkssouveränität kollektivistisch bedrückten Individuums.

Nicht vulgäre Vermassung der Ansprüche auf dem Unterschichtsstandard sozialistisch-asozialer Sklavenhalterkulturen, sondern die Identitätserfahrung mit sich selbst, die totale Innovation von Erwartungen und Entfaltungsmöglichkeiten, die Freigabe aller seelischen Kräfte kulminieren sich zur Glückseligkeit über den Besitz des Lebens, das, von niemandem behindert, nur sich selbst gehorcht.

Joseph de Finance hat das, was hier gemeint ist, in der „Grundlegung der Ethik" vortrefflich so umschrieben: „Das Ideal gibt den Ausschlag. Das Dasein richtet sich von nun an auf das Ideal ein. Ein wahrhaft menschliches Leben ist im Dienste des Wertes, der an und durch sich selbst gibt, kraftvoll geeintes Leben. Dem, der sich einnehmen ließ von der Macht des Wertes und sich angewöhnt hat, alles an dessen Maßstab zu messen, erscheinen die kleinen Eigennützlichkeiten, die kleinen Glückserfüllungen, die kleinen Sorgen der Menschen gewiß nicht unverständlich, denn er erinnert sich daran, daß auch er Mensch ist, aber nebensächlich, neben der Frage, der einzig wahren Frage. Zwischen dem in die Jagd nach seinem eigenen Glück eingeschlossenen Menschen und dem, der sich zur klaren Wahrnehmung des sittlichen Wertes und seines Ideals erhebt, besteht derselbe Unterschied wie zwischen dem von einer Laune zur anderen taumelnden Kind und dem Erwachsenen, der „Steuermann seiner Seele" ist. Nur der mächtige Einfluß des Ideals führt zur vollen Vernünftigkeit; er allein vollendet die Menschwerdung des Menschen, die Heraufkunft des homo sapiens". (8)

Ein klarer Satz, eine klare Entscheidung. Dieser Zustand des Wissens und der Reife heißt, politische Kultur haben, bedeutet, zu verkörpern, was ein freier Mensch sein kann!

Der Besitz der politischen Mündigkeit ist die höchste erreichbare Seinsverwirklichung des Menschen unter den politischen Bedingungen der Gegenwart. Vernunftpflichtig sich-selbst-sein-dürfen, heißt, sich in die Schöpfung Gottes reintegriert zu haben. Wer nicht Gott sagen will, soll sich denken, was er mag, wenn er nur die Restabilisation der Friedfertigkeit des Menschen begreift und ihr aus *Selbstinteresse* zustimmen kann.

Die ungeschmälerte Freiheit des Menschen belegt auf der Intensitätsskala egoistischer Antriebe den allerhöchsten, durch keine anderen Interessen überbietbaren Rang. Würde und Freiheit sind des Menschen Quintessenz. Nichts zählt mehr, weil alles gelingen wird und sich von selbst überreichlich einstellt, wenn Würde und Freiheit unverletzt bleiben, und alles verdirbt, wenn Würdelosigkeit die Umgangsformen verdorben hat.

Mag der Mensch, religiös gesehen, als Kind Gottes frei sein wollen oder sich als ein gottloses zufälliges Evolutionsgeschöpf einer zufälligen Natur verstehen oder nur ein gefahrwitterungsinstinkt-verschüttetes menschliches Wesen, das zur Vernunft fähig sein kann - Ursache und Zweck seiner Natur bleibt immer die Verfügungsgewalt über sich selbst in Freiheit und nie seine Gefangenschaft. Weil Unvernunft, also der Nichtgebrauch der Vernunft, den Menschen unweigerlich zur Unfreiheit und zum Leid treibt, sollte der vitale moderne Mensch nichts anderes mehr wollen, als vernünftig, also frei zu sein.

Dazu gehört unbedingt, sich von niemandem diktieren zu lassen, was individuelle Glückseligkeit, Gerechtigkeit und Freiheit sind. Der „gute Wille" steht in absoluter Entscheidungsfreiheit, so und nicht anders über sich bestimmen zu wollen.

Die Klarheit der Seinsbestimmung des Menschen befähigt zur Selbstverantwortung. Nur die politische Mündigkeit aller läßt auf den Umschlag in eine neue Qualität zwischenmenschlicher Beziehungen hoffen. *Der Mensch, der weiß, was er will und wohin er geht, verständigt sich mit jedem, der will, was er weiß. Die Wege der Vollendeten durchkreuzen sich nie!*

Vernunft ist zeitlos, und zeitlos gleicht in der inhaltlichen Bestimmung dem, was Vernunft ist.

Derjenige Mensch, der frei bleiben durfte und freien Zugriff zur eigenen Vernunft bewahren konnte, der nicht als Folgen seiner vernünftigen Handlung fürchten muß, verfolgt oder bestraft zu werden, hat sich in seinem Anspruchsverhalten gegenüber Mitmenschen nie geändert. Er ist seit ewigen Zeiten, unabhängig vom Stand seiner technischen Hilfsmittel zur Befriedigung seiner Bedürfnisse, der gleiche friedenstiftende, gerechte, zuverlässige und vertrauenswürdige, ruhige, aber stolze Mensch geblieben.

Das sittliche Gesetz oder auch die „moralische Kraft", Leid gegenüber jedermann auszuschließen, nicht zur Leidursache eines anderen zu werden - und darunter ist alles zu verstehen, was Erwachsene gegen den

Willen anderer Erwachsener sich gegenseitig antun -, wirkt und waltet aus sich selbst, ist nicht abhängig vom gesellschaftlichen Stand, von einer Herrschaftsform oder Technik.

Wenn Vernunftfähigkeit ein verläßliches Verhaltensregulativ des Menschen ist, dann ist jedes Verhaltensregulativ, das auf Vernunftwidrigkeit gründet, unverläßlich, unverläßlich dadurch, daß es sich nicht in einer stets wiederkehrenden Vernunft wiederfindet. Was aber nicht verläßlich ist, kann auch nicht verbindlich sein. Die Unverbindlichkeit eines unverläßlichen, austauschbaren Verhaltenszwanges ist mit Gewißheit im voraus, vor Eintritt des Leides, auszumachen. Mit Sicherheit ist zu erkennen, daß die Ausdehnung eines für rechtens befundenen vernunftwidrigen, leidsetzenden Zwanges durch negative Staatsgewalt unsittlich ist. Daraus folgt, daß, gegen nachteilerzwingende Staatsgewalt Widerstand zu leisten, mehr ist als ein Gebot. Es ist Pflicht des Freien, nur das zu tun, was vernünftigerweise getan werden muß, nämlich das Unvernünftige zu unterlassen.

Vernunft betrachtet den Stellenwert des Menschen nicht aus der zufälligen soziokulturellen Perspektive einer zufälligen Herrschaft, sondern aus der planetarischen Distanz der Schöpfung selbst. Unsere Welt, mag sie einen Herrn haben oder Zufall heißen, bedarf eines konstruierten Beweises ihres Ursprungs *nicht*. Was nützte ein Beweis, der aus der Vernunft flösse und in der Vernunft endete, ohne erklären zu können, warum, wodurch und aus welchem Anlaß der Mensch zur Vernunft fähig geworden ist und mit jeder Verfälschung seiner natürlichen Lebensbedingungen, im Irrtum erstickend, die Vernunft immer wieder verzweifelnd begehrt.

Nur Vernunft entwickelt die Verfremdungsdistanz und die notwendige Manipulationsimmunität gegen rund 155 verschiedene Verfahren staatsbeliebiger Unterwerfungspressionen der sogenannten Völkerrechtsgemeinschaft, innerhalb derer ein Sechstel der Erde bereits von notorischen Sklavenhaltern repräsentiert wird und nicht wenige Sympathisanten des Systems „Ivans des Schrecklichen", dessen „Reich aus Blut und Tränen" relativen Eliten stabile Herrschaftsverhältnisse auch in der Gegenwart verspricht, wetteifern, „Ivans Sozialismus des Schreckens" politisch nachzuempfinden.

Wie die Vernunft zeitlos ist, so sind auch die Methoden der Vernunftverweigerung im Prinzip gleich und zeitlos geblieben. Der Unterschied ist heute nur der, daß seit dem Wechsel der Tyrannen seit Beginn der Geschichtsschreibung - wobei in den Erholungsphasen der Vernunftpflichtigkeit Menschenrechte entdeckt und zur politischen Kraft aktiviert werden konnten - die Tyrannenmacht nie so total organisierbar war wie unter der modernen weltfreiheitsbedrohenden sowjetischen Sklavenhaltergesellschaft.

Leo Sievers beschreibt in seiner ,,Stern''-Serie 1980 die Despotie Ivans des Schrecklichen, aus der 1480, also vor genau 500 Jahren, die Richtlinien der Politik für die Kreml-Gruft entstanden sind, grausig makaber aktuell:

,,Zur Verwaltung der Macht und zu ihrer Erhaltung schuf Ivan eine Funktionshierarchie, in der jeder die einen treten konnte und sich von den anderen treten lassen mußte, nach einer komplizierten Rangordnung, zu deren Überwachung Ivan ein besonderes Ministerium einsetzte. Ganz oben in der Hackordnung stand der Zar. Alle Menschen waren seine Sklaven. Ganz unten vegetierten die Millionen Leibeigenen, die Bootsschlepper und Lastenträger, die Ackersklaven, die Entrechteten und Erniedrigten, denen die Gesellschaftsordnung nur zwei Möglichkeiten ließ: Schnaps trinken und in die Kirche zu gehen. Da wurde ihnen dann vor goldenen Ikonen mit goldenen Worten erklärt, daß dieses alles gottgegeben sei, damit die Wonnen des Jenseits nachher um so herrlicher seien''. (9)

Unter den Zaren von Stalin bis Brechniew hat sich im Rußland des Archipal GULAG bis auf die Rechtfertigungsmittel der Machtsicherung nichts geändert, nur daß anstelle von Ikonen goldene Parteistatuten angebetet werden. Der heutige Afghanistanismus ist nur die hundertfache Neuauflage des früheren Nowgorodismus, immer aber waren die Kreml-Grüftler Genies ,,im Erfinden moralischer Legitimationen'' (10), um wehrlose und friedfertige Völker zu unterwerfen.

Der Vernunftpflichtige des Kulturrealisationsbereichs weiß über diese historisch belegte Alternativlosigkeit im Umgang mit politisch etablierten Menschenrechtsverbrechern, kennt historische Prozesse und hat gelernt, menschenrechtssichernde Schlußfolgerungen notfalls gegen das Geschrei ahnungsloser oder bestochener Handlanger der Naturrechtsignoranten politisch auch durchzuhalten.

Er sucht keine Kompromisse mit dem Bösen, sondern zwingt das Böse zum Kompromiß, und zwar kontinuierlich bis zur Chancenlosigkeit der Vernunftwidrigkeit.

Vernunftpflichtigkeit verpflichtet zur Unteilbarkeit der erkannten Wahrheit

Alle politische Erkenntnis bestätigt, daß die Freiheit des Menschen eine Wahrheit ist, weil in der Substanz des Menschen ohne sie nichts gerät, jedoch jeder leidet, wo sie bedroht ist. Diese „Wahrheit ist kein Mehr und kein Weniger, sie besteht im Unteilbaren" (11).

Das Natur-Mensch-Verhältnis ist deckungsgleich, wenn die Freiheit der Natur mit der Freiheit des Menschen übereinstimmt.

Daß zur Freiheit die Unantastbarkeit der Individualsouveränität dazugehört, kann nicht falsch sein. Alle Ideen- und Herrschaftssysteme sind bisher noch immer am aufbrechenden Freiheitswillen zerbrochen. Sie werden auch heute ungeachtet des massiven Widerstandes der sozialistischen Tyrannei, die zum erstenmal in der Weltgeschichte den Freiheitsanspruch der ganzen Welt gegen sich aufbringen wird, zerbrochen werden.

Diese verläßliche Wahrheit ist nicht mehr aus der Welt zu lügen, und sie wird unwiderstehlich den Rechtsstaat aus der Idee der Freiheit der Glückseligen begründen. Über die erkannten Wahrheiten soll hier nicht hinausgegangen werden. Nur das, was gewiß ist, soll ohne Abstriche und Zauderei auch gewiß bleiben.

Denn selbst Nicolaus Cusanus, dessen Ringen um die Wahrheit über die Ursache der Welt und des Seins zugleich sein Leben war, hat nie gewagt, die genaue Wahrheit jenseits der hier als erkannt vorausgesetzten für sich in Anspruch zu nehmen, noch gewagt, sie endgültig zu begreifen. „Die genaue Wahrheit ist unbegreiflich", und das soll sie auch bleiben.

Aber jene politischen Schnellkursjünglinge in Weltanschauung, die ihre Revolutionen haben wollen, die es wagen, urteilsfähige Menschen, die ihr *eigenes* Leben leben wollen, an der Vernunftpflichtigkeit zu hindern und sie sogar im trunkenen Machtrausch Fanatisierter mit dem Tode zu bedrohen, sollen nunmehr wissen, daß es schwerer wird, die Vernunftfähigen einzuschüchtern und die Klügeren zu überreden, revolutionstrunkenen Idioten nachzugeben.

Seit G.B. Shaw weiß man, daß „Revolutionen noch niemals das Joch der Tyrannei abgeschüttelt haben; sie haben es bloß auf andere Schultern gewälzt". (12)

Wenn schon die genaue Wahrheit einem Denker wie Cusanus unbegreiflich erscheint - und wer weiß nicht, daß alles Wissen die Unwissenheit (ignorantia) nicht ausschließt, also unser Wissen immer wieder Stückwerk bleibt - dann gibt es auch kein Gemeinwohlerzwingungsrecht durch die öffentliche Gewalt, dann gibt es auch keinen wissenschaftlichen vernunftverbietenden Ideologismus, auch wenn das Schul-, Meinungs-, Kunst-, Wissenschafts- und Herrschaftsmonopol des Großtyrannen das Gegenteil behauptet. Jeder ist seines Glückes selber Schmied, sagten die Alten, und so sollte es auch bleiben! Es ist immer besser, sich sein eigenes Glück zu zimmern, als es sich durch andere verunstalten zu lassen!

*

Kapitel XVIII

Qualifikationsbestimmungen der Egoquanten der oberen Intensität

Milieu-Gestaltung aus eigenem Willen

Die Intensitätsreihe egoistischer Antriebe ordnet die Entwicklung des Menschen aufstufend aus der „tierischen" Abhängigkeit zur „geistigen Abhängigkeit" (1). Die „tierische" Abhängigkeit als bedingungsloser Überlebenswille wird nicht als Schuldvorwurf gegen den denkbeschwerten Menschen gedeutet, sondern erhellt die Schwierigkeit, zu begreifen, daß der Mensch kein Tier ist, aber Herrschaft, wo sie vermochte, ihn immer daran gehindert hat, Mensch zu bleiben.

Der Mensch, der Herr über seine körperlichen Bedürfnisse und seine gegenständlichen Anspruchserwartungen geworden ist, wächst, wie Kardinal Franz König einmal sagte, aus der tierischen Dimension heraus und in die menschliche Dimension hinein. (2)

Aber was ist das, was ihn zum Menschen erhebt, ihn einmalig macht, jeden einzelnen universalisiert und ihm das Recht der Nutzung der ganzen Erde verbrieft, ihn unantastbar macht und niemandes Willen hörig?

Ist es die Freiheit der Gestaltung der Lebensbedingungen aus eigenem Willen, ist es die in der Natur fehlende Verfügungsgewalt des einen über den anderen oder die vernunftfähige Urteilskraft, gemeinsam das eine und das eine gemeinsam, nämlich die Freiheit eines jeglichen in jedem Falle, ausnahmslos zu wollen? Sind es die materiellen oder immateriellen Dimensionen, die den Tatwillen bewegen, oder ist der Mensch doch nur die Sache eines Herrn, der Untertan eines Tyrannen, das manipulative Objekt relativer Eliten oder der Denkschablonenfresser ideologischer Albernheiten oder religiöser Skurrilitäten?

Gehört der Mensch sich selbst oder einem anderen? Darf er sich selbst verwirklichen oder verwirklicht ihn das Planungsbüro beliebiger Staatsgewalt? Mit einem Wort, ist er selbständig oder ist er die melkende Kuh, die geschlachtet wird, wenn sie unrentierlich sich an der eigenen Milch einmal erquicken möchte, bzw. wird er in den Schuldturm geworfen, wenn die Steuerlust nachläßt?

Es ist an der Zeit, endlich den Stellenwert des Menschen im Ausgang des 20. Jahrhunderts neu zu bestimmen und alle antiquierten Gewalttheorien über seine Verfügbarkeit durch Herrschaft zu zertreten. Die großen und kleinen Möchte-Gern-Tyrannen sind bedingungslos zu entmachten, wenn sie sich weigern, die Menschenrechte zu begreifen.

Anerkennen werden sie das Prinzip der Menschenwürde, die höher steht als jedes staatliche Interesse, nie. Sie sind daher aus der Gemeinschaft der freien und vernunftfähigen Menschen zu entlassen. Der Entrechtete muß aus der Reproduktion seiner Entrechtung heraustreten und sein Milieu wieder selbst bestimmen können, so wie es die Natur des ursprünglich Freien gewollt hat.

Der Mensch hat Interessen, die nicht immerwährend unterdrückt werden können. Er muß, wenn schon die zivilisatorischen und technischen Bedingungen sich in Zukunft nach den Rohstoffen richten werden, lernen, sich auf neue ursprüngliche Lebensverhältnisse einzurichten.

Er wird jeden Mangel ertragen können, wenn niemand sich erdreistet, ihm das wenige, das er sich systematisch erworben und zusammengetragen hat, zu nehmen, Damit aber niemand sich dazu erdreisten kann, muß die Gewalt über Menschen beseitigt sein, damit ein jeder wieder aus eigener Kraft überleben kann. Er wird kraft seiner innovatorischen Begabung überleben, wenn niemand ihn daran hindert, die bürgerliche soziale Autarkie zu erstreben. Nur durch die öffentliche Verschwendung des hoheitlichen Gewerbes werden die Völker ruiniert, nicht durch die sparsame Haushaltsführung des bewahrenden Mittelstandes eines jeglichen. *Jeder hat das Recht der Lebens- und Milieugestaltung nach dem eigenen Willen und die Fähigkeit, seine Egoquanten bis zur Vernunftpflichtigkeit zu qualifizieren, und zwar ausnahmslos, wenn er seiner Sinne mächtig ist.*

Vernunftpflichtigkeit des Nichtgenormten

Das Bedürfnis nach der vernunftpflichtigen Immaterialität egoistischer Antriebe ist ein höherer Lebensgenuß, der sich kontinuierlich nach der Kontrollfähigkeit über sich selbst und durch die erworbene Fähigkeit zur Selbststeuerung einstellt.

Dem politisch Mündigen der oberen Intensität der Egoquanten ist das vernunftverweigernde chaotische Begehrungsvermögen der relativen Eliten mit entsetzlicher Klarheit transparent. Er macht sich über den Zustand der unter einem Staatsrechtschaos zertrümmerten Welt im Jahre 1981 keine Illusion.

Er kalkuliert die grausigen und heimtückischen existenzbedrohenden Repressionsenergien der Unterwerfungsapparaturen nüchtern, und trotzdem vermag er den Widerstand gegen den Unterwerfungswillen der Staatsgewalt im Rahmen systemimmanenter Toleranzen nicht zu unterlassen. Der faszinierende Unabhängigkeitswille des polnischen Volkes, die Sowjetfesseln, die ihnen Diener fremder Herren aufgeschwatzt haben, wieder loszuwerden, ist nur *ein* Trompetenstoß der neuen Freiheit, dem Tausende noch folgen werden.

Zur oberen Intensität egoistischer Antriebe gehört unverzichtbar der Gerechtigkeitswille und die Bereitschaft, den höchsten Anspruch der menschlichen Gemeinschaft, Verantwortung für den gedemütigten Mitmenschen tragen zu wollen, zu erfüllen. Diese Handlungen des politisch Mündigen entziehen sich selbstverständlich den Normvorstellungen des deformierten Zeitgeistes. Die seelische Kraft des Nichtgenormten, vom Genormten häufig als verrückt genormt, bringt unbeschadet nur auf, wer die immaterielle Dimensionierung der Egoquanten gelernt hat.

Es gehört zur eigenwilligen Milieugestaltung, sich der vorgegebenen Milieubestimmung zu widersetzen und die Freiheit durch vernunftpflichtigen Nonkonformismus zu bezeugen. Wer der unterwerfungseingewöhnenden Anpassung nicht zu widerstehen vermag, hat sich das traurige Zeugnis seiner Selbstentwürdigung selbst geschrieben und den Zustand seiner eingetretenen Rückgratkrümmung selbst verursacht.

Sozialisation und Anpassungsgewohnheit bezeugen desensibilisierte Vernunftschwäche. Die Bereitschaft, die universelle Gerechtigkeit aus Bequemlichkeit zu verraten, ist die Sozialisation in die Unmenschlichkeit. Das ist so, und so soll es hier geschrieben stehen!

Wandel des Stellenwertes der sozialen Autarkie

Wenn der Stellenwert der sozialen Autarkie auf der mittleren Intensität der Egoquanten eine im Regelfall noch notwendige Voraussetzung der Fortsetzung der Qualifizierung der Egoquanten ist, dann verändern sich auf der oberen Intensität die Prioritäten der Interessen erheblich.

Seitdem die Autarkie geschlossener Hauswirtschaftsverhältnisse freier Menschen durch die arbeitsteilige, auf gegenseitige Abhängigkeit gegründete Industriegesellschaft verdrängt und schließlich fast ganz aufgehoben wurde, ist nach einer bürgerlichen Prosperitätsphase und Mittelstandssaturierung die Zertrümmerung der beginnenden bürgerlichen sozialen Autarkie eines jeglichen planmäßig betrieben worden. Die materielle Abhängigkeit und immaterielle Unfreiheit ist als allgemeine Verfügungsgewalt des Menschen über Menschen in allen demopathologischen wie tyrannischen Herrschaftssystemen eingekehrt und hat sich bis heute durch den destruktiven, ,,wissenschaftlichen'' sozialistischen Ideologismus immer mehr wie selbstverständlich für junge, politisch ahnungslos gehaltene Menschen, die geschichtslos erzogen wurden, ausgebreitet.

Keine etablierte Partei hat die Chance bisher gesehen, mittels der materiellen Unabhängigkeit jeder einzelnen Familie die obrigkeitlichen Freiheitsbeschneidungen abzuwehren und sich der Auslieferung der Arbeitskraft an die Finanzämter der Unterwerfungseliten bis zur absoluten Wehrlosigkeit politisch zu widersetzen.

Der antagonistische Gegensatz zwischen Herrschaft und Beherrschten

Die Freiheit als weltweites Potential aller schrumpft proportional zur Ausdehnung der Abhängigkeit aller, und die Freiheit wächst proportional mit der Wiederherstellung der materiellen Unabhängigkeit eines jeglichen.

Weil der Interessenkonflikt zwischen Herrschaft und Beherrschten ein unüberwindbarer ist, kann er durch keinen Kompromiß gelöst werden. Es wird auf Dauer rigoros entschieden werden müssen, entweder Freiheit oder Herrschaft, totale Gewaltunterworfenheit oder unbeschränkte Selbstverwirklichung politisch Mündiger, die wieder ein Recht haben auf individuelle Milieugestaltung.

Dieser Gegensatz ist absolut und antagonistisch, unversöhnlich und bedingungslos. Die Unwissenheit des Volkes ist der Sieg der obrigkeitlichen Gewalt über das Volk, die politische Mündigkeit des Volkes ist der Sieg der Individualsouveränität über die Gewalt der Staats- und Planungsbürokratie.

Weil die soziale Autarkie als treibende Kraft zur Freiheit im Herrschaftsbereich des Großtyrannen durch Verstaatlichung und Besitzverbot, durch Entzug aller unabhängigkeitsstabilisierenden Möglichkeiten seit der *,,Oktoberrevolution der absoluten Entfreiheitlichung des Proletariats''*
ausgeschlossen worden ist, obliegt es den letzten freien Menschen in der religiösen und nicht-sozialistischen Welt, den Universalismus der Freiheit für das nächste Jahrtausend vorzubereiten und für alle Zeit durch die Abschaffung der Naturrechtsignoranz aller relativen Herrschaftseliten den Grundwiderspruch zwischen Herrschaft und Beherrschten aufzuheben.

Der Vernunftpflichtige auf der oberen Intensität aller Egoquanten fühlt sich nicht nur aufgefordert, er ist auch befähigt, den Universalismus der Freiheit zu vollziehen. Sein Realitätssinn ist so weit geschärft, seine Kenntnis über die Antriebe und Überlebensinstinkte der Gewaltunterworfenen durch eigene Erfahrungen so weit abgesichert, daß seine politische Deformationsimmunität dafür bürgt, auch den Großtyrannen zur Wiederherstellung der Naturrechte zu verpflichten.

Die Deformationsimmunität der Vernunftpflichtigen

In der oberen Intensitätsreihe egoistischer Antriebe werden die materiellen Egoismen des körperlichen und gegenständlichen Aspekts nicht etwa vernachlässigt oder gescheut. Nichts von dem ist notwendige Bedingung zur Aufschließung und Priorisierung immaterieller Bedürfnisse.

Allein die Zuordnung der selbstbestimmten Entscheidungen hält sich an Bedingungen, die menschenrechtsdeformative Einlassungen zunehmend ausschließen. Augenblickliche körperliche oder gegenständliche Vorteilserwartungen zu Lasten höherwertiger immaterieller, also kultivierender Bedürfnisbefriedigungen können nicht mehr gedacht werden. Ihr Zugang in die Dispositionskräfte der immateriellen Ich-Verwirklichung bleibt aus Totalem Egoismus zur höchsten Lebensqualität verschlossen.

Der Totale Egoismus auf Freiheit und Unabhängigkeit wird immer wieder reaktiviert durch die vollzogene soziale Autarkie. Er setzt sich über die Profanisierung der Interessen, über das Banalitätsbegehren der Ahnungslosen hinweg und vermag durch den freien Willen, durch Schwerpunktfixierung der immateriellen Interessen, sich *treu* zu bleiben.

Der immaterielle Egoismus erreicht eine Dimension, die materielle Fixierung restlos zu überwinden vermag. Er befriedigt nur noch die Selbstwertsteigerung durch die Unbestechlichkeit des guten Willens und der moralischen Antriebe.

Es gibt Religionen, die die Selbstwertsteigerung als „freie Entschließung" begreifen, deren Gläubige den Arahá als das Wesen auf der vierten und höchsten Stufe der Heiligkeit, dem sich das Nirwana öffnet, anbeten und sich selbst zum Arahá qualifizieren.

Der Totale Egoismus des Vernunftpflichtigen hat mit dem Buddhismus den Willen gemeinsam, das Rechte zu tun und das Schlechte zu lassen. Wenn die Erlösung der Menschen von Angst und Gewalt den Göttern und den Heiligen bisher so schwer fiel und auch nicht zu gelingen scheint, wie der Euro-Atlantiker angesichts Ayatollahs Unbarmherzigkeit und der doppelten Moral seiner Mitläufer mit Erstaunen und Trauer zur Kenntnis nehmen muß, dann muß die Erlösung der Menschheit von dem Großtyrannen und seinen religiös wie ideologisch fanatisierten Apologeten durch die fortschreitende Vernunft des Menschengeschlechts eingeleitet wvrden.

Die Deformationsimmunität des Vernunftwilligen drängt in die Richtung des ,,Vollendeten'', des ,,Erwachten'', des ,,Weltüberwinders'', des ,,Welterleuchters'', wie es Großreligionen so oder ähnlich beschrieben haben und beschreiben. Die Verwandtschaft des Zieles ist offensichtlich, schließlich war der ,,edle Nazarener'', Christus, in den Augen der Buddhisten ein Arahá (3), und der vernunftpflichtige Abendländer muß sich daran erinnern, daß der Widerstand gegen ideologische Seeleningenieure und Menschenmacher nach staatsbeliebiger Zweckmäßigkeit nur philosophisch-idealistisch ausgefochten werden kann und nur siegreich abgeschlossen wird, wenn die Etablierung der Menschenrechte zu einer Angelegenheit aller Menschen guten Willens vorerst jenseits des Herrschaftsbereiches des Großtyrannen geworden ist.

Der philosophische Materialismus bietet der Menschheit nichts anderes an als seine Objektdegradierung, die Menschenverachtung und die Naturrechtsignoranz. Wie kann auf diese theoretische Armseligkeit eine weltweite Zukunft begründet werden? Das ist zu wenig und reicht nicht einmal auf Dauer für das Volk der Russen!

Dessen sollten sich alle bewußt werden, die sich in der freien Welt um Banalitäten streiten, derweil das philosophisch-materialistische Attentat der Kreml-Monster auf die Weltfreiheit vorbereitet wird.

Aufhebung der Unterwerfungsresignation ist intellektuelle Pflicht

Der Geläuterte in der oberen Intensität egoistischer Antriebe ist immun geworden gegenüber informativen Deformationsenergien, die nicht dadurch deformieren, daß das, was gesagt wird, eine Lüge wäre, sondern in der Zusammenstellung, wie was gesagt und was warum nicht gesagt worden ist, manipulativ wirkt.

Er ist gefestigt, selbstsicher und auf eine Weise von selbstbewußter Stärke, wie es das muskelkräftige Jüngelchen nach Abschluß seiner Lehre oder die geschlechtsreife junge Dame im Regelfall noch lange Jahre nicht verstehen werden.

Die in der unteren und mittleren Egoquantenzone noch oft aufgebrochene heimliche Sorge wegen der durch Herrschaft angedrohten persönlichen Konsequenz einer bewußten Lebensgestaltung, aber auch der bohrende Widerstandswille des beleidigten und in seiner Selbstdarstellung verletzten Menschen gegen die Dauerdeformation seiner Natur im „Ghetto der Angst", die noch ungeheure kaputtmachende Widersprüche und Verhaltensstörungen produzieren konnte, sind fast vergessen.

Die ehemalige Leidfixierung auf sich, die jedem „Nonkonformisten" widerfährt und die aus der Summe schlechter Erfahrungen oft zur verständlichen vorübergehenden Selbstverleugnung und zur entmutigten Selbstaufgabe verführt hat, wird nunmehr gewagt und mutig durchgehalten.

Wenn Entmutigung und Unterwerfungsresignation der Sinn der latenten Bedrohung des Nonkonformisten durch die deformierte Gesellschaft der Angepaßten sind, dann sind diese Strategien längst durchschaut und endlich wirkungslos geworden.

Wäre es nicht so, dann wäre die Prioritätsreihe egoistischer Antriebe schon im Mittelfeld abgeschlossen und eine weitere Qualifizierung der Egoquanten ausgeschlossen gewesen.

Die Immaterialisierung der Antriebe bedarf der Zeit, um zu reifen. In den meisten Fällen setzt das Interesse erst in der zweiten Lebenshälfte ein. Mit der Qualifizierung der Egoquanten wächst der Wille zum Widerstand gegen resignative Anfechtungen, der sich steigert bis zur Pflicht zur Überwindung jeglicher Unterwerfungsresignation. *Der immaterielle Egoismus wird total, er will sich als „Reiner Wille" unabdingbar.*

Pflicht des Vernunftfähigen zur bedrohungsabwendenden Konterenergie

Schien auf der unteren Intensität der Egoquanten infolge der verweigerten sozialen Autarkie und organisierter materieller Abhängigkeit auf der Ebene des Existenzminimus aller der Individualitätsverzicht, der Vernunftverzicht und der Kulturverzicht bis zur moralischen Deskelettierung das unausweichbare Schicksal des Gewaltunterworfenen zu sein, so veränderten sich die Rollenverhältnisse und Rollenerwartungen auf der mittleren Intensität für denjenigen, der die materielle Abhängigkeit überwinden konnte, erheblich.

Die Milieuapathie der unteren Intensität wich der kritischen Milieu-Reflexion auf der mittleren Intensität der Egoquanten. Gelegentliche Freiheitsansprüche aus der materiellen Unabhängigkeit und anonymitätsschützenden Masse, die den Vernunftwilligen vorübergehend zu umschließen vermochte, stabilisierten die Kulturahnung und das Begehren der Selbstachtung bis zur weiterreichenden Qualifizierung der Egoquanten nach Maßgabe der oberen Intensität.

In dieser Phase der Selbstverwirklichung und der Selbswertsteigerung profilieren sich die Lebenserfahrungen und vernunftpflichtigen Antriebe zu zielstrebigen Konsequenzen in der Sache und zu strategischen Variablen in der Methode. Die Pficht des Vernunftfähigen, jede nur mögliche Bedrohung der Rechtsgleichheit, sowohl der eigenen als der anderer, schon in den Anfängen durch intellektuelle Konterenergien abzuwehren, ist selbstverständliches Humanitätsprinzip des Freien und politisch Mündigen.

Das ,,Ghetto der Angst'', das den Menschen den existentiellen Vorteil der Widerstandslosigkeit lehrt, den Nachteil des Unabhängigkeitswillens zur leidvollen Erfahrung macht, das den Freiheitswillen in repressiven Herrschaftsverhältnissen als tödliche Bedrohung erkennen läßt, ist nunmehr aufgesprengt und von niemandem mehr zu restaurieren.

Alle restaurativen sozialistisch-faschistischen, kollektivistischen Unterwerfungs-, Entmündigungs-, Verarmungs- und Entindividualisierungsstrategien werden durch geduldige Aufklärung über den Unrechtsgehalt und die menschenverachtende Naturrechtsignoranz konterenergisch aus Vernunftpflichtigkeit und Freiheitssicherungspflicht politisch entladen.

Eine möglicherweise neuerliche Angstausbreitung reaktionären Sozialkollektivismus mit dem Ziel der parasitären Nutznießung am Ertrag anderer lähmt die Handlungsfreiheit des Vernunftfähigen und Freiheitsbewahrenden und die materielle Unabhängigkeit Sichernden *nicht mehr* und verwirrt auch nicht mehr den Anspruch auf die Unantastbarkeit der Individualsouveränität.

Die Rückkehr in eine ,,konventionelle Untadeligkeit'' geistig und materiell Abhängiger im theoretischen Überbau beliebiger Herrschaftssysteme, die Herrschaft auf den profanisierten Egoismus des einzelnen begründen, der sich durch Anpassung seinen jederzeit möglichen Bedrohungen entziehen muß, wird durch Wachsamkeit der vernunftpflichtigen Aufklärungsbereitschaft ausgeschlossen.

Dieser eigentlich unverschämte, entwürdigende Vorgang der physischen Selbsterhaltung der Massen unter den jeweils vorgezeichneten Überlebensbedingungen relativer Unterwerfungseliten, der im Zustand latenter Unfreiheit verzeihlich ist, weil noch nie listig Unterworfene für den repressiven Zustand beliebiger Herrschaftssysteme und ihre permanente Angstausbreitung verantwortlich waren - Angst des Menschen ist eine Naturgewalt der unmittelbaren Selbsterhaltung -, ist auf der oberen Intensität aller Egoquanten theoretisch nicht denkbar und praktisch keinem mehr zumutbar.

Auf dieser Entwicklungsebene gibt es nichts mehr, was den Willen des Menschen stärker bestimmen könnte als der Wille zur Freiheit. Selbsterhaltung ist kein Gegenstand des materiellen Interesses mehr, sondern der immateriellen Einsicht, daß es keine materielle Unabhängigkeit geben kann ohne das Verbot der Verfügungsgewalt über Menschen, mit anderen Worten: ohne den Schutz der Individualsouveränität durch die Unantastbarkeit der Freiheit, kurz, alles das, was des Menschen Würde auszeichnet.

Nur der Mensch hat Würde, entwürdigen muß er sich nie! Nicht müssen darf aber nur der Freie, der, materiell unabhängig, Eigner seiner selbst geblieben ist und daher fähig bleibt, Naturrechtsdeformationen durch Herrschaft abzuwenden. Ein Mensch, der tun muß, was andere gegen seinen Willen erzwingen können, was ist das für ein Mensch?

Der Besitz der politischen Kultur verpflichtet

Hat sich in der Zone 2 der dosierten Kulturahnung und des sich entwickelnden Kulturbegehrens und der wachsenden Kulturbedürftigkeit die Vermutung einer existierenden Individualsouveränität zur Gewißheit strukturiert, so ist es von entscheidender Bedeutung, daß auf der Zone 3 der Kulturfähigkeitsskala nach der bisher unkritischen allgemeinen Informationsaufnahme die soziokulturelle Determinanz und die eingefahrenen Umstände in ihren menschenrechtschmälernden Absichten klar erkannt werden als Voraussetzung für die Möglichkeit, sich von ihrer Verformungsabsicht der Eigentlichkeit des Seins genußvoll abzusetzen.

Erst an diesem Punkt fallen die Würfel zur Verwurzelung des Selbstwertgefühls, das nicht mehr durch profanmaterielle Attituden (immateriell unterentwickelt) und sozialprestigeträchtige Exaltiertheiten vorgetäuscht werden muß. Die Entscheidung zur Immaterialität wirkt durch sich selbst, weil sie auch ein körperliches Ereignis ist. Immaterielle Lebensgewohnheiten vermitteln politische, kulturprägende Substanz.

Die Manipulation der personalen Willensfreiheit zum beliebigen Konformismus scheitert an der Deformationsimmunität individualsouveräner Selbstentdeckung. Unterklassige Egoismusbefriedigungen können den Harmoniewillen im Oberfeld der Kulturfähigkeitsskala nicht mehr verletzen.

Die 3. Stufe der Kulturfähigkeitsskala ist die Stabilisierungsphase, ein Zustand, der die eigengesetzliche Intensität kultivierender Antriebe nicht mehr leugnen kann. Die auf der mittleren Ebene noch anzutreffenden Anzeichen einer Persönlichkeitsspaltung, die durch ein Doppelleben zwischen Arbeit und Familie, zwischen Unterwerfung außerhalb der familiären Schutzzone und kritischer Reflexion über die Verfremdung im Spannungsfeld zweier Lebensbereiphe die intellektuelle Harmonie mit sich selbst oft erschüttert, sind kontinuierlich verarbeitet und weitgehend überwunden.

Der Identitätsdrang, der Wunsch zur Übereinstimmung mit sich selbst und die erlebte Schwierigkeit, diesen seelisch-leiblichen Harmoniewillen unter den gesellschaftlichen Bedingungen vorgegebener Existenzsicherung durchzuhalten, hat in der Vergangenheit viel Leid verursacht. Nicht selten hat sich das Unbehagen gestaut und sich in intellektuellen Sackgassen verrannt. Ablenkungen wie Trinken, Drogengebrauch, Überbewertungen von Banalitäten, aber auch ungerechte Grobheit gegen Familienangehörige oder stille Verbitterung haben sich als vergebliche Alternativen erwiesen.

Aus dem Kulturbegehren der mittleren Egoquanten wurde bewiesen, daß sich hinter dem Willen zur Freiheit über sich selbst keine versponnene, unreife, eingeredete Exaltiertheit versteckt oder nur eine übermütige Verlockung, aus dem ,,Ghetto der Angst'' - dieser bürokratischen Tretmühle herrschaftsstabilisierender Entwürdigung - zu entfliehen, sondern die Verfestigung und Vergewisserung einer noch unbestimmten Ahnung der Existenz einer politischen Kultur stattfindet. Individuelle Seinsbestimmung und Selbstverwirklichung in Freiheit ist kein theoretischer Hokuspokus überzogener Selbstliebe, sondern die Voraussetzung eines sinnerfüllten und menschenwürdigen Lebens.

Die Behauptung, daß ein jeder unter repressionsfreien Bedingungen einer politischen kulturpflegenden Schulbildung dazu fähig werden kann, das kommende Staatsrecht aus der Idee der Freiheit, das nicht mehr fern ist, zu verstehen und auch zu wollen, ist keine gewagte Utopie. Der Mensch ist weder böse noch schlecht, sondern es sind die politischen Umstände und durch Herrschaft deformierten Wirtschafts- und Sozialverhältnisse, die dem Menschen angst und ihn schließlich auch feige machen, auf seiner Vernunftfähigkeit im Anblick angedrohter materieller und physischer Nachteile zu bestehen.

Unrechtssysteme haben sich immer nur auf der Furchtsamkeit der Friedfertigen etablieren lassen. Das sollten die Mittelständischen, die politisch nicht farblos in der Mitte stehen müssen, endlich begreifen, daß politischer Neutralismus nichts anderes ist als die opportunistische Feigheit Todgeweihter.

Wenn es aber gelingt, die ersten nachteiligen Erfahrungen aus dem Wunsch zum Reinen Willen und der öffentlich vorgetragenen Forderung, ein Leben ohne Selbstwertverlust zu führen, intellektuell zu verarbeiten und rational weiterzuentwickeln, dann wird aus der wehrlosen und begrifflich argumentationsschwachen Kulturahnung zunehmend ein klares, begrifflich präzises Kulturbegehren, das die politische Anmaßung des hoheitlichen Gewerbes und die Verfügungsgewalt über Menschen als freiheitsstrangulierende Verbrechen am Friedfertigen zu geißeln und abzuwehren vermag.

Da niemand sonst das Gewaltmonopol über Menschen beansprucht als der Staat relativer Eliten, ist das Staatsrecht solcher Unterwerfungseliten ein demagokratisches Staatsrecht verfremdeten Volkswillens. *Weil es der politischen Kultur und der Mündigkeit Freier diametral entgegengesetzt strukturiert ist, hat es das Recht auf die Fortsetzung der verschleierten Naturrechtsignoranz im Staatsgewande verwirkt.*

Totaler Egoismus ist die totale Reinheit der Antriebe

Der Egoismus jedes Menschen in Freiheit kann auf nichts anderes fixiert sein als auf die Sicherung seiner Freiheit. Jedes andere Interesse hat den Urzustand der Eigentlichkeit des Menschen bereits aufgehoben und den Menschen schon zum Opfer herrschaftsbeliebiger Interessen verfremdet.

Der Totale Egoismus impliziert die totale Reinheit seiner Antriebe. Die Ethik der Selbstverantwortung und die Fähigkeit, sich so zu verantworten, daß niemand dadurch Schaden nimmt, ist nicht nur das Höchste, das der Mensch vermag, es ist auch das Friedfertigste, das der zur zweidimensionierten Harmonie strebende Mensch vollbringt.

Der höchste und nur mit differenzierter Kraft zu sichernde und bewußt geplante antriebsdisziplinierte Totale Egoismus ist auch die höchste Form der Qualifizierung der Antriebe. Kraft ist nicht die Überlegenheit der körperlichen Gewalt, nicht die vernunftausschließende vitale Triebhaftigkeit; hier ist vielmehr Kraft als die Fähigkeit gemeint, die menschlichen Antriebe und Begehren durch die Vernunft zu zwingen, zu kanalisieren und zu steuern. Aus der Vernunft entspringt die Fähigkeit zum immateriellen, die kreatürlichen Bedürfnisse übersteigenden Egoismus, ohne jedoch die materiellen Seinssicherungspflichten zu vernachlässigen.

Existentieller, kreativ-intensiver, profan-materieller Egoismus einerseits und höchst-intensiver, abstrakt-immaterieller Totaler Egoismus andererseits sind zwei Grundformen des materiellen und immateriellen Eigennutzes, die zur Ausgewogenheit drängen, um die Harmonie von Körper und Geist zu sichern. Sie unterscheiden sich nur durch die Intensität ihrer Ansprüche und die Perspektive ihrer Zielplanung.

Der Mensch ist nach der hier systematisierten Egoismustheorie als Rechtsperson in jedem Falle gleichwertig und der Rechtsgleichheit verpflichtet. Als Kulturperson dagegen ist jedermann eine individuelle Besonderheit und für jene, die an Gott glauben, ein unvergleichlich ungleiches Göttliches Wesen. Die Gradualität kultureller Höherführung in einer durch Herrschaft verfremdeten Gesellschaft entspricht der Gradualität der genetisch prädisponierten egoistischen Vitalitätsreserven des Menschen; diese entscheiden über seine Kulturfähigkeit.

Wie ein vernachlässigter Hausgarten, fruchtbar, aber ungepflegt, erscheint oft der Denkapparat des Menschen: intelligent, aber in der Gedankenführung liederlich. Die Disziplinierung der Gedanken ist eine Kunst, die relative Eliten fürchten müssen. Sie ist daher aus gutem Grund absichtlich und systematisch schulisch vernachlässigt worden.

In der Pflege ihrer Fähigkeiten unterscheiden sich die Menschen, wozu sie ein originäres Recht haben.

Die natürliche Rangordnung partieller, intellektueller wie totaler Egoismen untersteht keiner vorgefaßten, *austauschbaren herrschaftsbeliebigen Rechtsnorm,* sondern untersteht der Prinzipientreue überstaatlicher Moralität und vorstaatlicher Naturrechtsgewißheit.

Es ist völlig gleichgültig, ob repressive Kulturen, Staaten oder Staatsanwälte im Dienste relativer Unterwerfungseliten das vorstaatlich existente Naturrecht heute schon anerkennen oder nicht. Die unzerbrechliche Gewißheit *des überstaatlichen Zweckes* des Menschen kann weder durch ein Klasseninteresse ahumaner Nomenklaturisten noch auf Dauer durch ideologisch verdunkelte Daseinsbestimmungen durch jene, die ihre „objektive Interessenlage" damit verbinden, erschüttert werden.

Warum wird nun dieser auf die obere Intensitätsstufe aller Egoismusquanten höhergeführte Egoismus Totaler Egoismus genannt? Aus drei Gründen:

1. Der Mensch soll sich zum Egoismus bekennen, und zwar ohne Vorbehalt, weil die Vernachlässigung seines Egoismus die Herrschaft anderer über ihn begründet.
2. Der Totale Egoismus versteht sich als der Superlativ aller Begehren, als die höchste und andauerndste Selbstwertsteigerung.
3. Der Totale Egoismus bestimmt die Qualifikation des Begehrens im Verhältnis zu allen nachrangigen, partiellen, punktuellen, minimalisierten, kleinkarierten, mikroproblematisierten Egoquanten. (4)

Es sind oft glückliche Umstände, die die politische Kultur der Individualsouveränität begünstigen, aber auch Ausdauer und Stetigkeit können den selbst gesetzten Weg zur Unabhängigkeit und Freiheit befördern. Wer die Wahrheit über sich selbst ,,erworben'' hat (5), wird nicht mehr wollen können, sie anderen zu verweigern.

Die Wahrheit aufzubereiten, überall, wo der Vernunftpflichtige es vermag, aktiviert die vernunftpflichtige Urteilskraft anderer, die zu sichern zugleich die politische Sicherung seiner selbst ist.

Die humanitätsproduzierende, gewonnene Vernunftpflichtigkeit des anderen ist die Garantie der eigenen Freiheit und der eigenen Selbstverwirklichung. Auf diesen Zugewinn einer immateriellen Lebensqualität unter keinen Umständen verzichten zu wollen, ist Totaler Egoismus, die höchste Intensität aller Egoquanten, die zugleich die größte Gefahr aller Unterwerfungseliten ist, weil sie den Zusammenbruch der Unterwerfungschance verbürgt.

Beendigung der Unterwerfungsgewohnheit

Politisch gesehen, wird Herrschaft durch den Totalen Egoismus der bisher Gewaltunterworfenen das Ausplünderungs- und Unterwerfungsopfer für immer verlieren. Der um seine ewige Objektdegradierung durch Herrschaft Wissende ist nur noch widerstrebend und nur aus hochdosierter Angst vor direkter existenz- oder lebensvernichtender Staatsgewalt zu beugen.

Die Bedingungen zur Fortsetzung der Selbstentrechtung des Vernunftfähigen haben sich verändert. Wohl kann der Vernunftpflichtige noch vergewaltigt und gedemütigt, mit Verwarnungen belästigt, zu Buß- und Ordnungsgeldern verurteilt und mit Freiheitsentzug bedroht werden, aber seine Hände werden kein Unrecht mehr tun wollen, und sein Wille wird sich der seelischen Korrumpierbarkeit zur Intervention in deformierten Gesellschaftsverhältnissen verweigern.

Er kann hochdekoriert und mit zusätzlichen Pfründen bedacht werden, die Anfechtung immaterieller Anspruchserwartungen wird scheitern. Sie werden ihn, unter der Voraussetzung einer unrechtbilligenden Loyalitätserwartung seitens der Herrschaft, wenn nicht empören, so doch zumindest gleichgültig finden. Der Lebenssinn des Denkenden und Erfahrenen ist ein anderer geworden, er ist herrschaftsfeindlich und unterwerfungsunwillig!

Er bleibt bis an die Grenze seiner physischen Bedrohung bestrebt, seine neu gewonnene Identität mit sich selbst, die seine Würde als Mensch gvworden ist, auch unter den würdelosesten Herrschaftsumständen zu bewahren. Der Vernunftpflichtige auf der oberen Qualifikationsebene der Egoquanten hat die Unterwerfungsgewohnheit endgültig abgelegt und den kritischen Prozeß dauernder Vergewisserungen eigener Urteilsfähigkeit abgeschlossen.

Nach dem Durchlauf der unteren und mittleren Intensität der Bedürfnisse setzt sich in der oberen Intensität ein neuer Bildungsschub zusammen, der jede Bewußtseinsspaltung aufhebt und alberne, systemimmanent vielleicht bedeutsame Profilneurosen ausschließt.

Umstellungen der Interessenschwerpunkte und neue Formen der Verinnerlichung auch der partnerschaftlichen Beziehungen treten auf. Die Seinshinterfragung hat den Stellenwert des Ichs aus der Deformationsstrategie der Herrschaft herausgehoben und zur Autonomie der Willensfreiheit verselbständigt.

Im Herrschaftsbereich des Großtyrannen ist diese Autonomie der Willensfreiheit in der politischen Gemeinschaft industrialisierter Lohnsklaven grundsätzlich bestritten und nur in den Konzentrationslagern manchmal stillschweigend geduldet; in den psychotherapeutischen Isolierstationen für Andersdenkende schon nicht mehr: dort wird der aufbegehrende Widerstandswille gegen Unterwerfung mit den makabren Mitteln der Psychiatrie ausgetrieben, d.h., durch seelischen Schmerz verbreitende Prozesse biologischer Deskelettierung der Probanden das Unterwerfungsritual erzwungen.

Es ist erwiesen, daß in den Verbannungsgebieten in den Weiten Sibiriens oder politischen Konzentrationslagern trotz erbärmlichster Überlebensbedingungen Vernunftwillige oft zu großartigen Menschen heranreifen (Solschenizyn in Vertretung für Millionen Ungenannte). Unter Bedingungen also, in die jene herrschaftsdirigistischen Normzwänge nicht hineinreichen bzw. wo sie erfolglos bleiben, ist die Immaterialisierung der Egoquanten immer möglich.

Die genetische Unverträglichkeit der politischen Unterwerfung

Die Reinheit der Antriebe des Totalen Egoismus kann nicht anders, als die Unterwerfungsgewohnheit zu beenden. Die herrschaftsspezifische Denkschablonenadaption wird körperlich unerträglich und wird aus dem neu gewonnenen Selbstwertgefühl nicht mehr hingenommen.

Zum erstenmal gewinnt die Immaterialität der egoistischen Antriebe die Reinheit übersinnlicher Existenz von nahezu religiöser Weltabgewandtheit, obwohl sie als ratio essendi die Wirklichkeit selbst fest umschließt und gleichzeitig über die Wirklichkeit hinaus sich zur Eigentlichkeit des Seins hin durchgerungen hat.

Im Oberfeld der Intensitätsreihe egoistischer Antriebe wird der Persönlichkeitszusammenbruch nicht nur seltener und nur noch in Extremfällen (6) erzwungen werden können, er wird auch körperlich und geistig nicht mehr ertragen. Es gibt ungezählte Heilige und Märtyrer, die auch in Extremfällen ihr Selbstwertgefühl unzerstört und in unbestechlicher und eindrucksvoller Reinheit bewahrt haben.

Unabhängig davon, das darf der kritische Leser nicht übersehen, gibt es einen die Art erhaltenden biologischen Mechanismus des ,,egoistischen Gens'', der in erkennbarer Todesgefahr den kultivierten Totalen Egoismus, der eine denkerische Dimension des Kulturträgers ist, ,,überreden'' kann, das Bedürfnis nach der Erhaltung des Selbstwertgefühls als kulturellen Kulminationspunkt des Individuums gegen die Chance des nackten Überlebens aufzugeben und vorübergehend auszutauschen.

Diese Entpersonalisierung, die auch selbst als Persönlichkeitszusammenbruch erlebt wird, diese teuflische Entwürdigung des Geängstigten, der gezwungen wird, mit der Zahnbürste den Kerker zu fegen oder einem Mitgefangenen Unrecht anzutun, erfährt der Träger hochsensibilisierter Intellektualität besonders stark. Nicht selten treibt diese Unerträglichkeit der Entwürdigung des kulivierten Menschen den Unglücklichen zum Freitod.

Der noch im Unterfeld egoistischer Antriebe Operierende, dessen Skrupelschwelle denkerisch noch nicht ausreichend sensibilisiert ist, noch nicht die obere Intensitätsebene der Egoquanten erreicht hat, kommt in ähnlichen Extremfällen relativ leichter über diese moralischen Deskelettierungen hinweg.

Menschsein ist also eine Frage der Sensibilisierung der Egoquanten gegen den Ordnungsanspruch der Unterwerfungseliten.

An dieser Stelle wird dem ohnmächtigen Rechtschaffenen unter allen relativen Herrschaftseliten empfohlen, sich nicht durch befugte Henker im Namen einer Staatsgewalt abschlachten, foltern oder es sich unerträglich machen zu lassen.

Es ist dem Intelligenten aufgetragen, seine positiven Energien zu schützen und alles zu tun, das eigene Leben zu retten; die einzige Bedingung ist, das Leben eines anderen Betroffenen oder Unbetroffenen nicht zu gefährden und niemanden preiszugeben oder sich auf Kosten eines Unschuldigen loszukaufen. Das Widerstandsrecht soll hier nicht relativiert werden, aber die Gerechten müssen lernen, nicht in die Mündungsfeuer ihrer durch Herrschaft demoralisierten Brüder zu laufen. Sie schießen und säbeln nieder, weil auch sie im ,,Ghetto der Angst'' ihre ,,Pflicht'' erfüllen.

Inwiefern ,,evolutionär stabile Strategien'' (ESS) eigene, in der Stammesgeschichte dafür entwickelte Gene verantwortlich machen können, die Lebensrettung vor dem Selbstwert priorisieren (7), ist soziologisch ein Gegenstand der Forschung. Hier kann nur der Grund vermutet werden, warum unter unbeschwerten Bedingungen geläuterte und standfeste Persönlichkeiten mit höchstem Selbstwertgefühl spezifischen, relativ geringen Anfechtungsenergien nicht zu widerstehen vermögen und unbekannte und unauffällige Menschen zur großen Überraschung für die Umwelt unter extremsten Staatsfoltern in heldischer Selbstentsagung absolute Anfechtungsimmunität aufbringen. (Der Student Pallach nach der Okkupation der CSSR, Pastor Brösewitz in der DDR und die Millionen Unbekannten in allen Konzentrationslagern des Großtyrannen.) Der situative Überlebenswille ist mit Sicherheit genetisch codiert, aber auch der Freitod des Aufrechten unter den Kulminationsphasen angewandter Repressivität der Ordnungsorgane relativer Herrschaftseliten.

Die genetische Unerträglichkeit jeder Unterwerfung nährt den Widerstandswillen bis an die Grenze der Selbstaufgabe und des Todeswillens.

Lever tot als Sklav, sagten die alten Friesen früher, als die politischen Verhältnisse noch rechtschaffen geregelt waren. Was ist von dieser Standfestigkeit redlicher Bauern in Westeuropa noch übriggeblieben?

Symbiose zwischen Vernunftpflichtigkeit und naturrechtsichernder Religiösität

Der Totale Egoismus will menschenwürdig leben, und wenn die politischen Verhältnisse entfreiheitlicht sind, dann darf der Mensch nicht wegen der Unerträglichkeit der politischen Verhältnisse sich selbst aufgeben, sondern er muß, in Solidarität mit allen Herrschaftsopfern und Gewaltunterworfenen, die politischen Verhältnisse in die Freiheit des Menschen zurückführen. Die obere Intensitätsreihe aller Egoquanten bietet keine andere Alternative als diese.

Es muß kritisch gefragt werden dürfen, ob das Selbstverständnis der Naturrechtsdominanz des Vernunftpflichtigen auf der oberen Intensitätsreihe der Egoquanten mit dem religiösen Verständnis des Christenmenschen übereinstimmt oder ihm widerspricht. Es muß gefragt werden, ob die Omnipotenz der Menschenrechte ein Allgemeingut aller freien und gläubigen Menschen in der Welt ist oder nur dem Abendländer, dem Euro-Atlantiker vorbehalten bleibt?

Es gibt sehr viele Übereinstimmungen im Grundsätzlichen mit allen Religionen, insbesondere, wie mir scheint - abgesehen vom Christentum, dem Begründer aller politischen Freiheiten, die wir heute kennen -, mit dem Nirwana- und Karma-Verständnis der edlen Buddhisten.

So heißt es im Buddhistischen Katechismus: (8)

> „Wir sind in jedem Augenblick unseres Daseins genau das, was wir selbst aus uns gemacht haben, und genießen und leiden stets nur das, was wir verdienen."

Darauf können sich Rationalisten verständigen, Vernunftpflichtige ohne Zögern einlassen. Auch dem kann man zustimmen:

> „Gleichwie im Physischen und Materiellen, so führt auch im Geistigen und Moralischen jede Ursache mit Notwendigkeit die ihr genau entsprechende Wirkung herbei. Diesem Naturgesetz vermag sich kein lebendiges Wesen zu entziehen (vergleiche das Gesetz von der quantitativen Unverlierbarkeit der geistigen Energie), selbst die höchsten Götter sind ihm unterworfen . . ."
>
> „. . . unser ganzes Sein und Wesen ist die Folge dessen, was wir gethan haben. Unsere Thaten haben es erzeugt, unsere Thaten ha-

ben ihm Gestalt gegeben. Wer aus bösem Willen spricht oder handelt, dem folgt Leiden, wie das Rad dem Fuße des Zugthieres. Wer aus gutem Willen spricht oder handelt, dem folgt Glückseligkeit, wie sein Schatten. (Dhammapadam)''.

Auch hier gibt es Übereinstimmungen, wenn auch der Handlungswille zur Abwehr des Unrechthandelnden in der oberen Intensitätsreihe der Egoquanten stärker, bewußter, aktivistischer ist, weil die Passivitätserfahrungen gegenüber gewalttätigen Herrschaftswillen in Europa besonders schreckliche waren; Katyn, Auschwitz und Archipal GULAG, 17. Juni, Ungarnaufstand, Mauerbau, Unterwerfung der CSSR, Völkermord in Afghanistan und tausend andere Staatsverbrechen geben dem moralischen Rigorismus eine möglicherweise letzte Chance, auf den Prinzipien einer freien Welt bestehen zu müssen.

Selbst im Koran gibt es Naturrechtsicherndes, das ausbaufähig ist. Goethe, der in der zweiten Sure den maßgeblichen Kern des Korans erblickt, äußert sich: ,,Genaue Vorschriften von Dingen, die erlaubt und verboten sind, legendarische Erzählungen von jüdischer und christlicher Religion, Erweiterungen aller Art, endlose Tautologien - (Wiederholungen gleichen Inhalts mit Ausdrücken gleicher Art) - bilden den Körper dieses geheiligten Buches, das uns, sooft wir uns ihm nähern, von neuem abstoßend ist, dann uns immer von neuem anzieht und mit Bewunderung erfüllt und uns endlich zur Verehrung zwingt.'' (9)

Dieser Verehrung sollte und wird sich der Vernunftgewöhnte, der sich selbst sein Gesetz zu geben gelernt hat, nicht verweigern und alles mit den Gläubigen gemeinsam unternehmen, um den Weltfeind der gerechten Menschheit, den sozialzyninistischen Großtyrannen daran zu hindern, konstruktive Religiösität und freiheitssichernde Vernunftpflichtigkeit weiterhin zu dezimieren und als gerechtigkeitssichernde Weltenergie auszurotten.

Der erste Blick auf die zweite Sure des Korans bestätigt wichtige Übereinstimmung mit allen Gläubigen dieser Welt und den Vernunftpflichtigen, deren Idee von der Heiligkeit und Einmaligkeit des Menschen schließlich als in der Immaterialität und Transzendenz angesiedelt verstanden wird, denn kein Vernunftpflichtiger kann sagen, wer der Schöpfer seiner Vernunft ist. Mit Sicherheit sind es weder Marx, Stalin, Lenin noch Hitler oder andere Wahnsinnige, die ihre mangelhaft erfahrene Mutterliebe durch besondere Grausamkeit gegen andere abzureagieren vermochten.

In der Zweiten Sure des Korans kann wohl ohne Bedenken folgenden Versen zugestimmt werden:

Vers 12 Spricht man zu ihnen: „Stiftet kein Unheil auf Erden!" so antworten sie: „Wir sind rechtschaffen (fördern den Frieden)!"

Vers 13 Doch in Wahrheit sind sie die unheilvollen Weltverderber und wollen es nicht wahrhaben.

Vers 14 Sagt man ihnen: „Glaubt doch, wie die anderen glauben!" dann erwidern sie: „Sollen wir denn gleich Toren glauben?" Doch sie selbst sind Toren - und wissen es nicht.

Hier ist zu beobachten, daß alle Gläubigen dieser Welt durch den großtyrannischen Weltverderber existentiell bedroht sind. Die Kreml-Monster wollen alle Menschen nach ihrem Bilde prägen. Welch ein Riesenentwurf der Langeweile!

Christlich Gläubige wie Vernunftpflichtige können auch den folgenden Versen des Korans zustimmen:

Vers 63 All denen - seien es Gläubige, Juden, Christen oder Sabäer - (Johanneschristen), wenn sie nur an Gott glauben, an den jüngsten Tag, und das Rechte tun, wird einst Lohn von ihrem Herrn, und weder Furcht noch Traurigkeit wird über sie kommen.

Vers 82 Deshalb, wer Böses tut und in Sünde verstrickt ist, wird im Höllenfeuer wohnen;

Vers 83 Wer aber glaubt, und das Gute übt, der kommt ins Paradies und weilt dort ewiglich.

Vers 144 . . . und Allah belohnt euren Glauben gerecht: Denn Allah ist den Menschen gnädig. Er ist barmherzig.

Vers 159 . . . wer aus eigenem Antrieb (über das Gebot) Gutes tut, dem wird großer Lohn von Allah, dem Belohnenden, dem Allwissenden, zuteil.

Vers 169 Menschen, genießt, was gut und erlaubt ist auf Erden und folgt nicht den Stapfen des Satans; er ist ja euer offener Feind

Vers 170 und befiehlt euch nur Böses und Schändliches, und Dinge von Allah zu sagen, die ihr nicht versteht.

Vers 178 . . . sondern jener ist gerecht . . . der Gefangene löst . . . der an geschlossenen Verträgen festhält . . .

Vers 182 Wer einen (mündlichen) letzten Willen hörte und ihn hiernach ändert (fälscht), der lädt Schuld auf sich; denn Allah hört alles und weiß alles.

Vers 189 Bringt euch nicht sündlich selbst um euer Vermögen, bestecht auch den Richter nicht damit . . .

Vers 218 . . .die Verführung (zum Götzendienst) ist schlimmer noch als Krieg (im heiligen Monat). Sie werden nicht eher ablassen, euch zu bekämpfen, bis es ihnen gelingt, euch vom Glauben abzubringen.

Vers 221 . . . wenn sie dich über ihr Verhalten zu den Waisen befragen, so sage ihnen: ,,Am besten ist für euch, sie zu fördern.'' In Fürsorge verwendet ihre Habe genau so gut wie die eurige . . .

Vers 224 . . . Die Weiber sind euer Acker, geht auf euren Acker, wie und wann ihr wollt . . .

Vers 230 . . . Es ist euch nicht erlaubt, etwas von dem zu behalten, was ihr dieser Frau zuvor geschenkt habt . . .

Vers 238 Vergeßt nicht gütliche Einsicht gegeneinander, denn Allah sieht alles, was ihr tut.

Vers 277 . . . Allah liebt die Gottlosen nicht . . .

Vers 280 . . . Tut niemand ein Unrecht an, dann wird euch kein Unrecht getan.

Vers 283 . . . doch nehmt Zeugen zu euren Geschäften; aber weder dem Schreiber noch dem Zeugen darf daraus Unbill entstehen.

Vers 284 . . .Verhehlt kein Zeugnis. Wer ein Zeugnis verheimlicht, der hat ein sündhaftes Herz, und Allah weiß, was er tut.

Und selbst dem letzten Vers 287 der Sure zwei kann zugestimmt werden:

> O Allah, bestrafe uns nicht, wenn wir ohne böse Absicht gefehlt haben . . . Verzeih uns, vergib uns, erbarme dich unser . . . Hilf uns gegen die Ungläubigen!

Es gibt viele Gemeinsamkeiten unter allen Gläubigen und Vernunftpflichtigen, insbesondere in der Vorstellung über die Existenz der Primärfreiheiten. Das ist kein Zufall, sondern Chance und Aufforderung zugleich, in der Globalstrategie zur Abwendung der sozialistischen Sklavenhaltergesellschaft gesetzlich verordneter Gottlosigkeit die Solidarität aller Gläubigen und Vernunftpflichtigen zu schmieden.

Eine Höherentwicklung des Menschen zum Individuum ist unter areligiösen, religionsfeindlichen Vormundschaftssystemen „weltlicher Gegenkirche", wie die 60-jährige Diktatur des Schreckens unter der roten Fahne bewiesen hat, unmöglich geworden.

Allein der Rechtsstaat aus der Idee der Freiheit, dessen Menschenbild nicht von Menschen so oder anders gemacht werden kann, wird die politische Gemeinschaft der Zukunft aller Menschen werden. Wenn die politische Symbiose der irrationalen *naturrechtsichernden* Religiösität (10) mit der rationalen *transzendenzaufgeschlossenen* Vernunftpflichtigkeit gelingt, dann wird der gemeinsame Wille zur Gerechtigkeit das intellektuelle Paradies auf Erden begründen.

Die Harmonie des Weltganzen ist dem rational Denkenden und dem gläubig Denkenden gemeinsam, eine andere Zukunftsbestimmung der Welt gibt es nicht mehr. Die Waffen sind zu gräßlich geworden, als daß politische Probleme durch sie noch gelöst werden könnten.

*

Kapitel XIX

Die ideologische Zugriffsgewalt über materielle und immaterielle Egoquanten

Der ethische Prozentualismus

Wenn ein methodisches Verfahren einer ethischen Prozentualisierung ,,grundlegende Sachverhalte'' moralisch zu gewichten vermag und ein „Gesamtverständnis der Welt'' (1) erleichtert, dann ist nicht einzusehen, warum auf dieses strukturierende Hilfsmittel zur qualitativen Bestimmung der politischen Ethik im allgemeinen und der individuellen Selbstwertanalyse im besonderen verzichtet werden soll.

Es ist jedem Menschen bekannt, daß es positive und negative Antriebe des Menschen jenseits aller willkürlichen positivrechtlichen Bestimmungen dessen, was Recht ist, gibt. Dieser arbeitshypothetische Konstruktivismus prozentualer Bestimmung menschlicher Verhaltensweisen orientiert sich an Wertvorstellungen, wie sie tendenziell von jedermann außerhalb repressiver Eingewöhnung herrschaftsstabilisierender Denkschablonen nachempfunden oder in rational denkender Konsequenz der Schlußfolgerungen bestätigt werden können.

Dieses zu einem ethischen Prozentualismus strukturierte Modell ist ein methodisches Verfahren zur didaktischen Analyse zustimmungsträchtiger oder ablehnungswürdiger Verhaltensmerkmale. *Die Person erfährt sich als Prozeß dauernder Veränderung und, unter günstigen Bedingungen, als ein dauernd qualitätssteigernder Wollender. Dieser Prozeß sollte meßbar gemacht werden.*

Zu- und Abnahme des ,,Selbstseins des Subjekts'' bestimmt den ethischen Prozentualismus

Die Didaktik der *kategorialen Bildung* spricht von der ,,vermittelnden Kategorie zwischen den Ansprüchen der objektiven Welt und dem Recht auf Selbstsein des Subjekts''(2). Person als Selbstzweck verleiht qualitative Egoismusquanten gegen den Anspruch der wirklichen Welt, die den Menschen als verfügbare Sache will, obwohl der Mensch sich selbst als Individuum begreift und nie als Sache eines anderen.

Die Zu- und Abnahme des ,,Selbstseins als Subjekt'' entscheidet über den ethischen Zustand einer Herrschaft. Gerechtigkeit ist immer nur in Verbindung mit dem Selbstseinverhältnis des Bürgers in der politischen Gemeinschaft ein Regulativ des Rechts.

Ein Mensch, der seine lebenslängliche Entwürdigung und parasitäre Dauerdeformation als Untertan oder politischer Bonze, als ideologisierter Zuträger, Spitzel unter Kreml-Monstern, auch Kundschafter des „Friedens" genannt, oder als gesellschaftlich und politisch „Verachteter" erfahren mußte, wird zur Identität mit sich selbst, zu seinem Selbstsein, infolge seiner schon längst vollzogenen „individuellen Entnabelung" unter systemimmanenten Bedingungen selten zurückfinden.

Nur eine bewußte, selbstvollzogene Entnabelung aus seiner soziokulturellen Determinanz, nur ein außergewöhnlicher Informations- und Willensschub, etwa durch Emigration oder Ausweisung, könnte zur Wiederherstellung der Individualsouveränität beitragen. Eine systemimmanente Entnabelung, etwa in der Art des Bürgerrechtlers Sacharow, ist von keinem normalen Menschen auf Dauer psychisch und physisch durchzuhalten und zu ertragen.

Die erschütternden Memoiren des russischen Komponisten Dimitry Schostakowitsch (3) über die Selbstwertvernichtung im Sozialismus haben über seine Unterwerfung und Dauerdeformation durch Herrschaft furchtbares Zeugnis der Menschenverachtung abgelegt. Unzählige bekannte und unbekannte Ausgewiesene aus den Herrschaftssystemen unterhalb der staatsrechtlichen Nullschwellen-Bestimmung, wie sie im „Archipel GULAG" oder in „Der erste Kreis der Hölle" von Solchenizyn beschrieben wurden, haben den Beweis erbracht, daß chaotische Volkssouveränität immer nur zur relativen Elitenherrschaft führt. Durch formale Abstimmung von politisch Entmündigten und Ahnungslosen kann Grausamkeit und Selbstentwürdigung unendlich mal perfekter und totaler legitimiert und organisiert werden als durch die frühere partielle Tyrannei eines Monarchen oder den *ordnungserhaltenden politischen Funktionalismus einer Militärregierung, die zwar politische Organe chaotischer Volkssouveränität vorübergehend entfunktionalisiert, nicht aber die Herrschaft über die Seelen der Menschen und die ideologische Dauerdeformation der Individuen verlangt.* Unterwerfungsrituale von Volksmassen in idelogiefreien Militärdiktaturen sind in der Geschichte der Neuzeit absolut unbekannt geblieben. Diese Tatsache wird von den relativen Eliten, die Souveränität über das Volk zu erschleichen trachten, blauäugig unterschlagen.

*

Die Nullschwellenbestimmung

Positive und negative Wertbestimmungen werden durch die jeweilige Zu- und Abnahme des „Selbstseins des Subjekts", wie Blankertz so treffend formuliert hat, bestimmt. Nicht die Zunahme wachsender materieller Dispositionsfreiheiten steigert die moralische Qualität der egoistischen Antriebe, sondern die Fähigkeit, die materielle Sicherheit umzusetzen in immaterielle Unverzichtbarkeiten. Insofern ist die egoistische Antriebsenergie oberhalb der hier graphisch dargestellten Nullschwellenbestimmung von Selbstseinsverhältnissen positiv, weil sie die Materialität der Ansprüche in der unteren Intensitätszone als Mittel zum Zweck der Freiheitssicherung auf der mittleren und oberen Intensität nicht ausschließt, vielmehr eher begünstigt.

Die egoistischen Ansprüche unterhalb der Nullschwellenbestimmung von Seinsverhältnissen müssen negativ bleiben, weil die erschwerte materielle Bedürfnisbefriedigung den Zweck des Menschen, seine Freiheit zu sichern, absolut ausschließt. Die Einkommens-, Macht- und Reputationsanhebungen unterhalb der Nullschwelle sind herrschaftseigene Pfründe, sie sind offizielle Anerkennungen für die Verweigerungen der Bürgerfreiheiten im Dienste der Staatsgewalt.

Die prozentualen Qualifikationstoleranzen des ethischen Prozentualismus beginnen auf der Nullschwelle, und zwar oberhalb in positiver Wertbestimmung und unterhalb in negativer Wertbestimmung.

Der Mensch ist in seinem *Naturzustand,* wenn die zwei Seinsweisen seiner materiellen und immateriellen Bedürfnisquanten gestillt sind. Er ist bedrängt, in seiner Eigentlichkeit bedroht, wenn er einen Teil seiner Doppelnatur verkümmern lassen muß oder wenn er durch Lebensverschlechterungsstrategien durch Herrschaft in seiner freien materiellen wie immateriellen Entfaltung gehindert wird.

Der Grenzwert einer positiven oder negativen Lebenschance wird durch eine Nullschwellenbestimmung dargestellt, die den Stellenwert des Menschen als Deformationsprodukt jeder Herrschaft graduell erfaßt.

Der Versuch, die Gradualitat unterer, mittlerer und oberer Egoismen graphisch transparent zu machen, soll nichts anderes wollen, als die dechiffrierten Egoismusquanten in ihren Tendenzen und Eigenschaften zu gewichten und einzuordnen, um in späteren systemsicheren Untersuchungen wissenschaftsrelevantere Ergebnisse herauszufiltern.

Nur oberhalb der Nullschwelle ist eine Qualifikationssteigerung der Egoquanten möglich, unterhalb der Nullschwelle schrumpfen alle Interessen je tiefer, desto deformierter auf profane Überlebensstrategien zusammen.

Die natürliche materielle Dominanz der Antriebe

Die natürlichen materiellen Bestimmungen der Antriebe sind, auch wenn sie als profane Egoismen leibsättigend und überlebenssichernd dominieren, keineswegs unmoralisch, sofern sie die Benachteiligung eines anderen ausschließen.

Die Bedürfniserwartung des Menschen ist körperlich wie unkörperlich zweidimensioniert. Der körperliche Überlebensantrieb ist im Regelfall vorherrschend, weil er die Bedingungen des Überlebens vor die Bedingungen seiner Individualität und des Rechts auf Selbstverwirklichung stellt. Die gesellschaftlichen Bedingungen sind gerecht, wenn der Entfaltungsraum zur Sicherung der profanen Interessen von niemandem erschwert, disproportioniert, gelenkt, verordnet, verplant oder politisch kanalisiert wird. Jede entgrenzte Staatsgewalt verhindert den Entfaltungsspielraum des Individuums, verweigert den ,,Seinsmodus'' der subjektiven Selbstverwirklichung. *Die Staatsgewalt ist entgrenzt, wenn die Umlaufgeschwindigkeit des Lohns für Arbeit auf den Leibsättigungskreislauf beschränkt wird, wenn die Von-der-Hand-in-den-Mund-Kontrolle der Ein- und Ausgaben zur Dominanz aller Lebensarbeit wird.*

Jede Gewalt über Menschen und Verfügungsbegierde über einen anderen beginnt mit der Einflußnahme auf die materielle Existenzsicherung anderer. Hörigkeitsverhältnisse in der Geschichte der Menschheit waren immer existentielle Abhängigkeitsverhältnisse, Freiheitsverhältnisse dagegen waren immer auf materielle Unabhängigkeit begründet. Es kann nunmehr zusammengefaßt werden, daß die Verfügungsgewalt über Menschen um so eher gelingt, je präziser die Überlebensbedingungen in den Händen anderer, sei es in der Gestalt von Bürokratien, Kollektiven oder Überstaaten, liegen.

Ideologien haben nur den Zweck der Verschleierung rigoroser Volksausplünderung, weil es nur der Ideologie gelingt, den Menschen in seiner Eigentlichkeit so zu verderben, daß er unfähig wird, aufgepfropfte Rechtsverhältnisse kritisch zu hinterfragen.

Die kriminelle Zugriffsgewalt jeder negativen Gewalt

Die Umlaufgeschwindigkeit des erwirtschafteten und verwirtschafteten Lohnes auf der Ebene des Existenzminimums bezeichnet präzise den Zustand der enteignenden und somit freiheitsvernichtenden negativen Staatsgewalt, die nie etwas anderes war als die Zugriffsgewalt auf das Eigentum der Entrechteten zur Verhinderung der materiellen Unabhängigkeit und Freiheit des Gleichberechtigten. Jede negative Gewalt, die privatrelevant als kriminelle Energie, sozialrelevant im Regelfall als sozialzynistische Staatsgewalt auftritt, ist eine Zugriffsgewalt zur materiellen Schwächung des Zugriffsopfers.

Herrschaft ist daher nie etwas anderes gewesen als die Verfügungsgewalt über die materiellen, Ideologie die Verfügungsgewalt über die immateriellen Egoquanten der Beherrschten.

Die dauernde Abwehr dieser menschenrechtsverweigernden Individualverfremdung ist der Jahrtausendkonflikt der Menschheit gegen den Unterwerfungswillen jeder Herrschaft.

Freiheit oder Sklaverei werden entschieden durch die Freigabe oder Verweigerung der materiellen und immateriellen Egoquanten eines Volkes. Besteht durch gemäßigte Herrschaft die Chance ihrer Freigabe, so quantifiziert sich das Begehren rasch zur Immaterialität der Ansprüche.

Daraus folgt, daß die Würde des Menschen auf der Nullschwellenbestimmung der Egoquanten beginnt und mit wachsender Freigabe der materiellen Bedürfnissicherung die Prinzipien der Unantastbarkeit der immateriellen Menschenwürde zunehmen, sich verselbständigen und schließlich zum Staatsrecht des Rechtsstaates aus der Idee der Freiheit kulminieren können. Unterhalb der Nullschwellenbestimmung gibt es weder ein anerkanntes Menschenrecht noch die Anerkennung einer Menschenwürde. Der Mensch war immer und ist noch immer Sache und nacktes Ausbeutungsobjekt der absoluten Zugriffsgewalt entgrenzter Staatsgewalt, gleichgültig, wer der vorgegebene „Souverän" ist.

Die immaterielle Ausdehnung der Lebensqualität ist unterhalb der Nullschwelle durch die politisch erzwungene Disproportionalität des Gleichgewichts der zwei Seinsweisen des Menschen ausgeschlossen. Der geistige Zustand der absoluten Zufriedenheit mit sich selbst kann im Funktionalismus, z.B. ideologischer Unterwerfungsapparaturen, nie mehr erreicht werden, wenigstens so lange nicht, wie die Zugriffsgewalt des Staates über das Existenzminimum aller absolut verfügt.

Die Zugriffsgewalt des Staates unterhalb der Nullschwellenbestimmung verfügt auch über die geistige Substanz der politisch Leibeigenen. Die verlorene Immaterialität menschlicher Bedürfnisse wird durch Ideologien, durch religiöse Phantastereien oder herrschaftsstabilisierende „Weltanschauungen" vernunftauswässernd scheinbefriedigt.

Übergang in die Minus-Eins-Zone

Ist in *oberhalb* der Nullschwelle rivalisierenden, aber das Naturrecht grundsätzlich nicht ausschließenden Staatsrechtstheorien gemäßigter Herrschaftseliten eine materielle und immaterielle Optimierung der Lebensqualität denkbar und für jedermann offen, so ist sie *unterhalb* der Nullschwelle grundsätzlich ausgeschlossen.

Die Umkehrung des freiheitsichernden Staatszweckes bürgerlicher Rechtsverhältnisse durch die listig interpretierte Legitimationsdoktrin einer chaotischen Volkssouveränität der sozialistisch-kommunistischen Gemeinwohlerzwingungsstrategien, die alle liberalen und vorliberalen Naturrechtsgrundsätze über die Sicherung der Freiheit, des Eigentums und der Selbstverantwortung bis zur Restlosigkeit zu beseitigen trachten, degradieren die individuelle Konsumerwartung und subjektive Lebensqualität zum Gegenstand herrschaftskrimineller Bonzenloyalität und zur Funktionärspflicht, jeden parteipolitischen Banditismus zu unterstützen.

Insofern bedeutet in Herrschaftssystemen unterhalb der Nullschwelle das herrschaftsgefällig zugestandene Mehr an Konsum ein Mehr an persönlicher Deformations- und Verfremdungsbereitschaft. Die moralische Qualität der gebrochenen Persönlichkeit nimmt proportional zur Zunahme ihrer sozialproduktpartizipierenden Pfründensicherung ab. Der Wohlstand der Nomenklaturisten und politischen Funktionalisten ist erkauft worden durch ideologisch verschleierte Gewissenlosigkeit.

Unterhalb der Nullschwelle beginnt die Austreibung der restlichen Dispositionsfreiheit über die materielle Bestimmung des Seins. In der Minus-Eins-Zone findet die Zerkeilung der Zweidimensioniertheit des Menschen statt. Alle lebensqualitativen Aufstiegschancen werden in die Zuständigkeit staatlicher Einkommenskontrollorgane gestellt, die nach praktizierter weltanschaulicher Unterwerfungsintensität (4) die Einkommen der geistigen Leibeigenen auf dem Verordnungswege staatlicher Bürokratien protektionieren oder minimalisieren.

Jede Herrschaftselite des Sozialismus setzt sich zusammen aus Willfährigen und flinken Opportunisten, die rasch gelernt haben, anstelle der produktiven Arbeitskraft in einer privat kapitalen Gesellschaft lieber auf dem politischen Markt ihren Charakter wohlfeil und preistreibend anzubieten.

Übergang in die Minus-Zwei-Zone

Die endgültige Vernichtung des Selbstseins im System kollektiver Zugriffsgewalt auf das Individuum wird vollzogen *nach* der politischen Durchsetzung des Existenzminimums. Die Vernichtung der individuellen Verfügungsgewalt über die materiellen Bedürfnisbefriedigungen wird pathetisch als ,,Vergesellschaftung'' phraseologisiert. Der errungenschaftstrunkene, ideologisch umnachtete ,,Sieg der Arbeiterklasse'' ist in der politischen Praxis ein Sieg des sozialistischen Bonzensyndikats über ein werktätiges Volk von Besitzlosen.

Diese Minus-Eins-Zonen-Phase der staatlichen Zugriffsgewalt über den Menschen ist die Durchlaufphase in die Minus-Zwei-Zone.

Nach Abschluß der Entindividualisierungs- und naturrechtlichen Entrechtungsphase im Übergangsfeld in die Minus-Zwei-Zone vollzieht sich, psychologisch nur als menschliches Anpassungswunder zu erklären, der Prozeß einer *Mutation der produktiven Selbstverleugnung. (MdpS)*

Dieser merkwürdige Vorgang einer psychologischen Selbstüberlistung des kreativen Überlebenswillens entsteht aus der rasch erkennbaren lebenserhaltenden Einsicht, daß jeder persönliche Widerstand gegen den aufgehobenen Naturzustand des Menschen durch sozialistisch-kommunistische Herrschaftsgewalt lebensgefährlich und daher zwecklos ist.

Die sich darstellende Alternativlosigkeit dieser Mutation der produktiven Selbstverleugnung als eine neue Form des Selbstschutzes spült alle Bedenken gegen die Unterwerfungsgewohnheit einer totalen Anpassung hinweg. Totale Anpassung in allen Formen öffentlicher Kommunikationsebenen wird zur überlebenssichernden Entscheidung aller Unterworfenen, denen die Personalität, die Würde, das Ich gestohlen wurde.

Die Mutation der produktiven Selbstverleugnung hat die Hoffnung auf die Wiederherstellung des Ichs, die Chance zur Verwirklichung des eigenen Selbstseins aufgegeben.

Man braucht die ,,Offiziellen'', im anderen Teil Deutschlands, dem vorläufig besetzten Deutschland der Russen, auch DdR genannt, nur offiziell sprechen zu hören, und man versteht, was mit der ,,Mutation der produktiven Selbstverleugnung'' gemeint ist.

Freie Existenzsicherung und Selbstverwirklichung sind durch die Objektbestimmung des Menschen durch kriminelle kollektive Zugriffsgewalt beseitigt. Die Selbstverwirklichung ist durch die staatspolitische Umkehrung der Selbstverantwortung aus der privaten Hand zur Staatshand, zur staatsbeliebigen Zweckmäßigkeit denaturiert worden.

Die Selbstaustreibung der natürlichen immateriellen Seinsbestimmung ist zur Voraussetzung systemimmanenter Anerkennung und Protektion entwickelt. Die entpersonalisierende Verhaltensweise der Mutation der produktiven Selbstverleugnung setzt sich herrschaftserhaltend unmerklich, aber zielgerichtet in Bewegung. Die Revolution frißt nicht nur ihre Kinder, sondern sie klont die ehemaligen ,,Revolutionäre'' zu Leibeigenen der Revolution.

Die sechzigjährige Unterwerfungsherrschaft des Großtyrannen hat bewiesen, daß der Verzicht auf immaterielle individuelle Seinsbestimmung das biologische Überleben an sich nicht gefährdet und nur die Lebensqualität geistig sehr sensibler Naturen ruiniert. Immaterialität scheint als Sekundärbedürfnis aufschiebbar oder vorübergehend abstellbar, jedoch nicht in jedem Fall ohne körperliche Folgen. Die ,,Krankheit durch Kränkung'' ist ein biologisches Gesetz genetisch intakter Menschen. Es greift auch im Herrschaftsbereich des Großtyrannen trotz der Mutation der produktiven Selbstverleugnung immer wieder durch. Die Bürgerrechtsbewegungen trotz absoluten Unterwerfungsterrors beweisen es immer deutlicher.

Nichtkörperliche Armut, also der erzwungene Verzicht auf immaterielle Seinsbestimmungen, macht sensible Naturen körperlich krank.

Die Geschichte der Menschheit kennt Einzelschicksale von Heiligen und Namenlosen, die sich solchen Mutationen produktiver Selbstverleugnung verweigert und lieber den Tod gesucht haben.

Übergang in die Minus-Drei-Zone

Die herrschaftsbeliebige Theorienadaption, also die widerstrebende Verinnerlichung weltanschaulicher Vernunftwidrigkeiten als Überlebensstrategie, die hier begrifflich als MdpS abgekürzt ist, wird in der Minus-Drei-Zone endlich perfektioniert und zum staatsrechtlich sanktionierten Normverhalten bestimmt.

Die verfassungsrechtlich verfügte Aufhebung der individuellen Urteilskraft wird politisch rechtens. So heißt es im Staatsrecht des sogenannten

„realen Sozialismus" sehr präzise und klar u.a.: „Die Partei ist die führende Kraft aller Organisationen der Arbeiterklasse und Werktätigen der staatlichen und gesellschaftlichen Organisationen." (5)

Das Individuum, der Mensch als Einzelwesen, wird im Staatsrecht aller Unterwerfungseliten nicht einmal erwähnt, und wo auf ihn Bezug genommen wird, erhält er keine eigenständigen vorstaatlichen Rechte. Politisch normal sein, heißt im Sinne der gesellschaftlichen Normvorgaben des Großtyrannen, in jedem Falle eingesehen zu haben, „daß man nicht wollen darf, was man eigentlich möchte" (6), und selbst nicht einmal andere vermuten lassen darf, daß man nicht denkt, was man öffentlich vorgibt zu denken.

Diese praktizierte Mutation der produktiven Selbstverleugnung (MdpS) ist deswegen produktiv, weil sie die Unverträglichkeit einer urteilskraftersetzenden Weltanschauung, die die natürliche Zweidimensioniertheit des Menschen spaltet, über lange Lebensstrecken mit Hilfe der Verdrängungstechnik oder durch eine sogenannte Flucht in die Innerlichkeit, die jeder gesunde Mensch im Notwehrzustand entwickelt, zu kompensieren vermag.

Würde der mutative Effekt nicht gelingen, wäre die Überlebenschance im perfekten Kommunismus gleich Null. Jeder politische Analphabet könnte jeden Denkenden, der sich der MdpS verweigerte, durch Auslieferung an die Herrschaftssicherungsorgane mit dem Tode bedrohen.

Dieser Zustand der Unterwerfungsverinnerlichung, die in einer Jubelherrschaft unterhalb der Nullschwelle besonders perfekt, aber in der Minus-Drei-Zone grandios praktiziert wird, ist der mutativen Elastizität des menschlichen Überlebenswillens zu verdanken, nämlich unter widernatürlichen Bedingungen, wie z.B. in einem unsichtbaren Ghetto andauernder Angst, Verhaltensweisen zu entwickeln, die wenigstens das körperliche Überleben sichern.

Diese Doppelwelt-Konstellation als Überlebensstrategie bietet seelischen Schutz und vermeidet politische Angriffsflächen.

Die herrschaftsstabilisierende totale Disziplinierung der materiell und immateriell Entrechteten, der objektdegradierten Zugriffsopfer der Staatsgewalt, schließt eine freie Auseinandersetzung mit dem System auch nach der Pensionierung oder plötzlichen politischen Entmachtung völlig aus. Es gibt durch Entprivatisierung aller Kommunikationsmöglichkeiten kein Forum der öffentlichen Auseinandersetzung über herrschaftsgefährdende Fragestellungen. Allein das Ansinnen wird schon als geistige Krankheit psychologisch behandelt.

In der Endphase der Minus-Drei-Zone der staatsrechtlich möglichen Entrechtung hat die Zugriffsgewalt über den Menschen die Höchstform ihrer Entwicklung dadurch erreicht, daß sie nicht nur über das körperliche Wohlbefinden - materielle Egoquanten jedes Zugriffsopfers -, sondern auch über die seelische Substanz - immaterielle Egoquanten - des Menschen beliebig zu verfügen vermag und auch tatsächlich verfügt.

Sowohl die gezügelte ,,offizielle Verdammung'' durch relative Eliten als auch die ungezügelte Verdammung durch die eingeschüchterte Masse der ,,produktiven Selbstverleugner'', die in einer politisch einander mißtrauenden Gesellschaft gierig nach Loyalitätsbeweisen greifen, zerstört die Vernunftpflichtigkeit jedes Aufbegehrenden schon im Augenblick eines vorbereitenden Widerstandes, und zwar durch physische Vernichtung in Straf- oder Umerziehungslagern, in revolutionären Zeiten auch durch das offiziell beliebte rasche politische Säuberungsmittel des Genickschusses für Andersdenkende.

Höchstform der Zugriffsgewalt nur im fortgeschrittenen Sozialismus garantiert

Allein der Überlebenswille im Ghetto der Angst und die eingesehene Wehrlosigkeit prägen das Verhalten der materiell und immateriell unterworfenen Zugriffsopfer entgrenzter Staatsgewalt, die nichts anderes interessiert, als unter den absolutistischen Umständen verstaatlichter Überlebenssteuerungen, wie sie nun einmal sind, durch vorgegebene und erkennbare Widerstandslosigkeit zu überleben.

Nur im Sozialismus der Entprivatisierung aller Lebensplanungen gelingt die widerstandslose Etablierung der Zugriffsgewalt über den vernunftentbundenen Menschen. Es versteht sich daher von selbst, daß heute moderene relative Herrschaftseliten an einem *wechselnden* Wählerwillen mit *wechselnden* Verantwortungen und wechselnden Regierungen - unter Beachtung ihrer ,,objektiven Interessenlagen'' - absolut nicht interessiert sein können.

Als relative Eliten organisieren sie die Zerstörung freiheitsstabilisierender Entfaltungsräume, säen Mißgunst und Neid, entprivatisieren Besitz, Eigentum und Kapital und ersetzen Vernunftfähigkeit und Urteilskraft durch Ideologie und Gefolgschaftstreue bis zur Auflösung aller Eigentumsverhältnisse durch die Vergesellschaftung von materiellen und immateriellen Egoquanten.

Sozialismus verabsolutiert die Zugriffsgewalt über die immaterielle und materielle Dimension des Menschen. Sozialismus ist die Denkschaukel für Ahnungslose und daher von allen relativen Eliten als das zuverlässigste Herrschaftsmittel der Neuzeit leidenschaftlich begehrt.

Alle Unterwerfungseliten der Neuzeit stürzen sich, insbesondere in den unterentwickelten Ländern, auf die Chance, ein sozialistisches, wählerwillenunabhängiges Herrschaftssystem zu etablieren, das durch Verstaatlichung aller Lebenschancen die materielle und immaterielle Zugriffsgewalt über den Menschen zu verewigen vermag, zumal die absolute Entmachtung des Individuums durch die Planwirtschaft über Sachen und Gedanken die mögliche Beseitigung der Staatsdiktatur durch einen späteren, geänderten Wählerwillen absolut ausschließt.

Für die relativen Eliten des asozialen Sozialismus genügt die einmalige Zustimmung zur Verabsolutierung staatlicher Zugriffsgewalt, und die Rechte des Volkes sind für alle Zeiten an die Herrschaftseliten abgetreten.

Sozialismus ist die Jubelkratie der materiell und immateriell Bedürfnislosen

Jeder Sozialismus, einmal an die Macht gekommen, entfaltet sich zur antidemokratischen Jubelkartie, die mit 99% fahnenschwenkend und zu beliebigen Anlässen ihre Selbstentrechtung feiert.

Die Verschärfung der Existenzbedingungen aller durch den Staatsbesitz aller Arbeitsplätze erleichtert die Einrichtung einer totalen Abhängigkeitsstrategie. Das Versprechen der Sicherung des Existenzminimums aller legitimiert zugleich die Zugriffsgewalt auf den Arbeitsertrag aller bis zum Unterschichtsstandard jedes Arbeitsfähigen.

Es gibt im neuzeilichen Ursprungsland der staatsrechtlichen Menschenrechtsnegation millionenfache Beweise, daß ein vierzigjähriges Arbeitsleben der Zugriffsopfer im ,,Arbeiterparadies'' nicht aus dem existenzerhaltenden Unterschichtsstandard herausgeführt hat. Die materielle Not des ersten Tages war die gleiche wie die des letzten Tages.

Im absoluten Zugriffssystem über die Willensfreiheit wird der Mensch gezwungen, seine zweidimensionierten, materiellen wie immateriellen Anspruchsfelder herrschaftserhaltend (MdpS) zu vollziehen.

Die durch Denkschablonen deformierte Gesellschaft unterdrückt die wahre menschliche Natur durch Anpassungserwartung und Sozialisationsterror, was, besonders makaber, als ,,Fortschritt'' oder ,,Linientreue'' interpretiert wird.

Die karrieresignalisierenden Denkschablonenhuldigungsrituale der Opportunisten, aber auch der politisch Eingeschüchterten und Ängstlichen kompensieren das natürliche, aber verbotene immaterielle Reflexionsbedürfnis weitgehend. Diese für einen Ideologiebetrieb ausgestauschter Vernunftfähigkeit ersetzt die politische Kultur des Vernunftpflichtigen bis zur Selbstentsagung. Mit zunehmender Festigung der neuen Unterwerfungselite, die sich als bevorrechtete Polit-Kader versteht, wird jeder Sozialismus zur Jubelkratie der materiell und immateriell Bedürfnislosen.

Mit diesem Abstieg in die Minus-Drei-Zone der Nullschwellenbestimmung hat die vergleichende Herrschaftslehre ein für die Neuzeit dramatisches Beispiel, wie die absolute Zugriffsgewalt über Menschen im System des Sozialismus mittels einer theoretischen Überlistung der vernunftfähigen Urteilskraft funktioniert. Es tröstet nur wenig, zu wissen, daß heute die theoretische Überlistung der Urteilskraft unter dem möglichen totalen Einsatz aller Manipulationsmittel immer gelingt, wenn ein Objektivitätsirrtum staatsrechtlich durch das Staatsmonopol der Meinungsbildung etabliert werden kann.

Ein Ausbruch aus der immateriellen Bedrängnis wird trotz der *Mutation der produktiven Selbstverleugnung* immer wieder vorkommen. Hochsensibilisierte Naturen werden immer wieder in den Urzustand der Freiheit zurückfallen und ihre durch Herrschaft gestohlene Personalität zurückverlangen. Es wird immer wieder vorkommen, das Hellsichtige aufbegehren oder in Verzweiflung geraten im Angesicht der Normwidrigkeit der etablierten „Normalen".

Das Ende ihres Protestes war zu allen Zeiten ihre politische Isolation oder ihre Vernichtung und wird ihre Vernichtung bleiben, wenn es nicht gelingt, den Schutz der Individualsouveränität als Weltrecht zu institutionalisieren und den Weltfeind aller Menschen, den Großtyrannen in der Kreml-Gruft, davon zu überzeugen, daß es keine Verfügungsgewalt über Menschen gibt und er auf die Zugriffsgewalt über alle Menschen zugunsten der Individualsouveränität, des „Selbstseins des Subjekts" aller, verzichten muß, damit der Friede und die weltweite Humanisierung der menschlichen Beziehungen wiederhergestellt werden können.

Herrschaft ist ihrem Wesen nach alogisch

Das Diktat einer Herrschaft über die materielle und damit zugleich über die immaterielle Dimension ist der tiefste Eingriff in die Menschenrechte. Die Verfügungsgewalt über die materiellen Bedürfnisse ist eo ipso die gesamte Verfügungsgewalt über die Existenz des Menschen.

Wenn es einer Herrschaft gelingt, die korrespondierende, seelenharmoniestiftende materielle und immaterielle Dualität des menschlichen Seins zu sprengen und, ähnlich einer Kernspaltung, zu zerbrechen, dann verliert der Mensch seine Urteilskraft zur vernunftpflichtigen Selbstorientierung. Orientierungslos geworden, bedarf er nun der dauernden Führung durch andere.

Herrschaft ist auf der Spaltung der Seelenharmonie des Menschen begründet. Der Zusammenbruch der Eigentlichkeit des Menschen wird dauernd gesichert durch das Herrschaftsmittel der angstausbreitenden Angst. Es gibt keine angstlose Herrschaft. Mit anderen Worten: Zerstöre die natürlichen Lebensbedingungen des Menschen durch einschüchternde Angst, und der Mensch wird unterwerfungsfähig.

Weil in der Natur Angst nicht als Angst für sich existiert, sondern nur immer als eine Bedrohung mit Nachteilen durch andere aufgerichtet wird, also die Aktion anderer ist, ist die Angst immer dort am wirkungsvollsten, wo die Bedrohung des Unverzichtbaren besteht, also der Zugriff in die Materialität des menschlichen Seins, nämlich die Überlebensgüter wie Arbeit, Essen, Kleidung, Wohnung, durch Herrschaft gesteuert und beliebig erzwungen werden kann. Die Verfügungsgewalt der relativen Elitenherrschaft über die körperlichen Bedürfnisse ist im realen Sozialismus eindrucksvoll und am konsequentesten verwirklicht. Soziale Autarkie ist undenkbar, und persönliches Eigentum gibt es im Herrschaftsbereich des Großtyrannen nur als „Befriedigung der materiellen und kulturellen Bedürfnisse der Bürger" (7).

Eigentum ist nur, was zur Wiederherstellung der Arbeitskraft erworben werden muß. Dazu gehören auch das Bett, der Kleiderschrank, die Wohnung, die Kleidung und u.U. ein Fahrzeug, falls keine öffentlichen Beförderungsmittel zur Arbeit zur Verfügung stehen. Längerfristige und höherwertige Gebrauchsgegenstände sind vorwiegend den Mitgliedern der Unterwerfungseliten vorbehalten.

Die immaterielle Dimension des Menschen ist durch die Denkschablonenpflege der Staatskultur gesichert. Angst garantiert die widerspruchslose Wahrnehmung der Angebote zur Befriedigung der kulturellen Bedürfnisse, wie es in allen ideologischen Staatsrechtsverhältnissen auch geschieht.

Noch niemals ist die vergleichende Theorie über Herrschaftssysteme der Frage nachgegangen, warum der Friede der Welt durch rivalisierende Herrschaftseliten ununterbrochen gestört wird, obwohl es keinen einzigen vernünftigen Grund gibt, die Verfügungsgewalt von Menschen über Menschen seit Jahrtausenden gegen den Willen der Beherrschten durchsetzen zu müssen. Niemals hat ein arbeitendes, sich selbst ernährendes freies Volk, von niemandem beherrscht, einem anderen arbeitenden Volk seinen Willen aufzwingen wollen. Konstituierten sich jedoch Herrschaftseliten, so wurde der Krieg die Fortsetzung der Ausplünderung des eigenen Volkes mit anderen Mitteln. Jede Unterwerfungselite trieb das eigene Volk zu Höchstleistungen an, ein anderes Volk auszuplündern und zu unterwerfen, ohne Sinn und Verstand, denn die Widerstandsenergie des unterworfenen Volkes wuchs über kurz oder lang bis zur Selbstbefreiung, um ihrerseits die Unterwerfung des ehemaligen Siegers fortzusetzen. Die politische Gegenwart wiederholt die Selbstzentrierung alogischen Herrschaftswillens bis zum selbstmörderischen Schwachsinn.

Politik hat sich nicht zu einer Kunst entfaltet, das Notwendige zu tun, sondern ist zur innen- und außenpolitischen Organisation eines internationalen Banditismus geworden, der den vermeintlich jeweils Schwächeren einschüchtert, seinen Unterwerfungswillen anzuerkennen. Und die wenigen demokratischen Staaten, die es noch gibt, werten die ideologisch umnachtete Polit-Mafia der Naturrechtsignoranten auch noch diplomatisch auf, um nicht in den Verdacht zu geraten, auf diplomatischer Ebene mit politischen Banditen im Staatsrechtsgewande zu verkehren.

Herrschaft ist nicht nur ihrem Wesen nach alogisch, sondern auch die Politik, die sie herausfordert oder erzwingt.

Herrschaft ist die Ursache der Lebensangst

Mit Sicherheit kann unterstellt werden, daß Macht kein Werk des Himmels ist und keine Frucht eines Baumes und auch nicht unter der Erde aus einer Kartoffel geklaubt werden kann. Sie ist kein Naturprodukt. Sie wächst nirgendwo, es sei denn, in den Gehirnen geisteskranker Menschen, die wegen ihrer Wunderlichkeit Gewalt über Ahnungslose und Gutgläubige erlangen. Daß „der Gott, der Eisen wachsen ließ, keine Knechte wollte, ist gänzlich in Vergessenheit geraten.

Wem Gott zu abstrakt erscheint, der sollte sich auf ein anonymes XY einlassen, wichtig ist nur, zu begreifen, daß die Angst und die Macht über Menschen nicht als Naturprodukt existiert. Der freie Mensch, das Individuum, bedarf der Angst nicht, weil sie aber unausrottbar sich zu verbreiten scheint, muß das Individuum die Wachsamkeit gegen etablierte Angstmacher schärfen . . . -

Der Freie muß sich daher allen Theorien verweigern, die in irgendeiner Form Angst und Herrschaft zulassen. Heute weiß jeder, der es wissen will, daß eine auf das Existenzminimum aller reduzierte politische Lebenswirklichkeit durch Angstausbreitung, wie sie der Sozialismus in der Minus-Drei-Zone perfektioniert hat, so komplex zu steuern ist, daß jeder, der überleben will, alles tun muß und in 90 von 100 Fällen auch alles tut, um zu überleben. Wie können solche Theorien staatsrechtlich organisierter Menschenunwürdigkeit, das muß sich der Wissende mit Entsetzen fragen, junge Menschen immer noch begeistern?

Das durch Herrschaft im Zustand allgemeiner Existenznot höhere Existenzversprechen kultiviert die Angst zum Erniedrigungsritual entpersonalisierter Selbstentwürdigung. Daraus folgt eine irrsinnig anmutende Umkehrung der Verhaltensmuster, nämlich, daß Herrschaft durch die Bedrohung des Existenzminimums um so mehr geliebt wird, je schöner die Zukunftsversprechen dem Entrechteten erscheinen. Die Unterwerfung wird um so zuverlässiger organisiert, je deutlicher die Unterschiede hierarchisierter Privilegien gewährt oder verweigert werden können.

Die absolute Zugriffsgewalt der Unterwerfungselite über Menschen kann durch den *Zuteilungskanon sozialer Wohltaten* errechnet werden. Als Faustformel gilt: Je mehr verteilt werden muß, um das Existenzminimum zu sichern, desto bedürftiger ist das Volk durch die Zugriffsgewalt der Herrschaft geworden. Umgekehrt gilt das gleiche: Je weniger die Menschen durch bürokratische Bonzensyndikate ausgeplündert und entrechtet werden, desto weniger Arme gibt es, denen geholfen werden muß. (8) Moderne Sozialpathologen glauben durch Teilung des Vorhandenen das eigene Wohlbehagen auf Kosten des Unbehagens anderer auf Dauer politisch organisieren zu können. Weil es logisch nicht geht, versuchen sie es ideologisch!

Herrschaft ist ihrem Wesen nach nicht nur alogisch, sondern auch wohlstandsvernichtend, und zwar um so mehr, je länger sie herrscht.

Herrschaft kann ihrem Wesen nach eine individuelle Sinnerfüllung, vor allem „das Selbstsein des Subjekts", weder wollen, noch kann von ihr erwartet werden, diese durch sie vermittelt zu bekommen. Aus Gründen ihrer Selbsterhaltung muß jede Herrschaftsklasse die Eigentlichkeit des Seins jedem Menschen verfälschen, verleugnen und das Trauerspiel der Entfreiheitlichung durch herrschaftssichernde, vernunftlähmende Denkschablonen immer wiederholen.

Herrschaft vermag die Produktivkraft eines Volkes allein für die Reproduktion der Unterwerfungsgewalt sinnlos zu vergeuden, d.h., das ganze Volk arbeitet für den hochbezahlten Unterwerfungsapparat der Herrschaft, womit es die Organisierung der Selbstentfreiheitlichung auch noch selbst finanziert.

Herrschaft ist nicht nur alogisch und wohlstandsvernichtend, sie ist auch die Ursache der materiellen und immateriellen Lebensangst. Die sozialistische Funktionärselite dieser ,,weltlichen Gegenkirche'' ist die brutalste und unverantwortlichste, die je auf dieser Welt existiert hat. Ernst Niekisch beschreibt die neue Schicht der Funktionäre so: ,,Da sie über eine technische Apparatur verfügt, ist sie mächtiger als je eine Elite es war''(9). Alle Kaiser der Nachwelt, alle Räuber, Könige und machiavellistischen Minityrannen waren niedliche Zierfische gegen den ,,weißen Hai der Kreml-Höhle'' und seinen Piranhas in Ost-Berlin.

Niemals war die Angst der Menschen voreinander größer als unter dem kommunistischen revolutionären Terror gegen Friedfertige. Die Angst ist der treueste Begleiter jeder Herrschaft. Mit anderen Worten: Der Zustand der Unfreiheit eines Volkes verhält sich proportional zur Kopfzahl seiner Bedrücker in Ämtern, Verwaltungen und Bürokratien und zeigt sich in der Summe theoretisch wie politisch möglicher Gewährungen oder Verweigerungen durch Herrschaftsgewalt. Herrschaft ist nicht nur Ursache der Lebensangst, sie betreibt auch die Vernichtung des Selbstwertverständnisses der Beherrschten.

Weil das Selbstwertverständnis um so natürlicher ist, je ungestörter seine Entfaltung in repressionsfreier Situation ermöglicht wird, wird die Gesellschaft unter die Gehorsams- und Ausplünderungsrepressivität der Herrschaft gestellt, damit die materielle oder immaterielle Dosierung der Vitalitätsenergien, die unter manipulationsfreien Bedingungen vom Subjekt selbst bestimmt und harmonisierend gewichtet werden könnte, unterbunden werden kann.

Erst die Deformation durch Angst verfremdet die harmonische Dosierung der Egoquanten durch Anpassung, was wiederum die Herrschaft rechtfertigt, die vermeintliche ,,Disharmonie'' der Egoquanten der Gewaltunterworfenen zu steuern.

Herrschaft betreibt nicht nur die Vernichtung des Selbstwertverständnisses, sie manipuliert auch die Urteilskraft der Gutgläubigen.

Hörigkeitssehnsucht gebrochener Persönlichkeiten

Der immaterielle Qualitätssprung vom bewußt freien Menschen zum bewußt unfreien Menschen - äußerlich unterscheiden sie sich von freien Menschen im Regelfall nicht, manchmal ist das körperliche Wohlbefinden Entrechteter sogar ansehnlicher - verwandelt das Streben des Menschen von der Verwirklichung durch sich selbst zu einem Leben nach der Bestimmung durch andere. Es findet ein Subjekt-Objekt-Austausch statt. Die Subjektgarantie des Individuums wird unterhalb der Nullschwellenbestimmung der Egoquanten aufgehoben und auf der Minus-Drei-Zone endlich restlos eliminiert. Die Selbstseinsverweigerung durch eine Objektbestimmung des Menschen durch Herrschaft muß allerdings nicht in jedem Falle menschenrechtsverachtend sein. Es kann Übergangssituationen geben, einen gestörten, soziokulturell determinierten Selbstseinsanspruch schadenausschließend zu kanalisieren.

Eine Verhaltensbestimmung von Menschen, die sich in der Hörigkeitssehnsucht Entvitalisierter und politisch Entnervter befinden, könnte im Einzelfall sogar geboten sein, dann namlich, wenn weise, vaterlichv und gütige Lebenshilfe in einzelnen Fällen übergangsweise ein Regierungssystem der Erziehung zur geistigen und materiellen Unabhängigkeit erforderlich machte. Aber über diese Frage, ob es ein Erziehungsrecht einer vernunftverpflichteten objektiven Elite gibt, muß noch gründlich nachgedacht werden (vgl. Militärregierungen nach dem zweiten Weltkrieg in den westlichen Besatzungszonen).

Wenn Herrschaft - seit ihrer Existenz - in der nackten Zugriffsgewalt über materielle und immaterielle Bedürfnisse der Gewaltunterworfenen besteht und in fast allen Fällen nicht die Freigabe der individuellen Entfaltungsfreiheiten zugelassen, sondern ihre entrechtete Bevormundung erzwungen hat, *dann ist Herrschaft ihrem Wesen nach nicht nur alogisch, sondern für freie und vernunftfähige Menschen überflüssig.*

Die Kriminalisierbarkeit des überlieferten Staatsrechts

Die Billigung der Zugriffsgewalt der Herrschaft durch beliebigen Rechtspositivismus legalisiert den Rechtscharakter jeder Gewalt, sofern sie erzwingbar geworden ist, d.h., Recht wird erst durch die Konsequenz seiner Erzwingung zum international anerkannten Rechtstitel. Nicht der Inhalt des Rechts, sondern die Durchsetzbarkeit einer beliebigen Idee setzt Recht. Diese Kriminalisierbarkeit des Staatsrechts ist die Ursache aller Rechtsunsicherheit in der Welt, und die Rechtsunsicherheit ist die Ursache aller Konflikte zwischen Naturrechtsrepräsentanten und Naturrechtsignoranten.

Auf die internationale Politik übertragen, ist die Ursache des Ost-West-Konflikts ein Investiturstreit zwischen der Omnipotenz der Staatssouveränität der Naturrechtsignoranten und derjenigen der Individualsouveränität der Naturrechtspostulanten.

Es ist ein unüberbrückbarer Gegensatz zwischen der unbegrenzten Zugriffsgewalt der Herrschaft in das Selbstsein des Subjekts und dem unantastbaren Selbstsein des Subjekts gegen die Zugriffsgewalt naturrechtswidriger Herrschaft.

Die überlieferte Kriminalitätsanfälligkeit positiv-rechtlichen Staatsrechts hat sich für die Denkdimension des gebildeten euro-atlantischen Menschen als widersprüchlich und für die künftige Gestaltung der Gesellschaft als antiquiert und unbrauchbar herausgestellt. Es kann keinen Kompromiß zwischen diesen zwei diametral entgegengesetzten Auffassungen über den Stellenwert des Menschen in der Gesellschaft geben, ohne die Rechtsunsicherheit, gleichgültig, wie geschickt verbrämt, fortzusetzen. Der Friede der Menschheit kann nie auf einem kriminalisierten Staatsrecht bestehen, das die Verfügungsgewalt über Menschen, diese unerträgliche Gewaltunterworfenheit des Individuums, zur Voraussetzung staatlicher Ordnung erhebt.

Für unterentwickelte Länder ohne eigenständige Staatsrechtsentwicklung mögen die alten Staatsrechtstheorien noch genügen. Aber für ayatollistische Theokratien und ideologische Schwarmgeiststaaten, wie sie der Großtyrann anführt, müssen diese antiquierten Herrschaftsauffassungen schon durch die geheime Staatspolizei energisch erzwungen werden. Für die Welt der Euro-Atlantischen Gemeinschaft ist es Zeit, daß die bängliche Kompromißbereitschaft zwischen der überlieferten kriminalisierbaren Staatssouveränität und der entkriminalisierten Individualsouveränität, wie sie der Art. 1/1 GG vorschreibt, endlich beendet wird.

Alle Artikel des Grundgesetzes, die dem Artikel 1/1 entgegenstehen, können legal geändert, notfalls ersatzlos gestrichen werden. Es hindert die Freie Welt niemand, die Konsequenzen einer freien Welt zu erfüllen, es sei denn, sie behindert sich selbst, weil die etablierte Elite auf ihre asoziale Zugriffsgewalt über alle Bürgereinkommen nicht verzichten möchte. Das wäre aber kein Grund, das organisierte Chaos des hoheitlichen Gewerbes gegen die Interessen des arbeitenden Volkes weiterhin duldend zu ertragen.

Selbstwertersatzzuwachs relativer Eliten

In unserer Zeit ist die offizielle Erhöhung eines Menschen durch relative Eliten mittels Amtsübertragungen, öffentlicher Auszeichnungen und finanzieller Höhergruppierungen nur in den seltensten Fällen der Maßstab einer ethischen oder beruflichen Qualifizierung. Nach den hohen Prinzipien des Rechtsstaates aus der Idee der Freiheit findet ein Begräbnis der Freiheit statt, wenn die entgrenzte Zugriffsgewalt eines Tyrannen bewährte und aktive Steigbügelhalter staatlicher Unterwerfungsmacht auszeichnet.

Die Selbstbeweihräucherung unter Sklavenhaltern sollte mehr gefürchtet als bestaunt werden, denn hinter jeder offiziellen Belobigung oder Auszeichnung stehen Verdienste um die Zugriffsgewalt der Staatssouveränität gegen das Selbstbestimmungsrecht des Individuums. Es muß hier ganz deutlich gesagt werden, das Individuum ist souverän und sonst niemand.

Diese negative Auszeichnung hat Sublimationscharakter für gelegentlich Fragende, sie verwischt Selbstzweifel und zerstreut Bedenken über die Richtigkeit der eigenen Handlungsregulative. Das durch Herrschaft erloschene, gestörte oder widernatürliche Selbstwertverständnis wird herrschaftsstabilisierend ersetzt durch Selbstwertaufpfropfungen (10), und zwar proportional zum stattgefundenen natürlichen Selbstwertverlust. Der schlechte Wille einer gebrochenen, aber gelegentlich selbstkritischen Persönlichkeit wird für die unausweichlich stattfindende moralische Selbstdeskelettierung durch offizielle Belobigungen getröstet.

Dieser häufige - Wer zeichnet wen wofür aus? - Widerspruch zwischen Auszeichnungsverfahren und Auszeichnungsgegenstand bedarf sehr zuverlässiger Normbestimmungen, und zwar *jenseits* der allgemeinen herrschaftsstabilisierenden Norm- und Verhaltensverfremdungen.

Dieser Unterschied zwischen der politisch-ethischen, nicht offiziellen Normbestimmung und der systemimmanenten pluralistisch ausgesuchten offiziellen Normbestimmung für „Auszuzeichnende“ ist so gravierend, daß die offizielle Erhöhung nicht selten das Gegenteil dessen auszeichnet, was politische Ethik zur Auszeichnung empfohlen hätte.

Wenn es eine positiv-rechtliche, kriminelle Energie auszeichnende Staatsgewalt gibt, dann gibt es auch über das positiv-rechtliche Herrschaftsinstrumentarium hinaus eine nicht-kriminelle ethische Energie der Vernunftpflichtigkeit, die in Tyranneien noch nie eine Auszeichnung fand.

Soweit die Geschichte zurückverfolgt werden kann, wurde die Vernunftpflichtigkeit eines Menschen vom herrschenden Zeitgeist im Regelfall verspottet, mit Hohn oder Mitleid bedacht, die Verdienste um die Zugriffsgewalt der Unterwerfungseliten dagegen mit Gold und Brillianten, mit und ohne Eichenlaub, reichlich belohnt.

Leider wird diese kardinale Umkehrung zu oft in einer durch Herrschaft deformierten Welt verwischt und verfremdet, indem sie belobigt, was herrschaftsgefällig, aber nicht sittlich ist, und verurteilt, was sittlich, aber nicht herrschaftsgefällig ist. Die organisierte negative Gewalt des Staates setzt eine Klassifikation, gewissermaßen eine prozentuale Erhöhung für Leistungen, durch, die mit den sittlichen Postulaten einer politischen Kultur selten etwas gemeinsam hat.

In der staatsrechtlichen Übergangssituation des Gegenwartkonflikts über die Omnipotenz der Individualsouveränität drängen die Steigbügelhalter der Großtyrannen zum *sozialistischen* Herrschaftsabsolutismus, um jede vorstaatliche Naturrechtsverpflichtung des künftigen Staatsrechts auszuschließen.

Die Gründe für die sozialistische Naturrechtsignoranz sind klar und einleuchtend. Ob parteipolitischer oder „gewerkschaftlicher" Dienst im Entmachtungsfunktionalismus sozialistischer Herrschaftseliten, Naturrechtsverweigerung sichert im Sozialismus für alle Hilfswilligen staatlicher Zugriffsgewalt in jedem Falle die pfründensichernde Karriere.

Hier zeigt sich das merkwürdige Phänomen, daß die Ärmsten eines Volkes, die wohlstand- und sozialproduktschaffenden sogenannten „Kleinen Leute", die aus einer moralischen Hemmungsbarriere heraus zum nackten, brutalen Opportunismus unfähig bleiben und lieber im existentiellen Minimalismus eines Unterschichtsstandards verharren, der universalen überstaatlichen politischen Ethik tendenziell weit näher stehen als die systemimmanent zur Auszeichnung Drängenden und herrschaftsstabilisierend Belobigten.

In allen politischen Unterwerfungssystemen sind daher die staatlich Nichtbelobigten die eigentlich zu Belobigenden. Nicht wer unterwirft, gehört zum Adel, sondern geadelt seien alle jene, die es nicht über sich bringen, einer beliebigen Unterwerfungsgewalt beliebig willig zu sein.

*

Kapitel XX

Garantie des Unterschichtsstandards als Staatsrecht unterhalb der Nullschwellenbestimmung des Menschen

Der politische und der theokratische Ideologismus

Mit der zunehmenden Alphabetisierung aller Menschen und der möglichen Ausdehnungsgefahr der politischen Mündigkeit in hochindustrialisierten nicht-kommunistischen Ländern wird die Legitimation der Macht als obrigkeitliche Verfügungsgewalt über Menschen aus der Sicht rationaler Schlußfolgerungen für die relativen Herrschaftseliten immer problematischer.

Die politischen Konsequenzen der materiellen Unabhängigkeit einer durchaus denkbaren Mehrheit eines Volkes würden den politischen Anspruch auf Individualsouveränität und Selbstverwirklichung so weit verallgemeinern, daß Herrschaft ihre Macht über materiell, sozial und politisch Unabhängige mit dem wachsenden Selbstbewußtsein der Beherrschten verlieren würde.

Den herrschaftsgefälligen Individualitätsverzicht des milieu-reproduzierenden Schwachen in einer repressiven Gesellschaft würde niemand mehr widerspruchslos hinnehmen, der materiell unabhängig geworden ist und dadurch das Lebensangstpotential weitgehend von sich abwenden konnte. Der Unterwerfungswille jeder Herrschaft könnte den Vernunftverzgcht, die Anpassungsgewohnheit und die freiwillige moralische Deskelettierung nicht mehr problemlos manipulieren.

Um die Macht über Menschen nicht zu verlieren, bedienen sich die modernen Unterwerfungseliten der Pflege von Denkschablonen, die sich in der Hauptsache in zwei Richtungen bewegen. Die gefährlichsten, weil am demagogischsten, sind die ideologischen Staatstheorien, die in wissenschaftlicher Scheinschwangerschaft das staatsrechtlich ungeschulte Volk der werktätigen Arbeiter und Bauern in den Objektivitätsirrtum manipulieren und durch eine staatliche gesteuerte Informationskettenbestimmung der gekonnten Unterschlagung nicht genehmer Nachrichten das Volk schamlos an der Nase herumführen.

Die zweite Richtung der Restauration der Herrschaft über Ahnungslose ist die religiös-theokratische Manifestation des Herrschaftswillens, wie er sich unter den religiösen Schwärmern der Ayatollisten als „Doktrinäre Islamische Republik" niederschlägt.

Die „Khomeini-Doktrin" im Jahre 1980 ist die komischste Verirrung von Menschen, die Gott zum Trotz den Gebrauch des Verstandes ablehnen und Vernunft als Teufelswerk der Unreinen mit Feuer und Schwert zu verfolgen gedenken; Todesurteile werden in der Theokratie des Iran mit der Begründung ausgesprochen, „der Angeklagte habe gegen Gott auf Erden gekämpft". (1) Dieser inquisitorische theokratische Ideologismus hat mit Gottesfürchtigkeit und Gottesgerechtigkeit nichts gemein. Nur die allerniedrigsten Beweggründe zum Machterwerb über Ahnungslose, eben ein theokratischer Ideologismus, bestimmt die Gemeinwohllüge dieser relativen Eliten.

Neben vielen Ungereimtheiten und staatsrechtlich postulierten Unmenschlichkeiten soll hier nur angemerkt werden, daß der theokratische Ideologismus bei weitem nicht so gefährlich ist wie der politische Ideologismus, den der Großtyrann predigt.

Die theoretische Schwäche des theokratischen Ideologismus liegt in der Weltabgewandtheit. In der „Doktrinären Islamischen Republik", deren Menschen in der Milieureproduktion des Unterschichtsstandards gehalten werden, fordern die Ayatollisten fast gespenstisch die Selbstaufgabe des Menschen und völlige Hörigkeit unter dem Schwachsinn areligiöser Schwärmer.

So fordern die theoretischen Steinzeitler im Jahre 1981 die Abschaffung

> „aller Brutstätten der Unmoral, die Theater, Filmtheater, Tanz, Musik heißen. Ist es die unbekümmerte Anwesenheit der lüsternen jungen Männer und Frauen mit entblößten Armen, Brüsten und Schenkeln auf den Straßen? Ist es das lächerliche Tragen des europäischen Hutes oder das Nachmachen ihrer Gewohnheiten, Wein zu trinken? Wir sind überzeugt, daß man euch die Fähigkeit genommen hat, zwischen dem Guten und dem Bösen zu unterscheiden, im Austausch für einige Radioapparate und lächerliche Hüte. Man hat eure Aufmerksamkeit auf die entblößten Frauen gelenkt, die man auf den Straßen und in den Schwimmbädern trifft. Mögen diese schändlichen Bräuche endlich ein Ende haben, damit die Morgenröte eines neuen Lebens anbricht!" (2)

Diese Katastrophe einer staatsrechtlichen Menschenrechtsignoranz am Ende des 20. Jahrhunderts hat von der Freigabe des Menschen aus staatlicher, ideologischer und theokratischer Bevormundung noch nichts vernommen und schmäht mit jedem Wort über die Nacktheit des Menschen die Schöpfung Gottes, die nichts Unwürdiges im Paarungstrieb noch im Fortpflanzungswillen gewollt hat.

Den euro-atlantischen Menschen muß deutlich gemacht werden, daß die ideologischen Narren sich anschicken, den Frieden in der Welt mit aller Gewalt zu beenden. Ayatollah erklärte wörtlich:

> ,,Der heilige Krieg bedeutet die Eroberung der nicht mohammedanischen Territorien. Es ist möglich, daß er nach der Bildung einer islamischen Regierung erklärt wird, die dieser Bezeichnung würdig ist, unter der Leitung des Imams oder auf seinen Befehl. Dann wird es die Pflicht jedes volljährigen und waffenfähigen Mannes sein, freiwillig in diesen Eroberungskrieg zu ziehen, dessen Endziel es ist, das Gesetz des Korans von einem Ende der Welt bis zum anderen regieren zu lasssen. Es ist also erforderlich, daß zunächst die islamische Regierung unter der Autorität des Imams geschaffen wird, damit sie diese Eroberung ausführen kann . . .''
>
> Die Euro-Atlantische Völkergemeinschaft anklagend, fährt Ayatollah fort:
>
> ,,Eure ,,humanitären'' Rücksichten und Skrupel sind mehr kindisch als vernünftig. Nach den Bestimmungen des Gesetzes des Korans kann jeder Richter, der sieben Bedingungen erfüllt -mannbar sein, gläubig, vollkommen die Gesetze des Korans kennen, gerecht sein, nicht von Gedächtnisschwäche befallen, kein uneheliches Kind oder weiblichen Geschlechts sein - in jedem beliebigen Fall Recht sprechen. Er kann so an einem einzigen Tag in zwanzig verschiedenen Verfahren urteilen und sie erledigen, während die westliche Justiz mehrere Jahre benötigt, um sie zu beginnen''. (3)

Diese plumpe, kulturlose Dürftigkeit des Freund-Feind-Rasters und der Rechtsauffassung hat Kindergartenniveau und ist daher als vernunftwidriger theokratischer Ideologismus wenigstens von jedem Mittelschüler an aufwärts leicht erkennbar.

Viel geschickter dagegen ist der politische Ideologismus des Großtyrannen, der, sich wissenschaftlich habitualisierend, sich oft in der studentischen Jugend einnistet, weil sein Schlagwortprogramm geeignet ist, allgemeines gesellschaftliches Unbehagen zu kanalisieren, wenn auch in die falsche Richtung.

Minus-Eins-Zone, Zerstörungsbereich der Kulturfähigkeit

Beide Richtungen der Denkschablonenpflege für politisch Ahnungslose oder Unmündige finden ihre volle Entfaltung unterhalb der Nullschwelle der politischen Kulturfähigkeitsskala, die in drei Zonen den Fortgang der moralischen Deskelettierung des Staatsrechtes nachweist.

Moderne relative Herrschaftseliten siedeln sich immer häufiger unter der Nullschwelle zulässigen Staatsrechts an. Die Behandlung des Menschen als *Objekt* herrschaftsbeliebiger Interessen ist die Grundlage des Staatsrechts in der sogenannten Minus-Eins-Zone. In dieser Vorbereitungszone der totalen Selbstaufgabe findet die Individualitätsverunsicherung statt, wie sie im theoretischen Überbau für den politisch interessierten Teil des Volkes vorbereitet wird. Die Minus-Eins-Zone ist absichtlich als ,,Zerstörungsbereich der politischen Kultur'' (siehe Gesamtmodell unten links) eingeordnet.

Der Vollzug dieses übergeordneten Staatsauftrags, die Auswässerung der individuellen Urteilskraft mittels der staatlichen Erziehungsorgane vom Kindergarten bis zur Parteihochschule, wird durch gestufte und gestaffelte, unauffällige wie auffällige Erziehungsvollzugsorgane gesichert. Im ideologisierten Staatsrecht relativer Eliten ist die Deformation des Menschen selbstvertändliche Voraussetzung der politischen Karriere im System der Unterwerfungshierarchie.

Die Minus-Eins-Zone zeichnet sich durch Zerstörung der Kulturfähigkeit des Menschen aus, d.h., die Infragestellung seiner denkerischen Potenz zur vernunftfähigen Urteilskraft ist ein Erziehungsziel der politischen Bildung oder neuerdings auch der sektiererischen theokratischen Idiotisierung.

Ideologistische Vernunftsverdrängungsdressur

Die Sicherung des Unterschichtsstandards der arbeitenden Bevölkerung ließe sich nicht durchsetzen, wenn die Freigabe des Denkens eine Chance hätte. Moderne Unterwerfungseliten bedienen sich daher des Scheins einer zugelassenen Denkfreiheit, die sie begrifflich mit viel Demokratie- und Mitbestimmungsklimbim demokratie-demokratisch oder auch volksdemokratisch garnieren. Wirklich entscheidungsbefugt über Primärfreiheiten ist niemand, dafür aber um so mehr über Sekundärfreiheiten nach dem Banalitätenprogramm.

Der sogenannte theoretische Überbau der politischen Nomenklaturklasse und der Klasse der Arbeitsfähigen im staatlichen Gefüge der Bonzendienerschaft ist vom ersten Augenblick möglicher Erziehung auf eine Verdrängungsdressur subjektiver Urteilskraft gerichtet. Im weiteren Verlauf der Objektdegradierung des Menschen durch ,,gesellschaftliche Organisationen'' wird der Prozeß der totalen Entfreiheitlichung bis zum freiwilligen Verzicht auf eigene Urteilskraft vorangetrieben.

Die Delegation der subjektiven Urteilskraft in die Verfügungsgewalt der herrschenden parteipolitischen Organe ist das ausgesprochene Ziel der Unterwerfungsdressur unter die Denkschablonen relativer Elitensysteme.

Die Verunsicherung des Selbstwertgefühls, wie sie durch zynische Herrschaftsfloskeln tausendfach belegt wird, geschieht durch unendliche Wiederholungen, wie sie auch dem deutschen Volk nicht erspart blieben und in Mitteldeutschland immer noch zugemutet werden. So jubelt es im Staatsrundfunk ununterbrochen:

> „Du bist nichts, Dein Volk ist alles", (ein Natzi)
>
> oder
>
> „die Partei, die Partei, die hat immer recht, die Partei, die Partei, die Partei . . ." (ein Sozi)
>
> oder
>
> „Naturrechte sind bürgerliche Phantastereien, die der Dekadenz einer faulenden Gesellschaft entsprechen" (ein Kommunist)
>
> oder
>
> „ein Marxist ist nur, wer die Anerkennung des Klassenkampfes auf die Anerkennung der Diktatur des Proletariats erstreckt", (ein Marxist)
>
> oder
>
> „die bewaffneten Arbeiter sind keine sentimentalen Intelligenzler und werden kaum mit sich spaßen lassen", (ein Bolschewik, Lenin)
>
> oder
>
> „man gehorcht den Propheten, weil Gott es so gewollt hat. Und man gehorcht auch den Führern der islamischen Regierung, weil Gott es so gewollt hat . . . Es gibt kein anderes Recht, keine andere Pflicht als den Gehorsam". (ein Perser 1980)

Diese Gehirnlähmung, ein Privileg jedes Informationsmonopols des Staates, ist ideologische oder theokratische Vernunftverdrängungsdressur.

Nur über die Vernunftverdrängungsdressur läßt sich kultulloser Schwachsinn institutionalisieren und die Bedürfnislosigkeit der Armen und Entrechteten aufrechterhalten, einreden oder anerziehen.

Politische Kulturunfähigkeitsdressur

Diese staatsrechtlichen Leitlinien für Weltanschauungsgeschädigte sind, und das sollte nicht übersehen werden, moderne Unterwerfungsinstrumente der relativen Herrschaftselite, die um die Dummheit solcher Sätze selbst zwar wissen, aber denen die Dummheit nicht groß genug sein kann, um zuverlässig von Ahnungslosen geglaubt werden zu können. Eine kleine Lüge wäre rasch durchschaubar, aber große Lügen sind so schön gruselig und kommen dem Wunsch nach dem Wunderglauben der Armen entgegen. Tyrannen werden durch große Lügen erst groß.

Zur Zerstörung der Kulturfähigkeit mittels der Vernunftverdrängungsdressur des politisch-theokratischen Ideologismus in der Minus-Eins-Zone gehört auch der Austausch der Kulturfähigkeit durch dressierte Denksurrogate.

Das subjektive natürliche Schulderlebnis des Friedfertigen kann sehr rasch ausgeschwemmt und manipulativ umgekehrt werden, wenn anhaltende *kriminelle Handlungen der Staatsgewalt* offiziell Belobigungen und Anerkennungen erfahren, dagegen aber die humane Energie einzelner Bürger mit offizieller Verachtung und Demütigung überzogen wird. Die Irritationskraft legalisierter Verbrechen vermag bei der Mehrheit der Menschen, die zur Nachahmung neigen, natürliches Unrechtsbewußtsein zu erschüttern, und zwar mit einer Schnelligkeit, die sich proportional zur Einfältigkeit beschleunigt.

Es waren nicht nur Nazis, die der Meinung waren, daß Recht sei, was dem Volke *nütze*. Auch Englands „right or wrong, my country" oder Chinas „alle Macht kommt aus den Gewehren" oder das Klassenrecht des Großtyrannen vergewaltigten und vergewaltigen die Menschenrechte und strapazieren die Staatsräson unter verbrecherischer Mißachtung der Individualsouveränität eines jeglichen.

Das Phänomen der persönlichen Schuldverdrängung aller ideologisch und theokratisch vernunftentleerten Rumpfmenschen, aber auch das Problem der Selbstverblendung durch die Glückseligkeit desvermeintlichen Besitzes eines staunenswerten politischen Bewußtseins sind nicht nur Erscheinungen korruptionsanfälliger Halbintellektueller, sondern auch ein *Bedürfnis* der Theoretiker des politischen oder theokratischen Ideologismus.

So rufen beide theoretischen Richtungen eine ominöse Gestalt an, die als Urquelle der Legitimation für jedes Attentat auf die Freiheit des Menschen ihren Namen leihen muß. Die bekanntesten der Neuzeit, von denen einige schon wieder vergessen worden sind, sind im politischen Ideologismus Marx, Lenin, Stalin, Hitler, Duce, Nasser, Pol Pot, Breschnjew, Fidel Castro unter anderem Menschenrechtsignoranten, im theokratischen Ideologismus das Schauspiel des kulminierten Aberglaubens im 20. Jahrhundert: der antireligöse Teheraner Ayatollismus und der Großmachtträumer Ghadafi.

Beide theoretischen Richtungen verweigern den Anspruch des Menschen, das Schicksal in die eigene Hand zu nehmen. Der theokratische Ideologismus schreibt u.a. vor, was schicklicher sei, einen Hut oder einen Turban zu tragen, er ordnet die Musik der Welt nach den Regeln theokratischer Erleuchtungen und verhängt Todesstrafen im Falle der Beleidigung eines Imams; der politische Ideologismus des Großtyrannen bestimmt, daß niemand sagen darf, was er denkt und niemand es sich anmerken lassen darf - wenn er nicht im Arbeitslager verschwinden will -, daß er das, was er sagt, nicht auch denkt.

Solche totalen Menschenrechtsvernichtungen beendigen die Kulturfähigkeit des Menschen und begründen die Leibeigenschaft in der Neuzeit. Die Dressur zum Kulturungebrauch, d.h., der absolute Vernunftverzicht, die Mutation der produktiven Selbstverleugnung, ist das Wesen des Staatsrechts aller relativen Eliten unterhalb der Nullschwellenbestimmung aller Rechtssysteme in der Welt unserer Tage.

In der Minus-Eins-Zone des Staatsrechts der relativen Eliten wird die manipulative Vernichtung der politischen Kulturbereitschaft durch andauernde existentielle Lebenserschwerung und materielle Abhängigkeit von der Staatsgewalt (wie sie in der Zone 1 oberhalb der Nullschwelle üblich, aber nicht Bedingung ist) abgesichert.

Das Persönlichkeitsbewußtsein verschwindet unter der Verpflichtung des absoluten Gehorsams gegenüber einem ideologischen oder theokratischen „Heiligen". Ein Imam oder Marx, Allah oder der Urschlamm bestimmen das Bewußtsein. Nur, daß der Mensch auch ein vernünftiges Wesen sein kann, das ist in allen Ideologien undenkbar. Der Mensch ist aus seiner natürlichen Urteilskraft herausgestoßen, ist kopflos geworden und funktioniert nur noch als Rumpfmensch mit Bewußtsein, wohlbemerkt, mit beliebig wechselnden Führeren zu beliebig wechselndem Bewußtsein fähig. Welch eine Tragödie der ideologisierten Entrechtung Ahnungsloser!

Die Undenkbarkeit der Vernunftfähigkeit des Menschen ist die Grundlage der modernen ideologischen Kultur-Unfähigkeitsdressur relativer Staatsgewalt. Der Höhepunkt dieses Dressuraktes ist der Verzicht auf eigene Urteilskraft, ohne es zu bemerken.

Die Wohlverhaltensdressur des ideologischen Bewußtseins

Jedes ideologische Bewußtsein ist eine Wohlverhaltensdressur aus Angst vor den nachteiligen Folgen eigener vernunftfähiger Urteilskraft.

In der Unterwerfungsabsicht ist die Bewußtseinspflege eine konventionelle Anpassungsdemonstration zum Zwecke der materiellen Aufwertung des garantierten Unterschichtsstandards für die arbeitende Klasse in allen Staatsgebieten relativen Staatsrechts.

Der bewußte oder unbewußte Objektivitätsirrtum der Bewußtseinsakrobaten ist ein allgemeiner, besonders bei politisch Ahnungslosen und im Grunde ihres Wesens Friedfertigen. Selbst wissenschaftlich hochgezüchtete und tüchtige Technokraten im NS-System wie z.B. Albert Speer und andere ehemalige Volksgenossen unterlagen dem bewußtseinsverändernden Mitläufereffekt eines tyrannischen Systems.

Bewußtseinsveränderungen und Bewußtseinspflege, also der Zugriff der negativen Staatsgewalt auf die Gehirnwindungen der Ahnungslosen und Vertrauensseligen, gehen der Vorbereitung jedes größeren Staatsverbrechens voraus. Das Ziel jeder ideologisierenden Vernunftauswässerung ist die Liquidation der sogenannten Klassen-, Revolutions- oder sonstiger Staatsfeinde, also das Auskämmen aller vernunftpflichtigen Andersdenkenden aus der privaten Gesellschaft. Die Bewußtseinsveränderung verändert hoheitliches Handeln legal durch das Zustimmungsritual der bewußtseinsveränderten Weltanschauungsgeschädigten. Die nachfolgende Unterwerfung aller bedarf keinerlei Rechtfertigungen mehr durch die Unrechtsverwalter. Politisches Bewußtsein ist daher die Ursache aller mit Macht erzwungenen Objektivitätsirrtümer. Wer vorgibt, ein politisches Bewußtsein zu haben, ist ein potentieller Menschenrechtsignorant und ein feiger Karriereritter und Opportunist obendrein.

Die Dressur zum vernunftlosen sogenannten politischen Bewußtsein ist daher die sicherste Gefolgschaftsgarantie aller Attentäter auf die Vernunftfähigkeit des Individuums. Kein Terror ist möglich ohne den Denkknick, ohne das „Bewußtsein", daß Terror gerecht sei.

Minus-Zwei-Zone, Kulturaustauschbereich des bewußtseinsvernarrten Rumpfmenschen

Es ist ernsthaft die Frage zu stellen, ob es zulässig sein kann, vernunftentleerte Rumpfmenschen, die sich ihrer Urteilskraft aus Opportunität oder Überlebensangst entledigt haben, symbolisch als vernunftentleerte, nur bewußtseinstragende Körper zu bezeichnen, ohne die Menschenwürde dieser Unglücklichen verletzt zu haben. Die politologischen Einsichten über die möglichen Machenschaften absoluter Staatsgewalt staatskapitalistischer Sklavenhaltersysteme sprechen dafür, den aufgezwungenen Kulturverzicht der arbeitenden Bevölkerung aus Überlebensangst restlos zu entschuldigen, weil auch der Opportunist dem Deformationswillen der ideologischen oder theokratischen Demagogie zum Opfer gefallen sein könnte. Die Hoffnungslosigkeit einer Abwehr der absoluten Repressionsfähigkeit einer Staatsgewalt, die alle bürgerrechtlichen Freiheitsräume verstaatlichend eliminiert hat, bedingt Überlebensstrategien, in die sich freiheitsgewohnte Menschen fast nicht hineindenken können.

Ein Schuldvorwurf gegen einen einzelnen kann daher nur sehr bedingt und nur unter größter Berücksichtigung der dauernden Nötigung zur Selbstentfremdung in allen Sklavenhaltergesellschaften entwickelt werden, weil das Anfälligkeitsrisiko zur gleichen Unterwerfungsbereitschaft unter nur geringfügig geänderten politischen Grundstrukturen, z.B. durch Verstaatlichungsexzesse von Eigentum und Kapital, der freiwilligen Entfreiheitlichung bis zur Selbstaufgabe machtpolitisch *auch im Kulturkreis der Euro-Atlantischen Gemeinschaft leicht denkbar wäre.* Es genügte schon das Informations- und Erziehungsmonopol einer negativen, ideologisch verkümmerten Staatsgewalt, und die Bewußtseinsveränderung in den Abgrund der Selbstentfreiheitlichung fände schon unmerklich statt. Wer die politische Zerfahrenheit und die Ideologisierungspressionen seit der sozialliberalen Untergangskoalition noch manipulationsimmun zu beobachten vermag, weiß, wie leicht es ist, eine freie Gesellschaft ideologisch zu entfreiheitlichen.

Der neue, zur Nachahmung auffordernde staatlich geförderte Bewußtseinskult würde das närrische Treiben der Weltanschauungsgeschädigten so selbstverständlich erscheinen lassen, daß der Austausch der inhaltlichen Bestimmungen von sozialen und politischen Begriffen erst zur überlieferten Kulturvernichtung und dann zur kulturaustauschenden „Ideologie-Kultur" führen würde.

Auch der Abendländer könnte zum vernunftentleerten Rumpfmenschen werden, der den Verstand nur noch gebraucht, um nicht von der Linientreue der jewviligen gültigen gemeinwohlpolitisierten Denkschablone abzuweichen. Der Begriff „vernunftentleerter Rumpfmensch" soll daher nicht das Individuum in seinem augenblicklichen hilflosen Deformationszustand in Frage stellen, sondern soll als politisch-technischer Begriff den Dauerdeformationszustand des Menschen in politischen Sklavenhaltersystemen kennzeichnen.

In der Minus-Zwei-Zone der sozialistischen Sklavenhaltergesellschaft findet das politische Phänomen statt, daß durch intensive Einredung mittels einer informationskettenzusammenlegenden totalen Staatspresse sowie durch totale Kommunikationssteuerung die intellektuelle Selbstaufgabe, also der Verzicht auf die eigene Urteilskraft, sich zu einem dankbaren Huldigungsritual der Selbstverleugnung stilisiert.

Die Mutation der produktiven Selbstverleugnung (MdpS) entwickelt sich zu einer neuen „sozialistischen Kultur", die der uneingeweihte Außenstehende in ihrer untergründigen Doppelbödigkeit und doppelten Sinnhaftigkeit der offiziellen und inoffiziellen Denkdimension nicht mehr durchdringt.

Offiziell wagt niemand, die großen Worte des „weisen Lehrers", des „Väterchens aller Volksgenossen", des weisen und genialen „Führers", des „Sängers des Fortschrittes und des Friedens" zu überhören, noch weniger, ihm, dem „Genie der Staatskunst", dem „Gottkönig aller Könige", dem „Stellvertreter des Allmächtigen" zu widersprechen. Dieses intellektuelle Drama der Selbstverleugnung im Ghetto der Angst ist Denkenden körperlich unerträglich, sie müssen, um zu überleben, sich der MdpS selbsterhaltend bedienen.

Jeder relativen Elitenherrschaft ist das bekannt. Sie achtet daher darauf, die vernichtete politische Kulturfähigkeit der Individualsouveränität des Freien, also die Verweigerung der immateriell dimensionierten Ansprüche, durch die Reinstallierung einer herrschaftsstabilisierenden Denkschablone als immateriellen Dimensionsersatz auszutauschen, damit der Aggressionsstau der Gedemütigten sich im Objektivitätsirrtum, sich selbst bestätigend, regelmäßig entladen kann.

Herrschaft im Prozeß der Minus-Zwei-Zone liquidiert alle noch in der vernünftigen individuellen Urteilskraft liegenden Gefahren und ersetzt das vereinzelt noch anzutreffende unabhängige Denken der restlichen Aufrechten durch weltanschauliche oder ideologische, vermeintlich schlüssige Denksurrogate.

Alle gesellschaftspolitischen Lehrstühle des politischen Ideologismus haben keine andere Aufgabe, als die Gesellschaft von allen Vernunftanfechtungen und politischen Freiheitsräumen zu reinigen. Diese eiserne Logik jeder Unterwerfungselite wird von kleinbürgerlichen Möchtegernpolitikern in grandioser Ignoranz einfach übersehen.

Der Machtabsolutismus, also die absolute ideologische Verfügungsgewalt der Herrschaftselite über die Menschen, wird durch die absolute Verfügungsgewalt über das Leben und die täglichen Lebensgüter abgeschlossen. Grund und Boden, Arbeit und Kapital, Arbeitsplätze und Einkommen gehen in die Dispositionsgewalt, in das Gewährungs- und Verweigerungsrecht der Herrschaftselite. *Dadurch aber wird Verfügungsgewalt über das Denken, letzteres durch die Denkschablone einer beliebigen Weltanschauung bewußtseinsgestärkt, bis zur Chancenlosigkeit der Befreiung des Menschen aus der Abhängigkeit anderer verewigt.*

Die Partei-, Vernunft-, Rechts-, Geschlechts- und Kultursäuberungen der Minus-Zwei-Zone

In der Minus-Zwei-Zone aller sozialistischen Sklavenhaltersysteme wird der staatstheoretische Überbau Schritt für Schritt den neuen Verhältnissen angepaßt. Politische Säuberungen leiten die geräuschlosen Bücherverbrennungen in allen öffentlichen Bibliotheken ein. Im Herrschaftsbereich des Großtyrannen werden unliebsame Informationsquellen nicht theatralisch verbrannt, sondern wegen ,,Unansehnlichkeit'' oder aus ,,Desinfektionsgründen'' langsam, aber sicher aus dem Verkehr gezogen. Neuauflagen unerwünschter Literatur erscheinen in den Staatsverlagen nicht mehr, die Erinnerung verblaßt, das Bewußtsein ändert sich.

Der abgetretenen Individualsouveränität an die Herrschaftselite folgt die Säuberung des Mitläuferstandes zur Aufbesserung der Unterwerfungskader. In parteipolitischen Waschgängen werden die Kandidaten des politischen Opportunismus nach dem Grad ihrer Selbstverleugnung sorgfältig geprüft und der Zustand der moralischen Deskelettierung und willfährigen Ergebenheit nach staatlich vorgegebenen Erwartungstoleranzen gewogen. Beweise der gesellschaftlichen Wachsamkeit, z.B. die Zahl der denunzierten andersdenkenden ehemaligen Freunde und Bekannten, haben einen gesellschaftsfähigen Zuverlässigkeitswert für die politische Führung. Idealisten und verirrte Moralisten, die sich der moralischen Deskelettierung verweigern, werden aus der ,,Partei'' rechtzeitig ausgestoßen und unter Beobachtung gestellt.

Nach den Parteisäuberungen finden die Vernunftsäuberungen statt. Ein Heer von Berufsrevolutionären, unterwerfungsbereiten Erfüllungsgehilfen der politischen Kaderpartei, achtet wachsam über jede unbefangene Bürgerreaktion, die außerhalb der ideologischen Einbahnstraße des Denkens liegt, um sie rechtzeitig im Keime zu ersticken. Staatsrundfunk, Staatspresse, Informationswesen und Staatsdruckereien beschränken den Wirkungskreis eines vernünftigen Gedankens. Dieser darf, sofern er systemkritisch ist, selbst im Familienverbande nicht mehr gedacht werden.

Die Anpassung der überlieferten Rechtsprechung an die neuerfundene Herrschaftstheorie, die Verallgemeinerung und Verinnerlichung neuer Norm- und Verhaltenserwartungen, das alles und vieles mehr sind naturrechtsaustauschende Hoheitsakte moderner relativer Herrschaftseliten. Immer weniger bleiben noch fähig, die grandiose Amtsanmaßung der Staatsgewalt auch nur noch in Frage zu stellen. Der Austausch der soziokulturellen Determinanz insbesondere im Bereich des theoretischen Überbaus, ist so perfekt organisiert, daß selbst ein kritischer Gedanke, der nur geträumt wäre, ein Staatsverbrechen wäre, wenn er bekannt würde.

Der anti-naturrechtliche Rechtspositivismus ist zu jeder Zeit und für jede Situation geeignet, rechtstheoretisch den Beweis der Rechtsgültigkeit *jeder* Staatshandlung zu erbringen. Das völkerrechtlich erfundene bequeme Nichteinmischungsprinzip in die inneren Angelegenheiten jedes Staates garantiert jedem staatsrechtlich organisierten Banditismus die internationale Reputation der Gleichrangigkeit und der Gleichwertigkeit, weil es zur völkerrechtlichen Anerkennung eines Staates vollkommen genügt, eine beliebige Staatsgewalt über ein Staatsvolk in einem Staatsgebiet erzwingen zu können.

Parallel zur Partei-, Vernunft- und Rechtssäuberung findet die Geschichtssäuberung statt. Diese rechtfertigt z.B. territoriale Ansprüche, verlegt bedeutsame Erfindungen in die eigenen Hoheitsgebiete und entdeckt neue Erfinder, Forscher und Wissenschaftler aus dem eigenen Volke, die als Vorläufer aller Wissenschaften von den „Feinden" z.B. des Sozialismus absichtlich der Welt „unterschlagen" worden sind.

Die Auslöschung aller historischen Beweise individuellen, nicht herrschaftsgefälligen Freiheitswillens aus der Geschichte und Literatur ist Forschungsauftrag für alle Mitarbeiter des theoretischen Überbaus. Universitäten haben den Stellenwert umfassend qualifizierter Parteihochschulen. Die Umstellung des geistigen Erbes des Volkes nach den Wertmustern der Herrschaftselite und später nach den Bedürfnissen der Tagespolitik ist selbstverständliches Stabilisierungsmittel der neuen, sich habituell wissenschaftlich ausweisenden Denkschablonenpfleger.

Reichspropagandaministerien oder staatliche Film-, Funk-, Fernseh- und Presseanstalten sorgen für die lupenrein einseitige Unterrichtung aller Ahnungslosen.

Alle politischen Säuberungen vollziehen sich in der Absicht, den Anspruch des Individuums auf die vorstaatlichen Primärfreiheiten auszulöschen und die Freiheitssehnsucht des Menschen auf den *sekundären* Freiheitsbereich, zu essen, zu trinken, zu arbeiten und sich fortzupflanzen, zu beschränken. Die Verschlechterungen der Lebensbedingungen aller auf den garantierten Unterschichtsstandard zwingt zur herrschaftsstabilisierenden familiären Doppelberufstätigkeit, so daß zur *primären* Freiheitssehnsucht des im Kollektiv überwachten Individuums weder Zeit noch Kraft übrigbleibt.

Wenn apolitische, weitgehend familisierte Individualinteressen die Gefährdung der staatlichen Unterwerfungsstrategie ausschließen, also politisch bedeutungslos bleiben, sind die relativen Elitenherrschaften im Regelfall großzügig, sekundäre Minimalrechte zu gewähren, z.B. sich nicht mit Verboten über die Benutzung eines Sees zum Baden oder zum Fischen aufzuhalten. Vermutet Herrschaft aber möglichen Widerstand aus Systemtransparenz einleitenden familiären, unbelauschbaren Reflexionen, die zum Widerstand organisierbar wären, zerschlägt sie konsequent jede punktuelle Infragestellung der Herrschaftsautorität. Umsiedlungen ganzer Bevölkerungsgruppen, Verbannungen, Elternrechtsbeschneidungen sowie Massenanklagen wegen „konterrevolutionärer Umtriebe" oder „friedensgefährdender Hetze" geben infolge der veränderten Bewußtseinslage unzählbare Möglichkeiten scheinlegaler Menschenrechtsdeformationen.

Der ganze Kulturaustausch-Prozeß in der Minus-Zwei-Zone ist ein Bestandteil des Wortkrieges zur Bewußtseinsveränderung durch Kultursäuberungen. Es ist dies ein Verfahren, das für freie Menschen so absurd wie überflüssig ist, weil die dauernde Durchsetzung der menschenrechtswidrigen, auf Vernunftverbot begründeten parteipolitischen Kultursäuberungen eines Überwachungs- und Kontrollapparates bedarf. Gäbe es diese vernunftwidrigen Säuberungen nicht, würde nicht nur der Lebensstandard aller Menschen verdoppelt und verdreifacht, sondern auch die Vielseitigkeit des Lebens ohne Angst jedermann erschlossen.

Minus-Drei-Zone der sozialistischen Sklavenhalterkultur

Ist die Liquidation der Menschenrechte in der Minus-Eins-Zone eingeleitet und in der Minus-Zwei-Zone abgeschlossen worden, so vollzieht die relative Herrschaftselite den Sozialismus der Sklavenhalterkultur der Neuzeit in der nächsthöheren Form des Unterwerfungsabsolutismus.

Die materiellen Voraussetzungen der Dauerabhängigkeit aller auf der Ebene des Existenzminimus sind durch die totalen privaten Verfügungsaufhebungen von Boden und Kapital, von Arbeit und Einkommen, von Produktion und Konsumtion, von Zeit und Information, von Berufs- und Bewegungsfreiheit so gefestigt, daß die innere Sklavenhalterkultur der sozialistischen Menschenrechtsignoranz in der Minus-Drei-Zone schicksalsergeben und widerstandslos vom desinformierten Volk angenommen wird.

Selbst die wenigen *informierten* Zirkel ertragen das Unvermeidliche. Nur vereinzelte Bürgerrechtler signalisieren den unverzagten Freiheitswillen, der jedoch infolge fehlender Informationsmöglichkeiten innenpolitisch völlig wirkungslos bleiben muß. (4)

Das generelle Verbot privater vernunftstabilisierender Veröffentlichungen, die Verstaatlichung aller Druck- und Reproduktionsmittel haben keinen anderen Zweck als die Beseitigung vernunftwahrender Informationen. Die Omnipotenz herrschaftsstabilisierenden ideologischen Schwachsinns ist nur durch die Verstaatlichung der Produktionsmittel durchsetzbar. Weil das so ist, steht die ,,Verstaatlichung'' auf allen Programmen sozialistischer Parteien an erster Stelle. Die zu erwerbende Macht soll für die Ewigkeit erworben werden. Die Werktätigen aber, die für alle Zeiten bis zur Doppelberufstätigkeit und strenger Bestrafung jeder ,,Schwarzarbeit'' geplündert werden sollen, begehren wie idiotisiert sozialistische Endlösungen zur Menschenkontrolle. Wahrlich, der Gefahrwitterungsinstinkt siecht krebskrank vor sich hin!

Die wenigen handgeschriebenen Samostat-Auflagen in Weißrußland, in der Ukraine und anderswo erreichen nur einzelne, die Masse des Volkes bleibt informativ ausgetrocknet. Sie ist nicht imstande, die Manipulationsimmunität durch herrschaftsunabhängige Informationen zu erneuern oder zu reaktivieren.

Die Chancenlosigkeit einer Einflußnahme auf das politische Geschehen ist durch die Struktur der Verstaatlichung von Produktionsmitteln und durch die totale Entrechtung aller nicht zur Parteielite zählenden Werktätigen nach dem Willen der kommunistischen Partei für alle Ewigkeit besiegelt. Die wenigen ohnmächtigen Bürgerrechtler werden durch den Großtyrannen eher geduldet als verfolgt. Schließlich lotet der Staatssicherheitsdienst mit ihrer Hilfe die möglicherweise noch unentdeckten Konterenergien des möglichen Widerstandes gegen Ausbeutung, Unterwerfung und Menschenrechtsignoranz geschickt aus.

Eine Herrschaft, die die Gewaltunterworfenen in den Zustand der Minus-Drei-Zone geführt hat, ist eine entfreiheitlichte, innenpolitisch eine relativ aggressionslose Zustimmungsgesellschaft geworden, die von der Erfolglosigkeit beliebiger Widerstandsformen überzeugt worden ist. Das offizielle Verbot vernunftpflichtiger Urteilskraft aller Volksgenossen ist nachdrücklich postuliert, und Kritik ist in jedem Falle Ketzerei und wird auch als solche mit Zustimmung der bewußtseinsdeformierten Volksseele behandelt. Der theoretische Überbau der Gesellschaft solcher Polit-Systeme ist durch die Denkschablone der „Nomenklaturisten", wie sich z.B. die Sowjet-Demagokraten selbst bezeichnen, schlüssig besetzt.

Das ideologisch dogmatisierte Staatsrecht legalisierter Gewaltkriminalität gegen Denkende und Vernunftpflichtige sichert die relative Herrschaftselite dauernd und verläßlich vor kritischen Fragen und vor der öffentlichen Aufdeckung ihres menschenrechtsverweigernden Staatsrechts einer Sklavenhalterkultur in der Neuzeit. Der strenge Vollzug der ideologisch reinen Lehre und, parallel dazu, die konsequente Isolation vernunftepedemischer Ansteckungsgefahr garantieren gefahrlos die Überlebenssicherheit der Unterwerfungselite.

Im allgemeinen ist jede Herrschaft *unter der Nullschwelle,* die mit ausgetauschten und jederzeit austauschbaren Denkschablonen arbeitet, weder in ihrem Bestand zu erschüttern noch mittels der kritischen Urteilskraft aus der Substanz des eigenen Volkes von innen aufzubrechen. Der Verunsicherungsfaktor der möglichen Kenntnisnahme individualsouveräner vorstaatlicher Grundrechte wird mit dem ersten gelernten Buchstaben ausgeschlossen. Die totale informative Überwältigung hat die Fremdbestimmung der Sozialisationsopfer durch Staatsmedien erfolgreich abgeschlossen.

Alle staatsanwaltlichen Aktionen in vernunftunzulässigen Demagokratien und Theokratien richten sich nach der Stabilität der inneren Sicherheit, die durch ehrenamtliche Volkshelfer, nachbarschaftliche „Wächter der heiligen Errungenschaften des Fortschritts und der Friedenssicherung des werktätigen Volkes", politische Denunzianten und „Wächter der Revolution", genau beobachtet und registriert wird. Fallen die Urteile der Volksgerichte und Revolutionstribunale maßvoll aus, z.B. 5 Jahre Arbeitslager für den im Herrschaftsbereich des Großtyrannen verbotenen Besitz einer Goldmünze oder einer Zeitschrift aus dem kapitalistischen Westen oder das Tragen eines westlichen gotteslästerlichen Hutes, dann ist die Herrschaftselite mit der Unterwerfungsdisziplin des Volkes relativ zufrieden. Fallen die Urteile härter aus, also 20 Jahre Arbeitslager für eine Beschwerde über die schlechte Versorgung mit Lebensmitteln oder die Todesstrafe für eine Gotteslästerung in Theokratien, dann signalisieren solche Urteile, daß sich ein Infektionsherd kritischer Urteilskraft unter den Arbeitern und Bauern, Hirten und übriggebliebenen Individualisten unkontrolliert ausgebreitet hat.

Die Minus-Drei-Zone ist eine auf Dauerunterwerfung angelegte Sklavenhalterkultur, die sich staatsrechtlich mit erstaunenswerter Gründlichkeit - trotz anhaltender Menschenrechtsdiskussion in der Welt - aus den Staatsrechtspraktiken vorchristlicher Zeit in gefährlicher und gewalttätiger Art und Weise im zwanzigsten Jahrhundert zählebig restaurieren konnte.

Es bleibt zur Zeit nur die Besonnenheit der Vernunftfähigen, durch beispielhaft Lebensstandard und durch praktizierte Freiheit eines jeglichen dem Großtyrannen die Sinnlosigkeit der Erzwingung einer sozialistischen Sklavenhalterkultur deutlich zu machen und die Erfolglosigkeit weiterer Eroberungen und Entfreiheitlichungen friedliebender Völker durch die Solidarität der Freien überall in der Welt einsichtig werden zu lassen.

Solange das System der euro-atlantischen Verteidigung Schwachstellen und Einbruchstellen bietet, wird der Weltfeind der Menschheit immer versuchen, seiner öffentlichen Verurteilung und unausweichlichen Abdankung durch Ausdehnung und Festigung seiner Macht zu entgehen.

*

Kapitel XXI

Der Unterschichtsstandard als Herrschaftsmittel aller Unterwerfungseliten

Besitz macht frei, Besitzlosigkeit abhängig

Besitz macht frei, Besitzlosigkeit abhängig. Nach dieser Grundregel organisiert sich jede Unterwerfungselite, die durch Parzellierung der Besitzverhältnisse die Abhängigkeitsverhältnisse parzelliert.

Es gibt im Prinzip zwei Möglichkeiten der Existenzsicherung und des Besitzzuwachses:
erstens
die natürliche Form der Eigentums- und Unabhängigkeitsentstehung durch Arbeit, Können und Kapital,
zweitens
die unnatürliche Form der Eigentums- und Unabhängigkeitsentstehung durch Unterwerfungsbereitschaft, beliebige Gefolgschaftstreue und Machtmißbrauch.

Beide Prinzipien verdichten sich zu der Alternative: Existenzsicherung durch Arbeit oder durch Käuflichkeit des Gewissens. Wer seine Arbeitskraft nicht verkaufen will, will von der Verkäuflichkeit seines Charakters leben.

Die relative Herrschaft der Unterwerfungseliten entstand im Regelfall aus der zweiten, unnatürlichen Form der Existenzsicherung, die immer eine Pfründensicherung auf Kosten der Ausgeplünderten der ersten Form des Besitzstrebens ist.

Materielle Unabhängigkeit, hier als bürgerliche soziale Autarkie bezeichnet, macht herrschaftsallergisch, unterwerfungsunwillig, materielle Abhängigkeit dagegen gunstbuhlend, unterwerfungswillig. Insofern kann materielle Unabhängigkeit die Verfügungsgewalt über Menschen durch Herrschaft abwehren, materielle Abhängigkeit dagegen Herrschaft etablieren, festigen, verewigen. Jede Herrschaft ist eine Unterwerfungsherrschaft, sie erschwert, soweit sie vermag, zielbewußt die Teilhaberschaft an der Freiheit der materiell Unabhängigen. Jeder moderne Unterwerfungswille kulminiert zum sozialistischen Gebrauch aufgehobener Eigentumsverhältnisse und der aufgehobenen materiellen Unabhängigkeit aller.

Die im Sozialismus durch Beseitigung von Eigentumsverhältnissen aufgehobene Verfügungsgewalt des Menschen über sich selbst ist herrschaftsproduktiv und ein verläßliches Regulativ zur Steuerung profaner Egoquanten nach Maßgabe staatsbeliebiger Zweckmäßigkeit.

Die naturrechtlich unzulässige *Verfügungsgewalt von Menschen über Menschen* ist durch die Rechtsübertragung aller Individualrechte auf das sogenannte sozialistische Kollektiv *legal restauriert* worden und aus staatssouveräner Machtvollkommenheit zum menschenverachtenden Staatsrecht über das Staatsvolk im Staatsgebiet des Großtyrannen aufgestiegen.

Auch nichtsozialistische Unterwerfungseliten streben eigengesetzlich und herrschaftsstabilisierend die materielle Verfügungsbeschränkung bis zur allgemeinen Verarmung des Volkes an. Doppelberufstätigkeit und progressive Steuerabschöpfungen gemeinsam Veranlagter sind tragische Beispiele strangulierender Menschenrechte. Noch hat die sich in bürgerliche Gesellschaften einnistende sozialistische Kollektiv-Droge die Staatsgewalt noch nicht verabsolutieren können, weil der Zugriff auf die Produktions- und Eigentumsverhältnisse noch nicht gelungen ist bzw. durch die objektive Interessenlage des mittelstandsbewahrenden Widerstandes der noch materiell Unabhängigen - eher zufällig und unbewußt als aus politischer Mündigkeit - mühsam verhindert werden konnte. Es ist historisch und massenpsychologisch aufregend, die wachsende Ideologisierung parallel zur schrumpfenden Vernunftfähigkeit von Volksmassen zu beobachten. Denn obwohl in der privatkapitalen bürgerlichen Gesellschaft jeder die Chance hat, für sich zu arbeiten, im Sozialismus dagegen jeder nur in der Pflicht steht, für andere arbeiten zu müssen, drängen Millionen zu den Wahlurnen, ihre seelische Kastration durch Staatsgewalt zu beschleunigen.

Der Sozialzynismus des Sozialismus als die politisch erklärte Garantie eines Unterschichtsstandards für alle zur Besitzlosigkeit und politischer Entrechtung Verurteilten hat für geistig unbedarfte Glieder einer bürgerlichen Gesellschaft oft die Faszination eines Vampirs. Dekadenz kann nicht besser umschrieben werden.

Jeder natürliche Selbsterhaltungswille ist moralisch

Die Irrationalität des Glaubens an die vorstaatliche Existenz der Freiheit als zweite Dimension des Menschen und Regulativ eines natürlichen Selbsterhaltungswillens hat eine transzendentale Wurzel, aus der sie schöpft und den Anspruch der natürlichen Individualsouveränität gegen die ursprünglich nicht existente, gewissermaßen nachgesetzte Staatssouveränität verteidigt.

Es ist nützlich und dem dauernd unterwerfungsbedrohten Individuum großen Schutz gewährend, christlich daran zu glauben, daß die Gotteskindschaft des Menschen die Demütigung der Kinder Gottes durch Herrschaft ausschließt.

Es ist nützlich, daran zu glauben, daß materielle Abhängigkeit, sozialistischer Existenzminimalismus und politische Denkverbote über Naturrecht-Prinzipien keine natürlichen, sondern von Menschen gemachte kriminelle herrschaftserhaltende Menschenrechtsverweigerungen sind, die zu befolgen oder sich ihnen zu ergeben, niemand verpflichtet werden kann, der Eigner seiner selbst geblieben ist und sich im Zustand der von Gott gegebenen Individualsouveränität befindet.

Gotteskindschaft schließt die Demütigung der Kinder Gottes aus. Wer daran *nicht* glaubt, sollte wenigstens rein pragmatisch den Nutzen des möglichen Rechtsschutzes des Individuums aus *dieser* Konstruktion des Staatsrechts, das der Idee der Freiheit sehr förderlich ist, vernünftigerweise und zweckdienlich anerkennen.

Diese Rechtskonstruktion und nur diese postuliert nämlich ein Rechtsverhältnis - allein durch den Glauben argumentiert -, das den Menschen vor Gewaltmißbrauch durch Herrschaft sehr wirksam zu schützen vermag. Hier sollte unverzichtbar ein Selbsterhaltungswille unter natürlichen, also repressionsfreien Bedingungen auch dann gefordert bleiben, wenn der Beweggrund ein religiöser ist. Diese theologische Absicherung der Unantastbarkeit der Menschenwürde zu ignorieren, vergrößert nur die Gefahr, im Kampf gegen die weltweiten Naturrechtsignoranten allein zu bleiben, sie zu bejahen dagegen sichert den persönlichen Schutz allein schon durch die Behauptung von der Heiligkeit der menschlichen Existenz. Antichristliches Laborieren an einer Menschenwürde, die auch aus einer politischen Gemeinschaft entstehen kann, setzt die Manipulationsimmunität eben dieser Gemeinschaft voraus. Die Geschichte von der Verführbarkeit der Massen belegt, daß es solche Staatsverfassungen selten gegeben hat.

Jeder, auch der religionsverwurzelte Selbsterhaltungswille, der anderen nicht schadet, ist natürlich und daher moralisch. Die Abwendung von Not, Überlebensgefahren und Lebenserschwernissen ist der erste Bestimmungsfaktor jeder beliebigen Kreatur. Die Triebbefriedigung - unter der Voraussetzung der Unschädlichkeit für dritte - ist absolut geboten und sogar Pflicht. Die bedürfnisbefriedigenden materiellen Antriebe zentrieren um Leib und Sachen sowohl für sich als auch mit anderen. Höherwertige Egoquanten entwickeln sich im Regelfall erst oberhalb des Hungergefühls und weit jenseits der Armutszone.

Herrschaft ist daher immer darauf bedacht, den Selbsterhaltungswillen der Menschen nicht aus dem Unterschichtsstandard zu entlassen, weil höherwertige Egoquanten den Unterwerfungscharakter der Herrschaft durchschauen und schließlich verweigern würden.

Der natürliche Selbsterhaltungswille wird durch Repressionsfreiheit gesichert

Es ist erwiesen, daß natürliche gesellschaftliche, nicht deformierte Lebensverhältnisse tendenziell und grundsätzlich auf Gerechtigkeit fixiert sind und unter repressionsfreien, d.h., herrschaftsfreien Bedingungen immer friedfertig waren.

Unter natürlichen Lebensbedingungen gilt eine unbewußte politische Kultur der Arterhaltung und Schonung auch des Rivalen. Trotz Rivalität um die Futter-, Beute- oder Existenzbedingungen bleiben die Auseinandersetzungen, wenn auch stürmisch, so doch friedfertig.

Alle Egoismen sind Selbsterhaltungsenergien evolutionärer stabiler Strategien (ESS) des „egoistischen Gens".

> „Da die Gene eines Individuums nicht nur in dessen eigenen Nachkommen weiterleben, sondern - sie wurden ja von den Eltern übernommen - auch in Geschwistern, Nichten und Neffen zu einem jeweils mit der Wahrscheinlichkeitsrechnung leicht zu schätzenden Prozentsatz, ist es die sicherste Strategie, den eigenen Genen zur Verbreiterung zu verhelfen, wenn man die ganze eigene Verwandtschaft unterstützt. Auch „Sippensinn ist somit eine vom Expansionsstreben der Gene diktierte Form des Eigennutzes". (1)

Dieser auf Verwandtschaft reduzierte Selbsterhaltungssinn der Gene ist durchaus zu übertragen auf den hier aufgezeigten Totalen Egoismus des Menschen, dessen politische Kultur vermeidet, den anderen zu töten, und zwar nicht aus Nächstenliebe, sondern aus Eigennutz, insofern er nicht Opfer der Rache eines Sippensinn reproduzierenden Gens des Getöteten werden will, das sich der Bedrohungsursache seiner Genvorgänger mit bedingungslosem Selbsterhaltungswillen und gesteigertem Sicherheitsbedürfnis merkwürdigerweise instinktsicher zu erinnern weiß. Ein Zitat soll die Klugheit der Natur belegen:
„Die Tatsache, daß bei vielen Tierarten Rivalenkämpfe - sei es um ein Weibchen, sei es um ein Territorium - nie zum Tode eines der beiden Kämpfenden führen, sondern entweder durch Demutsgesten des einen rechtzeitig abgebrochen werden oder von Anfang an überhaupt nur ritualisierte Kämpfe sind, wurde auch von Konrad Lorenz als ein *Arterhaltender Mechanismus* erklärt.

Das wird von der neuen Ethnologengeneration angezweifelt. Triebkraft für alle scheinbar altruistischen, den Gegener schonenden Verhaltensweisen ist ihrer Ansicht nach vielmehr allein das ,,Bestreben'' der Gene - der Träger der Erbanlagen -, sich in möglichst vielen Nachkommen des Individuums, das sie trägt, zu vervielfältigen. Der Organismus. der die Gene erhält, ist selbst nur eine ,,Überlebensmaschine'' für diese. Blutige Kämpfe sind jedoch eine unsichere Angelegenheit, und das Risiko, dabei zu sterben und zann für die Verbreitung der Gene nicht mehr nützlich zu sein, ist groß. Für alle Beteiligten scheint deshalb eine Strategie sinnvoller, mit der ,,klare Verhältnisse'' zwischen Sieger und Besiegtem geschaffen werden können, ohne daß einer der beiden dabei das Leben lassen muß. Für die Ausführung solcher ,,evolutionärer stabiler Strategien'' (ESS) sind eigene, in der Stammesgeschichte dafür entwickelte Gene verantwortlich.'' (2)

Auf die weltpolitische Situation übertragen, würde das heißen, daß für den heutigen Weltfeind der Menschheit sich die Chance ergibt, zu überleben, wenn er den sinnwidrigen politischen Willen, die ganze Welt unterwerfen zu wollen, aufgäbe. Die Vernunftpflichtigen der freien Demokratien und alle zenripetal orientierten Gläubigen auf der Welt müssen den Großtyrannen in der Kreml-Gruft zu einem ,,ritualisierten Kampf'' um die freiheitlichste und lebensqualitativste politische Gemeinschaft für alle herausfordern, um bei seinem ersten Anzeichnen einer arterhaltenden Unterwerfungsgeste *nicht* auf der Vernichtung der nomenklaturistischen Sklavenhalterelite durch das eigene Volk zu bestehen, *sondern die Überlebensgarantie auch des politisch entmachteten sowjetischen Bonzenadels zu sichern. Ein blutiger Kampf ist für alle Beteiligten unter den technisch möglichen Bedingungen ein zu großes Überlebensrisiko und wird vom vernunftpflichtig Stärkeren unter allen Umständen vermieden werden.*

Der Aggressionswille des Großtyrannen muß durch die politische Strategie klarer theoretischer Verhältnisse zur Erzwingbarkeit des Weltfriedens in einen glaubhaften Friedens- und Versöhnungswillen umschlagen. So unmöglich ist das nicht, wenn Tyrannen erkennen, daß freie Menschen gelernt haben, ihre Standfestigkeit sich nicht ideologisch oder angstausbreitend abschwatzen zu lassen. Hierbei muß angemerkt werden, daß über den Inhalt dessen, was Frieden und Versöhnung heißt, niemals der Aggressor entscheiden kann, wie niemals der Wolf, der auf dem Weg zu den sieben Geißlein ist, gefragt werden kann, wohin er geht und was er vorhat, zu tun.

Daß die UNO schon längst kein politisches Organ mehr ist, das der Friedenssicherung in Freiheit dient, hat sich langsam herumgesprochen. *Im Gegenteil, sie ist der Komplizenschaft mit dem Großtyrannen angeklagt, weil sie heute dramatisch ekelerregend nur noch das Rechtschaos einer vergewaltigten Welt repräsentiert.*

Das UNO-Chaos muß bald beendet werden, damit freie und politisch untadelige optimale Demokraten über den politischen Banditismus des Großtyrannen endlich Recht sprechen können. Tyrannen sind aus der Mitgliedschaft freier Völker auszuschließen. Die Beweislast der Friedensbereitschaft ist nicht durch freie Völker zu erbringen, sondern durch jene, die des staatlichen Unterwerfungsverbrechens angeklagt werden.

Repressionsfreie Merkmale des natürlichen politischen und unpolitischen Egoismus

Der natürliche *politische* Selbsterhaltungswille aller ist gesichert, wenn die Ursachen der widernatürlichen Selbsterhaltung wie Angst, Unfrieden, Repressivität, Aggressivität, Vernunftverbot, Denkschablonenpflege, „wissenschaftlicher" Ideologismus, Unterschichtdiktat, Entindividualismus, Naturrechtsignoranz, staatlich erwünschte Gottlosigkeit und krimineller Rechtspositivismus, herrschaftsstabilisierende Einkommens- und Konsumtionsmonopole, Entgrenzung der Staatsgewalt und genossensyndikalistische Unterwerfungseliten und andere Übel einer manipulationsanfälligen chaotischen Volkssouveränität beseitigt worden sind.

Der natürliche *unpolitische* Selbsterhaltungswille ist gesichert, wenn die Qualifizierung der egoistischen Antriebe aus der subjektiven Kraft des Individuums, im Hort elterlicher Geborgenheit und elterlicher Urteilskraft aufkeimend und wachsend, bis zur Selbstverantwortlichkeit gesellschaftlich repressionsfrei sich kultursteigernd entfalten kann.

Am Beispiel des anfangs dominierenden *körperlichen* Begehrens kann eine qualitative Steigerung im Erwartungshorizont als allgemeine Erfahrung anerkannt werden. Der geschlechtlich heranwachsende junge Mensch ist noch ganz fixiert auf die äußerlichen Erscheinungsbilder sowohl der Menschen als auch der Sachen. Das eigene Aussehen wie das Aussehen des Geschlechtpartners schlägt das Interesse vordergründig und faszinierend völlig in seinen Bann. Andere eigenschaftlichen oder intellektuellen Qualitäten bleiben in der Phase der sexuellen Selbstentdeckung noch im Hintergrund. Sie treten vorerst kaum als generelles, dominierendes Bedürfnis auf. Sobald aber der erste körperliche Hunger gestillt ist, wandelt sich der Erwartungshorizont. Mit zunehmendem Verstand, kritischer Distanz und wachsender Vernunftpflichtigkeit ändern sich unter gesellschaftlich repressionsfreien Bedingungen die Erwartungshorizonte, die Egoismen und somit die Ansprüche. Körperliche Ansprüche weichen den eigenschaftlichen, eigenschaftliche den intellektuellen, alle partiellen Egoismen aber werden übertroffen durch den Harmoniewillen, der die Eigentlichkeit des Menschen verwirklicht.

Diese Wertbestimmung ist nicht konstant, sie bleibt, insbesondere auch geschlechtsspezifisch, variabel, weibliche wie männliche Interessen subsummieren sich verschieden und zu verschiedenen Zeiten und Entwicklungsstufen anders. Das Leben ist eine ununterbrochene Reihe von Weichenstellungen, Umstellungen und Interessenumschichtungen, die sowohl aufsteigen, also von der Priorisierung der körperlichen Reizsignale zur Vergegenständlichung der Interessen bis zu Eigenschaften und schließlich intellektuellen und charakterlichen Egoquanten wechseln, als auch in manchen Fällen wieder absteigen.

Der Stillstand in den Beziehungen zweier Menschen aus Antriebsarmut und mangelnder Vitalität wird oft zum Sprengstoff für den sogenannten „Lebenshungrigen''. Wer sich aus einer eingefahrenen Monotonie nicht mehr höher führen kann, aber unter dem Stillstand als einem Zurückfallen der Ansprüche leidet, stürzt oft bei vollem Bewußtsein in ein beliebiges Abenteuer, gleichgültig, was dabei herauskommt.

Aber alle diese generativen Interessenschübe mit ihren austauschbaren Interessenfeldern haben alters- und entwicklungsspezifisch charakteristische Merkmale. *Die täglich aufgenommenen Informationsketten bilden informative Verdichtungszonen, die zu bestimmten Interessenkonzentrationen führen. Die Bündelung von entwicklungsspezifischen Erwartungen läßt einen jeweils neuen, geschlossenen, aber veränderten Erwartungshorizont entstehen.*

Geschlossener und offener Unterschichtsstandard

Die natürlichen Egoismuserwartungen steigern also unter repressionsfreien Bedingungen und unter genetisch günstigen Umständen den Lebensanspruch und somit auch die Egoquanten.

Der Ausbruch aus der Unterschichtsmentalität in eine individualisierende Selbstwertsteigerung, die im günstigen Fall durch soziale Autarkie sich aus der materiellen Abhängigkeit zu befreien vermag, zwingt jede beliebige Unterwerfungselite unter nicht-sozialistischen Sklavenhalterbedingungen zur Freigabe des wirtschaftlich Erfolgreichen und beruflich Tüchtigen in die geistige Unabhängigkeit.

Es gibt also zwei verschiedene Systeme der unterschichtpflegenden Unterwerfungseliten,

1. das System des *offenen* Unterschichtsstandards relativer Unterwerfungseliten nicht-sozialistischer Herrschaftsverhältnisse und
2. das System des *geschlossenen* Unterschichtsstandards relativer Unterwerfungseliten aller kommunistisch-sozialistischen Herrschaftsverhältnisse.

Ist es im ersten System des nach oben hin offenen Unterschichtsstandards grundsätzlich möglich, durch die natürliche Form der Eigentums- und Unabhängigkeitsentstehung, durch Arbeit, Können und Kapital, aus dem immer herrschaftsgefällig gewesenen Unterschichtsstandard zu entkommen, so ist es im zweiten System des geschlossenen Unterschichtsstandards grundsätzlich unmöglich, durch die natürliche Form der Eigentumsbildung in die geistige Unabhängigkeit entlassen zu werden.

Im System des Nomenklaturismus des pfründensichernden Genossensyndikats geschieht die materielle Pfründensicherung und lebensqualitative Bevorzugung einzig auf dem Wege der herrschaftsstabilisierenden Unterwerfungsbereitschaft.

Das politische System bleibt für den gewöhnlichen Nomenklaturisten auch nach seinem Eintritt in die sozialistische Bretterzaunkultur der verborgenen Pfründenabschöpfung ein geschlossenes, weil lebenslängliches Vernunftverbot und Selbsterniedrigung (MdpS) Voraussetzungen aller ideologisch konzeptionierten Unterwerfungsverhältnisse sind.

Eine Ideologie, die mittels einer Staatsgewalt zu einem Dogma erklärt wird, das mit „wissenschaftlichen" Methoden den Anschein einer Wissenschaft erfährt, ist ein Herrschaftssystem, das Vernunftwidrigkeit zur Wissenschaft erhoben hat.

Repressivität vernichtet die Natürlichkeit des Selbsterhaltungswillens

Jeder Staat, der seine Legitimation aus der Farce einer Ideologie ableitet, ist immer versucht, mehr noch, er ist genötigt, die konspirative Struktur der Vernunftmöglichkeit durch unbegrenzte Ausdehnung seiner Herrschaft zu unterdrücken und somit die Vernunftfähigkeit der Menschen überall auszuschließen. Vernunftwidrige Repressivität ist daher das unverzichtbare Herrschaftsmittel aller ideologischen und weltanschaulichen Denkschablonenpfleger.

Der Vernunftgebrauch setzt dagegen die völlige Repressionsfreiheit voraus. Nur zuverlässige Freiheit macht Vernunftgebrauch möglich. Politische Repressivität ist daher nichts anderes als ein ewiger Versuch der Verweigerung vernunftfähiger Urteilskraft.

An einem Beispiel kann gezeigt werden, wie Angst und Angstandrohung jeden Vernunftgebrauch lähmen und die natürlichen, zentripetal zugewandten Interessen entfremden und chaotisielen.

Ein geistig noch ungewandter Mensch hat zufällig die positive zentripetale Information aufgenommen, daß jeder Mensch Würde hat und Souveränität über sich selbst. Obwohl diese Information seinem Selbstwertgefühl entgegenkommt und ihm auch richtig erscheint, fürchtet er doch die Konsequenzen, sich entsprechend dieser Information zu verhalten. Innerhalb seines Abhängigkeitsverhältnisses zu anderen lehrt ihn nämlich die Erfahrung, daß es besser ist, das Lied seines Herrn, dessen Brot er ißt, auch zu singen, besonders dann, wenn der Herr nicht auswechselbar ist oder sich gar als über Existenzmittel verfügende Staatsgewalt erweist. Eine herrschaftsstabilisierende (negative) Information, die das Gegenteil behauptet und sein persönlichkeitsgespaltenes Verhalten zu entschuldigen scheint, greift er dagegen, sich selbstentfremdend, auf, weil sie der Selbstrechtfertigung seiner widersprüchlichen gespaltenen Persönlichkeit dient. Die Verinnerlichung eines unbewußten Objektivitätsirrtums mittels der Selbstberuhigung, „die anderen machen das ja auch so", erleichtert in der Tat seine Überlebensbedingungen als Mitläufer unter repressiven Bedingungen erheblich. Auch hier wieder waltet die M.d.p.S. mächtig. Das subjektive Verarbeitungsergebnis zweier gegensätzlicher Informationen ist in diesem Fall negativ verlaufen.

Die Meinungsbildung ist das morbide Ergebnis seiner durch negative Erfahrung getrübten, gefahrausweichenden Auswahl aus dem soziokulturellen Informationsüberhang geworden. Die Berufung auf andere ist das Bekenntnis verlorener Urteilskraft oder mutlosen Urteilsverzichts. Mit anderen Worten: Wenn dieser Unglückliche, dieser repressiv Geschädigte, den Mund auftut, dann spricht nichts anderes als ein gedemütigter Knecht aus seiner Seele. Und er ist in diese Lage gedrängt worden, weil materielle Abhängigkeiten auf der Ebene des Unterschichtsstandards ihn zu einem Leben in einem Ghetto der Angst verurteilt haben. Er hat nie gelernt und geraten bekommen, seinen Egoismus nicht allein auf die Existenzsicherung zu fixieren, sondern über sich hinaus zu bauen, hinauszugreifen und dem goldenen Ball der Glückseligkeit des Menschen in Freiheit nicht nur nachzuschauen, sondern auch nachzulaufen. Von Kants Postulat „Bestimme dich aus dir selbst!" besteht nicht einmal eine Ahnung.

Repressive Merkmale des profanen Egoismus

Niemand kann genau erklären, warum sich die bürgerliche Dekadenz der Todessüchtigen ausgerechnet im Lager der sozialistischen Weltanschauungsgeschädigten, die sich als Totengräber der bürgerlichen Gesellschaft empfohlen haben, sammelt. Niemand kann begreifen, warum die endlich mühsam errungene Chance der kühnen Selbstverwirklichung des Menschen durch die Massenproduktion der Industriegesellschaft plötzlich Revolutionstribunalen anvertraut werden soll und andere, z.B. die Gesellschaft, das Kollektiv, die Partei oder der Staat, diese Glücksversprecher aller Sehnsüchte und Unglücksbringer aller Hoffenden, beauftragt sein sollen, die Glückseligkeit des Individuums zu planen. Welche geistige Hinfälligkeit kurz vor dem Ziel! Welche gehirnverkleisterte Selbstaufgabe ohne Not!

Eines der wichtigsten und alltäglichsten Merkmale verkürzter, *profaner* Interessenwahrnehmung ist die unkritische Anpassung an vorgegebene Denkschablonen der Gemeinwohllegitimierung. Die Ignoranz der Wahrnehmungen eigener Urteilskraft und die Furcht vor den Folgen der Selbstverantwortung einer Daseinserhellung bestimmen das Grundverhalten des Sozialisationsgeschädigten.

Das ,,Die-da-oben-werden-schon-wissen-was-richtig-ist'' ist die Generalentschuldigung für alle übersetzten profanen Vorteilssicherungen der lebensqualitativ kurzgehaltenen sogenannten Kleinen Leute. Ob Mauerbau- oder KZ-Wächter, Erschießungskommandos oder Unterwerfungsspitzel, ob Verbotsbehörde oder Erzwingungsbürokratie, ob Heizer an Menschenverbrennungsöfen, ob Archipal GULAG-Wachmann oder Unterwerfungsrichter im Dienste von Unterwerfungseliten oder nur Moderator des Unrechts in Medienanstalten halb- oder ganzstaatlicher Abhängigkeit, was herrschaftsbeliebig sich Rechtens ausweist, das will auch dem Sozialisationsgeschädigten, dem Gewaltunterworfenen gerecht erscheinen.

Die repressiven Verhaltensmerkmale der unverschuldet Gewaltunterworfenen unterscheiden sich im Herrschaftsbereich des Großtyrannen prinzipiell nicht von den selbstverschuldet Gewaltunterworfenen unter nicht-kommunistischen Unterwerfungseliten.

Der Unterschied liegt im Sozialismus lediglich in der Ausweglosigkeit, aus dem geschlossenen Unterschichtsstandard auszutreten, es sei denn, es gelänge die Flucht oder Emigration in den bürgerlichen Westen.

Die Pflege des Unterschichtsstandards stabilisiert Herrschaft. Das gespaltene Beispiel

Die allgemeine Chance des Ausbruchs aus dem Unterschichtsstandard durch Arbeit und Leistung in den relativen Elitensystemen der *offenen,* bürgerlich konzeptionierten Gesellschaftsordnungen ist noch gewährleistet.

Wenn mit Hilfe der Pflege des Unterschichtsstandards nach der hergestellten allgemeinen Existenznot durch Staatsgewalt überflüssige Herrschaft ihr Selbstverständnis durch Ausdehnung einer sozialen Vernetzung restabilisiert, dann bleibt dieses Prinzip der Einbindung der arbeitenden Klasse in den Unterschichtsstandard auch in der bürgerlichen Gesellschaft, die durch relative Eliten dauernd deformiert wird, nicht ausgeschlossen.

Der Unterschied zum ausweglos gewordenen Unterwerfungswillen des Großtyrannen besteht in der bürgerlichen Gesellschaft in der Offenheit der Chancen, durch Arbeit, Fleiß und Kapital sich der bürokratischen Deformationsgewalt *doch noch* entziehen zu können.

Wenn die systemimmanent jeweils herrschaftsspezifisch entwürdigte Person die Überlebensstrategien ihrer Lebensumstände praktiziert, die immer zugleich die jeweiligen Herrschaftsverhältnisse kennzeichnen, dann bleibt in der bürgerlichen Gesellschaft die Chance zur Selbstverwirklichung nach eigenen Grundsätzen immer noch prinzipiell jedem offen, wenigstens solange nicht ein alle Prinzipien verwässerndes, sozialdemokratoid staatsverschuldendes Gemeinwohldiktat auch diese Hoffnung durch tüchtigkeitsbestrafende und fleißausplündernde Steuerprogressionen vernichtet.

Es liegt auf der Hand, daß der von der politischen Kultur ferngehaltene entkultivierte, materiell ausgeplünderte Gefangene der Unterschicht, wenn auch nicht im sogenannten ,,Paradies der Arbeiter und Bauern'', so doch in der Euro-Atlantischen Gemeinschaft wenigstens theoretisch noch unbeschränkter Vollbürger der politischen Gemeinschaft und Träger aller vorstaatlichen Menschenrechte geblieben ist.

Seine immaterielle herrschaftsgefällige Desensibilisation durch gewollte Existenznot, die Verkürzung seiner Egoismusquanten auf die kreative Bedürfnisverkürzung eines geschwächten Egoismus ist zwar herrschafts- und obrigkeitsspezifisch verursacht, aber die Chance der individuellen Entfaltungsmöglichkeiten bleibt erhalten und ist *nicht grundsätzlich,* wie im Herrschaftsbereich des Großtyrannen, ausgeschlossen.

Das ehemalige selbstverständliche Tüchtigkeitsprinzip der privat-kapitalen Gesellschaft, ,,vom Tellerwäscher zum Millionär'', ist zwar durch das hoheitliche Gewerbe und die noch nie dagewesenen Steuerabschöpfungslasten erheblich erschüttert, aber theoretisch und praktisch noch nicht staatsrechtlich untergegangen.

Der Wille der Unterwerfungselite des hoheitlichen Gewerbes, durch gepflegten Unterschichtsstandard überflüssige Herrschaft über Besitzlose und politisch entscheidungslos gemachte Bürger zu etablieren, kann noch immer aufgebrochen und unterlaufen werden. Berufliches Können, konkrete Zielplanung bieten noch immer die Chance, sich dem obrigkeitstabilisierend gewünschten Existenzminimum des Volkes zu entziehen. Wenn die Aufstiegschancen durch Arbeit und Fleiß in nicht-sozialistischen Gesellschaftsordnungen politisch zwar verwahrlost und rechtlich erschwert worden sind, so sind sie dennoch vorerst funktionsfähig geblieben.

Im sozialdemokratischen Schweden dagegen und in den westeuropäischen sozialistischen Filzokratien haben konfiskatorische Einkommenssteuern bis zu 84% des Lohnes die strafbar gewordene Arbeitslust stark eingeschränkt. In den sozialistischen Sklavenhaltersystemen, die den Unterschichtsstandard staatsrechtlich ,,schützen,'' arbeitet kaum noch jemand freiwillig mehr, als er muß. Jede gesellschaftswidrige, normsprengende, individuelle Einkommenssteigerung wird als ein konterrevolutionäres Interesse, als ein bourgeoises Verlangen strafrechtlich verfolgt und als kriminelle Handlung im ,,Namen des Volkes'' mit einem Strafvollzug nicht unter 10 Jahren geahndet. Gewiß lachhaft, aber es hat Methode!

Unterschichtsstandard ist in der privat-kapitalen Gesellschaft kein unausweichliches Schicksal

In nicht-sozialistischen Gesellschaftsordnungen bleibt die individuelle Chance, nach höheren Formen materieller wie immaterieller Egoismusquanten zu streben, gewährleistet, auch wenn es nicht allen Mitgliedern der bürgerlichen Gesellschaft gelingt, in Wohlstand zu leben.

Soziale Autarkie bleibt kein Traum. Die politische Kultur des Mündigen bleibt für denkende Menschen keine Utopie. Trotz herrschaftsbedingter Auswucherung sozialzynischer Repressivität ist durch noch abgewehrte Vergesellschaftung von Arbeit, Kapital und Konsumtion bisher jedermann in der Lage, mehr aus sich und seinem Leben zu machen. Die sozialen Aufstiegschancen bleiben leistungsbezogen und sind nicht, wie in allen naturrechtsverweigernden Weltanschauungssystemen, parteibuchabhängig.

In Herrschaftssystemen, die Arbeit, Kapital und Konsumtion noch nicht einer Parteiclique überantwortet haben, die sich selbstherrlich zum Staat erklärt hat, kann jeder Denkende herrschaftsverglegchend noch erkennen, was aus der politischen Herrschaft relativer Eliten in unserer Welt geworden ist. Herrschaft ist abgesunken zum ordinären Plünderungsrecht über den Geldbeutel des arbeitenden Volkes. Die relativen Eliten haben die Verfügungsgewalt schon auf weiten Strecken selbst über das *persönliche* Leben anderer an sich gerissen. Als Abschreckung für Unbotmäßige ist der verfassungsrechtlich verordnete Unterschichtsstandard ein notwendiges, unverzichtbares Herrschaftsmittel der Neuzeit geworden.

Wieweit (4) solche langzeitliche Existenzbedrohung des werktätigen Menschen getrieben werden kann, zeigt der Anstifter aller sozialistischen Entrechtungssysteme, der Großtyrann und Weltfeind aller Friedfertigen an einem simplen Beispiel, das zufällig bekannt und vom „Spiegel" zitiert wurde.

„Sowjetbürger, die ohne triftigen Grund den Arbeitsplatz wechseln, setzen ihre Rente aufs Spiel. Dies sieht eine im Januar 1980 veröffentlichte Verordnung über die weitere Festigung der Arbeitsdisziplin vor. Einen ähnlichen Erlaß hatte es bislang nur in der Stalin-Zeit gegeben. Einziger Unterschied: Früher verwirkte ein Werktätiger seinen Rentenanspruch bereits beim ersten Job-Wechsel, heute beim zweiten innerhalb eines Jahres". (5) Welcher Sozialschwärmer mitten unter uns, welcher Nutznießer privat-kapitaler Produktivkraft weiß das schon?

Das Sklavenhalterrecht des garantierten Unterschichtsstandards für die Werktätigen

Politische Tatsachen von dieser Brisanz werden durch die Informationssteuerungs-Strategie der sozialistischen Internationale im bürgerlichen Lager, das sich die wichtigsten Massenmedien bereits hat aus der Hand winden lassen, wenn überhaupt, nur als Kurzmeldung und an unauffälliger Stelle erwähnt.

Das sozialistische Staatsrecht kennt nicht das Recht auf Leben ohne tägliche Arbeit. Das sozialistische Recht auf Arbeit stellt sich bei näherer Betrachtung als Fronpflicht heraus. Arbeitszwang auf dem Unterschichtsstandard bildet das verläßlichste Reservoir zur Rekrutierung beliebiger Unterdrückungsorgane.

Die Geschichte belegt, daß die größten Bösewichter aus den materiellen Unterschichten aufsteigen und die Grausamkeit von „Aristokraten" nur Flohstiche waren im Verhältnis zu den heutigen Revolutionstribunalen proletarischer Avantgardisten.

Die stets auf den Augenblick bedachte beliebige Vorteilssicherung ist nicht für den freien Menschen typisch, sondern entspricht der Mentalität einer Unterschicht, die durch relativen Herrschaftswillen zum arbeitskraftreproduzierenden Unterschichtsstandard verurteilt worden ist.

Der im sozialistischen Staatsrecht als „gesellschaftliche Errungenschaft" gepriesene Unterschichtsstandard wird bitter erkauft durch die lebenslängliche Abhängigkeit von partei- und staatsbeliebigen Interessen. Der sozialistische staatsrechtlich Leibeigene, der sogenannte „Sowjetmensch", muß zu allem bereit sein, wenn er relativ gefahrlos sich die lebenslängliche Einbindung in die auf Überleben reduzierte Bedürfnislosigkeit sichern und erhalten will. Die politische Moral dieser materiell Abhängigen, der sogenannten Kleinen Leute unter kollektiven Tyranneien, ist die Moral ideologievernichteter eingeschüchterter Mitläufer, die zum Objekt einer beliebigen Staatsgewalt denaturiert worden sind. Woher sollten sie auch eine andere Moral kennen?

Jeder Parteiauftrag, der *systemimmanente* „Reputation" verspricht, wird bedenkenlos erfüllt. Jedes staatsrechtlich legitimierte Verbrechen wird mangels Einsicht in den Unrechtsgehalt des „hoheitlichen Gewerbes" oder der politischen Vollzugsorgane bedenkenlos vollzogen. Sinowjew schreibt als Insider moskowiter Verhältnisse: *„Die 20 000 Ibansker Philosophen, die wissen, daß sie keine sind, aber sich gegenseitig diese Tatsache karrieresichernd ausreden (1), um nicht unblutig hingerichtet zu werden, beweisen die Käuflichkeit aller Seelen im Kommunismus.*

Sozialismus verabsolutiert die Rechtlosigkeit bis zur Leibeigenschaft aller im Industriezeitalter

Es hat schon immer einen tieferen Sinn gehabt, wenn relative Elitenherrschaft für ihre Unterwerfungsinstrumente sich des Menschenreservoirs Willfähriger und Geängstigter aus dem Unterschichtsstandard bediente. Große Knechte zu kleinen Herren avancieren zu lassen, das ist die große Kunst absoluter Unrechterzwingung durch Staatsgewalt.

Weil die beruflichen Aufstiegschancen allein durch *Arbeit* im staatskapitalistischen Sozialismus verfassungsrechtlich aufgehoben sind, materielle Mittelstandsverhältnisse aber nur durch nachgewiesene parteipolitische Linientreue, die nichts anderes verbirgt als Willfährigkeit und antihumanen Unterwerfungswillen, zu erreichen ist, *ist die politische Rechtslage jedes sogenannten ,,Sowjetmenschen neuen Typus" die eines käuflichen Leibeigenen unter den Bedingungen einer Industriegesellschaft.*

Die sozialistische Gesetzlichkeit besteht im gesicherten Existenzminimum, in der lebenslangen Arbeitspflicht, im Kapital- und Vermögensverbot, im Verbot der Freizügigkeit einer ungehinderten Ein- und Ausreise, in dem staatskapitalistischen Konsumdirigismus, im Versammlungsverbot, im Demonstrationsverbot, im Redeverbot, in der absoluten Rechtlosigkeit im Falle einer konterrevolutionären Beschuldigung und darin, keine Verteidigung in Strafsachen zu haben, kein freies Wahlrecht, keine Meinungs- und Informationsfreiheit, keine Niederlassungsfreiheit zu haben, kein Eigentum von Grund und Boden zu kennen, kein Recht auf Selbstverwirklichung zu haben und überhaupt nach eigener Fasson selig zu werden.

Der Mensch gehört dem Staat und nicht sich selbst. Insofern ist der Begriff der staatlichen Leibeigenschaft die präzise Umschreibung der Rechtslage aller Gewaltunterworfenen im Herrschaftsbereich des Großtyrannen. Kein Wunder, daß diese Verinnerlichung der absoluten Selbstentfreiheitlichung nur religiös oder ideologisch ertragen werden kann oder eben durch den Notwehrakt der MdpS (Mutation der produktiven Selbstverleugnung).

Sollte ein Tourist aus der noch relativ freien Welt Gelegenheit haben, mit einem Leibeigenen des Großtyrannen, der alt genug geworden ist, um sein Herrschaftssystem durchschaut zu haben, ohne Zeugen frei zu reden, so wird er diese etablierte Rechtsverweigerung bestätigt bekommen und noch viel Unglaubwürdigeres erfahren. Sinowjew, ehemaliges Mitglied der Nomenklatura-Klasse, erklärt:
,,Wenn man das reale Leben etwa der Sowjet-Union (Ibansk) absolut genau beschriebe, so würde der westliche Leser dieses Bild einfach nicht für wahr halten, so erschreckend absurd, grausam traurig und abscheulich würde es sein." (1) Ibansk ist ein ,,Ratarium", eine ,,Rattengesellschaft", sagt Sinowjew, der von 1954 an 20 Jahre als Professor am Institut für Philosophie der Akademie der Wissenschaften in Moskau tätig war.

Die sowjetische Sklavenhaltergesellschaft ist ein ,,Ratarium"

Es gehört zur sozialistischen Sklavenhalterkonsequenz, die Verfügungsgewalt über Menschen mittels Monopols über Arbeit und Konsumtion zu sichern. ,,Vergesellschaftung" und ,,Staatseigentum" bezwecken nichts anderes als die Aufhebung aller Bürgerrechte, insbesondere des Rechtsschutzes vor der „parteipolitischen" Gerechtigkeit der Staatsgewalt.

Für den staatsrechtlichen Sozialfaschismus unter dem Sowjetstern wäre es töricht, zuzulassen, daß Bürger durch die soziale Autarkie einer privatkapitalen Produktionsgemeinschaft und staatsunabhängige Rechtsprechung einer freien Welt sich dem Zugriff der Revolutionsgewalt aller Weltanschauungs- und Denkschablonenpfleger entziehen könnten.

Dieses Entprivatisierungsmonopol sozialistischer Genossensyndikate über Arbeit, Kapital und Konsumtion ist nur dirigistisch und auf dem Verwaltungswege organisierbar. Der existentielle Minimalismus der Bedarfsdeckung produziert Überlebenskämpfe, die zu den schrecklichsten politischen Denunziationen zwischen jedermann führen. Jeder mißtraut jedem, denn jeder könnte seine Überlebensbedingungen durch „Linientreue auf Kosten Beschuldigter, die nicht ihre Unschuld beweisen können, verbessern wollen.

Der existentielle Minimalismus des Sozialismus ist daher eine der schärfsten Waffen der politischen Obrigkeit aller Unterwerfungseliten in der Welt.

In der Rattengesellschaft der Sowjetmenschen entstehen wunderliche und neuartige Verhaltensweisen. Die interessanteste ist, wie schon festgestellt, die „Mutation der produktiven Selbstverleugnung", die besondere Formen einer jubelkratischen Unterwerfungsmentalität herausbildet, die bejubelt, ohne zu jubeln. Mit dem natürlichen Egoismusverhalten oberhalb der Nullschwelle des hier dargestellten Qualifikationsrasters der Egoismusquanten ist die MdpS unvergleichlich. Der existentielle Sowjet-Minimalismus ist ein staatsrechtliches Novum, er erweist sich herrschaftsvergleichend als die geniale Konstruktion eines Staatsrechts dauernder Selbstentrechtung im Staatssystem der Neuzeit.

Wenn das Arbeitsrecht in sozialistischen monopolistisierten Unterwerfungssystemen auf dem Prinzip der lebenslänglichen Angst begründet ist, daß selbst durch 30- oder 40-jährige Berufstätigkeit wohlerworbene Altersversorgungsansprüche bei einem ein- oder zweimaligen eigenmächtigen, von der Partei ungenehmigten Arbeitsplatzwechsel ersatzlos gestrichen werden können, dann kann die Verschleierung der Ignoranz der Menschenrechte demagogisch und ideologisch nicht mehr gesteigert werden.

Unter den freien Bedingungen privatkapitaler Produktions- und Konsumtionssicherungen sind Verweigerungen wohlerworbener Rentenanteile auf Grund der Eigentumsgarantie und Eigentumssicherungspflicht der Staatsgewalt bürgerlich-rechtlich unvorstellbar. Die Individualisierung der Interessen und die subjektiven Toleranzen der Selbstverwirklichung sind trotz der erschwerten Bedingungen höchster Ausplünderungsdaten durch die Staatsbürokratien im ganzen noch voll intakt. Wo sie gestört worden sind, haben zwar ideologische Unwuchtungen zu Sozialexperimenten und zu produktivitätsdrosselnden Verstaatlichungsprozessen geführt, aber mit diesem volkswirtschaftlichen Schwachsinn werden freie Gesellschaften wie mit Kinderkrankheiten fertig werden. Es spricht sich nämlich langsam herum, daß hektische Gesetzeswut ein ewiges Gesetz produziert, das erkennen läßt, daß mit jedem neuen Gesetz ein Stück Freiheit zu Grabe getragen wird. Diese Tatsache läßt sich in einer freien Gesellschaft rasch beobachtend registrieren und auch mit Sicherheit abschaffen.Ganz anders dagegen in der Sklavenhaltergesellschaft.

Was kann ein vernünftiger Mensch, der in der Pflicht steht, sein Leben zu schützen, in den Volksdemagokratien anderes tun, als die negativen Informationsquanten seiner absoluten Unterwerfungseliten durch eine selbstgesteuerte „Mutation der produktiven Selbstverleugnung" (MdpS) zu verinnerlichen und seinem Unterwerfer für die Unterwerfung demonstrativ zu danken, um wenigstens ungeschoren am Leben zu bleiben. Dankte er in diesen merwürdigen sozialistischen Jubelkratien nicht, würde er sehr rasch nicht einmal mehr danken dürfen.

Produktive Selbstverleugnung meint nichts anderes als die Kunst, durch besonders dramatische Unterwerfungsgesten die unglaubliche Unterwerfungszumutung als langersehnten persönlichen Wunsch selbst dem mißtrauischsten Staatsanwalt erscheinen zu lassen. Über Generationen erhält die produktive Selbstverleugnung der sozialistischen Leibeigenen eine mutative Stabilität, die das Doppelleben der Unfreien erträglicher macht. Wenn die Sowjetmenschen „Es lebe der Sozialismus" ausrufen, aber „Verflucht sei der Tyrann!" meinen, und „Nieder mit dem Kapitalismus!" schreien, wenn sie gefährdet sind, von ihm zu träumen, dann macht sich die Selbstverleugnung dadurch bezahlt, das keine dieser Jubelgesten der Selbstverleugnung unregistriert bleibt. Als „gesellschaftlicher Beitrag" stehen solche Loyalitätsbeweise hoch im politischen Ansehen, weil es keine Karriere oder berufliche Aufstiegschancen gibt ohne sozialistische Jubelbeweise, die sich, gezielt eingesetzt, produktiv verläßlicher auszahlen als Überstunden, Qualitätsarbeit und leistungsgerechte Zuverlässigkeit im Produktionsprozeß.

Daraus folgt, daß besonders unter ideologischen Unterwerfungseliten, gleichgültig wie sie sich nennen, mit einer geschmeidigen Zunge und einem krummen Rücken immer mehr zu verdienen ist als durch ehrliche Arbeit!

Sollten Sie, verehrter Leser, einen verallgemeinernden Einwand auf der Zunge haben, so beachten Sie das Wort *besonders!*

*

Kapitel XXII

Die biologische Kreativität des unteren Nullschwellenegoismus

Die Aufhebung des Selbstseins durch Objektbestimmung des Menschen

Wird oberhalb der Nullschwellenbestimmung die Möglichkeit des Durchbruchs aus dem Existenzminimum durch Selbstdisziplin und Ausdauer erhalten, die natürliche Intensität der Egoquanten nicht verweigert, die herrschaftsgefällige Subjektdegradierung zunehmend durch erschwerten, aber nicht verbotenen Vernunftgebrauch unterlaufen, die Selbstbestimmung der eigenen Egoquanten und individuelle Lebensplanung zwar behindert, aber nicht ausgeschlossen, so ist dementgegen der Mensch unterhalb der Nullschwellenbestimmung nur noch Objekt, ein zur Sache degradierter Gegenstand der Staatsgewalt.

Unterhalb der Nullschwelle verwandelt sich die natürliche Intensität der Egoquanten zur kreativen Intensität. Das bedeutet, daß unterhalb der Nullschwelle die Aufhebung des Menschen als Eigner seiner selbst durch Staatsrecht beginnt und in drei Entwicklungsabschnitten vollendet wird.

Die Beendigung des Anspruchs, nicht Sache, sondern Person zu sein, nicht Objekt einer beliebigen Staatsgewalt, sondern Subjekt gegenüber jeder Unterwerfungsgewalt zu bleiben, beginnt unterhalb der Nullschwelle der natürlichen Intensität egoistischer Ansprüche. Der Qualitätssprung von der natürlichen zur biologisch kreativen Intensität der Egoquanten vollzieht sich parallel zur *Mutation der produktiven Selbstverleugnung* auf der Nullschwelle der auf- und absteigenden Skala möglicher, verweigerter oder vernichteter Menschenwürde.

Jeder freie Mensch unter repressionsfreien Bedingungen kennt keine andere Disziplin als die einer pflichterfüllenden Wahrnehmung der vernünftigen Urteilskraft. Eine aus Genossenkumpanei verpflichtende Wahrheitsignoranz ist undenkbar. Ganz anders in Herrschaftssystemen unterhalb der Nullschwelle, deren Objektfixierung des zur Sache degradierten Menschen die eigenständige Wahrheits- und Meinungsbildung nicht nur ausschließt, sondern unter peinlichste Verhöre und lebensvernichtende Strafen stellt.

Die Individualitätsverweigerung vor allem durch sozialistische Staatsgewalt, die Kollektivzwänge legalisiert, ist das eigentliche Merkmal aller Herrschaftssysteme unterhalb der Nullschwelle. Der Mensch ist staatsrechtlich eine Produktivkraft, eine verfügbare Sache. Seine endgültige Eingliederung in die Interessen der Staatsgewalt, die, weil jede Naturrechtsignoranz einen Adressaten hat, die Gewalt einer maffiosen Parteiclique ist, entsubjektiviert und entpersonalisiert das Individuum zum beliebigen herrschaftsstabilisierenden Gebrauch.

Ein staatsrechtlich etablierter Partei-Adel mit maffiosen Praktiken zwingt durch Machtmißbrauch Millionen Eingeschüchterter zur absoluten Selbstaufgabe.

Der politisch aufgehobene Selbstseinsanspruch ist das Wesensmerkmal aller Staatsgewalten unterhalb der Nullschwellenbestimmung, ob Faschismus, nationaler oder internationaler Sozialismus, sozialrevolutionärer Banditismus, theokratischer Idiotismus oder marxistische Tyrannei des Großtyrannen, ist, herrschaftsvergleichend, völlig gleichgültig; entscheidend für die Beurteilung eines politischen Systems ist immer die tatsächliche *Chance der Selbstseinsgarantie* des systemimmanent bedeutendsten oder unbedeutendsten Bürgers der jeweiligen politischen Ordnung.

Die entscheidende Frage für alle politischen Terrorverhältnisse unterhalb der Nullschwelle ist: *Wie gelingt es der Herrschaft, eine unterwerfungswillige Gefolgschaft zu organisieren, die ein ganzes Volk von Millionen Menschen gegen das eigene Interesse so weit zu deformieren und zu verfremden vermag, daß es die Selbstseinsvernichtung über viele Jahre nicht bemerkt, mindestens aber im System einer produktiven Selbstverleugnung tatsächlich widerstandslos erträgt.*

Die Aufgabenbestimmung jeder Ideologie

Weil Vernunftfähigkeit das Selbstsein des Subjekts begreift, ist das Selbstsein des Subjekts nur durch Vernunftlosigkeit auszulöschen. Dieser Vorgang der Vernunftentleerung wird Ideologisierung genannt.

Es genügt, die Vernunft des Menschen, ähnlich einer ausgeschraubten elektrischen Sicherung, abzuschalten und durch beliebige Ideologien mit beliebigem Leuchtgehalt zu ersetzen. Eine Ideologie ist wie ein brennender Kienspan, er leuchtet nur die Ecken aus, in die hineingeleuchtet wird.

Die große Lüge jeder Ideologie ist die Bewußtseinsverdunkelung des Ahnungslosen durch Massendressur. Der kommunistisch dressierte Mensch denkt im Vorstellungskäfig ideologisierter Selbstentfremdung.

Das ,,Leben in einer letalen Gesellschaft'', wie der Biologe George Wald unsere auf Abstieg programmierte Welt beschreibt, wird nicht durch die Friedfertigkeit der Vernunft bedroht, sondern durch die Barbarei der ideologisierten ,,Wahrheitsverwaltungen'' überstaatlich integrierter Staatsgewalten der Unterwerfungseliten.

Die politische Karriere in einer Herrschaftshierarchie war, soweit Geschichte erforscht worden ist, noch nie auf Vernunftfähigkeit begründet, sondern immer nur auf Gehorsam und Gefolgschaftstreue, die durch ideologische oder pseudoreligiöse Kienspanperspektiven scheinbaren Rechtscharakter erhielten.

Das um seine Vernunftfähigkeit betrogene Individuum konnte bisher immer noch getröstet werden durch ein im Herdentrieb angelegtes Volkspathos, das aus uralten Tagen noch tief in ihm schlummerte.

Zwar hält der Biologe G. Wald ,, es für unwahrscheinlich, daß die Menschen ohne Änderung der Sozialordnung das Jahr 2000 lange überleben werden'', aber diese Änderung der Sozialordnung kann nur eine sein, die auf Vernunft begründet ist, niemals auf gehirnverkleisternde Ideologie, die durch dauernde Säuberung der andauernden Widersprüche auf die Dauerverfolgung von Andersdenkenden nicht verzichten kann.

Gelingt es nicht, die Aufgabenbestimmung *jeder* Ideologie als Vernunftliquidationsinstrument zu erkennen und den weltweiten Vernunftliquidator im Kreml nicht nur als persönliche Bedrohung aller Friedfertigen, sondern auch als intellektuellen Weltfeind aller vernunftwilligen Menschen zu entlarven, dann ist die nächste politische Sozialordnung der weltweiten Sklaverei nicht aufzuhalten.

Ideologien entwickeln im Menschen die Eigenschaften, über die eigene Vernunftentleerung Freude zu erfahren und Genugtuung für vernunftwidrige Linientreue zu produzieren. Ideologien vermögen zur Gehirnlosigkeit zu begeistern und die gelungene Vernunftentleerung zum Staatsfeiertag zu erklären. Das alles ist sehr schlimm, aber wie viele merken noch, wie die Ratlosigkeit einer Freien Gesellschaft die Welt immer weiter verkommen läßt?

Die sozialistische Unterwerfungselite ist klug genug, über entsubjektivierte, politisch entrechtete und ihrer Personalität beraubte Objektträger staatlicher Interessen, ihren Zuträgern und der politischen Kader so viele sozialproduktabschöpfende Partizipationsrechte anzubieten, daß es überlebensstrategisch für charakterlose Funktionärscliquen vorteilhaft erscheinen kann, auf die pvrsönliche Vernunftfähigkeit für den Rest des Lebens zu verzichten.

Ein Unterwerfungssystem wie die Herdentriebkultur eines Sozial-Kommunismus, „das sich auf die Überzeugung gründet, daß der Mensch so schwach und unvollkommen sei, daß er nicht imstande ist, sich selbst zu regieren und daß er deshalb die Herrschaft starker Herren braucht" (1), ist so tief im mittelalterlichen Vorurteil der politischen Unmündigkeit verstrickt, daß kaum noch jemand in dieser Gesellschaft es wagen würde, den Menschen als sich selbst gehörig und niemandem untertan zu begreifen.

Herrschaft unterhalb der Nullschwelle heißt Objektbestimmung des Menschen, heißt staatsrechtliche Legitimation der Ausplünderung bis zum Existenzminimum. Die sozialdemokratoide Sozialpathologie bürgerlicher Naturrechtsignoranten in noch bürgerlich-rechtlichen Demokratien ist auf dem besten Wege, an dieser dreisten Objektbestimmung des Menschen gefallen zu finden, indem sie verantwortungslos Ideologiekonflikte provoziert und um die Gunst ideologischer Tagträumer buhlt.

Die parteipolitischen Körperschaften der sozialistischen Wahrheitsverwaltung moderner Sklavenhaltersysteme im Ausgang des 20. Jahrhunderts sichern ihre Macht durch Belohnung verläßlicher Dressuren und rücksichtslose Bestrafung dressurunwilliger Massen durch die körperliche und seelische Züchtigung der Existenzverschlechterung.

Um jedoch Existenzverbesserungen und Existenzverschlechterungen aller Gewaltunterworfenen in diesem gewaltigen Umfang verläßlich zu steuern, bedarf es einer Ideologie, insbesondere aber einer Verstaatlichungsideologie von Arbeit und Einkommen, von Kapital und Eigentum.

Eine Aufgabe darüber hinaus hat die Ideologie des Sozialismus nicht. Vernunftentleerung und materielle, leibeigenschaftliche Abhängigkeit sind die zwei Säulen, die das System des sozialistischen Ideologismus tragen.

Es ist erstaunlich und ob der Borniertheit nahezu amüsant, wie bürgerliche Schwärmer diesem System zum Opfer fallen und wie sie gegenseitig wetteifern, ihrer vorgesehenen, ausgesprochenen, angedrohten und millionenfach verwirklichten Hinrichtung zu applaudieren, nur weil sie sie nicht für möglich halten und nicht glauben wollen, solange sie noch keinen Hingerichteten gesehen und selbst angefaßt haben.

Rudolf Augstein, Herausgeber des ,,Spiegels'', soll einmal gesagt haben, ,,daß der Kommunismus als Ursache der Spannung in der Welt anzusehen sei, glauben heute nur noch Idioten''. (2) Dieser Satz ist kompakt und wirkungsvoll, aber er ist so falsch, daß er falscher nicht sein kann. Er bezeichnet einmalig treffend die Todessehnsucht bürgerlicher Dekadenz in unserer Zeit. Um den Satz richtigzustellen, braucht man ihn nicht erheblich zu verändern, vielleicht mit drei Worten, und er wäre wieder logisch, wenn auch etwas salopp, z.B. . . . *Daß der Kommunismus als Ursache der Spannung in der Welt anzusehen sei, wissen heute alle, nur nicht die Idioten.*

Der destruktive Dogmatismus jeder Ideologie

In ideologisch verfremdeten Kulturräumen ,,treten besondere Formen von Wahnvorstellungen massenhaft auf. Massenhaft soll hier heißen, daß die Auslösungsmomente solcher verrückter Einstellungen nicht auf Verwurzelungen in der Seele des Individuums liegen, sondern auf Erfahrungen, welche die Gesellschaft als Ganzes macht.'' (3)

Ob es die menschlichen Götteropfer waren, die Witwenverbrennungen, die freiwilligen Selbstbeerdigungen von treuen Frauen und Dienern im Falle des Todes ihrer Männer oder Herren, der Selbstseinsverzicht unter Ideologien oder die Selbstmordkommandos der arabischen Terroristen, immer ist ein destruktiver Dogmatismus im Spiel, eine ideologische Vernunftentleerung, die die Wahrnehmung der objektiven Interessenlage ausschließt.

Nur im ideologischen Vorstellungskäfig gelingt es der zur Perfektion entwickelten Dialektik des Sprachgebrauchs, die Lüge einer Rede dauerhaft zu verschleiern, ohne sogleich oder später vom politischen Ahnungslosen als Lügner entlarvt zu werden.

So wie es nur der Erziehung gelingt, das Mädchen in seiner Fraulichkeit mißglücken zu lassen, so gelingt es nur der Ideologie, den Menschen in seiner Eigentlichkeit zu verderben. ,,Wenn ein Kommunist nicht sagen will, was er denkt, (und er kann nicht denken, was er sagt, und darf nicht sagen, was er denkt) drückt er sich in Worten aus, die man so oder so auslegen kann''. (4)

Im Herrschaftsbereich des Großtyrannen hat das herrschaftssichernde Meinungsmonopol der Partei der Nomenklaturisten die kunstvolle Selbstentrechtung zur Sehnsucht verfälscht und zum Fortschrittsbedürfnis der dressierten Massen verfremdet. Die Dauerdeformation des Menschen im Kommunismus gelingt durch die *konsequente* Ideologie des destruktiven Dogmatismus. Mit seiner Hilfe gelingt es auch intelligenten Sozialisten, durch dauernde theoretische Selbstüberlistung kritische Widersprüche, asoziale bis kriminelle Vernunftwidrigkeiten des ideologischen Systems geistig zu verkraften.

Der destruktive Dogmatismus ist schließlich als agitatorische Dialektik zur freiwilligen Vernunftauswässerung entwickelt worden und nicht nur gegen das bürgerliche Lager der möglichen Freiheit und materiellen Unabhängigkeit gerichtet, sondern auch für die eigene Unterwerfungskader dazu bestimmt, den Anstrich der Scheinlegalität zu gewährleisten.

Die Dialektik des destruktiven Dogmatismus ist eine vierfache Kunst,
erstens, herrschaftsstabilisierend zu reden,
zweitens, volkswohlbesorgt zu tun,
drittens, volksausplündernd zu handeln und
viertens, für die Entfreiheitlichung der Gewaltunterworfenen umjubelt zu werden.

Dieser mit allen Irritationselementen angereicherten Dialektik haben hochgescheite sogenannte bürgerliche Politiker bisher nichts entgegenzusetzen gehabt als eine friedfertige Absicht und ahnungslose Einfalt, die seit 64 Jahren durch Sowjetherrschaft schamlos finanziell ausgebeutet und politisch mißbraucht wurden.

Ein politisches System, das die Vernunftpflichtigkeit des Menschen in den entscheidenden Fragen der individuellen Lebensplanung absichtlich durch den Herrschaftsüberbau eines destruktiven Dogmatismus verleugnet - jede Ideologie ist immer zugleich vernunftfeindlich -, *vernichtet das Individualerlebnis des Sollens und schablonisiert die Verhaltensregulative des Menschen jenseits von Gut und Böse durch vernunftentleerten Denkersatz einer Ideologie.*

Zustimmung zum destruktiven Dogmatismus stimmt der Selbstzerstörung zu

Der destruktive Dogmatismus aller Genossensyndikate ist der politische Kitt, der Gewissensaufhebungen politisch rechtfertigt und damit moralisch erst ermöglicht!

Der menschenrechtsverachtende Gehalt, z.B. des eingemauerten realen Sozialismus, ist von klassischer Konsequenz und als wissenschaftstheoretische Naturrechtsnegation von gemeingefährlicher Schlauheit. Der reale Sozialismus im Rußland auf deutschem Boden ist ein unbedingter destruktiver Dogmatismus, der jede Genossensolidarität materiell privilegiert und politisch auszeichnet. Destruktiver Dogmatismus ist die präzise Verweigerung von bürgerlichen Rechtssätzen zur Sicherung der politischen Freiheiten, wie sie aus dem philosophischen Idealismus für die gesamte Menschheit abgeleitet werden konnten. Im Gegensatz zum Sklavenhaltersystem des Großtyrannen gehört es zur Pflicht eines jeglichen, der in Freiheit leben darf, die Menschenrechte, die Individualsouveränität, die persönliche Freiheit, das Widerstandsrecht gegen menschenrechtsverweigernde Staatsgewalt bedingungslos zu verteidigen. Jetzt, da es in der BR-Deutschland um die Alternative Freiheit statt Sozialismus geht, stellt sich diese Verpflichtung neu und für jeden unausweichlich!

Am bemerkenswertesten ist die andressierte Ignoranz der Naturrechte, die es in Wirklichkeit gibt, aber in der Solidarität einer habitualisierten Arroganz der Verneinung nicht nur unter Genossen nicht geben darf. Gefolgschafts- oder Linientreue für Genossen beweist doch die Existenz von vorstaatlichen Naturrechten! Wozu wäre sonst die „Reinheit der Lehre" des destruktiven Dogmatismus nütze?

Daß die jeweilige ideologische Kader sich dem destruktiven Dogmatismus verschreibt und ihm bedingungslos gehorcht, ist selbstverständlich und gehört zum Wesen des Berufsstandes des apparativen Funktionärs, aber es ist erschütternd, die politische Ahnungslosigkeit einer chaotischen Volkssouveränität in der freien Welt zu beobachten, ihre suizide Hinfälligkeit zu erleben und festzustellen, wie die asoziale Lehre vom reinen destruktiven Dogmatismus in informativ relativ offenen Kommunikationsfeldern für alogische Verwirrung und Unterwerfungsliebe nicht nur unter erwachsenen Kleinkarierten sorgt.

Die große Gruppe der etablierten Weltanschauungsgeschädigten des sozialistisch-kommunistischen dogmatischen Destruktivismus in Italien und Frankreich, die aus Informationsmangel unterwerfungssehnsüchtig, wie vernarrt, ihrer vorgezeichneten totalen Entrechtung entgegenjubeln, beweist dem aufmerksamen Beobachter nur das unverzeihliche, bitterböse und grenzenlose Versagen des euro-atlantischen Schulsystems, *das bis auf den heutigen Tag unfähig geblieben ist, eine politische Bildung zu vermitteln, die als existenz- und überlebenssichernde Garantie imstande wäre, den Rechtsstaat aus der Idee der Freiheit wenigstens denkend sich vorzustellen.*

Die prinzipielle Unschädlichkeit des konstruktiven Dogmatismus

Ist der destruktive Dogmatismus der Ideologie zynisch und menschenrechtsmißachtend, so kann ein dogmatischer Konstruktivismus, wie ihn eine Religion, insbesondere die christliche, entwickelt, unter bestimmten Bedingungen für den Menschen durchaus nützlich und hinsichtlich der Orientierungshilfe hilfreich sein. Wenn jeder Dogmatismus die Vernunftfähigkeit des Individuums auch bezweifelt, bo unterscheidet er sich doch extrem in seinen Schädlichkeitstoleranzen.

Ist der konstruktive Dogmatismus, z.B. der Kirchenlehrer, und nicht nur der christlichen, tendenziell für die Menschenliebe und Gerechtigkeit unschädlich, in vielen Fällen sogar förderlich, weil deren Behauptungssätze niemandem schaden, um so mehr aber vielen Menschen hilfreich waren und sein können und der Lebensorientierung gläubiger Menschen genützt haben und noch nützen, so ist der destruktive Dogmatismus sozialistisch-kommunistischer Naturrechtsignoranten prinzipiell menschenfeindlich. Es ist ein Unterschied, ob durch konstruktiv-dogmatische Strenge - ohne vernünftige Reflexion der Gründe - eine böse Handlung unter Strafandrohung steht oder durch destruktiv dogmatische Strenge eine gute Handlung, also die vernunftpflichtige Tat, als Staatsverbrechen geahndet wird.

Beide Dogmatismen entscheiden ohne mitbestimmende Einbeziehung der Gewaltunterworfenen über die Gründe der Entscheidung. Ist der destruktive Dogmatismus dogmatisch destruktiv, so ist der konstruktive Dogmatismus dogmatisch konstruktiv, obwohl beide Dogmatismen die vernünftige Potenz der Mitsprache der Betroffenen ausschließen.

Erst mit der Freigabe der Urteilskraft an alle Menschen - Schule sollte die Unterweisung in der Systematik der Urteilskraft garantieren - kann der mündige Volkswille auf dogmatisch konzeptionierte Verhaltensmuster beliebiger Gemeinwohlproduzenten verzichten. In der Übergangsperiode bis zum mündigen entchaotisierten Volkswillen kann dem konstruktiven Dogmatismus immer dann gefolgt werden, wenn der Gute Wille in Worten und Taten zuverlässig und für jedermann erkennbar dominiert und eine destruktive Absicht nicht erkannt werden kann.

So ist z.B. die christliche Kirche der Neuzeit als Seelenheil- und Friedensstifterin niemals gewalttätig, immer versöhnlich und jederzeit hilfsbereit, wo immer ihre materiellen und immateriellen Kräfte es vermögen. Ihr partieller theoretischer Dogmatismus schadet im Prinzip niemandem, weil er ein leidausschließender, also konstruktiver Dogmatismus ist. Diese Tatsache sollte im Fortschrittseifer noch Unerfahrener nicht übersehen werden, wenn sie der Würde des Menschen durch modischen antikirchlichen Übereifer nicht schaden wollen.

Jede Ideologie hat vernunftauflösenden Charakter und ist ihrem Wesen nach ein destruktiver Dogmatismus zur Rechtfertigung der Anwendung beliebiger Gewalt der Weltanschauungsgeschädigten gegen Vernunftfähige.

Negative Gewalt ist der chaotische Wille der Unterwerfungseliten und Nötigungsbürokratien zur Erzwingung vernunftwidriger Verhaltensdressuren. Negative Gewalt ist absolut böse, weil sie absolut vernunftwidrig, also unmenschlich handelt.

Jede negative Gewalt ist vernunftwidrig und ahuman

Ein herrschaftserzwungenes Gemeinwohlverhalten, das, jeweils durch andere Herrschaftsprämissen austauschbar, durch andere Gesetze anderer Manipulateure der chaotischen Volkssouveränität ins Gegenteil verkehrt werden kann, ist *nicht* die gepriesene *Verhaltenssicherheit* des Menschen, sondern herrschaftsgefällige Dressur.

Negative Gewalt ist dann gegeben, wenn ein Dressurverhalten des Volkes durch Zwangsmittel einer Herrschaft ertrotzt werden kann, aber dieses Dressurverhalten sofort zusammenbricht, wenn die Herrschaft zufällig oder verdient wechselt oder das Zwangsmittel aus beliebigem Anlaß entfällt.

Wenn eine negative Gewalt die Individualentscheidung dessen, was gut und böse ist, durch administrativen Kulturterror ausschließt, dann ist das Recht der Selbstverwirklichung und das Recht auf Selbstbestimmung zertrümmert. Von einer Herrschaft, sie mag heißen, wie sie will, kann daher weder Freiheit noch Vernunft erwartet werden.

Es gibt moderne Herrschaftsverhältnisse, die Vernunftpflichtigkeit mit dem Tode bedrohen, sogar die technische Fähigkeit des Lesens und Schreibens als Staatsverbrechen mit dem Tode bedroht haben und in Zukunft bedrohen werden, wenn nicht das Zeitalter der zweiten Aufklärung eingeleitet wird, die diesen staatsrechtlichen Banditismus weltweit beendet.

Das Merkmal jeder negativen Gewalt ist die Erzwingung einer Vernunftwidrigkeit, mehr noch, negative Gewalt produziert sich trotzig der Vernunft zum Trotz. Der vernunftfähige Bürger, der an der Idiotie mancher Gesetze und Verwaltungsentscheidungen verzweifeln könnte, muß wissen, daß der haarsträubende bürokratische Unsinn einer Eigengesetzlichkeit unterworfen ist, die auf Vernunft überhaupt nicht ansprechen kann. Jede negative Gewalt hat ihre eigene Rotationsgeschwindigkeit, in die ohne Gefahr der Selbstvernichtung nicht eingegriffen werden kann. Wer ihren blinden Propellerschlägen ausweicht, ohne sich zu unterwerfen, handelt klug, wer ihre Antriebskräfte unterläuft, handelt mutig und gerecht. Der computer-spezialisierte moderne Leviatan ist von vorn nicht mehr zu attackieren, weil er, wenn er sich aufrichtet, zum alles niederreißenden Ungeheuer wird.

Die Methoden der Abwehr negativer Unterwerfungsgewalt in der Neuzeit unterhalb der Nullschwelle müssen durch die leidenden Gewaltunterworfenen noch ersonnen werden. Das selbstbewußte polnische Volk, das sich 1980 um den klugen Gewerkschaftler Walesa schart, um seine getretene Menschenwürde wiederzuerlangen, zeigt dramatisch die neuen Techniken des passiven Widerstandes gegen kommunistische Leibeigenschaftsansprüche.

Vernunftverbot ist das Erkennungsmerkmal jeder relativen Elitenherrschaft

Eine Herrschaft, die durch Vernunftverbot die ,,theoretische Neugier'' verdammt, Wahrheit bürokratisch und staatsbeliebig verwaltet, verzichtet auf wissenschaftliche Forschung und ,,Sicherung humaner Würde''. Sie verweigert die Freigabe der Individualsouveränität als uneingeschränktes Bürgerrecht.

In den kommunistischen Sklavenhaltergesellschaften liegen die Dinge noch etwas anders. Dort hat das Informationsmonopol der herrschenden relativen Elite das geistig kastrierte Wahlvolk als dressiertes Manipulationsmedium jederzeit griffbereit zum parteipolitischen Verwendungszweck zur Verfügung. Generative Vernunftverbote seit Ivan dem Schrecklichen und moderne Informationsmonopole haben die Selbstentsagung der ,,Werktätigen'' paradiesisch wachsen lassen. Genossensyndikalistisch ist das aus der Zarenzeit übernommene Unterwerfungsverhältnis historisch (genetisch) gewachsen und politisch eindrucksvoll konsequent.

Das erwiesenermaßen funktionstüchtige Diktat des Vernunftverbotes im gesamten Herrschaftsbereich des sowjetischen Großtyrannen bietet sich für alle relativen Herrschaftseliten in der übrigen Welt verführerisch als zuverlässiges Mittel der Verewigung der eigenen Herrschaft über das Volk praktibel an. Das Sozialismussyndrom grassiert nicht zufällig unter Einfältigen, Halbgebildeten, blind Vertrauenden, Ahnungslosen, aber auch Arbeitsscheuen, die sich schon längst listig eine solide Existenzsicherung im Sozialismus durch politische Willfährigkeit ausgerechnet haben.

Ein generelles Vernunftverbot bedarf zu seiner weltweiten Erzwingung eines Unterwerfungsapparates, der personell, da jeder jeden im Vernunftgebrauch zu hindern hätte, relativ rasch die Hälfte des arbeitsfähigen Volkes in der Unterwerfungsapparatur beschäftigen könnte.

Es gibt heute schon Staaten, in denen fast die Hälfte der arbeitsfähigen Bevölkerung in der vielschichtigen Unterwerfungsapparatur relativer Eliten beschäftigt ist. Denn dies wäre der Triumph der Vernunftlosigkeit einer gescheiterten Weltpolitik: Die Hälfte der Arbeitsfähigen arbeitet für das Unterwerfungssyndikat, die andere Hälfte verbrächte die Zeit damit, die ewig gewaltunterworfenen „Nichtgenossen" mittels sozialer Vernetzungen zur Pfründensicherung des Genossenadels arbeitsfähig zu halten.

Selbst die Scheinwahlen während der Legislaturperioden könnten abgeschafft werden, weil die Ausplünderer immer in der Mehrheit wären.

Ob aber diese Wirklichkeit den rebellierenden Bürgersöhnen der freien Welt als abschreckendes Beispiel vor Augen liegt, muß unter den bildungslosen schulpolitischen Bedingungen in unserer Zeit immer noch bezweifelt werden.

Der Anti-Individualismus ist die Entrechtungsideologie aller Naturrechtsignoranten

Solange eine freie Gesellschaft die Gestaltung des chaotischen und manipulationsanfälligen und daher unsouveränen Volkswillens den *Berufsmanipulateuren* und den ideologisierten Naturrechtsignoranten im Dienste des Großtyrannen überläßt, wird sich die Verfügungsgewalt von Menschen über Menschen ungestört weiter ausbreiten.

Die weltweite anti-individualistische sozialistische Entrechtungsideologie hat ihre Ursache nicht so sehr in der Ignoranz der vorstaatlich politisierten Subjektbestimmung des Menschen, sondern es geht um die wissentliche Zertrümmerung der herrschaftsverweigernden Selbstbestimmung, zu der nur das vernünftige Individuum bereit, fähig und willens ist.

Die manipulierenden Zubereiter der Massenmedien setzen sich nicht, wie erforderlich, aus den Merkmalen von vernunftwilligen Individualisten zusammen, nicht aus materiell und geistig Unabhängigen, sondern allzu häufig aus prinzipienschwachen Opportunisten mit den Lebensgewohnheiten von wortproduzierenden Robotern.

Funktionalität und berechenbare Verhaltenserwartungen im eingebundenen Raster kollektiver Normsicherungszwänge heben den zum kopflosen Rumpfmenschen Manipulierten aus der staatlich unberechenbaren Vielfalt selbststeuernder und eigenverantwortlicher Entwicklungen heraus. Ideologisierte Massenmedien vermögen ihn einzubinden in die von jeder Individualität und Eigenständigkeit entnabelte egalitäre Kollektivgesellschaft. Die Polyphonie der Kultur einer explodierenden Individualität wird zum Friedoof getragen, um sich selbst zu entleiben.

Anti-Individualismus ist die Vorbereitung zur Entpersonalisation, die notwendigerweise die Überführung vom Kollektivismus zur sozialistischen Leibeigenschaft beschleunigt.

Die Genossendisziplin, die durch den alternativlosen konsumtionellen sozialistischen Mechanismus der Privilegismus-Minimalismus-Garantie in allen Systemen, angefangen vom schwedisch sozialdemokratischen bis zu kommunistischen Unterwerfungssystemen, zusammengehalten wird, ist wegen ihrer politisch beliebigen Einsetzbarkeit, vor allem in unterentwickelten Ländern, überlebensbedrohend. Allein die Herrschaftsstruktur ihrer auf Privilegismus begründeten sozialistischen Gefolgschaftstreue macht jeden Sozialismus zur antihumanen wirtschaftlichen Ausbeuterei des arbeitenden Volkes mit verstaatlichten Mitteln.

Die kollektivistisch tief versenkte Verantwortungslosigkeit erleichert die Maßlosigkeit der Ausbeutung des Volkes durch Anonymität der Schuldigen, die als ,,gewählte Repräsentanten sozialistischer Kollektive'' (ohne Wahlrecht) jedes mögliche Unbehagen des Volkes als Kollektivauftrag und vermeintlichen Volkswillen interpretieren dürfen.

Die Wahrnehmung der objektiven Interessenlage unterhalb der Nullschwelle aller Ego-Antriebe ist für aktiv Unterwerfungsbereite, sei es die mittlere Unterwerfungskader oder die Unterwerfungselite selbst, unvergleichlich günstig. *Die Staatsgewalt über Entrechtete dominiert unangefochten, weil das Individualrecht bis zur Unkenntlichkeit verkümmern konnte. Kriege wurden durch dominierende Staatsgewalten ausgelöst, nicht durch freie Menschen, die durch Arbeit zur sozialen Autarkie gestrebt haben.*

Die Unterwerfungskader der aktiven Naturrechtsignoranten - der Aktiv-Unterwerfungsbereite

Unterhalb der Nullschwelle wächst die jederzeit mögliche dosierte Androhung der Existenzverweigerung (Sippenhaft, Verbannung oder Exekution). Politischer Terror tritt - ,,staatssicherheitsbürokratisch'' relativ reibungslos verdeckt oder offen auf.

Eine Millionen-Armee politischer Entrechtungsdiener, angefangen beim freundlichen Nachbarschaftsspitzel, den ,,Wächtern des Friedens'', Kameradschaftsgerichten bis zu den Vertrauensleuten, V-Männern, Stasis, GPUs, NKWDs, SEDs, KPDs, und am Ende der Verfolgung die rechtabsegnenden staatsanwaltlichen Aburteilungsmaschinisten im Namen des Volkes garantieren den Bestand der Sklavenhaltergesellschaft über das Industriezeitalter hinaus.

Die Unterwerfungsbürokratien der neuen Klassengesellschaft der politisch Bevorzugten und der materiell privilegierten Führungskader setzen sich mühelos gegen das politisch entrechtete und existentiell in Bedürfnislosigkeit gehaltene Volk durch.

Die durch sozialistische Genossendisziplin weltweit erwartete und notfalls erzwungene Aufhebung der Skrupelempfindlichkeit und ideologisch anerzogenen Kaltschnäuzigkeit in Fragen der langzeitstrategischen Machtsicherung ist jedem bürgerlichen, auf Rechtschaffenheit beruhenden Machterwerb haushoch überlegen. Über den gegen sowjetische Übergriffe in der Welt (sowjetische U-Boot-Affäre in Schweden), gelegentlich aufgeschreckt gackernden Widerstand in der Atlantischen Gemeinschaft die eher einer Hühnerhofgemeinschaft gleicht, die sich außenpolitisch gegenseitig die Regenwürmer wegpickt und deren Hähne sich krähend nur noch selbst gefallen, über so viel gestelzte Feigheit und bornierte Dummheit kann die kommunistische Unterwerfungskader nicht einmal mehr müde lächeln. Sie wendet sich nur angeekelt ab und beschleunigt das Tempo der weiteren Unterwerfungsvorhaben und Neuaufteilungen der Welt.

Für die kommunistische Parteidisziplin schon der mittleren Hierarchie ist eine zusammengeschossene Massendemonstration von 1000 oder 10 000 Bürgern, die als ,,kriminelle Elemente'' abgetan werden, eine politische Beiläufigkeit. Zwei, drei Umsiedlungen von Volksstämmen in weit verstreute Gebiete und jahrelanger Informationsabbruch könnte fast geräuschlos und international unbemerkt organisiert werden. Kommunisten wissen, daß gegen den zahmen internationalen Widerstand unterbewaffneter moralisierender Feiglinge meist schon drohende Worte genügen, um unbotmäßige Neugier zum Schweigen zu bringen.

Der 17. Juni 1953 im Deutschland der Russen, der Ungarnaufstand, der Überfall auf die CSSR, die Okkupation Afghanistans zeigten den euroatlantischen Kaffeehaus-Strategen, wie es zügig und reibungslos gemacht werden kann.

Aber vielleicht reichen diese Beweise immer noch nicht, die Vorstellungskraft zu beflügeln, wie eine arbeitende Funktionärsmaschine linientreuer Genossen im Kampf um lebenslänglich zu sichernde Privilegien durch Disziplin und widerspruchslose Auftragserfüllung politisch funktioniert.

Es sind nur die großen Verbrechen, die wortlos ertragen werden, weil sie den Ängstlichen beeindrucken! Über die läppischen Ereignisse und die kleinen Untaten (Watergate z.B.) regen sich nur Schwächlinge und Naive auf, manchmal auch die ganz Schlauen, die die moralische Kraft zur Aufdeckung großer Verbrechen großer Verbrecher schon längst verloren haben. Am Beiläufigen herumpulen, erweckt oft bei Unmoralischen wenigstens einen moralischen Schein!

Die weltweite sozialistische Unterwerfungskader arbeitet derweil auf allen Ebenen der politischen Vertretung als Genossensyndikat eng zusammen, um ihren gemeinsamen Feind, nämlich die Vernunftfähigkeit aller Friedfertigen, politisch zu entmachten. Das in der sozialistischen Internationalen zusammengeschlossene Genossensyndikat versteht sich als exekutive Avantgarde einer *aktiven* Unterwerfungsmafia. Eine inquisitorische Genossendisziplin soll die passive Unterwerfungsbereitschaft aller erreichbaren Bevölkerungsteile rasch und ohne Zögern, und zwar noch vor der möglichen Entstehung einer mündigen Volkssouveränität, im Verlaufe einer zweiten Aufklärung verwirklichen.

Weil Aufstiegschancen innerhalb des Genossensyndikats nur möglich sind durch die negative Profilierung, d.h., durch routinierte Unterwerfungsdemagogie und kunstvolle Manipulationstechnik, die am Erfolgsbarometer der Entrechtungszustimmung der Ahnungslosen gemessen wird, wird politische Verantwortung nach ganz anderen Kriterien verteilt als in bürgerlichen Demokratien.

In der Genossenschaftshierarchie der sozialistischen Unterwerfungsgesellschaft wachsen die Privilegien mit der Zahl der persönlich ideologisch Beeinflußten. Daraus folgt das furchtbare Resultat, daß die persönliche Nutznießung, die materielle Privilegierung und Pfründensicherung jedes Genossen an die Manipulationsfähigkeit der Ahnungslosen und passiv Unterwerfungsbereiten gekoppelt ist. Die Zunahme der Macht über Gewaltunterworfene eines Kreises, Gebietes, Rayons, Distriktes, Departments, Bezirks oder Landes steigert das Ansehen in der Genossenhierarchie. Wachsendes Ansehen wiederum sichert Macht und Privilegien gegenüber den um Macht und Privilegien buhlenden Aufstiegsgenossen.

Eine über die Genossenhierarchie und Genossendisziplin hinausgreifende genossenfreie, parteiunabhängige Rechtsvorstellung, die im Widerspruch zum Herrschaftsanspruch über das Volk stände, ist völlig unbekannt und theoretisch unsinnig, weil das Genossensyndikat das Prinzip der Gefolgschaftstreue (Linientreue) allein aus dem Grunde gesichert hat, um die Nichtanerkennung vorstaatlicher Menschenrechte als Voraussetzung jeder Sklavenhaltergesellschaft durch linientreue Genossensolidarität durchzusetzen.

Wer als Genossenanwärter traumtänzerisch glaubt, einer überparteilichen Vernunft verpflichtet sein zu dürfen, kann und wird niemals ein linientreuer Genosse werden. Linientreue heißt Erfüllungsbereitschaft und unbedingter Gehorsam unter der Führung der ,,Avantgarde der Partei'', der Arbeiter und Bauern, dem wachsamsten Auge des ,,Friedens'', der ,,sozialistischen Gerechtigkeit'' und wie der bombastische Wortklimbim noch heißen mag.

Das Schreckgespenst aller Sozialisten und das Todesurteil für den Kommunismus ist die politisch mögliche Konsequenz eines ethischen Resultats aus einem Naturrechtssicherungsvertrag aller Individuen mit sich selbst. Eine Weltgemeinschaft in Frieden und Gerechtigkeit kann nicht anders entstehen als durch die Freigabe der vernunftfähigen Verfügungsgewalt über sich selbst.

Der Passiv-Unterwerfungsbereite

Die Entstehung einer parteiunabhängigen freien Meinung eines Mitgliedes des Genossenadels wird heute nur noch unter politisch-taktischen Gesichtspunkten geduldet.

Ist der kaderfähige aktiv-unterwerfungsbereite Funktionär einer negativen Staatsgewalt unterhalb der Nullschwelle der *politische Zuhälter* des Genossensyndikats, der seine Existenz dadurch sichert, daß er die freien Existenzen anderer behindert, so gehört der in seiner Existenz durch Staatsgewalt Behinderte zur staatlichen Manipulationsmasse der Passiv-Unterwerfungsbereiten.

Der Passiv-Unterwerfungsbereite, der zur funktionierenden Sache degradiert, ist der manipulative Gegenstand der Aktiv-Unterwerfungsbereiten. Er ist der Entmachtete in der Zugriffsgewalt politischer Zuhälter, oder auch das Schaf in der Herde des Schäfers, der nicht aus reiner Selbstlosigkeit und Tierliebe seine Lämmer beieinanderhält.

Das Wesensmerkmal der Zuhälterei ist die Ausbeutung einer Abhängigen, die zu hochbezahlten Arbeiten gezwungen wird, die ihr nicht mehr einbringen als die Erhaltung ihrer Arbeitskraft.

Politische Zuhälterei ist das gleiche ohne Beschränkung auf das Geschlecht, nämlich die Ausbeutung aller Abhängigen, denen durch offene oder verschleierte Gewalt der politischen Unterwerfungselite bis an die Grenze des Existenzminimums das erwirtschaftete Eigentum unter Vorgabe scheinmoralischer Gründe (5) abgenommen wird.

Ist der Steuerzahler oberhalb der Nullschwelle staatsrechtlicher Subjektdegradierung ein Mensch, ,,dem der Staat gegen eine sehr hohe Gebühr erlaubt, zugunsten des Staates tätig zu sein'' (6), so ist der Passiv-Unterwerfungsbereite unterhalb der Nullschwelle, also im Bereich der Objektbestimmung des Menschen durch das negative Staatsrecht relativer Eliten, von der begrenzten und erkennbaren Steuerlast dadurch befreit, daß er keinerlei Verfügungsgewalt über seine Lohn-Entschädigung und Eigentumsverhältnisse mehr hat.

Sind die Lohnabschöpfungs- und Steuerlastquoten in privatkapitalen Produktions- und Konsumtions-Sicherungsgesellschaften durch entgrenzende Staatsgewalt schon besitzstandschmälernd überwuchert, so findet die Höchstform der Massenausplünderung im Sozialismus ihren grandiosen Niederschlag. Sozialismus garantiert nicht nur die Herstellung der materiellen und geistigen Abhängigkeit aller auf der Ebene des Existenzminimums, sondern sichert den Unterschichtsstandard für die Passiv-Unterwerfungsbereiten dauerhaft und zuverlässig zugunsten der Pfründensicherung kaderfähiger Volksausplünderer im staatsrechtlichen Gewande.

Der untere Nullschwellenegoismus ist ethisch ausgebrannt, er erlaubt die brutale Bereicherung der Volksherrscher auf Kosten des eingeschüchterten Volkes. Das praktische Staatsrecht unterhalb der Nullschwelle ist immer ein asoziales, eben ein selbstverantwortungsaufgehobenes sozialistisches Recht, das den materiellen und persönlichen Schutz des Individuums als staatsunabhängiges Wesen nicht kennt. In den amtlichen, politisch-staatsrechtlichen Wortproduktionssammlungen des Großtyrannen wird diese Tatsache auch nicht geleugnet.

Es wird unter den Lesern, die sich bis hierher durchgerungen haben, solche geben, die immer noch nicht den Mut haben, die politische Lage, wie sie wirklich ist, beim Namen zu nennen, die immer noch dazu neigen, zu verniedlichen, wo Analysen und illusionslose Schlußfolgerungen und das muß unterstrichen werden, *aus Mitverantwortung für die Leibeigenen des Großtyrannen* absolute Pflicht des Vernunftfähigen sein müssen.

An dieser Stelle sollen daher zwei Bürgerrechtler zu Wort kommen, die für 250 Millionen Russen, minus 2,5 Millionen Apparatschiks, Nomenklaturisten und politische Zuhälter im Genossensyndikat der Naturrechtsignoranten, ihre Worte an das Gewissen der Welt richten.

Ein Hilferuf ging durch die westliche Presse, ein Hilferuf aus Sibirien. Dieser Brief ist von zwei Bürgerrechtlern in einem sibirischen Straflager verfaßt worden. Sie haben ihn im Oktober 1978 in einer Holzladung versteckt in der Hoffnung, daß er auf diese Weise außerhalb der Grenzen der Sowjetunion bekannt wird. Diese Holzladung ist nach Deutschland verkauft worden, war ein Jahr lang unterwegs und kam bei einer Palettenfabrik in Homberg-Ohm an, wo der Brief von einem Arbeiter gefunden worden ist. Wir veröffentlichen ihn im Wortlaut.

„Menschen! Wir brauchen eure Hilfe"

Der „Offene Brief" der Bürgerrechtler Achmetow und Michalenko.
Es ist möglich, daß unsere Arbeit wenig wirksam ist, aber . . .

Wir wissen nicht, ob diese Produkte, die von sowjetischen Strafgefangenen in Sklavenarbeit hergestellt worden sind, in ein sozialistisches oder ein freies Land exportiert werden. Wir richten unseren Appell, den wir im Namen der politischen Gefangenen der Sowjetunion verfaßt haben, unabhängig von der politischen Ordnung des Importlandes, an das Volk und an die Regierung, denn wir sind sicher, unser Brief findet in jedem Land und bei jedem Volk Gehör.

Wir, Nisamatdin Schometdinowitsch Achmetow und Wladimir Michailowitsch Michalenko, sind politische Häftlinge in einem verschärften Straflager im tiefsten Sibirien. Wir sind von der Öffentlichkeit unseres Landes und von der ganzen Welt isoliert, wir haben keine Hoffnung, freigelassen zu werden, und unser Leben ist in Gefahr. Wir sind keine Mörder, keine Diebe und keine Notzuchtverbrecher, wir hatten den Mut, an die Freiheit zu denken, eigene Ansichten zu vertreten und vor allem über Freiheit, Recht und Demokratie zu reden und zu schreiben. Das heißt, wir haben die Wahrheit gesagt und unsere Überzeugungen nicht verheimlicht.

Wir haben nichts Besonderes getan und keinerlei Heldentat vollbracht, unser Wirken hat im Lande keine Revolution hervorgerufen, und das Volk kennt unsere Namen nicht. Nichtsdestoweniger haben wir unsere Wahl fürs Leben getroffen, wir haben uns auf den Weg des Kampfes gegen Ungerechtigkeit und Lüge und für die Verteidigung der nationalen Interessen der großen und kleinen Völker der Sowjetunion gemacht. Wir sind gegen die Unterdrückung des Menschen, gegen Rechtlosigkeit und gegen die Verwandlung des Menschen in arbeitende und schießende Roboter aufgestanden, wir haben das grausame Regime und die unumschränkte Diktatur der KPdSU herausgefordert.

Mag sein, daß wir nicht die richtigen Methoden anwenden, es ist auch möglich, daß unsere Arbeit wenig wirksam ist, aber wir sind überzeugt, daß unsere Bemühungen richtig und unser Kampf gerecht ist.

Wir leben in einem Land, das wir Heimat nennen, das wir lieben. Was wir aber hassen, ist, was aus diesem Land unter der Herrschaft der faschistoiden Kamarilla des Zentralkomitees der Partei geworden ist. Unser Volk ist das rechtloseste und ärmste, unsere Gefängnisse sind die härtesten und größten, unsere Armee ist die mächtigste und aggressivste, unsere Regierung die grausamste und tückischste, und die Politik unseres Landes stellt die größte Bedrohung der ganzen Welt dar. Glauben Sie das nicht? Dann klatschen Sie den Kommunisten Beifall! Lächeln Sie sowjetischen Raketen zu, die auf Ihre Wohnung gerichtet sind!

Lassen Sie doch die Kommunisten siegen! Lassen Sie die Roten Fahnen über Bonn, Paris, London und Washington wehen! Möge unser ganzer Planet zur kommunistischen Welt werden! Dann erst, dann wird jedermann erkennen, was das ist - Sowjetkommunismus. Und erst dann wird der Anfang vom Ende des Kommunismus beginnen. Erst dann wird die ganze Welt gegen die rote Epidemie immun werden und von ihr genesen. Aber wir warnen: es wird nur die Hälfte der Weltbevölkerung übrigbleiben, vielleicht noch weniger.

Natürlich wollen Sie derartige Opfer nicht bringen und dieses Rezept nicht anwenden. Auch wir sind dagegen. Aber wir wollen nicht gleichgültig zusehen, wie die freie Welt Schritt für Schritt ihre Position dem Kommunismus gegenüber aufgibt.

Ja wir denken emotional und sind mit den Feinheiten und Spitzfindigkeiten der hohen Politik nicht vertraut - mag sein, weil wir beide Dichter sind und beide dem Tode nahe. Aber außer uns schmachten in den Lagern Mordwiniens und des Bezirkes Perm, in den Kasematten des Gefängnisses von Wladimir Tausende andere politische Häftlinge. Außer uns leben im Lande 250 Millionen rechtlose und unglückliche Menschen - und fast ebenso viele im übrigen Osteuropa. (Wir reden nicht von China, sowjetische Panzer und Raketen warten nur auf das Signal, die Milliardenbevölkerung Chinas in Blut und Asche zu stürzen.)

Wir wissen, daß der Westen, insbesondere in den letzten Jahren, viel für uns getan hat und noch tut, sowohl für die politischen Gefangenen als auch für alle unsere Landsleute, und wir sind dankbar dafür. Aber wir meinen, daß man noch mehr tun kann, viel mehr. Wir bitten nicht darum, daß uns amerikanische oder andere Soldaten befreien, das wäre absurd - so können wir nur Feinde werden. Aber wir bitten um eine breitere und dauerhaftere Solidarität und um entschiedenere Unterstützung. Das ist möglich und auch nötig, es muß sein.

Die Echtheit dieses Dokumentes ist verbürgt durch das edle Engagement der internationalen Gesellschaft für Menschenrechte e.V. Frankfurt a.M. Jeder, der nicht weltanschauungsgeschädigt ist, kann aus den Zeilen lesen und erkennen, daß rechtschaffene Menschen Opfer eines weltweit organisierten politischen Banditismus unter der Flagge des Großtyrannen geworden sind. Hunderte von Millionen Menschen in der nichtkommunistischen Welt stehen schon auf den Liquidationslisten der kommunistischen Parteien. *Die kommunistische Theorie vom antagonistischen, unversöhnlichen Gegensatz der politischen Kräfte ist kein Grüß-Gott-Gruß in der Nachbarschaft, sondern bedeutet Afghanistan, und zwar für jedes Volk der Reihe nach!*

Sozialismus ist der garantierte Konsumtionsminimalismus für alle Leibeigenen des Großtyrannen

Das sozialistische Planwirtschaftssystem des konsumtionellen Minimalismus und Privilegismus beruht auf der Grundlage aufgehobener Subjektbestimmung des Menschen. Erst die entpersonalisierte Objektbestimmung der menschlichen Existenz vermag die Verplanung des Menschen zu realisieren und die Antriebsenergien des entindividualisierten Menschen staatsbeliebig zu steuern.

Die Objektbestimmung des Menschen wird durchgesetzt durch die sozialistische, existentielle Minimalismusgarantie. Eine differenzierte Privilegierung der aktiv-unterwerfungsbereiten Genossenkader organisiert funktionstüchtig die Minimalismusgarantie gegen die Passiv-Unterworfenen.

Jeder Werktätige ist materiell entmachtet, wenn ihm das Ergebnis seiner Arbeit bis auf den arbeitskrafterhaltenden existentiellen Minimalismus ohne Rechenschaftspflichtigkeit entzogen werden kann. Sozialismus ist daher die Theorie der aufgehobenen Rechenschaftspflichtigkeit über die Ertragsbilanzen produktiver Arbeit.

Die subjektive Dispositionsfreiheit über das Ergebnis der Arbeit ist durch das sozialisierte Arbeitsplatz- und Einkommensmonopol der Staatsgewalt aufgehoben. Nur noch der existentielle Minimalismus wird durch die Planwirtschaftsorgane der Staatsgewalt arbeitskraftreproduzierend garantiert, und auch nur dann, wenn der Bürger außerhalb von Straflagern, Arbeitslagern, Erziehungsanstalten seine Unterwerfungsbereitschaft glaubhaft demonstriert und zweifelsfrei zu beweisen vermag. Für den Rest der Millionen, die sich der MdpS nicht bedienen wollten oder konnten öffnet, sich automatisch, oft ohne Wiederkehr, der Archipel GULAG. Die langsame körperzersetzende Aushungerung von Millionen Häftlingen gehört zum ,,Archipel GULAG-Programm'' aller sozialistischen Genossensyndikate.
Wenn oberhalb der Nullschwellenbestimmung der Egoquanten der herrschaftssichernde Steuerzwang bürgerrechtlicher Gesellschaften nach Thomas von Aquin nur ,,ein erlaubter Fall von Raub'' ist, der überschaubar bleibt und den Besteuerten nicht erdrosselt, dann ist unterhalb der Nullschwellenbestimmung der ,,Sozialismus nicht nur der ideologische Griff in fremde Taschen'' (5), sondern die totale Entkleidung am Zahltag, um anstelle von verdientem Geld bzw. Lohn Überlebensgutscheine entgegenzunehmen. Ob die Überlebensgutscheine wie Geld oder wie gestempelte, jederzeit rückrufbare Warengutscheine aussehen, ist im Prinzip gleichgültig; entscheidend ist die genaueste Dosierung der Konsumtion und die präzise Bestimmung der Bedürfnisse sowohl nach der Menge als auch nach der Qualität. Dieses Trucksystem im englischen Frühkapitalismus kannte solche Formen der Lohnabschöpfung kurzweilig, bis sie durch die bürgerliche Gesetzgebung verboten wurden.

Der Sozialismus der weltanschauungsgeschädigten Kommunisten hat das Trucksystem zum politischen Staatsrecht über staatliche Leibeigene stilisiert und politisch restauriert.

Es gibt Menschen in der Freien Welt, die sich nach der roten Gulasch-Kanonen-Kultur Leibeigener sehnen, *sie übersehen,* daß sie die ersten sein werden, die den Archipal GULAG bevölkern werden. *Sie übersehen,* daß alle anti-privatkapitalen Wirtschaftsvergewaltigungen der Nachkriegszeit die Überlebensbedingungen der Betroffenen verschlechtert und die Gesamtproduktivität im Verhältnis zu den vorexperimentellen jährlichen Steigerungsraten weit zurückgeworfen haben. *Sie übersehen,* daß alle fragwürdig gebliebenen sogenannten „politische Errungenschaften" sozialistischer Naturrechtsignoranten nach Beendigung der Teilung des Vorhandenen durch Hungermärsche bitter erkauft aber nie realisiert wurden. Mit Sicherheit aber kann gesagt werden, daß alle sozialistischen „Errungenschaften" Hungermärsche ganzer Völker waren, die immer in die politische Barbarei und niemals zur Friedfertigkeit und Freiheit geführt haben.

Wenn die Weltprobleme gelöst werden sollen, dann muß zuvor auf jeden schwülstigen ideologischen Anti-Produktivismus verzichtet werden, weil der Wohlstand als soziale Autarkie allein aus der millionenfach getragenen privatkapitalen Produktivkraft privater Interessen entsteht und niemals unter einer bürokratisch planverwirtschaftlichen Zugriffsgewalt entgrenzter Staatsgewalt gedeihen kann. Die Zunahme der sozialen Gerechtigkeit wächst aus der Abnahme sozialer Bedürftigkeit, und das geschieht durch lohnende gewinnbringende Arbeit und nicht durch sozialpathologische Teilung.

Viele westeuropäische, demokratisch-zentralistisch abgesicherte Gewerkschaftsbosse finden Gefallen an der Globalsteuerung aller Existenzmittel und betreiben „mitbestimmend" die Aufhebung der Selbstverwirklichung des Menschen durch Beseitigung der materiellen Unabhängigkeit. Das Wohl des arbeitenden Volkes ist ihnen *nach ihrer Machtergreifung* prinzipiell gleichgültig.

Die Gemeinwohllüge von der sozialen Gerechtigkeit ist ihnen nur Mittel zum Zweck, wenn sie die Chance wittern, aus politischer Ahnungslosigkeit ideologisierter Wahlberechtigter sich das politische Mandat zur wirtschaftlichen Ausplünderung des Volkes für alle Ewigkeit zu erschleichen. Sozial ist, was materiell und geistig staatsunabhängig macht und die staatliche Verfügungsgewalt von Menschen über Menschen beendet.

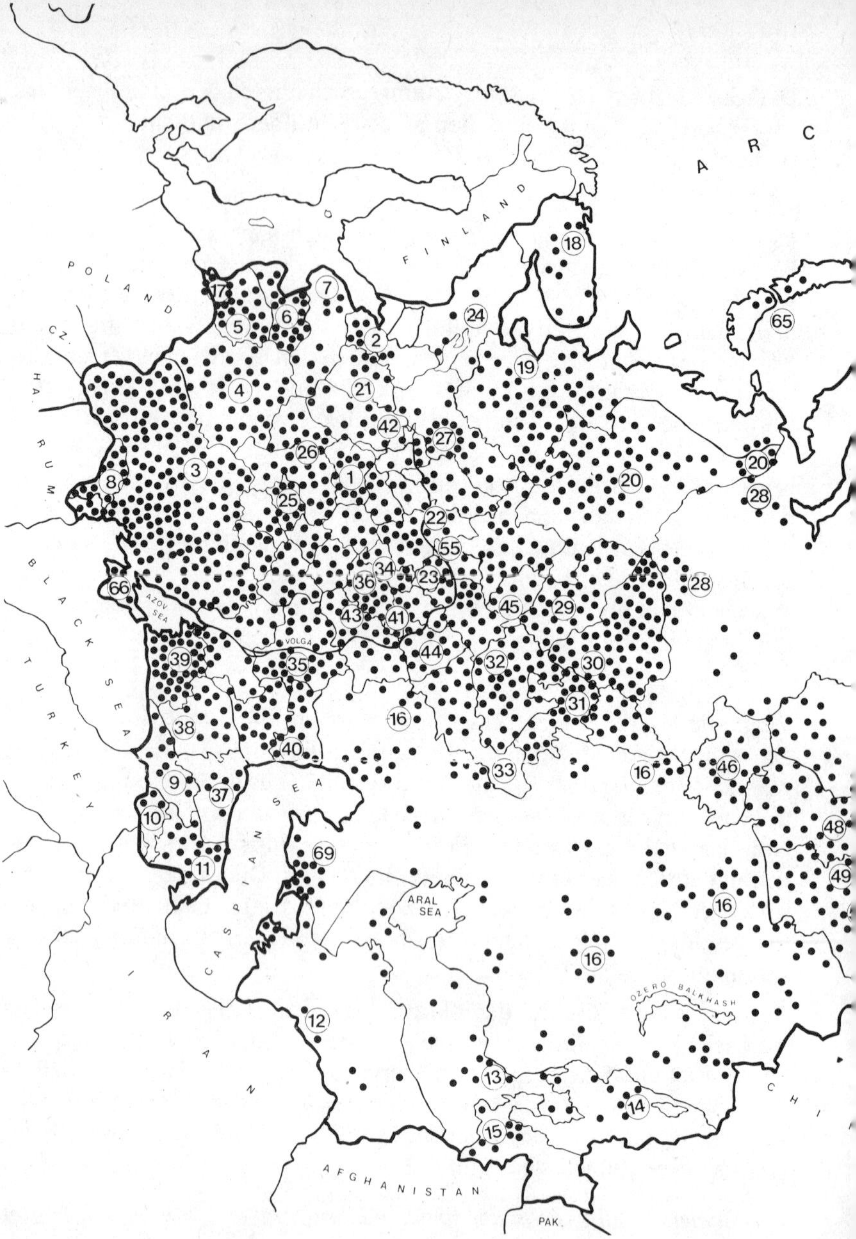

1. Moskau, Gebiet (RSFSR)
2. Leningrad, Gebiet (RSFSR)
3. Ukrainische SSR
4. Belo-(Weiß)russische SSR
5. Litauische SSR
6. Lettische SSR
7. Estnische SSR
8. Moldauische ASSR
9. Georgische(Grusinische) SSR
10. Armenische SSR
11. Aserbaidschanische SSR
12. Turkmenische SSR
13. Usbekische SSR
14. Kirgisische SSR
15. Tadschikische SSR
16. Kasachische SSR
17. Kaliningrad, Gebiet (RSFSR)
18. Murmansk, Gebiet (RSFSR)
19. Archangelsk, Gebiet (RSFSR)
20. Komi ASSR
21. Nowgorod, Gebiet (RSFSR)
22. Gorki, Gebiet (RSFSR)
23. Tatarische ASSR
24. Petrosawodsk, Gebiet
25. Orel, Kursk, Tula, Kaluga, Lipezk, (RSFSR)
26. Pskow, Wladimir, Brjansk, Kalinin und Smolensk, Gebiet (RSFSR)
27. Wologda, Kostroma, Kirow, Ischewsk, Gebiet (RSFSR)
28. Tjumen, Gebiet (RSFSR)
29. Perm, Gebiet (RSFSR)
30. Swerdlowsk, Gebiet (RSFSR)
31. Tscheljabinsk, Gebiet (R
32. Baschkirische ASSR
33. Orenburg, Gebiet (RSF
34. Mordwinische ASSR
35. Wolgograd, Gebiet (RS
36. Pensa, Gebiet (RSFSR)
37. Kalmückische und Dagestanische ASSR
38. Stawropol, Bezirk, und Stadt
39. Krasnodar, Bezirk, und Rostow, Gebiet
40. Astrachan, Gebiet (RSF

Quelle: Avraham Shifrin „The First Guidebook to Prisons and Concentration Camps of the Soviet Union"

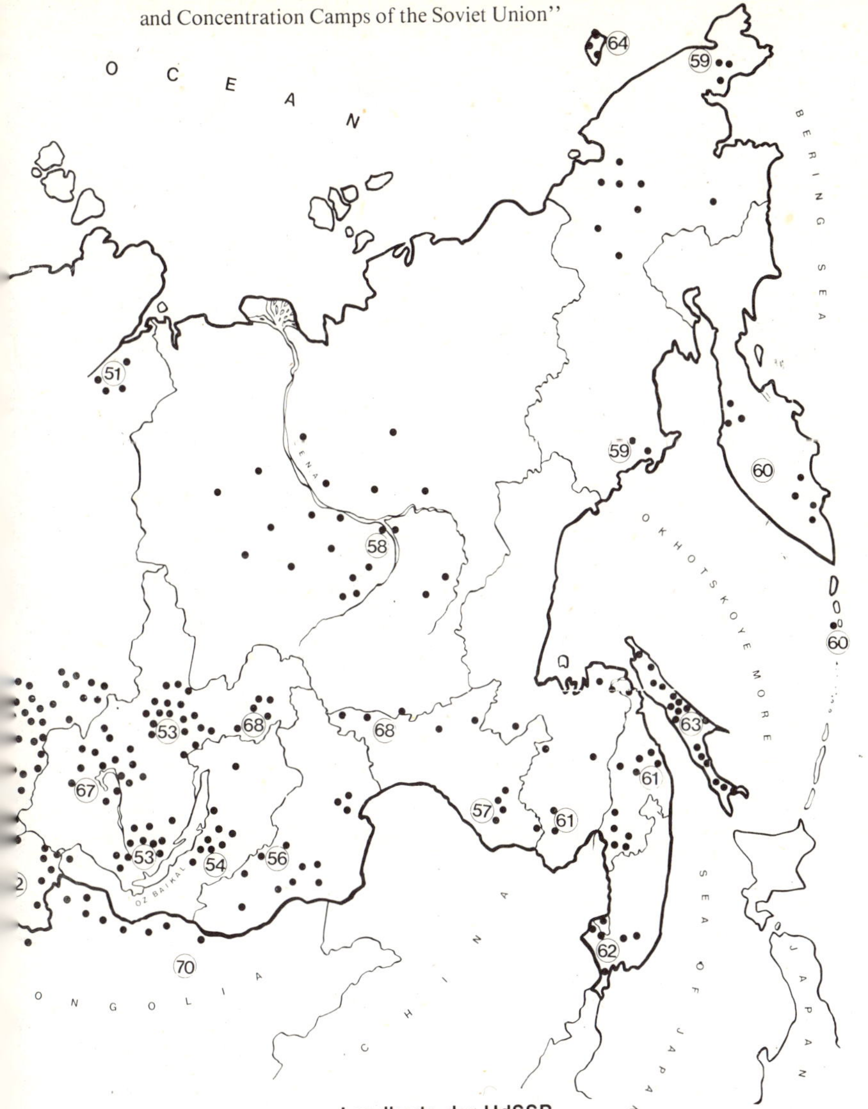

Landkarte der UdSSR

Konzentrationslager, Gefängnisse und psychiatrische Haftanstalten

usführliche Erklärungen der Orte mit Lagern und Gefängnissen in den einzelnen Gebieten enthalten die besonderen Gebiets-Karten

41. Uljanowsk, Gebiet (RSFSR)
42. Jaroslawl, Gebiet (RSFSR)
43. Saratow, Gebiet (RSFSR)
44. Kujbyschew, Gebiet (RSFSR)
45. Udmurtische ASSR
46. Omsk, Gebiet (RSFSR)
47. Tomsk, Gebiet (RSFSR)
47a Kemerowo, Gebiet
48. Nowosibirsk, Gebiet (RSFSR)
49. Altai, Bezirk
50. Gorno-Altaisches Autonomes Gebiet (RSFSR)
51. Krasnojarsk, Bezirk
52. Tuwinische ASSR
53. Irkutsk, Gebiet
54. Burjätische ASSR
55. Tschuwaschische ASSR
56. Tschita, Gebiet
57. Amur, Gebiet
58. Jakutische ASSR
59. Magadan, Gebiet
60. Kamtschatka, Gebiet
61. Chabarowsk, Bezirk
62. Primorskij, Bezirk
63. Sachalin, Gebiet (RSFSR)
64. Wrangel, Insel
65. Nowaja Semlja, Insel
66. Krim, Gebiet
67. Taischet „Oserlag"
68. BAM (Baikal-Amur-Magistrale)
69. Mangyschlak, Halbinsel
70. Mongolische Volksrepublik

Zusammenfassung

Die Bilanzierung der politischen Kernfragen in der Welt kommt am Ausgang des 20. Jahrhunderts zu dem Resultat, daß Politik, mit Ausnahme einer kurzen Freiheitsphase der Selbstverwirklichung der Individualsouveränität zur Zeit der Unabhängigkeitserklärung der Vereinigten Staaten, nie etwas anderes war als ein Kampf wechselnder Unterwerfungseliten um die Rechtstitel zur Ausplünderung der Gewaltunterworfenen. Politik ist Verfügungsgewalt über den Ertrag der Arbeit anderer, eine Praxis, die längst bis zur Verfügungsgewalt über die Schicksalsbestimmung der Entrechteten gesteigert werden konnte.

Seit der Existenz der Herrschaft von Menschen über Menschen hat das Rad der Geschichte im Hinblick auf die Freiheit des Individuums stillgestanden. Wechselnde relative Eliten haben die Abgaben der Entrechteten proportional zur wachsenden Produktivität erhöht, die allgemeinen Sozialisationslasten erschwert und die möglichen Freiheiten verringert.

Die Menschheit ist durch relative Eliten ständig von einem politischen Schwachsinn zum anderen getrieben worden, und zwar immer mit dem gleichen Ziel, nämlich die Vernunftfähigkeit des Menschen auszuschließen.

Aus der Bilanzierung politischer Tatbestände sind daher Schlußfolgerungen zu ziehen, die es ermöglichen, die Zukunft der Welt dergestalt zu entwerfen, daß die Fortsetzung einer „legitimierten" Naturrechtsignoranz relativer Eliten durch den weltweiten Widerstand aller Vernunftfähigen beendet und auf Dauer ausgeschlossen werden kann.

Diese Schlußfolgerungen führten zu dem im folgenden vorgelegten Entwurf von zehn Dekalogen, der seiner Intention nach nichts anderes zu sein beansprucht als eine hilfreiche gedankliche Strukturierung zum Schritt in eine zweite Aufklärung, die das europäische Erbe zur Herstellung einer humanen Welt anti-egalitaristisch fortzusetzen begehrt, weil der freie Mensch wohl des anderen bedarf, nicht aber gezwungen werden kann, sich den anderen nicht auch jederzeit aussuchen zu dürfen. Dieser kleine Unterschied ist entscheidend, um die Alternative „Freiheit statt Sozialismus" mit allen Konsequenzen zu begreifen. Ein Sowohl-Als-Auch ist ausgeschlossen!

Zehn Schlußfolgerungen zur Bestimmung des Weltfeindes der Menschheit

1) Zum Weltfeind der Menschheit müssen alle Theorien und Ideologien gerechnet werden, die zur relativen oder absoluten Selbstaufgabe des Menschen und seiner Objektbestimmung durch relative Herrschaft offen oder verschleiert auffordern.

2) Jede Verweigerung der Individualsouveränität ist negative Gewalt gegen die Vernunftfähigkeit des zur Selbstbestimmung, zur Reinen Willensfreiheit aufgeforderten freien Menschen.

3) Von allen Ideologien, Theorien und religiösen Schwärmereien hat sich die staatlich etablierte Ideologie des Kommunismus als aggressivstes Liquidationsinstrument der Individualsouveränität und politischen Freiheit unmißverständlich entlarvt.

4) Die Naturrechtsignoranz des Kommunismus unter der Herrschaft des Großtyrannen ist politischer Banditismus im staatsrechtlichen Gewande.

5) Der Großtyrann in der Kremlgruft ist in der jetzigen Phase der Weltgeschichte der Weltfeind aller friedlichen und Gerechtigkeit erwartenden Menschen, weil er, der Anstifter des destruktiven menschenrechtverachtenden Dogmatismus, die Autonomie der Willensfreiheit des Menschen als Eigner seiner selbst ideologisch verweigert und militärisch alle jene bedroht, die sich seinem Unterwerfungswillen zu entziehen trachten.

6) Der sowjetische Großtyrann realisiert unbarmherzig eine Sklavenhaltergesellschaft, die durch mehr als 2000 Konzentrationslager mit Millionen von gefangenen Männern, Frauen und Kindern nahezu jeden Widerstand geräuschlos und in der Welt fast unbemerkt bricht. (Vgl. UDSSR, Reiseführer durch Gefängnisse und KZs in der . . . Avraham Shifrin, Stephaanus Edition ISBN 3-92 12 13-32-0)

7) Der Weltfeind der Menschheit ist ein dauernder Bewußtseinsaggressor, der mit ideologischen Opiaten Unwissende und Ahnungslose mit der Droge der etablierten ideologischen Unmenschlichkeit dazu stimuliert, der eigenen Selbstentrechtung jubelnd zuzustimmen.

8) Sozialismus ist die Vorstufe zur Neosklaverei im Industriezeitalter, weil die Eigentumsverachtung des sozialistischen Sozialzynismus die parasitäre Partizipation am Sozialprodukt des arbeitenden Volkes tendenziell beschleunigt.

9) Jeder sozialistische Sozialzynismus ist sozialpathologisch, weil er die materiell Abhängigen auch politisch zu Lohnsklaven auf der Ebene des Existenzminimums vermarktet.

10) Das „Ratarium" des Großtyrannen vollstreckt die materielle und immaterielle Deskelettierung aller Gewaltunterworfenen und erzwingt die Mutation der produktiven Selbstverleugnung (MdpS) als Überlebensprinzip einer „Rattengesellschaft".

Zehn Schlußfolgerungen zur Bestimmung der Selbstentrechtungsstrategie des Weltfeindes

1) Besitz macht frei, Besitzlosigkeit abhängig. Materielle Abhängigkeit der entindividualisierten, ideologisch manipulierten Massen steigert deren politische Fügsamkeit gegenüber relativen Unterwerfungseliten.

2) Die Verstaatlichung (Vergesellschaftung) der Produktions- und Existenzmittel ist immer nur ein Mittel zum Zweck der Verewigung der Herrschaft über materiell Abhängige. Vergesellschaftung von Kapital und Arbeit hebt die aus Eigentum und materieller Sicherheit wachsende Selbstverwirklichung und individuelle Lebensgestaltung des Individuums endgültig auf.

3) Sozialismus ist die Jubelkratie der materiell und immateriell Bedürfnislosen. Er ist die Ideologie von der strafbaren Selbstliebe und dem qualifizierten Bedürfnisverzicht.

4) Sozialismus organisiert die Mangelwirtschaft durch Produktions- und Konsumtionsdirigismus als Mittel moderner Gefügigkeitserzwingungen.

5) Sozialismus praktiziert die Genügsamkeitskultur für Anspruchslose. Die Mannigfaltigkeit des zweidimensionierten Menschen wird sozialistisch entwurzelt und mittels verstaatlichter Manipulationsmonopole durch menschenentwürdigende dogmatische Denkschablonen notdürftig ersetzt.

6) Sozialismus defiguriert den Menschen zum Leibeigenen der Staatsgewalt und verinnerlicht den politischen Banditismus etablierter Naturrechtsignoranz karrieresichernd als Voraussetzung zur Partizipation an der Macht über Wehrlose.

7) Jede sozialistische Kaderschmiede organisiert das Führungs- und Mitläuferpotential für die sozialistische Sklavenhaltergesellschaft. Anonyme Führungskollektive entprivatisieren die Lebensinteressen aller zum Zwecke der Herrschaftssicherung weniger über das Volk der materiell, körperlich und seelisch Enteigneten.

8) Sozialismus ist die Appellation an die niederen Instinkte auf der Ebene der Überlebensangst und profaner Egoismusbefriedigungen. Die immaterielle Dimension des Seins wird in ihrer qualitativen Bestimmung der Egoquanten ausgelöscht.

9) Das Überleben unter dem Sozialismus des Großtyrannen ist nur noch durch die Mutation der produktiven Selbstverleugnung zulässig. Wem trotz autogenen Trainings diese Desensibilisation der Psyche nicht gerät, ist gezwungen, nur noch in Arbeits- und Vernichtungslagern des Großtyrannen seine eigene Menschenwürde zu bewahren.

10) Zur Selbstentrechtungsstrategie des Weltfeindes gehört die ideologische Desensibilisation des internationalen Sozialdemokratismus, der in den Industrienationen der Freien Welt die Wohlstandsvernichtungsstrategie durch Übersteuerung der Produktivkräfte und sozialpathologische Wirtschaftsüberlastung bis zur Verstaatlichungssehnsucht politisch Schwachsinniger im Dienste der sozialistischen Internationale systematisch vorbereitet.

Zehn Schlußfolgerungen zur Bestimmung der Herrschaftsgrundsätze relativer Eliten

1) Jede Herrschaft deformiert den Menschen herrschaftssichernd absichtlich, mit Vorbedacht und systematisch.

2) Herrschaft verweigert den Selbstzweck des Menschen und erzwingt, je nach Intensität des Herrschaftswillens, die Objektdegradierung des Individuums.

3) Herrschaft begründet ihre Macht über Manipulierte durch gepflegte gemeinwohlverlogene Objektivitätsirrtümer. Jede Gemeinwohlvorgabe signalisiert verschleiert den gesteigerten Unterwerfungswillen relativer Eliten.

4) Jede relative Elite existiert aus der Disproportionalisierung der Rechtsgleichheit, die durch Angstausbreitung unter Friedfertigen und ahnungslos Vertrauenden relativ mühelos etabliert werden kann.

5) Die beliebige Gemeinwohllüge jeder relativen Elite liegt in der unbewußten Verinnerlichung einer Erniedrigungsgewohnheit, die, durch den theoretischen Überbau pädagogisch transplantiert, im Regelfall den Gebrauch der Vernunftfähigkeit des Menschen aus Furcht vor Nachteilen zeitgeistgeschädigt unterläßt.

6) Relative Eliten bedienen sich seit der Einführung der Volkssouveränität der Herrschaft über das Volk durch Manipulation des Volkswillens zur chaotischen Volkssouveränität. Die Verdammnis des Individuums unter der negativen Gewalt chaotischer Volkssouveränität ist die totale Verfremdung der Eigentlichkeit des Menschen (Selbstzweck) durch die anonymen Gewalten anderer.

7) Jedes Volk ist seit 1789 durch relative Unterwerfungseliten bis zum Heldentod im Dienste anderer manipulierbar geblieben, weil eine Volkssouveränität, die ohne politische Kultur chaotisch bleibt, zur vernunftpflichtigen Rechtsschöpfung unfähig ist.

8) Die chaotische Willensfreiheit einer manipulativen Volkssouveränität ist zur Gesetzgebung nicht mehr zuzulassen, weil naturrechtsverletzende herrschaftssichernde Mehrheitsentscheidungen freiheitseinschränkend und daher rechtsunwirksam, also politisch unverbindlich sind.

9) Die negative freiheitseinschränkende Rechtsschöpfung chaotischer Volkssouveränität in den Händen demagokratischer Manipulationseliten ist naturrechtswidrig und daher unzulässig. Wer das Volk als Zustimmungsmaschine zur Selbstentrechtung mißbraucht, unterliegt dem Rechtsschöpfungsverbot für Naturrechtsignoranten.

10) Jede relative Elite verschleiert ihren Unterwerfungscharakter hinter dem beauftragten Entrechtungsautomatismus des hoheitlichen Gewerbes. Weil Herrschaft als dauernde Zugriffsgewalt über die Einkommen der Beherrschten sich die Disproportionalisierung der natürlichen Rechtsgleichheit durch Bürokratien sichert, sind Bürokratien Entrechtungsgewalten relativer Eliten ohne Existenzberechtigung und daher durch Abwahl der falschen Volksvertreter abzuschaffen.

Zehn Schlußfolgerungen zur Bestimmung der Zeitgeistschädigung ursprünglich Freier

1) Jede Zeitgeistdeformation beginnt mit der national - oder internationalsozialistischen Wertignoranz bürgerlicher Freiheiten und liberaler Produktionsprinzipien. Wertignoranz ist die Vorstufe zur Ideologisierbarkeit des Volkes bis zur chaotischen Gesetzgebung für politisch Endmündigte.

2) Die Sozialpathologie sozialdemokratoider Wohlstandssabotage ist das Brecheisen des Großtyrannen, Sozialdemokratie zum Totengräber jeder produktiven Volkswirtschaft bürgerlicher Gesellschaftsverhältnisse herrschaftsausdehnend zu mißbrauchen.

3) Sozialdemokratoide Sozialpathologie vernichtet die Kreativität aller Produktivkräfte, begründet die Schmarotzerkultur der politischen Filzokratie (Aufhebung der Rechtsgleichheit) für das ,,Bonzensyndikat" und legalisiert den pathologischen Sozialzynismus der latent Arbeitsscheuen.

4) Die sozialdemokratoide intellektuelle Deskelettierung des Abendlandes ist ein ideologischer Anti-Anthropologismus sozialistischer Genossensyndikate der sich gegen die Naturrechtsbestimmung des ursprünglich Freien richtet.

5) Wachsende sozialdemokratoide Sozialpathologie beschleunigt die soziale Vernetzung materiell Ausgeplünderter. Die Zunahme des Sozialetats bezeugt den Fortschritt der wachsenden Hilfen aus organisierter Bedürftigkeit des Volkes. Sozialpathologie bedeutet, wachsende Bedürftigkeit nicht als Not sondern als einen Triumph des politischen Fortschritts verinnerlicht zu haben.

6) Zeitgeistschädigung liegt vor, wenn die familiäre Geborgenheitsvernichtung durch Doppelberufstätigkeit und wachsende Wohlfahrtsabhängigkeit als ,,Errungenschaft" bejubelt, dagegen der Ausverkauf deutscher Interessen durch die sozialliberale Untergangskoalition nicht als Sabotage an der Volkswirtschaft erkannt und beklagt werden kann. (1)

7) Zeitgeistschädigung liegt vor, wenn obrigkeitliche Sozialisationserwartung in herrschaftssichernd-deformierte Gesellschaftsverhältnisse nicht als Nötigung zur Selbstentfremdung begriffen wird. Sozialisation ist eine Einführung in die Erniedrigungsgewohnheit, die an künftige Leibeigenschaftsverhältnisse kollektiver Unterwerfungseliten gewöhnenwill.

8) Zeitgeistschädigung liegt vor, wenn die Volljährigkeit von Achtzehnjährigen gefordert, aber die Fürsorgepflicht der Eltern ohne Erziehungsrecht bis zum existenziellen Minimalismus strapaziert werden darf. Die Legitimation politischer Macht aus der Schmeichelei Unwissender zum Verderben der ,,Volljährigen'' ist Demagokratie und einer Republik der Freien unwürdig.

9) Zeitgeistschädigung liegt vor, wenn die Ermattungsstrategie des Gesetzgebers, mittels einer uferlosen Gesetzesflut jeden politischen Widerstand abzuwehren, nicht beklagt wird, sondern das Verbot z.B. von ,,Schwarzarbeit'' und die Einführung von Fleißbußgeldern und sonstigen Reglementierungen als notwendige Regulative der Staatsgewalt unterwerfungsgewohnt begehrt wird.

10) Zeitgeistgeschädigt sind alle jene, die in der sozialistisch-sozialdemokratoiden Solidaritätsideologie der Naturrechtsignoranten das Heil der Welt erwarten und darauf hoffen, durch rückgratloses Wurmverhalten sich der Zuneigung des Großtyrannen versichern zu können und den drohenden Archipel GULAG für Westeuropa durch tapferes Wegsehen als Propaganda einstufen und wegdenken zu können.

Zehn Schlußfolgerungen zur Bestimmung der Deformations- und Manipulationsimmunität

1) Der Zeitgeist ist, sich selbst betrachtend, blind. Die Deformation des Ichs begreift nur, wer der Determinationskraft des Zeitgeistes vernunftpflichtig widersteht und eingschliffene herrschaftssichernde Zeitgeistlügen zu enttarnen vermag.

2) Alle Zeitgeistadapter sind Manipulationsopfer relativer Herrschaftseliten, die zu der Unfähigkeit aufbereitet wurden, herrschaftssichernde Gemeinwohllügen rechtzeitig zu dechiffrieren. Die Zerstörung des natürlichen Gefahrwitterungsinstinktes hat den Zeitgeistadapter zum Gegenstand beliebiger Manipulation beliebigen Herrschaftswillens entfremdet.

3) Die politische Meinung des Zeitgeistopfers ist eine vermeintliche; es meint nur, daß es meint, obwohl es immer nur das Opfer wechselnder soziokultureller Determinanten ist. Der Zeitgeistgeschädigte weigert sich aus mangelnder Manipulationsimmunität und aus verletztem Selbstwertgefühl, sich als objektdegradierender Sozialisationsopfer seiner Herrschaft zu begreifen.

4) Unter relativen Unterwerfungseliten, die über ausreichende Manipulationsmonopole verfügen, gibt es keine politische Mündigkeit. Die Manipulationsimmunität ist daher ohne Austritt aus der zeitgeistdeformativen Sozialisationserwartung (Unterwerfungsgewohnheit) nicht zu stabilisieren.

5) Die Sensibilisierung der Sinne reaktiviert den Gefahrwitterungsinstinkt, Freiheit nie von Vormunden, Herrschaftseliten, Ideologen, Demagokraten oder Tyrannen hoffend zu erwarten. Freiheit ist ein unantastbares Rechtsgut des Individuums, niemals eine verfügbare Rechtssache relativer Eliten.

6) Die Garantie der Deformations- und Manipulationsimmunität setzt den Austausch der relativen Eliten durch objektive, vernunftpflichtige Eliten voraus. Die Beseitigung aller Destruktivität in der Gesellschaft gelingt nicht ohne den persönlichen Abwurf aller menschenrechtdeformativen Informationsschübe.

7) Nur ein Austausch der etablierten relativen Eliten in objektive beendet die fortschreitende Erschwerung des individuellen Wohlbehagens saturierter Verhältnisse aus bußgeldfreier sozialer Autarkie

und geistiger Unabhängigkeit. Staatsrecht ist kein Selbstzweck und kein originäres, sondern ein treuhänderisches Recht, das jederzeit durch den Bürgerwillen politisch Freier abgerufen werden kann. Wo dies nicht mehr gelingt, ist die Staatsgewalt entgrenzt und auf dem Weg zum Großtyrannen.

8) Das Staatsrecht der Gegenwart ist nicht mehr reformfähig. Es ist mittels des Stimmrechtes des Vernunftfähigen durch das Staatsrecht der optimalen Demokratie zu ersetzen.

9) Alle Menschenentwürdigungen der Welt, alle Krisen und Kriege wurden und werden durch Worte vorbereitet. Massensäuberungen und Völkermorde beginnen erst nach der wörtlichen Zustimmung zur Selbstentfreiheitlichung.

10) Daraus folgt, daß die Wiederherstellung der Freiheit des Menschen nur durch das vernunftpflichtige Wort eine Chance hat. Worte haben die Regierungen verdorben; Worte - nicht Kanonen - müssen die Welt wieder heilen.

Zehn Schlußfolgerungen zur Bestimmung der wirklichen materiellen und immateriellen Antriebe des Menschen

1) Es gibt keine Selbstlosigkeit des Menschen. Selbst der Selbstlosigkeit Praktizierende ist verliebt in den Genuß der Selbstlosigkeit als vermeintliche Tugend.

2) Jede Nächstenliebe sollte praktisch und nie töricht sein. Nächstenliebe ist ein Akt des Selbsterhaltungswillens Vernunftfähiger, die in der Absicht auf Gegenseitigkeit aus Eigennutz Friedfertigkeit und Hilfsbereitschaft praktizieren.

3) Wenn Liebe in erster Linie Selbstliebe ist, dann verlangt totale Selbstliebe, sich in Freiheit bis zur immateriellen Glückseligkeit zu verwirklichen. Totale Selbstliebe verweigert sich der Deformation des Ichs und der beliebigen Unterwerfungserwartung anderer. Sie entzieht sich jeder Verfügungsgewalt von Menschen über Menschen.

4) Selbstliebe desillusioniert die wirklichen Antriebe des Menschen und hierarchisiert die Egoquanten quantitativ wie qualitativ bis zum Totalen Egoismus Vernunftfähiger.

5) Der Totale Egoismus verweigert sich der Fortsetzung des Angstgebrauchs als Herrschaftsmittel zur Einübung überflüssiger Erniedrigungsgewohnheit. Er besteht auf der Abschaffung jeder Repression, die die unzulässige Verfügungsgewalt von Menschen über Menschen erzwingt.

6) Wer die Verfügungsgewalt anderer mangels qualifizierter Selbstliebe über sich duldet oder aus geistiger Umnachtung auf andere überträgt, begibt sich in die Beliebigkeit der chaotischen Willensfreiheit anderer.

7) Nur mangelndes Selbstvertrauen aus zerstörter Selbstliebe erwartet seine Glückseligkeit aus einem gemeinwohlverlogenen sozialen Gestaltungsauftrag anderer. Die Glückseligkeit des Menschen ist ein Individualakt und kann nie aus einer beliebigen Gemeinwohlvorgabe relativer Eliten - die Unterwerfung und keine Glückseligkeit der Untertanen wollen müssen, um zu existieren - gesichert werden.

8) Herrschaftsstabilisierende Gemeinwohllügen haben nur die Aufgabe, die „Über-Ich-Repression" entgrenzender Staatsgewalt „gemeinwohlsichernd" zu verrechtlichen. Obrigkeitliche Gemeinwohl-

vorgaben zur Erzwingung von Unterwerfungsgesten haben die genetische Langzeitwirkung, aus ursprünglich Freien Leibeigene negativer Staatsgewalt zu machen.

9) Der Totale Egoismus des Vernunftfähigen verweigert sich durch Einsatz geistiger Anti-Über-Ich-Konterenergien dem Unterwerfungsritual negativen Zwanges bis zur systemimmanent möglichen Toleranz existenzieller Unbedrohlichkeit.

10) Die Vernunftfähigkeit bestärkt das Selbstvertrauen bis zum bedingungslosen Anspruch, daß nicht das herrschaftsbeliebige Sein, sondern das Bewußtsein der Vernunftfähigkeit das Sein bestimmt.

Zehn Schlußfolgerungen zur Bestimmung der Sicherheitsgarantien, sich selber Zweck sein zu dürfen

1) Jede Gesellschaft ist so frei, wie ihre Glieder in materieller Unabhängigkeit sich der sozialen Autarkie straffrei erfreuen dürfen.

2) Soziale Autarkie muß als Ergebnis selbständiger Arbeit für jedermann bis zur Lebensmitte möglich und erreichbar sein, andernfalls hat negative Staatsgewalt sich die Verfügungsgewalt über die Einkommen unrechtmäßig, also diebisch erschlichen.

3) Zur Mittelstandsgarantie aller führt kein anderer Weg als die Freigabe der Arbeitskraft zur freien Disposition eines jeglichen. Nur die unbeschränkte Kapitalakkumulation, d.h., die Gewinnmaximierung durch Arbeit eines jeglichen garantiert die Wohlstandsausdehnung aller Angehörigen eines freien Volkes. Die straffreie Einkommens-und Vermögensbildung ist die Voraussetzung zum schadensfreien, Unabhängigkeit sichernden Mittelstandswillen.

4) Die soziale Autarkie aller ist nicht so sehr Selbstzweck als vielmehr das Mittel zu dem Zweck, sich vor der Wehrlosigkeit gegenüber negativen Zwängen entgrenzender Staatsgewalt jederzeit schützen zu können. Materielle Unabhängigkeit der Werktätigen ist eine starke Waffe gegen Machtmißbrauch relativer Eliten. Die Verweigerung der materiellen Unabhängigkeit durch Herrschaft ist daher immer die Vorstufe zur dauernden Verweigerung der politischen Rechte materiell Abhängiger.

5) Soziale Autarkie qualifiziert die Egoquanten und immaterialisiert die Bedürfnisse höherwertig. Sie verhindert die intellektuelle Korruption, verweigert sich politischem Opportunismus und steigert die Vernunftfähigkeit des Menschen bis zur Vernunftpflichtigkeit.

6) Soziale Autarkie begünstigt des Menschen Chance, sich selber Zweck zu sein und sich der objektiven Interessenlage absoluter Selbstliebe Vernunftfähiger manipulationsimmun zu widmen. Denn nicht politisches Pathos sichert den Frieden der Welt, sondern die objektive Interessenlage absoluter Selbstliebe ist die eigentliche Ursache für die friedenstiftende Tat.

7) Nicht die Gemeinwohllügen eines Armutssozialismus garantieren die Unantastbarkeit der Menschenwürde eines jeglichen, sondern die Glückseligkeit des Individualwohles aus sozialer Autarkie aller schützt vor der eigengesetzlichen Naturrechtsignoranz relativer Herrschaftseliten.

8) Menschsein ist eine Frage der materiellen wie immateriellen Repressionsfreiheit. Die Sensibilisierung der Egoquanten in Freiheit ist daher die erste Voraussetzung, die Unterwerfungserwartung beliebiger Ordnungsansprüche relativer Eliten erkennend abzuwehren. Jede Herrschaft ist repressiv und an der Sensibilisierung der Egoquanten als Voraussetzung für die Freigabe der Urteilskraft eines jeglichen niemals ernsthaft interessiert.

9) Materielle und immaterielle Unabhängigkeit aus sozialer Autarkie verweigert sich destruktiven politischen Kompromissen zum Vorteil von Rechtsdieben. Soziale Autarkie verachtet den Kompromiß-Mißbrauch.

10) Wenn materielle Unabhängigkeit zur Vernunftfähigkeit befreit und die Qualifizierung der Egoquanten aus totaler Selbstliebe beschleunigt, dann ist die Erzwingung eines Weltfriedens in Freiheit keine politische Phrase, sondern das existenzielle Bedürfnis aller Vernunftfähigen bzw. der Totale Egoismus aller Vernunftpflichtigen. Daraus folgt, daß der Rechtsstaat aus der Idee der Freiheit nur als mittelständischer, liberaler Wohlstandsstaat und nicht als sozialer Wohlfahrtsstaat entstehen und existieren kann. Ein armutssozialistischer Wohlfahrtsstaat materiell und geistig Abhängiger führt zur Neosklaverei im Industriezeitalter und defiguriert ursprünglich Freie zu Fronarbeiten im Dienste relativer Herrschaftseliten.

Zehn Schlußfolgerungen zur Bestimmung der Individualsouveränität als vorstaatliche Rechtsqualität

1) Jeder Mensch gehört sich selbst uneingeschränkt, und er ist niemals eines jemanden Sache, über welche jener gegen deren Willen verfügen kann. Immer ist der Mensch sich selber Zweck.

2) Nur das Individuum ist souverän, und nicht der „Staat". Der Mensch ist autonom, und nur dieser! Politische Kultur haben, meint dieses und nichts anderes!

3) Volkssouveränität ist die Souveränität der Individuen über sich selbst, niemals aber die Souveränität anderer über das Volk.

4) Das Individuum ist souverän, weil es kein Tier ist und im Gegensatz zu allen anderen Geschöpfen sich beliebig, also sowohl vernunftwidrig als auch vernunftfähig, bestimmen kann. Weil nur repressive Gewalt und deformierte Herrschaftsverhältnisse den Menschen vernunftwidrig handeln lassen, sind die Bedingungen für seine permanente obrigkeitliche Selbstentfremdung aus dem Willen zum Leben in Freiheit endgültig zu bereinigen.

5) Das Verfahren der Aufhebung der Selbstentfremdung durch Herrschaft vollzieht sich durch den Austritt aus dem Zeitgeist und den Eintritt in die Vernunftpflichtigkeit aus eigener Urteilskraft nach Maßgabe der kategorialen Bestimmung der Handlungsmaxime, wie sie die Metaphysik der Sitten hilfreich beschreibt. Der Vernunftfähige tritt aus der Manipulationsmasse der Zeitgeistdeformierten heraus und verselbständigt sich durch Sensibilisierung der eigenen Urteilskraft zum autonomen, zum Reinen Willen fähigen Individuum.

6) Reines Denken ist zentripetales Denken. Es denkt das Wesentliche hierarchisch und verhält sich zum Banalen beiläufig. Reines Denken entspricht dem guten Willen als die Ursache vernunftfähiger Urteilskraft. Reines Denken ist wertsicherndes und auf bleibende Gültigkeit der Wertbestimmung gerichtetes Denken.

7) Das autonome Individuum unter repressiven Bedingungen handelt sowohl vernunftpflichtig als auch klug und läuft nicht gefahrverachtend in die aufgepflanzten Bajonette beliebiger Unterwerfungseliten. Der Totale Egoismus verpflichtet zur Selbsterhaltung. Der Widerstand gegen entgrenzte Staatsgewalt ist systemimmanent überlebenssichernd zu kalkulieren. Die positive geistige Energie des Vernunftfähigen ist zu wertvoll, um sich zielungerichtet zerstreuend und erfolglos zu verlieren. Die etablierte Tyrannei darf täglich auch millimeterweise getötet werden.

8) Die Vorstaatlichkeit vernunftfähiger Individualsouveränität der Freien ist kein auswechselbares Politikum, sondern ein *biologischer* Anspruch des zweidimensionierten, materiell wie immateriell bestimmten denkenden Menschen. Die Freiheit zur Autonomie des Willens zu verweigern oder sie nicht mehr zu begehren, bedeutet, die menschliche Existenz eindimensioniert unter das Niveau eines Haustieres zu verkrüppeln.

9) Die Wiederherstellung der Individualsouveränität ist die Wissenschaft von der Fundamental-Anthropologie. Sie begründet den Übergang von der erfolglos gebliebenen ersten politischen Aufklärung, die die Herrschaft von Menschen über Menschen nicht beseitigt hat, in die zweite politische Aufklärung zur Herstellung der optimalen Demokratie objektiver Eliten, eines intellektuellen Paradieses Freier im Zustand liberaler Wohlstandsverhältnisse aller.

10) Daraus folgt, daß die Verteidigung der Freiheit gegen den Weltfeind der Menschheit und seine Vasallen keine Gewissensnot kennt. Wer sein Gewissen bei der Verteidigung der unveräußerlichen Menschenrechte in Not sieht, hat keines!

Zehn politische Forderungen im Vorfeld der zweiten Aufklärung

1) Du sollst jenen, die dich mittels Mißbrauch der Staatsgewalt vorsätzlich ausplündern, deine unbestechliche Verachtung zeigen.

2) Du sollst jene, die Verfügungsgewalt über dich zu erschleichen trachten, täglich daran erinnern, daß es von Natur aus keine Verfügungsgewalt von Menschen über Menschen gibt.

3) Du sollst dich stets daran erinnern, daß Herrschaft sich immer dort ausbreitet, wo du fragen mußt, ob du Selbstverständliches darfst.

4) Du sollst, solange du gesund und körperlich oder geistig stark bist, deine materielle Unabhängigkeit begehren, um nicht aus materieller Not am Charakter Schaden zu nehmen oder anderen zur Last zu fallen.

5) Du sollst die Ideologien mehr fürchten als die Pest, weil sie in die Denkkraft des Freien nahezu unheilbare Metastasen der Unvernunft ansiedeln.

6) Du sollst niemals einer Herrschaft vertrauen, die dir ein besseres Leben auf Kosten anderer verspricht, deren du am Ende immer selber einer sein wirst.

7) Du sollst deinen Gefahrwitterungsinstinkt gegenüber den Gemeinwohllügen beliebiger Staatsgewalt täglich schärfen, auf daß du nicht bis zum Existenzminimum zur Ader gelassen und regelmäßig geschoren wirst wie ein Lamm.

8) Du sollst die Transzendenz als einzige Rechtsquelle deiner vorstaatlichen Menschenrechte nicht zu gering achten, weil du in der Not staatlichen Zwanges auf staatlich bestellte Verteidiger sowieso verzichten kannst.

9) Du sollst den gesellschaftlichen Fortschritt als politisches Versprechen an der Zahl neuer Gesetze messen, die immer Verbote sind. Politischer Fortschritt hat nur eine Dimension, sie heißt: Wiederherstellung der Selbstverantwortung und niemals gemeinwohlverlogene Bevormundung.

10) Du sollst dich auf deine eigene, zeitgeistabgelöste, manipulationsunabhängige Urteilskraft verlassen und auf sonst gar nichts! Laß dich nicht ideologisch geistig blenden, damit du nicht unversehens materiell wie immateriell zum Leibeigenen deiner Wohltäter wirst. Bestimme dich selbst, und laß dich nicht bestimmen!

Anhang

Dokumente der abendländischen Freiheit

Die Unabhängigkeitserklärung der Niederlande [26. Juli 1581]

Ein Volk ist nicht wegen des Fürsten, sondern ein Fürst um des Volkes willen geschaffen; denn ohne das Volk wäre er ja kein Fürst. Er ist dazu da, daß er seine Untertanen nach Recht und Billigkeit regiere und liebe sie wie ein Vater seine Kinder, daß er treu walte, wie ein Hirt über seine Herde. Behandelt er sie aber nicht so, sondern bloß wie Sklaven, dann hört er auf, ein Fürst zu sein, und ist ein Tyrann.
Die Untertanen aber haben das Recht, nach gesetzlichem Beschluß ihrer Vertreter, der Stände, wenn kein anderes Mittel mehr übrig ist und sie durch keine Vorstellung ihrer Not irgendwelche Versicherung der Freiheit für Leib und Gut, für Weib und Kind von dem Tyrannen erlangen können, diesen zu verlassen.
Unter dem Vorwand der Religion hat der König von Spanien eine Tyrannei einzurichten versucht und, ohne auf irgendeine Vorstellung des Landes zu achten, dessen Privilegien verletzt, den Eid gebrochen, den er auf deren Erhaltung geschworen. Und so erklären wir denn jetzt den König von Spanien verlustig jedes Anspruchs auf die Herrschaft in den Niederlanden; wir entbinden hiermit alle Amtsleute, Obrigkeiten, Herren, Vasallen und Einwohner von dem einst dem König von Spanien geleisteten Eid des Gehorsams und der Treue und befehlen allen Beamten, fortan den Namen, die Titel und die Siegel des Königs von Spanien nicht mehr zu gebrauchen und einen neuen Eid abzulegen, des Inhalts, uns treu zu sein gegen den König von Spanien und alle seine Anhänger.

Bill of Rights von Virginia 12. Juni 1776

Artikel 1. Alle Menschen sind von Natur gleichermaßen frei und unabhängig und besitzen gewisse angeborene Rechte, deren sie ihre Nachkommenschaft bei der Begründung einer politischen Gemeinschaft durch keinerlei Abmachungen berauben oder zwingen können, sich ihrer zu begeben; nämlich das Recht auf Leben und Freiheit und dazu die Möglichkeit, Eigentum zu erwerben und zu behalten und Glück und Sicherheit zu ertreben und zu erlangen.

Artikel 2. Alle Macht ruht im Volke und leitet sich daher von ihm ab; alle Amtspersonen sind seine Treuhänder und Diener und ihm jederzeit verantwortlich.

Artikel 3. Die Regierung ist eingesetzt oder soll eingesetzt werden um des gemeinsamen Wohles, Schutzes und der Sicherheit des Volkes, der Nation oder des Gemeinwesens willen; von all den verschiedenen Regierungen und Regierungsformen ist diejenige die beste, die ein Höchstmaß an Glück und Sicherheit zu bieten vermag und die am wirksamsten gegen die Gefahr des Machtmißbrauches gesichert ist; und wenn irgendeine Regierung sich als dieser Aufgabe nicht gewachsen erweist oder ihr zuwiderhandelt, so soll die Mehrheit der Gemeinschaft ein unleugbares, unveräußerliches und unverletzliches Recht haben, sie zu reformieren, umzugestalten oder zu beseitigen, so wie es für das allgemeine Wohl für am zweckmäßigsten erachtet wird.

Artikel 4. Kein Mensch und keine Gruppe von Menschen hat das Recht auf alleinige oder besondere Zuwendungen oder Vergünstigungen seitens der Allgemeinheit, es sei denn in Anerkennung von der Allgemeinheit geleisteten Diensten; und so wie diese nicht übertragbar sind, so sollen auch Beamtenstellen und die Ämter von Abgeordneten und Richtern nicht erblich sein.

Artikel 7. Die Ausübung irgend einer Gewalt seitens irgendeiner Behörde, insbesondere der Vollzug oder die Suspendierung von Gesetzen, ohne Zustimmung der Volksvertretung verletzt die Rechte des Volkes und ist daher unstatthaft.

Artikel 8. Bei allen schwerwiegenden Amtsvergehen und in Strafsachen hat jedermann das Recht, Grund und Art der Anklage zu erfahren, Anklägern und Zeugen gegenübergestellt zu werden und Entlastendes vorzubringen, und auf die unverzügliche Durchführung des Verfahrens vor einem unparteiischem Gerichtshof von zwölf Geschworenen aus den Reihen seiner Mitbürger, ohne deren einstimmigen Spruch er nicht für schuldig befunden werden kann; auch kann er nicht gezwungen werden, gegen sich selbst auszusagen; kein Mensch kann seiner Freiheit beraubt werden, außer auf Grund der Landesgesetze oder eines Urteilsspruchs von seinesgleichen.

Artikel 9. Unbillig hohe Bürgschaften dürfen nicht gefordert, übermäßige Geldstrafen nicht auferlegt und grausame und ungewöhnliche Strafen nicht verhängt werden.

Artikel 10. Allgemeine Durchsuchungs- oder Verhaftungsbefehle, durch die ein Beamter oder Beauftragter angewiesen wird, verdächtige Plätze ohne stichhaltige Verdachtsmomente für ein begangenes Unrecht zu durchsuchen oder irgendeine Person oder Personen, die nicht genau bezeichnet sind oder deren angebliches Vergehen nicht unter Angabe der Verdachtsmomente genau bezeichnet wird, zu verhaften, sind unrecht und despotisch und dürfen nicht ausgestellt werden.

Artikel 12. Die Pressefreiheit ist eines der stärksten Bollwerke der Freiheit und kann niemals, außer durch despotische Regierungen, eingeschränkt werden.

Artikel 15. Eine freie Regierung und die Segnungen der Freiheit können einem Volke nur durch strenges Festhalten an den Idealen der Gerechtigkeit, Mäßigung, Enthaltsamkeit, Bescheidenheit und Tugend und durch ein ständiges Besinnen auf die grundlegenden Prinzipien bewahrt bleiben.

Die Verfassung Belgiens 7. Februar 1831

Artikel 18. Die Presse ist frei; die Zensur darf niemals eingeführt werden. Von Schriftstellern, Herausgebern und Druckern kann keine Kaution verlangt werden.
Wenn der Verfasser bekannt ist und in Belgien wohnt, können der Herausgeber, der Drucker und der Verteiler nicht verfolgt werden.

Artikel 22. Das Briefgeheimnis ist unverletzlich.

Franklin Delano Roosevelt: Ansprache an den Kongreß über »Die vier Freiheiten«

Die erste dieser Freiheiten ist die der Rede und des Ausdrucks, und zwar überall in der Welt.

Die zweite dieser Freiheiten ist die, Gott auf seine Weise zu verehren, für jedermann und überall.

Die dritte dieser Freiheiten ist die Freiheit von Not. Das bedeutet, weltweit gesehen, wirtschaftliche Verständigung, die jeder Nation gesunde Friedensverhältnisse für ihre Einwohner gewährt und zwar überall in der Welt.

Die vierte Freiheit aber ist die von Furcht. Das bedeutet, weltweit gesehen, eine globale Abrüstung, so gründlich und solange durchgeführt, bis kein Staat mehr in der Lage ist, seinen Nachbarn mit Waffengewalt anzugreifen, und zwar überall in der Welt.

[6. Januar 1942]

Dokument des Schreckens

(Quelle: Gesetzblatt 1957 Nr. 78 aus dem Sowjetgouvernement, auch DdR genannt.)

Gesetz zur Ergänzung des Strafgesetzbuches — Strafrechtsergänzungsgesetz —.

Vom 11. Dezember 1957

Erster Teil

Öffentlicher Tadel

§ 3

(1) Der öffentliche Tadel soll den Täter durch die öffentliche Mißbilligung seines Verhaltens zur Erkenntnis der Verwerflichkeit und Gesetzwidrigkeit seines Handelns führen und ihn dadurch zur verantwortungsbewußten Erfüllung seiner Pflichten anhalten.

(2) Der öffentliche Tadel wird durch die Urteilsverkündung ausgesprochen.

§ 7

Öffentliche Bekanntmachung von Bestrafungen

(1) Das Gericht kann bei jeder Bestrafung die öffentliche Bekanntmachung anordnen, wenn sie zur Verstärkung der erzieherischen Wirkung, zur Einwirkung auf andere Bürger und zur Aufklärung der Bevölkerung geboten ist.

(2) Die öffentliche Bekanntmachung erfolgt auf Kosten des Verurteilten. Die Art und Weise der Bekanntmachung bestimmt das Gericht.

Zweiter Teil

Ergänzung zum Besonderen Teil des Strafgesetzbuches

Erster Abschnitt

Verbrechen gegen den Staat und die Tätigkeit seiner Organe

§ 13

Staatsverrat

Wer es unternimmt,

1. die verfassungsmäßige Staats- oder Gesellschaftsordnung der Deutschen Demokratischen Republik durch gewaltsamen Umsturz oder planmäßige Untergrabung zu beseitigen,

2. mit Gewalt oder durch Drohung mit Gewalt die verfassungsmäßige Tätigkeit des Präsidenten der Republik, der Volkskammer oder der Länderkammer oder des Ministerrates oder ihrer Präsidien oder eines ihrer Mitglieder unmöglich zu machen oder zu behindern,

3. das Gebiet der Deutschen Demokratischen Republik einem anderen Staat einzuverleiben oder einen Teil desselben von ihr loszulösen,

wird wegen Staatsverrates mit Zuchthaus nicht unter fünf Jahren und Vermögenseinziehung bestraft.

§ 14

Spionage

Wer es unternimmt, Tatsachen, Gegenstände, Forschungsergebnisse oder sonstige Nachrichten, die im politischen oder wirtschaftlichen Interesse oder zum Schutze der Deutschen Demokratischen Republik geheimzuhalten sind, an andere Staaten oder deren Vertreter, an Organisationen oder Gruppen, die einen Kampf gegen die Arbeiter-und-Bauern-Macht oder andere friedliebende Völker führen, oder deren Vertreter oder Helfer auszuliefern oder zu verraten, wird wegen Spionage mit Zuchthaus nicht unter drei Jahren bestraft; auf Vermögenseinziehung kann erkannt werden.

§ 15

Sammlung von Nachrichten

Wer Nachrichten, die geeignet sind, die gegen die Arbeiter-und-Bauern-Macht oder andere friedliebende Völker gerichtete Tätigkeit der in § 14 genannten Stellen oder Personen zu unterstützen, für sie sammelt oder ihnen übermittelt, wird mit Zuchthaus bis zu zehn Jahren bestraft.

§ 16

Verbindung zu verbrecherischen Organisationen oder Dienststellen

Wer zu den in § 14 genannten Stellen oder Personen in Kenntnis ihrer gegen die Arbeiter-und-Bauern-Macht oder andere friedliebende Völker gerichteten Tätigkeit in Verbindung tritt, wird mit Gefängnis bis zu drei Jahren bestraft.

§ 18

Angriffe gegen örtliche Organe der Staatsmacht

Wer es unternimmt, mit Gewalt oder durch Drohung mit Gewalt die gesetzmäßige Tätigkeit der örtlichen Organe der Staatsmacht oder eines ihrer Mitglieder unmöglich zu machen oder zu behindern, wird mit Zuchthaus, in minderschweren Fällen mit Gefängnis nicht unter sechs Monaten bestraft.

§ 19

Staatsgefährdende Propaganda und Hetze

(1) Wer

1. den Faschismus oder Militarismus verherrlicht oder propagiert oder gegen andere Völker oder Rassen hetzt,

2. gegen die Arbeiter-und-Bauern-Macht hetzt, gegen ihre Organe, gegen gesellschaftliche Organisationen oder gegen einen Bürger wegen seiner staatlichen oder gesellschaftlichen Tätigkeit oder seiner Zugehörigkeit zu einer staatlichen Einrichtung oder gesellschaftlichen Organisation hetzt, Tätlichkeiten begeht oder sie mit Gewalttätigkeiten bedroht,

wird mit Gefängnis nicht unter drei Monaten bestraft. Der Versuch ist strafbar.

(2) Ebenso wird bestraft, wer Schriften oder andere Gegenstände mit einem derartigen Inhalt herstellt oder mit dem Ziele der Hetze einführt oder verbreitet.

§ 20

Staatsverleumdung

Wer

1. die Maßnahmen oder die Tätigkeit staatlicher Einrichtungen oder gesellschaftlicher Organisationen öffentlich verleumdet oder entstellt,

2. einen Bürger wegen seiner staatlichen oder gesellschaftlichen Tätigkeit oder seiner Zugehörigkeit zu einer staatlichen Einrichtung oder gesellschaftlichen Organisation öffentlich verleumdet oder verächtlich macht,

wird mit Gefängnis bis zu zwei Jahren bestraft.

§ 21

Verleitung zum Verlassen der Deutschen Demokratischen Republik

(1) Wer es unternimmt, eine Person

1. im Auftrage von Agentenorganisationen, Spionageagenturen oder ähnlichen Dienststellen oder von Wirtschaftsunternehmen oder

2. zum Zwecke des Dienstes in Söldnerformationen

zum Verlassen der Deutschen Demokratischen Republik zu verleiten, wird mit Zuchthaus bestraft; auf Vermögenseinziehung kann erkannt werden.

(2) Wer es unternimmt, einen Jugendlichen oder einen in der Berufsausbildung stehenden Menschen oder eine Person wegen ihrer beruflichen Tätigkeit oder wegen ihrer besonderen Fähigkeiten oder Leistungen mittels Drohung, Täuschung, Versprechen oder ähnlichen die Freiheit der Willensentscheidung beeinflussenden Methoden zum Verlassen der Deutschen Demokratischen Republik zu verleiten, wird mit Gefängnis nicht unter sechs Monaten bestraft.

§ 26

Nichtanzeige von Staatsverbrechen

Bei den Verbrechen nach §§ 13, 14, 15, 17, 18, 21, 22 und 23 dieses Gesetzes findet § 139 des Strafgesetzbuches Anwendung.

Dokument der Unfehlbarkeit Weltanschauungsgeschädigter

(Quelle: StGB aus dem Sowjetgouvernement auch DdR genannt.)

Besonderer Teil

1. Kapitel
Verbrechen gegen die Souveränität der Deutschen Demokratischen Republik, den Frieden, die Menschlichkeit und die Menschenrechte

§ 85 Planung und Durchführung von Aggressionskriegen

Wer in verantwortlicher staatlicher, politischer, militärischer oder wirtschaftlicher Funktion an der Androhung, Planung, Vorbereitung oder Durchführung eines Aggressionskrieges mitwirkt, wird mit Freiheitsstrafe nicht unter zehn Jahren, lebenslänglicher Freiheitsstrafe oder mit Todesstrafe bestraft.

§ 86 Vorbereitung und Durchführung von Aggressionsakten

(1) Wer es unternimmt, einen Aggressionsakt gegen die territoriale Integrität oder politische Unabhängigkeit der Deutschen Demokratischen Republik oder eines anderen Staates durchzuführen oder an einer solcher Handlung mitzuwirken oder Banden zur Begehung von Aggressionsakten zu organisieren oder zu fördern, wird mit Freiheitsstrafe nicht unter drei Jahen bestraft.
(2) In besonders schweren Fällen kann auf lebenslängliche Freiheitsstrafe oder Todesstrafe erkannt werden.

§ 87 Anwerbung für imperialistische Kriegsdienste[1]

(1) Wer Bürger der Deutschen Demokratischen Republik zur Teilnahme an kriegerischen Handlungen, die der Unterdrückung eines Volkes dienen, oder zu diesem Zweck zum Eintritt in militärische Formationen anwirbt oder an der Anwerbung durch Zuführung oder Transport mitwirkt, wird mit Freiheitsstrafe von zwei bis zu zehn Jahren bestraft.
(2) Wer die Tat planmäßig oder im Auftrage von Organisationen, Einrichtungen, Gruppen oder Personen, die einen Kampf gegen die Deutsche Demokratische Republik oder andere friedliebende Völker führen, begeht, wird mit Freiheitsstrafe nicht unter fünf Jahren und in besonders schweren Fällen mit lebenslänglicher Freiheitsstrafe bestraft.
(3) Vorbereitung und Versuch sind strafbar.

§ 88 Teilnahme an Unterdrückungshandlungen[2]

(1) Ein Bürger der Deutschen Demokratischen Republik, der sich an kriegerischen Handlungen zur Unterdrückung eines Volkes beteiligt, wird mit Freiheitsstrafe von einem Jahr bis zu acht Jahren bestraft.
(2) Die Strafe kann nach den Grundsätzen über die außergewöhnliche Strafmilderung herabgesetzt oder es kann von Maßnahmen der strafrechtlichen Verantwortlichkeit abgesehen werden, wenn der Tatbeitrag des Täters unter Berücksichtigung aller Umstände nicht erheblich gewesen ist.

§ 89 Kriegshetze und -propaganda[3]

(1) Wer einen Aggressionskrieg, einen anderen Aggressionsakt oder die Verwendung von Atomwaffen oder anderen Massenvernichtungsmitteln zu Aggressionszwecken propagiert oder zum Bruch völkerrechtlicher Vereinbarungen, die der Wahrung und Festigung des Friedens dienen, auffordert oder in diesem Zusammenhang zur Verfolgung von Anhängern der Friedensbewegung aufreizt, gegen diese Personen wegen ihrer Tätigkeit Gewalt anwendet, sie verfolgt oder verfolgen läßt, wird mit Freiheitsstrafe von zwei bis zu acht Jahren bestraft.

(2) Wer die Tat planmäßig begeht oder zu ihrer Durchführung eine Organisation oder Gruppe bildet oder mit der Tat einen Angriff auf Leben oder Gesundheit eines Anhängers der Friedensbewegung führt, wird mit Freiheitsstrafe nicht unter drei Jahren bestraft.

(3) Vorbereitung und Versuch sind strafbar.

§ 90 Völkerrechtswidrige Verfolgung von Bürgern der Deutschen Demokratischen Republik[4]

Wer im Widerspruch zum Völkerrecht maßgeblich oder mit besonderer Aktivität daran mitwirkt, unter Ausdehnung der Gerichtshoheit der Bundesrepublik Deutschland Bürger der Deutschen Demokratischen Republik wegen der Ausübung ihrer verfassungsmäßigen Staatsbürgerrechte zu verfolgen, zu ihrer Verfolgung aufzufordern oder die Verfolgung anzuordnen oder zu veranlassen, wird mit Freiheitsstrafe bis zu zehn Jahren bestraft, soweit nicht nach anderen Gesetzen eine höhere Strafe verwirkt ist.

§ 94 Unternehmen

Unternehmen im Sinne dieses Gesetzes ist jede auf die Verwirklichung eines Verbrechens gerichtete Tätigkeit.

§ 95 Ausschluß des Befehlsnotstandes

Auf Gesetz, Befehl oder Anweisung kann sich nicht berufen, wer in Mißachtung der Grund- und Menschenrechte, der völkerrechtlichen Pflichten oder der staatlichen Souveränität der Deutschen Demokratischen Republik handelt; er ist strafrechtlich verantwortlich.

2. Kapitel
Verbrechen gegen die Deutsche Demokratische Republik

§ 96 Hochverrat

(1) Wer es unternimmt,

1. die sozialistische Staats- oder Gesellschaftsordnung der Deutschen Demokratischen Republik durch gewaltsamen Umsturz oder planmäßige Untergrabung zu beseitigen oder in verräterischer Weise die Macht zu ergreifen;
2. das Gebiet der Deutschen Demokratischen Republik einem anderen Staat einzuverleiben oder einen Teil desselben von ihr loszulösen;
3. einen Angriff auf Leben oder Gesundheit eines führenden Repräsentanten der Deutschen Demokratischen Republik zu begehen;
4. mit Gewalt oder durch Drohung mit Gewalt die verfassungsmäßige Tätigkeit der führenden Repräsentanten der Deutschen Demokratischen Republik unmöglich zu machen oder zu behindern,

wird mit Freiheitsstrafe nicht unter zehn Jahren oder mit lebenslänglicher Freiheitsstrafe bestraft.

(2) In besonders schweren Fällen kann auf Todesstrafe erkannt werden.

Landesverrat

§ 97 Spionage

(1) Wer Nachrichten oder Gegenstände, die geheimzuhalten sind, zum Nachteil der Interessen der Deutschen Demokratischen Republik für eine fremde Macht, deren Einrichtungen oder Vertreter oder für einen Geheimdienst oder für ausländische Organisationen sowie deren Helfer sammelt, an sie verrät, ihnen ausliefert oder in sonstiger Weise zugänglich macht, wird mit Freiheitsstrafe nicht unter fünf Jahren bestraft.
(2) Vorbereitung und Versuch sind strafbar.
(3) In besonders schweren Fällen kann auf lebenslängliche Freiheitsstrafe oder Todesstrafe erkannt werden.

§ 98 Wer sich von den im § 97 Absatz 1 genannten Stellen oder Personen zum Zwecke der Sammlung, des Verrats oder der Auslieferung von geheimzuhaltenden Nachrichten zum Nachteil der Interessen der Deutschen Demokratischen Republik anwerben läßt, wird ebenfalls wegen Spionage bestraft.

§ 99 Landesverräterische Nachrichtenübermittlung

(1) Wer der Geheimhaltung nicht unterliegende Nachrichten zum Nachteil der Interessen der Deutschen Demokratischen Republik an die im § 97 genannten Stellen oder Personen übergibt, für diese sammelt oder ihnen zugänglich macht, wird mit Freiheitsstrafe von zwei bis zu zwölf Jahren bestraft.
(2) Vorbereitung und Versuch sind strafbar.

§ 100 Landesverräterische Agententätigkeit

(1) Wer zu den im § 97 genannten Stellen oder Personen Verbindung aufnimmt oder sich zur Mitarbeit anbietet oder diese Stellen oder Personen in sonstiger Weise unterstützt, um die Interessen der Deutschen Demokratischen Republik zu schädigen, wird mit Freiheitsstrafe von einem Jahr bis zu zehn Jahren bestraft.
(2) Vorbereitung und Versuch sind strafbar.

§ 103 Diversion

(1) Wer Maschinen, volkswirtschaftliche oder militärische Anlagen oder Ausrüstungen, Gebäude, Transport- oder Verkehrseinrichtungen, Rohstoffe, Erzeugnisse oder Reserven, Unterlagen der Forschung oder Wissenschaft oder andere für die Entwicklung der sozialistischen Gesellschaft, die Volkswirtschaft oder die Landesverteidigung wichtige Gegenstände, Materialien oder Einrichtungen zerstört, unbrauchbar macht, beschädigt oder in anderer Weise dem bestimmungsmäßigen Gebrauch entzieht, um die sozialistische Staats- und Gesellschaftsordnung der Deutschen Demokratischen Republik zu schädigen, wird mit Freiheitsstrafe nicht unter drei Jahren bestraft.
(2) Vorbereitung und Versuch sind strafbar.
(3) In besonders schweren Fällen kann auf lebenslängliche Freiheitsstrafe oder Todesstrafe erkannt werden.

§ 104 Sabotage

(1) Wer

1. die planmäßige Entwicklung der Volkswirtschaft oder einzelner ihrer Zweige oder Betriebe oder die Erfüllung der Volkswirtschaftspläne;
2. die Tätigkeit der Organe des Staates oder gesellschaftlicher Organisationen;
3. die Verteidigungskraft oder die Verteidigungsmaßnahmen der Deutschen Demokratischen Republik;
4. die Außenwirtschaftsmaßnahmen des sozialistischen Staates

unter Mißbrauch seiner Funktion oder beruflichen Stellung oder unter Umgehung der sich daraus ergebenden Pflichten oder durch Irreführung der zuständigen staatlichen oder volkswirtschaftlichen Organe oder durch andere Handlungen durchkreuzt oder desorganisiert, um die sozialistische Staats- und Gesellschaftsordnung der Deutschen Demokratischen Republik zu untergraben oder zu schwächen, wird mit Freiheitsstrafe nicht unter drei Jahren bestraft.
(2) Vorbereitung und Versuch sind strafbar.
(3) In besonders schweren Fällen kann auf lebenslängliche Freiheitsstrafe oder Todesstrafe erkannt werden.

§ 105 Staatsfeindlicher Menschenhandel

(1) Wer
1. um die Deutsche Demokratische Republik zu schädigen;
2. im Zusammenhang mit den im § 97 genannten Stellen oder Personen

Bürger der Deutschen Demokratischen Republik ins Ausland abwirbt, verschleppt, ausschleust oder deren Rückkehr in die Deutsche Demokratische Republik verhindert oder in sonstiger Weise an der Tat mitwirkt, wird mit Freiheitsstrafe nicht unter zwei Jahren bestraft.
(2) Vorbereitung und Versuch sind strafbar.
(3) In besonders schweren Fällen kann auf lebenslängliche Freiheitsstrafe erkannt werden.

§ 106 Staatsfeindliche Hetze

(1) Wer die verfassungsmäßigen Grundlagen der sozialistischen Staats- und Gesellschaftsordnung der Deutschen Demokratischen Republik angreift oder gegen sie aufwiegelt, indem er
1. die gesellschaftlichen Verhältnisse, Repräsentanten oder andere Bürger der Deutschen Demokratischen Republik wegen deren staatlicher oder gesellschaftlicher Tätigkeit diskriminiert;
2. Schriften, Gegenstände oder Symbole zur Diskriminierung der gesellschaftlichen Verhältnisse, von Repräsentanten oder anderen Bürgern herstellt, einführt, verbreitet oder anbringt;
3. die Freundschafts- und Bündnisbeziehungen der Deutschen Demokratischen Republik diskriminiert;
4. Verbrechen gegen den Staat androht oder dazu auffordert, Widerstand gegen die sozialistische Staats- und Gesellschaftsordnung der Deutschen Demokratischen Republik zu leisten;
5. den Faschismus oder Militarismus verherrlicht oder Rassenhetze treibt,

wird mit Freiheitsstrafe von einem bis zu acht Jahren bestraft.
(2) Wer zur Durchführung des Verbrechens mit Organisationen, Einrichtungen oder Personen zusammenwirkt, deren Tätigkeit gegen die Deutsche Demokratische Republik gerichtet ist oder das Verbrechen planmäßig durchführt, wird mit Freiheitsstrafe von zwei bis zu zehn Jahren bestraft.
(3) Vorbereitung und Versuch sind strafbar.

§ 107 Verfassungsfeindlicher Zusammenschluß

(1) Wer einer Vereinigung, Organisation oder einem sonstigen Zusammenschluß von Personen angehört, die sich eine verfassungsfeindliche Tätigkeit zum Ziele setzen, wird mit Freiheitsstrafe von zwei bis zu acht Jahren bestraft.
(2) Wer einen verfassungsfeindlichen Zusammenschluß herbeiführt oder dessen Tätigkeit organisiert, wird mit Freiheitsstrafe von drei bis zu zwölf Jahren bestraft.

(3) Wer einen verfassungsfeindlichen Zusammenschluß fördert oder in sonstiger Weise unterstützt, wird mit Freiheitsstrafe von einem bis zu fünf Jahren bestraft.

(4) Der Versuch ist strafbar.

§ 108 Staatsverbrechen, die gegen einen verbündeten Staat gerichtet sind

In Verwirklichung der Prinzipien des sozialistischen Internationalismus und der internationalen Solidarität werden Verbrechen nach §§ 96 bis 107 auch dann bestraft, wenn sie gegen Staaten gerichtet sind, die mit der Deutschen Demokratischen Republik verbündet sind.

111 Außergewöhnliche Strafmilderung und Absehen von Strafe

Bei den in diesem Kapitel genannten Verbrechen kann auf eine geringere als die angedrohte Mindeststrafe erkannt, oder es kann von Strafe abgesehen werden, wenn sich der Täter den Sicherheitsorganen stellt und das Verbrechen und seine Kenntnis über die Zusammenhänge des Verbrechens offenbart.

112 Mord

(1) Wer vorsätzlich einen Menschen tötet, wird mit Freiheitsstrafe nicht unter zehn Jahren oder mit lebenslänglicher Freiheitsstrafe bestraft.

(2) Auf Todesstrafe kann erkannt werden, wenn die Tat

1. ein Verbrechen gegen die Souveränität der Deutschen Demokratischen Republik, den Frieden, die Menschlichkeit und die Menschenrechte oder ein Kriegsverbrechen ist oder aus Feindschaft gegen die Deutsche Demokratische Republik begangen wird;
2. mit gemeingefährlichen Mitteln oder Methoden begangen wird oder Furcht und Schrecken unter der Bevölkerung auslösen soll;
3. heimtückisch oder in besonders brutaler Weise begangen wird;
4. mehrfach begangen wird oder der Täter bereits wegen vorsätzlicher Tötung bestraft ist;
5. nach mehrfacher Bestrafung wegen Gewaltverbrechen (§§ 116, 117, 121, 122, 126, 216) begangen wird.

(3) Vorbereitung und Versuch sind strafbar.

217 Zusammenrottung

(1) Wer sich an einer die öffentliche Ordnung und Sicherheit beeinträchtigenden Ansammlung von Personen beteiligt und sie nicht unverzüglich nach Aufforderung durch die Sicherheitsorgane oder andere zuständige Staatsorgane verläßt, wird mit Freiheitsstrafe bis zu zwei Jahren oder mit Verurteilung auf Bewährung, mit Haftstrafe oder mit Geldstrafe bestraft.

(2) Wer eine Zusammenrottung organisiert oder anführt (Rädelsführer), wird mit Freiheitsstrafe von einem Jahr bis zu acht Jahren bestraft.

(3) Der Versuch ist strafbar.

218 Zusammenschluß zur Verfolgung gesetzwidriger Ziele[2]

(1) Wer eine Vereinigung oder Organisation bildet oder gründet oder einen sonstigen Zusammenschluß von Personen herbeiführt, fördert oder in sonstiger Weise unterstützt oder darin tätig wird, um gesetzwidrige Ziele zu verfolgen, wird, sofern nicht nach anderen Bestimmungen eine schwerere Strafe vorgesehen ist, mit Freiheitsstrafe bis zu fünf Jahren, Verurteilung auf Bewährung, mit Haftstrafe oder mit Geldstrafe bestraft.

(2) Rädelsführer werden mit Freiheitsstrafe von einem bis zu acht Jahren bestraft.

(3) Der Versuch ist strafbar.

Anmerkung:

Eine andere unbefugte Gründung oder Förderung der Tätigkeit von Vereinigungen ohne gesetzwidrige Zielstellung kann als Ordnungswidrigkeit verfolgt werden.[1]

§ 213 Ungesetzlicher Grenzübertritt[1]

(1) Wer widerrechtlich die Staatsgrenze der Deutschen Demokratischen Republik passiert oder Bestimmungen des zeitweiligen Aufenthalts in der Deutschen Demokratischen Republik sowie des Transits durch die Deutsche Demokratische Republik verletzt, wird mit Freiheitsstrafe bis zu zwei Jahren oder mit Verurteilung auf Bewährung, Haftstrafe oder mit Geldstrafe bestraft.
(2) Ebenso wird bestraft, wer als Bürger der Deutschen Demokratischen Republik rechtswidrig nicht oder nicht fristgerecht in die Deutsche Demokratische Republik zurückkehrt oder staatliche Festlegungen über seinen Auslandsaufenthalt verletzt.
(3) In schweren Fällen wird der Täter mit Freiheitsstrafe von einem Jahr bis zu acht Jahren bestraft.

§ 214 Beeinträchtigung staatlicher oder gesellschaftlicher Tätigkeit[2]

(1) Wer die Tätigkeit staatlicher Organe durch Gewalt oder Drohungen beeinträchtigt oder in einer die öffentliche Ordnung gefährdenden Weise eine Mißachtung der Gesetze bekundet oder zur Mißachtung der Gesetze auffordert, wird mit Freiheitsstrafe bis zu drei Jahren oder mit Verurteilung auf Bewährung, Haftstrafe, Geldstrafe oder mit öffentlichem Tadel bestraft.
(2) Ebenso wird bestraft, wer gegen Bürger wegen ihrer staatlichen oder gesellschaftlichen Tätigkeit oder wegen ihres Eintretens für die öffentliche Ordnung und Sicherheit mit Tätlichkeiten vorgeht oder solche androht.
(3) Wer zusammen mit anderen eine Tat nach den Absätzen 1 oder 2 begeht, wird mit Freiheitsstrafe bis zu fünf Jahren bestraft.
(4) Ist die Tatbeteiligung von untergeordneter Bedeutung, kann der Täter mit Verurteilung auf Bewährung, Haftstrafe oder Geldstrafe bestraft werden.
(5) Der Versuch ist strafbar.

§ 219 Ungesetzliche Verbindungsaufnahme[2]

(1) Wer zu Organisationen, Einrichtungen oder Personen, die sich eine gegen die staatliche Ordnung der Deutschen Demokratischen Republik gerichtete Tätigkeit zum Ziele setzen, in Kenntnis dieser Ziele oder Tätigkeit in Verbindung tritt, wird mit Freiheitsstrafe bis zu fünf Jahren, Verurteilung auf Bewährung oder mit Geldstrafe bestraft.
(2) Ebenso wird bestraft

1. wer als Bürger der Deutschen Demokratischen Republik Nachrichten, die geeignet sind, den Interessen der Deutschen Demokratischen Republik zu schaden, im Ausland verbreitet oder verbreiten läßt oder zu diesem Zweck Aufzeichnungen herstellt oder herstellen läßt;
2. wer Schriften, Manuskripte oder andere Materialien, die geeignet sind, den Interessen der Deutschen Demokratischen Republik zu schaden, unter Umgehung von Rechtsvorschriften an Organisationen, Einrichtungen oder Personen im Ausland übergibt oder überläßt.

(3) Der Versuch ist im Falle des Absatzes 2 Ziffer 2 strafbar.

§ 220 Öffentliche Herabwürdigung[3]

(1) Wer in der Öffentlichkeit die staatliche Ordnung oder staatliche Organe, Einrichtungen oder gesellschaftliche Organisationen oder deren Tätigkeit oder Maßnahmen herabwürdigt, wird mit Freiheitsstrafe bis zu drei Jahren oder mit Verurteilung auf Bewährung, Haftstrafe, Geldstrafe oder mit öffentlichem Tadel bestraft.
(2) Ebenso wird bestraft, wer Schriften, Gegenstände oder Symbole, die geeignet sind, die staatliche oder öffentliche Ordnung zu beeinträchtigen, das sozialistische Zusammenleben zu stören oder die staatliche oder gesellschaftliche Ordnung verächtlich zu machen, verbreitet oder in sonstiger Weise anderen zugänglich macht.

Dokumente politischer Standfestigkeit

Erklärung des Bundeskanzlers Dr. Adenauer (CDU) auf der 2. Arbeitssitzung der Moskauer Konferenz am 10. September 1955

Herr Ministerpräsident! Bevor ich das Wort dem Außenminister gebe, möchte ich mir erlauben, wenige Punkte aus Ihrer Erklärung herauszugreifen und darauf zu antworten. Ich begrüße Ihre Erklärung, daß auch Sie auf dem Standpunkt stehen, daß man die Dinge in vollster Freimütigkeit besprechen muß. Es ist ja in der Tat so: wenn man nach all dem, was geschehen ist, nun wieder eine Normalisierung der Beziehungen herstellen will, so muß man sich erst einmal offen aussprechen, um seinem Herzen Luft zu machen. Sie haben, Herr Ministerpräsident, am Anfang Ihrer Ausführungen die Leiden des Sowjetvolkes während des letzten Krieges beschrieben. Ich gestehe Ihnen aufrichtig zu, daß durch diesen Krieg das Sowjetvolk außerordentlich gelitten hat, aber wenn Sie sagen, das deutsche Volk sei in einer anderen Lage gewesen, so darf ich doch darauf aufmerksam machen, daß man nicht Hitler und seine Anhänger gleichsetzen darf mit dem deutschen Volk. Es gibt einen sehr großen Prozentsatz des deutschen Volkes, der aus innerster Überzeugung den Hitlerismus veurteilt hat, der diesen ganzen Krieg verurteilt hat und der alle vom Hitlerismus begangenen Grausamkeiten verurteilt hat. Man wird mir vielleicht sagen: man könne nur vom deutschen Volk als ganzem sprechen. Aber unsere Aufgabe ist es doch, Herr Ministerpräsident, nunmehr zu einem Übereinkommen zwischen dem Teil des deutschen Volkes zu kommen, der sich immer und auch jetzt noch von allen diesen Dingen mit Abscheu abgewendet hat.

Sie haben sodann, Herr Ministerpräsident, über Kriegsgefangene gesprochen. Ich darf darauf aufmerksam machen, daß in meinen gestrigen Ausführungen das Wort „Kriegsgefangene" überhaupt nicht vorkam. Dieses Wort ist von mir absichtlich vermieden worden. Bei näherer Prüfung dessen, was ich gesagt habe, werden Sie feststellen, daß ich vielmehr von allen „zurückgehaltenen" Personen gesprochen habe. Sie haben von „Kriegsverbrechern" gesprochen und von Urteilen der sowjetischen Gerichte. Wir haben ähnliche Fakten auch im Verhältnis zu den Vereinigten Staaten, Großbritannien und Frankreich. Aber dort hat man eingesehen, daß die Urteile, die von den Gerichten dieser Länder in der ersten Periode der Nachkriegszeit gefällt worden sind, nicht frei waren von emotionalen Empfindungen, von der Atmosphäre dieser Zeit, daß auch die Zeugenaussagen unter demselben Einfluß standen, daß die ganze Atmosphäre damals nicht geeignet war, um Urteile auszusprechen, wie sie nach ruhiger Prüfung des gesamten Tatbestandes gefällt worden wären. Man hat daraus die Konsequenz gezogen und im Wege von Gnadenakten bei fast allen Veurteilten die weiteren Strafen erlassen.

Es ist wahr: Deutsche Truppen sind in Rußland eingefallen. Es ist wahr: Es ist viel Schlechtes geschehen. Es ist aber auch wahr, daß die russischen Armeen dann — in der Gegenwehr, das gebe ich ohne weiteres zu, — in Deutschland eingedrungen sind und daß dann auch in Deutschland viele entsetzliche Dinge im Kriege vorgekommen sind. Ich meine, wenn wir in eine neue Periode unserer Beziehungen eintreten — und das ist unser ernstlicher Wille —, daß wir dann nicht zu tief in die Vergangenheit hineinsehen sollten, weil wir dann nur Hindernisse vor uns aufbauen. Der Beginn einer Periode setzt auch eine psychologische Reinigung voraus.

Rede des Außenministers Dr. von Brentano auf der 2. Arbeitssitzung

am 10. September 1955

Herr Ministerpräsident, meine Herren! Erlauben Sie mir, daß ich den Ausführungen des Herrn Bundeskanzlers noch einige Bemerkungen hinzufüge. Zu Eingang Ihrer heutigen Darlegungen haben Sie, Herr Bulganin, gesagt, daß sowohl nach dem vorangegangenen Notenwechsel wie auch nach der Erklärung, die der Herr Bundeskanzler gestern abgegeben hat, von Vorbedingungen für die von uns allen gewünschte Normalisierung der Beziehungen zwischen unseren Völkern keine Rede gewesen sei. Ich unterstreiche diese Feststellung, die ich auch an den Eingang meiner Ausführungen setzen möchte. Sie haben dann am Schluß, Herr Bulganin, gefragt, wie die Deutsche Bundesregierung nun auf die von Ihnen gestellten Fragen, auf die Fragen nach Wiederherstellung oder Aufnahme diplomatischer, wirtschaftlicher und kultureller Beziehungen, zu antworten gedenkt. Lassen Sie mich Ihnen offen sagen, Herr Bulganin, daß Sie unaufrichtige Verhandlungspartner hätten — die wünschen Sie nicht und die wollen wir nicht sein —, wenn wir etwa zugeben könnten oder würden, daß die Normalisierung der Beziehungen unserer Völker aufgebaut werden kann auf einem an sich anomalen Zustand. Das war der Grund, weswegen der Herr Bundeskanzler in seiner gestrigen Erklärung die beiden Probleme angeschnitten hat, auf die auch Sie, Herr Bulganin, heute eingegangen sind.

Ich darf Ihnen versichern, daß es auf dieser Seite des Tisches sicherlich nicht einen einzigen gibt, der nicht tief berührt war, als Sie an die schrecklichen Erlebnisse des russischen Volkes im letzten Krieg erinnerten. Und Sie sollten auch glauben, daß in dem Anliegen, das Schicksal von vielen Tausenden von deutschen Menschen zu klären, keine Identifizierung mit Verbrechen und Verbrechern enthalten ist und kein falsches Solidaritätsgefühl. Ich bitte Sie, zu verstehen, daß es Millionen Menschen in Deutschland gibt, Mütter und Väter und Kinder und Frauen, die heute noch über das Schicksal ihrer nächsten Angehörigen im ungewissen sind, und ich bitte Sie, zu verstehen, daß ihre nächsten Angehörigen noch hier in Rußland zurückgehalten werden. Es ist nicht unsere Aufgabe, und es wäre auch nicht unser Recht, die Urteile Ihrer Gerichte ohne Prüfung des Sachverhalts auzutun. Aber der Herr Bundeskanzler hat es gestern gesagt und heute wiederholt, und ich möchte auch noch einmal mit allem Ernst, mit aller Leidenschaft betonen, daß es hier um ein menschliches Problem geht, um dessen Lösung wir Sie bitten. Sie haben gesagt, Herr Ministerpräsident, die Sowjetunion könne die Verbrechen, die in diesem Krieg begangen wurden, nicht vergessen. Wir verlangen und erwarten es nicht, und ich möchte hinzufügen, wir Deutschen wollen sie gar nicht vergessen. Das wäre eine feige und unaufrichtige Haltung. Aber so sehr ich die Bitterkeit verstehe, die aus Ihren Worten gesprochen hat, so sehr fühle ich mich berechtigt, noch einmal die menschliche Seite des Problems anzusprechen und Ihnen zu sagen, daß eine echte Normalisierung der Beziehungen zwischen unseren beiden Völkern uns schwer möglich erscheint, wenn diese menschlichen Fragen nicht gelöst werden, wenn man uns nicht hilft, die Schicksale von Tausenden Bekannter und von Hunderttausenden Unbekannter zu klären.

Das gleiche gilt, Herr Ministerpräsident und meine Herren, auch von der Frage der Wiedervereinigung des deutschen Volkes. Auch hier, möchte ich unterstreichen, glauben wir in aller Offenheit und Ehrlichkeit sagen zu müssen, daß die Aufnahme von politischen Beziehungen zwischen unseren Völkern, die Errichtung des auch von uns gewünschten und in jeder Phase auch geförderten Sicherheitssystems für ganz Europa mit für alle Beteiligten wirksamen Sicherheitsgarantien keine Basis hätten, wenn sie von der Teilung Deutschlands ausgingen. Ein solches Sicherheitssystem wäre nach unserer Auffassung ungesund und würde die Gefahr nicht verringern, sondern nur verstärken.

Sie haben die Hoffnung ausgedrückt, Herr Ministerpräsident, daß die Deutschen, so sagten Sie, eine gemeinsame Sprache finden könnten, um die Schwierigkeiten zu überwinden, denn in erster Linie sei es ja eine Aufgabe des deutschen Volkes, eine Lösung zu finden. Unser Anliegen, das wir Ihnen hier vortragen, das wir mit dem gleichen Ernst und mit der gleichen Eindringlichkeit an die drei anderen Mächte gerichtet haben und richten werden, die auch nach Ihrer Auffassung, Herr Bulganin, verpflichtet sind, die Einheit Deutschlands wiederherzustellen, ist: Geben Sie den Deutschen die Möglichkeit, ihre gemeinsame Sprache zu sprechen und ihr gemeinsames Anliegen zu betreiben. Dazu bedarf es keiner Bundesrepublik Deutschland und keiner Deutschen Demokratischen Republik. Dazu bedarf es nur eines Votums des ganzen deutschen Volkes. Und gibt es denn eine bessere und eine solidere Grundlage, eine Grundlage, die mehr Vertrauen wecken, schaffen und erhalten könnte, als die demokratische Entscheidung, an deren Ende ein wirklich demokratisches Deutschland steht?

Rede des Bundeskanzlers Dr. Adenauer beim Abschluß der 2. Arbeitssitzung

am 10. September 1955

Später ergriff der Bundeskanzler nochmals das Wort und sagte:

Wir hatten eine sehr ernste Unterhaltung heute vormittag, und Sie dürfen überzeugt sein, daß die deutsche Delegation sich über Ihre Ausführungen sehr eingehend und ernst beraten wird. Trotzdem muß ich sogleich auf einige Ausführungen zurückkommen, denn es scheint mir, als ob sich der Gesichtspunkt, unter dem unsere Zusammenkunft stattfindet, zu verschieben droht.

Herr Außenminister Molotow hat davon gesprochen, daß die Verhandlung den Zweck habe, normale diplomatische Beziehungen herzustellen. Wir haben den Zweck unserer Zusammenkunft entsprechend der Note der Sowjetregierung vom 7. Juni anders aufgefaßt. Es heißt in dieser: Die Regierung ist der Auffassung, daß die Interessen des Friedens und der europäischen Sicherheit sowie die nationalen Interessen des sowjetischen und des deutschen Volkes die Normalisierung der Beziehungen zwischen der Sowjetunion und der deutschen Bundesrepublik fördern.

Die Note fährt dann so fort: „Die geschichtliche Erfahrung lehrt, daß die Erhaltung und Festigung des Friedens in Europa in entscheidendem Maße von dem Bestehen normaler guter Beziehungen zwischen dem sowjetischen und dem deutschen Volk abhängt." Und im Interesse des Friedens in Europa, und im Interesse unserer beiden Völker sind wir hierher gekommen, um normale und gute Beziehungen herzustellen. Vielmehr wollen wir auch gute Beziehungen herstellen. Das war auch der Grund, Herr Ministerpräsident und meine Herren, warum wir glaubten, das Schicksal aller Zurückgehaltenen hier zur Sprache bringen zu müssen, das war auch der Grund — um der europäischen Sicherheit willen —, um die Frage der Wiedervereinigung Deutschlands zur Sprache zu bringen.

Ich wende mich einem anderen Punkt zu. Herr Chruschtschow und auch Herr Molotow haben gesagt, ich hätte davon gesprochen, daß die sowjetrussische Armee nach ihrem Einrücken auch Verbrechen begangen hätte. Ich stelle ausdrücklich fest

— ich habe es in der Nachschrift von Herrn Staatssekretär Hallstein nachgelesen —: ich habe dies Wort bewußt und absichtlich nicht ausgesprochen. Ich habe gesagt, es seien beim Einrücken der Truppen auch entsetzliche Dinge geschehen, und es sei richtig, wenn man sich nicht in diese Dinge vertiefe.

Herr Außenminister Molotow hat gesagt, daß die Deutschen nicht imstande gewesen seien, sich vom Hitlerismus zu befreien. Aber meine Herren, nehmen Sie mir nicht übel, was ich jetzt sage, es geht nicht an die Adresse der Sowjetunion allein, sondern an eine Reihe von Ländern. Warum haben die Großmächte Hitler nach 1933 so groß werden lassen? Das ist doch eine entscheidende Frage. Wenn ich daran denke, wie die Großmächte z. B. bei den Olympischen Spielen in Berlin Hitler gehuldigt haben, dann — verstehen Sie mich bitte — geht wirklich das Temperament mit mir durch. Ich vergesse nie, wie man Hitler jeden Bruch internationaler Verträge ungeahndet hat durchgehen lassen. Dadurch hat man den Mann in den Augen mancher dummer Deutscher zu einem Heros gemacht und hat bei anderen Deutschen Verzweiflung hervorgerufen. Man sah es doch kommen — ich sah es seit 1933 kommen —, wie man diesen Mann zu solcher Größe hat emporwachsen lassen, und wir, ich meine jetzt die Bundesregierung und die Herren unseres Parlaments, sind die traurigen Erben des Ganzen. Wir müssen versuchen — denn auch Deutschland hat ganz außerordentlich unter dem Krieg gelitten — wir müssen versuchen, Deutschland wieder aufzubauen; wir müssen versuchen, das Vertrauen des Auslands wiederzugewinnen, auch Ihr Vertrauen! Ich weiß, daß das eine schwere Aufgabe ist; aber sie muß gelöst werden.

Ich möchte dann ein Wort zur NATO sagen. Ich bin der Überzeugung, daß, wenn die Großmächte klug weiterverhandeln, wie sie jetzt den Anfang gemacht haben, dann das, was in der NATO geschaffen ist, zu einem Instrument des europäischen Sicherheitssystems gemacht werden kann und werden muß. Und ich meine, das zu erreichen, müßte das Ziel einer großen und klug angelegten Politik sein.

Meine Herren! Ich möchte noch ein Wort in aller Offenheit zu Ihnen sagen. Wir glauben, Fälle zu kennen — eine nicht kleine Zahl von Fällen, — in denen Deutsche, die als Soldaten gefangen genommen wurden, verurteilt worden sind wegen Vergehen, die nach Einstellung der Feindseligkeiten begangen sein sollen. Das sowjetrussische Volk ist ein Volk, das viel Herz und Gemüt hat. Ich kann von meinem Volk dasselbe behaupten, und deswegen spielt ja gerade diese Frage bei unserem Volk eine so ungeheure Rolle.

Was wir wünschen, ist doch nichts anderes, als daß Sie mit uns gemeinsam doch einmal diese Frage nachprüfen. Ich bitte Sie sehr herzlich, doch einmal mit uns über diese Frage zu sprechen. Bitte lassen Sie uns nicht nach Hause zurückfahren mit der Erklärung: Die Sowjetregierung hat es abgelehnt, in dieser Frage überhaupt mit uns zu sprechen.

Noch ein weiteres Wort zur Deutschen Demokratischen Republik. Herr Außenminister Molotow hat davon gesprochen, — und ich glaube, auch Herr Bulganin hat es gesagt, — daß die Deutschen selbst die Initiative ergreifen müßten, wieder zusammenzukommen. Darin liegt viel Wahres, das gebe ich ohne weiteres zu. Aber meine Herren, wir sind der Auffassung, daß die Regierung der Deutschen Demokratischen Republik nicht für sich beanspruchen kann, Vertreter der 17 oder 18 Millionen Deutsche in der Sowjetzone zu sein, weil sie von den Einwohnern der Sowjetzone nicht als ihre Vertreter anerkannt sind. Glauben Sie mir, es ist nicht etwa so, daß wir Ihnen gegenübersitzen und uns hoch erhaben über jene Länder vorkommen. — Kein Gedanke daran! — In demselben Augenblick, in dem wir wüßten, das sind wirklich die von der Bevölkerung der Sowjetzone anerkannten Vertreter, würden wir uns jetzt mit ihnen zusammensetzen. Das deutsche Volk würde dann, ich bin überzeugt davon, schon wissen, was seine Aufgabe und seine Pflicht ist.

Und noch ein Wort, Herr Bulganin. Bedenken Sie bitte, daß wir Deutschen uns ganz klar über unsere geographische Lage sind, und daß Sie sich keinen besseren Faktor denken können, der, wenn irgendwann versucht würde, einen Krieg in Europa zu entfesseln, dem entgegen treten würde, weil wir doch am meisten darunter zu leiden haben würden.

Nun lassen Sie mich zu dem übergehen, was Herr Chruschtschow über die wirtschaftlichen Beziehungen gesagt hat. Ich glaube auch, daß sich wirtschaftliche Beziehungen zwischen der Sowjetunion und uns entwickeln können, die für beide Länder von großem Vorteil sein können. Ich möchte Ihnen vorschlagen, daß wir das Thema Kriegs- und Nachkriegszeit zur Zeit einmal verlassen, daß wir beiderseits über die Ausführungen, die wir jetzt gemacht haben, mit uns zu Rate gehen, und daß wir doch auch über die wirtschaftlichen Beziehungen heute vormittag wenigstens beginnen, uns auszusprechen, wenn Sie damit einverstanden sind, Herr Ministerpräsident.

Erklärung des Bundeskanzlers Dr. Adenauer vor der Presse in Moskau am 14. September 1955

„Herr Ministerpräsident, aus Anlaß der Aufnahme diplomatischer Beziehungen zwischen der Regierung der Bundesrepublik Deutschland und der Regierung der UdSSR erkläre ich:

1. Die Aufnahme der diplomatischen Beziehungen zwischen der Regierung der Bundesrepublik Deutschland und der Regierung der UdSSR stellt keine Anerkennung des derzeitigen beiderseitigen territorialen Besitzstandes dar. Die endgültige Festsetzung der Grenzen Deutschlands bleibt dem Friedensvertrag vorbehalten.

2. Die Aufnahme diplomatischer Beziehungen mit der Regierung der Sowjetunion bedeutet keine Änderung des Rechtsstandpunktes der Bundesregierung in bezug auf ihre Befugnis zur Vertretung des deutschen Volkes in internationalen Angelegenheiten und in bezug auf die politischen Verhältnisse in denjenigen deutschen Gebieten, die gegenwärtig außerhalb ihrer effektiven Hoheitsgewalt liegen.“

Sehr nachdrücklich möchte ich folgendes erklären: Es sind zwischen der Regierung der Sowjetunion und uns keine irgendwie gearteten geheimen Abkommen oder Verabredungen irgendwelcher Art getroffen worden. Es ist während der Verhandlung auch nicht das Ansinnen an uns gestellt worden, daß wir uns von unseren westlichen Vertragsverpflichtungen — Westeuropäische Union und NATO — abkehren sollten. Es hat sich daran gar nichts geändert. Ich betone ausdrücklich: Es ist das auch überhaupt nicht von uns verlangt worden. Ich glaube, es ist nötig, das sehr zu betonen und sehr nachdrücklich zu sagen.

Dann komme ich zu einem sehr wichtigen und sehr erfreulichen Ergebnis. Die Sowjetregierung, und zwar sowohl Herr Bulganin wie auch Herr Chruschtschow, haben in den Verhandlungen sehr entschieden erklärt, daß die Sowjetunion keine deutschen Kriegsgefangenen mehr habe, sondern nur 9626 Verurteilte, wie sie sich ausdrückten, Kriegsverbrecher. Die sämtlichen Leute werden schon in allerkürzester Zeit die Sowjetunion verlassen. Sie werden zum Teil von den Sowjets begnadigt werden und dann nach Deutschland in Freiheit gesetzt und, soweit die Sowjetregierung glaubt, daß dort Verbrechen wirklich schlimmer Art begangen seien, werden sie den deutschen Behörden, den Behörden der Bundesregierung übergeben, damit die Bundesregierung nach den Gesetzen unseres Landes mit ihnen verfährt. Ich glaube, daß sehr viel Leid und sehr viel Kummer und Schmerz gerade dadurch gelindert werden wird, nicht nur bei den fast 10 000 Menschen hier in der Sowjetunion, sondern bei den zahlreichen Angehörigen in der Heimat. Nun darf ich Ihnen auch sagen, daß Herr Ministerpräsident Bulganin mir gestern abend erklärt hat — er hat mich autorisiert, Ihnen das zu sagen —, daß noch, ehe wir in Bonn wieder eingetroffen seien, diese ganze Aktion in Lauf kommen wird.

Über das Klima der Verhandlungen möchte ich wenige Worte sprechen, aber einiges muß ich doch darüber sagen. Sie können sich natürlich vorstellen, daß, wenn ein Schlußstrich gezogen wird unter diesen furchtbaren Krieg, den wir doch auch mit Sowjetrußland geführt haben, Momente oder, sagen wir ruhig, Stunden gekommen sind, in denen die Luft leidenschaftlich von Erinnerungen an die Vergangenheit erfüllt war. Und es sind teilweise auch sehr leidenschaftliche und sehr harte Worte miteinander gewechselt worden. Ich halte es für besser, daß man das ausspricht, was man denkt, und was man gegeneinander auf dem Herzen hat, als ob man so tut, als wenn gar nichts geschehen wäre. Ich leugne auch nicht, daß ich zeitweise, noch gestern vormittag, geglaubt habe, daß die Konferenz völlig ergebnislos auseinandergehen wird. Wie ernst wir damit rechneten, können Sie daraus sehen, daß wir die Flugzeuge früher haben kommen lassen, als ursprünglich beabsichtigt war.

Aber es ist dann anders gekommen, und wir sind zu einem Ergebnis gelangt, das, wie ich glaube, und ich darf wiederholen, was ich eben gesagt habe, zur Konsolidierung des Friedens in Europa und damit zur Konsolidierung des Friedens in der Welt beitragen wird. Wir sind zu dem Ergebnis gekommen, daß dieser Zustand zwischen der Sowjetunion und der Bundesrepublik beendet wurde, der aus der Kriegszeit her stammte, und der, wie das überall auf der Welt auch unter anderen Völkern ist, einmal beendet werden mußte. Wir haben erreicht, daß wir die Kriegsgefangenen sofort zurückbekommen, und wir dürfen mit Bestimmtheit annehmen, daß die anderen bei Kriegsende hierhin gebrachten Personen auch zurückkommen. Ich möchte betonen, daß ausdrücklich von seiten der Vertreter der Sowjetunion gesagt worden ist: Diejenigen Deutschen, die Arbeitsverträge mit uns eingegangen sind, können nach Ablauf der Vertragszeit ebenfalls ausreisen und nach Deutschland zurückkehren.

Erklärung
des Bundeskanzlers Dr. Adenauer vor dem Deutschen Bundestag
am 22. September 1955

In der (101.) Sitzung des Deutschen Bundestags vom 22. September gab der Bundeskanzler folgende Erklärung zu den Moskauer Vereinbarungen ab:

Zu diesen Ergebnissen ist folgendes festzustellen: Es ist vereinbart worden, diplomatische Beziehungen, vorbehaltlich des Einverständnisses des Bundeskabinetts und des Bundestages sowie des Präsidiums des Obersten Sowjets, aufzunehmen und Botschafter zwischen beiden Ländern auszutauschen. Den Vorbehalt des parlamentarischen Einverständnisses haben wir aus zwei Gründen für zweckmäßig gehalten. Einmal ist das Schicksal der in der Sowjetzone zurückgehaltenen Deutschen ein menschliches Problem, das unser ganzes Volk zutiefst bewegt; zum anderen wirft die Herstellung diplomatischer Beziehungen mit der Sowjetunion auch politische Fragen von Bedeutung auf, insbesondere im Hinblick auf die sogenannte „DDR".

Die Delegation der Bundesrepublik hat in den Gesprächen mit den Vertretern der Sowjetregierung mit großer Klarheit darauf hingewiesen, daß eine Normalisierung der Beziehungen unter keinen Umständen darin bestehen kann, daß man den anomalen Zustand der Teilung Deutschlands legalisiert. Es ist auch darauf hingewiesen worden, daß das Bestehen diplomatischer Beziehungen zwischen zwei Staaten nicht mit einem freundschaftlichen Vertragsverhältnis gleichzusetzen ist; unsere sowjetischen Verhandlungspartner selbst haben erklärt, daß sie diplomatische Beziehungen auch zu Staaten unterhielten, mit denen sie im übrigen erhebliche politische und ideologische Meinungsverschiedenheiten hätten.

Durch die Aufnahme der diplomatischen Beziehungen wird die Bundesrepublik, deren efektive Hoheitsgewalt drei Viertel unseres Volkes und 80 v. H. seiner produktiven Kräfte umfaßt, und hinter deren Politik — das ist unsere Überzeugung — auch mindestens 90 v. H. der Bevölkerung Mitteldeutschlands stehen, nunmehr auch von der Sowjetunion anerkannt. Es besteht schließlich keinerlei Widerspruch zwischen unserem Entschluß, diplomatische Beziehungen aufzunehmen und der Linie unserer Außenpolitik, die fortzusetzen wir unter allen Umständen entschlossen sind.

Indem ich im Einklang mit der Note der Bundesregierung vom 12. August die Probleme der Wiedervereinigung Deutschlands und der in der Sowjetunion zurückgehaltenen Deutschen von Anfang an als zentrale Fragen in die Besprechungen einführte, habe ich Wert darauf gelegt zu sagen, daß es sich dabei nicht um „Vorbedingungen" für die Aufnahme diplomatischer Beziehungen handelte, sondern um das von der Sowjetregierung gestellte Thema der Normalisierung selbst.

Die Vertreter der Sowjetregierung zeigten sich zunächst von unseren Forderungen auf Freilassung der zurückgehaltenen Personen wenig beeindruckt. Die Verhandlungen über diese Frage nahmen tagelang einen so negativen Verlauf, daß wir allen Ernstes unsere Abreise in Erwägung ziehen mußten. Die Wendung trat ein, als die Herren Bulganin und Chruschtschow mir, nachdem sie zuvor härtesten Widerstand geleistet hatten, am Montagabend das Angebot machten, die Kriegsgefangenen freizulassen, wenn die diplomatischen Beziehungen aufgenommen würden. Die beiden Herren gaben mir darauf ihr Wort, und sie haben es vor den versammelten Delegationen wiederholt. Sie haben diese Zusage auf mein Drängen hin dahin erweitert, daß auch in der Sowjetunion zurückgehaltene Zivilpersonen, die wir ihnen durch Listen nachwiesen, freigelassen werden.

Das bezog sich zunächst auf die von sowjetischen Gerichten verurteilten annähernd 10 000 Gefangenen. In der Frage der anderen zurückgehaltenen Personen, von denen die Vertreter der Sowjetregierung nichts zu wissen erklärten, wurde vereinbart, daß wir der Sowjetregierung eine Liste dieser Personen mit genauen Angaben geben werden, und daß dann von sowjetischer Seite festgestellt wird, wo diese Menschen sind. Sowohl Ministerpräsident Bulganin als auch Herr Chruschtschow haben ihr Wort auch darauf gegeben, daß diese Deutschen genau so behandelt werden würden wie die Kriegsverurteilten. Das ist für uns ein Erfolg, den ich unter keinen Umständen missen möchte.

Wir haben ferner in Moskau nachdrücklich das Anliegen der Wiedervereinigung Deutschlands vorgebracht. Wir mußten uns dabei vor einem hüten: Wir durften — so sagte ich ausdrücklich in meiner ersten Erklärung in Moskau — „das Verfahren, das zu einer Einheit führen soll, nicht dadurch verwirren, daß wir einen von den Viermächteverhandlungen unabhängig zweiseitigen Verhandlungsweg eröffneten". Auch nur die Möglichkeit einer Ausklammerung des Problems aus der Genfer Tagesordnung und eines Abschiebens auf zweiseitige deutsch-sowjetische Verhandlungen mußte unter allen Umständen verhütet werden.

Wir haben uns deshalb bewußt damit begnügt, daß auch die Sowjetunion anerkenne, daß die vier Siegermächte verpflichtet seien, die Einheit Deutschlands wiederherzustellen. Ich lege großen Wert auf die Feststellung, daß dieses Anerkenntnis der Sowjetunion in Moskau erfolgt ist. Ministerpräsident Bulganin hat am 10. September 1955 erklärt: „Hier war von den Verpflichtungen die Rede, die die vier Mächte in bezug auf die Lösung des Deutschland-Problems übernommen haben. Dem muß man zustimmen." Und Außenminister Molotow erklärte am gleichen Tag: „Es wird ganz richtig gesagt, daß in dieser Frage auch die vier Mächte Verpflichtungen haben." Auch spätere Äußerungen von Herrn Chruschtschow haben diese Auffassung bestätigt. Die sowjetische Delegation war andererseits nicht bereit, einer Wiederherstellung der nationalen Einheit Deutschlands alsbald zuzustimmen. Ich gebe mich daher keinen Illusionen darüber hin, daß zur Wiedervereinigung Deutschlands schwierige Verhandlungen, auch unter den Siegermächten, nötig sein werden. Aber ich betrachte es doch als einen Fortschritt, daß die Sowjetunion die Verpflichtung, die Einheit Deutschlands wiederherzustellen, ausdrücklich anerkannt hat.

Die Haltung der Bundesregierung gegenüber der Sowjetzonenregierung wird — wie aus dem ersten Vorbehalt hervorgeht — durch die Aufnahme diplomatischer Beziehungen zwischen der Sowjetunion und der Bundesrepublik nicht berührt. Die Regierung der sogenannten „DDR" ist nicht auf Grund wirklich freier Wahlen gebildet worden, sie verfügt daher über kein echtes Mandat des Volkes, ja, sie wird von der überwältigenden Mehrheit der Bevölkerung abgelehnt; es herrschen in der sowjetischen Besatzungszone Rechtsunsicherheit und Unfreiheit, und die Verfassung steht nur auf dem Papier.

Anmerkung:
Herr Chruschtschow gab anläßlich der Adenauerdiplomatie 1 200 000 deutsche Soldaten und Zivilpersonen nach 11 Jahren Archipel GULAG frei. Die Zahl der Verhungerten und Gestorbenen konnte nicht ermittelt werden.

Dokumente serviler politischer Phraseologie

Tischrede des Bundeskanzlers Helmut Schmidt (SPD) am 12. Dezember 1981 im Gästehaus Döllnsee, mit dem Statthalter des Großtyrannen im DdR.

Sehr geehrter Herr Generalsekretär, meine Damen und Herren, zunächst möchte ich Ihnen, auch im Namen meiner Delegation, dafür danken, daß wir einander in dieser von dem Neuruppiner Apothekersohn Theodor Fontane gerühmten Landschaft inmitten der Ukkermark zu Gesprächen begegnen können, die von allen Deutschen in der Deutschen Demokratischen Republik und in der Bundesrepublik Deutschland mit vielfältigen Erwartungen beobachtet werden. . . .

. . . Die Deutschen bei Ihnen und bei uns sind längst zu Realisten geworden. Sie wissen und sie würdigen die Tatsache, daß seit der ersten Begegnung zwischen Willy Brandt und Willi Stoph in Erfurt und Kassel vor mehr als einem Jahrzehnt vieles zwischen unseren Regierungen verabredet werden konnte, das dem Zusammenhalt zwischen den Menschen geholfen hat. Wir haben damit auch einen wesentlichen Beitrag für die Entspannung in Europa leisten können.
Was wir seither, was wir zumal seit der Unterzeichnung des Vertrages über die Grundlagen unserer Bezeihungen zueinander haben schaffen könne das erscheint vielen als selbstverständlich - aber es ist doch - gemessen an den Hindernissen, die zu überwinden waren - etwas ungemein Positives. . . .

. . . So wird es auch künftig sein. Keiner wird den anderen überfordern dürfen. . . .

. . . Und darüber hinaus: Wir müssen dem Geflecht von Verträgen und Übereinkommen zwischen unseren beiden Staaten etwas hinzufügen, das nach manchen ersten Rückschlägen und Enttäuschungen nunmehr Hoffnung vermittelt, was den Deutschen hier und bei uns eine Perspektive gibt - ich meine ,,begreifbar'' im buchstäblichen und zugleich im übertragenen Sinne des Wortes. . . .

. . . ,,Die Bundesrepublik Deutschland und die Deutsche Demokratische Republik entwickeln normale gutnachbarliche Beziehungen zueinander auf der Grundlage der Gleichberechtigung.'' . . .

. . . Wir verlieren uns nicht in Träumereien, aber wenn Sie, Herr Generalsekretär, und ich selber unabhängig voneinander schon vor zwei Jahren öffentlich festgestellt haben, daß von deutschem Boden niemals wieder ein Krieg ausgehen dürfe, so lag in dieser nicht verabredeten Gleichzeitigkeit der gleichen elementaren Richtlinie schon etwas sehr Wichtiges. . . .

. . . Um nach wie vor zwischen uns stehende Barrieren im Interesse und zugunsten der Menschen zu überwinden, sollten wir die Möglichkeiten, die uns der Grundlagenvertrag gibt, mit Kraft und mit Phantasie nutzen. Schon in der Präambel zu diesem Vertrag haben wir festgestellt, daß es in der Frage der Nation prinzipielle Meinungsverschiedenheiten zwischen uns gibt. Sie selber haben sich vor geraumer Zeit auf Ihre Weise zum Prinzip der Nation geäußert. Der Nation-Gedanke ist nach meiner tiefen Überzeugung bei allen Deutschen unverändert lebendig.
Über die Grundsatzfrage der Nation können wir uns nicht verständigen. Aber schon 1972 haben beide Seiten in der Präambel des Grundlagenvertrages festgestellt, daß die nationale Frage besteht - und die Parlamente beider Seiten haben dem zugestimmt. Und sie kennen meine aus Amtseid und aus Überzeugung bestehende Verpflichtung auf das Grundgesetz. Aber wenn ich dies sage, so will ich damit keineswegs Eigenstaatlichkeit und Souveränität der Deutschen Demokratischen Republik in Zweifel ziehen. . . .

. . . Die Grenze die uns trennt, vermögen wir heute nicht zu überwinden. . . .

. . . Sie haben einmal gesagt, Herr Generalsekretär, vor dem Zweiten Weltkrieg habe es zwar viele Begegnungen und Kontakte zwischen den Menschen in Europa gegeben, aber dennoch sei es zu der für andere und für die Deutschen schrecklichen Katastrophe gekommen. Ja das ist richtig. Gerade deshalb müssen die beiden deutschen Staaten in den beiden Bündnissystemen, denen sie zugehören, aktiv daran mitwirken, Spannungen zu mindern, Konfrontationen zu vermeiden und mögliche Konflikte schon im Vorfeld durch vernünftige Kompromisse auszuräumen. . . .

. . . Als loyale Mitglieder unserer jeweiligen Bündnisse, denen wir und Sie mit Überzeugung angehören, müssen wir unsere geschichtlichen Erfahrungen und Einsichten und die Sorgen der Menschen in beiden deutschen Staaten einbringen. Die Bundesregierung hat dies im Vorfeld der Genfer Verhandlungen getan, dies bleibt auch weiterhin unsere Politik.
In diesem Geiste habe ich vor knapp drei Wochen lange Gespräche mit Generalsekretär Breschnew geführt. Unser gemeinsamer Nenner war die Sorge um den Frieden. . . .

. . . Hierbei hat es sich ein weiteres Mal erwiesen, daß in schwierigen Zeiten notwendig ist, miteinander zu reden und aufeinander zu hören. Ich kann heute mit großer Befriedigung sagen, diese Gespräche haben in West und Ost lebhafte Zustimmung gefunden. Der Dialog unter denen, die Verantwortung zu tragen haben ist eine gebieterische Notwendigkeit. Auch die beiden deutschen Staaten haben diesen Dialog über Frieden und Sicherheit begonnen. Die Gespräche zwischen unseren Außenministern, Herrn Genscher und Herrn Fischer, haben dazu geholfen, daß wir Motive und praktische Überlegungen gegenseitig besser kennengelernt haben. Hervorheben möchte ich auch den Meinungsaustausch zwischen Ihren und unseren Fachleuten über das so entscheidend wichtige Thema der Rüstungsbegrenzung. . . .

. . . Wir machen uns dabei keine Illusionen. Es gibt große, schwierige ungelöste Probleme: Die Begrenzung der strategischen Waffen; die Begrenzung der konventionellen Waffen; Afghanistan, das südliche Afrika, der Mittlere Osten und so fort. Dialog und Mäßigung sind Elemente, die zur Lösung dieser Probleme führen. . .

. . . Doch ich will Ihnen, Herr Generalsekretär, in dieser Stunde, da wir mit dem Willen zur Kooperation in die Deutsche demokratische Republik gekommen sind, nicht verschweigen, daß die Maßnahmen, die Sie im Oktober des vergangenen Jahres getroffen haben, auch und besonders die Berliner schwer bedrücken.
Mein Freund Herbert Wehhner hat in der vergangenen Woche mit dem Blick auf unsere heutige Begegnung gesagt, wir sollten nach einer gewissen Unterbrechung des aktiven Dialogs drangehen, bestimmte Dinge, die den Beziehungen zwischen unseren Staaten und damit den Menschen in beiden Ländern helfen, wirklich zu praktizieren. Damit sind die durchaus realistischen Erwartungen an unsere Gespräche ausgedrückt, die von den Bürgern in der Bundesrepublik Deutschland an unser Treffen geknüpft sind. In diesem realistischen Geiste hat unser Bundespräsident, Herr Karl Carstens, mir seine Grüße an Sie, Herr Generalsekretär, aufgetragen, die ich Ihnen gerne überbringe.
In seinen „Wanderungen durch die Mark Brandenburg", schrieb Theodor Fontane diesen Satz: „Es scheint, als ob alle Welt, auch in alten Tagen noch ein Ohr für den Wohlklang des Namens Werbellin gehabt habe . . ." Wir beide, Herr Generalsekretär, wissen sehr wohl, daß wir bei diesem Treffen nicht übernehmen und nicht überheben können. Wenn es uns gelingt, etwas mehr Selbstverständlichkeit, etwas mehr Bemühen um vernünftige Nachbarschaft und schließlich um gute Nachbarschaft zu erreichen - wenn es uns gelingt, dies in politisches Handeln zu übersetzen, dann werden Werbellinsee und Schorfheide den Bürgern in beiden deutschen Staaten vielleicht in besonderer Erinnerung bleiben.
Herr Generalsekretär, ich trinke auf Ihr Wohl, auf das Wohl aller Deutschen und auf unseren gemeinsamen Frieden."

Der politische Banditismus sozialistischer Weltanschauungsgeschädigter dokumentiert sich im bedenkenlosen Vollzug der Unterwerfung friedfertiger Völker, die ihre Naturrechtsbereitschaft, in Gerechtigkeit leben zu wollen, nicht zu verteidigen wußten.

Die Statthalter des Großtyrannen in dem DdR bieten der Kreml-Diplomatie 17 Millionen Deutsche als Kanonenfutter an, um die Unterwerfung Westeuropas militärisch zu riskieren.

Der durch die SED - dieser Aktionseinheit der kommunistischen und sozialdemokratischen Partei - bereits weitgehend vorbereitete deutsch-deutsche-Bruderkrieg ist kein Hirngespinst, sondern durch die bereits vollzogene Gesetzgebung im Sowjetgouvernement grausame Wirklichkeit.

Jeder Widerstand gegen den sozialistischen Aggressionswillen ist als Verständigungsverrat mit dem Tode bedroht. Ein Befehlsnotstand ist ausdrücklich ausgeschlossen.

EINWOHNER VON KIEL!

Die letzten Widerstandsnester des Gegners in der Stadt wurden zerschlagen. Die Stadt befindet sich in den Händen der Truppen der Nationalen Volksarmee der Deutschen Demokratischen Republik.

Die Armee des ersten Arbeiter- und Bauern-Staates Deutschlands ist nicht gekommen, um als Besatzungsmacht die werktätige Bevölkerung zu drangsalieren.

Wir sind gekommen, um mit dem Faschismus und Militarismus in Deutschland endgültig Schluß zu machen. Wir wünschen eine gute Zusammenarbeit mit den demokratisch gesinnten und aufbauwilligen Kräften der Stadt.

Bürger der Stadt!

Laßt Euch nicht durch Hetze und Verleumdungen beeinflussen.

Bewahrt Ruhe!

Die Anordnungen des Stadtkommandanten dienen dazu, daß öffentliche und wirtschaftliche Leben der Stadt schnellstens zu normalisieren.

Befolgt sie! **Arbeitet mit!**

Arbeiter!

Setzt die Produktion der Betriebe in Gang. Sichert die laufende Wasser-, Strom- und Gasversorgung.

Wendet Euch in allen Fragen an die Stadtkommandantur.

Geschäftsleute!

Helft bei der Versorgung der Bevölkerung. Öffnet Eure Läden. Die Bereitstellung der Waren erfolgt über die Stadtkommandantur. Leistet Schiebern und Spekulanten keinen Vorschub.

Unternehmer!

Nehmt die Produktion lebensnotwendiger Güter auf. Die Stadtkommandantur wird Euch behilflich sein.

Angehörige der Intelligenz!

Industrie und Handel beginnen mit der Arbeit. Steht nicht abseits. Die geistigen Fähigkeiten und Kenntnisse eines jeden sind unentbehrlich für den Wiederaufbau der Stadt.

Professoren, Doktoren

der örtlichen Krankenanstalten und frei praktizierende Ärzte!

Helfen Sie das Gesundheitswesen der Stadt aufzubauen. Gewähren Sie den Verwundeten und Kranken der Stadt jegliche Hilfe. Der medizinische Dienst der Nationalen Volksarmee wird Ihnen jede Unterstützung gewähren.

Bürger der Stadt!

Die Stadtkommandantur strebt an, die Gestaltung des städtischen Lebens in die Hände einer demokratischen Selbstverwaltung zu legen.

Durch Eure aktive Mitarbeit helft Ihr, daß Ruhe, Ordnung und Sicherheit hergestellt werden und die Spuren des Krieges bald verschwinden.

Der Stadtkommandant

Auflage 1000 Druck „Junge Garde"

Streng vertraulich!
Parteiinternes Material
Dok.-Nr. 23
5 Ausfertigungen

An die Bevölkerung des Landes Niedersachsen!

Die Armee des 1. Arbeiter-und-Bauern-Staates in Deutschland kommt zu Euch als Befreierarmee.

Der von den Todfeinden des deutschen Volkes, den deutschen Militaristen, entfesselte Atomkrieg ist nur mit der restlosen und endgültigen Zerschmetterung des militaristischen klerikalfaschistischen Bonner Obrigkeitsstaates zu beenden.

Die schnelle Vernichtung und Zerschmetterung der „Blitzkriegsstrategen“ verhindert weitere sinnlose Opfer.
Darum, deutsche Landsleute, von Euch hängt es entscheidend ab, das Ende der Verräter und Verderber des deutschen Volkes zu beschleunigen!
Wer ein echter Patriot seiner Heimat ist, handelt nach den Befehlen und Anweisungen der Nationalen Volksarmee.

Arbeiter und Angestellte!

- Seid wachsam, schützt Eure Betriebe vor der Zerstörung
- Verhindert Sprengungen von Brücken, Eisenbahnanlagen und anderen lebenswichtigen Einrichtungen.

Werktätige Bauern!

Nehmt Eure Feldarbeiten wieder auf. Ihr sichert dadurch die Ernährung des Volkes.

Angehörige der Intelligenz!

- Zeigt durch Eure Mitarbeit an der Gestaltung eines neuen Deutschlands, daß ihr die Lehren aus 3 Kriegen gezogen habt.

Werktätige!

- Schafft normale Verhältnisse
- Meldet Terroristen, Faschisten, Kriegsverbrecher und Elemente, die die Herstellung demokratischer Verhältnisse sabotieren, der Nationalen Volksarmee.

Rechnet mit allen Feinden unseres Volkes ab. Keine Gnade den Schuldigen der Aggression.

Deutsche Landsleute!
Die helle Zukunft liegt vor Euch.
Eure aktive Unterstützung für die kämpfende Arbeiter-und-Bauern-Armee wird sie schneller verwirklichen.

Kämpfer!

Der Feind will uns lähmen. Flugblätter und Hetzschriften sollen unsere Kampfkraft zersetzen. Warum?

Der Gegner fürchtet uns!

Das unerschütterliche Kampfbündnis zwischen Offizier und Soldat schreckt ihn.
Er hat dergleichen nicht in seinen Reihen.

Die moralisch geschlossene Kampfkraft unserer Truppe, vom Soldaten bis zum General, ist für ihn eine uneinnehmbare Festung.

Mitglieder und Kandidaten der Sozialistischen Einheitspartei Deutschlands!

Reißt jeden Genossen durch Euer Beispiel mit.

Schart die Parteilosen um Euch.

Entlarvt den Feind!

Parteilose!

Eure Siegeszuversicht ist ein Unterpfand des Erfolges!
Wendet Euch in allen Fragen an die Funktionäre der Partei und Eure Offiziere.

Kämpfer!

Meldet Funde von feindlichem Agit.Prop-Material Euren Vorgesetzten.

Seid standhaft! Der Feind wird geschlagen, denn unser Kampf ist gerecht.

Ausgegeben an Parteiorganisation
Auflage 1000
Druck „Junge Garde“

Achte auf Spitzel!

Bundeswehrsoldat!

Der Krieg ist für Dich verloren.
Es bleiben Dir **zwei Chancen**
Du krepierst *in diesem Krieg,*
der nicht der Deine ist,
Oder
Du **kommst zu uns**, *lebst und arbeitest in einem neuen Deutschland.*
Entscheide Dich, *die nächste Kugel kann schon Dich treffen.*

Deutsche Brüder!

Laßt Euch nicht *von den reaktionären Kräften Deutschlands* **mißbrauchen**, *die eure Eltern und Großeltern in zwei Weltkriege stürzten.*

Verweigert die Befehle *eurer Offiziere, der alten Militaristen und Faschisten, kämpft nicht gegen eure Heimat, das sozialistische Vaterland, das Glück und Wohlstand garantiert.*

Erhebt nicht die Waffen *gegen den ersten Arbeiter- und Bauernstaat!*

Wir sind bereit, mit den Waffenbrüdern **der anderen** *sozialistischen Länder den Krieg zu* **beenden und den Frieden** *herzustellen.*

Die Ära **Adenauer ist am Ende.** *Geht nicht mit ihr in den Untergang.*

Recht, Wahrheit und Fortschritt sind auf unserer Seite, deshalb werden **wir siegen.**

Jeder, der sich uns entgegen stellt, geht unter.

Brüder, kämpft mit uns für ein friedliches, demokratisches, fortschrittliches Deutschland.

Flugblatt für die Bundeswehr
Auflage 5000

Druck „Junge Garde"
(Abwerfen durch Flugzeug)

Flugblatt für Bundeswehrsoldaten
Abschuß durch Agit-Granate

Auflage 10 000
Druck „Junge Garde"

Passierschein

Dieser Passierschein berechtigt Dich zum Überschreiten der Frontlinie.

Melde Dich beim nächsten Posten.

Du wirst entsprechend der Genfer Konvention behandelt.

Deine persönliche Sicherheit wird garantiert. Dein Eigentum bleibt Dir erhalten. Bringe Deinen Kameraden mit.

Mache Gebrauch von diesem Passierschein!

Parole: Freies Deutschland!

An Alle!

In wenigen Tagen ist der Krieg für Euch zu Ende. Truppen der Nationalen Volksarmee der Deutschen Demokratischen Republik werden Eure Stadt befreien.

Duldet keine Widerstandsnester in Eurer Stadt, setzt Euch zur Wehr, daß die Stadt nicht zur Festung wird!

Arbeiter!

Sabotiert die Kriegswirtschaft.

Arbeiter der Werftindustrie!

Schützt die Werften, sie sollen Euer Eigentum werden.

Arbeiter des Maschinenbaus!

Duldet keine Demontage.

Arbeiter der Elektrizitäts- und Wasserwerke!

Legt den Sprengkommandos das Handwerk.

Arbeiter und Bürger der Stadt!

Bewahrt die Industrie, das Herz des kommenden Wiederaufbaus vor Schaden, erhaltet Euch Eure Arbeitsplätze. Laßt nicht zu, daß die Vorratslager geplündert werden.

Haltet Ruhe und Ordnung beim Einmarsch der Truppen der Nationalen Volksarmee!

Abwurf durch Flugzeug

Auflage: 5000
Druck: „Junge Garde"

Quellenangabe

Einleitung

(1) Brezinka Wolfgang, Erziehung als Lebenshilfe S. 59/60
(2) Volkmann-Schluck, Politische Philosophie S. 142
(3) MdB Lattmann, vgl. Spiegel S. 48, 13.4.81
(4) Mitscherlich, Gegen die Verkümmerung des Ichs, FAZ 6.9.80
(5) Riese Hans Peter, vgl. Auswanderung auf böhmisch, FAZ 8.9.80
(6) Reuter-Meldung, Egon Bahr in FAZ 8.9.80
(7) Fricke Karl Wilhelm, Politik und Justiz in der DDR 1979
(8) Spiegel-Magazin, „Häßliche Heuchelei" vom 28.7.80
(9) Bani-Sadr, Iranischer Staatspräsident, In einer öffentlichen Rede in Theheran, FAZ 17.8.80
(10) Finkenzeller Roswin, vgl. In der Sowjetunion gibt es viele Dachaus, FAZ 21.7.80, siehe Organisationsplan zur Isolation und Vernichtung Andersdenkender siehe Seite 452+453
(11) Stephan-Ruß-Mohl, vgl. Beilage zur Wochenzeitschrift das Parlament, Nr. 14/80
(12) Gross Johannes, Ach, der Westen, FAZ 8.4.80
(13) Schlesinger James, FAZ 8.2.80
(14) Mitscherlich, edb. FAZ 6.9.80
(15) Krey Joseph, Leserbrief, FAZ 9.9.80
(16) Strittmatter Erwin, Der Wundertäter
(17) Kirsch Guy, Die Wiedergeburt des Leviathan, FAZ 3.5.80
(18) Adam Werner, Stockholm, 1984 ist nicht mehr weit, FAZ 19.7.80
(19) Adam Werner, ebd.
(20) Adam Werner, ebd.
(21) Kolakowski Leszek, Über Polen und die Krise des Kommunismus, Spiegel 37/80
(22) Dohnany, FAZ (Reuter) 18.9.80
(23) Razumovsky Andreas, FAZ 7.12.79
(24) Razumovsky Andreas, edb.
(25) Hahn, USA, Rede auf dem CSU-Symposium in Forschheim, FAZ 21.7.80
(26) Hentig Hartmut, Sokratische Bildung von Sokrates, FAZ 25.8.79
(27) Löwenthal Richard, vgl. Gesellschaftskrise und Kulturwandel, Zukunftsprobleme der westlichen Demokratien.
(28) Schmidbauer Wolfgang, Der Hilflose Helfer
(29) Bonhoeffer Dietrich, Ethik, 1949
(30) Volkmann-Schluck, edb. S. 101
(31) Chamfort Sebastian, Maxime und Gedanken in: Grunow: Führende Worte S. 125

1. Kapitel, Seite 29 — 49

(1) Kant, Grundlegung zur Metaphysik der Sitten, S. 63ff
(2) Hornung K., Die Positionen der Erwachsenen sind nicht bestzt, in: Strategie der Feigheit, Herderbücherei, Initiative 17, S. 105
(3) Tocqville Alexis, Über die Demokratie in Amerika, 2. Teil, Stuttgart 1962, S. 342ff
(4) FAZ, Heizölkostenzuschüsse wenig gefragt 9.4.80
(5) Lohmar U., Staatsbürokratie, Goldmann-Sachbuch 11186, 1978
(6) FAZ, 8.5.80, Vergleiche
(7) Possony S.T., in: Strategie der Feigheit, ebd. Kapitel: Selbstmord aus Angst vor dem Tode? S. 38ff
(8) (9) Lohmar U., ebd. vgl. Djilas, Parkonsom, Sik, Nihmann, Bahro. S. 11
(10) FAZ, 8.5.80, Vergleiche Artikel über das Befreiungsdesaster

(11) Prof. der Philosophie, München, Dekadenz konkret verstanden.
(12) Kühn, Strategie der Feigheit, ebd, S. 124/5
(13) Solschenizyn, Interview mit der Londoner BBC „Über den baldigen Fall des Westens"
(14) Kisielewski St., Wien, Strategie der Feigheit, ebd. S. 9/10ff
(15) Schlamm W.S., Strategie der Feigheit, ebd., S. 55
(16) Solschenizyn, Interview ebd.
(17) Possony, ebd. S. 28ff
(18) Lenin, Gesammelte Werke Bd. 39, S. 404ff
(18a) vgl. Sozialistisches Straflager . . . siehe Seite 452 + 453
(19) Kühn ebd. S. 127

2. Kapitel, Seite 51—82

(1) Spengler O., Der Untergang des Abendlandes, 64. und 65. Auflage, Band I, Vorwort
(2) Erhardt V., Auch der Kannibale schätzt den Menschen am höchsten, Spruchsammlung
(3) Kelsen, Allgemeine Staatslehre, über Fritz Mauthner, S. 243
(4) Flad-Schnorrenberg, FAZ 14.1.1978
(5) Stern, Nr. 11, 5.3.80, S. 9
(6) Nikesch-Tomann M., Wenn Eltern streiten, leidet das Ungeborene, FAZ 3.1.79
(7) Nikesch-Tomann, ebd.
(8) Bild der Wissenschaft 3/80, S. 20
(9) Flad-Schnorrenberg B., Unbehagen am Neo-Darwinismus, FAZ 13.12.78
(10) ebd.
(11) Bild der Wissenschaft 3/80
(12) Sistoris Carlo, Prof., Präsident der Fondazione Carlo Erba in Mailand
(13) FAZ 5.1.76, Der Mensch im Rückschritt
(14) FAZ ebd.
(15) FAZ 18.3.80, Meldung
(16) Sartre J.P., Marxismus und Existenzialismus, rororo S. 41
(17) Stern 13.9.79, Die Idole, S. 23
(18) Stern ebd., zit. nach Horst-Eberhard Richter
(19) Spiegel 31/79, S. 152
(20) Spiegel ebd. Debora Phillips, How to fall of Love
(21) Volkmann-Schluck, Cusanus, S. 5

3. Kapitel, Seite 83—101

(1) Pädagogisches Lexikon, Herderverlag, 1952, Erziehung
(2) ebd.
(3) ebd.
(4) ebd.
(5) Renate Merklin, Spiegel 9.6.80, S. 96
(6) Renate Merklin, Vergleiche ebd. Der Griff in die eigene Tasche, Nr. 22, 23, 24, 25, 1980
(7) Spiegel Nr. 23/80, S. 101
(8) Stern, Ein Russe sieht Rußland, 29.5.80
(9) Pädagogisches Lexikon, Herderverlag ebd.

4. Kapitel, Seite 103—126

(1) Blasius Dirk, Der verwaltete Mensch
(1a) Nietzsche F., Vom Nutzen und Nachteil der Historie, Reclam, S. 48
(2) ebd.

(3) Pädagogik, Verlag Volk und Wissen 1978 vergleiche
(4) Puschkin A, in: Gedabken und Bemerkungen, 1827
(5) Vauvarnargues, in: Liebe zum lebensmutigen Denken, Gespräch, S. 393
(6) Ortega y Gasset J., Tagebuch einer Sommerfahrt 1925. Kapitel: Die größte Gefahr: Der Staat in Gruonow, S. 293
(7) Volkmann-Schluck, Politische Philosophie, S. 170
(8) ebd.
(9) ebd.
(10) Der Fall des Wärters Martin, Brief an den Herausgeber des Daly Chronicle
(11) Thomas von Aquin, Die Herkunft der Herrschaft, in: G. Möbus, Die politischen Theorien, S. 195
(12) Erasmus von Rotterdam, in Möbus, Politische Theorien

5. Kapitel, Seite 127—138

(1) Stern, 49/79, Serie: Schopenhauer, S. 90
(2) Finance J. de, Grundlegung der Ethik, Herder, S. 88
(3) Finance, ebd.
(4) (5) vgl. H. Adler, Psychologische Schule
(6) Adler, ebenda,

6. Kapitel

(1) Römer I, 31, vgl. Otto Zierer, Ideen, die die Welt bewegten, S. 131ff
(2) Otto Zierer, ebd.
(3) ebd. S. 146
(4) ebd. S. 151
(5) ebd. S. 161
(6) vgl. Max Stirner 1840
(7) Kant, Methaphysik, ebd. S. 37
(8) Finance ebd. S. 449
(9) vgl. Wolfgang Wickert - Ta Seibt, Vom Eigennutz der Gene, in: Bild der Wissenschaft, 10/77, S. 70
(10) Kessler, Zoologe, Gegenseitige Hilfe in der Entwicklung, in: Bild der Wissenschaft, 10/77, S. 70
(11) Kant, Methaphysik, ebd.

7. Kapitel, Seite 157—178

(1) Finance, Grundlegung der Ethik ebd. S. 447
(2) Chamfort Sebastian, Maximen und Gedanken, 6. Kap. Über die Frauen und Liebem aus: Grunow ebd. S. 125
(3) Graar Franz H., Spiegel 1/79 S. 12
(4) Finance, ebd. S. 449
(5) Finance, ebd. S. 448
(6) Finance, ebd.
(7) Stern, 27.3.80, S. 306
(8) Finance, ebd. S. 451
(9) Spiegel, 36/79, S. 247
(10) Moeller-Cambaroff M., in Spiegel 36/79, S. 249
(11) FAZ, Ap., Immer mehr Bürger leben allein, 6.11.79
(12) Stern, 27.3.80
(13) Fußnote, siehe Seite 175

8. Kapitel, Seite 179—199

(1) Anmerkung, Afficheur = Plakatanschläger affichieren, frz.: aushängen, bekanntmachen.
(2) Nietzsche, Vom Nutzen und Nachteil der Historie für das Leben, ebd. S. 46/47
(2a) Stern 19.3.81, S. 17, Personalien
(3) Solschenizyn A., bei Ortig Band I, S. 81
(4) Vergleiche Fersehreihe: Europa kommt aus dem Osten, 1. Programm ab 8.6.81
(5) Lohmar U., ebd, These 21, S. 15
(6) John Barron + A. Paul, Das Massaker, vergleiche auch: Shifrin A., Reiseführer durch Gefängnisse der UDSSR, Stephanus Edition

9. Kapitel, Seite 201—221

(1) Brenner Jörg, FAZ 4.1.79
(2) Finance, ebd. S. 118
(3) Ballauf, Systematische Pädagogik, S. 10

11. Kapitel, Seite 229—252

(1) Kant, Kritik der praktischen Vernunft, Lehrsatz IV., Reclam, Ausgabe 1945 1. 5. Tausend, S. 46
(2) Anmerkung: Nicht unbedingt von Dauer, das hängt von den zufälligen Informationsketten, Bekantschaften und dem soziokulturell unabhängigen Informationsüberhang ab.
(3) Spiegel 35, 25.8.80, Hausmitteilung, S. 3
(4) Ford Henry, Mein Leben und Werk, mein Leitgedanke 1922
(5) Blake William, Quelle nicht ermittelt
(6) Rousseau J.J., in: Kurt Hortig, Goldmann Band I, S. 77
(7) Huxley Aldous, Ziele und Wege, 4. Kapitel, Soziale Reformen und Gewalt.
(8) Huxley Aldous, ebd. 5. Kapitel, Die geplante Gesellschaft
(9) Anmerkung: griechischr Philosoph 50-138 n. Chr.

12. Kapitel, Seite 253—268

(1) Fromm Erich, Haben und Sein, Deutsche Verlagsanstalt Stuttgart, und Daniel Bell, Die Zukunft der Westlichen Welt, S. Fischer Verlag, Frankfurt
(2) Lohmar U., ebd. S. 32
(3) Spiegel, 15/77, S. 234
(4) Wehner und Brand, Öffentliche Erklärungen zur Afghanistan-Invasion im März 1980
(5) Schleyer H.M., Das Sozialmodell, S. 72
(6) Uhle-Wettler F., Gefechtsfeld Mitteleuropa, Gefahr der Übertechnisierung von Streitkräften, Bernard & Gaefe Verlag
(7) Baum Georg, Die Gesetzgebung über Ein- und Ausfuhr, Verlag, V.J. Hess, Stuttgart, 1922
(8) Veröffentlichung des Reichsverbandes der deutschen Industrie 8. Heft, S. 16
(9) Deutsch, Prof., Interview im Stern, 1980, S. 78
(10) Moynihan Patrick, Einspruch, der UN-Botschafter gegen die Weltpolitik der Anpassung, Ullstein, Berlin 1980
(11) Moynihan P., ebd.

13. Kapitel, Seite 269—280

(1) Spiegel Serie 9.6.80
(2) Prof. Dr. med. Günter Kieninger, Tübingen, Bestätigungsschreiben in Spiegel Nr. 17/80, S. 13
(3) Leserbrief im Spiegel, Nr. 17/80, S. 13

14. Kapitel, Seite 281—293

(1) Volkmann-Schluck, Politische Philosophie, S. 11
(2) Anmerkung: vergl. Schema der Qualifakition und Disqualifikation natürlicher und naturrechtswidriger Egoquanten, Gesamtmodell, Seite 222
(3) Pädagogik, Volk und Wissen, Volkseigener Verlag, Berlin 1978, S. 163
(4) Spinoza B, in: G. Möbus, Die politischen Theorien, Teil II, S. 321ff
(5) Lenin I., Über die proletarische Kultur in: Werke, Band 31, Dietz Verlag, Berlin 1959, S. 308

15. Kapitel, Seite 295—313

(1) Wilder Thornton, in: Grunow, Führende Worte 2, S. 318
(2) Matz Ulrich, in: Wilhelm Hemis, Regierbarkeit Band 1.
(3) Shaw G.B., in Grunow, ebd. S. 241
(4) Volkmann-Schluck, Politische Philosophie ebd. S. 91
(5) Kölner Stadtanzeiger Ap. v. 21.5.80
(6) Shaw G. B. in Grunow, ebd. S. 242
(7) Fußnote ist auf Seite 309 nachgesetzt
(8) Volkmann-Schluck ebd. S. 51

16. Kapitel, Seite 315—337

(1) Finance J. de, ebd. S. 182
(2) Finance, ebd. S. 179
(3) Finance, ebd. S. 179
(4) Finance, ebd. S. 178
(5) Descartes, Vierte Dimension, bei Borden, Das Problem der Freiheit, Schöningh 1961, S. 25
(6) Finance, ebd. S. 363
(7) Finance, ebd. S. 358
(8) Rolland Roman, in: Clerambault: Einleitung, März 1917 oder bei Grunow, ebd. S. 263
(9) Berson Henri, Denken und schöpferisches Werden, I. Teil, 1934
(10) Pirandello Luigi, in: Grunow, ebd. S. 267
(11) Grunow, ebd. S. 310
(12) Camus Albert, Der Mensch in der Revolte, Kap. Die bürgerliche Prophezeiung, Grunow, S. 327
(13) Habermas Gerd, Hans Joachim Löser, Antibürokratie, S. 204

17. Kapitel, Seite 339—354

(1) Kardinal F. König, Erziehung zum Geistigen, Wien, FAZ 19.4.79
(2) Noelle-Neumann, Über die Illusion eines ,,Idealbildes einer kritischen öffentlichen Meinung'', Spiegel 17/23.4.79 S. 209
(3) Amery Carl, Spiegel 17/79, S. 215
(4) Anmerkung: Die Theorie des Totalen Egoismus, deren kategoriale Maxime mit Kant übereinstimmen ist ein nachgesetztes methodisch-didaktisches Verfahren zum besseren Verständnis des Seins-Zweckes.
(5) Volkmann-Schluck, ebd. S. 149
(6) An Abbe Fernandot, 9. Nov. 1930, in: Grunow, S. 277
(7) Garrigue Masaryk Th., in: Demokratie und Humanität X. 121/in Grunow, S. 239
(8) Finance, ebd. S. 371
(9) Sievers Leo, Sternserie über Deutsche und Russen, Juli/August 1980, S. 126
(10) Leo Sievers, ebd. S. 112
(11) Anmerkung: Qoud praecisa veritas sit in com prehensibilis, Doct. Jgn. Heidelberger Akademieaussage, L.C. I. 3, p8
(12) Katechismus für Umstürzler, aus Grunow, S. 241

18. Kapitel, Seite 355—375

(1) Kardinal F. König, Erziehung zum Geistigen, ebd. FAZ
(2) Anmerkung: Man sollte sich an dieser theologischen Sprache nicht stoßen, weil doch nichts anderes als der Nichtgebrauch der Vernunftfähigkeit gemeint ist.
(3) Buddhistischer Katechismus, Suhadra Blikschu, Berlin, C.A. Schwetschke und Sohn 1898, S. 24
(4) Anmerkung: Ein Kind kann einen, wenn es eine Murmel verliert, ein Mann, wenn ihm sein Haus abbrennt, ein Glücklicher aber weint aus Freude, wenn er nichts anderes retten konnte als seine Familie.
(5) Kant vgl.
(6) Anmerkung: z.B. bei Folterungen, Todesandrohungen
(7) Flad-Schnorrenberg B., Der Mensch in der Froschperspektive FAZ 25.7.78
(8) Buddhistischer Kateschismus, ebd. S. 38
(9) Der Koran, Einleitung, Goldmann Gelbe Taschenbücher, 521—522, S. 10
(10) Spiegel, 30.3.81, S. 144, vergleiche das Dokument eines Mitarbeiters des Blutrichters im nach-kaiserlichen Iran.

19. Kapitel, Seite 377—396

(1) Blankertz Herbert, Handbuch pädagogischer Grundbegriffe, Kösel
(2) Blankertz, ebd. S. 286
(3) Schostakowitsch, Ich sehe nur Berge von Leichen, Spiegel, 78/79
(4) Anmerkung: Verpflichtung zur ,,Gesellschaftlichen Arbeit für den Sieg des Kommunismus''
(5) Müller-Körner D., Die neue Verfassung der DDR, S. 32
(6) Sochathy Kalus, Adnotationen
(7) Art. 11, DDR-Verfassung von 1974
(8) Lohmar Ulrich, ebd., Thesen 1—110, S. 11-26
(9) Wortig K., ebd.
(10) Anmerkung: Dekorations- und Ordensbänder, Biesen, Federhüte, Prämien, Dotationen, Sowjetsterne, Verdienstkreuze etc.

20. Kapitel, Seite 397—412

(1) Ayatollah Chomeini, Meine Worte, Playboy-Report, S. 10ff
(2) ebd., S. 21
(3) ebd., S. 21/22
(4) Anmerkung: Im Herrschaftsbereich des Großtyrannen stehen alle Schreibmaschinen, Vervielfältigungsapparate und Fotokopierer unter täglich versiegeltem Verschluß.

21. Kapitel, Seite 413—430

(1) Flad-Schnorrenberg B., ebd.
(2) ebd.
(3) nicht aufgenommen, ist übersprungen
(4) Anmerkung: Antarkieverweigerung ist die Überlebensgarantie relativer Elitensysteme.
(5) Spiegel Nr. 4/80
(1a) Sinowjew Alexander, Gähnende Höhen, in Spiegel 14/81, besprochen von Horst Bienek, im Text als 1 ausgedruckt Druckfehler. ,,Ibansk'' ist ein intellektuelles Kürzel für einen verkommenen Staat.
(1b) im TText als 1 ausgedruckt. Spiegel, ebd. 14/81, S. 250

22.Kapitel, Seite 431—451

(1) Truman H.S., bei Wortig, S. 114
(2) vergleiche bei Kurt Wortig S. 180
(3) Wortig, ebd., S. 180
(4) vgl. Svetozar Vukmanovic-Temp, bei Wortig, S. 114
(5) Soziale Gerechtigkeitslitaneien betören die Ausgeplünderten zur ,,Selbstlosigkeit'' bis zur eigenen sozialen Bedürftigkeit.
(6) Wortig, ebd. S. 180

Wenn relative Eliten zur politischen Macht drängen, müssen Vernunftfähige dem wachsenden Chaos einer verwalteten Gesellschaft entgegen treten, bevor es zu spät ist, ohne Todesgefahr sich noch wehren zu können.

Sollten Sie, geneigter Leser,
bei der Lektüre dieses Buches haben feststellen können, daß Sie in Ihrer Meinung mit einigen, mehreren oder gar allen Teilen der Ausführungen übereinstimmen, daß auch Sie die Notwendigkeit des Abwurfs staatlicher Bevormundung und täglicher Reglementierung sehen, daß auch Ihrer Meinung nach der politische Wille der letzten noch Freien sich bündeln muß, um den wildwuchs bürokratisch entgrenzter Staatsgewalt erfolgreich auf ein erträgliches Maß zurückschneiden zu können, daß Sie selbst der organisierten Tyrannei etablierter Bonzensyndikate gegen Naturrecht und Menschenwürde konsequent und eventuell tätig begegnen möchten, und sollten Sie weitere für den endlichen Sieg der Vernunft zur Tätigkeit drängende Persönlichkeiten kennen, die für das gemeinsame Begehren nach einer angstfreien und menschenwürdigen Zukunft ansprechbar waren, dann bedienen Sie sich bitte der beiliegenden Postkarten, damit gegebenenfalls Ihre und deren Mitarbeit in geeigneter Weise auch politisch zum Tragen kommen kann.